ULRICH VON
WILAMOWITZ-MOELLENDORFF

# DER GLAUBE DER HELLENEN

ZWEITER BAND

1984
WISSENSCHAFTLICHE BUCHGESELLSCHAFT
DARMSTADT

Unveränderter reprografischer Nachdruck der zweiten, unveränderten Auflage
1955

CIP-Kurztitelaufnahme der Deutschen Bibliothek

**Wilamowitz-Moellendorff, Ulrich von:**
Der Glaube der Hellenen / Ulrich von Wilamowitz-Moellendorff. – Nachdr. – Darmstadt: Wissenschaftliche Buchgesellschaft
ISBN 3-534-00646-1
Bd. 2. – Unveränd. reprograf. Nachdr. d. 2., unveränd. Aufl. 1955. – 1984.

2345

Bestellnummer 0646-1

Druck und Einband: Wissenschaftliche Buchgesellschaft, Darmstadt
Printed in Germany

ISBN 3-534-00646-1

# VORBEMERKUNG DES HERAUSGEBERS

*Die Peinlichkeit, die für den unterzeichneten Herausgeber darin liegt, bei diesem letzten Vermächtnis von Wilamowitz in einer eigenen Vorbemerkung das Wort zu ergreifen und damit überhaupt mit seinem Namen hervorzutreten, wird jeder nachempfinden, um so mehr, wenn er zu seiner Freude hören wird, wie geringfügig im ganzen betrachtet die Tätigkeit des Herausgebers zu sein brauchte. Aber es erhebt sich die gebieterische Pflicht, diese Tätigkeit mit möglichster Bestimmtheit zu kennzeichnen und Zeugnis zu geben von dem Zustandekommen dieses Bandes; auch einiges andere heischte Erwähnung.*

*Als Wilamowitz am 25. September vorigen Jahres starb, war das erste Kapitel in dritter Korrektur fertiggestellt und das Imprimatur für Bogen 1–16 noch von ihm selbst erteilt. Bis hierher, genauer bis S. 254, reicht also die unmittelbare Tätigkeit des Verfassers, mit S. 255 beginnt der vom Herausgeber besorgte Text: Das Manuskript des ganzen zweiten Kapitels war bereits in den Druck gegeben, die ersten Korrekturfahnen erreichten noch den Verfasser auf seinem Sterbebette, und ein paar Eintragungen in diese sind das Letzte von seiner Hand. Was vom dritten Kapitel fertiggestellt war, fand sich in einem Kuvert vereinigt mit Ausnahme der letzten Blätter (Plotin), die von der letzten Arbeit her auf dem Schreibtische lagen. Daß auch dieses ganze Manuskript von Wilamowitz als druckfertig betrachtet worden ist, seine Veröffentlichung in der vorliegenden Fassung also seinem Willen entspricht, dafür bürgt die blaue Seitenpaginierung, nach einer eigenen Notiz des Verfassers für den Fall seines Todes das Zeichen der Druckfertigkeit. Eine genaue Durchsicht bestätigte das bis auf zwei Stellen, die umgearbeitet bzw. erweitert werden sollten, vgl. S. 477, 2 und 512, 2. Auch das Manuskript der drei Beilagen, auch dieses in ein Kuvert zusammengelegt, erwies sich trotz der fehlenden blauen Seitenpaginierung, die bei diesen wenigen Blättern wohl überhaupt nicht beabsichtigt war, als druckfertig, nur die zweite Beilage „Die Mysterien von Andania" erforderte einen leichten Eingriff, um durch Umstellung und Zu-*

*sammenfassung eine Dublette zu beseitigen. Für den fehlenden Rest des dritten Kapitels liegen nur flüchtig auf viele Zettel und Blätter hingeworfene Stichwörter, Stellenzitate und andere Notizen vor, hier und da sind auch Gedanken zu einem Satze geformt. Es sind im wahrsten Sinne des Wortes disiecta membra, vor denen jedes noch so heiße Bemühen, einen Zusammenhang herzustellen, resignieren mußte. Auch Mitteilungen über Unterredungen, die Wilamowitz in den letzten Monaten geführt hatte, halfen nicht weiter, so wichtig sie zur Bestätigung von manchem waren. Dagegen sind von unschätzbarem Werte die Aufzeichnungen, die mit liebevoller Sorgfalt die älteste Tochter des Verstorbenen, Freifrau Hiller von Gaertringen, von Gesprächen der letzten Zeit, ja der allerletzten Tage, gemacht hat; denn die Gedanken an sein Buch verließen auch den Sterbenden nicht und beschäftigten ihn bis zum Schwinden seines Bewußtseins. Auf diese Aufzeichnungen geht zurück, was unten S. 518ff. über Porphyrios und die Gründe für den Sieg des Christentums mitgeteilt ist. Dort ist auch zusammengestellt, was immer wiederholte Bemühungen den meist schwer leserlichen Notizen, von denen freilich einige allen Entzifferungsversuchen getrotzt haben, abgewinnen konnten; dankbar gedenkt der Herausgeber der Hilfe, die ihm hierbei von den verschiedensten Seiten geleistet worden ist, mit besonderer Dankbarkeit derjenigen, die ihm die Gattin des Verstorbenen zuteil werden ließ. Leitend war das Bestreben, dem Leser nach Möglichkeit nichts von dem vorzuenthalten, was sich an unverwerteten Notizen fand, lieber ein Zuviel als ein Zuwenig zu geben. Daß der Herausgeber damit Gefahr gelaufen ist, vielleicht manche der momentan gefaßten Gedanken gegen die Absicht von Wilamowitz zu verewigen, zumal es sich nicht durchweg um Aufzeichnungen der allerletzten Zeit, sondern nach Ausweis der Schrift zuweilen weit zurückliegender Jahre handelt, weiß er selbst am allerbesten, und aus seiner Besorgnis heraus hält er es für seine größte Pflicht dem Verstorbenen gegenüber, auch den Leser dringlich auf diese Gefahr aufmerksam zu machen. Auch das sei ausdrücklich betont, daß die Art dieser oft flüchtig und nur in Stichworten abgefaßten Notizen zuweilen eine leichte Umwandlung oder Erweiterung nötig machte, manche zusammengehörigen oder sich ergänzenden Notizen zu einer vereinigt sind, mit anderen Worten, daß die Anführungsstriche zwar meist, aber nicht durchweg den getreuen Wortlaut, sondern nur den Gedanken verbürgen; [?] bezeichnet die nicht sichere Lesung des vorangehenden Wortes. Das gleiche gilt auch von einigen der von Wilamowitz selbst zusammengestellten Nachträge. Die wenigen nicht von ihm herrührenden sind durch eckige Klammern und Angabe der Herkunft gekennzeichnet; die von Ed. Fraenkel sind mit dessen Zustimmung einem Briefe an Wilamowitz entnommen, den dieser selbst zu den Nachträgen gelegt hatte. Natürlich durften bei den fremden Nachträgen nur solche in Betracht kommen, die Ergänzungen oder tatsächliche Berichtigungen darstellten, subjektive Zweifel und Bedenken gegenüber anfechtbaren Aufstellungen waren hier in den Anmerkungen fernzuhalten: es ist Wilamowitz' Buch.*

*Schließlich liegt es dem Herausgeber ob, Rechenschaft abzulegen über seine Handhabung der Korrektur bei dem erhaltenen Manuskript. Größte Zurückhaltung einem Texte von Wilamowitz gegenüber braucht als ein selbstverständliches Gebot nicht betont zu werden, aber ein ebenso selbstverständliches Gebot war es, ganz sichere Irrtümer, freilich auch nur solche, zu beseitigen (durch einfache Streichung oder entsprechende Änderung), ohne das für den Leser besonders kenntlich zu machen, hieß das doch nichts anderes tun, als was Wilamowitz bei der Korrektur, von selbst oder darauf aufmerksam gemacht, getan hätte. Zusätze zum Texte sind in der üblichen Weise durch eckige Klammern, wo es angebracht schien, mit entsprechendem Vermerk bezeichnet. Vor wesentlich schwerere Entscheidungen aber stellte der sprachliche Ausdruck; machte es doch die Eigenart des Stiles von Wilamowitz oft sehr schwer zu entscheiden, ob es sich um eine gewollte Besonderheit der Satzgestaltung oder ein durch Einschub oder Korrektur des Ausdrucks unbeabsichtigtes Anakoluth handelte. Es schien nun geratener nach den Erfahrungen bei der Korrektur des ersten Bandes, wo Wilamowitz manchen Vorschlag zur Glättung zurückwies, lieber manche Härte, wenn sie nicht gerade unerträglich war, und auch diese oder jene leichte Unebenheit der Gedankenführung stehen zu lassen, um der Gefahr einer Verwässerung des Stiles möglichst zu entgehen. Denn das muß bei dieser Gelegenheit gegenüber anders lautenden Urteilen betont werden, daß der Stil von Wilamowitz, man mag ihn sonst bewerten, wie man will, alles andere als „ungepflegt" ist. Wilamowitz hat eine große Mühe und Sorgfalt auf die sprachliche Gestaltung verwendet und oft erst nach mehrmaligen Versuchen die ihn befriedigende Fassung gefunden. Dafür legt beredtes Zeugnis ab so manche Seite seines Manuskriptes mit ihren vielen Korrekturen, so manches „kassierte" Blatt mit ersten Entwürfen; es steckt auch rein sprachlich eine viel größere Arbeit in diesem Werke, als der Fernerstehende ahnen kann. Es war eine öfters gehörte Klage von Wilamowitz in der letzten Zeit, daß ihm die passende Formgebung seiner Gedanken viele Mühe bereite, und es machte ihm Sorge, ob er gerade für den Schluß des Ganzen die sprachliche Gestaltung noch würde finden können, die er sich dafür wünschte.*

*Mit der Zusammenstellung der Fragmente zum Vorwort und der Anfertigung einer dem ersten Bande entsprechenden „Übersicht des Inhalts" endete die Tätigkeit des Herausgebers; die Register stammen nicht von ihm. Diese hatte schon Wilamowitz selbst ausführlicher gestalten wollen und dafür zahlreiche Stichwörter in seinem Korrekturexemplare bezeichnet, aber es stand von vornherein der Wunsch fest, noch über seine eigenen Absichten hinauszugehen und für dieses Werk ganz besonders umfangreiche Register zu schaffen, die den Zugang zu den schwer übersehbaren Einzelheiten bequem machen sollten. Hierzu bedurfte es einer erfahreneren Hand, und so hat sich Hiller von Gaertringen bereit finden lassen, die Ausführung zu übernehmen.*

*Als der Unterzeichnete bald nach dem Tode von Wilamowitz von der Familie des Verstorbenen und den Verwaltern seines wissenschaftlichen Nachlasses mit der ebenso ehrenvollen wie verantwortungsreichen Aufgabe der Herausgabe dieses Bandes betraut wurde, stand es sofort bei ihm fest, alles daranzusetzen, die im Vorwort zum ersten Bande geäußerte Hoffnung des Verfassers, „daß der Schlußband in Jahresfrist erscheinen kann", also Ostern 1932, wahr zu machen, um so dem geliebten Lehrer den letzten, besten Dienst erweisen zu können. Das ist gelungen, hoffentlich auch in einer des großen Toten nicht unwürdigen Form! Aber daß es gelungen ist, hat der Herausgeber der bereitwilligsten Unterstützung zu danken, die ihm von so vielen Seiten entgegengebracht wurde: er nennt an erster Stelle Hiller von Gaertringen und Paul Maas, die getreulich die Last der Korrekturen geteilt und mit manchem Rate geholfen haben, er nennt weiter Freifrau Hiller von Gaertringen und Paul Geißler, die unermüdlich für die Beschaffung von Büchern gesorgt haben, er darf aber auch nicht vergessen, die großen Verdienste zu erwähnen, die sich der Verlag und die Druckerei um die würdige Gestaltung des Buches und die beschleunigte Durchführung des Druckes erworben haben.*

*Und zum Schluß noch eins. Nie darf vergessen werden, unter welchen schweren körperlichen Leiden Wilamowitz in den letzten Monaten oft an seinem Werke hat arbeiten müssen, wie er mit übermenschlicher Kraft gegen die quälenden Schmerzen angekämpft hat, um den Abschluß zu erreichen. Das unerbittliche Schicksal hat es ihm versagt, die letzten, wenigen Steine zu dem großartigen Bau zu fügen. Wir tun dem Toten unrecht, wenn wir fruchtlos darum klagen, sein Werk als Torso betrachten! Mag es auch äußerlich als solcher erscheinen, sein inneres Ziel hat es erreicht: es hat die Darstellung bis zur Überwindung der hellenischen Götter geführt. Nicht Klage geziemt, sondern Bewunderung dessen, was der Wille über den Körper vermag, Dankbarkeit und Freude über das Erreichte.*

*Have pia anima.*

*Günther Klaffenbach.*

# FRAGMENTE ZUM VORWORT DES VERFASSERS

*Die vorhandenen Aufzeichnungen und Notizen reichen nicht aus, auch nur in großen Zügen den Aufbau der vom Verfasser für diesen zweiten Band angekündigten Vorrede erkennen zu lassen. Doch sei hier zusammengestellt, was sich für diese vorgemerkt fand.*

*Dem Namen Welcker begegnet man immer wieder, daneben wird auch Wellhausen genannt und Erman und Sethe, von eigenen Werken der Isyllos von Epidauros, die Rede „Neujahr 1900" (vgl. unten S. 523) und die Frankfurter Vorträge (unten S. 520). „Non remisi ad priora, z.B. Antig. Karyst. 275." Einzeluntersuchungen, die er noch hätte führen können, seien für weitere Beiträge geplant gewesen, „aber keine Zeit". Mehrfach findet sich die Klage über die „Anomalie" des Ganzen: er habe darstellen wollen, mußte aber doch immer wieder in die Untersuchung fallen, die sich nicht habe aussondern lassen. Der Versuch der Beilagen sei gescheitert. Er beklagt auch Wiederholungen, freilich „einzelnes mußte wiederholt werden, in anderem Zusammenhange, weil es so und so beleuchtet". „Dubletten manchmal im Interesse des Lesers, statt nachzuschlagen." Zusammenfassend sagt er einmal hinsichtlich des ersten Bandes: „Ich muß selbst gestehen, daß die Ausarbeitung ungleich, in vielem unbefriedigend ist, Lücken und leider auch Wiederholungen zeigt. Aber daß ich zu der Umarbeitung, deren Notwendigkeit ich empfand, den Mut nicht mehr hatte, wird hoffentlich meinem Alter verziehen werden." Die Zitate seien ungleich, sie wollten nicht erschöpfen, sondern nur Beispiele bringen. „Was die vulgären Bücher geben, nicht belegt, nur herausgehoben, was nützlich schien." Weiter heißt es: „Wenn ich die griechischen Bücher lese und daneben, was von den archäologischen Entdeckungen mir vor die Augen kommt, stoße ich immer wieder auf Tatsachen, die Erwähnung forderten. Auf moderne Meinungen einzugehen habe ich keine Zeit mehr." Ferner war wohl auch für das Vorwort bestimmt die Notiz: „Es ist ein Fehler, daß ich nicht Kirchenjahre vorgeführt habe" (vgl. dazu I 35, 1) sowie die nachstehende Bemerkung: „Allgemeine Religionsgeschichte erst jenseits der Einzelreligionen, wie allgemeine Sprachwissenschaft hinter den Einzelsprachen. Christliche Theologen können natürlich helfen, aber sie sehen die Dinge unter dem Vorbehalte, im Christentume absolute Religion zu haben, berechtigt, weil sie für Europäer die höchste ist.“ Schließen sollte die Vorrede „wie Kydathen [S. 172]* οὐδὲ δέδοικα μή τι παρὰ θεοῖς ἀμβλακὼν τιμὰν πρὸς ἀνθρώπων ἀμείψω“. *Hier aber möge als vollerer und zugleich mahnender Ausklang an den Schluß gerückt sein, was Wilamowitz ebenfalls im Vorwort aussprechen wollte:*

*„Der Fortschritt in unserem Wissen geschieht durch die Untersuchung, also die analytische Kritik der Überlieferung, die zur Feststellung einer Wahrheit führt. Es bleibt analytische Untersuchung, auch wenn neue Faktoren in die Rechnung eingestellt werden; die Vermehrung des Materials ändert das Ergebnis, nicht die Methode. Die Synthese nimmt die gewonnenen Einzelergebnisse zusammen und gelangt so zu einem Vollbilde. Sie ist unentbehrlich, rückt vieles einzelne erst in das rechte Licht und kann sagen, daß die analytische Forschung nur Vorarbeiten für sie liefert. Aber sie reizt zu neuer Forschung, und je stärker sie es tut, um so eher genügt sie nicht mehr. Eine neue wird nötig, und so geht es weiter, solange Leben in der Wissenschaft ist.“*

## ÜBERSICHT DES INHALTS

## PANHELLENISCHE GÖTTER

Nun gehen wir in das Mutterland hinüber und müssen zeitlich zurückgreifen, denn aus ihm ist nur Hesiodos verhört, der sich von der epischen Tradition nicht trennen ließ, Ioniens Entwicklung ist aber weit herabgeführt. Im Mutterlande vollzieht sich durch die Aufnahme und Fortbildung der Anregungen, die aus dem Osten kommen, auf dem Grunde des Altererbten die Vollendung der hellenischen Religion in Kultus und Mythos, die sich nicht mehr trennen lassen, und das Mutterland bestimmt hinfort den Gang der hellenischen Geschichte. In völlig dunkelen Jahrhunderten haben sich die Stämme und Staaten konsolidiert, wie sie dann bleiben. Aber auch weiter bis in das sechste Jahrhundert hinein wissen wir viel zu wenig, um eine wirkliche Geschichte von Hellas erreichen zu können: wer das unternimmt, versucht die vereinzelt überlieferten Tatsachen und die Rückschlüsse aus den späteren Zuständen zu kombinieren, und heute gilt es für einen Fortschritt, unwillkommene Überlieferung zu verwerfen, weil sich dann bequemer ausführen läßt, „wie es zugegangen sein muß“. Über Thessalien wissen wir nicht mehr, als daß das eingewanderte Herrenvolk, eine dünne Adelsschicht, die Sprache und die Götter der alten Bewohner allmählich annimmt, aber die Herrschaft auch über einige Nachbarstämme, Perrhaeber, Magneten, phthiotische Achäer, behauptet; die staatliche Einheit ist in dem Stamme, der doch als solcher zusammenhält, schwach, kriegerische Vorstöße nach Süden sind nicht selten, schließlich aber erfolglos. An den panhellenischen Agonen nehmen die Herren teil, suchen in der delphischen Amphiktionie Einfluß zu behaupten, denn der Pythier wirkt stark ein, während mit dem Osten kaum Verbindungen bestehen. Für die Nation, vollends für ihr geistiges Leben, kommt Thessalien nicht in Betracht. Um den Parnaß und östlich bis ans

Meer sitzen eine Menge ganz kleiner Stämme in ihren Dörfern; auch die beiden größten, Phoker und Lokrer, sind zu einem Synoikismos nicht gelangt[1]. Bedeutung für die Nation haben sie nicht. Die gewinnt erst Delphi, als Apollon sich des Orakels bemächtigt hat und die Amphiktionie von den Thermopylen zu sich herüberzieht, also die urgriechische Demeter zurückdrängt wie in Delphi die Ge; seine Priester streben daher danach, aus dem Stammverbande der Phoker auszuscheiden. Die Lokrer haben an Menschen einen Überschuß gehabt, der zuerst, offenbar mit Zustimmung der Phoker, westlich von diesen einzelne Dörfer auf dem Boden der wilden Weststämme eingenommen hat, dann aber die Kolonie am italischen Zephyrion gründet; denn wenn auch der ganze Stamm beteiligt war, konnte die Ausfahrt doch nur von Oiantheia ausgehen, und Korinth mußte mindestens einverstanden sein. Korinth war ja auch dabei beteiligt, auf dem Boden jener noch ganz rohen und wohl nur halbhellenischen Stämme, die man unter dem alten Namen der Ätoler zusammenfaßt, Kolonien zu gründen, und hat an ihrer langsamen Hellenisierung den Hauptanteil. Die Tempel von Thermos und Kalydon legen davon Zeugnis ab[2]. Bis zum Ende des vierten Jahrhunderts sind die Ätoler als Hellenen kaum zu rechnen; zu einem Synoikismos haben sie es nie gebracht. So sind nördlich vom Isthmos nur Böotien, Euboia und Attika für die Kulturentwicklung von Bedeutung, beide für die Aufnahme der östlichen Anregungen empfänglich. Die Böoter haben den Bundesstaat ausgebildet, dem sich Orchomenos lange fernhält; die Herrschaft der in mykenischer Zeit mächtigen Stadt war auf die böotischen Ansiedler übergegangen[3]. Man durchschaut noch, daß Theben, das in dem ionischen Epos für zerstört

[1] Ein Ansatz dazu ist die Stellung der Opuntier auf der Bronze von Naupaktos; Opus hat das ältere Kynos verdrängt.

[2] Nur die Gegend um das alte Kalydon bewahrte mit dem Namen *Αἰολίς* die Erinnerung an die Zeit, von der die Sagen von Oineus, Meleagros und Tydeus erzählten; seine Göttin, die Laphria, fand bis nach Kephallenia und Hyampolis Verehrung. Die Korinther haben hier nicht selbst Fuß gefaßt, aber ihre Kunst hat doch auch hier gegolten.

[3] Lebadeia und Chaironeia blieben orchomenische Dörfer. Kopai wird auch erst später selbständig geworden sein. Hyettos mit seinem ungriechischen Namen ist von den vorböotischen Hyanten schwerlich zu trennen; es war nicht selbständig.

gilt, nun wieder zu der mächtigsten Stadt wird[1], und daß die Böoter erst recht spät die Ionier auch von der Küste vertrieben und in der *Γραικὴ* eine neue Stadt *Τάναγρα* gegründet haben. Auch über den oberen Asopos sind sie erst spät gedrungen; Plataiai ist niemals recht böotisch gewesen. Attika ist durch einen Synoikismos zu einer großen, staatlich fest geeinten Landschaft geworden; aber das war kein einmaliger Akt; die Tetrapolis und wohl mehr als sie hatte einmal mit der *Γραικὴ* zusammengehangen, Eleusis war noch länger megarisch gewesen[2]. Böoter und Attiker waren Bauern, empfänglich für das, was von außen kam; aber trotz seiner langen Küste hatte Athen bis tief in das sechste Jahrhundert keine ansehnliche Flotte, so daß der Export seiner Tonware auf eigenen Schiffen nicht erfolgt sein kann. In der Keramik hat aber das attische Handwerk schon in der geometrischen Periode alle anderen Fabriken übertroffen. Es gab also schon so etwas wie Industrie, aber der alte Staat hat durch die Einführung des Ölbaumes[3] den Ertrag des Ackers steigern müssen, denn andere landwirtschaftliche Erzeugnisse konnte er nicht ausführen, während der böotische Weizen sehr begehrt gewesen sein wird. Auf Euboia haben sich die Ionier gehalten und Zuwanderer absorbiert; wenige Städte haben die Bauernschaften unter sich und bilden eine Flotte aus. Die beiden größten liegen am Euripos, der sie kaum vom Festlande scheidet. Chalkis hat die ionische Auswanderung nach der südthraki-

[1] Kämpfe mit Orchomenos leben nur in der Heraklessage. Daß das Ptoion mit seinem Apollonorakel erst von Theben annektiert ist, zeigt die geflissentliche Hervorhebung des Teneros als Thebaner durch Pindar. Der Akraiphen Korinnas deutet auf andere Verbindung. In Tanagra, wo die Böotier den karischen Orion von den Ioniern übernommen hatten (vgl. Naxos und Chios), dachte man sehr anders als in Theben.

[2] Megarisch bedeutet hier nicht dorisch, obgleich die *μέγαρα* der dorischen Herren dem Orte erst diesen Namen gegeben hatten, sondern eine ältere Bevölkerung, zu der Nisa gehört; wenn das der Schiffskatalog zu Böotien rechnet, so meint er eben diese Bevölkerung. Pandion, der Vater des Nisos, deutet auf eine alte Vereinigung mehrerer kleiner Stämme in einem Zeuskulte. Darauf beruhen die Ansprüche Athens auf das dorische Megara.

[3] Der Ölbaum fehlt bei Hesiod; Ölspenden im Kultus sind nicht häufig. Es ist wichtig, sich klarzumachen, daß das später für das tägliche Leben unentbehrliche Öl erst allmählich durch die Anpflanzung eines neuen Fruchtbaumes eingeführt worden ist. In Asien konnte dieser längst angebaut sein.

schen Küste und in den Westen geleitet, die dort zwar auf die Dauer ihre Sprache, an vielen Orten auch ihre Existenz nicht bewahren konnte, aber noch im fünften Jahrhundert allen andern auf den geistigen Gebieten überlegen war. Ionier von den Inseln hatten sich angeschlossen; den Inseln fiel überhaupt die Vermittlung von dem zu, was von Asien kam, auch nach dem Peloponnes.

Der Peloponnes ist in diesen Zeiten wichtiger als der Norden, doch auch von ihm fällt der Westen und die Mitte aus. Messenien hat vor der spartanischen Eroberung etwas bedeutet, aber davon haben sich noch keine Spuren in dem Boden gefunden. Die Eleer sind über dörfliche Siedelung nicht hinausgelangt; dasselbe gilt trotz den Städtenamen von der nun Achaia genannten Küste[1], die aber Menschen abzugeben hatte, nach Zakynthos, Kephallenia mit Ithaka und bis nach Italien, wo manchmal ionische Gründungen übernommen wurden[2]. Arkadien blieb auf ganz tiefer Stufe; nur die beiden Synoikismen auf der östlichen Hochebene, Tegea und Mantineia, schwerlich älter als das spätere siebente Jahrhundert, nehmen an der Kultur der Nachbarn teil. So bleiben nur die Staaten der Ostküste, Sparta, Argos samt den kleinen Orten der Argolis und Korinth mit dem nun dorischen Megara. Dorisch heißen alle diese Staaten; doch findet sich der Name in lakonischen Texten nicht[3]. Von Argos aber, das gerade die spezifisch dorischen Institutionen aufgegeben hat und sehr vieles bewahrt, das bis in die Blüte von Mykene zurückreicht, ist dieses Dorertum bis an den Saronischen Golf, mittelbar nach Aigina getragen, westwärts nach Kleonai und Sikyon. Korinth, wenn auch vermutlich einst von Argos aus erobert, steht nun ganz für sich. Es sind in diesem Sinne dorische Auswanderer gewesen, von denen die dorischen Inseln

[1] Man kann es gut an Patrai sehen, vgl. die Beilage Laphria.

[2] Timaios, vorwiegend bei Lykophron, hat das meiste hierüber erhalten. Die Voreinwohner waren teils über die Adria gekommene Illyrier-Epiroten (*Χάονες Χῶνες, Μεσσάπιοι*) teils, im Westen, Ausoner, nach denen das Meer heißt. Wenn antike Traditionen, zu denen der Befund in den Gräbern stimmt, sie Sikeler nennen, so ist das eine andere Bezeichnung der Rasse. Die Aurunker Campaniens sind dasselbe Volk. Die Indogermanen, Italiker, sind überall erst später so weit aus den Bergen vorgestoßen.

[3] Erst am Ende des sechsten Jahrhunderts wird ein spartanischer Königssohn *Δωριεύς* genannt.

vor Karien und Lykien in Besitz genommen sind. Damals ist Argos die allen überlegene, weit reichende Macht gewesen. Die Küste gehörte ihm bis Kythera, seine Hera drang über Stymphalos bis Olympia, auch nach Sparta. Sein Herakles ward zum allgemeinen Heros. Als das alte Königtum beseitigt ward, geht es bergab in den langen Kämpfen mit dem nach dem Erwerbe von Messenien vordringenden Sparta, das von seinen Bürgern die Kolonisten von Thera und Taras hatte abgeben können. Es würde sehr viel bedeuten, wenn wir über die Glanzzeit von Argos durch Bodenfunde so unterrichtet würden, wie es die englischen Ausgrabungen in und um Sparta erzielt haben. So große Bewunderung die Sorgfalt verdient, durch die es allein möglich war, die Funde zeitlich zu bestimmen, und so wichtig die Tatsache ist, daß in Sparta eine eigene Keramik entstanden ist[1], es bestätigt sich doch, daß die eigene Erfindsamkeit gering war, Anregungen zuerst irgendwie aus dem Osten, dann von dem Isthmos her (protokorinthisch) kommen mußten und ein Aufstieg über die so entstandene lakonische Ware nicht stattgefunden hat. Sparta hat eben auf allen geistigen Gebieten, auch in der Religion, nichts gegeben, um so mehr durch seine staatliche und militärische Ordnung. Fremde werden die Epiker gewesen sein, welche Spartanisches in die Heldensage gebracht haben, die frühe Verbindung mit Delphi hat auch dazu beigetragen[2]; Alkman war ja auch ein Lyder, d.h. ein Grieche aus Sardes. Die Verbindung mit Olympia übernehmen die Spartaner von den Messeniern. Die Spiele werden, wie die Siegerliste zeigt, lange Zeit nur von Peloponnesiern, nicht eben viel aus dem Kreise von Argos, aber wohl aus den Isthmosstaaten besucht[3]. Korinth ist

[1] In Kyrene ist dann eine Filiale entstanden, aus der ein Prachtstück, die Arkesilasschale, ins Ausland kam, ein anderes nach Tarent. Denn weder der Kampf der Kyrene noch das rein ägyptische Motive verarbeitende andere Bild kann in Sparta entstanden sein.

[2] Das Epos, in dem Agamemnon Spartaner war, hat den Orestes von dem Pythier schicken lassen. Sehr wichtig, was die lakonischen Vasenbilder an mythischen Szenen bringen, Prometheus mit dem Adler, Herakles mit Hydra und Löwen, vielleicht auch mit dem Kentauren, Perseus und die Gorgo. Das steht alles in der hesiodischen Theogonie. Vor allem Zeus, den Apfel in der Hand, die drei Göttinnen auf ihn zueilend, Orthia Pl. 12, also ganz den Kyprien entsprechend.

[3] Wichtig, aber begreiflich ist, daß auch Angehörige des athenischen Adels einzeln teilnehmen. Daß überraschend einmal ein Athlet aus dem fernen kleinen Peparethos auftritt, garantiert die Echtheit, denn den

schon unter den Bakchiaden durch die Unterhaltung einer seetüchtigen Flotte die stärkste Kolonialmacht gewesen, die den Barbaren des nördlichen Binnenlandes Kultur brachte, zumal nachdem es auf Korkyra die Euböer verdrängt hatte. Es war aber auch ein Einfallstor für die Anregungen des Ostens. Dabei hatte es auf Sikyon zu die fruchtbarsten Äcker, hatte Bergwerke, also auch eigene Industrie. Es macht geschichtlich nicht viel aus, ob die feine protokorinthische Ware hier oder irgendwo sonst in demselben Kulturkreise verfertigt worden ist. Dabei trieben seine adligen Herren die vornehme Athletik, und das zähe Festhalten an einem vielen Hellenen, zumal den Ioniern, unlesbaren Alphabet beweist, daß die Eigenart nicht aufgegeben werden sollte; wer die Buchstaben nicht lesen konnte, erkannte doch die Herkunft der Gefäße. Der Orient hat die Urania mit der Prostitution ihrer Tempelsklavinnen nach Korinth gebracht; das ging in der Hafenstadt so hin. Auch die Orgien der thrakischen Kotytto fanden Eingang. Hier hat man sich gegen Dionysos nicht gesträubt. In dieser Zeit ist Korinth empfänglich für fremde Anregungen und selbst mehr als nur Vermittler des Fremden. Die Tyrannenherrschaft war seine Glanzzeit, nach Perianders Tod hat es für das geistige Leben von Hellas niemals wieder etwas bedeutet. Megara hatte auch seine Flotte, konnte Chalkedon und Byzantion gründen; aber das war keine Konkurrenz gegen Korinth, wird eher von dort gefördert sein[1]. Wohl aber war es störend, daß Aigina eine starke Handelsflotte aufstellen konnte, gegen die Athen nicht von fern aufkam, daher auch von Korinth Unterstützung erhielt[2]. Wir begreifen nicht, wie die kleine Insel, die selbst Erzeugnisse weder des Bodens noch des Handwerks ausführen konnte, zu dieser Stellung gekom-

konnte sich niemand ausdenken. Aber der frühe Ansatz eines Smyrnäers erklärt sich so, daß es auf seinen Namen ein Regelbuch gab (Eusebius zu Ol. 23, Philostratos Gymn. 12), weswegen er zum ersten Sieger in diesem Agon, Faustkampf, gemacht ward. Man freut sich, daß Datum loszuwerden, das auch für die Aufnahme Smyrnas in den ionischen Bund zu früh ist.

[1] Das kleine Land konnte unmöglich ausreichende Kolonisten abgeben. Als Herakleia Pontike um die Mitte des sechsten Jahrhunderts von Megara gegründet ward, waren die Kolonisten zumeist Böotier, die selbst weder Hafen noch Schiffe besaßen.

[2] Dafür ist bezeichnend, daß Athen die Proedrie an den Isthmien selbst dann noch behielt, als zwischen den Staaten bittere Feindschaft herrschte.

men ist, vermutlich durch die Macht von Argos: es hat doch wohl die ersten Münzen in Verbindung mit Pheidon geschlagen. Wo so manche der Einzelerscheinungen auf Probleme führen, zu deren Lösung unsere Kenntnis nicht ausreicht, muß jedes Gesamtbild täuschend sein; es läßt sich um so besser malen, je weniger man sich mit der Lösung der Einzelfragen plagt; aber richtiger wird es dadurch nicht, daß es sich aus der Ferne gesehen gut ausnimmt. Die reichste und reinste Überlieferung hat uns die Erde bewahrt, und da in dieser Periode Bild und Schrift gerade für Mythos und Religion recht viel ausgeben, empfinde ich bitter die Unzulänglichkeit meines Wissens und Urteils, zumal immer neue Massenfunde hinzukommen. Allgemein gilt jetzt, daß aus dem Orient eine starke Welle herüberschlägt. Wie die Bildhauer die Bildung von sitzenden und stehenden Figuren übernehmen, wie an die Stelle des einheimischen geometrischen Stiles der orientalisierende tritt, Tierfriese und Fabelwesen herüberkommen, geht uns hier nichts an; manches kommt nun aus dem Orient wieder, was die kretisch-mykenische Kunst schon besessen hatte, Sphinx und Greif, Wappenstil und die Gestalt der *πότνια θηρῶν*. Der Flußgott, der für die Hellenen Stiergestalt getragen hatte, erhält die Bildung des asiatischen Mannstieres; wir nennen ihn immer Acheloos, aber er wird oft der Fluß der Stadt sein, die ihn auf ihre Münze setzt. Ganz besonders wichtig wird die Beflügelung; da sind die Vögel mit Frauenkopf, die verschiedene Wesen darstellen, später aufgegeben werden, vor allem aber die Beflügelung des menschlichen, auch des bekleideten Körpers, die später von den großen Göttern ferngehalten wird, während es zuerst sogar eine geflügelte Athena gab, aber für neue Schöpfungen wie Nike und Eros, schließlich auch Psyche, charakteristisch wird, von den Christen für ihre Engel übernommen. Hermes, der Wanderer, bekommt Flügel wenigstens an seine Stiefel. Auch der Pegasos hat sie nur von der Kunst erhalten. Man müßte überschauen, wer und wie er in dieser Periode Flügel erhält; manche Deutung würde sich ergeben[1]. Aber das kann ich

[1] In der griechischen Sprache und Poesie ist die Beflügelung des Menschen ein häufiges Bild, vielleicht mehr als Bild. Die spätere Prosa redet von *μετεωρίζεσθαι ἀναπτεροῦσθαι* durch verschiedene Stimmungen, Anakreon sagt *ἀναπέτομαι δὴ πρὸς Ὄλυμπον πτερύγεσσι κούφαις διὰ τὸν ἔρωτα*. Der geflügelte Dichter oder Sänger (noch bei Euripides Fr. 911 aus der Antiope) kommt auch in der Malerei vor. Jeder weiß, wie Horaz das übernimmt. Was war da das erste, das Sprachliche oder das Bild?

nicht; die schriftliche Überlieferung kenne ich zu gut, um zu versuchen, aus den Brocken ein Ganzes machen zu wollen. Ich muß mich daher, so unzulänglich es bleiben muß, darauf beschränken, die wichtigsten religiösen Strömungen einzeln zu verfolgen, welche zu der panhellenischen Religion in Glauben, Kultus und Mythos geführt haben, obwohl sie eine Weile nebeneinander hergegangen sind, sich auch freundlich und feindlich berührt und gekreuzt haben. Nicht einmal dessen bin ich sicher, die richtige Reihenfolge zu treffen.

Den Vortritt hat unbedingt der Heroenglaube, denn er ist im Mutterlande erwachsen, schon vor dem Eindringen des Epos, das ihn dann befördert; aber eben dadurch ist er etwas ganz anderes geworden als der Glaube an die körperlose Seele. Schachtgräber und Kuppelgräber der Argolis beweisen dauernden Totenkult der Fürsten; dann wird man ihnen auch ein dauerndes Herüberwirken in diese Welt zugetraut haben. Aber das war ihr Vorzug; die Masse des Volkes erhielt höchstens Beigaben in das Grab; auch wenn sie irgendwie und -wo ein anderes Leben führten, für dieses waren sie nicht mehr vorhanden. Die Auswanderer haben, wie Homer zeigt, jeden Totenkult außer der feierlichen Bestattung aufgegeben, jeden Glauben an ein Fortwirken der Bestatteten. Nur in der Nekyia zeigt sich im Totenreiche eine Bevorzugung der Helden, vielleicht eine Nachwirkung des alten, sonst erloschenen Glaubens. Dagegen im Mutterlande haben die Fürsten der zweiten Einwandererschicht, die nun an die Stelle der alten Gebieter getreten waren, den Vorzug der Stellung im Leben und im Tode geerbt. ἥρωες werden sie ihren Stand auch genannt haben. Es gab nun kein großes Reich, daher um so mehr selbständige Kleinfürsten, die alle dieselben Ansprüche erhoben. Es gab die Erinnerung an die vergangene Macht und Herrlichkeit. Bald kamen die Rhapsoden herüber und erzählten von den Heroen jener großen Zeit. Das alles hat zusammengewirkt, und so ist der Heroenglaube erwachsen, den wir antreffen, wo immer wir etwas über die archaische Zeit erfahren.

Bei Homer sind die ἥρωες der Stand, aus dem die Könige hervorragen, im Gegensatz zu den λαοί[1]. Die Heroen sind also die

[1] So hat Istros verstanden, gegen den Aristarch eine διπλῆ setzte, weil er in den ἥρωες das ganze Heer sah. Aber der Dichter hat immer nur die Helden im Auge, und seine ἥρωες, die allein handeln, denken

Herren. Dem entspricht ἡρῷισσαι, wie im Kultus göttliche Herrinnen das Landes heißen; Homer dehnt die Standesbezeichnung auf die Frauen nicht aus[1]. Auch Dionysos wird von den Frauen von Elis ἥρω angerufen; Hera ist die „Herrin". Auch der thrakische Reitergott hat seinen Namen nicht von dem hellenischen Heros erhalten, der niemals ein Reiter ist[2], das Wort muß auch thrakisch gewesen sein. Selbst ein βοῦς ἥρως wird ein Ochse ersten Ranges sein[3].

Verfolgen wir zuerst, wie diese Heroen des Epos im Mutterlande zu einem Kulte kommen, also zu halbgöttlichen Wesen werden, die in das Leben hineinwirken; in Ionien heißen sie in solchem Falle nicht Heroen[4]. Die Ilias kennt nur die Überlegenheit der alten Helden gegenüber der lebenden Generation. Erst Hesiodos nennt die Heroen ἡμίθεοι, Erga 160, ebenso Kallinos 1, 19. Diese Halbgötter, von denen die Rhapsoden erzählten, sollten alle aus dem Mutterlande stammen; aber da wußte man von den allermeisten gar nichts. Mykenes Ruhm war jetzt Perseus, nicht das Geschlecht des Atreus. Von Nestor wußten die Messenier nichts;

auch allein an ihresgleichen. *B* 110 redet Agamemnon allerdings die ganze Heeresversammlung mit ἥρωες Δαναοί an, was einem attischen ἄνδρες Ἀθηναῖοι entspricht; aber es ist begreiflich, daß er die zusammenfassende Anrede a potiore wählt. Erst die Odyssee geht mit dem Worte verschwenderisch um, aber z.B. σ 423 hebt der Dichter hervor, daß ein Herold kein Höriger, sondern ein θεράπων, also auch ein ἥρως war. Den Sänger einen Heroş zu nennen, ϑ 483, ist allerdings gedankenlos, und doch begreiflich, daß dem Rhapsoden der Demodokos so erhaben vorkam. Übrigens folgte Aristarch dem Hellanikos, Fr. 60 Jac., nach dem die Hellenen τοὺς παλαιοὺς ἀνθρώπους Heroen nannten.

1 Die ἡρῷισσαι Libyens Hellenist. Dicht. II 172. In Thera IG. XII 3 Suppl. 1340. Da hielt sich das Wort für eine heroisierte Frau 1626. 27. Sonst sagt man ἡρωίνη oder ἡρωίς für Angehörige der Heroen, einzeln für die Genießerin heroischer Ehren. Die Tragödie meidet das Wort, das der athenischen Sprache nicht fehlte, Opferordnung der Tetrapolis IG. II² 1358, 22. Strepsiades hält den einziehenden Wolkenchor für ἡρῷναι, 315.

2 Damit spielt schon Kallimachos Epigr. 24.

3 Sylloge 145, 32, delphisch. Die Gleichung mit dem βοῦς ἡγεμών, offenbar von suovetaurilia, schlägt nicht durch.

4 Achilleus ist kein ἥρως, wenn er mit Thetis und den Nereiden in Erythrai einen Priester hat, Sylloge 1014, 50. Er ist zu dem Gotte erhoben, der über Skythien herrscht. Alkaios 48b Bgk. Ihn hatten die

Pylier und Epeer gab es nicht mehr, in Argos keinen Diomedes, in Athen keinen Menestheus[1]. Nun wollte man diese Heroen wieder für sich haben. In Mykene erhielten die mächtigen Ruinen und Gräber ihre Besitzer zurück, Atreus sein Schatzhaus. Die Spartaner wiesen dem Menelaos den Platz der vorgriechischen Burg auf dem linken Eurotasufer an, wo auch die *Τινδαρίδαι* wohnten, alte Götter, die ihren Kult behalten hatten, obgleich sie nun *ἡμίθεοι* geworden waren; auch dem Menelaos wird Kult schwerlich gefehlt haben[2]. Sollten doch auch Agamemnon[3] und Kassandra-Alexandra nach Lakonien gehören. Die Korinther konnten sich aus der Ilias keinen Heros holen, daher bogen sie die Argonauten-

Milesier, als sie an die Mündungen des Istros und Borysthenes gekommen waren, zum Herren des Landes gemacht; ob Leuke, wie sie seine Insel nannten, das lichte Reich der Verklärten war, ist unbestimmbar; wie sie erkannten, daß auf dem *δρόμος Ἀχιλλέως* der *ποδώκης* liefe, nicht minder. Voraussetzung war jedenfalls, daß er nicht tot war, sondern als Gott weiterlebte. Auch Medeia und Helene sind dorthin gekommen. Höchst wunderbar, mir unerklärlich, sind die vielen Geschichten und Kulte des Achilleus im südlichen Lakonien bei Pausanias. – Eine Nachahmung der Entrückung des Achilleus ist die des Diomedes auf eine Insel vor dem Garganus, die mit seinem Tode bei den Dauniern nicht zusammengeworfen werden darf. In Argos erfuhr man natürlich erst durch Homer von ihm, dem ätolischen Eidam des Adrastos (der auch fremd war), und bediente sich seiner im sechsten Jahrhundert, als man das troische Palladion besitzen wollte: da ward der heilige Schild aus dem Symbol der Athena zu dem seinen. Mimnermos hat nur erzählt, daß Aphrodite zur Strafe für ihre Verwundung seine Frau liederlich machte. Mehr soll man aus dem Lykophronscholion 610 nicht auf den Elegiker zurückführen.

[1] Er hat keinen Kult erhalten, denn es war mit ihm nicht viel Staat zu machen, obwohl im *Δ* Verse zu seinen Ehren eingefügt wurden, auf die sich die Epigramme der Hermenstoa berufen.

[2] Die Telemachie, die ihm geflissentlich seine Entrückung in das Elysion in Aussicht stellt, wird diesen Kult im Auge haben, denn sie weiß in dem Sparta ihrer Zeit Bescheid.

[3] Die Stelle des Pausanias III 19, 6 ist unsicher, also auch sein Grab in Amyklai. Die Epiklese *Ζεὺς Ἀγαμέμνων*, öfter bei Lykophron und bei Staphylos (Clemens Protr. 32 P), läßt sich verschieden deuten, als göttliche Verehrung oder besser als gesteigerter Heros, wie es dem Heerkönig zukam. *Ζεὺς Λακεδαίμων* ist Zeus als Landesherr, denn ihm opfern die Könige neben dem *οὐράνιος*, dem Herrn des Himmels, Herodot VI 56.

sage so um, daß Medeia die ihre ward[1]. Von manchen dieser Heroen gab es nun Gräber in ihrer Heimat, aber das Gewöhnliche war es nicht. Gerade die Nosten sind ja entstanden, weil recht viele der homerischen Helden in ihre Heimat nicht zurückgekommen, dort also unbekannt waren[2]. Das hinderte aber durchaus nicht, daß sie in dieser weiter wohnten und wirkten, also Kult verlangten. Der delphische Gott hat später geboten, ihre Gebeine in heimischem oder fremdem Boden zu suchen[3], aber das war weder nötig, um die Errichtung eines Heroon zu begründen, noch an die Hilfeleistung der Heroen zu glauben. Sehr schön zeigt sich das vor der Schlacht bei Salamis. Da denkt man die Heroen in ihrer Heimat weilend, ruft also auf ihrer Insel Telamon und Aias (*ἐπεκαλέοντο* Herodot VIII 64); Aias konnte da unmöglich ein Grab haben. Zu den anderen Aiakiden (also Aiakos, Peleus und Achilleus)[4] schickte

[1] Da die jetzigen Herren des Mutterlandes auch ihre eigenen Ahnherren hatten, durften diese nicht zurückstehen, wurden also auch *ἡμίθεοι*. Sie erhielten einen Gott zum Vater. Dem dienen viele der Genealogien in den hesiodischen *Κατάλογοι* und *Ἠοῖαι*.

[2] Die Disticha auf die Heroen, die im aristotelischen Peplos vereinigt waren, geben oft den Ort des Grabes an, oder er steht in der Überschrift. Wirkliche Gräber brauchten die Verfasser darum nicht zu kennen. Daß einzelne Gedichte sehr alt waren, beweist das Distichon auf Oedipus, schlecht nachgeahmt im Peplos 63, erklärt in Tychos Technik des Sophokles 327. Entstanden dürften die Verse als Improvisationen beim Weine sein, wie solche Klearchos, Athen. 457, erwähnt.

[3] Der älteste Fall ist vielleicht das Gebot an Sparta, die Gebeine des Orestes in Tegea zu suchen, Herodot I 67, der die Geschichte als Erklärung eines Orakels in Delphi gehört hat. Weder die Zeit, noch was sich wirklich zugetragen hat, läßt sich daraus entnehmen. Die Überführung der Gebeine des Melanippos von Theben nach Sikyon, Herodot V 67, kann ebenso alt sein. Die meisten Überführungen, die Rohde, Psyche I 161, nach Lobeck anführt, sind ganz jung oder verdächtig. Wer wird etwas darauf geben, daß „die Eleer erzählen, sie hätten *ἐκ μαντείας* die Leiche der Hippodameia aus Midea geholt, wohin sie nach der Ermordung des Chrysippos geflohen war“, Pausan. VI 20, 7. Das Heroon war ein leerer eingefriedeter Fleck Erde. Man hat den Inhaber erfinden müssen.

[4] Aiakos hatte ein großes Heiligtum, ob ein Grab, ist ungewiß. Achilleus konnte kein Grab haben. Den Telamon hatten die Aegineten nicht aufgegeben, aber die Athener mit Aias nach Salamis gezogen. Nach der Eroberung von Aigina haben sie auch dem Aiakos ein Heiligtum errichtet; er sollte nicht grollen, daß nun athenische Kleruchen auf seiner Insel wohnten. Aristot. u. Athen. II 281.

man ein Schiff nach Aigina, das rechtzeitig zurückkam; sie haben auch geholfen, wenn auch nicht durch persönliches Eingreifen. Nichts deutet darauf, daß das Schiff etwas mitbrachte, das die Heroen vertrat; sie waren nur da, wo sie wohnten, aufgerufen (Herodot 83, 84): da kamen sie eben mit.

Es gab auch Gräber, in denen ein Heros wohnte, dessen Namen man nicht kannte, und auch Altäre eines unbekannten Heros. Dafür genüge die alte Inschrift von Mykene τῶ ἥρωός ἐμι, IG. IV 495, und der Altar in Olympia mit der immer wieder aufgemalten Inschrift ἥρωος (Inschr. Ol. 662)[1]; es gibt mehr der Art. Die mykenische Zeit hatte ja so stattliche Grabanlagen hinterlassen, der Inhalt der gelegentlich eröffneten war so reich: da mußten Heroen bestattet sein, die aus einer anderen Welt stammten. Sie waren gewiß nicht tot, sondern konnten noch mit unheimlicher Macht wirken. Gewappnet denkt man den Heros mindestens seit man das Epos kennt; der Inhalt geöffneter Gräber wird es bestätigt haben. Gefährlich war es, einem Heros zu begegnen; aber er konnte auch helfen, insbesondere heilen. Die Kranken werden sich an dem Grabe zum Schlafe niedergelegt und den Heros im Traume oder auch ὕπαρ gesehen und gehört haben, wie später den Asklepios, der zwar kein Grab hatte, aber auch gestorben war. Solche Heilheroen pflegen den Krieger im Namen zu haben, schon in der Ilias Machaon, dann Polemokrates (Pausan. II 38, 6), Alexanor (II 11, 5), durch Asklepios verdrängt, dem er nun den Tempel baut), Aristomachos von Marathon[2], Nikomachos (Pausan. IV 3, 10), nach dem der Vater des Aristoteles als Asklepiade heißt, Amynos südlich vom Areopag. In diesen Benennungen, die der Heros erst erhielt, als er seine Macht und damit seine Existenz bewiesen hatte, offenbart sich der Glaube, daß nur die alten ἥρωες ἡμίθεοι fortleben konnten. Sie sind nach dem Tode bevorzugt, wie es der Chor der Choephoren 360 ausspricht; daher kann Agamemnon bei dem Rachewerke

[1] Das konnte vielleicht ein Eponymos sein, der Lage des Altares nach etwa Iamos, aber warum unterdrückte man dann den Namen?

[2] Demosthenes 19, 249 gibt für die Klippschule, in der Aischines diente, die Ortsbestimmung beim Heros ἰατρός. Das ist der städtische, den wir aus mehreren Inschriften kennen. Das taten die Grammatiker nicht, bezogen also die Stelle auf einen marathonischen Heilheros Aristomachos oder einen aus Eleusis, dessen Name zu ορεσινιος verschrieben ist. Bekk. An. 262, 263. Schol. Demosthenes. Über diese Heroen das gute Buch von Kutsch, Attische Heilgötter und Heilheroen.

helfen. Amphiaraos, nur ein vornehmerer Heros als Aristomachos von Marathon, ist *πάμψυχος* (Sophokl. El. 841). Die Heroen brauchen in der Nekyia kein Blut zu trinken, um mit Odysseus zu reden. So wie Herodot, VI 58, die Bestattungsfeier der spartanischen Könige schildert, stimmt es trefflich zu der Angabe Xenophons am Schlusse der lakedaimonischen Politie, daß die im Leben von der Verfassung niedergehaltenen Könige im Tode heroische Ehren erhielten. Wunder taten sie freilich nicht mehr.

Eine starke Veränderung ist es, wenn der Heros keinen heroischen Namen erhält, sondern einfach nach dem, was er tut, *ἰατρός* heißt, oder *στεφανηφόρος*, bei dem die athenische Münze war. Da möchte man denken, daß eine namenlos gewordene bekränzte Statue stand. Es scheint nicht üblich gewesen zu sein, in den Heroa Kultstatuen aufzustellen; der Heros war ja in seinem Grabe vorhanden, hatte keinen *ναός* nötig wie ein Gott[1]. In Ilion war ein Heros *Δαίτων*, in Sparta hatten die Köche für die Heroen *Μάττων* und *Κεράων* Heiligtümer, wohl Altäre errichtet[2]; sie schufen sich so Archegeten ihres Handwerks. In Delphi war ein Heros, der nach dem, was er an den Theoxenien tat, *Δαίτης* hätte heißen können, aber er hieß Neoptolemos und erhielt seine Kultsage. Einen Gott mochte man schon damals nicht mit solcher Tätigkeit bemühen[3]. In Olympia und ähnlich am Isthmos wird ein Heros dafür

[1] In dem Heroon des Amynos (Ath. Mitt. 21 Taf. 11) stand eine kleine Kapelle, daneben ein Opfertisch, möglicherweise war also eine Kultstatue dagewesen. Der für einen Heilheros erwünschte Brunnen hatte zu der Verehrung nicht den Anstoß gegeben, war aber durch Leitungswasser beschafft. Das große Theseion wird von Pausanias, I 17, *σηκός* genannt, der Tempel war reich ausgemalt, ein Kultbild wird nicht erwähnt. Es ist wohl sehr unsicher, ob die hocharchaische Statue eines Gewappneten, die Furtwängler, Ath. Mitt. 21, 2 auf einen Heros deutet, wirklich einer war.

[2] Polemon und Demetrios von Skepsis bei Athenaeus 39c und 173f. Auch ein *Δαίτης* und ein *Δειπνεύς* werden da genannt. Den *δαίτης* erwähnte Mimnermos bei den Troern. Das konnte also Eigenname sein. Im Epos erhält ja der einzelne seine *δαίς*, *H* 321 gibt Agamemnon dem Aias das beste Stück. Auch die spartanischen Könige sollen durch Zuteilung eines solchen jemanden ehren können und erhalten dazu eine *διμοιρία*, Xenophon Rp. Lac. 15, 4.

[3] Es hat einen Gott *Ἰσοδαίτης* gegeben, von Phryne und ihren Genossen verehrt, was ihr die Asebieklage eintrug. Weil der Name in der Rede des Hypereides vorkam, versuchten die Grammatiker ihn zu deu-

verantwortlich gemacht, wenn die Pferde beim Wettrennen scheu werden, ein ταράξιππος, für den doch noch ein Eigenname und eine Geschichte erfunden wird[1]. Schädigende Heroen gibt es natürlich auch; sie gehen ja um, daran merkt man, daß sie keine gewöhnliche Tote, ἀμενηνὰ κάρηνα, sind. Der ἥρως 'Ορέστης, der sich als λωποδύτης entpuppt, bei Aristophanes Vög. 1490, ist ein allbekannter Beleg[2]. Unheil stiftet auch der Heros Anagyros, aber er rächt die Verletzung seines Haines[3]. Dahin gehört auch der böse Heros, den der Athlet Euthymos von Lokroi überwindet und sich die eigene Erhöhung zum Heros verdient[4].

ten, nannten ihn verständig nur einen ξενικὸς θεός oder δαίμων (Harpokration), töricht rieten andere auf die Sonne oder Pluton, gar auf einen Sohn des Pluton (Hesych, Bekker An. 267). Unabhängig davon ist nur Plutarch über das *E* 389a, der ἰσοδαίτης als Beinamen des Dionysos faßt, was wir auch nicht verstehen.

[1] Pausanias VI 20, 15–19. Ganz anders Lykophron 42 mit Scholien.

[2] Die Scholien bringen einen anderen Beleg aus Menander, aber die Worte sind heillos verdorben. Von der Komödie Ἥρωες des Aristophanes möchte man mehr wissen. Natürlich bildeten sie den Chor; Bewaffnung wird sie gekennzeichnet haben. Ehe sie auf die Bühne kamen, sprach jemand οἱ γὰρ ἥρως ἐγγύς εἰσιν, was Usener, Götternamen 149, seltsam mißdeutet. Auch einzelne wurden vorgestellt wie in den Vögeln οὗτός ἐστ' οὐκ 'Αργόλας: μὰ Δί' οὐδέ γ' Ἕλλην. Die Dioskuren können nur verhöhnt sein, wenn sie ἐμπόλω heißen. Ein Essen wird gehalten, wie so oft, und gewarnt, nichts anzubeißen, was unter den Tisch fällt: die Heroen sind ja gegenwärtig, haben Anspruch darauf, aber werden mit dem Abfall kaum zufrieden sein. Mehr geben die Fragmente nicht aus, zu wenig um die Tendenz zu fassen.

[3] Es ist die Dorfsage, welche Euripides im Phönix benutzte, Hieronymus von Rhodos bei Suidas 'Αναγυράσιος. Da wird von einem Dämon geredet; das richtige ἥρως liefert Zenobios II 55.

[4] Pausanias VI 6 erzählt die Geschichte, in der nicht ursprünglich sein kann, daß der böse Heros ein Gefährte des Odysseus war, der als Mädchenräuber erschlagen diesen Frevel fortsetzte, bis Euthymos kam, sich wie Perseus in Andromeda in das ausgesetzte Opfer verliebte und den Heros bezwang und in das Meer jagte. Dies hat Rohde gesehen, und da Euthymos bei Kallimachos vorkam, wird er zugrunde liegen. E. Maass, Arch. Jahrb. 22, 50, hat diese meine Vermutung durch Heranziehung von Fr. 493 bekräftigt. Pausanias beruft sich auf die Kopie eines alten Bildes, die er gesehen haben will und so beschreibt: νεανίσκος Σύβαρις καὶ Κάλαβρός τε ποταμὸς καὶ Λύκα πηγή, πρὸς δὲ Ἥρα τε καὶ Τεμέσα ἦν ἡ πόλις· ἐν δέ σφισι καὶ δαίμων ὅντινα ἐξέβαλεν ὁ Εὔθυμος, χρόαν τε δεινῶς μέλας καὶ τὸ εἶδος φοβερός, λύκου δὲ ἀμπίσχετο δέρμα ἐσθῆτα· ἐτίθετο

Der Heros dieser Art, der dem Glauben des Mutterlandes angehört, hat einmal als Mensch gelebt, lebt in seinem Grabe fort und kann immer noch auf Erden wirken. Er ist einmal gestorben, oder er ist entrückt, wie Ödipus bei Sophokles, wie Amphiaraos, wie es dem Menelaos prophezeit wird, δ 564. Darin mischen sich zwei sehr verschiedene Vorstellungen. Ödipus hat dennoch sein Grab, Amphiaraos lebt da, wo ihn die Erde mit seinem Wagen verschlang. Aber Menelaos kommt auf das Ἠλύσιον πεδίον[1] am Rande der Erde, das nichts anderes sein kann als die seligen Inseln am Okeanos, auf die Hesiodos, Erga 171, die epischen Heroen versetzt, wohin später Kronos mit den Titanen verwiesen ist, wo Rhadamanthys unsterblich wohnt. Weder diese Götter noch diese Heroen werden noch wirkend gedacht; sie sind über das Schicksal der Sterblichen erhoben wie Ganymedes, Thitonos, Kephalos, Phaethon, die sich Götter geraubt haben. Da liegt der Glaube des Ostens zugrunde, der es nicht ertragen wollte, daß die Helden das gemeine Menschenlos teilten, aber für die Menschenwelt waren sie wie die übrigen Menschen ab und tot, die Titanen nicht minder. Die Vorstellungen haben sich natürlich gemischt; aber wenn die Athener singen φίλταθ' Ἁρμόδι' οὔτι που τέθνηκας[2], sondern weilst

δὲ καὶ ὄνομα Λύκαν τὰ ἐπὶ τῆι γραφῆι γράμματα. „Er trug ein Wolfsfell; es stand auch sein Name Λύκας dabei." Wer da nicht einsieht, daß Bekker Λύκαν τὰ richtig aus λύβαντα gemacht hat und Ἀλύβαντα in einer Umarbeitung des Pausanias bei Suidas, Εὔθυμος, nichts beweist, der hat zu flüchtig gelesen. Was war das Bild? Es scheint eine Landschaft, so müssen alle verstanden haben, die mit Clavier ἧρα in ἡρῷον ändern. Aber dann war es kein altes Bild, und Sybaris in Gestalt eines Jünglings spricht dafür, daß lauter Personen dargestellt waren, also Hera nicht geändert werden darf, wie Maass mit Recht gefordert hat, dessen Aufsatz sonst abwegig ist. Dann hat aber Pausanias unverantwortlich geredet, und was das Bild wollte, ist auch nicht zu sagen. Λύκας und die Quelle Λύκα gehören doch wohl zusammen.

[1] Der heute geläufige Name ist es in guter Zeit gar nicht gewesen, sondern war vom Dichter der Telemachie angewandt, δ 563, der gar keinen Eigennamen geben will, sondern „geheiligt" oder „unzugänglich" meint. Denn so haben Plätze auf Lesbos und Rhodos geheißen, im selben Sinne wie ἐνηλύσια in Athen, Et. M. und Hesych s. v., geheiligt und ἄβατα, weil ein Blitz hineingeschlagen hatte. Die Deutung auf Ägypten ist ein törichter Einfall des Apion zu der Stelle der Odyssee.

[2] Wie schön ist das Perfekt; οὐ τέθνηκεν, und doch ἀπέθανεν, an Entrückung kann nicht gedacht werden. Für die Töchter des Ödipus ist

auf den seligen Inseln, so ist er kein wirkender Heros, obwohl er ἐναγίσματα erhält. Die Theologie hat die drei Klassen, Götter, Dämonen, Heroen, zu denen bei den Philosophen der höchste rein geistige Gott trat, früh unterschieden[1]. Erst die Verfallzeit, die so viel von bösen Dämonen redet, vermischt sie mit den Heroen[2]. Da Dämonen keinen Kult erhalten, fragt man z.B. das Orakel von Dodona τίνι θεῶν ἢ ἡρώων θύσας λώιον πράσσοι u.dgl. Es findet sich aber die Verbindung ἥρως θεός. So heißt die Prologfigur des menandrischen Heros, die vielleicht näher bestimmt war, so daß ihr Interesse an dem Schicksal der Personen begründet war[3]. In dem feinen Epigramm von Priene 196 sieht jemand einen Heros Naulochos im Traume und stiftet ihm einen Kult als θεός. Artemidoros von Thera nennt sich selbst θεόν ἥρωα[4].

Die Eponyme der zehn Kleisthenischen Phylen sind namhafte im Lande verehrte Heroen[5], die der Demen nur zum Teil, andere sind ad hoc erfunden. So steht es auch anderswo mit Archegeten

dieser trotz der Entrückung gestorben, hat sogar ein Grab. So müssen sich die Vorstellungen mischen.

[1] Öfter bei Platon, dann in der stoischen Theologie. Es genügt als Beleg eine Stelle, die mir gerade zur Hand ist, Eusebius pr. ev. III 141. Schon Euripides, Hel. 1137, wird mit ὅτι θεὸς ἢ μὴ θεὸς ἢ τὸ μέσον die ἡμίθεοι meinen.

[2] Pausanias I 2, 5 redet von einem Dämon Akratos. Es ist nicht dasselbe Monument, aber dasselbe Wesen, das Polemon, Athen. 39c, Heros Ἀκρατοπότης nennt. Andere Belege stehen in früheren Anmerkungen.

[3] Was der Lar der Aulularia bei Menander war, vermag ich nicht zu erraten. Ἥρως gewiß nicht, denn der pflegt nicht im Hause zu wohnen, und dem Lar hat Euclios Großvater den Schatz zur Bewachung übergeben. Solch ein ἥρως, wie ihn der Abergläubische des Theophrast 16 verehrt, wird keinen Schatz verwahren. Der Ahnherr der Familie wohnt auch hier in seinem Grabe. Familienkult pflegt er nicht zu erhalten. Die Eteobutaden sind Priester nicht des Butes, sondern des Poseidon Erechtheus. Aischines sagt 2, 147, seine Phratrie opfere an denselben Altären mit jenem vornehmsten Geschlechte. Das kann kein Ahnenkult gewesen sein. Die Geleonten verehren nicht den Geleon, sondern einen Ζεὺς Γελέων. Plautus hat die Prologfigur frei aus dem römischen Glauben erfunden, wahrscheinlich sehr viel glücklicher, als er sie bei Menander vorfand.

[4] IG. XII 3, 863. Zu ergänzen ist προφῆτις ἔμ' [εἶναι] φράζουσ' ἀθάνατον θεῖον ἥρων Ἀρτεμίδωρον.

[5] Auffällig sind in der Reihe Oineus und Antiochos, von denen in den attischen Sagen keine Spur ist. Antiochos heißt in dem demosthe-

und Eponymen[1]. Aber leer braucht ihr Kult deshalb nicht zu sein oder doch zu bleiben; sie sollen und können die Exponenten des Gemeinschaftsgefühles sein. Und viel wichtiger als die einzelnen Heroen, auch solche, denen im Einzelfalle ein Orakel zu opfern verordnet oder deren Kult es erst einführt, ist der allgemeine Glaube, daß in dem Boden des Vaterlandes alle früheren Geschlechter des Volkes ruhen und an dem Geschicke von Land und Volk teilnehmen. Die *φίλοι προπάτορες* sind als Ganzes Heroen, wenn auch die zahllose Menge verstorben und vergessen ist. So geht dieser Ahnenkult zusammen mit dem Gebote, die Eltern zu ehren, als eines der Grundgebote[2]. Der Feind bittet diese Heroen um Entschuldigung, wenn er ihren Boden betritt. So tut es Archidamos (Thuk. II 74, ähnlich IV 87)[3]. Wenn die Athener vor der Schlacht bei Salamis die *θῆκαι προγόνων* befreien wollen (Aischyl. Perser 405), so ist das dasselbe. Schon Drakons Gesetze verlangten den Kult der *θεοὶ καὶ ἥρωες ἐγχώριοι* (Porphyrios abst. IV 21). Der Boden, den die Folge der Geschlechter dauernd bewohnten und bestellten, den sie einst in Besitz genommen und gegen Feinde

nischen Epitaphios 31 Sohn des Herakles, dazu stimmt Pausanias I 5,2, und er erscheint in der Heraklessage bei Diodor IV 37 ohne Erwähnung seiner Auswanderung nach Athen, die Mutter stammt von den Dryopern am Parnaß. Hinzugekommen ist eine andere Genealogie von einem jüngeren Thamyris, Bruder des älteren, dessen Sohn Antiochos eine Pandia, Tochter des El... (?), heiratet und Ahn der Antiochiden wird. So Apollodor Fr. 162 Jac., allerdings *κατά τινας*. Diese haben ionisch geschrieben, denn die Form *ξυνός* kann Apollodor nur herübergenommen haben. Es ist eine Tradition, die mit der offiziell anerkannten in Widerspruch steht, aber durch die Pandia eine Verbindung mit Athen herstellen will. Es gab vielleicht ein Geschlecht *'Αντιοχίδαι*. Die ionische Sprache deutet auf Pherekydes.

[1] Platon Ges. 745 b und 848 d schreibt für die Neugründung seiner Stadt die Anlage von Heiligtümern für Hestia, Zeus und Athena (*πολιεύς* und *πολιάς*) vor, daneben für die *ἀρχηγοί* seiner zwölf Phylen.

[2] Aischylos Hik. 693 bringt am Schlusse des Segensliedes für Argos die Grundgebote, nachdem aufgezählt ist, was die Götter geben sollen. Zuerst wird der Kult der Götter bezeichnet, den die Beamten aufrechtzuhalten haben, dann die Gerechtigkeit gegenüber den Fremden, die auch von den Eumeniden 270 und 546 gefordert wird, endlich *θεοὺς δ' ὅσοι γᾶν ἔχουσιν αἰεὶ τίοιεν ἐγχωρίους πατρῴιαις ... τιμαῖς*.

[3] Xenophon Kyrop. III 3, 21 ruft beim Einmarsch *ἥρωας γῆς Μηδίας οἰκήτορας καὶ κηδεμόνας*. Er überträgt die spartanische Sitte und auch die Formel: *οἰκήτορας* konnte er sonst nicht sagen.

verteidigt haben[1], verbindet die Menschen mit dem Lande eben durch die Toten, die sie in ihm betten, wie die stärkste Blutsverwandtschaft. Die Erdmutter war in der Urzeit zunächst dieser Boden gewesen. Sie war nun ganz die universale Potenz, was ihrer Heiligkeit keinen Eintrag tat. Die staatliche Gemeinschaft sprach sich im Kulte der Landesgottheit aus. Nun ist auch dieses Volks- und Staatsgefühl, das die Verbundenheit mit dem heimischen Boden und zugleich die Verbundenheit mit den Toten in sich schließt, stark und ganz heilig. Freilich nur für die, welche noch mit der Mutter Erde verbunden sind; der Großstädter verliert es schon. Auch in Athen hat es nur so lange vorgehalten, wie die Bürger noch ihren *κλῆρος* und ihre *ἠρία πατρῷα* wirklich hatten.

In dem Glauben an die *ἐγχώριοι ἥρωες* verflüchtigt sich die Gestalt des einzelnen Heros; auf sein persönliches oder schattenhaftes Fortleben kommt auch nichts mehr an. Das ist edelste Religion, aber auch ihre Vollendung. Hier suchen wir aber ihre älteste Phase. Da liegt die Bedeutung darin, daß es einzelnen Menschen erreichbar ist, Heros zu werden; daß es die Helden des Epos geworden sind, gibt die Gewähr für die Erreichbarkeit. Die nächste Anwartschaft haben die Fürsten oder doch die Krieger; selbst die Heilheroen müssen Krieger gewesen sein. Wie oft hat sich auch ein Heros in der Schlacht in die Reihen seines Volkes gemischt. Als in der pindarischen Zeit der Sport an die Stelle des ernsten Krieges getreten ist, werden Athleten zu Heroen erhöht. Es ist der Glaube einer herrschenden Klasse, des adligen Standes, der in den zu Sparta aufschauenden Staaten herrschte; dazu gehörte auch Athen noch im sechsten Jahrhundert. Daß die Gründer neuer Städte dort Heroenkult fanden, wie Hagnon und Brasidas in Amphipolis, ist nur in der Ordnung. Es ist ganz etwas anderes als das *κρεῖττον* in einem lebenden Menschen, das dazu führen wird, einen Gott in ihm zu sehen, was Apollon zuerst gegenüber Lykurgos beinahe tun wollte. Hier handelt es sich um einen, der trotz dem leiblichen

[1] Aischylos Agam. 455 von den in troischer Erde begrabenen Hellenen *γᾶ ἔχοντας ἔκρυψεν*. Sie gehört ihnen, weil sie in ihr liegen. Ein schöner Vers steht auf Imbros über dem Grabe eines Kleruchen *ἐκτήσατ' ἀπέλαυσ' ἐνετάφη κρατεῖ πάλιν*, IG. XII 8, 114. Die Gräber deutscher Geschlechter, die in einem Boden ruhen, den ihre Arbeit deutsch gemacht hat, heiligen ihn für jeden Deutschen, der Ehre im Leibe hat, und die Toten, die *ἔχοντες*, fordern ihn zurück, wenn Ehrlosigkeit ihn preisgegeben hat.

Tode fortlebt, tätig lebt. Das steht zu dem Glauben an die ψυχή im Widerspruch, ob sie nun als Schatte in den Hades gebannt ist oder in den göttlichen Äther aufgeht oder unsterblich durch viele Körper wandelt, denn immer verliert sie das Fortwirken auf die Lebenden. Die Masse geht freilich hier wie dort irgendwie mit dem Tode in das Nichts, soweit nicht das Gedächtnis an einzelne etwa dauert. Aber wie erhebend, daß Auserwählten das Fortleben als Heros erreichbar ist, das sie nahe an die Götter rückt.

Es ist später zu einer Erweiterung des Heroenglaubens gekommen, indem er nur noch bedeutet, daß dem Toten eine Fortdauer nach dem Tode gewährt sein soll, und die Hinterbliebenen schreiben es ihm auf den Grabstein. In Böotien ist das ἀφηρωίζειν gewöhnlich, in Thera heißt der Tote einfach ἥρως[1]. Hinz und Kunz wird nun erhöht. An ein Fortwirken denkt niemand. Es ist so formelhaft wie „der selige P. P." Städte gestatten aus besonderer Rücksicht ein Begräbnis in der Stadt; das werden ἡρῷα, wie auch sonst vornehme Grabmäler heißen. Es wird auch ein Grabkult getrieben sein, aufrichtig oder weil es sich so schickte, ganz wie heute. Alles ist doch nur Ausartung[2] des alten ernsten Glaubens.

Wie gewaltig muß das Selbstgefühl in den Menschen gewesen sein, als sie daran glaubten, sich das Fortleben als Heros erwerben zu können. Welch ein Ansporn lag aber auch darin, so zu leben, daß sie dieses Ziel erreichten. Es ist eine Einstellung zum Leben, die den Hellenen des Ostens, Archilochos, Semonides, Alkaios, ganz fern liegt; dem Bauern Hesiodos auch. Ein solcher Glaube konnte nur in einer Gesellschaft entstehen, die sich über die Masse erhaben fühlte; der Glaube, von Heroen oder Göttern zu stammen, gehörte dazu, aber das entschied nicht, galt er doch von den ganzen Familien, dem ganzen Stamme. Hier aber steckte die Kraft in dem einzelnen Manne. Daher konnte der Exponent dieses Glaubens, der die Erreichbarkeit des Zieles garantierte, kein Gott sein, sondern ein Mensch, der es erreicht hat, ein Gott zu werden. Ob man ihn dann wegen seiner Taten als Heros oder wegen ihres Er-

[1] Sylloge 1243 redet eine Mutter von den ἥρωες τῶν τέκνων ἡμῶν, wo Ziebarth mehr beibringt, auch über die ἄγγελοι, in welche sich im christlichen Thera die Heroen verwandeln.

[2] Ausartung, Aberglauben ist, daß der δεισιδαίμων Theophrasts, 16,4, ein ἡρῷον anlegt, wo er eine Schlange gesehen hat. Er sieht in ihr einen Verstorbenen, da er sich zeigen kann, einen Heros. Das Heroon ver-

folges als Gott verehrt, macht für den Glauben nichts aus. Dieser neue Heros-Gott ist Herakles, der einzige panhellenische Heros; nur in Ionien hat er in echtem Kultus nicht gelebt; da fehlte es an der adligen Gesellschaft, in der dieser Glaube erwachsen war[1]. Vor vierzig Jahren habe ich Herakles ausführlich behandelt; auch abgesehen von zahlreichen Einzelheiten muß ich sehr viel berichtigen, aber die Hauptsache, Mensch gewesen, Gott geworden, bleibt bestehen, wird nur im Zusammenhange mit den anderen Göttern deutlicher herauskommen.

Ich hatte den Herakles, der sich durch seine Taten den Eintritt unter die Olympier verdient, einen Dorer genannt und damit in die urgriechische Zeit geschoben. Dies kann nicht richtig sein, denn daß die echten Dorer den Herakles nicht mitgebracht haben, beweist sein Fehlen auf Kreta, wo er auch später wenig bedeutet, und der Name Herakles, in dem die Hera steckt; wenn die Kürze des a auch Schwierigkeiten macht, so hat doch jeder Grieche Hera in dem Namen verstanden. Dann ist ihm der Name in Argos gegeben, was ja auch die Sage voraussetzt. Das aber ist richtig, daß er den Dorern angehört, die man im fünften Jahrhundert so nannte, den Peloponnesiern mit Ausnahme der Arkader. Deren Hauptort war nun Sparta. Argos war es gewesen, als Kult und Sage des Herakles sich verbreitete, denn sie ist der Ilias und dem Hesiodos bekannt. Wenn der Lykier Sarpedon den Heraklessohn Tlepolemos von Rhodos überwunden und Herakles auf Kos ein Abenteuer bestanden hat, so haben ihn die aus der Argolis stammenden Ansiedler nach Asien gebracht, zunächst auf die Inseln, die dorisch

tritt das Grab; ein Stein wird genügen, aber ein Opfer fordert er. Übrigens heißt die Schlange *ἱερά*, und so hieß eine Sorte, doch wohl, weil in ihr eine Seele steckte. Im Aberglauben mischen sich die Vorstellungen.

[1] Pausanias VII 5 berichtet über eine alte und seltsame Kultstatue des Herakles in Erythrai und teilt den *ἱερὸς λόγος* mit, der wie gewöhnlich nichts hilft. Da Münzen der Kaiserzeit die Statue abbilden, ist sicher, daß sie vor der zweiten Hälfte des sechsten Jahrhunderts nicht gemacht sein kann. Der nackte Herakles ist nur an der Keule kenntlich, scheint aber daneben einen Speer zu führen, was unverständlich ist. Hinzu kommt, daß er auf einem Floße stand; da würde man eher ein Ruder erwarten. Aufklären läßt es sich nicht, aber im sechsten Jahrhundert konnte auch eine ionische Stadt den Dienst des Heros oder Gottes einführen, freilich auf besondere Veranlassung, die wir nicht kennen; sie wird auch das Floß erklärt haben.

wurden. Die Bezwingung eines Meerdrachen an der troischen Küste und sein Handel mit Laomedon, also eine Eroberung von Ilios, steht in der Tlepolemosepisode des *E* und *Y* 145, also in sehr jungen Stücken[1]. Aber das Abenteuer von Kos und die Geburt in Theben, durch die Herakles in den Dienst des Schwächlings Eurystheus kommt und auf dessen Befehl seine Arbeiten übernehmen muß (*O* 639)[2], zeigen die Grundzüge der späteren Sage. Selbst der Zug gegen Neleus von Pylos wird erwähnt, *Λ* 690. Schließlich ist er gestorben (*Σ* 117); von einer Erhöhung weiß das Epos nichts und kann es nichts wissen wollen. Auch bei Hesiodos hat Hera den Löwen und die Hydra aus Haß gegen Herakles auferzogen. Er erwähnt Geryones. Die Befreiung des Prometheus ist Zusatz, und ebenso 950–955[3], dennoch eine wichtige Stelle, denn sie spricht die Erhebung zum Gott und die Hochzeit mit Hebe, also die Versöhnung mit Hera aus. Es ist schwer zu glauben, daß in Argos der Held mit der Landesgöttin nicht schließlich ausgesöhnt wäre; ein Grab hat er nicht gehabt, also auch keinen gewöhnlichen Heroenkult[4], kann doch aber nicht als Dienstmann gestorben sein. Unerklärbar für uns ist die Geburt in Theben[5], die zu der leichtsinnigen Behauptung geführt hat, er wäre ein böotischer Heros, wo doch sein Kultus in dieser Landschaft bedeutungslos

[1] Die Befreiung der Hesione (der „Asiatin", Ariost. u. Athen. II 181) hat ihre Parallele in der Befreiung der Andromeda durch Perseus, den Heros von Mykene, die vielleicht zufällig erst später bezeugt ist. Die Eroberung von Ilios ist selbstverständlich so sekundär wie Laomedon mit dem griechischen Namen gegenüber Priamos-Perrhamos, als Vatersname des Königs erfunden. Buschor, Vasenmalerei Abb. 29, sieht Herakles im Kampfe mit einem Seedrachen auf einer kretischen Scherbe. Ganz willkürlich und undiskutierbar.

[2] Eine der Hauptstellen, an denen sich die Beschränktheit der Aristarcholatrie prostituiert, die *Εὐρυσθῆος ἄνακτος ἀγγελίης οἴχνεσκε* gegenüber der Fassung *ἀέθλων ἀγγελίην* (dies Zenodotos) beibehält.

[3] Die Stelle ist schon von der antiken Grammatik als Zusatz erkannt, Schultz, Scholien der Erga 94.

[4] Es könnte freilich verschollen sein, als die ötäische Sage der Selbstverbrennung herrschend ward; aber nicht leicht wird ein Ort auf ein solches Heiligtum verzichtet haben.

[5] Matris der Thebaner (Diodor IV 9) läßt ihn in Tiryns geboren werden. Das klingt nicht nach später Erfindung, und es wird bei Tiryns ein *Ἡράκλειον πεδίον* genannt, auf dem das Kind ausgesetzt und von der ahnungslosen Hera gesäugt sein soll.

ist[1]. Aus Theben stammt Iolaos, sein Neffe und Gefährte, und ein Bruder Iphikles, der jetzt nur dazu da ist, diese Verbindung herzustellen, daneben eine Frau Megara, die zu dem thebanischen Heros Megareus gehört, und Söhne, die heroische Verehrung erhalten[2]. Das sieht nach einer ganz anderen Sage aus, die mit der von Argos gewaltsam verbunden ist. Herakles hat auch zwei Namen, soll Alkaios zuerst geheißen haben, Pindar Ol. 6, 68, nennt ihn *'Αλκαιδᾶν θάλος*, was das Geschlecht bezeichnen soll, von seinem Großvater her, aber seine Bezeichnung *'Αλκείδης* verträgt sich damit so wenig, daß es statt *'Αλκαῖος* als sein erster Name bezeichnet wird[3]. Das führt zu der Vermutung, es wären zwei Heroen in einem zusammengefaßt, und Alkathoos von Megara, auch ein Löwentöter, kann leicht dazutreten. Ein gesonderter Sagenkreis gehört an die Öta, gipfelnd in der Selbstverbrennung, denn diese kann Kreophylos, wenn er sie überhaupt gehabt hat, wegen des Ortes nicht erfunden haben. Er hat, wie ich früher gezeigt habe, die Ortssagen aus Europa nach Asien übertragen, aber sein Einfluß war so groß, daß wir über ihn zu dem ursprünglichen nicht kommen können.

Es ist durchaus glaublich, daß Einzelgeschichten von einem großen Helden, Kämpfe mit wilden Tieren und Halbtieren, Riesen und selbst Göttern, hier und da erzählt wurden, schon in ganz früher Zeit, wie denn der Löwenkampf in den Teilen des Balkan aufgekommen sein muß, wo es Löwen gab. Das sind Geschichten, die für die Religion nichts bedeuten und mit unseren Märchen verglichen werden mögen, immer mit dem Unterschiede, daß die Helden in ihnen nicht namenlos sind. Aber diese Einzelgeschichten konnten nur Rohmaterial bieten, und selbst wenn ein solcher Märchenheld in Argos von der alten Landesgöttin um die Königs-

[1] Außer Theben, in der Vorstadt, nennt Pausanias Heiligtümer in Hyettos IX 24, 3, da ist der Heilheros so benannt. 34, 5 steht nun fest, daß ein *Χάροψ* erst später Herakles benannt ist (Pappadakis *Δελτίον* II); dasselbe ist von Thespiai 27, 6 anzunehmen, und Thisbe 32, 2 ist ein zu Thespiai gehöriges Dorf. 38, 6 gilt der Entwässerung der Kopais, also keiner alten Heroensage.

[2] Pindar Isthm. 4, 107 nennt sie *χαλκοάραι*, also gerüstet als Heroen.

[3] Apollodor bibl. II 73. *'Αλκαῖος* nennt ihn das Weihepigramm des Amphitryon auf der Tabula Farnesina. Menekrates in den Scholien zu der Anm. 2 erwähnten Pindarstelle behauptet, seine Kinder von der Megara hätten *'Αλκαίδαι* geheißen.

herrschaft betrogen und in seinem Dienstverhältnis bei allen Kämpfen, die es ihm auferlegt, möglichst geplagt wird, die er doch alle überwindet und so gerade durch Hera Ruhm gewinnt, selbst dann steckt noch keine Religion in der Sage. Die kommt erst herein, wenn Herakles sich durch seine eigene Kraft den Eintritt unter die Götter erkämpft, als Exponent des Gefühles, welches dem rechten Manne sagt, wie er leben soll. Dieses Vorbild hat der Dichter geschaffen, von dem der Dodekathlos herrührt, wie ich diese Dichtung genannt habe; eine Dichtung, obwohl sie kein Epos war, entstanden, ehe die ionische Kunst in Argos Aufnahme fand, ebenso wie die Perseussage niemals in einer festen Form aufgezeichnet war und doch maßgebend blieb für alle Zeit. Die Heimat des Dodekathlos ist schon durch den geographischen Horizont bestimmt[1], der für die meisten Kämpfe der Peloponnes ist; sobald der Hengst Erion an die Stelle des Thrakers Diomedes tritt, die Kentauren der Pholoe an die der Augeiasställe, bleiben nur die Amazonen, die doch bis Athen und Troizen vorgedrungen sind, und der kretische Stier. Denn Geryones konnte in irgendwelcher Ferne gedacht werden, da er ursprünglich in die Unterwelt gehört, also dieses Abenteuer einmal dasselbe bedeutete wie die Heraufholung des Kerberos. Die Äpfel der Hesperiden verleihen schon die Unsterblichkeit; der Göttergarten ist ja eine ältere Vorstellung als der Olymp. Jede einzelne Arbeit und manche widersprechende Züge[2] in dem Bilde des Herakles, die doch recht alt sind, fordern weitere Forschung und werden sie lohnen, aber hier kommt es nur darauf an, was die ganze Gestalt will und was für ein Glaube sie geschaffen hat. Das erstere ist mit den Beinamen *καλλίνικος* und *ἀλεξίκακος* gesagt. Der den Sieg errungen hat, kann helfen, der so viele Lande von wilden Bestien und Unholden befreit hat, ist hilfsbereit. Kein Wunder, daß die Menschen sich seiner versichern wollten, wenn sie von ihm hörten, auch wenn er nicht ihr Landsmann war, und daß sie den Gott verehrten, der er nun war, während er in den Gegenden seines Wirkens der Heros blieb. In Attika sind es die Dorfbewohner gewesen, die ihm über-

[1] Das entscheidet darüber, daß Peisandros von Kamiros den Dodekathlos nicht erfunden hat, wenn er auch bei ihm vorkam. Älter als das sechste Jahrhundert ist das einflußlose Gedicht nicht gewesen.

[2] Z.B. ist er Bogenschütze in dem Dodekathlos nur gegen Geryones, wo er gegen viele kämpft, die Waffe ist also nicht wesentlich, wohl aber ist sie es für den ötäischen, der die Keule entbehren kann.

all Heiligtümer errichteten; er war ihnen näher als die vornehmen gewappneten Heroen, hörig war er auch gewesen, nackt war er an seine Arbeit gegangen und hatte es doch so weit gebracht, da konnte man ihm vertrauen. *Ἡράκλεις* ruft man, wenn man etwas hört, das den Wunsch nach dem *ἀλεξίκακος* nahelegt, dadurch unterscheidet es sich von *Πόσειδον*, was bei ungläubigem Erstaunen gerufen wird. Der Mensch, der alles aus eigener Kraft leistet, ist auch diesen Leuten ein Vorbild; es gefällt ihnen, sich vorzustellen, daß er auch einmal müde war, ebenso daß er seine physische Kraft nach jeder Richtung voll ausnutzte, auch in der Genußfähigkeit. Er macht es, wie es ihn der junge Goethe sagen läßt, nimmt die Arete und Hedone der Parabel des Prodikos alle beide unter den Arm[1]. Weil er ein so tüchtiger Kerl ist, stehen ihm die Götter bei, die im Glauben des Volkes lebendig sind, Hermes und Athena, nicht so, daß sie ihm tätlich hülfen, machen muß er ja alles allein, aber sie sind dabei, und das ist Hilfe und Trost genug. Die befreundete Göttin reicht ihm auch den Becher und läßt warme Quellen entspringen, damit er sich den Staub abspülen und die Glieder schmeidigen kann.

Mit diesem Nothelfer war der breiten Masse des Volkes ein Gott gegeben, der ihnen vertraut war und blieb. Aber schon in der Dichtung des Dodekathlos steckte mehr als ein *ἀλεξίκακος*, steckte der Mensch, der von Arbeit zu Arbeit schreitend sich durch eigene Kraft die Göttlichkeit verdient, also mindestens der Keim zu dem Herakles, den Pindar im ersten nemischen Gedichte als den vollendeten *ἀνὴρ ἀγαθός*, das Vorbild der Mannestugend, uns am ergreifendsten nahebringt. Sophokles und Euripides stimmen zu. Dieser Herakles hat die Aufgabe, Land und Meer zu befrieden, also im Dienste seines göttlichen Vaters der Menschheit zu dienen; dafür kommt er in den Himmel. Der Menschheit dient er, nicht etwa den Hellenen, kein patriotischer Gott, sondern universal gedacht, so daß man ihn bei anderen Völkern wiederfinden konnte. Um so größer ist dieser Glaube an einen Wohltäter der Menschheit, der die Last des Lebens in ihrem Dienste getragen hat. Wohl ist ein solches Leben schwer; *πονηρότατον καὶ ἄριστον* hat den Herakles seine Mutter genannt (Hesiod Fr. 138), und wundervoll läßt ihn der Meister der olympischen Metopen in banger Trauer auf

[1] Die zahllosen Söhne sind aber zumeist so entstanden, daß entweder Adelsgeschlechter gern von ihm stammen wollten, wie die von Thespiai, oder Lokalheroen sich durch diesen Vater vornehmer machten.

dem erschlagenen Löwen stehen; er hat das Leben gekostet, das ihm bevorsteht. Aber die Göttin ist zu ihm getreten, sie wird ihn nicht verlassen und dereinst in die Halle des Vaters einführen[1]. Nur um den Preis eines solchen Lebens ist dieser höchste Lohn feil, aber der nackt und bloß gegen den Löwen auszog und alles allein schaffen mußte, hat es geleistet. Damit ist dem rechten Manne gesagt, was er kann und was er soll. Ich habe vor vierzig Jahren in Worten, die ich mit achtzig nicht mehr finden würde, ausgesprochen, was dieser Heraklesglaube dem Menschen sagt, auch uns sagen kann. Es ist keine dorische, sondern eine hellenische Lehre, wenn ihr auch der Spartiat nachlebt, der das Ziel erreicht, ein *θεῖος ἀνήρ* zu werden. Es steckt im Kerne bereits die sokratische Schätzung des Menschen, aber auch der Pflicht des Menschen darin. Er kann, wenn er will, er muß nur das Rechte wollen. Seine *αὐτάρκεια* liegt darin; die Weisung, was er zu tun hat, kommt nirgend anders woher als aus seinem Herzen, das ihm sagt, was sich für ihn geziemt. Noch fehlt das Wissen, besser das Suchen danach, das *γνησίως φιλοσοφεῖν*, das niemals aufhören darf. Aber der *ἀνὴρ ἀγαθός* wird fühlen, was er zu tun hat, und danach handeln. So tut es schon der Odysseus des *Λ*, der Hektor des *M*. Für die Masse ist es zu hoch, zu frei. Den *ἥρωες* kommt es zu, und sie bleiben noch der adligen Gesellschaft Pindars vorbildlich, die doch nun in ganz anderen *πόνοι* als Herakles und in den zugehörigen *δαπάναι* ihre *μεγαλοφροσύνη* bewährt. Erst aus einer ganz anderen Gesellschaft erwächst die Potenzierung dieser Gesinnung, und auch die Sokratik ist für die Masse zu hoch. Aber vergessen wir nicht, daß die vergröberte, sehr populäre Ethik des Kynismus Herakles und Sokrates zu ihren Heiligen gemacht hat.

Es liegt in dieser menschlichen *αὐτάρκεια* auch eine Gefahr. Sie kann zu der *αὐθάδεια* führen, und es gibt zu denken, daß die „Selbstgefälligkeit" dem Hellenen zu Trotz und Selbstüberhebung geworden ist. Von der *αἰδώς*, die den homerischen Helden bindet, ist in Herakles nichts zu finden. Auch ein Kallikles kann sich als der rechte Mann vorkommen, und solche Männer sind in den Jahr-

[1] Der Dichter, der gegen Ende der Nekyia Herakles im Hades einführt, muß sich mit dem Glauben an Herakles so abfinden, daß er den Gott bei Hebe im Himmel sein läßt, aber sein *εἴδωλον* im Hades über die Plagen seines Lebens jammern. Der Rhapsode des sechsten Jahrhunderts hat den Glauben an den helfenden Gott verloren und erst recht an den Menschenadel, für den Mühe und Arbeit das Leben köstlich machen.

hunderten der Koloniegründungen und dann der Tyrannis die führenden gewesen. Gerade der Herakles, der dem Geryones seine Rinder entführt, hat dem Pindar das Wort vom *νόμος δικαιῶν τὸ βιαιότατον* eingegeben. Und Pindar wird nicht müde, das Hochgefühl seiner Sieger durch Mahnungen zur Bescheidenheit zu dämpfen. *μὴ μάτευε Ζεὺς γενέσθαι* steht neben der Verherrlichung des Herakles, der Gott geworden ist. Wir sind Menschen, *ἄτρωτοί γε μὰν παῖδες θεῶν*. Indem wir Pindars gedenken, ist gesagt, daß diese Mahnung von dem delphischen Gotte kommt, in dessen altem Tempel[1], also im siebenten Jahrhundert, das *γνῶθι σαυτόν* den Eintretenden mahnt; du bist nur ein Mensch, komm zu mir, dem Gotte; ich werde dich lehren, dann folge mir, *ἕπου θεῶι*.

Der Heroenglaube erhob einzelne Tote zu fortdauernder Wirksamkeit für die Überlebenden. Er potenzierte sich in Herakles, der bis zur Gottheit emporstieg. Mochte das dadurch gemildert werden, daß er ein Gottessohn war und göttlicher Beistand ihn geleitete, so blieb doch, daß er, sei es als Gott, sei es so gut wie ein Gott den Menschen helfen konnte. Er hatte bewiesen, daß Menschenwürde nicht der Götterhöhe weicht, und zu den Göttern, die im Elemente walten, und denen, die vom Himmel herab die Welt regieren, tritt der Glaube an das Fortwirken des großen Menschen, in dem mehr als menschliche Kraft sich bewährt hatte, auch dies etwas Großes, Neues, ganz Hellenisches, aber auch gerade weil Wahrheit darin war, für die menschliche Neigung zur *ὕβρις* gefährlich. Wir werden es verfolgen, wenn wir in die Zeit kommen, die schon im lebenden Menschen den Gott zu spüren glaubt.

Demgegenüber steht in dem delphischen Apollon der Glaube an einen Gott, vor dem der Mensch sich nichtig fühlt, so daß er sich ihm gänzlich unterwirft. Dieser Gott stellt auch sittliche Forderungen, und wenn wir das stärkste Gewicht darauf legen mußten, daß die Moral in der Gesellschaft der Menschen erwachsen ist, diese also, in weiterer Entwicklung der Staat, die Einhaltung der moralischen Gebote überwacht und erzwingt, so ist nun in Apollon eine Religion aufgetreten, die dem Menschen und dem Staate vorschreibt, wie sie zu handeln und zu leben haben. Offenbarung tritt über *θέμις* und *νόμος*, in denen beiden sich ausspricht, was als allgemein verbindlich von den Menschen selbst anerkannt ist; *θέσ-*

[1] Aristoteles bei Porphyrios Stob. III 21, 26.

μια, θεθμοί sind von den Menschen gesetzt, νόμοι sind ἃ νομίζεται. Dem tritt ein Gott gegenüber, der gebietet und verbietet. Die Offenbarung ist nicht in einem heiligen Buche beschlossen wie in den anderen geoffenbarten Religionen, es gibt auch keinen Religionsstifter, sondern der Gott selbst ist immer da, immer bereit, dem gläubig Fragenden seine Weisung im Einzelfalle zu geben. Allwissend ist er, aber er ist nicht der Regent der Welt, sondern dessen Sohn, der den Willen des Vaters kennt und nichts sagt, was nicht der allmächtige Zeus ihn sagen läßt[1]. Den Anspruch auf Allwissenheit erhebt er nachdrücklich, οἶδα δ' ἐγὼ ψάμμου τ' ἀριθμόν, und Geschichten bekräftigen diese Behauptung. Das ist etwas ganz Neues, höchst bedeutsam an sich, in diesen Jahrhunderten über die ganze Hellenenwelt und selbst weiter hinaus anerkannt, auch später noch wirksam, und doch hat sich der Glaube an den Willen zum Guten im Menschen und die autonome menschliche Moral schließlich stärker bewiesen. Die Herrschaft einer Priesterschaft, die Bildung einer Kirche hat das freie hellenische Wesen nicht vertragen; aber als Erzieher hat dieser Apollon dem Volke in seiner Jugend sehr wohlgetan.

Noch heute wird jeder, der für die Offenbarung des Göttlichen in der Natur empfänglich ist, in Delphi empfinden, daß er auf einer heiligen Stätte steht, nicht unter den Trümmern des geheiligten Bezirkes, sondern vor der Kastalia mit dem Dunkel des Erdspaltes, dem mächtigen Sprudel der Quelle und dem Haine, der sich zu der Marmaria hinabzieht[2]. Da wird der Ort bereits von den Göttern des Volkes bewohnt gewesen sein, das vor den Hellenen im Lande saß und der Kastalia ihren Namen gab. Aber wir haben keinen Anlaß, um der Funde von mykenischer Tonware willen in jene Zeiten zurückzusteigen, denn die Funde reichen nicht über die ältesten hellenischen Geschlechter zurück, und täten sie es, so würde sich daran nichts ändern, daß die Götter, welche die Empfindung für die heilige Natur des Ortes verehren lehrte, urhellenisch sind, die Erdmutter und ihr Gatte. Die Ge hat sich südlich von dem Apollontempel immer behauptet, und Poseidon hatte

[1] Aischylos Eum. 616 οὐ πώποτ' εἶπον ... ὃ μὴ ἐκέλευσε Ζεὺς Ὀλυμπίων πατήρ.

[2] Wir Modernen werden nicht minder von der Aussicht ergriffen, die wir von dem Stadion über den Golf zu den peloponnesischen Bergen hin genießen, und die schroffen Bergwände der Phaidriaden tun auch nicht wenig dazu. Aber das ist eine moderne Empfindung.

sogar in diesem einen Altar; sein Anspruch war auch nicht vergessen[1]. Diese Götter teilten denen, die auf ihrer Erde schliefen, ihre Weisungen im Traume mit. Dafür muß bei der Ge ein Fleck schon in dieser Zeit bestimmt gewesen sein. Auch ein Brunnen war dabei, dessen Wasser, mochte es auch aus der Kassotis stammen, doch immer für das der Kastalia gegolten hat.

Niemals ist vergessen, daß Apollon aus der Fremde gekommen ist und sich des Bodens bemächtigt hat. Dazu mußte er einen Vertreter dieses Bodens überwinden, die Schlange Delphyne (die erst spät, vielleicht gar durch Ephoros selbst, in den Python verwandelt ist)[2], und sein Kampf mit ihr ist immer an dem Hauptfeste der Pythien feierlich in der asiatischen Flötenmusik dargestellt worden[3]. Kadmos hat ebenso einen Drachen bezwungen, um sich Thebens zu bemächtigen. An die Stelle des Traumorakels tritt der Bescheid, den der Gott durch die von ihm begeisterte Frau gibt. Der Ausdruck *ἀνελεῖν* für diese Beantwortung erklärt sich aber nur so, daß es einmal auch ein Losorakel gegeben hat; später hat Apollon es verworfen. Diese Nebensache würde hier auch als Anmerkung unpassend sein, ist also in die Beilage *Θρῖαι* (I 379) verwiesen.

Apollon ist sehr früh gekommen und hat seine alle anderen Orakelgötter überragende Macht schon im frühen siebenten Jahrhundert inne. Die Ilias kennt seine Schätze im Iota, das zwar in die Ilias Homers eingelegt ist, aber unmöglich jünger sein kann[4].

[1] Der Altar Pausanias X 24. Poseidon soll sogar Orakel gegeben haben, Musaios bei Pausan. X 5, 6. Für die Abtretung von Delphi erhielt er Kalauria, Kallimachos Fr. 221, wo Schneider die anderen Belege beibringt.

[2] Spätere Umdeutungen des Python, so daß er die Bezeichnung des Bauchredners werden konnte und die Apostelgeschichte 16, 16 von einem Mädchen reden kann, das ein *πνεῦμα πύθωνα* hatte, kommen selbstverständlich für Delphi und überhaupt den alten Glauben nicht in Betracht.

[3] Korinna und Alkman (Ps. Plutarch mus. 14) haben den Gott selbst die Flöte blasen lassen. Ein Gegensatz gegen die Blasinstrumente hat nicht bestanden.

[4] *I* 404. Die Schätze liegen umschlossen von einem *λάινος οὐδός*. Das ist noch kein Tempel, sondern ein ummauertes *τέμενος*. Aber der Tempel, den Trophonios und Agamedes gebaut haben sollten, gehört schon in das siebente Jahrhundert, natürlich wie der spätere eigentlich ein *χρηστήριον*. Was das Epitheton *ἀφήτωρ* bedeutet, verstand man auch im Altertum nicht.

Hesiod hat von den Göttern, die jetzt regieren, nicht gehandelt, aber er scheint doch den Stein, der dem Kronos statt des Zeus gegeben war, in Delphi zu erwähnen, was eine Blüte des Heiligtums wie im Iota voraussetzt, und der heilige Krieg ist von den Amphiktionen geführt, also bestand diese weitreichende Vereinigung, die an die Stelle der engeren getreten war, welche sich um die Demeter an den Thermopylen[1] früher gebildet hatte; Thessalien, Athen, Sikyon treten in dem Kriege hervor, der Glaube an den Gott mußte festgewurzelt sein, um sie zu der gemeinsamen Unternehmung zu treiben. Früh im siebenten Jahrhundert hat der Gott den Kalender, also die Enneaeteris und die Einführung von Monatsnamen, in Hellas verbreitet: wie groß mußte dazu seine Autorität sein, wie kenntnisreich und einsichtig seine Priesterschaft[2].

Niemals hat Delphi behaupten können, daß der Gott hier zu Hause wäre, seine Geburt auf Delos ist niemals bestritten, die attische Prozession der Pythais wiederholt seine Wanderung[3]; die

[1] Diese Amphiktionie wird nur den Verkehr durch den Engpaß für ihre Stämme freigehalten haben; gerade dort ist ja die Zersplitterung in ganz kleine selbständige Völkchen am stärksten. Der gemeinsame Markt der *πυλαία* gehört dazu. Also der Handel, keine politische Tendenz, war bestimmend.

[2] Grundlegend für diese Dinge sind die schönen Forschungen von M. Nilsson, Primitive time-reckoning und Entstehung und Bedeutung des griechischen Kalenders, wo er S. 43 beweist, daß Apollon diese Kalenderordnung gegeben hat, und in diesem Apollon den Pythier sieht. Daß nur dieser in Hellas die nötige Autorität hatte, ist sicher. Aber damit ist über Ionien nicht entschieden. In der Odyssee, nicht erst derjenigen, die wir lesen, war ihm das Neujahrsfest heilig; das setzt die Ordnung des Jahres voraus. Das Jahr fängt nach der Wintersonnenwende an; das tut es nicht in Delphi, wohl aber in Delos, nach der Homernovelle auch in Samos. Die Bildung der Monatsnamen bei den Ioniern unterscheidet sich durchgreifend von denen in Hellas. Hesiod kennt den *Ληναιών*, obwohl er selbst nicht mit Monaten rechnet; ich habe die Verwerfung des Verses aufgeben müssen. Also schließe ich, daß der Apollon in Ionien, vielleicht auf Delos, zuerst in seinem Kreise den Kalender geordnet hat, was der Pythier aufnahm. Und ist das nicht sehr glaublich? Der Gott stammte vom Osten, und der Osten war doch immer in solchen Dingen dem Mutterlande vorauf.

[3] Die im Prologe der Eumeniden geschilderte Prozession bezeichnet Ephoros, Strab 422, als zu seiner Zeit bestehend. Daß sie weiter regelmäßig geschickt wäre, ist undenkbar. Ihre Erneuerung, über die uns die delphischen Inschriften unterrichten, ist also ein Beleg für die auch

Böoter werden wohl behauptet haben, daß er nicht über Attika, sondern über ihr Delion gekommen sei[1]. Die Delpher ließen Leto mit den Zwillingen gleich nach der Geburt kommen und unterwegs den Tityos von dem Knaben Apollon erschießen, der dann entweder rasch zu voller Kraft erwuchs oder auch am Parnaß eine Kinderzeit durchmachte[2]. Der pythische Hymnus, erst nach dem heiligen Kriege verfaßt und an den delischen geklebt, läßt den Gott vom Olympos kommen, über Böotien, aber dies nur, um die dortigen Heiligtümer für jünger zu erklären. Ein Protest gegen die delische Geburt ist das nicht.

Herüber kam der asiatische Orakelgott, der in ganz unhellenischer Weise durch den Mund in Ekstase versetzter Menschen sprach. So war es in Klaros, wird es in Didyma und Gryneion nicht anders gewesen sein, und auch Jungfrauen, die Sibylle von Erythrai und Kassandra, werden in der Ekstase des Gottes voll und schauen die Zukunft. In Delphi war eine Frau, zuerst eine Jungfrau, das Organ des Gottes, aber ihre ekstatischen Rufe hörte allein eine Priesterschaft, die sie zu deuten wußte und den Fragenden den Spruch des Gottes vermittelte. Wie die Ekstase erregt ward, war an den Orakelstätten verschieden. In Delphi kam auch jetzt noch die Stimme aus der Erdtiefe; die heilige Quelle, die unter dem Orakelraum hindurch geleitet war, wird dazu beigetragen haben[3]. Wie man sich das später rationalistisch zu erklären versucht hat, ist für die Religion gleichgültig. Es kann kaum anders sein, als daß der Dienst des Gottes durch Apostel nach Delphi gebracht ist, die sich als Träger seines Geistes fühlten; durch solche wird er auch später in die Filialen, die Pythien, verbreitet sein. Es war eine

sonst z.B. in Delos faßbare Stimmung der Zeit. Boethius, die Pythais, Upsala 1918.

[1] Bei Pindar Fr. 51 fliegt er über Böotien hin und wählt sich seine Plätze; woher er kam, lesen wir nicht mehr.

[2] Tityos von Phanoteus vertritt hier die Delphi feindlichen Umwohner seiner östlichen Zufahrtstraße, die sonst Phlegyer oder Dryoper heißen. Als Sohn der Erde war er Gigant. Das ist er auch in der Odyssee η 324, aber kein Frevler, wohnt auch auf Euboia, wo er eine sterbliche Mutter hatte und als Heros verehrt ward, Strabon 423, wohl aus Apollodor. Den Widerspruch können wir nicht lösen.

[3] Daß der Gott oder die Pythia auf einem Dreifuß sitzt, erklärt sich, wenn dieser über dem Wasser stand, aus dem der Geist (zuerst wohl die Stimme) des Gottes aufstieg.

wichtige Bestätigung, daß in Kyrene ein Delpher Onymastos heroische Ehren erhalten hat; durch ihn wird der Karneios zu dem Pythier gemacht worden sein. Mitgebracht hat der Gott nach Delphi seinen heiligen Baum, den Lorbeer, der auch in Klaros und Didyma zu ihm gehörte; in Delphi wird er zuerst den heiligen Bezirk umgeben haben, denn es wird noch von *δαφνώδη γύαλα* geredet (Eurip. Ion 76), als die Baulichkeiten kaum für ein paar Büsche Raum boten. Damals bestand der Brauch, daß von einer Schar Knaben frischer Lorbeer aus dem Tempetale geholt ward, und es war als Aition erfunden, daß der Gott selbst entsühnt werden mußte, weil er die Schlange erschossen hatte, also auf Grund der Blutsühne, die er verlangte. Ursprünglich kann das nicht gewesen sein, und es wird auch lange gedauert haben, bis die Perrhaeber, die das Tempetal bewohnten, sich dem delphischen Gotte erschlossen, mindestens mußten die Thessaler zur Amphiktionie gehören, die über jenen Stamm geboten. Es leuchtet wohl ein, daß der Lorbeer ursprünglich aus dem Garten kam, den der Gott im Norden bei den Hyperboreern hatte (Sophokles Fr. 870). Dahin ging er ja während des Winters, ähnlich wie es in Delos geglaubt ward, nur daß er da in Lykien weilen sollte; mit den Hyperboreern hatte er aber auch Verkehr, und wie von dort eine Botschaft über Dodona kam, konnte sie hier über Pierien kommen. Gebracht hat Apollon seinen Lorbeer zuerst selbst, oder er kam vielmehr in dem Lorbeer, wie man auch an dem thebanischen Ritus merkt; später vertrat ihn der lorbeertragende Knabe[1].

Der Gott heißt der Pythier, sein Sitz *Πυθώ*, und die Filialen seines Dienstes, die bis nach Pamphylien[2], Gortyn, Kyrene reichen, sind Pythien. Der Name läßt sich nicht deuten und kann kaum der alte Ortsname sein, denn die Schlange heißt Delphyne und der Ort *Δελφοί*, Nebenform *Βελφοί*, gehört also den Bewohnern. Das waren Phoker, also ein zur zweiten Schicht der Einwanderer gehöriger

[1] Aelian V.H. III 1. Eine Parallele liefert die thebanische Daphnephorie, Pindaros 433. Sie ist im Dienste des Ismenios wohl in Konkurrenz zu Delphi eingeführt, denn die böotischen Orakel, auch das des Ptoion, werden sich nicht gleich dem Pythier unterworfen haben. Pindars häufige Verherrlichung des Teneros neben seiner Hingebung an den Pythier ist bezeichnend. Böotien steht dauernd feindlich gegen die Phoker.

[2] Sillyon Gött. Dial. Insch. 1267, 30. Gar nicht verständlich ist die Bildung *Πυθείη*, wie die Artemis in Didyma heißt.

Stamm, und die Bundesgöttin der Phoker, Athena, hatte ihren Tempel in der Marmaria, dem Zentrum der alten Stadt[1], wenn man den Namen brauchen darf, denn eine größere Ansiedlung konnte dort niemals entstehen. Der Name wird wohl wie der ebenso fremde *δελφίν*, *βελφίν*, von den ältesten Besiedlern übernommen sein, war auch dem Gotte willkommen, der *δελφίνιος* war oder werden sollte. Der Kampf, der durch die Hilfe der Amphiktionen zur Zersörung von Kirrha-Krisa[2] führte, ist wohl geführt, um die Delpher, d.h. die Priesterschaft, von Krisa zu lösen, von phokischer Bevormundung auch, denn die Priester wollten nun gar keine Phoker sein, sondern von dem *δελφίνιος* aus Kreta nach Delphi geführt, wie es der Hymnus erzählt. Die Athener haben, als sie die Herrschaft über Nordgriechenland anstrebten, das spartanisch gesonnene Orakel wieder unter die Phoker stellen wollen, was doch mißlang, und im Nikiasfrieden ward die Unverletzlichkeit von Delphi anerkannt. Die Tyrannen, die im letzten heiligen Kriege nur mit Mühe bezwungen wurden, weil Athen und Sparta ihnen geneigt waren, wollten Delphi wieder phokisch machen. Aber die Selbständigkeit ward wiederhergestellt und ist auch unter der faktischen Herrschaft der Ätoler äußerlich aufrechterhalten, ebenso unter Rom.

Wegen des Gegensatzes des delphischen Apollon zu dem Glauben des Mutterlandes, der sich im Heroenkulte ausspricht, ist der fremde Gott zuerst an diesem in der Folge wichtigsten Orte vorgeführt. Es kann aber nicht bezweifelt werden, daß er daneben von Delos und anderen östlichen Orten schon weithin gekommen war, ehe Delphi ihn zum *Πύθιος* oder *Πυθαεύς* machte. Ganz deutlich ist es in Sparta, denn da ist der dorische Karnos zum Apollon Karneios, dieser erst zum *Πύθιος* geworden. Diesen Übergang überblicken wir in der Enkelstadt Kyrene, aber auch in Sparta hat

[1] Erst als der heilige Bezirk den Menschen das eigentliche Pytho geworden war, Delphi von den Phokern gelöst, ist die Bezeichnung *'Αθάνα προνάια* aufgekommen, was dann weiter zu *Πρόνοια* verdorben ward.

[2] Die Unterscheidung der Stadt, die als *Χρυσό* noch heute besteht, und des Hafens läßt sich in den Namen nicht durchführen. Aus Krisa haben sie einen König Akrisios gemacht (wie Aphareus aus Pharai), der die delphische Amphiktionie stiftet, Strabon 420, und dann der König von Argos sein soll, Schol. Eurip. Orest 1094 (voll rarer Gelehrsamkeit). Es deutet darauf, daß Krisa noch die Oberhoheit über Delphi besaß, als der Bund gestiftet ward.

man den Apollon der Ilias, der selbst zum Schutze der Seinen in den Kampf eingreift, noch geglaubt, als man ihn gewappnet über dem Grabe des Hyakinthos aufstellte, obwohl damals der Pythier bereits als Urheber des spartiatischen *κόσμος* galt und zwei *Πύθιοι* den Verkehr mit dem Orakel vermittelten. Jener ältere Apollon ist der *Βοηδρόμιος*, dem auch Athen *βοηδρόμια* feierte, oder *βοαθόος* (in Delphi); auch *ἀγήτωρ*, *ἐπικούριος* und ähnliche Rufnamen werden zuerst gleiche Bedeutung gehabt haben, und wenn er *ἀρχηγέτης* heißt, z. B. in Halikarnaß, so wird er selbst, nicht sein Orakel, die Auswanderer geführt haben, wie er es als Rabe für die Kyrenäer getan hatte. Auch als Heilgott wird er wohl den Heroengräbern Konkurrenz gemacht haben[1], und wo er den Hermes verdrängt hat, als *νόμιος νυμφηγέτης ἀγυιεύς*, war er nicht von Delphi gekommen. Dauernd gehalten hat sich die Anrufung des Apollon *ἀποτρόπαιος*, abgekürzt zu *Ἄπολλον*, wie *Ἡράκλεις* und *Πόσειδον*, in der sich zuerst Furcht, die ein Abwenden des Bösen nötig macht, dann stärkste Verwunderung ausspricht. Das ist der Gott, der in der Ilias nur den Feinden zu Hilfe gekommen war. Er heißt daher auch *ἀλεξίκακος*[2]. Darin wirkt ein starker Gott, anders als der Pythier, aber nur in Delphi ist er zu der Autorität gelangt, die er dann ziemlich überall genoß. Da war er ein anderer geworden. Dieser Wandel, der auf die hellenische Religion geradezu umwälzend gewirkt hat, muß in Delphi eher vor als nach 700 vollzogen sein; er war es, als Athen, das den Delier bereits besaß, sich den Pythier zum *πατρῷος* wählte.

Eine solche religiöse Reform geschieht nur durch den Glauben, der in einzelnen Herzen erwächst, und diese Propheten einer neuen

[1] In Rom ist Apollon vorwiegend Heilgott gewesen, Wissowa Relig. 294, wird es also auch in Kyme gewesen sein, wo er herkam. Heroengräber konnte es in diesen Kolonien nicht geben, also auch keine Heilheroen.

[2] *Ἄπολλον ἀποτρόπαιε* Aristophanes Vög. 61, *Ἄπολλον* oft in der Komödie. Es ist stärker als das abgegriffene *Ἡράκλεις*, Athen. 417b, Verse des Komikers Theophilos, wo schließlich Horos der Ägypter und Sabazios der Thraker zu Apollon treten. Ein schönes Beispiel, daß Glaukon *Ἄπολλον δαιμονίας ὑπερβολῆς* ruft, als Sokrates ihm die Gottheit des *ἐπέκεινα οὐσίας* vorgestellt hat, Staat 509c. *ἀλεξίκακος* heißt der Apollon des Kalamis, aber er ist kein Kultbild und wird den Namen nur zum Unterschiede von benachbarten Statuen getragen haben, doch wohl wegen seiner Haltung, Pausan. I 3, 4. In Kyrene opferte man einen *Ἀποτρόπαιος* ohne Nennung eines Gottesnamens, Heil. Gesetze 1.

Offenbarung haben die Kraft besessen, nicht nur den delphischen Orakelgott zu dem zu machen, der er hinfort sein wird, sondern den Anstoß zu der Propaganda gegeben, die ihm ganz Hellas unterworfen hat. Wir kennen diese Reformatoren nicht, erschließen auch die Propaganda nur aus ihrem Erfolge, aber das nimmt ihnen nichts an ihrer Bedeutung, und sie dürfen es nicht entgelten, daß die Priesterschaft mit der Zeit im Namen des Gottes nur zu weltliche Zwecke verfolgt und bedenkliche Mittel gebraucht hat, was doch auch bei denen, welche es durchschauten, den Glauben an den Gott nicht erschüttert hat. Die Reformatoren mußten sich auf eine ihnen persönlich gewordene Inspiration berufen; da dürfte bedeutsam sein, daß in Delphi neben dem Rathause der Stein war, auf dem die älteste Sibylle[1] gesungen hatte, die vom Helikon (also den Musen) oder aus der Malis gekommen war. Eine Prophetin neben Apollon ist wunderlich; sie könnte wohl darauf deuten, daß weibliche Begeisterung auch Trägerin der neuen Offenbarung war. Daß die Priester nicht selbst wie in Asien des Gottes voll wurden, ist schwerlich bedeutungslos. Doch wir müssen uns bescheiden, nur den Erfolg der Reform zu kennen. Es ist schon das nichts Geringes, daß es niemals ein Kultbild des Gottes gegeben hat[2]. Es ist ungenau, wenn wir, wie es die Griechen selbst gewöhn-

[1] Plutarch, Pyth. orac. 398, Pausanias X 12, dessen nähere Angaben fernbleiben müssen. *Σίβυλλα* ist Eigenname, in Athen IA. II² 1534, 85 in der Form *Σίβιλλα*. Ob nicht der seltsame Name *Σιβύϱτιος* dazu gehört? Stammen wird er von Mysern oder wo ihn die Sibylle von Erythrai her hat, der allerdings auch der Name Herophile gegeben ist, als der andere Gattungsname geworden war. Sehr merkwürdig sind die Verse bei Clemens Str. 384 P., in denen sie sich als Artemis einführt, die auf ihren Bruder ergrimmt ist. Clemens führt das so ein, daß sie eine Phrygerin war, die Artemis hieß wie eine Sklavin Platons, Laert. III 42. *'Αϱτεμίς* Abkürzung von *'Αϱτεμισία*, denn der Name der Göttin ist nicht glaublich.

[2] Im zugänglichen Raume des *χϱηστήϱιον* stand ein Apollon in einer Gruppe mit *Ζεὺς μοιϱαγέτης* und zwei Moiren, denn nur zwei erkannten die Delpher an (Plutarch *E* 385 c). Das war ein Weihgeschenk. Im Adyton stand eine goldene Statue, Pausan. X 24, 5, Eusebius-Hieronymus zu 1297 Helm; griechisch bei Synkellos erhalten. Eine Kultstatue war vorgesehen, als Philodamos seinen Hymnus auf Dionysos machte, im Jahre 335, Strophe X. Eine entsprechende Weihung für Dionysos wünscht der Dichter, XI, die niemals ausgeführt ist. Die Strophen scheinen sich der Herstellung zu entziehen, denn trotz aller Gelehrsamkeit

lich tun, von einem ναός reden, die genaue Bezeichnung ist χρηστήριον. An den Ort, wo die Orakel erteilt werden, kommt der Gott, oder besser, da ist er geistig gegenwärtig. Es ist auch nicht Sitte, ihm sein Bild zu weihen, so daß in dem ganzen Heiligtume keine Statue des Apollon stand, die maßgebend geworden wäre. Es gibt keinen „pythischen" Apollon in der Kunst. Der handelt auch nicht selbst, er braucht seinen Bogen nicht, und nur die Maler Athens denken sich, daß er vor Mutter und Schwester die Kithara spielt. Auch die Heilkunst übt er nicht; um Heilmittel für leibliche Leiden wird er nicht gefragt. Er wird nichts dawider haben, daß die Dichter von seinem Drachenkampfe und auch von seiner Liebe zu sterblichen Frauen[1] erzählen, aber das fällt dann in eine Vorzeit, da er noch jung war; jetzt wird man es ihm nicht mehr zutrauen, genauer, es gehört zum Mythos, den er als ein Erbstück, zu den πάτρια gehörig, nicht preisgibt. Der Gottesdienst muß die alten Formen bewahren; das fordert der Gott ja von allen Staaten. Bei der Einholung des frischen Lorbeers aus Tempe darf ihn ein Knabe vertreten, und was noch sonst von seltsamen Zeremonien durch die Jahrhunderte beibehalten ist. Er selbst wirkt nur geistig, man kann auch geistlich sagen, und es ist nur eine neu klingende Formulierung, die seinem Wesen entspricht, wenn Empedokles 134 erklärt, er sei körperlos, eine φρὴν ἱερὴ καὶ ἀθέσφατος, φροντίσι κόσμον ἅπαντα καταίσσουσα θοῇσιν.

Der keineswegs auf seinen Kult beschränkte Ruf ἰὴ παιάν war zu ἰὲ παιάν als Aufforderung zu dem Schusse auf den Drachen umgebildet. Jetzt richtet man an ihn den παιάν, der für alle Nöte παιώνια φάρμακα zu geben weiß. Das hat er einmal auch als Arzt getan; später sind es keine Medikamente gegen leibliche Krankheiten,

und allem Wagemut kann sich die Fassung nicht behaupten, die Vollgraff den verzweifelten Stellen gegeben hat. Statt des Eusebius durfte er aber den Malalas nicht heranziehen, der seine Vorlage fälscht.

[1] Liebesverhältnisse mit Knaben, zuerst wohl Hyakinthos und Admetos, sind sämtlich spätere Umdeutungen der Dichter, aber die Knabenliebe, die in der von ihm beschützten Gesellschaft anerkannt war, hat er nicht bekämpft. Herakleides Pontikos, Athen. 602b teilt ein schönes Orakel mit, das ein Liebespaar aus Akragas als θείας ἀγητῆρες φιλότατος für εὔδαιμον, also zwar nicht für Heroen, aber doch für selig erklärt, ein Unterschied wie zwischen santi und beati der katholischen Kirche. Es ist das aber erst eine späte Unterscheidung. Beiläufig, die Bemerkung über den Versbau ist Einlage des Athenäus.

sondern gegen gesellschaftliche und politische Nöte, die der Grieche gewöhnt ist, auch als *νόσοι* zu bezeichnen. Daher sind die Verbindungen mit den Staaten das wichtigste. Es kann wohl sein, daß die lykurgische Rhetra erst nachträglich als geboten von dem Gotte dargestellt ist, denn daß der delphische Einfluß schon im achten Jahrhundert bis nach Sparta gereicht hätte, ist kaum glaublich[1], aber für Tyrtaios ist Apollon bereits der Gesetzgeber. In Athen, wohin er schon vorher aus Ionien, wohl Delos, die Thargelien[2] gebracht hatte, kann man die Unterwerfung unter den *πατρῷος* als Vater des Ion von der Revolution, die das Königtum beseitigte und die vier Phylen einführte, nicht wohl trennen, und die *θεσμοί* des Drakon kodifizierten das apollinische Blutrecht. Hier kennen wir die neue Moral, die der Gott gebot, am besten, und die unbedingte Forderung der Blutrache mit dem Verbote, Wergeld anzunehmen, die Bedrängung des Mörders, sich von allen geheiligten Plätzen fernzuhalten, und was weiter an Bindungen der Menschen vorgeschrieben ward, zeigt das Wesentliche der neuen Religion. Einmal ist es die Reinheit, die gefordert wird; *φοῖβος* soll nun rein bedeuten. Dazu ist die Beseitigung jeder Befleckung nötig, und befleckt wird durch vergossenes Blut nicht nur der Totschläger, sondern die ganze Gemeinde, wenn keine Sühne erfolgt, zu der die Landflucht des Mörders nicht hinreicht. Wie die Entsühnung zu bewirken ist, wird der Gott sagen[3]. Mißwachs, Seuche u. dgl. ist Folge einer Befleckung, und auch da

[1] Sehr wichtig scheint mir, was bei Plutarch Agis 11 steht, daß in dem Falle der Suspendierung eines Königs durch die Ephoren Entscheidung aus Delphi oder Olympia geholt werden soll. In der historischen Zeit ist das Orakel der Iamiden ohne allgemeine Bedeutung; wenn es hier neben Delphi erwähnt wird, so schließt man, daß es einmal von Sparta so befragt ward wie später allein Delphi, und wenn man die Siegerliste der Olympien ansieht und den Diskos des Iphitos und Lykurgos daneben, so scheint diese Verbindung mit Olympia sehr glaublich und wird für die älteste peloponnesische Geschichte wichtig.

[2] Das Fest ist spezifisch ionisch, heißt nach einem Brei oder Brot von dem ersten reifen Korn, offenbar fremdes Wort und fremder Brauch.

[3] Nach der Hypothesis der Aithiopis fuhr Achilleus nach Lesbos, um nach einem Opfer an Apollon Artemis Leto von der Ermordung des Thersites gereinigt zu werden. Branchos hat die Ionier, denen Apollon grollte, durch Schläge mit Lorbeer und unverständliche Formeln (*ἐπῳδαί*) wieder heil gemacht (sie waren also mit irgendwelcher Krankheit geschlagen), Kallimachos Iamb. 224. Darin kann Kathartik des Apollon

kennt der Gott die Ursache und die Mittel der Reinigung[1]. Es gilt die Götter zu kennen, die beleidigt sind; oft ist es ein vernachlässigter Heros, also ein Toter, der nicht versöhnt ist und daher noch schaden kann. So hat der Gott den herrschenden Heroenglauben angenommen und sich unterworfen, so daß sein Spruch erst die Heroisierung sanktionieren sollte, es auch vielfach getan hat, bis in den Anfang des fünften Jahrhunderts; Kleomedes von Astypalaia ward durch einen Spruch ausdrücklich als der letzte bezeichnet[2]. Indem der Gott in vielen anderen Fällen bestimmten Göttern zu opfern vorschrieb, hat er sich eine Kontrolle über die Kulte angemaßt und wird zu der Ausgleichung derselben, also zu der Verbreitung der Olympier und ihrer homerischen Namen, stark beigetragen haben; die Trias, der er selbst angehörte, war natürlich nicht vergessen, konnte sogar als die pythischen Götter neben die olympischen treten[3]. Es wird wohl häufig von den Anfragenden gleich die Formel gewählt sein, die wir auch aus Dodona kennen „welchem Gotte (oder auch Heros) soll ich opfern, damit es mir *λῶιον καὶ ἄμεινον* bekommt“. So macht es Xenophon in Del-

Asiens liegen, wenn man nur sicher wäre, daß die zweite Geschichte alt ist; die Aithiopis war ganz jung, jünger als die kleine Ilias.

[1] Daß daneben einzelne Propheten dem Gotte Konkurrenz machten, wie es ja auch durch viele Seher geschah, die sich nicht unter Apollon gestellt hatten, braucht kaum gesagt zu werden. Namentlich die kretischen Seher trieben Kathartik, so sollte Epimenides die Sühne für den Mord der Anhänger Kylons (eigentlich Kyllons; die Haplographie zeugt für sein Alter) vollzogen haben. Das junge Gedicht unter seinem Namen kämpft in Fr. 11 gegen einen delphischen Anspruch. Apollon selbst sollte durch den Kreter Karmanor gesühnt sein.

[2] Plutarch Romulus 28. Wenn der Spruch bei der Anerkennung des Kleomedes ausgesprochen war, hatte der Gott damit eine Änderung seiner Praxis bekanntgegeben. Er kann aber auch später gefallen sein, als ein Gesuch abgeschlagen ward. Immer ist es wichtig, daß die Zeit für diesen Glauben vorbei war; Astypalaia und das Lokroi des Euthymos liegen den Zentra des hellenischen Lebens fern. Die Gefallenen der Perserkriege sind keine Heroen mehr geworden. Das Liebespaar von Akragas (S. 35) erhielt daher nur die *εὐδαιμονία*.

[3] In den Thesmophoriazusen, die so stark die verängstete, bei allen Göttern Hilfe suchende Stimmung zur Schau tragen, werden 331 erst die olympischen, dann die pythischen, endlich die delischen Götter angerufen. Die delischen, also wieder die Trias, waren damals so gut wie athenisch, aber in Athen saß auch der Kult des Deliers sehr fest.

phi (Anab. III 1, 6)[1]. Aber nach der Einführung neuer Kulte ist auch oft direkt gefragt worden, und es sind auch abschlägliche Antworten erfolgt[2]. Von dieser maßgebenden Vorschrift über die Reinigungszeremonien und die zur Reinheit nötigen Beschränkungen in der Lebensführung verlautet nichts, aber wenn man die von dem Gotte genehmigten heiligen Gesetze Kyrenes ansieht, leuchtet ein, daß der Gott auch hierin als Erzieher tätig war. Hinzu kommt, daß in Athen Exegeten seines Willens waren, bei denen sich die einzelnen Rats erholen konnten; es wird Zufall sein, daß wir aus anderen Orten nichts Entsprechendes erfahren.

Paradigmatisch für die unverbrüchliche Ahndung einer jeden Bluttat wird die Einholung des frischen Lorbeers aus dem Tempetal so umgedeutet, daß sich der Gott selbst wegen der Tötung der Delphyne entsühnen mußte, und in der delphischen Poesie geht das so weit, daß er die Kyklopen erschlagen hätte, weil der von ihnen gefertigte Donnerkeil seinen Sohn Asklepios erschlagen hatte[3]. Dafür muß er dem Admetos dienen[4], in dem mit Recht der Herr der Unterwelt mit seinen Herden erkannt ist. Daraus folgt, daß die Sage älter und bedeutsamer war als in der Eoee, denn da war Admetos der König von Pherai, der sich die Freundschaft des Gottes verdient, und als Hirt, als *νόμιος*, bewirkt der Gott die Fruchtbarkeit der Herden[5]. Es ist wichtig, daß er gerade als Hausgenosse des Admetos *ὅσιος* heißt (Eurip. Alk. 10), und Aischylos, Hik. 214, ihn *ἁγνὸν φυγάδ' ἀπ' οὐρανοῦ θεόν* nennt. Der delphische Priester Plutarch, def. orac. 417f, protestiert gegen diese Geschichte, wie er auch den Kampf mit dem Drachen nicht anerkennt. Die Sage von Apollon bei Admetos wird damit weitergeführt, daß er

[1] Er verwendet eine andere gleichartige Formel. *λωΐτερον καὶ ἄμεινον* steht schon in der Telemachie *β* 141.

[2] Wenigstens berichtet so Herodot 5, 67, dem der Orakelspruch vorlag.

[3] Der Delpher Anaxandrides, Schol. Eurip. Alk. 1, verbindet die Dienstbarkeit mit der Tötung des Drachen.

[4] Ein großes Jahr, so steht in dem anonymen Verse bei Plutarch Erot. 761e, der sicher von Rhianos ist, da Plutarch ihn mit der Liebschaft zu Admetos verbindet, und ihm kann man die Nachahmung des Panyassis zutrauen, vgl. Meineke An. Alex. 180. Damit verlieren wir den Anhalt, die Enneaeteris der älteren Sage zuzurechnen.

[5] Nach dem Reichtum an Schafen heißt der Sohn des Admetos Eumelos, *B* 764. Er hat besonders schnelle Rosse; auch sie wird er dem Apollon als *ἱπποβουκόλος* verdanken; an die Rosse der Unterwelt, den *Νηλήιοι* entsprechend, darf man wohl nicht mehr denken.

ihn vor dem Tode errettet, falls er einen Ersatzmann findet; sie hat auch zu Lebensregeln geführt, die der Gott seinem Freunde gab; vielleicht war das ein gnomisches Gedicht[1]. Denn die Fassung der Orakel in formvollendete Verse beweist die Pflege der epischen Kunst in Delphi; es war ja auch nötig, daß der Gott nicht in der phokischen Mundart, sondern allgemeinverständlich sprach[2]. Die Musen hatten daher neben der Quelle südlich vom Tempel ihr altes Heiligtum. In einigen noch kenntlichen Epen und noch viel mehr in der jüngeren Gestaltung der Heldensage ist eine Tendenz unverkennbar, welche für den Pythier und seine Religion Propaganda macht. In den Eoeen stand seine Verbindung mit der Nymphe Kyrene, die gewaltsam nach Thessalien gezogen ward, und ihr Schluß machte den alten Gott Aristaios zu seinem Sohne. Die Eoee von Koronis machte den Asklepios, einerlei was er gewesen war, zu seinem sterblichen Sohne. So war die Heilkunst zwar von Apollon gelehrt, aber er brauchte sich nicht mehr selbst mit ihr zu befassen. In dem Epos von der Heimkehr der Atreiden, das wir aus seiner Wirkung auf Lyriker und Tragiker erschließen, war die Blutrache des Orestes auf den Muttermord ausgedehnt; der Gott hatte sie befohlen und entsühnte den Mörder. In Pylades, der nach der nun delphischen Pylaia hieß, war ein Mahner und Helfer dem Orestes beigegeben. Eine entsprechende Figur ward der Muttermörder Alkmaion, dem aber der Gott eine Wohnstätte auf einer nach seiner Tat entstandenen, also unbefleckten Erde anwies. Die Ödipussage, die ursprünglich gar nichts mit Delphi zu tun hatte, sondern ganz in Böotien spielte, ist dem Gotte unterworfen worden, und so unzählige Sagen; es ist ein oft vergessenes, aber darum nicht weniger bindendes Gebot der wissenschaftlichen Methode, die Einführung pythischer Sprüche in den Sagen überall als ein Zeichen der Modernisierung anzuerkennen.

Herodotos hat in Delphi eine Menge Orakelverse kennengelernt und die zugehörigen Geschichten in delphischer Beleuchtung erfahren. Ephoros kennt namentlich Sprüche, die den Gott als den geistigen Führer der Kolonien zeigen. Es ist schwer zu bestimmen, wieweit der Gott wirklich eine Direktive gegeben hatte oder nur

[1] Bakchylides 3, 79 gibt der Gott dem Admetos eine Lebensregel, nach der auch wir leben sollen, immer zugleich so, als sollten wir morgen sterben und als ob wir noch 50 Jahre vor uns hätten. Dazu stellt sich das Skolion 14 *'Αδμήτου λόγον ... μαθών*.

[2] Prosaische Antworten im Dialekt wie Thukyd. 5, 16 sind sehr selten.

einer Unternehmung seinen Segen gab, auch wohl Bedingungen stellte, und wieweit er später sich den Ruhm aneignete. Das kann nur Spezialuntersuchung ausmachen; die fromme Fälschung ist ja sehr weit gegangen, wie die fiktiven Siegerlisten der fiktiven Pythien am besten beweisen, die durch Aristoteles und Kallisthenes entlarvt wurden. Die Verbindung, in der viele Kolonien mit Delphi blieben, dem sie Weihgeschenke stifteten, hat dort jedenfalls eine umfassendere Kenntnis der hellenischen Diaspora bewirkt als irgendwo anders, und dieses Gottes allgemeine Verehrung hat nicht wenig zur Stärkung des nationalen Gemeingefühles beigetragen. Dennoch war dieser Gott, gleich als ob er sich noch seiner Herkunft bewußt gewesen wäre, ein Gott für die ganze Menschheit, was kein anderer war, und Delphi war der Mittelpunkt der Erde. König Kroisos ist nicht der einzige asiatische Fürst, der ihm reiche Gaben gesandt und seinen Rat eingeholt hat. Es bedurfte kühner Erfindungen, um nach seinem Sturze die Wahrheit der Prophezeiungen oder doch die dankbare Fürsorge des Gottes aufrechtzuerhalten. Ganz früh haben ihm auch Italiker Gaben gesandt. Bald nach dem Sturze des Kroisos gab der Brand des Tempels Gelegenheit, die Hingebung an den Gott durch Spenden für den Neubau zu beweisen, und es ward nicht nötig, die kostbaren Weihgeschenke einzuschmelzen. Dann sehen wir den Pythier stark in die politischen Händel verwickelt, aber er bleibt rein, wenn auch eine Pythia bestochen wird; er vermag sogar seine Haltung bei dem Xerxeszuge zu verschleiern, und die Hellenen wollen ihm die Perserfreunde δεκατεύειν, d.h. ihm ein Zehntel ihres Wertes und ihrer Habe zuweisen[1]. Daß er dann in dem Konflikte zwischen Athen und den Peloponnesiern für diese Partei nimmt, kann nicht verwundern, denn es ist die alte Ordnung im Staate und der adligen Gesellschaft mit den alten Götterdiensten, die er immer in seinem Schutze gehalten hatte. Aber auch das hat nicht verhindert, daß er in Fragen des Kultus und des Rechtes der Götter als die entscheidende Autorität von allen Seiten, auch von Athen angerufen ward. Bezeichnend ist ein Volksbeschluß über die Bebauung des heiligen Landes, IG. II² 204, wo an ihn appelliert und seine Entscheidung befolgt wird, obgleich sie den Wünschen des Volkes,

[1] Die Bedeutung ist durch die heiligen Gesetze von Kyrene klar geworden. In ihren Mißdeutungen ebenso wie in dem Versuche, die Folgerungen für den Beschluß von 479 abzuwehren, sehe ich nur die Abneigung etwas zuzulernen.

die an sich sehr verständig sind, zuwiderläuft. So etwas kommt auch noch in der hellenistischen Zeit gar nicht selten vor. Platon hat es in den Gesetzen ebenso gehalten, und es war auch damit gegeben, daß er den väterlichen Gottesdienst nicht aufgeben wollte. Aristoteles hat die Statue des Hermias in Delphi aufgestellt: selbst nach dem letzten heiligen Kriege schien ihm dieser Ort zu einer Kundgebung vor der ganzen Hellenenwelt am geeignetsten.

Die Betrachtung hat bis in Zeiten herabgeführt, in denen der Pythier für die sittliche Erziehung der Menschen nichts mehr tun konnte. Damit hatten wir begonnen, mit dem *γνῶθι σαυτόν*, zu dem *ἕπου θεῶι* das Komplement ist. Die Mahnung zur Selbstbescheidung und zur Ergebung in den Willen und die Führung des Gottes, die noch Pindar so nachdrücklich erhebt, steht zu der menschlichen *αὐτάρκεια* in entschiedenstem Gegensatze, also zu Herakles. Wir sehen diesen jetzt ausgeglichen; Herakles erfüllt eine göttliche Mission, wenn er Erde und Meer befriedet und die Götterfeinde vertilgt. Er hat in Delphi sogar ein Fest erhalten, nach dem ein Monat heißt. Das ist nicht immer so gewesen. Dafür zeugt die, wie Skulpturen und Vasengemälde beweisen, populäre Geschichte von dem Versuche des Heros, dem Gotte sogar seinen Dreifuß zu rauben, also von einem Kampfe, den Zeus schlichten muß. Darin ist ein Kompromiß unverkennbar; der Pythier bequemte sich, den Kult des Herakles aufzunehmen, und indem er ihn sanktionierte, machte er den Herakles zu einem Heros, der auch „dem Gotte folgte“. Er hat sogleich für diesen die feindlichen Dryoper vertrieben. Wir werden diese Weisheit Delphis bald in der Aufnahme des Dionysos wiederfinden, die zuerst eine große Konzession war; aber der Gott hat es bald erreicht, daß für die gläubige Welt kein anderer neben ihm an dem Nabel der Erde thronte.

Heroenkult hat Apollon vielfältig sanktioniert; diese bevorzugten Toten wirkten aus ihren Gräbern; auch die Überführung der Knochen, mit denen die Heroen herüberkamen, setzt voraus, daß der Mensch in seinem Körper blieb, die Unterscheidung einer Seele besteht nicht. Darin stimmt diese Religion zu der, welche dem Heraklesglauben zugrunde liegt. Mit einem Jenseits, in dem die Seelen fortleben, wie auch immer, rechnet der Pythier nicht, vollends nicht mit Strafe und Lohn in diesem Jenseits. Das Geschlecht mag die Schuld seines Ahnherrn büßen, weiter das ganze Land die Besudelung durch ungerochenen Mord, alles im Diesseits. Von Befleckung redet er, aber der Begriff der Sünde darf in seine

Religion nicht hineingetragen werden, wenn wir darunter eine Verschuldung gegen Gott, den Herrn der Sittlichkeit, sehen. Der Tod selbst, den einst der homerische Apollon gab, befleckt, mit ihm hat der Phoibos nichts mehr zu schaffen, und selbst die laute Klage ist ihm eine unerträgliche Dissonanz[1].

Nur von einem Orte wissen wir, an dem bestimmte heilige Handlungen, Sakramente kann man passend sagen, auf das Los des Menschen auch nach dem Tode einwirken sollten, das ist Eleusis mit seinen Mysterien. Kein Zweifel, daß es in anderen Demeterheiligtümern Geheimdienste gegeben hat, *μυστήρια*, wie es für Paros und seine Tochterstadt Thasos feststeht[2], aber wir wissen selbst über diesen Kult nichts Besonderes; bloßer Frauenkult ist er schwerlich gewesen, und später kann überall Übertragung aus Eleusis stattgefunden haben. Der Demeterhymnus 481 sagt zwar nur negativ, daß der Ungeweihte es anders als der Geweihte unter der Erde haben wird, während er Glück und Reichtum dem Geweihten für dieses Leben positiv in Aussicht stellt (480, 489). Immerhin ist das etwas, und nicht minder wichtig ist, daß die Ausgrabungen, die man durch Noacks Umsicht und Scharfsinn kennen-

[1] Aischyl. Agam. 1078.

[2] Paros nennt der athenische Hymnus, das Heiligtum ist durch den unglücklichen Feldzug des Miltiades bekannt. Die *πανήγυρις* schon bei Archilochos in den Iobakchen. Thasos heißt noch bei Dionysios Perieg. 523 *Δημήτερος ἀκτή*, und Polygnot hat in der Nekyia auf dem Schiffe des Charon Kleoboia gemalt, die den Demeterkult von Paros nach Thasos gebracht hat, und neben ihr den Jüngling Tellis, der doch wohl zu ihr gehörte. Die Inschriften von Thasos geben bisher nichts aus, die von Paros mancherlei, nennen auch die Baubo. Das Wichtigste ist, daß hier die Priesterinnen, nach Hesych die *μυστίδες*, *μέλισσαι* hießen, Apollodor in Oxyr. 1802 mit einem *αἴτιον*. Pindar Pyth. 4, 60 nennt die Pythia so, Aischylos in den *Ἱέρειαι* 87 scheint irgendwelche *μελισσονόμοι* einen Artemistempel öffnen zu lassen. Im Altertum wird von den „Bienen", die doch in dem Namen stecken, nicht geredet. Das Wappen von Ephesos ist die Biene, und gewisse Tempeldiener heißen *ἐσσῆνες*, was König, auch Bienenkönig, bedeutet. Bienen das Zeuskind nährend sind Honigbienen, erst Mißverstand macht Nymphen aus ihnen. Alles reicht nicht, Bienenkult, eine Gottheit Biene usw. zu sichern, nicht einmal, ob überall karischer Kult zugrunde liegt, was mir wahrscheinlich ist. Was im Servius auctus Aen. I 430 steht, ist nichtig, Korinth darin wohl wegen der Frau Perianders.

lernt, die Existenz eines Gebäudes aus dem siebenten Jahrhundert bewiesen haben, das für jene heilige Handlung, die Mysterienschau, bestimmt war; alle Erneuerungen des Gebäudes haben diesen singulären Charakter nicht geändert. Es war ein *σηκός*, wie Strabon 395 sich ausdrückt, also ein Raum, der die Gläubigen aufnahm wie die Hürde das Vieh. Plutarch, Perikl. 13, sagt *τελεστήριον*. Weil es im Gegensatze zu dem *ναός*, dem Hause des Gottes, die Gemeinde der Epopten, der Zuschauer, aufnahm, ist es der einzige gottesdienstliche Bau geblieben, der sich der Kirche oder Moschee vergleichen läßt. Das Alter läßt sich auch damit bestimmen, daß der Priester, der die Heiligtümer zeigte, immer dem eleusinischen Geschlechte der Eumolpiden angehörte, also dieses Vorrecht behalten hatte, als Eleusis in den Staat von Athen aufging. Er und der heilige Herold Demeters aß auch an der athenischen Staatstafel, und Demeter ward unter die Schwurzeugen des Bürgereides aufgenommen, woraus folgt, daß der Anschluß durch einen Vertrag erfolgte, Eleusis also gern von Megara loskam, mit dem Athen um diesen Preis gekämpft hatte, wie bald darauf um Salamis[1]. Auch in Athen erhielt die eleusinische Göttin einen großen heiligen Bezirk am Südwestfuße der Burg, und wenn auch der Staat Athen mit dem Kulte der Göttinnen von Eleusis die Verwaltung ihres Besitzes und die äußere Anordnung der Feiern in Eleusis durch seine *ἱεροποιοί* übernahm, ist doch der eigentliche sakramentale Dienst, die Leitung der Mysterien, in den Händen der alten Geschlechter verblieben. Das herbstliche Fest der beiden Göttinnen ward durch eine große Prozession von Athen nach Eleusis eingeleitet. Eine geschichtliche Erinnerung an diese Erwerbung von Eleusis hat sich nicht erhalten, wohl aber ihr mythisches Bild. Da sind nicht Megarer, sondern Thraker die Feinde Athens, und der Eponymos der Eumolpiden ist selbst ein wilder Thraker, was sich mit seinem Namen und seiner Verbindung mit Musaios schlecht verträgt[2]. Von Thrakern in Megara wird ja auch

[1] Solon erzählt bei Herodot I 30 von Tellos, der bei der Verteidigung von Eleusis gegen die Megarer fiel. Diokles ist im Hymnus 474 ein eleusinischer Heros wie Triptolemos, in Megara wird ihm ein Fest gefeiert (Theokrit 12). Theseus hat ihm Eleusis abgenommen, Plutarch Theseus 10.

[2] Eumolpos ist der Gegner des Erechtheus bei Thukydides II 15; das wird er nicht aus dem Erechtheus des Euripides genommen haben, aber der Sänger ist schwerlich ursprünglich ein wilder Thraker. Der thra-

sonst erzählt, aber sie dürfen nicht für die Bevölkerung gehalten werden, die dem Orte den Namen Nisa gegeben hat, der vielmehr den Karern gehört, nach denen auch einer der Berge heißt, auf denen die Stadt Megara liegt. Es hat eine kleine Ansiedlung mykenischer Zeit auf dem Berge von Eleusis gegeben, und zum Kultus lud die kleine Höhle im Burgfelsen ein. Aber aus vorgriechischer Zeit kann nichts stammen als etwa der Narkissos als Kranz der Göttinnen, weil die Blume einen fremden Namen trägt. Denn die Erdmutter und ihre Tochter sind urhellenisch, keine anderen als die in der Nachbarschaft verehrten. In Megara, dem alten Nisa, war ein Thesmophorion gleicher Art wie in Athen auf der Pnyx, gewiß in mehr attischen Dörfern, als wir bisher wissen[1], und in Agrai können auch Mysterien gewesen sein, bevor sie als die kleinen den eleusinischen untergeordnet wurden. Da haben wir den auf die Frauen beschränkten und insofern geheimen urhellenischen Kult, und die Thesmophorien waren im fünften Jahrhundert ein mehrere Tage umfassendes athenisches Hauptfest[2]. Zu der Mutter Erde ist die Tochter getreten, wie wir das früher gesehen haben (I S. 209). Der Name *θεσμοφόροι* zeigt, daß die Göttinnen den Menschen auch die Gesellschaftsordnung, in erster Linie die Ehe, gebracht haben und aufrechthalten. Wenn die attischen Frauen *νὴ τὼ θεώ* schwuren, so mögen sie später zunächst an die von Eleusis gedacht haben, ursprünglich werden es die eigenen *Θεσμοφόρω* gewesen sein. Auch einen *ἱερὸς ἄροτος* hat es in der Stadt Athen gegeben, wohl auf dem Felde nördlich der Burg, zu dem die *Ἀγραυλίδες* gehörten, verbunden mit dem *Βουζύγης*, dessen *ἀραί* denn auch

kische Name Immarados hat wohl besseren Anspruch; er heißt ein Sohn des Eumolpos und fällt durch Erechtheus, Pausan. I 27, 4. 38, 3, gute eleusinische Tradition. Der Name gehört zu Ismaros, Apollodor. Bibl. III 202, wo die Thraker mit dem böotischen Tegyra verbunden sind. Auf die Erechtheustöchter hat Euripides den Opfertod der Hyakinthiden übertragen.

[1] In Cholargos IG. II² 1184, im Peiraieus II² 1177. 2498.

[2] Phot. *Στήνια* gibt für dieses Fest mit seinem rätselhaften Namen eine *ἄνοδος Δήμητρος* an; das wäre höchst merkwürdig, wenn die Verwechslung mit der Tochter nicht so nahe läge. Die Thesmophorien sind auch bei Menander, Epitr. *Z* 2, 13, ein kostspieliges Frauenfest.

[3] Plutarch *γαμ. παραγγ.* 144a, *Βουζύγης* mit Epimenides identifiziert bei Aristoteles Pol. Ath. Fr. 10, wo ich die anderen Stellen verzeichnet habe. Er tut als Pflüger dasselbe wie Triptolemos, läßt sich aber von den *Βουτάδαι* und *Βουτύποι* nicht trennen, die zum Dienste der Landesgöttin

nach Eleusis gezogen werden[3]. Endlich ist auch der Raub der künftigen Herrin der Toten nicht auf die eleusinische Kore-Persephone beschränkt. Sie ist in Athen *Βασίλη*, der Räuber *Ἔχελος* oder Zeuxippos[1] oder Neleus, und der Raub wird an den Kolonos versetzt, der nach den Rossen des Adrastos oder auch nach Poseidon Hippios heißt (Schol. Sophokles O.K. 712). Die Elemente des Glaubens sind also allgemein vorhanden, aber in Eleusis hat sich aus ihnen etwas Neues gestaltet, die Mysterien[2], genauer die Mysterien der Kore[3]. Zu Mysterien gehört, daß sich weihen lassen

gehören. Ein Pflügen auf dem Lande zwischen Burg und Eridanos muß in uralte Zeit gehören, als da noch keine Häuser standen. Später waren nur noch die *στάδια χλοερὰ πρὸ Παλλάδος* vorhanden (Eurip. Ion 497). Die *Μήτηρ* des Metroon war nahe, aber sie ist schwerlich so alt. Wenn hier die Burggöttin das Pflügen auf ihrem Lande besorgen läßt, ist sie doch keine agrarische Göttin, ebensowenig durch ihre Olivenzucht, deren Nymphen der Hymnus 23 mit dem Raube der Kore verbindet.

1 Kekule Winckelmannsprogramm 1905. IG. II[2] 1573.

2 *μυστήρια* ist in der alten Sprache vielleicht durchaus plurale tantum; auf Eleusis ist es niemals beschränkt gewesen. Sprachlich gibt es Rätsel auf. Das Suffix läßt sehr viele Wendungen der Bedeutung zu, vgl. Ammonius *χρηστήριον· ὁ τόπος καὶ ὁ χρησμὸς καὶ τὸ ἱερεῖον*, was noch nicht alles ist, denn wenn die Opfer vor einer Schlacht *σφάγια καὶ χρηστήρια* heißen (Aisch. Sieb. 230) und die von Aias im Wahnsinn getöteten Tiere *σφάγια* heißen und den Zusatz erhalten *κείνου χρηστήρια τἀνδρός* (Aias 220), so bedeutet es nicht *ἱερεῖα*, sondern werden Opfer so genannt, die ominös für die Zukunft sind. Der Teilnehmer an *μυστήρια* heißt *μύστης*, ist aber nicht *ὅστις μυεῖ*, sondern *ὅστις μεμύηται*. Das befremdet, ebenso daß das Verbum denominativ *μυεῖν* ist; und die Wurzel *μυσ* ist an sich unverstanden. Der Sprachgebrauch nennt so sakrale Handlungen, die eine Vorbereitung erfordern, also wie *τελεταί*, und Opfer können auch *τελεστήρια* heißen (Xenophon. Kyrop. VIII 7, 3). Es verbindet sich aber damit einmal der Begriff des Geheimen, der den *τελεταί* fehlt, dann der einer besonderen Wirkung auf den *μύστης*. Euripides El. 87 kommt Orestes heimlich zur Rache in seine Heimat *ἐκ θεοῦ μυστηρίων*. Er konnte die Orakel *χρηστήρια* nennen, wie man herstellen will, aber es ist ein Geheimbefehl und die Weihung zum Vollstrecker des göttlichen Willens. Hiket. 470 sollen die *ἱκετηρίαι* fortgenommen werden, welche Aithra zum Schutze der Flehenden binden, *λύσαντα σεμνὰ στεμμάτων μυστήρια*, nicht die Binden, sondern die in ihnen liegende geheime, mystische, Bindung soll gelöst werden.

3 Sophokles Fr. 736 *τῆς σῆς παρθένου μυστήρια*, also war Demeter Person, wohl im Triptolemos. Nauck führt dazu aus dem Ithyphallikos für Demetrios an *τῆς Κόρης μυστήρια*.

muß, wer an ihnen teilnehmen will, das heißt bestimmte sakrale Handlungen und Opfer vollziehen, oft wohl auch ein Zutrittsgeld bezahlen. Es hat sie in vielen Tempeln gegeben, wo dann der Priester um die τελετή Bescheid wußte. Pausanias erzählt öfter davon, hat sich manchmal weihen lassen, manchmal nicht. In Kyrene erwähnen die Heiligen Gesetze eine Weihung im Dienste des Stadtgottes Apollon. Es wäre lächerlich, in jedem solchen Falle an eine Geheimlehre, ein ἀπόρρητον, zu denken. Es gab auch ganze Bücher von τελεταί unter berühmten Namen wie Orpheus, leider sind keine solche Sprüche erhalten. Wer sie besaß, wußte, was er in bestimmten Lebenslagen zu tun hatte, um sich göttlichen Beistandes zu versichern. Es gab auch τελεσταί, die gegen Bezahlung Weihungen, wohl meistens Entsühnungen, vornahmen. Τελεταί und Mysterien gab es so viel, daß die Sprache voll ist von Ausdrücken, die metaphorisch von Geweihten und Ungeweihten reden. Am allerwenigsten ist man berechtigt, bei solchen Wendungen an die eleusinischen Mysterien zu denken und gar zu schließen, daß ein rechter Athener hätte Epopt sein müssen. Ohne Zweifel ist in Eleusis schon ursprünglich ein Geheimdienst gewesen, denn die Männer waren von dem Frauenkulte Demeters ausgeschlossen, in Athen und Megara ebenso, und dann gab es auch Mysterien. Aber einmal ist dann eine Reform eingetreten, die den Bau eines τελεστήριον, eines σηκός nötig machte, in dem nun den Epopten die Heiligtümer gezeigt wurden. Äußerlich wird die Reform daran erkannt, daß Männer nicht nur zugelassen werden, sondern ein Mann das Heilige zeigt, der Hierophantes, und ein anderer dabei mit der Fackel leuchtet, der Daduchos. Es versteht sich von selbst, daß das Gezeigte sich nicht mehr bloß auf das Geschlechtsleben der Frauen beziehen konnte, und auch die alten Symbole mußten einen allgemeineren und tieferen Sinn erhalten. Die Ähre konnte zugleich die Frucht des Mutterschoßes und die Feldfrucht bezeichnen.[1]

Das älteste Zeugnis für die Kulthandlungen der Mysterien ist der homerische Demeterhymnus, dessen Hauptinhalt der zugehörige Mythos ist. Daher ist unvermeidlich, in seine Prüfung einzutreten. Er steht unter den homerischen Hymnen, darin liegt, daß die Rhapsoden ihn in ihr Repertoir aufgenommen hatten[2]. Der

[1] Wolters, Die Ähre, Festschrift Löb. Hippolytos Elenchos V 8, 39 berichtet von dem Vorzeigen der Ähre, allerdings mit allerhand offenbar Unglaublichem, aber so weit darf man ihm trauen.

[2] Das Gedicht ist ursprünglich gar kein Hymnus gewesen; der Rhap-

Wortschatz, das Verhältnis zu Homer und Hesiod, der ganze Stil lassen keinen Zweifel, daß er nicht älter als das sechste Jahrhundert ist. Er ist einheitlich; zur Ausscheidung größerer Abschnitte sind wir nicht berechtigt, denn die Möglichkeit, Versreihen zu entfernen, ist kein Beweis, weil nennenswerte Widersprüche nicht vorhanden sind, wenn man nur die Lässigkeit der Rhapsoden in Rechnung setzt[1]. Nun ist aber der Berliner Papyrus[2] hinzugetreten, in dem eine Anzahl Verse unter dem Namen des Orpheus stehen; die Varianten gehen nicht über das hinaus, was bei dieser Überlieferung zu erwarten ist[3]; Schlüsse auf das Fehlen ganzer Abschnitte des homerischen Hymnus sind unzulässig, denn der Verfasser der Prosaerzählung, die den Mythos schon sehr entstellt bringt[4], verfährt mit dem Einfügen der Verse ganz willkürlich.

sode hat den Eingang umgestaltet und die Schlußverse zugefügt, die dann weiter überarbeitet sind, um Persephone hereinzubringen, wie schon Ruhnken gesehen hat. Das eleusinische Gedicht katte keine Veranlassung, die Demeter von Paros zu erwähnen, die wenigstens hochberühmt war. Wie das ganz obskure Antron dazu kommt, den thessalischen Kult zu vertreten, durchschauen wir nicht. Demeter nennt sich *Δωίς*, 122; an Hermanns richtiger Auffassung von *Δώς* ist kein Zweifel mehr, seit wir das thessalische *Δωμάτηρ* kennen. Daß diese Form sich hier wirksam erweist, ist ein Beweis für das Alter des ursprünglichen Gedichtes.

1 Daß Pausanias den Hymnus als homerisch gelesen hat und doch starke Varianten zeigt, ist bei dieser Art der Überlieferung nicht wunderbar. Wer zwischen Varianten, also der fließenden Überlieferung eines ungeschützten Textes, und Schreibfehlern nicht unterscheiden kann, ist der Aufgabe des Herausgebers nicht gewachsen.

2 Klassikertexte V 1, 1. Jetzt unter Benutzung neuer Lesungen am bequemsten zugänglich bei Kern Orphica Fr. 49.

3 Wichtiger ist, daß V. 424 nicht darin steht, der schon früher richtig beanstandet war. Artemis und Athena sind bei Euripides Hel. 1315 und seitdem gewöhnlich Gespielen der Kore, aber das beweist nur eine Erweiterung, denn ursprünglich konnten sie neben den Okeaniden nicht auftreten. Der Zusatz war auch an der Form kenntlich.

4 Demeter kommt aus Sizilien, V. 47; das verlegt den Raub nach Enna. Das hat Timaios aufgebracht, Kallimachos populär gemacht. Wichtig ist die Einführung der Baubo, von der Eleusis nichts gewußt hat (verbreitet von Paros), denn das hat dann weiter geführt zu den Erfindungen, die wir bei Clemens finden, weiter in das Obszöne gefälscht bei Arnobius (Kern Fr. 52): wer da nicht sieht, wieviel Vertrauen die christliche Polemik verdient, dem ist nicht zu helfen.

Andererseits läßt sich die Identität der beiden Gedichte auch nicht behaupten. Wohl aber ist es wichtig, ein Gedicht des Orpheus in der parischen Chronik, Epoche 14, verzeichnet zu finden, das den Raub der Kore, das Suchen Demeters und die Verteilung des Saatgutes an viele Empfänger behandelte. So viel ist wenigstens kenntlich[1]. Orpheus behandelte also die Ereignisse, welche in Epoche 12 und 13 berichtet werden: Demeter kommt nach Athen, erfindet das Getreide (die Verwendbarkeit der Körner und den Ackerbau), und Triptolemos vollzieht die erste *προηροσία*. Dann, natürlich im nächsten Jahre, erntet Triptolemos auf dem rarischen Felde. Es folgt in Epoche 15, daß Eumolpos die Gedichte seines Vaters Musaios veröffentlicht und die Mysterien stiftet, von denen also Gedichte des Musaios handelten, aber Orpheus konnte von ihnen nichts erzählen. Wir haben also volle Sicherheit, daß dem Verfasser der Atthis, die der Parier benutzt, ein Gedicht des Orpheus vorlag, das den Raub der Kore und das Suchen der Demeter enthielt wie die Fassung des Hymnus, die Orpheus hieß, aber nichts von den Mysterien, und Triptolemos war so eingeführt wie bei Sophokles und auf den Vasenbildern[2]. Das schließt die eleusinischen Geschichten des Hymnus aus, nicht bloß die Erwähnung der Mysterien. Eigentlich kann der Raub der Persephone auch nicht erfolgt sein, als Demeter nach Eleusis kam, denn wie sollte der Hades seine Königin erst unter Erechtheus erhalten haben; aber da hat der Chronist unter Epoche 12 wohl nur verschwiegen, was ihm bei seiner chronologischen Fixierung selbst anstößig war. Was wir

[1] Was Selden mehr gibt, *καὶ τὸν αυτου*, muß hoffnungslos verlesen sein. Die Ergänzung *αὐτουργηθέντα* bringt ein unmögliches, im Passiv zumal gar nicht denkbares Wort hinein. – Mit den abgerissenen Worten in der letzten Zeile des Berliner Papyrus *κάθοδος λέγεται* ist nichts anzufangen.

[2] Wenn das Gedicht des Orpheus das enthielt, was in Ep. 13, 14 steht, so war Triptolemos darin der Schüler Demeters, während er im homerischen Hymnus nichts als einer der Königssöhne ist, der Zögling Demeters aber Demophon. Den haben die Athener des sechsten Jahrhunderts zu einem Sohne des Theseus gemacht; es gehört zu der Ausbildung der attischen Theseussage, nahm zugleich den Eleusiniern einen Heros, der viel bedeutet haben muß, weil Demeter ihn gepflegt hatte. Nun ward er eine Nebenperson. Danach müßte der homerische Hymnus älter als der orphische sein; es ist aber möglich, daß Triptolemos in Ep. 13 von der Atthis eingesetzt war, weil er jetzt allein anerkannt war, Ep. 14 nennt ihn jetzt wenigstens nicht.

sehen, ist wichtig genug. Um 300 gibt es ein Gedicht des Orpheus, das den Raub der Kore und die Erfindung des Ackerbaues vereinigt, also Triptolemos einführt; Sophokles wird es schon benutzt haben; von Mysterien nichts. Diese behandelt Musaios, den wir bei Platon finden werden. Daneben steht das Gedicht des Orpheus, das sich in dem Raube der Kore und der Aufnahme Demeters mit dem homerischen Hymnus deckt. Im Hymnus aber (ob auch bei diesem Orpheus, ist unbekannt) ist Triptolemos eine Nebenfigur, Demeter pflegt den Demophon, der dadurch über alle gehoben wird; ihm zu Ehren soll die *βαλλητύς*[1] gehalten werden, ein Kampf zwischen Eleusiniern und Athenern. Das ist altertümlicher, echter eleusinisch, denn Demophon ist ja schon in der homerischen Iliupersis (wohl erst attische Einlage) und danach auf den Vasengemälden Sohn des Theseus geworden. Ein Eleusinier ist er also im sechsten Jahrhundert nicht mehr gewesen, und Eleusinier mit Athenern im Kampfe sind damals kaum noch denkbar, wohl aber noch eine Weile nach der Vereinigung von Eleusis mit Athen, denn die *βαλλητύς* ist nur ein sakraler Kampf. Wir sehen hier deutlich, wie diese Sorte Poesie durcheinandergeht, sich mischt, sich ändert und doch in junger Bearbeitung viel ältere Stoffe dauern.

Nun überlege man sich die Motive der Handlung in dem Hymnus. Demeter erfährt, wer ihre Tochter geraubt hat. Darauf irrt sie lange auf der Erde umher. Wozu? Damit sie nach Eleusis kommt und dort handelt. Ergebnis, sie bekommt einen Tempel. In den setzt sie sich und läßt kein Korn wachsen, das also schon gesäet war (308), sie also nicht zu säen gelehrt hat. Die Menschen würden zugrunde gegangen sein, wenn Zeus nicht eingeschritten wäre und einen Vergleich zwischen Demeter und Hades bewirkt hätte. Rhea, die Demeter auf den Olymp laden soll, kommt an dem rarischen Felde vorbei, was wüst liegt[2]. Demeter läßt dann alles

[1] 266. Den Namen *βαλλητύς* gibt Hesych und Athenaeus 406d, dessen Ulpian die Erklärung zurückhält. Weiter wissen wir nichts; alles was über die Festzeit vermutet ist, schwebt in der Luft. Ausdeutung auf Grund von Analogien aus Gebräuchen anderer Völker mag berechtigt sein, Crusius, Beiträge zur Religionsgeschichte, Leipzig 1888. Dauernd ist die Zeremonie nicht geübt, sonst würden wir in Eleusis oder in den Ephebeninschriften Spuren finden.

[2] Der Leser kann nicht ahnen, daß Demeter etwa früher einmal die Saat auf dem rarischen Felde veranlaßt hätte, wie sie es nach der parischen Chronik getan hat. Daran erkennt man die Verarbeitung von Stoffen, die sich miteinander nicht vertragen.

wieder wachsen, lehrt die Eleusinier die Gebräuche der Mysterien, dann geht sie auf den Olymp. Dieser letzte Teil ist flüchtig behandelt, gerade die Lehre des Ackerbaues fehlt. Man muß das Ganze überschauen, dann springt in die Augen, daß der Raub der Persephone und die eleusinische Geschichte zusammengestückt sind. Sobald man Eleusis ausscheidet, ist ein geschlossener Zusammenhang da. Als Demeter gehört hat, daß ihre Tochter in der Gewalt des Hades ist, ihr also unerreichbar, gibt sie das Suchen auf und zwingt den Zeus durch die Hemmung des Wachstums. Dieser Mythos geht Eleusis gar nichts an; von dem Raube erzählte man sich an vielen Orten; wo die Geschichte aufgekommen ist, bleibt unbekannt. Der Ort des Raubes ist das *Νύσιον πεδίον*[1], das der Dichter aus *Z* 133 nehmen konnte, es liegt aber wohl am Okeanos, denn dessen Töchter begleiten die Kore. Sehr wohl möglich, daß das dionysische Nysa dem Wunderlande den Namen gab, jedenfalls sind wir irgendwo auf mythischem Boden. Da hat Hekate ihre Höhle, so daß sie den Schrei der Geraubten hören kann[2]. Sie begegnet nachher der irrenden Demeter, weil sie selbst auf Erden herumschweift: darum ist sie passend als eine Vermittlerin gewählt, die für die Geschichte nötig war. Daß sie dann mit der Torwächterin Hekate von Eleusis, die Pausanias Artemis nennt, gleichgesetzt ward, ist begreiflich, aber das ist noch nicht einmal im homerischen Hymnus geschehen, wo sie nur eine Dienerin Persephones wird, 440. Dieser ganze Mythos ist also gar nicht für oder in Eleusis erdacht, sondern erst eleusinisch geworden, als Demeter dort den Ackerbau gelehrt hatte. Wohl aber deckt sich in diesem Teile der Hymnus inhaltlich mit dem Gedichte des Orpheus, das der Parier verzeichnet: das wird also zugrunde liegen.

Der Mythos setzt die Gleichsetzung von Kore und Persephone voraus, begründet also, daß die Herrin der Unterwelt[3] Tochter

[1] Malten hat an sich höchst ansprechend vermutet, daß das *Νύσιον* ursprünglich ein *Μύσιον* war, so daß ich ihm geglaubt hatte. Aber die *Μυσία* in der argolischen Flur *Μυσία* hat keine Mysterien, Pausan. II 18, 3, und ein Mysios, bei dem sie einkehrt, stiftet keine (II 35, 4; VII 27, 9 Filiale bei Pellene). Mysterien gibt es in Lerna, das aber abliegt, und seine Mysterien sind dionysisch. *Μύσιος* ist doch wohl erst aus *μυστήρια* spät gebildet.

[2] Wenn dieses nysische Feld dasselbe war wie im *Z*, so wohnte Hekate in ihrer zerynthischen Höhle in der Nähe.

[3] Im Hymnus 365 verspricht Hades der Persephone, sie solle bei ihm herrschen über alles *ὁπόσα ζώει τε καὶ ἕρπει*; er kann doch nur meinen,

Demeters ist. Es lag einmal nahe, die fremde Göttin, die dorthin gehörte, zur Tochter der Erdmutter zu machen, die in der Erdtiefe wohnte. Aber Demeter hatte sich von der Ge gesondert und waltete auf Erden, und in dem Frauenkulte hatte sich ihr Wesen gespalten, denn nur Mutter und Jungfrau füllen das Wesen des weiblichen Geschlechtslebens aus. So tun sie es als *θεσμοφόρω* ohne eine Verbindung mit der Herrin der Unterwelt. Da ist also etwas anderes hinzugetreten, als die Erdmutter und ihre Tochter mit dem Ackerbau verbunden wurden. Die Erdmutter hatte das Wachsen der Saat immer beschützt, und die Tochter hatte ihr beigestanden, wie sie denn den Triptolemos auf dem großen eleusinischen Relief mit zum Sämann weiht[1]. Aber im Winter ruht das vegetative Leben. Da ist der Glaube erwachsen, daß die Tochter fern ist, also hinab- und wieder heraufkommen muß. Wenn die antiken und ähnlich moderne Theologen in dem Mythos das Geschick des Samenkornes symbolisiert sehen, so tritt das dem Glauben zu nahe, für den die Göttin hier und dort ist, eine wirkliche Göttin. Weil sie fern ist, ruht das Wachstum. Die Geschichte vom Raube ist der Mythos, den ein Dichter auf dem Grunde des Glaubens erfindet.

Den Ackerbau und seine Heiligung ging dieser Glaube an. Dann war er nicht mehr ein Glaube der Frauen, und indem ihn Eleusis aufnahm, fiel der Kult Demeters den Männern zu. Frauenkult der Demeter hatte aber längst bestanden, also auch Geheimkult. Schon

daß alles Lebendige einmal ihr untertan wird, drückt sich aber sehr stark aus, um sie zu locken.

[1] Proklos aus Plutarch zu Erga 389 *οἱ ἀρχαῖοι καὶ πρωιαίτερον ἔσπειρον* (als Hesiod vorschreibt), *καὶ δῆλον ἐκ τῶν Ἐλευσινίων τελετῶν, ἐν αἷς ἐλέγετο ʻπάριθι Κόρη γέφυραν· ὅσον οὔπω τριπόλεον δέ'*. Das letzte ist nicht sicher verbessert, aber klar, daß die Zeit zum Säen drängt, sei es zum *τριπολεῖν*, das ihm vorhergeht, sei es, daß das schon fertig ist. Ich habe *τρίπολον δή* vermutet (Gr. Versk. 286); ebensogut ist *τριπολεῖν δει* möglich. Die Brücke ist die an dem rarischen Felde bei den *ʽΡειτοί*. Denn wenn ich einwandte, erst Xenokles, Sohn des Xeinis, hätte da eine Brücke gebaut, wofür er IG. II² 1191 gelobt wird, so hatte ich übersehen, daß IG. I 81 im Jahre 421 der Bau einer steinernen Brücke über einen Arm der *ʽΡειτοί* verordnet wird, die also in einem Jahrhundert verfallen war. Nichts spricht dagegen, daß es vorher eine Holzbrücke gegeben hatte. – Das Wichtige an dem Verse ist, daß Kore selbst an der Aussaat teilnimmt. Übrigens ist es recht glaublich, daß man in dem alten Heroennamen *Τριπτόλεμος* das *τριπολεῖν* gefunden hat, als er zum Sämann ward. So deutet die Agallis, Schol. *Σ* 483.

die Frauen mögen erzählt haben, daß die Göttin einmal sich verstellt, die Pflege eines neugeborenen Königskindes übernommen und dieses beinahe unsterblich gemacht hätte, wie es Thetis mit Achilleus versucht hat. Und wenn man mit großer Wahrscheinlichkeit den späten Angaben entnommen hat (unbedingte Sicherheit ist nicht erreichbar), daß zu den *ἱερά*, die gezeigt wurden, irgendein Abbild des Mutterschoßes gehörte[1], das Organ sowohl der Empfängnis wie der Ausbildung des neuen Lebewesens, so ging das die Frauen an, wo es denn ganz an seinem Platze war. Durch seine Schau, wohl auch seine Berührung, trat die Gläubige mit der Göttin in unmittelbare, heiligende und beseligende Verbindung. Das durfte nicht aufgegeben werden, führte schon allein dazu, daß der Geheimkult der Mysterien erhalten blieb; aber es mußte eine erweiterte, allgemeine Bedeutung erhalten, und es konnte nicht das einzige Symbol sein, falls es das gewesen war. Es versteht sich ja auch von selbst, daß in der *κίστη* (anderswo dem *κάλαθος*) Demeters sich mehrere *ἱερά* befunden haben. Es wird kein Unglück sein, daß wir von diesen *ἀπόρρητα* nichts wissen können. Sonst gehört zum Kultus auch der *μυούμενοι* vielerlei, von dem jeder weiß und wir daher erfahren. Das Trinken des *κυκεών* und das *ἰαμβίζειν*[2] erhalten in dem Hymnus ihre *αἴτια*, das letztere schon ins Harmlose herabgestimmt, denn es ist derb genug gewesen, später als *γεφυρισμός* an die Brücke verlegt. Anderes erfahren wir gelegentlich, die Bekränzung der Priester mit Myrtenlaub, von dem auch die Mysten Sträuße tragen; vielleicht gehört auch das Versenken lebender Ferkel dazu; Schweine sind die Opfertiere De-

[1] Nicht in Eleusis, aber anderswo hat man die Bezeichnung *βαυβώ* gewählt, was Empedokles (Hesych s. v.) sogar im Verse für *κοιλία* sagte, *βαυβᾶν* bei Euripides Syleus 694, der *βαυβών* des Herodas, die Terrakotten von Priene lassen keinen Zweifel an der Bedeutung, auch daran nicht, daß das männliche Geschlechtsglied mit gezeigt werden konnte; das Ritual war natürlich in den vielen Mysterien nicht immer dasselbe. Nur spaßhaft ist der moderne Einfall, *βαυβώ* wäre der Wauwau. Gezeigt wird ursprünglich auch in Eleusis etwas Unverkennbares sein; später mag eine Kammuschel aus Dezenz gewählt sein. Auf den Phallus führt hier nichts.

[2] Darauf deutet die Iambe. In der apollodorischen Bibliothek I 29 wird die eleusinische Demetergeschichte erzählt, auch Iambe nicht vergessen, aber das *ἰαμβίζειν* soll zu den Thesmophorien gehören. Es gehörte wohl zu vielen Frauenkulten, aber in Eleusis war es nicht erhalten, sondern auf die *γεφυρισμοί* abgeschoben. Die Seligen der Frösche üben es.

meters allgemein[1]. Es hat natürlich einen ἱερὸς νόμος gegeben, der denen, die sich weihen lassen wollten, Verhaltungsmaßregeln gab[2]; er wird öffentlich auf Stein geschrieben dagestanden haben. Die πάτρια Εὐμολπιδῶν waren sogar publiziert; Cicero, ad Attic. I 9, läßt sie sich schicken. Die Bestimmungen haben sich auch hier mit der Zeit geändert. Einiges hören wir bei Porphyrios abst. IV 16 ἀπέχεσθαι κατοικιδίων ὀρνίθων καὶ ἰχθύων καὶ κυάμων ῥοιᾶς τε καὶ μηλέας, καὶ ἐπίσης μεμίανται τό τε λεχοῦς ἅψασθαι καὶ τὸ θνησειδίων. Anderes gibt Celsus bei Origenes III 59, nicht speziell für die eleusinischen Mysterien, προκηρύγματα τελετῶν ὅστις χεῖρας καθαρὸς καὶ φωνὴν συνετός (schließt Barbaren aus, die kein Griechisch können)[3] und ὅστις ἁγνὸς ἀπὸ παντὸς μύσους und ὅτωι ἡ ψυχὴ οὐδὲν σύνοιδε κακόν und ὅτωι εὖ καὶ δικαίως βεβίωται. Alle solche moralischen Forderungen sind als spätere Zusätze zu betrachten wie in dem ἱερὸς νόμος von Delos, Delos XI 140; sie mögen aber bis in das vierte oder gar fünfte Jahrhundert zurückreichen, wenigstens dem Sinne nach, nur niemals in die wirklich alte Zeit, die nur äußere Reinheit verlangte, natürlich aber auch Reinheit von Blutschuld und Verstößen gegen die εὐσέβεια. Selbstverständlich ist nie und nimmer eine Prüfung erfolgt. Die Antwort πολλοὶ κἀγαθοί auf die Frage τίς τῇιδε genügte. Wer unrein kam, den straften die Götter[4]. Das unbedingte Schweigegebot be-

[1] Rätselhaft ist die theräische Inschrift IG. XII 3, 418 ῦς Δάματρος [καὶ] Κόρ[ας] unter einer Steinbank mit mehreren Sitzen und Einbettungen für Stelen. Der Genetiv verbietet an eine Opfervorschrift zu denken; nach einem Heiligtum sieht es nicht aus. Hiller hält jetzt nicht für unmöglich, daß etwas vor υς gestanden hat, und hatte schon früher an [ἱερε]ύς gedacht. Das ist, was man wünscht, hoffentlich das Wahre.

[2] Auch die Kosten der Weihung mußten angegeben werden; sie war nicht billig. IG. II² 1672, 207 kostet sie für zwei Sklaven 30 Drachmen.

[3] Ausschluß der Barbaren wird von Isokrates Paneg. 157 ausdrücklich angegeben, Komplement zu der Zulassung aller Hellenen wie in Olympia.

[4] Man möchte lachen, wenn es nicht so beschämend wäre, daß behauptet werden kann, es hätte bei den Mysterien eine Beichte gegeben. So wird eine gute Anekdote verdorben, die dazu erfunden ist, die Verruchtheit der Spartaner Lysandros und Antialkidas zu illustrieren, und daß auch der letztere so beurteilt ward, hat einigen Stimmungswert. Es steht in den Apophthegmata Laconica 217d und 229d. Sie wollen das Orakel in Samothrake befragen (war da eins?). Der Priester fragt, was sie δεινότατον καὶ ἀνομώτατον getan hätten. Sie weisen die Frage ab; nur den Göttern würden sie antworten, falls die sie fragen würden. Wie

zog sich nur auf das, was die Epopten zu sehen bekamen, was der Hierophant zeigte. Es mag mancher etwas ausgeschwatzt haben, die Neugier anderes falsch oder richtig geraten, Sicherheit aber hat es nie gegeben, und was wir bei Feinden hören, gehört so später Zeit an, daß es unverwertbar sein würde, selbst wenn sie bei der Wahrheit geblieben wären[1]. Zugelassen wurden in der alten Zeit nur die Bürger des Landes, wie die offenbar recht alten Geschichten lehren, daß Herakles und die Dioskuren sich durch Athener adoptieren lassen mußten, um sich weihen zu lassen[2]. Das ist wohl geändert worden, als Peisistratos das größere heilige Haus erbauen ließ, denn das Gesetz IG. I 6, das allen Bürgern von Staaten, mit denen darüber Verträge geschlossen sind, den Zutritt gewährt, ihnen und ihren Begleitern (*ἀκόλουθοι*), ist in der erhaltenen Ausfertigung nicht lange nach 479 geschrieben, wird aber wohl eine Erneuerung sein, denn die Perser hatten alles auf der Burg zerschlagen, also mußte was noch Geltung hatte, neu ausgefertigt werden[3]. Zur Zeit Herodots, VIII 65, hatten alle Hellenen Zutritt,

es weiterging, erfahren wir nicht, brauchen es auch nicht. In der Frage des Priesters liegt bereits, daß sie *δεινὰ καὶ ἄνομα* begangen haben, in ihrer Antwort, daß sie es nicht bestreiten. Daß sie dann unrein sind, ist zugestanden, aber sie sind auch so hartgesottene Sünder, daß sie trotzdem den Gott befragen wollen.

[1] Was Clemens Protr. 19 P. als *σύνθημα Ἐλευσινίων* bringt, könnte höchstens derjenige erklären, der Epopt werden wollte, aber *κίστη* und *κάλαθος* zusammen paßt schon gar nicht für Eleusis, und machte denn der Myste die heilige Kiste auf?

[2] Plutarch, Theseus 33; Pylios, der Adoptivvater des Herakles, auch in der apollod. Bibliothek II 122, denn den Satz zu streichen ist ganz verkehrt. Auch in der bildenden Kunst ist die Einweihung des Herakles öfter dargestellt und später zur vorbildlichen Darstellung der Weihung geworden. Pringsheim, archäol. Beiträge zur Geschichte des eleusinischen Kults S. 9 und öfter. Ebenda wertvolle Aufschlüsse über Kostüm u.dgl., was hier unwesentlich ist. In der Erklärung des Sarkophages von Torre Nova, Röm. Mitt. XXV Taf. 2, hat man sich seltsam vergriffen und in den zwei Personen, welche die Einweihung des Herakles vollziehen, Götter gesucht. Die haben ihn doch nicht geweiht, sondern sind nur gegenwärtig, Iakchos Demeter Kore. Aber geweiht wird er durch den Hierophanten und den Daduchos; beide sind unverkennbar.

[3] IG. I 6. Die Abmachungen mit den fremden Staaten auf Kol. A sind nicht mehr kenntlich. Die Fremden hießen *ὀθνεῖοι*, B 55, mit einem Worte, das außer den attischen Dichtern nur Platon braucht; Spätere,

war also die Liberalität noch gesteigert, was zu der panhellenischen Politik jener Zeiten paßt. Sklaven, natürlich keine Barbaren, sondern φωνὴν ξυνετοί, waren vielleicht immer zugelassen, wenigstens schon als die ἀκόλουθοι der Fremden Zutritt hatten, denn das Wort ist so gewählt, daß zwischen frei und unfrei nicht geschieden ist[1]. Es werden manche Fremde zu den großen Mysterien gereist sein, wenn wir auch von keinem wissen; vor allem mußten die zahlreichen Metöken und Fremden berücksichtigt werden, die schon im sechsten Jahrhundert unter der gewerbfleißigen Bevölkerung Athens waren.

Für das ganze Volk war Demeter vor allen Dingen die Beschützerin des Ackerbaues, solange der gesunde Bauernstand das Mark des Volkes war. Gern zehnteten sie der Göttin von dem Erntesegen, den sie ihnen bereitet hatte, und wenn alle Hellenen zu den Mysterien zugelassen waren, so erschien es berechtigt, auch von ihnen die Abgabe von der Ernte zu verlangen. Auf diesen Naturalabgaben und dem Ertrage der eigenen rarischen Felder beruhte der Reichtum der Göttinnen; große σιροί waren angelegt, das Getreide aufzunehmen. Die große Prozession im Herbst und das Nachtfest in Eleusis waren so eine ganz allgemeine fröhliche und erbauliche Feier; die Parodos der Frösche läßt uns die Stimmungen der Teilnehmer mitempfinden. Sehr viele haben sich weihen lassen oder kamen als Mysten, aber die Epopten konnten immer nur ein Bruchteil sein. Diesen erst war das Allerheiligste zugänglich, die Schau der heiligen δρώμενα καὶ δεικνύμενα[2]. Nicht auf irgendeine Handlung des einzelnen Gläubigen kam es an; er ist eben ἐπόπτης, und von der Schau allein reden die wenigen, von denen

aber nicht Athener, haben es dann vielleicht anderswoher, schließlich die Imitation der klassischen Sprache. – Beiläufig, da die Sorgfalt der amerikanischen Gelehrten festgestellt hat, daß C 119 der erste Buchstabe ein *T* war, kann der alte Tempel hier nicht erwähnt sein; ich wage die Vermutung κεῖσθαι πάνπαν τὸ λο[ιπὸν .... θ]εν τō τε̄ς Ἀθεναία[ς θεσαυρō] τō ἐμ πόλει. – Auch IG. I 3. 4, die Verordnung über den Burgtempel, kann eine Erneuerung sein, freilich habe ich nichts dawider, sie in kleisthenische Zeit zu rücken.

[1] Im Jahre 327/26 lassen die Beamten fünf Staatssklaven weihen, die bei der Reinigung des Heiligtumes beschäftigt sind; sie kamen wohl in Räume, die Ungeweihte nicht betreten sollten. IG. II² 1673, 24.

[2] Ich wähle den Ausdruck, weil sich Plutarch Is. Osir. 352c für die ägyptischen Mysterien dieser bezeichnenden Wendung bedient. Es kommt öfter vor.

wir etwas über die Mysterien und ihren Wert hören. So gleich der Hymnus, der damit schließt, daß Demeter die δρησμοσύνη ἱερῶν lehrt, die unverbrüchlich geübt werden soll, nach der aber zu fragen oder etwas über sie zu verraten verboten ist. Da wird auch der Erfolg der Schau für den Epopten angegeben

ὄλβιος ὃς τάδ' ὄπωπεν ἐπιχθονίων ἀνθρώπων,
ὃς δ' ἀτελὴς ἱερῶν ὅς τ' ἄμμορος οὔ ποθ' ὁμοίως
αἶσαν ἔχει φθίμενός περ ὑπὸ ζόφωι εὐρώεντι.

Hier ist wohl mit Absicht nichts Positives über das künftige Leben ausgesagt. Mehr sagt auch Isokrates[1] nicht. Nur zwei Dichter des fünften Jahrhunderts sprechen bestimmter, und ihre allbekannten Worte müssen auch hier stehen. Pindar Fr. 137a, wie mit Recht angenommen wird, in seinem Threnos auf den Tod des Alkmeoniden Hippokrates

ὄλβιος ὅστις ἰδὼν κεῖν' εἶσ' ὑπὸ χθόν' · οἶδε μὲν βίου τελευτάν,
οἶδεν δὲ διόδοτον ἀρχάν.

Danach gibt die Schau dem Epopten die Gewißheit eines künftigen Lebens. Pindar erwähnt die eleusinischen Mysterien in dem Gedichte für einen Athener, wie er die Geheimlehre, an die Theron glaubt, in Olymp. 2 erwähnt. Er selbst ist deshalb weder in Akragas noch in Athen geweiht zu denken. Deutlicher redet allein Sophokles, Fr. 753, von Welcker dem Triptolemos zugewiesen

ὡς τρὶς ὄλβιοι
κεῖνοι βροτῶν, οἳ ταῦτα δερχθέντες τέλη
μόλωσ' ἐς Ἅιδου · τοῖσδε γὰρ μόνοις ἐκεῖ
ζῆν ἔστι, τοῖς δ' ἄλλοισι πάντ' ἐκεῖ κακά.

Auch die Wiesen der Unterwelt, auf denen die Mysten der Frösche tanzen, kamen bei Sophokles vor (Schol. Frösche 344). Also auf das, was die Epopten zu sehen bekamen, kommt alles an. Das war eine δρησμοσύνη, die dem Hierophanten zufiel, und was er zeigte,

[1] Paneg. 28 (τελετή) ἧς οἱ μετασχόντες περί τε τῆς τοῦ βίου τελευτῆς καὶ τοῦ σύμπαντος αἰῶνος ἡδίους τὰς ἐλπίδας ἔχουσιν. Ihm liegt an diesem Leben, auf das künftige deutet er nur nebenher. So denkt der Durchschnittsathener. Hades ist zum Pluton oder Plutos geworden. Isokrates selbst erklärt als Greis ausdrücklich, daß er auf keine andere Unsterblichkeit rechnet als im Gedächtnisse der Menschen, Panath. 260. Die hatte er verdient und hat sie erhalten.

war die Hauptsache. Mitgewirkt mögen dienende Personen haben, der Daduch und andere gelegentlich genannte. Das Licht in dem finsteren Raume mag stark gewirkt, die ganze sakramentale Handlung die Gläubigen nicht nur erbaut, sondern tief erchüttert haben. Musik aber scheint nicht viel dabei gewesen zu sein; bei der Anrufung der Kore schlug der Hierophant ein Schallbecken, *ἠχεῖον* (Apollodor Fr. 110 Jac.). Sich das von Geheimnis Umhüllte vorzustellen, ist eitel Spiel. Eine mimische Darstellung des Koreraubes aus der *δρησμοσύνη* zu machen, ist ebenso nichtige Erfindung wie aus rituellen Formeln, die beim Vorzeigen der *ἱερά* nicht fehlen konnten, eine Predigt des Hierophanten[1]. Nur das darf man als sicher betrachten, daß in den „Mysterien der Kore" von ihrem Walten sowohl auf Erden wie in der Unterwelt Symbole gezeigt wurden, womit auch das Leben der Mysten nach dem Tode berührt war. Nirgend wird hier darauf gedeutet, daß das sittliche Verhalten des Menschen über sein Geschick nach dem Tode entscheidet, und das ist auch eine ganz andere Religion als die Heiligung durch die *τελετή*. Wohl hat diese neue und edlere Forderung sittlicher Reinheit sich auch in dem Glauben der Mysten einen Platz erobert, wenn auch keineswegs durchgehends[2]. Aristophanes, Frösche 146, läßt die Sünder sich in dem Kote wälzen, und Triptolemos gehört in Platons Apologie 41a zu den Totenrichtern; es wird sich damals auch in die Gedichte des Musaios eingedrängt haben, die von der Stiftung der Mysterien handelten, allein das ist eben eine Neuerung; im sechsten Jahrhundert hat diese Steigerung der kultischen zu der sittlichen Reinheit stattgefunden, aber sie hat sich hier so wenig wie in der pythischen Religion durchgesetzt. Wie es ursprünglich war, bezeugen Platons

[1] Ps. Lysias gegen Andokides 51 behauptet, dieser hätte die Tracht des Hierophanten angezogen, das Vorzeigen der *ἱερά* nachgeahmt *καὶ εἶπε τῆι φωνῆι τὰ ἀπόρρητα*, die Begleitworte bei dem Vorzeigen. Laertios II 101: Theodoros der *ἄθεος* hört von dem Hierophanten Eurykleides, daß es Asebie ist, von den *ἱερά* zu Ungeweihten zu reden, und sagt „sprichst du nicht davon zu Ungeweihten?" Natürlich beim Zeigen der *ἱερά*, in dem die Weihung besteht. Aristoteles, Fr. 15 R., sagt von jedem *τελούμενος*, er solle nicht durch *μαθεῖν*, sondern *παθεῖν* einen Eindruck erhalten, innerlich erschüttert oder erbaut werden.

[2] Diogenes erklärt für lächerlich, daß geweihte Zöllner selig werden, Agesilaos und Epaminondas im Kote liegen. Laertios VI 39, Iulian or. VII S. 308 Hertlein.

Angaben über Musaios[1]. Die Geweihten erfreuen sich einer *μέθη αἰώνιος*, die Ungeweihten wälzen sich im *βόρβορος*. Vergeblich hat sich Lobeck bemüht, diese Lehre von den Mysterien fernzuhalten, denn Platon[2] beruft sich ausdrücklich für den ewigen Rausch auf Musaios und Eumolpos, die gehören doch nach Eleusis, und der Pfuhl des Kotes ist dazu das Komplement. Daß dabei die *ἀρετή* und *δικαιοσύνη* sich einmischt, kann die ursprüngliche, allein entscheidende Bedeutung der Weihung nicht beeinträchtigen. Einfach verstanden redet auch Sophokles nicht anders, und es entspricht durchaus dem, was wir im siebenten Jahrhundert erwarten, was sich auch später noch in weiten Kreisen gehalten hat.

Die Geltung dieser Mysterien pflegt gewaltig überschätzt, die paar angeführten Zeugnisse, die einzigen, verallgemeinert zu werden. In der alten Zeit war der eleusinische Kult ein Lokalkult, der für das Hellenentum im ganzen nichts bedeutete. Später wirkte er durch die führende Stellung Athens einmal auf den Demeterdienst an anderen Orten, dann machten Fremde gern die athenische Feier mit, Dion, Demetrios Poliorketes, die römischen Besucher und Studenten Athens, wo von religiösem Drange keine Rede mehr sein konnte. Aber auch die Bedeutung der Eleusinien für die hellenische Religion ist nicht eben groß. Gewiß ist der *σηκός* im Gegensatze zum *ναός*, ein Haus für den Gottesdienst einer Gemeinde statt des Wohnhauses eines Gottes, eine bedeutsame Neuerung. Wenn das Gebäude neben Porta Maggiore in Rom ein solcher Kultraum war, wie es doch scheint, ist es wieder ein Mysterienhaus, und dann wird es mehr der Art gegeben haben; aber der öffentliche Kultus ist bei dem Tempel geblieben. Soweit die Göttinnen den Ackerbau

[1] Musaios ist bei Platon, Staat 363c (diese Hauptstelle fehlt bei Diels), Vater des Eumolpos, ebenso in der parischen Chronik Ep. 15 und bei Photios *Εὐμολπίδαι*, bei Philochoros (Schol. Frösche 1033) sein Sohn. Er dichtet eine *Εὐμολπία* nach Pausan. X 5, 6, was zu der letzteren Genealogie stimmt, obgleich Musaios einen anderen Vater hat. Anderes ist spät und lehrt nichts. Plutarch, comparatio Luculli 1, nennt als von Platon verspottet den Orpheus, aus Versehen, was doch nicht unwichtig ist, weil man damals die Gedichte von Musaios und Eumolpos nicht mehr kannte, Orpheus aber für alle solche Offenbarungen den Namen hergab.

[2] Staat 363c. Phaedon 69c nennt den *βόρβορος*, für den der Staat *πηλός* sagt; die Seligen wohnen hier mit den Göttern zusammen. Als Zeugen werden hier die *τὰς τελετὰς καταστήσαντες* bezeichnet, was nur Eumolpos und Musaios sein können.

heiligten, haben sie ihre Geltung eingebüßt, weil zum Unheil für die ganze Nation, dann für das ganze Weltreich, die Städte das Landleben und den Landbau verkümmern ließen, so daß der Bauer zum stumpfen hörigen colonus herabsank. Und die Aussicht auf die ewige sinnliche Seligkeit bedeutet kaum einen religiösen Fortschritt. Von der Seele im Menschen ahnt diese Mysterienlehre nichts, sondern es besteht die alte Vorstellung fort, daß der Mensch nach dem Tode ein anderes Leben führt, in dem er ebenso wie hienieden ißt und trinkt; es wird ihm nur garantiert, daß er es besser und reichlicher haben wird als hier. Man sieht es in den Fröschen, daß die Seligen sich genau so benehmen wie einst im Leben bei der großen Prozession. Seelen sind sie nicht; die toten Dichter auch nicht. Die *ψυχή* war eben dem Mutterlande noch sehr lange fremd geblieben, so daß der alte massive Glaube, das Gegenteil eines „Seelen"glaubens, noch nicht ausgestorben war, mindestens vom Dichter so gut benutzt werden konnte wie heute der leibhafte Teufel. Daneben weiß Aristophanes um das *ψυχαγωγεῖν* des Sokrates Bescheid. Das ist etwas Neues, das sich neben das leibliche Fortleben ebenso gestellt hat wie Lohn und Strafe im Jenseits als bestimmend für das Geschick der Seele nach dem Tode. Hierin liegt der Fortschritt; der aber kam nicht aus den Mysterien, mit denen er sich auch dann nicht vertrug, als sie ihm Eingang gewährten.

Eleusis und Delphi haben auch dem fremden Gott Eingang gewähren müssen[1], der sein unhellenisches Wesen ganz anders als Apollon bewahrt hat und doch eine noch weit größere Macht, gerade über die breite Masse des Volkes, gewonnen und sich bis in die spätesten Zeiten behauptet hat, so daß man diesen Eindringling in die olympische Halle des Zeus[2] gar nicht mehr wegdenken kann, den phrygisch-thrakischen D i o n y s o s.

[1] Der Hymnus des Philodamos wendet es zur Ehre seines Gottes so, daß dieser gleich nach seiner Geburt nach Delphi, dann nach Eleusis geht, wo ihn die Epopten Bakchos nennen. Wenn Pindar Isthm. 7, 3 den Dionysos, an dessen Geburt sich Theben freut, *πάρεδρος Δάματρος* nennt, dürfen wir nicht an Eleusis denken. Demeter ist Hauptgöttin Thebens, da kann er ihr Beisitzer heißen.

[2] Wie wenig er auf den Olymp paßt, zeigt gerade Pindars Dithyrambos Kerberos, der ihn dort einführt. Die einst stark verbreitete, später verschollene Geschichte, wie er den Hephaistos auf den Olymp holt,

Die Ilias kennt Dionysos nur *Z* 132, wo sie erzählt, daß ihn mit seinen Ammen Lykurgos in das Meer jagte, auf dem Felde von Nysa im europäischen Thrakien. Hesiod nennt ihn auch nur einmal, Erga 614, als Geber des Weines. Die Modernen verstehen freilich *X* 460 *μαινάδι ἴση* von einer dionysischen Mänade, weil wir viel mehr als die Griechen von Mänaden reden. Die antike Grammatik urteilt mit Recht anders[1]. Wichtig ist aber, daß Hesiod den Monatsnamen *ληναιών* kennt; dann hat er ihn bei seinen ionischen Nachbarn gehört, womit noch nicht gesagt ist, daß er die Bedeutung, Monat des *λῆναι*, verstand; wir haben ja selbst sehr lange „Keltermonat" verstanden. Jedenfalls herrschte Dionysos noch nicht in Theben; die Verse Theog. 940–43 und 947–49 sind schon im Altertum verworfen. Die Nekyia der Odyssee kennt ebenso wie diese Verse auch schon die Ariadne. Danach werden wir das Eindringen des neuen Gottes in das Mutterland frühestens in das achte Jahrhundert hinaufrücken, aber sein Kampf um die Zulassung, sein Sieg und der Beginn seiner Hellenisierung muß um 700 angesetzt werden. Die asiatischen Griechen haben ihn entsprechend früher gekannt, aber die Gesellschaft, aus der und für die Homer dichtet, wollte von ihm so wenig wissen wie nachher in Hellas, bis sie einer Bewegung weichen mußte, die von unten kam.

Seit Kretschmer Semele als das phrygische Wort für Erde erwiesen hat, ist der Ausgangspunkt der neuen Religion sicher; seit Bakchos als lydisches Äquivalent von Dionysos bekannt ist, sein Übergang über Lydien[2], also die Bestätigung von dem, was der lydische Bakchenchor des Euripides und der Tmolos als dionysischer Berg immer zu erkennen gaben. Damit ist gesagt, daß der

endet damit, daß er selbst dort Aufnahme findet. Das maßgebende Gedicht war ein Hephaistoshymnus, in Ionien um 600 gedichtet, als man den Fremden in Dionysos noch lebhaft empfand. Die bezeichnendste Darstellung Ath. Mitt. XIX T. 8, dazu die Françoisvase. Götting. Nachr. 1895, Hephaistos.

[1] Es entspricht dem *μαινομένηι εἰκυῖα* *Z* 389, ebenfalls von Andromache gesagt. Daher schreibt der Townleianus nur dieses Zitat zum *X*, erst eine junge Hand bringt die *βάκχη* und so B und Eustathius, aber der Paraphrast gibt nur *μαινομένη*, und die Vergleichung der beiden Stellen schlägt durch. Demeterhymnus 386 *ἤΰτε μαινὰς ὄρος κάτα δάσκιον ὕληι* zeigt, was nötig war, die Mänade kenntlich zu machen.

[2] Ovid, Metam. XI 86. Der Dichter wirft Phrygien und Lydien durcheinander, wenn Dionysos am Tmolos mit Midas zusammenkommt.

Gott in das Mutterland von Asien kam, wie es wieder die Bakchen darstellen. Er ist also über das Meer gekommen, wie das Schiff in seinem Dienste[1] und seine Darstellung zu Schiffe, einzeln auch sein Kultname *πελάγιος*[2] bekräftigen.

Auch bei den Thrakern Europas ist Dionysos ein großer Gott gewesen, den wir bisher nur mit dem hellenischen Namen nennen können. Hochheilige Kultstätten haben im Pangaion[3] und in der Rhodope gelegen; die Ilias kennt ihn ja nur dort. Die Mänaden, welche den Orpheus zerreißen, hat Aischylos von seinen thrakischen Feldzügen gekannt, und bei den Dichtern werden sie gern, z.B. von Horaz Carm. III 25, in Thrakien eingeführt. Auch zu den Makedonen hatten sich die wilden Orgien der Frauen verbreitet

[1] Wenn in der Kaiserzeit Smyrna das Schiff des Dionysos im Kultus hatte und ein *αἴτιον* dazu erzählte, so sollte man nicht vergessen, daß Smyrna nicht die alte Stadt ist, sondern eine Gründung des Lysimachos, die Riten seiner Dionysien also ebensowenig für original gelten dürfen wie der Mummenschanz, den Apollonios nach Philostratos IV 21 in Athen an den Anthesterien traf. Immer wieder stößt man auf die naive Kritiklosigkeit, die alles, was in der Kaiserzeit getrieben oder als *ἱερὸς λόγος* erzählt wird, für die älteste Zeit, achthundert Jahre früher, in Anspruch nimmt.

[2] Bei *πελάγιος* darf man nicht gleich an Kommen zu Schiff über das Wasser denken. Der Gott, der sich vor Lykurgos in das Meer flüchtet, konnte auch aus dem Meere kommen. Merkwürdig ist, was Pausanias III 24, 3 von dem kleinen lakonischen Küstenplatze Brasiai erzählt, wo man die Kadmostochter Semele leicht ablöst. Der neugeborene Gott ist in einer Kiste an Land getrieben, Ino hat ihn in einer Höhle erzogen. Ino ist die vorgriechische Meergöttin, die an diesen Küsten ihre Sitze behalten hatte. Sie pflegt das göttliche Kind wie in Delphi die Thyiaden, hat das aber zuerst gewiß nicht in der Höhle, sondern wie Thetis im *Z* in der Meerestiefe getan, die im Dienste der Ino durch eine Höhle vertreten werden konnte.

[3] Perdrizet, der einzige Kenner des Pangaion, hat diesem Dionysos sein anziehendes Buch (Cultes et mythes du Pangie, Paris 1910) gewidmet. Seinen Folgerungen kann ich allerdings nicht zustimmen. Den Thrakern, die einmal am Parnaß und weiter bis Megara gesessen haben, kann man den Dionysos, der zu Apollon nach Delphi kam, unmöglich zurechnen; sie waren längst in die Hellenen aufgegangen, müßten sonst auch auf Orchomenos und Theben eingewirkt haben. Das aber ist richtig beobachtet, daß die *Θρακίδαι*, ein delphisches Geschlecht, Thraker sein wollten, da ein Delpher den Namen *Θρᾶιξ* führt; aber daß sie mit dem Dionysosdienste etwas zu tun hätten, davon verlautet nichts.

(Plutarch Alexander 2, Athen. 560f über Alexanders Mutter Olympias), kein Zweifel, daß Euripides in Pella gesehen hat, was er in den Bakchen seinen Chor treiben läßt. Es war also begreiflich, daß vielfach angenommen ward, der Gott hätte sich von dort her verbreitet, zumal das Gedicht, das den Mythos von seiner Zerreißung durch die Titanen behandelte, von Orpheus sein sollte, der zum Thraker gemacht war. Aber es hätte schon bedenklich machen sollen, daß er dann zuerst nach Thessalien gekommen sein müßte, wo gerade sehr wenig von ihm zu spüren ist, und in Pagasai heißt er *πελάγιος* (T Scholien *Ω* 428 aus Theopomp). Den thrakischen Dionysos haben die Ionier bei ihrer Ansiedlung an den Küsten des schwarzen Busens kennengelernt; auf ihn deutet die einzige Homerstelle. Später hat Aischylos auf seinen Feldzügen beobachtet, daß sich die Göttin Kotys oder Kotytto mit diesem Dionysos bei den Edonen verbunden hatte, deren Dienst auch nach Korinth gelangt war; er war wohl orgiastisch, aber darf nicht nach dem beurteilt werden, was Eupolis über ihn gesagt hat, um Alkibiades anzugreifen. Auch die Chalkidier müssen Dionysos im südlichen Thrakien angetroffen haben. Wir hören auch von thrakischen Überfällen auf die Insel Naxos[1], wo Ariadne ihm gesellt worden ist. Aber nachweisbar ist nichts, was von dieser Seite übernommen wäre.

Der Name *Διόννυσος*, *Διώνυσος* führt auf *Διόσνυσος*; *Δεόνυσος*, auch dreisilbig, bei Ioniern weicht nur etwas ab. Er ist also der *Νῦσος* des Zeus. Vielleicht bedeutet es Sohn, wahrscheinlicher gehört es mit dem Lande *Νῦσα* und den Nymphen *Νῦσαι*, seinen göttlichen Begleiterinnen, zusammen, wird also dasselbe bedeutet haben wie das lydische *βάκχος*[2], das seine schwärmenden Diener bezeichnet, den Gott noch lange nur als Beiname wie *Βακχεύς*, *Βρόμιος*, *Βακχιώτης*, *Ληνεύς*. Auch dies stammt von einer fremden, wohl lydischen Bezeichnung seiner Diener, *λῆνος* und *λήνη*[3], die sich nicht eingebür-

[1] Diodor V 50, vgl. die Beilage Ariadne.

[2] *Βάκχοι* heißen auch die Zweige, welche die dem Gotte Geweihten tragen, Schol. Aristoph. Ritt. 408; nach Xenophanes waren es Tannenreiser. Der Name war wohl nur in den ältesten bakchischen Mysterien üblich.

[3] Wir kannten nur das Femininum, das auch in Ionien schon allein galt, als Herakleitos 14 *βάκχοι* und *λῆναι* nebeneinander stellte. Aber die Inschrift von Kyme 791 Schw. *ὑπὺ τε̃ι κλίνει τούτει λῆνος ὗπυ* kann nur den Geweihten bedeuten; die Gemeinde hatte einen eigenen Friedhof,

gert hat. So lehrt βάκχος die Herkunft aus der Fremde, aus dem Osten, also die Verbreitung von Ionien her, und da er ein Thraker war, muß seine Heimat bei den asiatischen Thrakern, also den Phrygern, gewesen sein. Wenn wir nur über seinen dortigen Kult etwas wüßten. Plutarch (Is. Osir. 378f), d.h. ein sehr gelehrtes theologisches Buch, gibt an, daß „ihr Gott" (der nur Dionysos sein kann, da sie ihn βακχεύοντες verehren) nach dem Glauben von Phrygern und Paphlagoniern im Winter schlief oder gefesselt war und im Frühjahr auf Erden erschien. Das ergibt als Hauptfest sein Erscheinen an den Anthesterien, also an Winters Ende, aber die Frauen ziehen im Mittwinter, ληναιών, in den Wald, und in Delphi ist er gerade im Winter anwesend. Der phrygische Σάβος Σαβάζιος, der in der Kaiserzeit keine geringe Rolle spielte, ist dem Dionysos mindestens sehr verwandt, σαβοῖ ein dionysischer Ruf[1]; aber den Griechen sind sie zwei verschiedene Götter mit gesonderten Mysterien. Den Dionysos haben die Ionier über die Lyder kennengelernt, bei denen er Bakchos hieß. Euripides stellt es ganz richtig dar, Lyderinnen bilden den Chor des Dionysos, der sich selbst einen Lyder vom Tmolos nennt. Von den Tänzen, welche lydische Frauen und Mädchen zu seinen Ehren aufführen, gibt noch der Perieget Dionysios eine lebhafte Schilderung[2]. Das war überall der Ersatz des ekstatischen Schwärmens im Walde.

792 Schw. Ich weiß nicht, wie die Modernen zu dem falschen Akut gekommen sind, der meist in unseren Drucken steht. Herodian I 330, 16 gibt die Regel, vielleicht freilich nur, weil die Kelter ληνός heißt. Beiläufig, in derselben Regel muß γλήνη ῥύπος in γλήμη geändert werden. Hesych λῆναι βάκχαι Ἀρκάδες kann nur so verstanden werden, daß die Gelehrten, welche alten Wörtern der Literatur in den Mundarten nachgingen, dies noch in Arkadien antrafen. Als Eigenname hat sich λήνη in Ambrakia (Wilhelm, Beitr. Inschr. 68) und Ätolien (IG. IX 1² 1, 124) erhalten.

[1] Das εὐοῖ σαβοῖ der Kranzrede 260 hat den Grammatikern Veranlassung gegeben, den Ruf als phrygisch zu bezeichnen und die σάβοι für einen phrygischen Stamm oder für βάκχοι zu erklären. Photius εὐοῖ Steph. Byz. Σάβοι usw.

[2] V. 839. Dionysios flicht in solchen Notizen Lesefrüchte ein; die Herkunft kann ich nicht angeben. Bei Athenäus 636 stehen tragische Verse aus der Semele eines Diogenes, die offenbar als Parallele zu den Bakchen die Musik und die Tänze der Asiatinnen im Dienste der Kybele und der Lyderinnen für Artemis schildern. Die Hierodulen und als ihre mythischen Vorbilder die Amazonen tanzen in Ephesos; das ist sehr bekannt. Wo jener Diogenes hingehört, ahne ich nicht von ferne.

In dem wegen seines Weinreichtumes berühmten Lydien ist der Gott zum Geber des Weines geworden, was er bei den Hellenen, schon bei Hesiod, immer ist, so daß ihnen sein Wesen in dem beseligenden Rausche zu liegen schien, den Römern ausschließlich und so dann weiter. Bacchus ist ihnen Wein. Das konnte er in Phrygien wirklich nicht sein; Phryger und Thraker waren ja Biertrinker und hätten nur einen Gambrinus zum Gotte machen können. Die Griechen dagegen erfreuten sich des Weines seit undenklichen Zeiten[1]. Aristarch hat richtig beobachtet, daß Homer selbst in der Odyssee diesen Geber des Weines nicht gekannt hat[2].

Von einem Siegeszuge des Dionysos in den Osten erzählt der Prolog der Bakchen, längst bevor Alexanders Heer seine Spuren in der Gegend von Kaschmir fand, woraus die später immer weiter ausgebaute Geschichte von seinen indischen Kämpfen erwachsen ist. In den Westen geht aber dieser Zug nicht. In der Tat hat Dionysos auf Sizilien wenig zu bedeuten außer in Naxos mit seinen schönen Münzstempeln, was in einer Stadt dieses Namens nicht verwunderlich ist. In Kyme haben die bakchischen Mysten schon früh eine gemeinsame Begräbnisstätte; dahin kam der Gott aus Euboia, wo sein Kult und das Wunder seiner Rebe, die an einem Tage sprießt und Trauben bringt, berufen ist[1]. Italien nennt So-

[1] Da das Wort Semiten und Griechen gemeinsam ist, können wir es zur Zeit nur für einer der Sprachen angehörig halten, die im zweiten Jahrtausend um die Ägäis gesprochen wurden; nähere Bestimmung ist Spiel. vinum kann griechisches Lehnwort sein, im Akkusativ übernommen wie manches andere.

[2] Schol. des Aristonikos zu *ι* 198 *ταῦτα σημειοῦνταί τινες πρὸς τὸ μὴ παραδιδόναι Ὅμηρον Διόνυσον οἴνου εὑρετήν, τὸν δὲ Μάρωνα οὐ Διονύσου, ἀλλ' Ἀπόλλωνος ἱερέα, δι' ὅλης τῆς ποιήσεως οἴνου μνημονεύοντα* (*-ων* cod.). *ἡ δ' ἀπότασις πρὸς Ἡσίοδον λέγοντα τὸν Μάρωνα Οἰνοπίωνος τοῦ Διονύσου.* Der Name *Μάρων* gehört zu Maroneia-Ismaros. Also wußte der Dichter, daß in der Gegend guter Wein wuchs, aber von Dionysos wußte er nichts. Da Maroneia Kolonie von Chios war, ergibt sich der Schluß, daß die Kyklopie von einem chiischen Dichter, dem Homer von Chios, stammt, und der Hesiod, der den Eponymos zum Sohne des Oinopion machte, stimmt dazu, denn Oinopion gehört nach Chios. Der Eponymos war natürlich kein Silen. Oinopion und noch sicherer Oineus werden, bevor es den Dionysos gab, die ersten Pfleger des Weines gewesen sein; bei Oineus ist ganz klar, wie Dionysos sich eingedrängt hat, so daß er sogar Vater der Deianeira sein sollte.

[3] Sophokles Thyestes 234, wo Nauck andere Zeugnisse beibringt.

phokles, Ant. 1119, unter seinen Lieblingsländern, wie richtig gesehen ist, nach den Erfahrungen der athenischen Ansiedler von Thurioi oder Berichten, die sie anlocken sollten. Herodot II 81 identifiziert die *Βακχικά* mit den *Πυθαγόρεια*, die wir dort bis in die Römerzeit antreffen, danach auch in Etrurien und Rom. Er hatte das in Thurioi beobachtet, unterschied allerdings nicht scharf.

Daß der Gott in das Mutterland aus der Fremde gekommen ist, hat man nicht vergessen. Gerade in Theben, das später als Geburtsstadt des Gottes alle ähnlichen Ansprüche überwunden hat[1], mußte er den Widerstand des Pentheus[2] brechen, und auch dann noch muß der Sohn der Kadmostochter[3] gleich nach seiner Geburt zu seinen Ammen nach Nysa gebracht werden. Auch Delphi hat ihn zwar in den Kultus seines Apollon gezogen, aber wenn Pentheus auch auf dem Parnassos zerrissen wird (Aischylos Eum. 26), muß er auch Delphis Widerstreben erst überwunden haben. Ebenso ist in Attika der Eponymos des Dorfes Ikaria, bei dem er gerne einkehrte, ein Märtyrer des neuen Dienstes geworden. In Orchomenos hat er die Frauen mit Gewalt zu seinem Dienste gezwungen. In Argos hat ihm Perseus zuerst erfolgreichen Widerstand geleistet; Ariadne, die in Naxos seine Gefährtin geworden war, hatte da ihr Grab[4], worin wohl liegt, daß der neue Gott von Naxos nach Argos kam. In diesen bekannten Geschichten steckt die Erinnerung an heftige Kämpfe gegen die neue Religion, die wir doch bald überall von den Staaten hochheilig gehalten und die

Er nennt die euböische Landschaft Nysa in der Antigone 1131, kennt aber auch Nysa als Heimat des Gottes, Fr. 874.

[1] Der verstümmelte Hymnus, mit dem der Mosquensis anfängt, zählt andere Geburtsstätten auf, über die wir zum Teil nichts weiter wissen. Es ist ein sehr junges Stück, da es Nysa in Arabien ansetzt, also von dem dortigen Dionysos Orotalt weiß, Herodot III 8, Antimachos bei Diodor III 65. Noch moderner klingt V. 10, der von Weihgeschenken in Tempeln des Dionysos redet. Schwerlich ist das Gedicht noch aus dem sechsten Jahrhundert.

[2] Hekataios hat ihn noch *Τενθεύς* genannt; *τένθης* ist *λίχνος*; also ist *Πενθεύς* Umbildung, zuerst bei Aischylos.

[3] Vgl. die Beilage Kadmos und seine Töchter.

[4] Vgl. die Beilage Ariadne. Perseus tötet den Dionysos nach einem Dichter Deinarchos bei Euseb. Hieronymus 1297 Helm. Das ist ursprünglicher.

Phantasie des Volkes beherrschend finden. Sowohl den Widerstand wie den Sieg gilt es zu verstehen[1].

Der fremde Gott, dem die Massen sich hingaben, war ganz anders als die Olympier, die nun den Menschen fern vom Himmel herunter regierten, so daß der Verkehr mit ihnen durch die Priester ging, die in den Tempeln oder Hainen die Opfer leiteten; in Chören sangen und tanzten gewählte Vertreter der Gemeinde. Höchstens in Prozessionen nahm das ganze Volk aktiv am Gottesdienste teil. Selbst in Eleusis zeigte die Priesterschaft die Heiligtümer nur den Geweihten. Dionysos dagegen kam selbst auf die Erde und rief alle zu sich, vornehmlich die Weiblichkeit, die sonst nur ihre besonderen Geheimkulte hatte. Wir müssen daraus geradezu schließen, daß die Frauen die Anerkennung des fremden Gottes erzwungen haben. Sie allein ziehen in den Bergwald; nur Silene und Satyrn tanzen mit ihnen, keine sterblichen Männer. Weibliche Kollegien werden von den Staaten eingesetzt. Wir treffen oft Priesterinnen, die auch die *τελεταί* ausüben. In den privaten Genossenschaften, welche die Mysterien fortpflanzten, sind Frauen und Männer zusammen Mitglieder. Wir haben gesehen, daß auch in Eleusis die Männer erst später zu den Mysterien zugezogen sind. Apollon war ein Gott, der seinen Geist dem Menschen mitteilen konnte, so daß dieser ganz aus sich heraustrat, aber er erweckte nur ganz selten einen Propheten oder eine Sibylle außer der Pythia. Im Dienste des Dionysos ward das allen zuteil, die zu dem Gott kamen; die Ekstase machte sie nicht zu dem Organe des Gottes, so daß sie ihre eigene Person verloren, sondern hob sie über das Menschentum empor, sie genossen in der Verzückung

[1] Platon, Ges. 672b, kennt eine Darstellung, nach der Dionysos die *βακχεία* erfunden und den Menschen den Wein gegeben hätte, als Hera ihn wahnsinnig gemacht hatte, *τιμωρούμενος*, also ihr zum Trotze „wenn ich rasend sein soll, sollen es die Menschen alle werden". Darin spricht sich eine Feindschaft gegen die Ekstase aus, wie sie sich zuerst beim Eindringen des neuen Gottes geregt hatte. Aber dies ist eine späte asketische Feindschaft, dem „Trockenlegen" moderner Staaten entsprechend; Pentheus kämpft nicht gegen den Wein. Der Haß der Hera ist hier kein altes Motiv. Platon verteidigt nicht nur den Wein, sondern rechnet Dionysos mit Apollon zusammen als den Urheber von *ῥυθμοῦ καὶ ἁρμονίας αἴσθησις*. Die beiden Götter stehen für ihn in keinem Gegensatze. Und sowenig wie der Rausch die Tragödie erzeugt, geht den Apollon, den Überwinder der Inkubation, der Traum etwas an, vielmehr ist diese Geburt der Tragödie erträumt.

eine Seligkeit, eine Erlösung aus dem gemeinen Tagesleben. Dazu mußten sie heraus aus ihren Häusern, aus den Städten, hinauf zu dem Gotte in den Wald, in das Gebirge, zurück in die Einsamkeit der ungebändigten Natur. Da erschien der Gott in der Tiergestalt, die er wählte, am liebsten als Stier, aber auch als junger Bock, *ἔριφος*, *ἐρίφιος*[1], und Verächtern seiner Gottheit gegenüber konnte er auch als Löwe oder Drache oder Panther[2] fürchterlich erscheinen. Während die seelische Wirkung des Gottesdienstes, die Verzükkung, zwar als etwas Krankhaftes erschien, aber eine Steigerung des Innenlebens herbeiführte, lag doch in dem Gotte, der sich als Tier zeigte, ein Rückfall in eine Vorstellung, die Homer überwunden hatte; sie dauerte eben in den tieferen Schichten des Volkes, die daher für den neuen Gott empfänglich waren. Der kam ja auch von einem Volke, dessen Wildheit niemals gebändigt ist. In asiatischen Städten, in die er zuerst kommen mußte, hat er Menschenopfer gefordert[3], und die Epitheta *ὠμηστής*[4] *ὠμάδιος ταυροφάγος* besagen, daß er selbst rohes Fleisch aß, wie die rasenden Frauen Zicklein verschlangen und die Schlangen, die sie aufgriffen, mit denen sie spielten, schließlich zerrissen[5]. Daß sie von dem Gotte oder von göttlicher Speise zu essen glaubten, ist nur eine moderne Annahme; sie geben auch Rehkälbern die Brust[6]. Mitten

[1] Der Name *εἰραφιώτης* wird doch wohl hiermit zusammenhängen, wie schon im Altertum vermutet ist (Hesych. s. v.). Er findet sich nur in dem Bruchstücke eines Hymnus, das der Mosquensis erhalten hat. In der Kaiserzeit haben ihn die Poeten wieder ausgegraben.

[2] Das asiatische Tier erscheint in der Kunst oft als Begleiter des Gottes, und er trägt das Fell. Das deutet darauf, daß er selbst auch als Panther erschien. Im Mutterlande verschwand das natürlich. Noch Horaz, Carm. 2, 19, 23, läßt ihn im Gigantenkampfe den Gegner *leonis unguibus horribilique mala* zurückwerfen, also in Löwengestalt.

[3] Tenedos und Chios, Porphyrios abst. II 55. Das Zerreißen des Opfers wird besonders angegeben. Der Gott heißt *ἀνθρωπορραίστης* Aelian hist. an. XII 34.

[4] In den Londoner Resten der *Βασσαρικά* des Dionysios müssen die Feinde des Gottes ahnungslos Menschenfleisch essen.

[5] *οἱ τῶι Διονύσωι βακχεύοντες εἰώθασι διασπᾶν τὰς ἐχίδνας παυομένου μὲν τοῦ ἦρος, οὔπω δ' ἠργμένου τοῦ θέρους*, Galen *π. ἀντιδότων* I, XIV 45 K. nach dem jüngeren Andromachos, in dem Gedichte des älteren steht nichts davon. Die Orgien sind auf eine behagliche Jahreszeit verschoben.

[6] Eurip. Bakch. 700, auch junge Wölfe fügt der Dichter hinzu. Auf den Fresken der Villa Item säugt ein Panweibchen ein Rehkalb.

in den tiefsten Winter fällt, wie der Monatsname *Ληναιών* lehrt, die heilige Zeit, zu der der Gott die Seinen ins Gebirge lockt; man kann sie sich kaum auf den beschneiten Gipfeln des Kithairon und Parnassos denken. Der Gott tut Wunder; Milch und Honig und Wein sprudelt aus dem Boden[1], und am liebsten ruft er in der Nacht die Mänaden zu den wilden Sprüngen und Tänzen auf und schwingt die Fackel, deren Düfte über die Berghalden ziehen. So geht der wilde Tanz, bis die Schwärmerin erschöpft zu tiefem Schlafe zusammenbricht. Erwachend mag sie dann mit befreiter Seele in das gewohnte Tagesleben zurückkehren. Es ist wichtig, daß die Bakchen niemals vom Weine berauscht sind, ihr Rausch ist eine Ekstase, deren der Alltagsmensch bedarf, um nicht in dem gewohnten öden Getriebe zu erstarren. So liegt ganz Primitives, Barbarisches in diesem Gotte neben der Befriedigung eines seelischen Bedürfnisses, das der von der aufreibenden Zivilisation bedrückte Mensch erst recht empfindet und in der Natur ebenso gern wie in den religiösen Feierstunden befriedigt. Die Frauen bedrückte zwar nicht die Zivilisation, aber die Last der Arbeit, die sie trugen, und die Erniedrigung, die sie bei den Ioniern und auch den Athenern erfuhren, seit die orientalische Einsperrung herrschend geworden war, von der die heroische Gesellschaft nichts gekannt hatte.

Die Wälder der Gebirge bevölkerten längst die Nymphen und die Halbtiere, Silene[2], Satyrn und wie sie sonst heißen. Wenn jetzt

[1] Bakchen 142 *ῥεῖ δὲ γάλακτι πέδον, ῥεῖ δ' οἴνῳ, ῥεῖ δὲ μελισσᾶν νέκταρι.* Hypsipyle Fr. 58 (Oxyr. VI S. 58) Versanfänge *βότρυς – ἀναδίδωσιν – ῥεῖ δὲ γάλακτι – στάζει – νέκταρ – λιβάνου*, also ganz der Bakchenstelle entsprechend. Der Sokratiker Aischines bei Aristides II 23 Dind. sagt, daß die Bakchen Milch und Honig aus Brunnen schöpfen, die nicht einmal Wasser enthielten. Ähnlich Platon, Ion 534. Daß in einem dionysischen Heiligtume eine Quelle am Feste Wein statt Wasser bringt oder sonst die Verwandlung sich vollzieht, wie mehrfach erzählt wird, ist ein Ersatz für die Wunder, die einst im Gebirge geschehen waren. Properz, III 17, 27, übertreibt es und läßt auf Naxos die Flüsse Wein strömen.

[2] Wenn *Σιληνοί*, der Name der ionischen Halbpferde, thrakisch sein sollte, so haben die Phryger auch an solche Waldbewohner geglaubt. In Thrakien hießen die Mänaden *Βασσάραι*, wie Aischylos bezeugt, also „Füchse". In dem Sinne scheint Herodot IV 192 *βασσάρια* zu brauchen, weshalb die Grammatiker das Wort für kyrenäisch halten. Die Griechen haben zwar mehrere Namen für den Fuchs, dieser aber kann nur thrakisch sein, da er auch den Fuchspelz bezeichnet. Herodot muß wohl eine

ein großer Gott durch diese Wälder zog, so wurden diese älteren Bewohner ihm untertan, und sie sind ganz zu seinem Gefolge geworden, schließlich hat er selbst Kentauren an seinen Wagen gespannt. So kommen männliche Gefährten in den Kreis der Schwärmerinnen, wo sich dann die alte Begehrlichkeit der Waldwesen nach Wein und Weibern regt und das dionysische Treiben jene neuen Züge erhält, die es als eine schönere Welt der ungebundenen Lebenslust erscheinen lassen, wie sie uns von den Vasenbildern an bis in die spätesten Zeiten zahllose Bildwerke zeigen. Das beherrscht die Phantasie viel weiter als den Kultus, in dem nun die alten Tänze von Menschen, die Böcke oder Pferde darstellten, ursprünglich also Erhebung der Menschen in jene göttlichen Wesen voraussetzten, dem Dionysos geweiht sind. Die Metamorphose in der Vermummung zu empfinden, wird noch lange nicht ganz verschwunden sein; aber in die Berge haben die Männer niemals mit den Frauen ziehen dürfen. In den Gemälden ist daher oft nicht zu sagen, ob die mit den Silenen tanzenden oder auch von ihrer Begehrlichkeit angegriffenen Frauen Nymphen oder sterbliche Mänaden sind.

In Phrygien war neben Dionysos die große Göttermutter zu Hause, deren Orgien auch wild orgiastisch waren. Ob die beiden Kulte dort sich vereinigten, bleibt ungewiß; nach Hellas sind sie gesondert gekommen, der der Göttermutter hat aber keine tiefgreifende Wirkung gehabt. Wenn die Lieder der Lyderinnen des Euripides beide vereinigen, so ist das mehr aus der Empfindung ihrer Ähnlichkeit heraus geschehen, und äußerlich mochte die Verwendung der Kymbala und Tympana in diesen asiatischen Kulten einen Anhalt geben. Ein Tamburin schwangen aber auch die Korybanten, Ersatz der ursprünglichen Waffentänze, die sich sehr weit verbreitet hatten, und als Erfinder dieser Musik sind auch sie herangezogen, zumal der wild orgiastische Korybantentanz eine der dionysischen ähnliche Ekstase erzeugte. Doch sind weder die Göttermutter noch die Korybanten in den dionysischen Thiasos gekommen. Überhaupt war der neue Gott so besonders, daß er mit anderen, vollends mit Olympiern, keine Vereinigung eingehen konnte. Zu warnen ist vor dem Gedanken, in Semele, weil das Wort die Erde bedeutet, die große phrygische Mutter zu finden.

besondere Sorte meinen. Hesych braucht ihn als Erklärung von *ψυῖαι*, das ganz unbekannt ist.

In Hellas ist Semele nicht mehr die Erde[1], und die Göttermutter ist asiatisch, nicht thrakisch, ihre Verbindung mit Dionysos also nicht ursprünglich; sie hat auch keinen Sohn.

ὄργια sind eigentlich nur die heiligen δρώμενα; ὀργεῶνες sind die, welche ihre besonderen ὄργια vollziehen. Diese haben zunächst auch keine andere Bedeutung als in Eleusis, wenn sie von dem dionysischen Kulte gesagt werden, aber weil er einen ganz anderen Charakter hatte, ist das Ogiastische, Dionysische in das Wort eingedrungen, so daß dies den Klang erhielt, den es behalten hat, und die antiken Etymologen haben den Zusammenhang mit ἔργον ganz vergessen[2]. Da die Mänade ohne Zwischentritt eines Priesters in Verbindung mit dem Gotte kam, aber doch erfahren mußte, nicht nur was er verlangte, sondern was und wo er war, muß jemand dagewesen sein, der sie es lehrte. Wie sollte sich auch ein neuer Gott in einem Lande verbreiten, das von ihm nichts wußte, ohne daß Verkünder seiner Gottheit aus der Fremde herüberkamen, ganz so wie der Lyder bei Euripides, in dem nur der Gott steckt, und jeder solche Apostel ist Träger des dionysischen Geistes gewesen. „Woher bringst du die τελεταί", fragt Pentheus und erhält die Antwort Διόνυσος ἡμᾶς εἰσέβησεν (466), aber was die τελεταί sind und was dem Geweihten dadurch zuteil wird, erfährt dieser erst nach seinem Eintritt, der Teilnahme an der βακχεία (472 ff.). Da läßt sich nicht mißverstehen, daß die Teilnahme an dem orgiastischen Schwärmen nur Vorbereitung ist, um die Weihen zu erhalten, in denen die beseligende Kraft des Gottes erkannt und erfahren wird. Dazu ist einer nötig, der die Weihung vollzieht, es sind also Mysterien. So wie sie hier der Dichter schildert, haben sie sich ein-

[1] Pindar Pyth. 3, 99 nennt Semele Thyone, um schon bei ihrem Tode an ihre Erhöhung zur Olympierin zu erinnern, die er Ol. 2, 25 kennt. Also haben Thebenfreundliche Dichter den Namen auf Semele übertragen, den die Mutter des Dionysos anderswo erhalten hatte, an sich ohne tiefere Bedeutung, da er auch Nymphen, mit denen der Gott verkehrt, gegeben wird. Dione bei Euripides Fr. 177 ist bedeutungslos, wenn es nicht ein alter Schreibfehler ist.

[2] Et. M. 629 ὄργια τὰ μυστήρια, κυρίως δὲ τὰ Διονυσιακὰ διὰ τὸ ἐν ταῖς ὀργάσιν αὐτοῦ ἐπιτελεῖσθαι. ἢ διὰ τὸ ὀργᾶν καὶ ἐπιθειάζειν (unverständlich, ὀργᾶν wird mit ἐπιθυμεῖν erklärt; auch Et. Gud. ist verwirrt). Servius Aen. IV 302 *orgia apud Graecos sacra omnia, sed abusive sacra Liberi* ἀπὸ τῆς ὀργῆς i.e.a furore (geht auf ὀργᾶν) *vel* ἀπὸ τῶν ὀρέων. Epimer. Hom. Cramer An. Ox. II 307, 25 ὅρκος καὶ ὄργια τὰ μυστήρια δασύνεται. Da sollten es ὄρκια sein, von der Vereidigung zur Geheimhaltung.

gebürgert, als der Gott herüberkam, und haben sich bis in die allerspäteste Zeit erhalten. Soviel sich die Formen und die Lehre geändert haben mögen, die Kontinuität ist nicht abgerissen, und der Glaube ist in privaten Gemeinden lebendig geblieben, während der zum Gotte des Staates erhobene Dionysos das Schicksal der Olympier teilte. Wir hören in den Jahrhunderten der Blüte, als in dem Staatskulte die dionysischen Spiele zur höchsten Entfaltung kommen, von den privaten Mysterien kaum etwas. Herodot II 81 kennt in Italien *'Ορφικὰ καὶ Βακχικά*, die er für pythagoreisch und ägyptisch hält. Plutarch, Alexander 2, kennt bei den Makedonen orphische und dionysische Weihen, die wohl dasselbe sein sollen. Die Mysterien werden uns erst in hellenistischer Zeit bekannter, gerade aus Asien; kein Zweifel, daß sie dort alt waren und die Tradition bewahrten.

Als die neue Religion unaufhaltsam in das Mutterland eindrang, war es wie eine epidemische Krankheit; das christliche Mittelalter hat ja Ähnliches gesehen. Von unten, aus der Masse des Volkes, kam die Bewegung; der Gott ist auch später diesen Schichten der Gesellschaft teuer geblieben. Begreiflich, daß sich die herrschenden Gewalten dagegen wehrten, zumal es gegen alle Sitte verstieß, daß die Frauen „vom Webstuhl und der Kunkel" in den Bergwald stürmten. Aber der Widerstand war vergeblich, und indem der Gott offiziellen Kultus[1], also auch staatlich angestellte Priester erhielt, gelang es, das zuchtlose Treiben der Mänaden unschädlich zu machen. Der Opferdienst, der nun eintrat, hatte bei dem Schwärmen im Walde, wenn er überhaupt stattfand[2], geringe Bedeutung gehabt. Für jenes mußte ein Ersatz geschaffen werden. An Stelle des ganzen Volkes traten Kollegien von Frauen, denen

[1] Das dodonäische Orakel in der Midiana 53 unterscheidet daher den *Διόνυσος δημοτελής* von privaten Kulten des Gottes. Derselbe Unterschied findet sich bei Demeter, *δημοτελής* auf Amorgos IG. XII 7, 4, *δημοσία* in Halikarnaß, Suppl. epigr. IV 187. Es gab also auch private Demterkulte. *Διονυσιασταί, Βάκχοι, Βουκόλοι, 'Ιόβακχοι* sind immer solche privaten Vereine.

[2] In dem unter den Bukolika erhaltenen Gedichte *Λῆναι* werden die drei Kadmostöchter und ihr Gefolge erst rasend, als Pentheus die Opferhandlung belauscht, für die sie zwölf Altäre errichtet haben. Das ist eine bewußte Neuerung des Dichters und entspricht der Tendenz, die den Mord als berechtigt hinstellt und zur Nachahmung auffordert. Daß das Gedicht von Theokrit ist, kann ich nach dem Funde der Papyrusbücher nicht mehr bestreiten. Aber ich bestreite, daß wir es verstehen.

als Vertreterinnen der Weiblichkeit die ihrem Geschlechte vorbehaltenen Weihen zufielen. Wie das geschah, was von den Riten und Mythen, die sich in den freien Gemeinden ausgebildet hatten, hier oder dort in den Staatskult übernommen ward, ist verschieden gewesen; wir sind nur über einige Staaten unterrichtet[1]. In Elis beschreibt Pausanias einen Ort unweit der Stadt, aber diese späte Gründung mit ihrem Dionysostempel und Theater müssen wir uns fortdenken, so daß der Ort, an dem das Fest der *Θυῖα* begangen wird, noch abgelegen und einsam war, als sich dort der Kult festsetzte. Es war auch später nur ein Gebäude vorhanden, in dem sich nun das von den Priestern veranstaltete Wunder vollzog, daß sich Kratere von selbst mit Wein füllten. Gebäude und Priester sind mit der Zeit hinzugekommen. Einst riefen dort die eleischen Frauen, die *θυιάδες* geheißen haben müssen, den Gott, und das Wunder des sprudelnden Weines war das Zeichen, daß der Gott auf den Ruf erschien, der Stier, wie sie ihn nannten[2]. Es sind dieselben sechzehn Frauen, welche auch den Heradienst in Olympia versehen. In Argos nannten sie ihn *βουγενής*, was sicher zu erklären für uns unmöglich ist, und wenn er aus einer *ἄβυσσος* heraufgerufen ward und der „Türhüter" ein Lamm dafür erhielt, so war er in der Unterwelt, also auf einige Zeit (wohl ein Jahr) in jenes Reich gezogen oder geradezu gestorben, was man später nur von Ariadne und anderen Mänaden oder von Semele gelten ließ. Kult hatte er in der Stadt und ihrer Umgebung, so daß der Eingang zur Unterwelt nicht sicher bestimmbar ist. Vielleicht gehört der Ritus zu den Mysterien von Lerna, über die sich Pausanias nicht äußern wollte[3]. In Sparta diente ihm das Kollegium der *Διονυσιάδες* und der *Λευκιππίδες*, fiel der Kult also Frauen zu. Die Erinnerung an deren ver-

[1] Gern wüßte man etwas über Korinth, weil das Geschlecht der Bakchiaden, das die Zugehörigkeit zu den *Βάκχοι* im Namen hat, nach der Tradition tief in das achte Jahrhundert zurückreicht.

[2] Pausan. VI 26. Die letzte Quelle der Nachricht ist Theopomp, Athen. 34a. Plutarch Is. Os. 364f, Aet. Gr. 36. Sehr deutlich, wie er in Is. Os. ein gelehrtes Buch über Dionysos auszieht und aus demselben an der anderen Stelle sich eine Einzelheit vollständiger notiert. Diese Aetia gehören zu den *ὑπομνήματα*, die er sich zu künftiger Verwendung angelegt hatte.

[3] Plutarch Is. Os. 364f. Pausanias über Lerna II 37, 5; in der Stadt nennt er mehrere Heiligtümer, auf dem Lande nennt er noch eins II 24, 6, wo das Fest den bezeichnenden Namen *τύρβη* führt.

zücktes Schwärmen war nicht erstorben, der Name *Δύσμαιναι* ist deutlich; so wird zuerst ein Kollegium geheißen haben. In späterer Zeit war die Zucht streng und gestattete kein Treiben auf den Straßen; das war eine Neuerung, da es in der Kolonie Tarent anders gehalten ward[1]. Der *κῶμος*, die Heimkehr bezechter Jugend, wird nicht erst durch Dionysos aufgekommen sein, ist in Athen auch von jeder Verbindung mit einem kultischen Elemente frei, wenn auch die Flötenspielerin mitzieht, die bei dem Symposion ihren Dienst tat, und auch die Komasten manchmal singen oder die Leier spielen. Nur weil Dionysos der Geber des Weines war, ergab sich die Verbindung leicht; es ist aber wahrscheinlich, daß der rituelle Komos älter war als die Aufnahme des Dionysos. In Delphi hat der Pythier seine Weisheit bewiesen, als er dem neuen Gotte nicht mehr widerstehen konnte. Ein eigenes Heiligtum hat er ihm niemals gewährt, aber in seinem eigenen Allerheiligsten sollte das Grab des Dionysos sein, und ein vornehmes Kollegium der Thyiaden übernahm die Verehrung des neugeborenen Gottes in der Wiege, *λικνίτης*, zog auf den Parnaß und gab sich der kultischen Raserei hin, ein Jahr ums andere, wie diese Feste überall trieterisch gewesen zu sein scheinen. Zu dieser Nachtfeier der Thyiaden kamen nicht nur Frauen aus anderen Orten (nach Pausanias nur aus Athen, was irrig ist), sondern auch Männer konnten teilnehmen[2]. Auch die Nymphen der korykischen Höhle dachte man sich unter den Schwärmenden[3]. Mit dieser Vorstellung des sterbenden und neu geboren werdenden Gottes, die zwar in den privaten Mysterien fortlebte, aber den Athenern immer fremd war und aus dem allgemeinen Bewußtsein auch später schwand, ver-

[1] Platon Ges. 637. Pausan. III 13, 7; 20, 3. Hesych *Δύσμαιναι*, Titel einer Tragödie des Pratinas, der aus Phleius, einer ganz dionysischen Stadt, stammte. Raserei der spartanischen Frauen Aelian V. H. III 42, gestillt durch Bakis, Schol. Ar. Fried. 1071. Auf den Weihgaben an die Orthia ist nichts sicher Dionysisches, denn Silen kann der von Malea sein, der auch Kentaur und Pan heißt.

[2] Euripides Ion 550, Pausan. X 4, 3. Von der Raserei der Thyiaden noch zur Zeit des letzten heiligen Krieges erzählt Plutarch ein Beispiel mulier. virtut. 249e. Klea, Plutarchs Freundin, war *ἀρχηίς* der Thyiaden.

[3] Sophokles Antig. 1128. Zu den Nymphen *Βρῖσαι* gehört ein in Smyrna verehrter *Διόνυσος Βρισαῖος*, oder *Βρεισεύς*, Homer. Untersuch. 409, wo das Scholion zu Persius 1,76 fehlt, das mit der Lexikographie des Et. M. zusammenhängt. Bemerkenswert, daß in Attika bei Frauen unbekannter Herkunft der Name *Βρῖσις* vorkommt, IG. II[1] 3560, 3821.

trägt es sich schlecht, daß Dionysos während der drei Wintermonate, die Apollon bei den Hyperboreern weilt, der Inhaber Delphis ist, so daß sein Dithyrambus den Paean in der Liturgie des Tempeldienstes ersetzt, und im Kalender der Wintermonat *Ποιτρόπιος* dem *Ἔνδυς ποιτρόπιος* entspricht, in dem die *προστροπή* an Apollon in Delphi stattfand, im *Ποιτρόπιος* auf dem Parnaß. Wie die Theologie das ausgeglichen hat, können wir ihr überlassen. Denkbar ist, daß der Gott nun durch die ganze Welt zieht; aber ich kenne die Festzeit nicht. Es hat in Delphi noch mehr Feiern des Dionysos gegeben, aber alles hat die Autorität des Apollon nicht geschmälert; von irgendwelcher weiterreichenden Bedeutung des delphischen Dionysos fehlt jede Spur, und Apollon weist später manche Staaten an, ihm zu opfern, keinesweges diesen Kult zu verbreiten, sondern nur so, wie er die verschiedensten Götter und Heroen bedenkt[1]. Die Macht des Pythiers beruht auf dem Orakel, mit dem Dionysos nichts zu tun hat[2].

In Attika hat der Gott eine so allgemeine Aufnahme gefunden wie kaum anderswo und hat sich in dem Glauben stark geändert: hier erst ist er zu dem geworden, der später die Phantasie der Hellenen beherrscht. Es ist mit Wahrscheinlichkeit vermutet[3], daß

[1] Mißtrauisch muß man sein, wenn für die Gründung eines Dionysoskultes ein delphisches Orakel angegeben wird. Das geschieht nicht anders als in den späteren Bearbeitungen der Heroensage. Z.B. was Pausan. X 19, 3 über den Dionysos *Φαλλήν* von Methymna erzählt, ist offenbar ein *ἱερὸς λόγος*, der das ithyphallische Bild rechtfertigen soll, das doch nicht von Fischern aus dem Meere gezogen war, sondern einmal den phallischen Gott darstellte, so wie man ihn glaubte.

[2] Pausan. X 33, 11 erzählt von einem Orakel in dem kleinen phokischen Orte Amphikleia, das dem Dionysos zu gehören scheint. Die Stelle ist schwer verdorben, und wenn das Orakel dem Dionysos zugewiesen war, so muß es doch ursprünglich zu der Wundergeschichte von einem Drachen gehören, die vorher steht. Den Thrakern gab ihr Dionysos Orakel, bei einem Stamme durch eine Priesterin, Herodot VII 111, der deswegen an die Pythia erinnert, aber hinzufügt *οὐδὲν ποικιλώτερον* „sonst ist nichts Besonderes dabei". Im Pangaion war Rhesos der Prophet (Rhes. 972). Euripides, Hekabe 1267, muß begründen, woher Polymestor das künftige Schicksal der Hekabe weiß, und läßt es ihn von dem *Θρῃξὶ μάντις Διόνυσος* erfahren. Dazu brauchte er nur zu wissen, daß die Thraker diesen Gott hatten.

[3] Wrede Ath. Mitt. 53, „Der Maskengott". Diese und die darauf folgende Abhandlung von Buschor neben dem, was Nilsson an mehreren

er in die Epakria zu Semachos und Ikarios[1] aus Böotien kam, also auf dem Landwege; dem entspricht es, wenn er in der Prozession zu Wagen fährt, während das Schiff den *πελάγιος* zeigt. Seine Aufnahme in den Staatskult läßt sich zeitlich bestimmen, denn das Beilager der Königin mit ihm vollzieht sich in dem Amtshause des Königs[2] neben dem Prytaneion, und dieser König ist einer der Archonten. Das deutet etwa auf die Mitte des siebenten Jahrhunderts; der Glaube und der private Kult ist dem natürlich vorangegangen[3]. Jenes Beilager bleibt darum nicht weniger unbegreiflich, daß die Tatsache uns geläufig ist, denn es kommt zwar bei

Orten ausgeführt hat, helfen am meisten zu dem Verständnis des attischen Dionysos; ich lerne daraus leider auch, daß nur wer das monumentale Material beherrscht, eigentlich mitreden kann.

[1] Semachos Steph. Byz. Seine Töchter werden die Priesterinnen. Es geschah nach Euseb. Hieronym. 1497 H. unter Amphiktyon, der selbst den Gott aufgenommen haben soll, Pausan. I 2, 5, eine späte Übertragung aus der Einführung des Eleuthereus. Auf die Ikariossage ist nur in Hauptsachen Verlaß, denn wir kennen sie wohl nur so, wie Eratosthenes sie als Poet dargestellt hat, und der hat möglichst viele Riten herangezogen; ich möchte mich nicht darauf verlassen, daß die Maira, also auch die Aiora, zu dem Dionysos bei Ikarios von Hause aus gehörte. Aber umsonst heißt Ikaria nicht heute Dionyso und ist Thespis nicht dort zu Hause.

[2] Aristoteles Pol. Ath. 3, 5. Das Amtshaus hieß *Βουκολεῖον*; der Rinderhirt gehörte offenbar zu den *Βούτης Βουτύπος Βουζύγης*; an die pergamenischen *βουκόλοι* der Kaiserzeit darf man nicht denken.

[3] Da die *Θεοίνια κατὰ δήμους ὑπὸ τῶν γεννητῶν* begangen werden, Harpokration, sind sie ein Fest aus der Zeit des Geschlechterstaates; daß sie danach auch von der Königin für das ganze Volk begangen werden, ist die nötige Ergänzung. Eid der *γεραραί* in der Neärarede 78. Der Theoinos ist erst aus ihnen gemacht. Ob nicht *ϑεοίνια*, ein Winzerfest, älter als Dionysos sind? Die Königin ist auch an Iobakchien beteiligt. Die Iobakchen des Archilochos fingen an *Δήμητρος ἁγνῆς καὶ Κόρης τὴν πανήγυριν σέβων*; in Paros war also der Ruf *ἰὼ βάκχε* mit Demeter verbunden. Schol. Frösche 479 ruft der Daduchos *ἐν τοῖς Ληναικοῖς ἀγῶσι* der Gemeinde zu *καλεῖτε ϑεόν*, und sie gehorcht mit dem Rufe *Σεμελήι' Ἴακχε πλουτοδότα*. Iakchos gehört bereits nach Eleusis, dahin weist auch der *πλοῦτος*, und der Daduchos ist Amtsname, also der eleusinische Beamte; es steht *κατέχων λαμπάδα* dabei. Alt wird das nicht sein, setzt ja das Eindringen des Dionysos in Eleusis voraus. Da sich das zu den parischen Iobakchen stellt, dürfte diese lenäische Zeremonie die *'Ιοβάκχεια* angehen.

Babyloniern, Ägyptern und Lykiern vor (Herodot I 182), aber Dionysos läßt sich sonst nicht mit Weibern ein, und daß die Zeremonie dem Lande Fruchtbarkeit bringen soll, sagen nur die Modernen. Nur die naxische Ariadne hat er sich genommen; deren Beilager wird man dort gefeiert haben, aber das genügt nicht, auch einen ähnlichen Ritus anzunehmen. Zu der Königin gehören die vierzehn *γεραραί*, Vertreter des weiblichen Volks. Ob sie oder andere Frauen einen *Διόνυσος περικιόνιος* schmücken und umtanzen, wie wir es auf den Vasen sehen, mag dahinstehen; wo er stand, ist auch nicht sicher, da die Deutung auf die Lenäen, die Frickenhaus versuchte, nicht haltbar ist, vielmehr Nilsson die Choen richtig herangezogen hat. Damit sind wir bei den Anthesterien, und von den Lenäen, die doch das älteste staatliche Fest sind, das dem Dionysos allein gehörte, wissen wir nur zu wenig. Sie stehen noch unter dem Könige, und eine *πομπή* gehörte dazu, doch wohl der Einzug des Gottes auf dem Schiffe unter Begleitung seines Thiasos. Offenbar hat der Staat den Dörfern die Feier im Posideon nicht stören wollen und daher das allgemeine Fest in den folgenden Monat verlegt. Aber der neue Gott hat sich auch in die Anthesterien gedrängt, aus dem Winter in die Zeit der ersten Blumen, und das Trinkfest der *πιθοίγια*[1] und der Choen ist neben das Totenfest getreten, und da das dionysische Fest auch in Ionien allgemein bestand, wird es von dort sogleich übernommen sein, als der Gott Aufnahme fand; die Athener dachten es natürlich als von ihnen in ihre Kolonien gekommen[2]. Ob auch der Einzug des Gottes jetzt stattfand, also mit der *πομπή* der Lenäen konkurrierte, bleibt unsicher. In Priene, Inschr. 174, fallen seine *καταγώγια* in den Anthesterion. Wichtiger noch ist die Frage, ob Dionysos mit dem Totenfeste der Chytren etwas zu tun hat, und die Vermutung hat Beifall gefunden, daß der hellenische Seelenglaube durch den thrakischen Gott wo nicht begründet, so doch bestärkt wäre. Die Mysten haben freilich wohl

[1] Blinkenbergs überraschende Verbindung der *πιθοίγια* mit dem Totenkult (Hades' munding, Dänische Akademieschr. 1919) scheint mir zu fein ersonnen um wahr zu sein.

[2] Der *ἀνθιστήρ* (der Bekränzer) von Thera, IG. XII 3, 329, ist *πυθόχρηστος*, also weder einheimisch noch alt; der Stein ist aus dem zweiten Jahrhundert. Der Name zeigt den Anthesteriengott, der als Blumenbringer gefaßt ist. Ob der pythische Gott an sich den neuen Kult verordnete oder um die Approbation des Kultes angegangen war, läßt sich nicht entscheiden.

immer geglaubt, mit dem Tode in den Thiasos einzutreten, aber im Staatskultus ist davon keine Spur, und wenn die Thraker oder doch die Stämme, von denen es Herodot IV 94 berichtet, glaubten, der Tote wäre nicht ab und tot, sondern gehe zum Zamolxis, so ist das alles andere als Seelenglaube, konnte auch die Hellenen nichts lehren. Wohl aber konnte es die Hoffnung auf ein zweites Leben stärken, wenn an dem Totenfeste zugleich das frohe Dionysosfest das Erwachen der Natur begrüßte. Dieselbe Vereinigung von Totenfest und Dionysosfest bildet den Inhalt der Agrionia, die von vielen nichtionischen Städten, auch auf Lesbos, gefeiert wurden, wo dann, wie bei diesem Gotte oft, die Vorstellungen von seinem Wesen nicht überall dieselben sind. Das leuchtet dagegen unmittelbar ein, daß sich hier der Gott als derjenige offenbart, der er in der allgemeinen Vorstellung vorwiegend war und blieb. Er war es, der das vegetative Leben in seinem über die ganze Erde erstreckten Reiche zur Blüte bringt, nicht nur den Weinstock, sondern auch die Fruchtbäume gedeihen läßt; nicht daß er tätig eingriffe, aber sein Erscheinen weckt überall dieses Leben und erregt in den Seinen Kraft und Lust zum Lebensgenusse; so weit ist das Rasen herabgestimmt. Man soll bedenken, daß seine Mutter eigentlich die Erde war; die hatte das Hervorbringen von allem einmal besorgt. Er selbst zeugt nicht, aber das Symbol der Zeugungskraft, der Phallos, wird in seinem Zuge durch die Straßen geführt, die *φαλλαγωγία* gehört auch zu dem peisistratischen Feste des Elaphebolion, und so wird es ziemlich überall gewesen sein; für Ephesos bezeugt es Herakleitos. Darin liegt ein Widerspruch, der sich nur so löst, daß er an die Stelle des Gottes getreten ist, der einst einfach als Phallos verehrt war. Von dem singen die Ithyphallen auf Delos, daß er als Ithyphallos einzieht. Den Phales ladet Dikaiopolis an den ländlichen Dionysien als Gefährten des Bakchios zum Komos ein, und in Ikaria wird ein *φαλλικόν* gesungen[1]. Auch der *Φαλλήν* von Methymna wird erst zu einem Dionysos gemacht sein, als die Stadt sich dessen Dienste hingab[2]. Die Waldwesen hatte der Herr des Waldes sofort unter seine Herrschaft gezwungen. Die attische Komödie stammt aus der Parabase, dem Aufzuge vermummter Komasten, die auch ein Lied an einen

[1] IG. I 187 B 33 schön von Hiller ergänzt.

[2] *Μηθύμνα* selbst wird auch *Μεθύμνα* geschrieben, und *Μεθυμναῖος* kann der Gott nur nach dem Orte heißen, aber es hat sich verbreitet, weil man *μέθυ* darin hörte, Plutarch symp. qu. 648e.

Gott singen, aber mit Dionysos nichts zu tun haben. Im Peloponnes haben sich die Burschen als die Tiere oder Halbtiere früher verkleidet und lustige Sprünge gemacht, auch Masken werden sie getragen haben. Jetzt traten sie dort und nicht dort allein als Silene oder Satyrn auf und umgaben den Schiffskarren oder den Wagen des einziehenden Gottes, eine *βακχεία*, über deren Ausgelassenheit sich Platon entsetzt hat[1], und der Weinrausch wird oft die echte Ekstase ersetzt zu haben. Das haben dann Arion, später Thespis aufgegriffen, und indem sie Chöre aus Satyrn und Silenen bildeten, Ordnung in diese Mimesis gebracht und die Zuchtlosigkeit durch die Musik gebändigt. Nun sang der Chor den *διθύραμβος*[2], den Archilochos, also auch mancher Zecher, als rituelles Einzellied angestimmt hatte. Die Sänger und Tänzer des Chores werden nun, ehe ihnen die Tätigkeit zum Handwerk ward, die Metamorphose gespürt haben; der Dichter und Musiker empfand noch stärker, daß der Gott ihm die Kraft gab, aus den Personen seiner Tragödie, Göttern und Heroen, zu reden, oder auch aus den Tieren, die er im Komos auftreten ließ. Was Dionysos den Hellenen gebracht hat, eine Steigerung der schöpferischen Seelenkraft, das offenbart sich am deutlichsten darin, daß sie die Tragödie schufen und damit der Welt den Zugang zu dem höchsten Gipfel der Poesie zeigten, den doch kein Volk erreicht hat, weil keinem gelungen ist, die religiöse Weihe mit ihrer dionysischen Ekstase durch die hellenische Formenstrenge zur reinen Schönheit bändigend abzuklären. Der Dithyrambos ist die einzige lyrische Gattung, die als solche neben den Päanen des Apollon in dem Nachlasse der alten Lyriker ganze Bücher einnahm. Bei Bakchylides hat sich aber dasselbe vollzogen wie in der Tragödie: an die Stelle des Dionysischen ist das Heroische getreten. So lehrt er nichts für den Gott. Ganz anders

[1] Ges. 815. Über den Text Platon II 402. Er nennt auch Pane, die es erst zu seiner Zeit geben konnte. Gesehen hat er diese *βακχεία* schwerlich in Athen, sicher aber in Tarent.

[2] Wenn man *Θρίαμβε Διθύραμβε* bei Pratinas hört, so kann man sich dem nicht verschließen, daß *θρίαμβος* und *θύραμβος* nur in der Vokalisation verschieden sind, und den unglücklichen Einfall, *διθυρ-αμβος* zu trennen, wird man los. Ebenso ist in dem langen Vokal in *Δι* derselbe Dativ zu erkennen wie in *Δίφιλος Δίποινος*; das attische *Διειπόλια* kann nicht hindern. Schwerlich ist aber das Lied zuerst dem Zeus gesungen, sondern der Name bezeichnet den Gott wie in *δῖος*, oder man hat so kurz sagen wollen, daß der Phryger *Διὸς νῦσος* war.

wären wir gestellt, wenn wir mehr von den Dithyramben Pindars hätten, denn in dem für Athen kommt die Anthesterienstimmung, die Offenbarung des Gottes im Flor der Frühlingsblumen, heraus, und im Kerberos die ganze ekstatische Wildheit an den olympischen Dionysien[1]. Später machen die musischen Agone die Anziehungskraft der Dionysien aus, die in aller Welt gefeiert werden. Von religiöser Erbauung spürt man nichts mehr; dafür treten die privaten Mysterien ein. Man hat ihm auch keine großen Tempel gebaut, und Weihgeschenke sind spärlich. In den ersten Jahrhunderten seiner Verehrung war das anders, wie der Reichtum seines Schatzes in Athen und in Ikaria erkennen läßt[2]. Und er mußte doch in jedem Dorfe, das ihm Dionysien feierte, ein Heiligtum haben. Da verlangte man auch sein Kultbild und hielt sich an die billige Form, die wir auf den Vasen sehen, eine Holzsäule, an der Efeu rankt, oder sie ist, wenn sie angekleidet ist, mit Efeuzweigen besteckt: den Efeu als seine heilige Pflanze hat der Gott mitgebracht[3]. Oben aber ist eine Maske des Gottes aus Stein oder Ton befestigt, auf Naxos waren die Masken aus Holz (Andriskos, Athen. 78c). Mir scheint für den Gebrauch, der später abkommt, die Billigkeit eine zureichende Erklärung, auch dafür, daß ein Silen als Maske an Stelle seines Gottes ein Trinkgefäß mit seinem Geiste weiht[4]. Der Gott erscheint in den Masken so, wie er im Glauben lebte, als imponierender vollbärtiger Mann mit faszinierendem Blick. Die Françoisvase zeigt ihn noch als ziemlich wüsten Waldmenschen, man soll ihm zutrauen, daß er sich eine Satte Löwenmilch

[1] Pindaros 344. Gr. Verskunst 312. Griech. Tragödien IV 137.

[2] IG. I 310, 148. 324, 86. 186.

[3] Nach Plinius XVI 144 stammt der Efeu des Dionysos nicht aus Asien, sondern aus Thrakien. 155 verwirft er die Verwendung von *σμῖλαξ* statt Efeu; aber auch diese Pflanze gehörte dem Gotte, Eurip. Bakch. 108.

[4] Wrede, Athen. Mitteil. 53 „der Maskengott". Der *περικιόνιος* in Theben, der auch eine Säule umgab, trug keine Maske. Das Wunder war, daß der Efeu ihn ganz umrankte, Euripides Antiope 203 in der richtigen Form *εἶδον δὲ θαλάμοις – – βουκόλων κομῶντα κισσῶι στῦλον εὐίου θεοῦ.* In den Phönissen 651 erzählt der Chor, daß Efeuranken das Dionysoskind gleich nach seiner Geburt umrankten, wozu die Scholien auf den *περικιόνιος* verweisen. Es konnte also vielleicht der *στῦλος* aus Theben stammen, die Maske, auf die es ankommt, nicht, eher aus Naxos, woher vielleicht die ganze hochaltertümliche Sitte stammen wird. Die vielen Satyrmasken späterer Zeit gehen auf das Theater zurück und haben nur ornamentale Bedeutung.

von Artemis[1] kredenzen läßt (Alkman 37 D). Aber in der Lykurgeia führte Aischylos ihn als zarten knabenhaften Jüngling ein, und wenn ihn seine Ammen begleiteten, war er gar noch ein Kind. Vortrefflich schildert der homerische Hymnus 26, wie er, sobald seine Erziehung durch die Nymphen fertig ist, mit ihnen in die Welt hinauszieht[2], und in Chaironeia gehen die Frauen an den Agrionien ihn suchen, geben es aber auf, weil er zu den Musen gelaufen ist, die ihn verstecken[3]. Er ist seinen Ammen auch entlaufen, weil Hera ihn wahnsinnig gemacht hat, was erfunden ist, um ihn mit Kybele zu verbinden, die ihn heilt, worauf er seinen Zug durch alle Lande beginnt[4]. Als spielendes Kind führt ihn das Gedicht von seiner Zerreißung durch die Titanen ein. Das sind spätere Ausschmückungen und Neubildungen, aber sie gehen auf den Kult des göttlichen Kindes, des *λικνίτης*, zurück. Das ist eine sehr andere Auffassung des Gottes als der *Βρόμιος* und *Ληνεύς*, der den Bakchen im Gebirge als Stier erscheint: Delpher, Athener, Argeier fassen ihn so verschieden auf und gestalten danach seinen Dienst. Aber aus seinen Mysterien hat sich alles entwickelt. Sophokles hat im Dionysiskos den Dionysosknaben bei den Nymphen einführen können, spielend, so daß wir Szenen der bakchischen Sarkophage wiederfinden. Den Auszug des Knaben sehen wir noch auf den Stuckreliefs von Portus. Der Rhetor Aristeides nennt ihn mit Recht *νεώτατος καὶ πρεσβύτατος* wie den Eros des platonischen Symposion und geht so weit, zu sagen, er sei *ἄρρην καὶ θῆλυς* (41, 4), geradezu *ἀρρενόθηλυς* nennt ihn Porphyrios (Eusebius praep. ev. 109 d). Das sind späte, theologische Spekulationen, aber der Keim zu ihnen lag in der ältesten Religion. Ganz hat Dionysos seine barbarische Herkunft niemals verwunden. Um so bewunderungswerter, was die Hellenen aus ihm gemacht haben.

[1] Daß sie es ist, folgt aus dem Kerberos Pindars.

[2] Hat man das richtig erfaßt, so wird man keine weitere Erzählung vermissen. Der Schluß mit der Bitte *χαίροντας ἐς ὥρας αὖθις ἱκέσθαι* wünscht, zu der Festzeit nächstes Jahr wiederzukommen (Plural wie in *μὴ ὥρασι*). Der Rhapsode trägt das Proömium bei einem Dionysosfeste vor.

[3] Plutarch symp. qu. VIII Proömium. Philodamos läßt ihn von Theben nach Delphi und Eleusis, dann nach Pierien zu den Musen gehen.

[4] Dies schon bei Euripides Kykl. 4. Aus demselben Handbuche Apollodor. bibl. III 33, Schol. AD zu *Z* 131, wohl auch Iulian or. VII 220c. In dem Scholion ist in *Λυκοῦργος λυπήσας Ἥρας μίσει* das sinnlose Wort aus *λυσσήσας* verschrieben oder verlesen.

Die Götterwelt war nun eine andere geworden als einst, da sie aus den Gestalten bestand, welche die hellenischen Einwanderer mitbrachten oder im Lande vorfanden. Selbst von diesen waren die meisten unter dem Einflusse des Ostens innerlich verändert, und neue große Götter waren hinzugetreten, nicht alle ohne Kampf; aber nun waren sie in den Kreis der Olympier aufgenommen, deren Zahl sich nicht mehr geändert hat, auch wenn neben ihnen neue Götter Verehrung fanden. Auch die Stellung des Menschen zu den Göttern war verändert, denn seit diese nicht mehr wie ursprünglich auf der Erde, sondern fern im Himmel wohnten, schwand der Glaube an ihr persönliches Erscheinen unter den Menschen; auch wenn sie der Priester zum Opfermahle lud, erwartete man nicht ihr persönliches Kommen. Irdische Augen erblicken sie nicht mehr, und wenn sie früher mit Heroinen Söhne erzeugt hatten, so findet selbst in Sparta die Erzeugung des Damaratos durch den Heros Astrabakos keinen Glauben (Herodot VI 69), obwohl ein Heros, der nahe in seinem Grabe wohnt, immer noch in seiner erhöhten Leiblichkeit umgehend gedacht wird; daß Dionysos selbst erscheint, im Walde und zum Beilager mit der athenischen Königin, beweist gerade, daß er ein Zuzügler aus der Fremde ist. Zeus war nun als Vater der Götter und Menschen über alle Götter erhöht; so hörten es alle von Homer, und seine Macht war auch gewachsen, so daß er die Geschicke der Welt und des einzelnen Menschen bestimmte und selbst der Pythier nur den Willen seines Vaters verkündete; dafür griff dieser mit persönlicher Willkür direkt in die irdischen Dinge nicht mehr ein. Nur in Dodona und Olympia war er noch der ursprüngliche Schleuderer des Blitzes und gab noch selbst Orakel. Wir dürfen nie vergessen, daß die Religion, die aus dem Osten vordrang, manche Landschaften noch kaum erreichte, und daß, auch wo das Neue von der herrschenden Oberschicht aufgenommen war, die Menge den alten erdgebundenen Göttern hingegeben blieb, die ihnen nah und vertraut waren. In den Bergen des westlichen Arkadien, wohin Dionysos kaum je gekommen ist, Pan aber in seiner Bocksgestalt der große Gott war und Erinys einen Hengst geboren hatte, sah es ganz anders aus als schon auf der östlichen Hochebene mit den Städten Tegea und Mantineia, geschweige in Korinth, und auch hier war den Knappen der Bergwerke Poseidon ihr Gott, selbst wenn sie ihm Amphitrite zur Gattin gaben, also den homerischen Meergott auf ihren Votivtäfelchen darstellten. Diese Gegensätze der Landschaften und der Stände innerhalb derselben Gemeinde sind so wichtig, werden so leicht übersehen, daß es notwendig wird, wiederholt auf sie hinzuweisen.

Für das Mutterland ist schon vor 600 das Wichtigste die Geltung des delphischen Gottes. Dionysos ist ihm durch seine Aufnahme in Delphi untergeordnet, Herakles hat den Dreifuß zurückgegeben. Apollon ist der Beschützer des heiligen Rechtes geworden, damit auch der Schirmherr der in den Staaten herrschenden Gesellschaftsordnung, eine geistliche und dadurch auch politische Macht, deren Anerkennung ein starkes Band der Einheit um die hellenischen Staaten schlingt. Die Hellenen der Diaspora und selbst Phryger und Lyder befragen und beschenken den Gott, der an dem Mittelpunkte der Erde sitzt, die Maße des Weltmeeres und die Zahl der Sandkörner kennt. Dieser Glaube an den Pythier hat es vermocht, daß die in der Amphiktionie geeinten Staaten den ersten heiligen Krieg durchführten, der die Delpher nicht nur von einem übermächtigen Nachbarn befreite, sondern ihnen Zugang zum Meere verschaffte, sie aus dem Verbande ihres Stammes löste und ihnen durch die Erweiterung der Feldmark die Mittel gewährte, die pythischen Spiele zu stiften. Wir wissen zu wenig über den Krieg, um klar zu sehen, wie die Böoter und Korinther sich tatsächlich verhielten. Lieb konnte es den südlichen Nachbarn der Thessaler aber nicht sein, daß diese ihre Feinde die Entscheidung brachten. Athen nahm teil, der Tyrann von Sikyon auch, dem es der Gott schlecht vergolten hat[1]. Sparta mag durch eigene Unternehmungen verhindert gewesen sein, mit dem Gewichte, das sein Heer hatte, aufzutreten. Es hatte, nachdem Messenien endgültig erledigt war, vermocht, Tegea und weiter Arkadien unter seinen Einfluß zu bringen, so daß die Verbindung mit Elis frei war; die Zurückdrängung von Argos, die Erwerbung der Küste von Kythera bis zur Thyreatis wird sich in langsamem Fortschritt voll-

[1] Die Erzählung Herodots V 67 ist dem Kleisthenes feindlich und stellt den Gott als seinen Gegner dar. Das stammt aus der Zeit, welche seine kultischen und politischen Neuerungen beseitigte. Er hatte doch dem Gotte auch durch die Stiftung von Pythien gehuldigt. Ohne Zweifel waren die von dem Tyrannen zurückgedrängten Familien die Dorer von Argos, unter denen die eingesessene ursprünglich ionische Bevölkerung gestanden hatte, die den Tyrannen stützte. Sie hat später die Nationalität ganz eingebüßt. Die Stadt wird auf lange hinaus bedeutungslos.

zogen haben. Die Vormacht auf der Halbinsel war für Argos verloren; niedergeworfen hat es erst der König Kleomenes am Anfang des fünften Jahrhunderts[1]. Als nach den ersten Jahrzehnten des sechsten die Tyrannis in den Isthmusstaaten Sikyon, Korinth und Epidauros zusammenbrach, bildete sich sozusagen von selbst der peloponnesische Bund unter Spartas Führung, der zusammenhält, weil in den einzelnen autonomen Gemeinden überall die alten begüterten Familien das Heft in der Hand haben.

Ob die Städte von Ackerbau oder Handel und Gewerbe leben, macht deshalb keinen Unterschied, weil die Regierenden nicht selbst die Arbeiten verrichten, sondern die *πόνοι* und *δαπάναι* auf sich nehmen, die Pindars Siegeslieder preisen, wobei auch die Sorge der alten Bürger für Friede und Gesetzlichkeit gepriesen wird. In Sparta, das keine einzelnen adligen Geschlechter außer den königlichen mehr duldet, ist es mehr die Spartiatenkaste im ganzen, die politisch mit den Adligen der Städte zusammengeht; hier kommen wohl keine Verschwägerungen vor, die das Gemeingefühl des Adels am deutlichsten beweisen[2]. Diese gesellschaftliche und staatliche Ordnung hat den Segen des pythischen Gottes. *κατὰ τὰ πάτρια* soll es gehen; daher wird die Errichtung einer Tyrannis als Störung empfunden. Innere Wirren mag es viel mehr gegeben haben, als wir ahnen, selbst in Sparta dürfte Chilon nicht mit Unrecht eine Wirksamkeit zugeschrieben werden, die wohl die Kraft der Spartiaten gegenüber den Königen steigerte, aber den Staat mit seinen altertümlichen Institutionen in seinem Wesen versteifte und der Erstarrung zuführte. Die ionischen Staaten, Euboia und Athen, stehen ferner, aber der auch hier herrschende Adel teilt das Leben

[1] Dieser Katastrophe von Argos verdanken es Mykene und Tiryns, daß sie eine Weile wieder selbständig sind, gerade während der Perserkriege, denn vorher können sie sich nicht behauptet haben, wohl schon sehr lange. Als Sparta durch das Erdbeben gelähmt ist, nimmt Argos die Städte wieder, und Sparta muß in dem folgenden Frieden diesen Zustand anerkennen.

[2] Periander hat eine Frau aus Epidauros, Peisistratos aus Argos, Kylon aus Megara, Themistokles und Kimon haben gar unhellenische Mütter. Die Novelle von der Werbung um Agariste führt Freier aus allen Landen ein, was seltsamerweise heute von manchen für historische Wahrheit gehalten wird. Erst die vollendete attische Demokratie verlangt die Endogamie der Bürger und trifft darin mit der spartanischen Sitte zusammen.

der Standesgenossen, die sich nun Dorer nennen, und huldigt dem Pythier ganz besonders. Wir wissen hier von dem ernsten Bestreben, die Lebensführung zu kontrollieren, die Ehefrau und die Erbtochter zu sichern, der Verwahrlosung des Erbgutes zu steuern, die Eltern zur Erziehung der Söhne, die Söhne zur Pietät gegen die alten Eltern anzuhalten und die Übergriffe der persönlichen Hybris als öffentliches Verbrechen zu ahnden[1]. Das hat dauernd in den Gesetzen, d.h. in der Instruktion des Archon, gestanden, seit Drakon die *θεσμοί* aufschrieb. Es war schon an sich eine große Leistung, die im Mutterlande schwerlich etwas Vergleichbares hatte, ein so umfängliches Schriftwerk herzustellen, das darauf rechnete, von den Bürgern gelesen zu werden. Die Aufzeichnung sollte zunächst die Willkür der Richtersprüche binden, gerade auch der Thesmotheten, die doch noch gar nicht lange eingesetzt waren. Daher hat auch das solonische Gesetzbuch die Form einer Instruktion der Beamten getragen[2]. Drakons Aufgabe war durchaus nicht, inhaltlich neue Bestimmungen zu treffen, sondern das geltende Recht aufzuzeichnen. Die Thesmotheten mochten einzelnes schon aufgeschrieben haben, dennoch war die Kodifikation eine große Leistung und wird oft eine erste feste Formulierung in sich geschlossen haben. Solon hat dagegen von dem Volke die Vollmacht erhalten, als Gesetzgeber auch zu neuern. Das hat sich, abgesehen von einmaligen Gewaltmaßregeln wie der Schuldentilgung, vornehmlich in Änderungen der Verfassung, wie wir sagen, gehalten,

[1] Wie sich das mit der Mißhandlung des übrigen Volkes vertragen konnte, lehren Solons Gedichte.

[2] Die Gesetze von Gortyn, die nach der Schrift kaum älter als 450 sein können, haben diese Ordnung nicht, und auch von denen des Charondas ist es nicht zu glauben. Allerdings mag die Instruktion der Thesmotheten, da sie so ziemlich das ganze Zivilrecht umfaßte, eine gewisse systematische Ordnung geboten haben. Wir haben aus Asien wohl keine Kunde von älteren Gesetzgebungen und Gesetzgebern als Pittakos, denn die Unterscheidung eines jüngeren Gesetzgebers von dem Weisen führt auf (natürlich später modernisierte) schriftliche Gesetze von diesem. Hermodoros (Hesych *σκυδικαί*) kann nur der Ephesier sein. Sieht man daneben den *κύρβις* von Chios, so wird man die Möglichkeit zugeben, daß in Ionien Ansätze wenigstens gemacht waren; aber das nimmt Drakon nichts von dem Verdienste, etwas ganz Großes vollbracht zu haben, und die Kenntnis der Schrift bei den Athenern ist nicht minder hoch anzuschlagen. Im großen ist das so singulär wie das Graffito *ὃς νῦν ὀρχηστῶν* auf einer geometrischen Vase.

aber eine schriftliche Verfassungsurkunde, *πολιτεία*, hat es ja in der hellenischen Zeit nie und nirgend gegeben. Solon wird sehr vieles von Drakon übernommen haben, wie es für das Blutrecht feststeht, aber wenn er auch das ganze Zivilrecht unangetastet gelassen haben sollte, die Bindung des Beamten an den Spruch eines Geschworenengerichtes[1] mußte die tatsächliche Rechtsprechung auf die Dauer gründlich ändern und damit auch die Gesetze, aber der *νόμος*, die wechselnde Auffassung von dem was *νομίζεται*, tat es schon, ehe das geschriebene Gesetz umgestoßen ward.

In dem neuen Worte *νόμος* selbst liegt ein Begriff, der sich in einer geradezu verhängnisvollen Weise entwickelt hat; man kann sagen, daß er schließlich das Zustandekommen einer griechischen Rechtswissenschaft verhindert hat, denn die Philosophie, die nach dem Gerechten fragte, konnte dafür keinen Ersatz bieten, wenn auch das moderne Griechisch das römische *ius* mit *δίκαιον* übersetzt, lediglich weil der Sprache das entsprechende Wort fehlte. Wo uns *νόμος* zuerst begegnet, ist es *ὃ νομίζεται*, Hesiod[2] Erga 276. Zeus hat diesen *νόμος* für die Tiere angeordnet, daß sie einander fressen. So tun sie es eben; damals konnte man auch sagen, sie fressen einander, *ἧ θέμις ἐστὶ θηρίων*. 388, nach den Pleiaden den Anfang von Saat und Ernte zu bestimmen ist allgemeiner *νόμος*. Die einzige homerische Stelle, *α* 3, also von dem Bearbeiter, *ἀνθρώπων νόμον ἔγνω*[3] entspricht den späteren *νόμιμα*. Solon selbst nennt seine Gesetze noch *θεσμοί* 24, 18 D. Später ist *νόμος* als Gesetz überall verbreitet, allein es liegt doch darin, daß das Gesetz eine Gepflogenheit ist; bezeichnend, daß in Westhellas die Münze so genannt wird, weil sie Kurs hat. Damit ist gesagt, daß die Gesetze sich ändern, je nachdem sie im Kurse fallen, wenn die Menschen

[1] Immer ist anerkannt, daß das Volksgericht zuerst in Argos aufgekommen ist, dessen Demokratie von Sparta und dem übrigen Peloponnese dadurch scharf geschieden ist. Ob ein Zusammenhang mit Athen vorhanden war, läßt sich nicht entscheiden; ich halte es für wahrscheinlich, da auch alte Geschlechter wie die Alkmeoniden von Argos stammen wollten. Athen hat aber noch lange sich von der Zerrüttung des Rechts und des Staates frei gehalten, die Argos, sobald es handelnd auftrat, immer wieder zurückwarf, so daß es für die panhellenische Kultur gar nicht mehr in Betracht kommt. Seine Bildhauerschule ist das Letzte von Bedeutung, und sie hält sich auch nicht bis in das vierte Jahrhundert.

[2] Die Verse der Theogonie 66 und 417 sind nicht von Hesiod.

[3] *νόμον* Zenodot, allein erträglich, *νόον* Aristarch und Vulgata.

anderes νομίζουσι. Das souveräne Volk wird Herr des νόμος, also auch der νόμοι, durch die es sich binden wollte. Der Bürger fühlt sich zum Gehorsam nicht verpflichtet, wenn es nicht ein Sokrates ist, der auch ungerechtem Spruche sich fügt; es hilft alles nichts, auch wenn die γραφὴ παρανόμων zu einer scharfen Waffe gemacht wird oder νομοφύλακες bestellt werden. Da ist eben das Volk Tyrann, παρ' ἑαυτῶι τὸ δίκαιον ἔχων, wie der Zeus des aischyleischen Prometheus, und νεοχμοῖς νόμοις ἀθέτως κρατύνει (186. 151). Und so ergibt sich ein Gegensatz zwischen dem νόμος und dem absoluten Rechte, das er vergewaltigt. νόμος ὁ πάντων βασιλεὺς δικαιῶν τὸ βιαιότατον klagt Pindar; da ist der νόμος die „öffentliche Meinung", die auch wir als die ärgste Feindin der Gerechtigkeit kennen. ἡ φύσις ἐβούλεθ' ᾗι νόμων οὐδὲν μέλει[1] kann Euripides sagen, und dieser Gegensatz ist ein Haupttrumpf der Sophistik und wirkt als Gegensatz von φύσις und θέσις weiter. νόμος μὲν πάντα κρατύνει, ein Sprichwortvers, steht am Anfang von Hippokrates π. γονῆς. οἱ θεοὶ σθένουσι χὠ κείνων κρατῶν νόμος, νόμωι γὰρ καὶ θεοὺς ἡγούμεθα sagt auch Euripides (Hekabe 799). Das traf den Glauben an die Götter überhaupt, nicht nur den Staatskult; aber da der Staat, also die souveräne Gemeinde, den Kult bestimmt, ist hier ganz deutlich, daß alles νόμωι geschieht, auch das κατὰ τὰ πάτρια[2]. Daneben fehlte das Gefühl nicht, daß es Gesetze gibt, die niemals aufgeschrieben sind, es auch nicht nötig haben, weil sie allgemein νομίζονται, festen Kurs haben. Sophokles nennt sie οὐρανίαν δι' αἰθέρα τεκνωθέντες ὧν Ὄλυμπος πατὴρ μόνος (Oed. 865), begreift aber mehr darunter, als was man sonst νόμοι κοινοὶ Ἑλλάδος nennt[3], deren Einhaltung zu den allgemein verbindlichen Geboten gehört, mit dem θεοὺς σέβεσθαι und γονέας τιμᾶν zusammen; πατρίδα φιλεῖν tritt nur einzeln hinzu. Was als allgemein hellenische

[1] Fr. 920 aus der Auge, rechtfertigt also den Herakles, der die Auge vergewaltigt hatte.

[2] In den inschriftlichen ἱεροὶ νόμοι sind Zusätze, aber auch Kürzungen zu bemerken. Daß die Opferpraxis sich auch verschiebt, daß viele Kulte von selbst absterben, all das ändert an dem Prinzip nichts, daß der Kult vom Staate bestimmt und vollzogen wird, und der Staat macht den νόμος, geführt von dem, was νομίζεται. Das verschiebt sich unmerklich, aber gerade in Sachen der Religionsübung wird immer vieles für schicklich gehalten, was nur noch Form ist.

[3] Herakleiden Fr. 853, wo die Einhaltung der Pflichten als ἀρετή bezeichnet wird. Weitere Nachweise zu geben wird nicht nötig sein. Die Tragödie wendet ἄνομος noch häufig so an, daß es den Verstoß gegen das absolute Recht bedeutet, wie ἀθέμιτος, oft neben ἄθεος gestellt.

Pflichten anerkannt war, lernt man am besten aus den Flüchen des Buzyges[1], die er über die Übertreter bei dem heiligen Pflügen aussprach, z.B. Wasser und Feuer dem Heischenden nicht zu verweigern, den Weg zu weisen, eine Leiche, die man findet, zu begraben. Wir können auch schwerere Pflichten wie die Aufnahme und Entsühnung eines Schutzflehenden hinzufügen. Eine Kodifikation hat nicht stattgefunden, daher gab es auch keine volle Liste. Es fehlt ein religiöser oder moralischer Unterricht, der den Kindern diese Gebote einschärfte, was bei dem allgemein anerkannten *νόμος* unnötig war. Sonst lassen sich diese Gesetze mit dem jüdischen Dekalog vergleichen, dessen positive Gebote, Jahve als den einzigen Gott des Volkes anzuerkennen und die Eltern zu ehren, den hellenischen entsprachen, nur daß ein Kultgebot, die Heiligung des Sabbats, hinzutritt. Der Rest sind Verbote, die sich in Einzelheiten verlieren und doch recht unzureichend sind[2]. Es ist ja ein spätes Machwerk, und die Zusammenfassung ist auch bei den Hellenen nicht alt; aber die Flüche des Buzyges sind es und setzen noch die Lebensformen der Urzeit voraus, geben auch zu erkennen, daß die Moral in der Gesellschaft entstanden ist, während die jüdische Fiktion den Jahve befehlen läßt, der zuerst sich selbst als Nationalgott gegenüber den anderen Göttern bedenkt, wo denn das ewige Sittengesetz bei Sophokles dem Jahve, der gar eine äußerliche Kultvorschrift über alle Sittengesetze stellt, weit überlegen ist. Es ist sehr fraglich, ob die Aufstellung solcher *κοινοὶ νόμοι* und ihre Behandlung in der Kinderlehre selbst dann viel Wert hat, wenn sie als göttliches Gebot auftreten; ohne diese Heiligung ist aber ein Moralunterricht sinn- und zwecklos. Soweit verdienen die Hellenen keinen Tadel; die *τεθμοί, θεσμοί* waren

[1] Erschöpfend hierüber Bernays kl. Schr. I 279. Solche Flüche oder die Verkündigung solcher Gebote werden auch in anderen Kulten vorgekommen sein.

[2] Nicht genug kann man bewundern, was Luther durch sein „was ist das“ aus dem Dekalog gemacht hat; wie unerträglich die Verpflichtung auf den jüdischen Nationalgott ist, konnte er nicht wissen. Merkwürdig ähnlich den Verboten des Dekalog ist die Aufzählung der Verbote bei Xenophon, Kyrop. I 2, 2. Er zählt auf, was in den Gesetzen verboten ist, und erklärt das zur moralischen Erziehung für ungeeignet, verlangt statt dessen eine ganz andere *ἀγωγή* der Kinder, die er den Persern zuschreibt, eigene Gedanken, zu denen ihn die spartanische *ἀγωγή* angeregt hat.

eingesetzt, stammten von einem θεσμοθέτης, νομοθέτης war also dasselbe, aber die νόμοι, die er einsetzte, erhielten erst bindende Kraft, wenn die Gemeinde sie beschwor und damit anerkannte, sie νομίζειν zu wollen. Schon darin liegt, daß der Solon des plutarchischen Symposion (152c) nur eine demokratische Phrase nachspricht, wenn er sagt, die Athener hören ἑνὸς ἄρχοντος τοῦ νόμου, was der Spartiat Damaratos mit mehr Recht von seinem Volke sagen konnte (Herodot VII 104, 4). Die souveräne Volksversammlung und das souveräne Volksgericht haben es dahin gebracht, daß ein Komiker den eben angeführten Euripidesvers parodieren konnte, ἡ πόλις ἐβούλεθ' ᾗι νόμων οὐδὲν μέλει[1]. So geht es unter der Tyrannis der Demagogen.

Solon selbst hat die Athener nur beschwören lassen, zehn Jahre lang seine Gesetze nicht zu ändern. Viel länger hat es nicht gedauert, bis eine Revolution kam, und er hat die Errichtung einer Tyrannis noch erlebt, die äußerlich an den Formen der Staatsverwaltung vielleicht gar nichts änderte, für den Aufschwung des Staates so erfolgreich war wie die Tyrannis von Sikyon und Korinth und in der Abwendung von dem Staatensystem des Mutterlandes und der Frontrichtung nach Osten Solons Werk fortsetzte. Delphi war das zuwider; es hat das widerwillige Sparta zur Intervention gezwungen und die Neugestaltung der ganzen Staatsordnung des Kleisthenes durch seine Autorität gestützt; daß das nun ganz demokratische Athen in den Bund um Sparta eintrat, war eine notwendige Folge. Halten konnte sich diese Verbindung nicht, weil die neue Demokratie im Grunde die Wege des Peisistratos fortging; aber zunächst ist sie dem Hellenentum zum Segen ausgeschlagen, denn nur so konnte sich der Peloponnes und Athen zu der gemeinsamen Abwehr der persischen Invasion zusammenfinden und der ungeheure, von niemandem geahnte Erfolg der Befreiung des hellenischen Ostens erreicht werden, der sofort die unvermeidliche Spaltung von Ioniern und Dorern hervorrief.

In der politischen Geschichte ist 480 Epochenjahr; hier aber, wo wir den Glauben der Hellenen verfolgen, macht der Perserkrieg selbst nicht den Einschnitt. Der Erfolg hat das Nationalgefühl gesteigert, gefestigt, bei den asiatischen Griechen auch wohl aus dem Schlafe geweckt, und der Dank an die Götter hat starken

[1] Angeführt von Aristoteles Nikom. Eth. 1152 a. Mich hat diese „Herrschaft des Gesetzes" früh in der Schätzung der athenischen Demokratie wankend gemacht, Aus Kydathen 47.

Ausdruck gefunden. Aber solange noch die Generation maßgebend war, die an dem Befreiungskampfe tätig teilgenommen hatte, lebte die Gesinnung fort, die vom Ende des siebenten Jahrhunderts an sich ohne jeden Bruch entwickelt hatte[1]. Erst diejenigen, die bereits die Ergebnisse von 480–78 als Voraussetzungen der Gegenwart übernommen hatten, die Perikles und Anaxagoras, Euripides und Sokrates haben eine ganz neue geistige Einstellung[2]. Daher mußten wir einen raschen Blick über das äußere Leben so

[1] So lange hält auch die Führung Athens durch die alten Geschlechter an, die das ganze sechste Jahrhundert bestimmt hatten, Alkmeoniden, Philaiden, mit denen die Peisistratiden zusammenhängen (Herm. 34, 223). Neben diesen treten nur wenige wie die Eteobutaden und Daduchen auf. Wir werden uns nach der Analogie Roms denken können, daß hinter ihnen eine starke bürgerliche Klientel stand und auch angesehene Häuser in ihrem Gefolge die Ämter besetzten und so im Areopag die Mehrheit bildeten. Kimons *γραμματεὺς Μητρόβιος*, den Kratinos einführte, war ein Ionier, wie der Name sagt; dem hatte der Feldherr wohl das Bürgerrecht verschafft. Perikles hatte keinen tätigen Familienanhang, aber seine Söhne scheinen doch eine ziemlich prinzliche Rolle zu spielen, IG. I 54, und Alkibiades versucht als Thronfolger aufzutreten.

[2] Vor etlichen Jahrzehnten ward der geistreiche Versuch gemacht, die geistige Weltgeschichte in Perioden von 300 Jahren zu zerlegen. Jetzt soll der Wechsel von Generation zu Generation den Fortschritt (oder Rückschritt) herbeiführen. Das klingt der Gegenwart süß, obwohl es doch schon durch die Willkür unbrauchbar wird, die allein bestimmen kann, wo die Generation einmal angefangen hat. Wohl aber gibt es in der Geschichte Ereignisse, die solchen Einschnitt machen, aber ihre Wirkung zeigt sich erst später. So wie es die Perserkriege in Hellas sind, ist es die Eroberung des Ostens durch Alexander: erst als die Generation ausgestorben ist, die sie miterlebt hat, kommt eine geistig und politisch anders eingestellte Generation auf. Ebenso müssen die Menschen verschwinden, die noch die Bürgerkriege erlebt haben, damit das Kaiserreich als selbstverständliche Voraussetzung des Lebens anerkannt wird. Ovid denkt anders als Vergil und Horaz. Ich könnte mehr sagen, auch über unsere Zeit. Hinzu kommt, daß die einzelnen bestimmend sind, nicht die Masse, die immer nur dem Anstoß der Führenden folgt, und es wird bedeutsam, wenn die großen Männer in langem Leben in sich eine niemals erstarrende Entwicklung durchmachen, wie in der Kunst Michel Angelo und Tizian. Solange Platon lebt, ist der Gedanke an die Reorganisation von Staat und Gesellschaft noch leitend in der Philosophie, denn er hat noch die Eindrücke seiner Jugend, die Zeit des Reiches nicht verloren. Sollen etwa in seinem und in Goethes Leben die Wandlungen von den Generationen kommen, die von ihnen bestimmt werden?

weit herunter werfen. Nun aber nehmen wir wieder den heiligen Krieg zum Ausgangspunkt.

Zur Feier seiner Selbständigkeit hat Delphi die pythischen Spiele im Jahre 589 zuerst ausgerichtet, musische und gymnische. Die liturgische Feier des Drachenkampfes, also Aulodie, wenn nicht bloßes Flötenspiel, hatte längst bestanden, Rhapsoden konnten an einem hohen Feste nicht fehlen; aber ob irgendein Agon dabei gewesen war, ist mehr als fraglich. Indem er für die Athleten eingeführt ward, war eine Konkurrenz mit Olympia gegeben. Um das dort seit langer Zeit bestehende Wettfahren nicht zu entbehren, mußte unten in der neu erworbenen Ebene eine Rennbahn angelegt werden; darum beginnt die gezählte Pythienreihe 582. Die Spiele von Olympia waren allen Hellenen zugänglich, aber natürlich noch vorwiegend peloponnesisch. Ihnen konnte es keinen Abbruch tun, wenn immer zwei Jahre vor den Olympien in Delphi Wagen rannten und Athleten, oft dieselben, auftraten. Aber als wenige Jahre nachher Korinth am Isthmus gymnische Spiele einführte, gab es Verstimmung; die Eleer wurden schließlich in Korinth ausgeschlossen. Und wieder etwas später entstanden die Zeusspiele von Nemea – Kleonai, dem damals das Tal gehörte, hatte weder die Stellung noch die Mittel; es werden den Korinthern feindlich gesonnene Staaten wie Aigina und Argos dahinter gestanden haben, aber die Geltung der Nemeen blieb immer geringer. Von religiöser Bedeutung dieser Turnspiele soll man nicht reden; die Projektion in die Heroenzeit, die bald aufkam, aber verschiedene Mythen ersann[1], konnte sie nicht heiligen, ebensowenig die Zurückführung auf Totenfeiern für Archemoros und Melikertes. Wohl aber stärkten die Spiele, für deren Besuch Landfriede anerkannt war, das panhellenische Gemeingefühl, namentlich seit sich die Westhellenen sehr stark an ihnen beteiligten[2], besonders in Olympia. Der Ruhm der Sieger wuchs, als seit der Mitte des Jahr-

[1] Das gilt auch für Olympia. Pindar Ol. 10 bringt die Sieger der ersten Olympiade, als Herakles das Fest gestiftet hat. Bis auf die Götter selbst gehen die Spiele bei Pausanias zurück, also in dem eleischen Buche, auf das er sich mehrfach bezieht. Es ist sehr zu beherzigen, daß das Verzeichnis der Sieger auf Götter und Heroen verzichtet hat. Hippias ist nicht anders verfahren als Aristoteles in Delphi, daher konnte Eratosthenes sich auf diese Liste verlassen.

[2] Tarent vermißt man. Kyme und Massalia waren zu entfernt.

hunderts die Errichtung einer Ehrenstatue hinzutrat und Gedichte zur Aufführung an dem Siegesfeste oder schon gleich nach dem Siege gesungen wurden. Teilnahme der ganzen Vaterstadt an dem Einzuge des in die Heimat zurückkehrenden Siegers kam vor, und schon Solon sollte ihre Speisung an der Staatstafel verordnet haben. Ganz besonders stieg die Wertschätzung der Rennsiege, so daß einige Staaten, Argos z. B., Stutereien hielten und ihre Hengste rennen ließen. Die *δαπάνη* wird dann ganz ebenso gepriesen wie sonst die körperliche Leistung. Immer noch gab es Private, die sich einen Rennstall halten konnten, in Chalkis hieß der ganze herrschende Adel Pferdezüchter, *ἱπποβόται*. Das hat sich nachher in den Demokratien nicht gehalten, und die ganze ritterliche Gesellschaft ist nach der Mitte des fünften Jahrhunderts nicht mehr vorhanden. Wenn Alkibiades mit seinen Pferden in Olympia siegt und sich wieder ein Lied darauf machen läßt, sieht der Demos scheel auf solches tyrannisches Gebaren.

Unendlich wichtiger war die Stiftung von musischen Agonen an den Pythien. Zwar die panhellenischen Feste machten das nicht mit, aber die Siegesfeiern schufen Ersatz, und sie setzten bereits einen geschulten Sängerchor voraus, also die Pflege des Gesanges durch die adlige Jugend, so daß sie dem siegreichen Kameraden sofort ein Ständchen bringen konnte; ein Dichter der Verse mußte auch zur Stelle sein[1]. Diese musikalische Ausbildung kam auch dem Gottesdienste zugute. Es hat natürlich immer bei den vielen Prozessionen rituelle Weisen gegeben, und ein Vorsänger mochte darauf kurze Verse improvisieren, in die die Gemeinde einfiel. Nun sang der Chor neue mehr oder weniger kunstvolle Lieder, von denen manche dauernd in dem Kultus wiederholt wurden[2], Hymnen, Päane, Prosodia, auch Partheneia, wo noch Mädchenchöre bestanden; noch waren Dichterinnen nicht verstummt, konnten sich aber gegen die Dichter von Profession nicht behaupten[3]. Das Allerfolgenreichste wurden mit der Zeit die nun aufkommen-

[1] So sind die kleinen Gedichte des Bakchylides 2 und 6, Pindars Ol. 11, Pyth. 7 entstanden und vorgetragen.

[2] So sang man in Delphi einen Päan von einem sonst verschollenen Chalkidier Tynnichos, wollte ihn durch einen moderneren ersetzen, was Aischylos abgeschlagen haben soll.

[3] In Sparta hatte schon Alkman für Mädchenchöre gedichtet. Damals gab es dort noch Dichterinnen. Im sechsten Jahrhundert hört man kaum von einem peloponnesischen über die Heimat angesehenen Dichter, und

den Chöre im Dionysosdienst. In den Isthmusstaaten, Phleius, Korinth, vielleicht auch Sikyon[1], traten die Sänger und Tänzer maskiert als Satyrn auf, tragische Chöre entstanden, ohne Zweifel im Anschluß an alte arkadische rituelle Maskentänze, die aber erst hier in den Dionysoskult gezogen wurden, weil der neue Gott die Waldwesen sich unterworfen hatte. Periander hat den lesbischen Kitharoden Arion für solche Dithyramben herangezogen; auch sonst ward der Dithyrambos, einst ein Einzellied, nun zum Chorliede, so in Theben. Diese gottesdienstliche Dichtung knüpfte inhaltlich an die epischen Hymnen an, die auch schon Geschichten von der Geburt und den Taten der Götter erzählten, erweitert aus den Proömien, mit denen die Rhapsoden dem Gotte einen Gruß darbrachten, wenn sie an seinem Feste auftraten. Aber erst im rituellen Chorgesange selbst konnte der Dichter neben den Geschichten, denen er ein neues Ethos lieh, auch seiner religiösen Stimmung und seinen Gedanken über das Göttliche Ausdruck geben. Ob in Athen dem Apollon der Thargelien schon früh Chöre gestellt wurden, ist unbestimmt, aber denkbar, und die Panathenäen haben wohl gleich bei der Stiftung musische Agone erhalten. Das Entscheidende geschah aber erst, als Peisistratos ein neues Dionysosfest einführte und die tragischen Dithyramben aus Korinth übernahm, wo sie nach Periander aufgehört hatten. Nun wurden die Maskentänze, die es zu Ehren des Gottes schon vorher auf dem Lande gegeben haben mag (verkleidete *κῶμοι* waren längst aufgetreten), in diese Feier gezogen, die attischen Silene traten an die Stelle der Böcke, Thespis kam aus Ikaria, wo Dionysos den Phales zurückgedrängt hatte, in die Stadt, Pratinas kam von Phleius. Aischylos schuf die wirkliche Tragödie, die im folgenden Jahrhundert für die ganze Nation eine dem alten Epos gleichwertige Macht werden sollte.

Es war auch das ein Erfolg Homers, daß der Erzählungsstoff

Sparta berief Pindar und Bakchylides; auch der Lokrer Stesichoros wird dort gedichtet haben. Doch hat Gitiadas noch Kultlieder verfaßt. Seit wir Korinna kennen, ist der Gegensatz ihrer Kunst zu der großen Chordichtung klar. Telesilla und Praxilla werden wir danach einschätzen.

[1] Suidas, *Θέσπις*, redet von 15 sikyonischen Tragikern vor Thespis. Das kann sehr wohl in der sikyonischen Chronik gestanden haben, die Herakleides Pontikos benutzte, doch wohl die des Menaichmos, der auch die falschen Pythien hatte. In den *τραγικοὶ χοροί*, die Herodot V 67 erwähnt, gab es auch einen realen Anhalt.

in der Chorlyrik und der Tragödie aus der Heroensage genommen ward, aus der Geschichte von Urahnen der Geschlechter oder des Stammes in den Liedern an Personen[1]; der Tragiker hatte die reichste Auswahl; allmählich hielt er nach Entlegenem Ausschau. Die Rhapsoden bearbeiteten noch immer die homerischen Stoffe, mit denen auch die Katalogpoesie zusammenhing; Behandlung und Stil war gegeben. In ihren Hymnen auf Götter konnten sie sich freier bewegen, auch schon respektlos mit Ares und Hephaistos, auch mit Hermes spielen. Im Anschluß an Hesiods Theogonie bringt der Syrier Pherekydes sehr viel Neues und Seltsames; aber das dringt nicht weiter in die Literatur, geschweige den Glauben. Ebensowenig die Epen, die sich um 500 in Athen unter die Namen Epimenides, Musaios, Orpheus stellen, die beiden letzten zu Ehren von Eleusis. Dagegen sind prosaische Erzählungen aus der Heldensage sehr viel verbreiteter gewesen, als die Namen Akusilaos und Pherekydes erkennen lassen, ohne Zweifel auch von Chordichtern und Tragikern benutzt[2]. Es war auch der sagenbildende Trieb noch nicht erloschen. Theseus hat fast alle seine Heldentaten erst gegen Ende des sechsten Jahrhunderts in Athen erhalten, wo namentlich die Vasenmaler in ihrer Darstellung wetteifern. In der Heldensage erscheinen und handeln die Götter ganz so sinnlich persönlich wie im Epos, bei den Dichtern wie in der bildenden Kunst, und das behält auch die Tragödie bei. Man muß im Auge behalten, daß das Mythologie ist. Pindar erzählt den Ägineten immer wieder die Taten ihrer heroischen Landsleute, die Giebelfelder des Aphaiatempels stellen dieselben dar; da steht Athena zwischen den Kämpfern; sie wird die Aiakiden beschützen. Die Amazonenschlacht ist in Athen eine nationale Heldentat, weil Theseus dabei war; allerdings wird auch der Tod der Penthesileia

[1] Es hätte sonst nahegelegen, daß Ereignisse der historischen Zeit, zumal der jüngsten Vergangenheit, berührt würden. Herodotische „Novellen“ zeigen, wie reizvoll einzelne Geschichten, wie die Werbung um Agariste, der Konflikt zwischen Periander und Lykophron, erzählt wurden. Der unersetzliche Verlust so gut wie jeder Überlieferung über die Jahrhunderte vor Solon und auch von vielem aus dem sechsten Jahrhundert hat uns den Reichtum der Heldensage erkauft.

[2] Hekataios hätte die Geschichte nicht mit den Korrekturen seines Pragmatismus darstellen können, wenn er nicht ihre heroische Fassung in den Händen seiner Leser voraussetzen konnte. Das gilt von so großen Sagenkreisen wie denen von Perseus und Herakles.

gemalt. Ob die Kentauromachie immer die des Theseus ist, scheint fraglich, bisher ist er wenigstens in den Metopen des Parthenon nicht erkannt. Neben den Kämpfen vor Ilios soll sie vielleicht den Sieg der Hellenen über Unholde und über Barbaren darstellen. Die Gigantenschlacht auf dem Schatzhause der Megarer in Olympia bedeutet den Sieg des Zeus, am alten Athenatempel den der Athena, auf den schönen Vasengemälden den Sieg der Götter, die jetzt um Zeus die Welt regieren, also genau dasselbe wie die Titanenschlacht bei Hesiod. Erst in Pergamon und weiter steht die Gigantomachie auf derselben Stufe wie Perser- und Keltenschlachten: die Götter sind völlig mythisch geworden und symbolisieren Siege der Gegenwart. Mythos war sie für das fünfte Jahrhundert freilich auch schon, aber noch war es ein heiliger Mythos, und daß die Götter einer wüsten und rohen Urzeit ein Ende gemacht und die gesetzliche Ordnung begründet hatten, war sogar wirklicher Glaube.

Die Tragödie hat sich von der Göttersage ferngehalten. Die Prometheustrilogie des Aischylos ist die einzige Ausnahme; denn wenn er die Eumeniden auftreten läßt, aus den Heliaden, auch vielleicht den Phorkiden[1] einen Chor gebildet hat, so gehört der Stoff doch der Heldensage an, in die auch Phaethon herabgezogen war, und Götter einzeln einzuführen ist üblich geblieben. Auch der Prometheus weicht in der Handlung nicht weiter von der Überlieferung ab, als die Dramatisierung verlangte; wie sich der Dichter die mythische Handlung seinem Glauben gemäß ausdeutete, das war freilich ganz neu, ganz sein eigen; es hat nicht weiter gewirkt. Dabei ist nicht zu vergessen, daß Prometheus überhaupt das Geschöpf eines Dichters, nicht der Exponent eines Glaubens war. Dagegen hat das Satyrspiel gerade in der Zeit seiner Blüte auch Göttergeschichten behandelt, und wir würden gern erfahren, was sich Sophokles z. B. in der *κρίσις* des Paris gegen die Göttinnen erlaubte[2]. In den Ichneuten ist Apollon ganz würdig gehalten, und

[1] Daraus, daß im vierten Jahrhundert ein Satyrspiel denselben Titel getragen hat, darf man nicht mit Nauck schließen, daß es auch bei Aischylos so war, wenn das auch möglich ist. Denn die Zuteilung eines Blattes, Oxyr. 213, an die Phorkiden durch Robert, Herm. 49, 634, ist undenkbar. Schon der Schlußvers *πάντα γὰρ τροχοῦ δίκην – κυκλεῖ τύχη* ist bei Aischylos unmöglich.

[2] Ganz besonders verlangt man die *Πανδώρα ἢ Σφυροκόποι* zu verstehen, seit das von Margherita Guarducci (Monumenti antichi 1929)

wenn Hermes zuletzt auftrat (er wächst ja darum so unheimlich schnell), wird sich die Versöhnung der Brüder auch so vollzogen haben, daß sie ihrer Göttlichkeit nicht zu nahe trat; Hermes vertrug manches, das ihn tiefer als Apollon stellte. Daß Dionysisches namentlich im Anfang der Gattung überwog, liegt schon am Satyrchor. Da zeigen mehrere Vasenbilder Hera und Iris von den Satyrn überfallen; daß Dionysos sie rettete, ergänzt man leicht. Ansprechend hat man diese Geschichte mit dem Dramentitel Iris von Achaios verbunden, was aber keine Abhängigkeit der Vasenbilder einschließt. Sehr viel respektloser hat die Komödie die Götter behandelt; bei den Modernen hat schon das ernsten Anstoß erregt, wie Aristophanes in den Vögeln die Olympier auf die Bühne bringt, in den Fröschen gar den Dionysos, zu dessen Ehren seine Komödie aufgeführt wird. Aber Kratinos hatte im Dionysalexandros dem Gotte übel mitgespielt, und des Hermippos *Ἀθηνᾶς γοναί*, des Platon *Ζεὺς κακούμενος* deuten darauf, daß die Komödie von den geheiligtsten Personen sich nicht zurückhielt. Es ist peinlich, daß wir keine Travestie einer Göttergeschichte besitzen, deren es so sehr viele gegeben hat[1]. Aber es genügt wohl, daß die Freiheit und Frechheit des Faschings mit den Göttern ohne jede Scheu nach Herzenslust spielen durfte, während es gefährlich war, sich über die Regierung allzu frei zu äußern. Daß dem so war, beweist zweierlei. Die Mythen sind nicht heilig; Poeten haben sie erzählt, Poeten dichten sie um. Die Götter aber sind lebendige Götter, denen tut

veröffentlichte Vasenbild entschieden hat, daß sie ein Satyrspiel war, was ich nicht hätte bestreiten sollen, da der Plural auf *σάτυροι σφυροκόποι* deutet. Es ist ein großer Fortschritt, daß wir nun den aus der Erde ausgegrabenen Kopf immer Pandora nennen müssen, also eine bedeutende und verbreitete Sage anerkennen, die Sophokles dramatisiert hat. Aber daß wir sie nicht verstehen, auch daß die Handlung des Satyrspiels unverstanden bleibt, müssen wir leider auch anerkennen. Was ist diese Pandora? Das erste Weib oder eine Göttin? Auf der schönen Vase Journ. Hell. St. XXI 1 ist Epimetheus der *σφυροκόπος*, und ein Eros zeigt, daß Pandora sein Weib werden wird; das spricht für die erste Alternative. Aber gilt das überall? Zunächst muß man so interpretieren; aber es ergeben sich Schwierigkeiten, zumal die *ἄνοδος* der Kore nicht anders dargestellt werden konnte, und den Jubel der Natur konnten auch Satyrn vertreten.

[1] Eine kleine Probe, gewiß aus einer der mittleren Komödien, die auf *Διὸς γοναί* hinauslaufen, gibt der Papyrus, den Vitelli im Bulletin de la Société arch. d'Alexandrie Nr. 25 zuerst veröffentlicht hat.

es nichts, wie viel die Menschen in der Maskenfreiheit sich gegen sie erlauben, denn das ist ja Spiel, das mit dem Festjubel verklingt. An ihm nimmt keiner Anstoß, weder Götter noch Menschen; Demodokos hatte dem Ares und der Aphrodite schon schlimm genug mitgespielt. Aber Protagoras und Sokrates lehren die Jugend die Götter leugnen, Diagoras bringt die Mysterien in Verruft: das ist Asebie. Gerade die Komödie beweist, wie fest der Glaube an die Götter in den Herzen des Volkes sitzt. Er fragt nicht nach Gründen. Für ihn sind die Götter eben da, wie sie es immer waren, höchstens würde er antworten, wie es von Euripides formuliert wird *πατρίους παραδοχὰς ὁμήλικας χρόνωι κεκτήμεθα*[1]. Diese scheinbar seit unvordenklicher Zeit geltende Überlieferung war zum größten Teile ein Gespinst von Mythologie, das sich seit Homer um die wirklich alten und auch um neu zugezogene, nun aber gleichgewertete Göttergestalten geschlungen hatte. Daß in allem viel Dichtererfindung steckte, sagte sich jeder, und wie weit das ging, werden die einzelnen verschieden geschätzt haben. So etwas wie die Entmannung des Uranos und die Entstehung der Aphrodite wird keiner geglaubt haben; davon spricht auch keiner. Herakles mochte Sohn des Amphitryon sein und konnte sich doch durch seine Taten die Geltung als Gottessohn erworben haben. Es war keineswegs eine Schwäche der Religion, daß sie keine feste Glaubenslehre über ihre Götter besaß[2], über ihre Heroen auch nicht, die den einzelnen Landschaften nicht minder teuer waren als ihre Götter. So hatten die Dichter von Homer bis zu den Komikern volle Freiheit, konnte nicht nur Epicharm, sondern auch Sophokles einmal den Odysseus als Feigling verächtlich machen und

[1] Euripides legt das freilich dem Teiresias in den Mund, Bakch. 201, der sogleich eine neue Dogmatik für einen neuen Gott vortragen wird. Aber daß er ein heuchlerischer Pfaffe ist, nicht gläubiger als Kadmos, merkten die Zuschauer nicht; es merken ja auch heute viele Leser und vorgebliche Erklärer nicht.

[2] Die Behandlung der christlichen heiligen Geschichten in den dramatischen Spielen des ausgehenden Mittelalters zeigt Ansätze zu der Freiheit der attischen Bühne, zumal wo die Grundlage eines heiligen Buches nicht hemmte, wie in der Einführung von Teufeln. Den großartigsten Versuch hat Milton gemacht, den schönen Mythos des zweiten Kapitels der Genesis zu einem Epos auszugestalten, was der calvinistischen Schätzung des Alten Testamentes entsprach. Aber die Volksphantasie zu beherrschen konnte nicht gelingen. Die Teufel in Tassos Epos sind vollends zu vergilisch.

Euripides in Aphrodite die ἀφροσύνη finden. Daß daneben einzelnes ein noli me tangere war, in Athen z. B. Demeter, versteht sich von selbst; den Theseus durfte dort auch niemand als Frevler darstellen, sondern selbst wenn er im Hades gefesselt war, mußte er die Befreiung verdienen und erhalten. Bei den Lokrern war ihr Aias unmöglich der epische Schänder Kassandras[1]. Nicht nur für die Heroen ist ihre Geltung je nach den Landschaften verschieden, auch die Götter haben damals noch keineswegs alle allgemeine Verehrung, noch weniger dieselbe gläubige Anerkennung. Schon die Ilias, *B* 400, erzählt *ἄλλος δ' ἄλλωι ἔρεξε θεῶν*; wir werden das später verfolgen.

Weil sich kein passender Platz bot, sei hier eine wichtige Erscheinung kurz behandelt, die von dem Wunsche der Gläubigen dieser Zeit, mit einem Gotte in Verbindung zu treten, Zeugnis ablegt, das Aufkommen der sog. theophoren Namen. Sie sind später durch Vererbung und gedankenlose Nachahmung bedeutungslos geworden, wie es den Eigennamen immer geht, aber zuerst haben sie ihren Inhalt gehabt. Sie werden erst am Ende des sechsten Jahrhunderts häufig, beweisen also, daß die Eltern ihr Kind als Geschenk eines bestimmten Gottes betrachten (die Namen auf *-δωρος -δοτος*) oder geradezu dem Gotte irgendwie gehörig (*Δίων Ἀπολλώνιος Δημήτριος*). Im Epos hat es mit solchen Namen eine andere Bewandtnis[2], in der Heldensage und den wenigen Stamm-

[1] Polygnot hat in seiner Persis dargestellt, wie Aias einen Reinigungseid schwört; ob das ganz der kleinen Ilias und ihrer Persis entsprach, ist unsicher. Aber sein Untergang setzt einen Frevel voraus, den Athena nicht vergab. Also ist der Reinigungseid entweder eine Rehabilitierung des Heros, oder die Achäer haben sich durch seine Freisprechung selbst schuldig gemacht. Das erste würde auf eine lokrische Einwirkung schließen lassen, also eine sehr späte Umarbeitung des Epos. Über die Tragödie des Sophokles läßt sich Sicheres nicht sagen. Beiläufig, Fr. 11 ist aus einem Chorliede in reinen Trochäen, *τὸν δ' ἄδικον* muß *τὸν ἄδικον δέ* werden. Fr. 14 ist eine Form *κεκιθάρικεν* für die Tragödie undenkbar.

[2] Simoeisios *Δ* 474 am Simoeis geboren. *Σκαμάνδριος* heißt Astyanax eigentlich, aber auch ein beliebiger Troer *E* 49; da braucht nicht mehr als die örtliche Herkunft darin zu liegen; aber Skamandrios, der Sieger von Olymp. 76, Sapphos Vater *Σκάμων*, der des Hellanikos heißen nach dem Flusse, den die Lesbier verehren, weil sie sich an ihm festsetzen wollen. In *Διομήδης* liegt *Διὶ μῆτιν ἀτάλαντος*. In *Διώρης* steckt vielleicht *διά*. *Διοκλῆς*, ein dem Rhapsoden überlieferter Name, *E* 542, besagt,

bäumen, die wir haben, scheinen sie zu fehlen. In der Olympionikenliste ist der erste ein *Διόγνητος*, Olympiade 58, und er soll nur aus einem Geschlechte sein, das sich auf Zeus zurückführt. Eine Untersuchung aller Einzelheiten, die sehr viel lehren wird, kann hier nicht geführt werden. Tatsachen, die auf den ersten Blick unglaublich scheinen, kommen heraus, z. B. werden die Flußnamen, die ja besonders häufig sind, selbst verwandt, *Μαίανδρος Σκάμανδρος*, offenbar Abkürzungen des allzulangen *Σκαμανδρόδωρος* usw.[1] In Athen heißen unzählige Menschen nach dem Kephisos, nach dem Ilisos niemand. In Theben heißen sie nach dem Ismenos, nach der Dirke nicht. So wird sich Vieles und Wichtiges ergeben[2]. Man lernt immer schwer das erkennen und würdigen, was nicht da ist.

Wie die Menschen sich zu den Göttern stellen, zeigt sich uns

daß sein Träger von Zeus Ruhm erhalten hat (oder auch seine Väter) oder erhalten soll.

[1] Sittig nomin. theophor. 127ff. So steht neben *Ποταμόδωρος* das einfache *Πόταμος* auf der altargivischen Inschrift von der Larisa; also ist weder bei ihm noch bei Hippomedon usw. an mehr als einfache Menschen zu denken.

[2] Die treffliche Dissertation von Sittig ist auch nach dieser Seite eine höchst fördernde Vorarbeit, obgleich sie wesentlich die formale Seite im Auge hat. So konnte übersehen werden, daß der Athener, der seine Göttin *ἡ θεός* nennt, mit *Θουγένης* diese meinen kann, mit *Θεαγένης* deutlich bezeichnet. Böotien geht in solchen Namen am weitesten, auch in der Unterscheidung eines Gottes nach seinen Kultplätzen *Πυθόδωρος*, *Πτοιόδωρος*, *Ἀβαιόδωρος*, auch *Ἰσμηνόδωρος* geht wohl manchmal den Apollon an, *Ὑπατόδωρος Ὀλυμπιόδωρος* den Zeus. Abkürzung geht weit; *Κᾶφις* geht auf den Kaphisos, *Ἁρμόδωρος* auf Harmonia, *Λευκόδωρος* auf Leukothea. Ein so langer Name wie Poseidon drängt allgemein auf Ersatz wie *Ἑλικώνιος* oder Abkürzung wie *Πόσσις*. Der Athener nennt kein Kind nach der *Μήτηρ*, wohl aber der Megarer. Mit *Ζηνο-* fängt kein echt attischer Name an, wohl aber ionische. *Μηνο-* führt immer nach dem inneren Asien. Im alten Sparta sind theophore Namen ganz vereinzelt. So wird sich vieles beobachten, sondern, erklären lassen. Distributive Onomatologie zu treiben ist überhaupt sehr notwendig. Erst dann werden die Indices der Inschriftenbände fruchtbar, die den Bearbeitern so große Last auflegen. Vorsicht ist auch den Namen gegenüber geboten, die dem Kinde nach dem Feste oder Monate gegeben werden, zu dem es nach seiner Geburt oder einer anderen Verbindung gehörte. *Νουμήνιος Θαλύσιος*, *Ἐρστίων Βουκάττις Θυίων Ὁμολώιος*, (böotisch) *Ἀνθεστήριος Ἀπατούριος Θαργήλιος*; wenn ein Monat *Δαμάτριος* hieß, konnte auch der in ihm Geborene so heißen.

am deutlichsten in ihren freiwilligen Gaben, den Weihgeschenken, sei es, daß die Inschriften vorhanden sind, sei es durch die Schatzverzeichnisse, vornehmlich aus Athen und Delos. Asklepios erhält den Lohn für seine Hilfe; in Epidauros reden die Priester geradezu von dem Honorar, den ἴατρα. Auch die Frauen, die ihr reiche Geschenke machen, werden von der Brauronia bestimmte Hilfe erfahren haben oder erwarten. Aber an der Fülle von Weihgeschenken, die auf der Burg von den Persern zerschlagen und dadurch uns erhalten sind, lernen wir die das Denkbare fast übersteigende Opferwilligkeit der Athener und zugleich, daß ihnen die Göttin für alles Dank zu verdienen schien: sie war eben ἡ θεός. Der Bauer, der Kaufmann, der Töpfer brachte ihr freiwillig den Zehnten dar. Geschenke an sie sind die kostbaren Statuen von Mädchen und Knaben, diese manchmal zu Roß. Sie soll sich an der Schönheit freuen; daß Menschenbilder einmal Ersatz für die Schenkung eines Sklaven gewesen waren, ist vergessen. Zahllose Gaben von Bronzegerät und noch kostbarerem Schmucke werden in den Schatzverzeichnissen aufgeführt. Der Staat selbst weiht ihr goldene Nikebilder. Beträchtlich sind auch die Zahlungen in barem Geld an den Tempelschatz, den auch die Abgaben des Staates, später auch des Reiches, füllten. Als die Schatzmeister der anderen Götter eingerichtet wurden, war das zunächst eine fiskalische Maßregel; die örtliche Verwaltung mag nicht immer tadellos gewesen sein, so daß die Zentralisierung ihre Berechtigung hatte. Wir erfahren so die alle Erwartung übersteigende Menge der dörflichen Kulte und den Reichtum ihrer Götter. Die Verstaatlichung wird die Opferwilligkeit der Dörfler gemindert haben; die jahrelange Verwüstung durch die Peloponnesier hat die unheilvolle Landflucht der Attiker begründet, die dann weitergeht. Dabei sind viele Kulte abgestorben; in der Stadt und im Hafen kamen fremde hinzu, bildeten sich auch neue. Wir haben aus den folgenden Jahrhunderten keine Urkunden, die uns für Attika die Menge und die Verbreitung der Kulte schätzen lassen, noch viel weniger für das ganze Griechenland. Aber einzelne Inschriften geben doch einen Anhalt, für die Tetrapolis Attikas eine Inschrift noch aus gutem vierten Jahrhundert, IG. II$^2$·1358 = Prott fast. sacr. 26, dann die Festordnungen von Kos, die Opferordnung von Mykonos, Sylloge 1024, die Priestertümer von Erythrai, Sylloge 1014, für die sich Käufer doch nur fanden, wenn sie höhere Einnahmen aus den Opfern erwarteten. So gibt es denn von der wirklich gehegten und geübten Religion ein falsches Bild, wenn man sich nur an die Olympier hält, und selbst bei diesen darf man nicht vergessen, daß die Verehrerinnen einer Artemis oder Aphrodite immer an ihre Göttin dachten, wie sie in dem bestimmten Heiligtum wirkend geglaubt ward. Das waren in den athenischen Gärten, auf der Burg von Theben, in Korinth und Sparta sehr verschiedene Aphroditen, und die Orthia, die Phakelitis, die Brauronia hießen nun Artemis wie die Barbarin von Ephesos, verschieden waren sie alle voneinander, wenn wir die Unterschiede auch nur selten erkennen und noch weniger übersehen, wie sie sich allmählich verlieren, weil sich das durch die Poesie allgemein gültig gewordene Bild durchsetzt. Vor allem ist es kaum möglich, das Absterben der meisten Kulte zu verfolgen, dem in der klassizistischen Spätzeit an manchen Orten eine künstliche Erneuerung gefolgt ist, obwohl ihr ein echt religiöses Gefühl nicht mehr entsprach.

Die Sitte, an sich wertlose oder wertlos gewordene Weihgaben zu beseitigen und im Tempelbezirke zu vergraben, hat uns an vielen Stellen zahllose solche Anatheme erhalten, kleine Tiere und Menschen aus Ton und Bronze, Fläschchen, in denen eine Göttin einst Salbe erhalten hatte, Waffen und anderen Schmuck und Hausrat. Das kostbarere Gerät blieb im Tempel, ward wohl auch noch benutzt, und was auf dem Tempelhofe stand, ist erst durch Katastrophen, Brand, Plünderung, gründlichen Umbau zugrunde gegangen. Das Ismenion bei Theben muß einmal von Dreifüßen überfüllt gewesen sein. In Delos hat sich von dem, was Datis dort gesehen hat, infolge der großen Tempelbauten der späteren Zeit nur Vereinzeltes erhalten; es ist nicht, wie auf der Burg Athens, in der Erde geborgen. Doch einen solchen Schmuck von Weihgeschenken setzt die ganze Anlage der Heiligtümer voraus. Dies ist die Hauptsache. Ursprünglich war da in einem Haine der Feuerplatz für die Brandopfer gewesen und irgend etwas, das den Gott vertrat, der zum Opfer erscheinen sollte. Der nächste Schritt war, ein Menschenbild des Gottes zu fordern; seit Homer war ja jede andere Gestalt ausgeschlossen[1]. Dazu wird vielfach der Steinklotz

[1] Bilder, welche die Macht eines Gottes nach bestimmter Seite durch Verdoppelung von Armen oder Ohren bezeichnen, sind älter gewesen als der Sieg der homerischen Denkweise. Sie waren nur vereinzelt als Rarität erhalten. Die Doppelhermen eines jungen und eines bärtigen Hermes oder Dionysos sind verständlich. Was der Doppelkopf auf den Münzen von Tenedos z. B. will, weiß ich nicht zu sagen. Bedeutend ward

mit einer Andeutung des Kopfes, Armstumpfen, bei männlichen Göttern die Zufügung des Phallus genügt haben, bis die Bekanntschaft mit innerasiatischer und ägyptischer Kunst die stehende und sitzende Figur nachzubilden lehrte. Solch ein bekleidetes Sitzbild führt die Ilias ein[1]; die Troerinnen legen Athena ein Gewand auf die Knie. Wir können es uns nach den massenhaft erhaltenen kleinen Tonfiguren vorstellen; vielleicht war es noch von Holz. Ob Attribute die bestimmte Person bezeichneten, ist sehr fraglich. Der Kopf wird einen riesigen Aufsatz getragen haben, wie ihn auch die Priesterschaft trug, von der er auf die Götterbilder übertragen ward. Die Athena von Ilios hat auch schon ihr Haus, den *ναός*. Es war notwendig geworden, das Götterbild vor dem Wetter und den Vögeln zu schützen. Unter Dach konnten weder die Brandopfer noch die Spenden dargebracht werden; das Bild rückte also von dem Altare weg, an dem sich immer die eigentliche gottesdienstliche Handlung abspielte. In Delos ist der älteste Heratempel so weit unter einem Neubau erhalten, daß man sieht, es war nur ein ganz geringer Raum vor den zwei Götterbildern, sitzenden Gewandstatuen, vorhanden. Viele primitive Tempel haben aber schon das später geltende Langhaus, dessen nächster Zweck die Aufnahme der Weihgeschenke gewesen sein muß. Lange konnte man nicht ohne Stützen des Dachstuhls, also eine Mittelstellung von Säulen auskommen, die dem Eintretenden den Anblick des Götterbildes verwehrte, die Bestimmung als *θησαυρός* aber nicht. Korinth wollte zuerst die „Adler“, die Giebel samt dem zugehörigen Dache, erfunden haben. Es muß dort also ein alter ansehnlicher Tempel gestanden haben, der als ältestes Muster galt, sicherlich aus der Tyrannenzeit, aber vor Periander. Schon daß ein Bau aus Holz und Lehmziegeln geringe Haltbarkeit besaß, hat zu häufigen Neubauten geführt. Unter dem Heraion von Olympia sollen mehrere Tempel liegen, und dieses selbst war noch nicht ganz von Stein, hatte aber schon den Umgang von Holzsäulen. Der gab wohl auch Platz für die Aufstellung namentlich

er den Römern als Münzbild ihres Janus. Später haben die zahlreichen Doppelhermen übrigens keine religiöse Bedeutung mehr.

[1] Die Ausgrabungen im samischen Heraion haben, wie Buschor auch nachdrücklich hervorhebt, jeden Zweifel daran beseitigt, daß ein solcher Tempel mit einem Kultbilde zu homerischer Zeit in den ionischen Städten bestehen konnte. Der Dichter führt uns nur im *Z* in eine Stadt und schildert sie so, wie er sie zu Hause kannte.

von Inschriftsteinen (zuerst geweißten Brettern), aber der Hauptzweck kann nur in dem künstlerischen Schmucke liegen: erst in einem solchen Hause konnte kein Sterblicher wohnen. Zeus mußte sich noch lange in Olympia mit dem Altare begnügen, der Feuerstelle, die nur dadurch in die Höhe wuchs, daß die Asche liegen blieb. Als der Gott infolge der Spiele reiche Gaben erhielt, sahen sich viele Staaten gezwungen, für ihre und ihrer Bürger Weihgeschenke kleine Schatzhäuser zu errichten, wie es auch in Delphi geschehen ist[1]. Mit dem Peristyl und der Erhebung des Gebäudes auf mehrere Stufen hat der griechische Tempel seine Natur erreicht, aristotelisch zu reden, wenn auch der Weg bis zum Parthenon noch lang war, vor dem die riesigen Tempel entstanden waren, wohl zuerst in Ionien (Samos, Naxos); Peisistratos hat das Olympieion nur begonnen. Geradezu verschwenderisch ist Westhellas mit seinen Tempelbauten vorgegangen, die nun als Zeugen der bald abwelkenden Blüte des Landes in einer fremd gewordenen Umgebung stehen, während die wenigen in Hellas erhaltenen Tempel mit zu der Natur zu gehören scheinen[2]. Sowohl der dorische wie der ionische Stil erhält in Athen seine harmonische Vollendung. Dann ist die Form trotz allen Umbildungen im einzelnen bis in späteste Zeit dieselbe geblieben, und trotz aller unfreien Nachahmung, aller Verflachung und Entstellung wirkt doch immer noch die hellenische Form, die Harmonie der Verhältnisse. Ganz aber kommt das nur in den Werken der alten frommen Zeit heraus. Mag auch der Dachstuhl verschwunden, die Wände zerbrochen sein: im Haupttempel von Paestum fühlt sich noch heute selbst der stumpfe oder blasierte Besucher von dem Hauche einer herben heiligen Schönheit angeweht, gerade wenn sie ihm unbehaglich ist und er sich rasch zum Frühstück auf die Trümmer setzt. Man soll sich von dem ernsthaft Rechenschaft geben, was denn ein solches Gotteshaus, selbst der Parthenon, für den Gottesdienst

[1] Auf der athenischen Burg dürften die kleinen Gebäude, von denen Giebelschmuck oder architektonische Terrakotten vorhanden sind, soweit sie dort standen, Thesauren gewesen sein. Auch später, als der Parthenon Raum für Weihgeschenke bot, haben Pinakothek und Chalkothek diesem Zwecke gedient.

[2] Korinthische Baumeister haben den wilden Ätolern in Thermos und Kalydon Tempel erbaut. Zu bemerken ist, daß weder Thessalien noch die kleinen Stämme noch selbst Böotien jemals einen wegen seiner Größe oder Schönheit angesehenen Tempel besessen haben.

bedeutete. Zelebriert ward gar nichts in ihm. Der Altar war ja draußen. Das Gewand, das der Göttin von der Prozession des Volkes dargebracht ward, war für das alte Schnitzbild im Erechtheion bestimmt. Nur der gläubige Besucher trat durch die große Tür hinein, die allein dem Lichte Einlaß gewährte. Dies Licht fiel auf das Götterbild gegenüber; in den Seitenschiffen lag Dunkel. Langsam schritt der Eintretende auf die Göttin zu; er mag sie mit Erhebung des rechten Armes gegrüßt, vielleicht ein formelhaftes Wort, ein stilles Gebet gesprochen haben. Sein Gottesdienst war die andächtige Schau der überirdischen Schönheit. Das ist alles; ganz innerliches Empfinden, Erleben. Es ist sakrileg, von Bilderanbetung zu reden, wie das Verbot, ein Bild des Gottes zu machen, sakrileg gegen die Offenbarung des Göttlichen durch die Kunst ist. Das will begriffen sein, und dann denke man daran, daß das Ziel, zu dem der Eros der Diotima leitet, die Anschau des Ewigschönen ist. Hellenische, platonische Religion. Was Plotin in dem Versenken in die Gedanken als Vereinigung mit der Gottheit erlebt hat, ist auch noch gleicher Art. Ein Kultbild des Pheidias konnte wohl die Offenbarung des Göttlichen vollkommen erreichen. Von seinem Zeus wissen wir das zuverlässig. Kein Zweifel aber, daß es auch die Frühwerke der hellenischen Skulptur schon in den ersten Anfängen für ihre Zeit erreicht haben, und sie tun es noch. Die Göttin aus dem hocharchaischen Tempel von Mykene (Karo, Pantheon 1930) mag ein Beispiel sein, von dem jeder sich überzeugen kann. Wer es vor ihr nicht unmittelbar erlebt, möge es lernen. Lernt er es nicht, so rede er auch nicht von hellenischer Religion. Auch wer still vor die Sistina tritt, soll nicht zu Rafaels Sistina, sondern zu der himmlischen Mutter und ihrem göttlichen Kinde gehen. Er wird das Anschauen des Göttlichen vielleicht noch stärker in der Arena von Padua und beim heiligen Franz von Assisi, ja sogar vor der Madonna in S. Maria novella erleben; ob sie von Cimabue oder Duccio ist, soll ihm dabei ganz einerlei sein. Die Stilgeschichte gibt nicht die Empfänglichkeit für das, was der Künstler zeigt und damit sagt: ihn sollen wir hören. Wir sind in Berlin so glücklich, zwei echt archaische Kultstatuen zu besitzen. Wie sie jetzt eingereiht unter andere plastische Werke dastehen, können sie freilich ihre Wirkung nicht tun. Dem Archäologen wird es vermutlich erwünscht sein, die Einzelheiten der Formgebung bequem vergleichen zu können. Ehe sie öffentlich aufgestellt waren, standen sie einzeln in einem kleinen Zimmer, zwar ohne das Licht, wie es einst auf sie fiel, aber man konnte doch langsam auf sie zuschreiten. Da waren sie keine Puppen, sondern Göttinnen, deren Überweltlichkeit einen ganz unvorbereiteten, aber auch unverbildeten Beschauer zur Andacht zwang, die attische Göttin solonischer Zeit trotz ihrem „häßlichen“ Profile sogar noch mehr. Der Marmor und seine Bemalung, der Stil mit seinen Bindungen, wo und wann sie entstanden wären, ja selbst wie sie hießen, all das, was unsere wissenschaftliche Neugier brennend gern wissen möchte, ist demgegenüber ganz gleichgültig, daß wir sie sehen können, wie sie bestimmt sind, gesehen zu werden. So müssen sie einmal aufgestellt werden. Es ist bewundernswert, in wie kurzer Zeit die Hellenen den Weg von der brettähnlichen Hera des Cheramyes bis zu der älteren Berliner Göttin zurückgelegt haben. Die Vervollkommnung der nackten Jünglingsgestalt, die wir besser übersehen, die aber in keinem so ausdrucksvollen Originalwerke gipfelt[1], ist wohl noch wichtiger und erfolgreicher. Schon die völlige Nacktheit ist ein großer hellenischer Fortschritt, der Sitte der Athletik folgend. Hier ist es noch schwerer zu sagen, ob ein Gott oder ein Mensch dargestellt sein soll, denn selbst der bestimmte Mensch will nicht individuell ähnlich, sondern schön sein. Die olympische Siegerstatue ist nicht ikonisch[2]. Weibliche Nacktheit ist bei einem Kultbilde undenkbar, denn so zeigte sich keine Frau. Das fünfte Jahrhundert hat dann auch in Statuen, die keine Kultbilder, also wohl Weihgeschenke waren, danach gerungen, der besonderen Schönheit, in welcher die Phantasie die Götter sah, Ausdruck zu verleihen; manches hat noch das vierte Jahrhundert zugefügt. Freilich sind uns diese Werke fast allein in Kopien der Kaiserzeit erhalten, und da geschah die Auswahl nach anderen Gesichtspunkten und dachten die Kopisten nicht an die alten Göt-

[1] Der Apollon des Kanachos hat schwerlich einen so göttlichen Eindruck gemacht. Bemerkenswert ist, daß Kultstatuen außer ihren tierischen Begleitern (in deren Gestalt sie einst selbst erschienen waren) auch göttliche *πρόσπολοι* auf den Armen trugen, ein Attribut, das zu stark auf den Verstand wirkte, und doch stört die Nike auf der Hand der Parthenos nicht, sondern erhöht ihre überweltliche Majestät. Das verschwindet bald; die Begleitung durch Tiere ist beibehalten, kann aber natürlich nur künstlerisch, nicht religiös anregend wirken.

[2] IG. I 982 *μνῆμ' ἐσορῶν οἴκτιρ' ὡς καλὸς ὢν ἔθανε*. Das müßte ein Porträt sein, war es gewiß auch für den Vater, aber nicht anders als es die Siegerstatuen waren.

ter, sondern an die alte Kunst und den modernen Effekt. Die höchste Blütezeit der Skulptur wird für alle Zeiten diese hellenische bleiben, weil ihr nur dieses eine Mal die höchste Aufgabe gestellt war, das Göttliche im schönen Menschenleibe darzustellen. Die Malerei erhielt diese Aufgabe nicht. Das tat die christliche Kirche im Altarbilde, und in Italien hat sie auch die Schönheit gefordert, nicht ohne Nachwirkung des hellenischen Geistes. Das bedingt den Unterschied, aber auch die Vergleichbarkeit der italienischen Kunst von Cimabue bis Tizian; das Byzantinische wird wohl einmal in die Entwicklungsreihe aufgenommen werden. Es bestätigt sich, daß die Kunst das Höchste, ewig Wirkende nur leistet, wenn sie im Dienste einer Religion steht, die wirklich in den Herzen eines Volkes lebt. Dabei darf nicht vergessen werden, daß das Christentum das Göttliche nicht im Menschenleibe verkörpert sah, also zunächst am wenigsten Schönheit verlangte. Daher stehen Schöpfungen, welche der christlich religiösen Empfindung Ausdruck geben, in dieser Hinsicht nicht minder hoch. Sie pflegen von germanischen Künstlern zu stammen.

Die Malerei fängt für uns auf den geometrischen Vasen an; man merkt ihre Entstehung aus dem Ornament, aber ihr Vorzug ist, daß sie bereits Handlungen darstellt, was mehr bedeutet als eine Reihe schreitender Tiere oder tanzender Menschen. So konnte nicht ausbleiben, daß sie auch Handlungen und Situationen der Heldensage neben denen des Lebens darstellt. Sie will erzählen und alles möglichst anschaulich machen, so daß die s.f. Bilder selbst die Landschaft mehr als andeuten. Die benachbarten Orte, Chalkis, Athen, Korinth, auch wohl Sikyon, konkurrieren, aber die Überlegenheit Athens ist schon zu Solons Zeit entschieden. Das Streben nach Anschaulichkeit führt zu sehr scharfen Zügen der Charakteristik, auch in der Bildung der Götter, die in den Szenen vorkommen. Mittelbar lernen wir auch für sie vielerlei, nur nicht gerade für das Religiöse. Doch ward schon gesagt, daß wir Dionysos und sein Gefolge nur hier recht kennenlernen. Gerade während sich die Tragödie ausbildet, erfolgt in Athen der Übergang zu der r.f. Malerei und damit der für alle Zeiten entscheidende Fortschritt, die Körper so zu bilden, wie sie das Auge wirklich sieht. Die Technik führt dazu, daß sich die Darstellung fast ganz auf die Menschenfigur beschränkt, und nun siegt das Bestreben, Schönheit zu suchen, nun erst ist auch diese Kunst ganz hellenisch, jeder anderen ebenbürtig; wir kennen freilich nur ihren Abglanz in der

Vasenmalerei, zuweilen auch der Plastik, denn für bewegte Handlung wie die Kentaurenkämpfe ist sie führend. Direkt religiös kann und will sie nicht sein, auch wenn sie einzelne Götter darstellt. Aber auf der Höhe der Vasenmalerei atmen die Szenen auf den weißen Grablekythen die edelste stille Frömmigkeit und Trauer. Und da man die Menschen kennen muß, um die Götter, an welche diese Menschen glauben, zu verstehen, ist diese Kunst auch für den Glauben aufschlußreich genug. So gleich die eben erwähnten Szenen. Auch wenn Schlaf und Tod die Leiche des auf dem Felde der Ehre gefallenen Bruders tragen, die Schwester Opfergaben an das Grab bringt, ist von dem Schrecken des Todes ebensowenig zu spüren wie von einem anderen Fortleben als in liebendem Gedächtnis.

Die Verfolgung der gottesdienstlichen Feste und dann der Künste im Dienste der Religion hat jedesmal bereits bis zum Ende der Periode geführt, denn ich vermochte die Entwicklung nicht anders darzustellen, als indem ich sie von verschiedenen Augenpunkten hintereinander betrachtete. Der Grund ist, daß das hellenische Volk selbst geistig noch keine Einheit ist und die Sonderentwicklung der einzelnen Stämme und Städte keineswegs auf die Einheit hin konvergiert, die schließlich wenigstens auf dem geistigen Gebiete durch Athen erreicht wird. Wohl fühlen sich die Hellenen national als ein Volk im Gegensatz zu den *βάρβαροι*, die nun auch *ἀλλόγλωσσοι*[2] heißen, was dasselbe sagt, wenn auch die durch die Mundart geschiedenen hellenischen Stämme auch in den Kolonien einander fremd oder feindlich gegenüberstehen[1]. Scharf spricht sich diese Einheit in *Πανέλληνες* aus; man gewöhnt sich aber, *Ἕλληνες* zu sagen. Allen Hellenen ist der Zutritt zu den großen Kampfspielen geöffnet[3]; in Eleusis sind die *φωνὴν ἀξύνετοι* ausgegeschlossen, während ein hellenisierter Sklave geweiht werden

[1] Inschrift von Abu Simbel, Sylloge 1.

[2] Die Geschichte der Westhellenen wird nur verstanden, wenn der Gegensatz von Ioniern, Achäern und Dorern verfolgt wird, und die lakonischen Dorer von Tarent gehen nicht zusammen mit denen Siziliens, die vom Isthmos, Korinth und Megara, und von den Dorern Asiens stammen, aber es scheint auch kein Gegensatz empfunden zu sein.

[3] Kypros und Pamphylien stehen ganz abseits, und so ist gewiß an manchen Orten eine hellenische Bevölkerung vorhanden gewesen, die in das übermächtige Barbarentum aufgegangen ist, sich aber später der

kann. In Naukratis heißt das gemeinsame Heiligtum Ἑλλήνιον. Ein einigendes Band ist auch die Religion, denn nun sind dieselben Götter allgemein anerkannt; Homer erzählt von ihnen, und alle betrachten den Zug gegen Ilios als eine gemeinsame hellenische Großtat. Hesiodos hat auch die Eponyme der großen Stämme auf einen gemeinsamen Ahn zurückgeführt. Dem Barbaren gegenüber, sei es der Wilde an den Küsten des Pontos oder des Tyrrhenischen Meeres, sei es der Besitzer älterer Kultur, Syrer und Ägypter, ja selbst wenn es der persische Gebieter ist, fühlt sich der Hellene als solcher innerlich überlegen und wird sein Volkstum nicht preisgeben. Nach dem Siege über Persien schließt die Schrift *π. ἀέρων ὑδάτων τόπων* mit der Schilderung dieser Überlegenheit; ein Anhänger des attischen Reiches hat sie geschrieben. Aber politisch ist ein Nationalgefühl nicht vorhanden. Im Osten halten selbst die kleinen Bünde, die sich um einen gemeinsamen Gott bilden, nicht zusammen, wenn es zu handeln gilt. Dagegen braucht der Peloponnesische Bund, dessen Obmann Sparta ist, keinen solchen Exponenten des Gemeingefühls, weil in seinen Gliedern das politische Gemeingefühl vorhanden ist. Der delphische Gott, so wichtig seine Autorität gerade für Sparta ist, vereinigt die Staaten seiner Amphiktionie nur, wenn es seinem eigenen Interesse dient. Seine religiöse Macht ist bewußt übernational.

Die politische Geschichte hat einmal diese Jahrhunderte nach dem unbrauchbaren Schema, Übergang von einem angeblich autokratischen, sog. patriarchalischen Königtume zu Aristokratie und Demokratie samt Tyrannis als Einheit behandelt. Das ist überwunden, wenn auch selbst die Gegensätze auf wirtschaftlichem Gebiete zwischen den *αὐτουργοί* (Thukyd. I 141) des Peloponneses und den Städten mit Industrie und Handel nicht immer genug geschätzt werden. In dem ersten Feuer des an Homer entzündeten Klassizismus konnte Goethe den Griechen nachrühmen, sie hätten den Traum des Lebens am schönsten geträumt. Jetzt kann ernste Wissenschaft von ihrem Pessimismus reden. Jede solche Generalisation tut der geschichtlichen Wahrheit Gewalt an und sieht das einzelne nicht scharf genug. Die Literaturgeschichte redet von einer Periode der Lyrik, und es pflegt auch heute noch vergessen

Hellenisierung gern erschloß. Daß Kyrene dauernd in Verbindung mit dem Mutterlande blieb, erklärt sich durch den neuen Zuzug von Ansiedlern unter Battos II, Herodot IV 161.

zu werden, daß die meisten Epen, von denen wir wissen, nicht älter, sehr viele jünger waren als Archilochos. Und es kann noch behauptet werden, daß in Iambus, Elegie und Lyrik ein durchgehender Typus in der Auffassung des Verhältnisses zu Gott und Welt durchginge, wo dann die Persönlichkeit der Dichter sehr viel tiefer eingeschätzt werden müßte[1]. In der Philosophie sind wir durch die entwicklungsgeschichtlichen Übersichten ziemlich gebunden, welche Aristoteles mehreren seiner Pragmatien vorausgeschickt hat, obgleich wir wissen, daß er die Vergangenheit von dem Ziele aus überschaut, das die Philosophie in seiner Lehre erreicht haben will. Wir können nicht anders, weil die Schriften der ältesten Philosophen früh verlorengegangen sind, dürfen uns aber nicht verhehlen, daß die Linie der Entwicklung manchen Knick bekommen würde, wenn wir die Bücher selbst lesen könnten. Die wenigen Denker, die neue Fragen stellen und beantworten, mußten starke Individualitäten sein, man darf sie nicht als Etappen einer einheitlichen Entfaltung des philosophischen Gedankens behandeln. Zwar nicht die kultische Verehrung der Götter, aber die Religion als Glaube dürfte sich eher fassen lassen, weil sich uns wenigstens einige originale Äußerungen erhalten haben. Freilich hören wir in den Dichtern nicht die Stimme der breiten Masse des Volkes; sondern im Epos den Rhapsoden, der für den Ritterstand dichtet; aber selbst in der Ilias klingt nicht selten die Gesinnung des einzelnen Dichters durch, und in der Odyssee gibt es allgemeine Betrachtungen, die ganz wie die gleichzeitige Elegie klingen[2]. Wenn wir diese Äußerungen verhören, auch scharf aufmerken, was die nur scheinbar synonymen Wörter bedeuten, wird sich aus den Übereinstimmungen und Gegensätzen schon herausstellen, wie sich die Menschen nun zum Leben und seinem Werte stellen, ihre Begriffe von Ehre und Selbstverantwortung, von Sünde, wie man jetzt schon manchmal sagen darf, und göttlicher Strafe. Da ist gleich das Verhältnis von Mensch zu Gott im Osten und im Mutterlande ganz verschieden. Das Epos setzt noch voraus, daß die Götter mit den Menschen persönlich verkehren, aber die Odyssee macht davon gerade in den jüngsten Teilen einen Gebrauch, der sich nur so erklärt, daß Dichter und Hörer den Mythos

[1] In meinem Buche Sappho und Simonides habe ich, wie es scheint vergeblich, die Unterschiede der Stile klarzumachen gesucht und die Individualitäten unterschieden oder doch ihre Unterscheidung gefordert.

[2] Heimkehr des Odysseus 30. 36. 94.

durchschauen, während noch Hesiodos am Helikon seine Berufung durch die Musen erlebt hatte. Im Mutterlande wird die Inkubation allgemein geübt: da kommen die Heroen, kommt Asklepios; die Heroen gehen auch um. Man erwartet an den Theoxenien die Dioskuren, wird an der Möglichkeit, daß auch andere Götter kommen, nicht zweifeln. Ich kann nicht mit Zuversicht die Möglichkeit bestreiten, daß sich Peisistratos von Athena hat begleiten lassen, und wenn das nicht geschehen ist, so hat doch der Glaube bestanden, daß sich das Volk so betrügen ließe. Pheidippides hat den Pan nicht gesehen, aber gehört, und die Athener haben den Gott aufgenommen. Es sind Leute des guten Bürgerstandes, die noch im vierten Jahrhundert in Athen von dem Zauber der Fluchtafeln Gebrauch machen[1]. In Knidos finden wir noch später dasselbe. Bei den Ioniern ist von solchem Glauben keine Spur, den Dichtern, die wir hören, können wir ihn nicht zutrauen. Da ist selbst von Orakeln kaum etwas zu spüren, der Apollon von Didyma und Klaros ist vor dem Pythier verstummt, aber hat den ein ionischer Staat befragt, wie es der lydische König tat? Sehersprüche dürften einem Archilochos und Alkaios geringen Eindruck gemacht haben. Bei Theognis und in der Sammlung, die seinen Namen trägt, ist allerdings nicht mehr von solchen Eingriffen der Götter die Rede; das ist aber auch schon eine andere Zeit.

Aber Sappho. Wenn sie um Aphrodites Beistand bittet, kann sie sich darauf berufen, daß die Göttin zu ihr gekommen ist, gefragt hat, was sie bedrückte, Hilfe versprochen, also auch geleistet. Wer will leugnen, daß sie die Wahrheit sagt, wenn die Erscheinung auch *ὄναρ*, nicht *ὕπαρ*, geschaut war[2]. Sie hat nicht über Gott und Welt gegrübelt, denn die Welt war der Frau verschlossen,

[1] Wilhelm, Österr. Jahreshefte VII 114.

[2] Es ist eine feine Beobachtung von Pfeiffer (Philol. 84, 144), daß Sappho 1 eine feste Form des Gebetes einhält; der Gott wird daran gemahnt, daß er früher geholfen hat. Aber wie verschieden ist der Inhalt. Sappho verweilt nicht bei dem, was sie bittet, sondern erzählt von der früheren Erhörung. Die hilfreiche Erscheinung, die Vertraulichkeit der Göttin ist, was ihr jetzt Mut macht. Es wird auch auf die Eindruck machen, welche ihr Lied hören. Die Herausgeber haben gewußt, weshalb sie das Gedicht an die erste Stelle setzten und das zweite folgen ließen. Wer in *κῆνος ὤνὴρ ὄττις ἐναντίος τοι ἰζάνει* nicht einen bestimmten Mann erkennt, der jetzt neben dem Mädchen sitzt, der versteht das Hochzeitsgedicht nicht, aber er versteht auch zu wenig Griechisch. Fr. 110 hat auch Aphrodite gesprochen, wohl auch 68, in dem *φαέθων* Helios ist.

auch die Götter der Männer gingen sie nichts an. Aber mit ihren Göttern lebte sie in Verkehr, Aphrodite lenkte ihr Leben, und das Dichten, das ihr Handwerk war, gab ihr die Gewißheit, daß ihre Dichtung unsterblich war; eine andere Unsterblichkeit kannte und verlangte sie nicht.

Alkaios hat auch auf dieses Fortleben keinen Wert gelegt. Ihn füllt aus, was der Tag bringt und fordert, Handeln und Leiden, Mühen und Genüsse, Liebe und Haß. In den Kämpfen um die Herrschaft über Mytilene denkt er an das Wohl des Ganzen kaum, und weiter überhaupt nicht. Er selbst ist der Gegenstand seiner Lieder, und auf sich steht er. Zeus ist Herr über alles, kein Haar fällt ohne seinen Willen vom Haupte, aber auf das Handeln des Alkaios hat das praktisch keinen Einfluß. Er macht sich auch weiter keine Gedanken und mahnt den Melanippos durch die Erinnerung an den Tod nur zum Genusse des Heute[1].

Die beiden Ionier Mimnermos und Anakreon geben sich mit religiösen und ethischen Gedanken gar nicht ab. Anakreon ist heimatlos geworden und gezwungen, von seiner Kunst zu leben[2], die wesentlich Gesellschaftslyrik ist wie die unserer Minnesänger, wonach das scheinbar ganz Persönliche zu beurteilen ist. Auch die Elegie des Mimnermos dürfte so zu beurteilen sein. Wir hören fast nur den Dichter der *ἀφροδίσια*, für den daher Alter und Tod *Κῆρες* sind. Auch das Altertum hat ihn nach der solonischen Kritik beurteilt, und wenn wir das für zu eng halten, so können wir es doch nicht positiv ergänzen[3]. Alkman ist ein Fremder in Sparta, ein

[1] Was die wenigen Gedichte an Götter, die Hymnen hießen, eigentlich wollten, ob sie Kultlieder waren (was ich nicht glaube), läßt sich nicht erkennen. 78 an die Dioskuren ist bestimmt in Seenot gesungen zu werden, *προφάνητε* und dann die Schilderung, wie sie helfen, kein Abschluß, gut mit Sappho 1 zu vergleichen. 74 muß ähnlich im Eingange gesagt gewesen sein, wozu die Parallele zwischen der Hochzeit des Paris (vgl. Aisch. Agam. 705) und der Thetis gezogen ward. 117 D = 63 Lobel sind die feinen Verse über den Ertrag des Weinberges ein Bild für frühere Erfolge und gegenwärtige Unsicherheit.

[2] Ein ähnliches Schicksal scheint den Ibykos in das verwandte Ionien getrieben zu haben, wo denn seine Gedichte an Personen, also auch seine Erotik, ähnlich wie die des Anakreon zu beurteilen ist, so verschieden die Stilisierung ist, weil er von mythischen Erzählungen, nach antiker Terminologie Dithyramben, herkam; waren doch solche Gedichte zwischen ihm und Stesichoros strittig.

[3] Es ist wieder eine feine Bemerkung von Pfeiffer, daß Fr. 11 nicht

Ionier, er redet ganz persönlich von sich und den Spartanerinnen, denen er ihre Kultlieder macht. So viel verraten die Reste, daß die Götter ganz lebendig und ganz spartanisch sind. Von ethischen Gedanken ist nur eine Spur, wo er mit einer Gnome den Übergang von mythischer Erzählung zu dem Persönlichen macht[1]. Da müssen die Hippokontiden, lakonische Helden, fallen, weil die Aisa entscheidet, woran sich eine Warnung vor *ὕβρις* schließt. Aisa ist also die strafende Gerechtigkeit; es wird bereits eine göttliche Macht eingeführt, die kein Gott des Kultus war[2]. Daß Oresteia und Helene, also die berühmtesten Gedichte des Stesichoros, im Peloponnes, genauer wohl für Sparta, verfaßt sind, also von dem Lokrer herrühren, garantiert der Inhalt, denn Agamemnon und Orestes sind für Sparta in Anspruch genommen, Helene wird von dem Ehebruche befreit. In Sparta war die Heldensage noch hochgeschätzt, während sie im Osten zurücktrat, wo der Rhapsode zwar noch weiter dichtete, aber die gebildete Gesellschaft anderes verlangte. Das ist ein tiefer Gegensatz. Dafür verschwinden die Personen der Dichter in dem dorischen Hellas (der Name ist jetzt berechtigt), während sie drüben alles durchdringen. Tyrtaios ist der Verkünder jenes Sparta, dem Platon nachsagt, daß es allein die Tugend der Mannhaftigkeit ausbilde. Ehre ist mehr wert als das Leben, *καλός* ist, wer *ἐν προμάχοισι* fällt. Aber das gilt für alle: der einzelne, auch der Dichter, verschwindet in seinem Stande. Der Gegensatz zu den Ioniern ist wieder unüberbrückbar. Die gehen in den Dienst der Barbaren, und für Sappho ist nicht die heimische, sondern die lydische Phalanx ein bezaubernder Anblick. Alkaios grämt sich wenig darum, daß die Athener seinen Schild bei ihrer Göttin aufgehängt haben.

Medeias Liebe die Retterin Iasons war, sondern Aphrodite, die Medeias Liebe erzwang. Aber so sicher das der Stil fordert, ist es sicher, daß es für Mimnermos mehr als Stil war?

[1] Dieser Übergang ist schon ganz der pindarischen Weise entsprechend, wenn auch noch gewaltsam. Es hat also schon so früh derartige Gedichte gegeben. Sehr wichtig, aber für uns ganz vereinzelt. Beiläufig „meine Kusine Hegesichora" konnte der Lyder nicht sagen, also spricht eine Spartanerin aus dem Chore. Dagegen hilft keine Ausrede. Peinlich ist, daß wir die Veranlassung des Liedes nicht kennen, denn die Erwähnung der Orthia schließt es aus, daß dies Lied ihr galt. *Ὀρθρίαι* 1, 61 ist undenkbar.

[2] Ebenso in dem wichtigen Bruchstück 44D., erläutert Herm. 64, 487.

Darin sieht auch Archilochos keine Schande, obgleich er ein Krieger nicht weniger als ein Dichter sein will. Dieser älteste und größte der ganzen Reihe hat im Leben Kränkungen und Enttäuschungen genug erlebt, aber sich den Mut nicht brechen lassen. Aristoteles belehrt uns, daß die Anrede an den *ϑυμός*, 67a, und der Entschluß, sich durch nichts beirren zu lassen, durch das Verhalten falscher Freunde hervorgerufen war[1]. Durch Aristoteles wissen wir auch, daß Lykambes und seine Tochter durch den Iambus 74 bloßgestellt werden sollten. Lykambes ist es also, der sich vor der Sonnenfinsternis fürchtet. Gewitzigt durch solche Erfahrung werden wir auch dem Gedichtanfang 68 nicht die völlige Billigung des homerischen Wortes entnehmen, daß die Stimmung der Menschen von dem abhängt, was ihnen der Tag bringt[2]. Freilich müssen wir auf Schicksalsschläge gefaßt sein, denn die Götter richten den einen auf und werfen den anderen nieder[3]. Aber wir sollen

[1] Aristoteles Politik 1328a *τοῖς φίλοις ἐγκαλῶν διαλέγεται πρὸς τὸν ϑυμόν*. Allerdings hat Aristoteles die alte Bedeutung von *ϑυμός* mißverstanden, wenn er ihn als *δύναμις τῆς ψυχῆς ᾗι φιλοῦμεν* faßt. Zu *ἐν δόκοισιν ἐσϑλῶν* vgl. Friedländer, Herm. 64, 378, der es treffend als „wenn wir den Feind annehmen" faßt, wie wir auch unterscheiden, ob ein Keiler den Hund annimmt oder wegläuft. Aber *δόκος* ist mir bedenklich; ich erwarte *δοκή*, wie *τροπή νομή ῥοή*, in der zitierten Homerstelle *Δ* 107 *προδοκή*. Auch zu 74 ist Friedländer zu vergleichen.

[2] Die Abhängigkeit des Archilochos von *σ* 136 ist im Altertum bemerkt. An Archilochos schließt sich Herakleitos 17 an, wenn er ihm so widerspricht *οὐ γὰρ φρονέουσι τοιαῦτα πολλοὶ ὁκόσοι⟨ς⟩ ἐγκυρεῦσιν ... ἑωυτοῖσι δὲ δοκέουσιν*. Bei Archilochos steht *καὶ φρονεῦσι τοῖ' ὁκοίοις ἐγκυρέωσιν ἔργμασιν*. Es ist mir unverständlich, wie Diels das ignorieren konnte. Beiläufig bemerke man, daß der Ionier *ἔργματα* im Sinne des attischen *πράγματα* sagt.

[3] Der Anfang des Bruchstückes 58 ist allzulange auf Grund der Fassung behandelt, die Trincavelli ihm gegeben hatte, *τοῖς ϑεοῖς τίϑει πάντα*, schwerlich im Sinne des Archilochos und gegen die Überlieferung in dem Vindobonensis *τοῖς ϑεοῖς τ' εἰϑεῖα πάντα*. Nur Kaibel ist von ihr ausgegangen und mit *τοῖς ϑεοῖσι* hat er den ersten Schritt getan. Aber *ϑεῖα πάντα* dünkt mich unmöglich. Versuchen wir es einmal mit dem, was da steht. *ἰϑεῖα* ist gegen die Grammatik, aber hat seine bekannten Parallelen bei Homer und Sophokles, ist also möglich. Und da wir die *ἰϑεῖα* und *σκολιὴ δίκη* kennen, ist wohl auch denkbar „für die Götter ist alles gerade", das paßt so gut zu Erga 7, wenigstens wenn von *σκολιαὶ δίκαι* vorher die Rede war. Aber es würde wohl jeder *τοῖς ϑεοῖσι ῥεῖα πάντα* vorziehen, und vielleicht ist die Änderung nicht zu kühn.

den Kopf oben behalten. Das sagt das *ἐπικήδειον* auf die ertrunkenen Genossen sehr schön, 7, 10. „Klagen ist weibisch; wir haben die *κρατερὴ τλημοσύνη* von den Göttern mitbekommen", die innere Standhaftigkeit, die Odysseus besitzt, wenn er dem klopfenden Herzen *τέτλαθι* zuruft. Es kann dem Menschen alles zustoßen, wie es seine *μοῖρα* eben ist und es ihm *συντυγχάνει*, 8[1], aber *Ζεὺς τέλος αὐτὸς* (allein) *ἔχει*, und der hat auf alle *λεωργὰ καὶ θεμιστά* ein Auge. Zeus oder die Götter, das ist ziemlich dasselbe, denn unbeschadet der vielen Götter des Kultus und des Mythos[2] wird die Gottheit als Einheit empfunden und kann dann persönlich Zeus heißen. So denkt auch Semonides, auch ein Mann des tätigen Lebens. Er führt die Leiden des Lebens und die Vergänglichkeit des Menschen nur an, um die Aufforderung daran zu schließen, sich die Genüsse des Lebens nicht vergällen zu lassen. Im siebenten Jahrhundert ist noch Kraft in den Ioniern, wie hätten sie sonst ihre kühnen Fahrten und die Gründung ihrer Kolonien durchgeführt. Aber die unbändige *αὐθάδεια* des Archilochos besaßen sie auch, die in den Städten *εὐνομία* und *ὁμόνοια* nicht aufkommen ließ. Der Milesier Phokylides hat die Schäden der Zwietracht erkannt. Er gibt praktische Ratschläge für die Lebensführung, darunter steht *ἐν δὲ δικαιοσύνηι συλλήβδην πᾶσ' ἀρετή 'στιν*, also in dem Verhalten zu dem Nächsten. Wie anders diese *ἀρετή* als die des dorischen Mannes. Diese Ethik ist nun ganz von der Rücksicht oder dem Glauben an ein strafendes Gericht der Götter gelöst. Die Sprüche der Sieben Weisen sind ganz gleicher Art. Etwas ganz Neues ist, daß auf den Mann, der den Spruch gesagt hat oder gesagt haben soll, etwas ankommt, Phokylides also seine Urheberschaft selbst wahrt. Der Ionier hat sich als Individuum fühlen gelernt; damit hat es bei den

[1] Vgl. Hermes 64, 486.

[2] Einzelne Götter kommen vor; aber *Ποσειδῶνος δῶρα* ist nur eine bittere Bezeichnung für die an Land gebrachten Leichen der Ertrunkenen. Anrede an Hephaistos meint den Geber des Feuers, 75 *χαρίζευ δ' οἷάπερ χαρίζεαι*. Mit derselben Wendung an Apollon, 30 *τοὺς αἰτίους σήμαινε καὶ σφεας ὄλλυ' ὥσπερ ὀλλύεις*, worin niemand ein Etymologisieren des Namens finden wird, der die Parallelstelle beachtet. Die Wahrsagung und die Exekution fällt dem Gotte zu; das verträgt sich mit der Herrschaft des Zeus *τέλειος*. Daß die Götter in ihrer engeren Sphäre wirksam sind, versteht sich von selbst. Begriffliche Konsequenz liegt dem Glauben ganz fern. Demeter z.B. wird der Parier hoch halten; sie ist auch keine Olympierin.

Dorern noch gute Wege; Theognis macht es nach, weil er wie Solon die ionische Elegie aufnimmt, aber da haben gleich viele seine *σφραγίς* auf ihre Verse gesetzt.

Endlich Solon der Athener, der sich als Ionier fühlt. Bei ihm findet das Bekenntnis zu dem Glauben an Zeus, den strafenden Richter, dem kein Schuldiger entgeht, ergreifenden Ausdruck. Die Fortbildung des ionischen Glaubens ist unverkennbar, *πάντων ἐφορᾶι τέλος* steht 1, 17. Die *τίσις* des Zeus entspricht einem reinigenden Gewitter; in dem Gleichnis wirkt, vielleicht unbewußt, der alte Gewittergott nach. Der strafende Gott sucht die Sünden dessen, der *ἀλιτρὸν θυμὸν ἔχει*, an den Nachkommen heim, wenn der Schuldige selbst der Strafe entgangen ist. Damit ist aber die Unsicherheit des menschlichen Glückes nicht behoben; was dem einzelnen zufällt, seine *μοῖρα*, kann Gutes und Böses bringen, und was die Götter geben, dem kann sich der Mensch nicht entziehen, und auch die *ἄτη*, Unheil, sendet Zeus zur Strafe[1]. Also steht für Solon neben der unerbittlich und gerecht strafenden Gottheit, die er Zeus nennt, die Willkür der Götter, die dem Streben der Menschen Erfolg und Mißerfolg geben, ganz wie es das Proömium der Erga von Zeus, Archilochos und sehr nachdrücklich Theognis 133 sagen. Er empfindet darin keinen Widerspruch, weil der Weltlauf ihm beides gezeigt hat. Zeus aber straft den, der einen *ἀλιτρὸς θυμός* hat; also die Gesinnung entscheidet, die sich in Taten äußert. Das erfordert eine Betrachtung, die zunächst zurückstehe; es hängt an der Bedeutung von *ἀλιτρός*[2]. Denn wenn die Götter dem Menschen willkürlich Gelingen und Mißlingen seiner Bestrebungen geben, also auch Geber des Übels sind, scheinen sie ihm die Verantwortung für seine Handlungen abzunehmen. Das will sich mit seiner

[1] In einem Gedichte, Theognis 373, wird in unverkennbarem Hinblick auf Solon 1 gefragt, wie Zeus der Allwissende es den Schlechten besser gehen lassen könne als den Gerechten. Wieder fällt das Wort *ἀλιτρός*. Von Theognis ist das Gedicht nicht, wohl attisch. 731 steht ein ähnliches Gedicht, leider noch verdorben, das sich gegen die Bestrafung der Kinder für die Sünden der Väter richtet. *ἀλιτρός* steht auch hier. Beide Gedichte werden wohl denselben Verfasser haben, dem auch 743 bis 52 gehören wird.

[2] Damit ist der Gedanke an eine Strafe nach dem Tode ausgeschlossen. Die erhaltenen Verse deuten nirgends auf ein Fortleben, 14, 8 entsprechen einander *εἰς 'Αΐδεω ἐλθεῖν* und *θάνατος*. In den Iamben 26 eine Schilderung der elysischen Seligkeit zu sehen ist ein unverzeihliches Mißverständnis.

Verantwortung für sein Handeln nicht vertragen; er kann sich damit herausreden, die Götter wären schuld. Und so taten es die Athener, als Peisistratos[1] sich zum Tyrannen gemacht hatte, so daß ihnen Solon nachweisen mußte, daß es durch ihre *κακότης* geschehen war (8). In der Ilias handeln die Menschen subjektiv frei, auch wenn der Dichter sagt, daß ein bestimmter Gott es ihnen eingab, der auch ihr Dämon sein kann, und wider den ausgesprochenen Willen eines Gottes können sie gemäß dem lebendigen Glauben gar nicht handeln. Nicht häufig äußern sie die Einsicht, selbst gehandelt zu haben. Achilleus müßte doch bekennen, daß er an dem Tode des Patroklos nicht unschuldig ist. Aber es kommt doch vor, z.B. bei Hektor *X* 103. Bedeutsam ist, daß Agamemnon, *I* 119, seine Schuld auf sich nimmt, *ἀασάμην φρεσὶ λευγαλέῃσι πιθήσας*, der jüngere Dichter des *T* aber ihn sich so herausreden läßt, daß ihn Ate, die Tochter des Zeus, verführt hätte, *ἣ πάντας ἀᾶται*, sogar den Zeus, wofür er eine lange Geschichte beibringt. Archilochos sagt 73 *ἤμβλακον καί πού τιν' ἄλλον ἦδ' ἄτη κιχήσατο*; da liegt die *ἄτη* in dem *ἀμβλακεῖν*, das eine peinliche Folge hatte. Es war ein falscher Schritt, wie sich gezeigt hat, aber ein Fehltritt im moralischen Sinne war es nicht. Reue ist ein Gefühl, das noch sehr lange gar nicht existiert. Wenn der Dichter des *T* seine Vorlage veränderte, so wollte er eine Ansicht zum Ausdruck bringen, die gerade den falschen und daher verderblichen Entschluß auf Eingebung der Gottheit zurückführte. Diese verschiedene Auffassung von menschlicher Verantwortung und Schuld geht weiter. Hesiodos und Solon kennen keinen entlastenden göttlichen Einfluß; auch Archilochos faßt seine *ἄτη* anders auf. Aber der alte Gedanke, daß eine göttliche Macht, ein Dämon oder die Ate selbst den Menschen bestimmt, ist keineswegs erstorben. Noch Euripides läßt den Iason sagen, er verdanke seine Rettung nicht Medeia, sondern der Kypris, die Medeia verliebt machte, Med. 528. Daß der Dichter gerade dadurch gegen den von ihm verworfenen Glauben polemisiert, macht nichts aus, denn die Entschuldigung, von einer dämonischen Leidenschaft bezwungen zu sein, ließen nun recht viele gelten und glaubten sich damit vor sich selbst zu entschuldigen. Andererseits sagt ein so wenig selbst denkender Dichter wie Bakchylides 15, 51 *Ζεὺς οὐκ αἴτιος θνατοῖς με-*

[1] Er nennt ihn nicht, sondern braucht einen unbestimmten Plural; die Hörer konnten nicht zweifeln, und Solons Kritik hütete sich vor persönlicher Gehässigkeit gegen einen Mann, mit dem er gut gestanden hatte.

γάλων ἀχέων, ἀλλ' ἐν μέσωι κεῖται κιχεῖν πᾶσιν ἀνθρώποις δίκαν[1]. Dagegen Aischylos kennt die ἀπάτη θεῶν, die den Menschen in das Netz der ἄτη jagt, Perser 93[2], und von ihm rührt der Spruch her, den wir in der Form quem deus perdere vult dementat anzuführen pflegen, θεὸς μὲν αἰτίαν φύει βροτοῖς, ὅταν κακῶσαι δῶμα παμπήδην θέληι, Niobe 156. Wir kennen ihn durch Platon, dem er lästerlich klang; sein αἰτία ἑλομένου, θεὸς ἀναίτιος protestiert gegen jede solche Lehre. Leicht ließe sich das Problem mit seinen Widersprüchen weiter in den Religionen verfolgen. Wer Pindar kennt, wird sich sagen, daß ihm alle diese Gedanken ganz fern liegen; das kann man zuversichtlich von der ganzen dorischen Griechenwelt versichern.

Im Proömium der Odyssee heißt es von den Gefährten des Odysseus, die sich an den Rindern des Helios vergriffen, daß sie durch ihre ἀτασθαλίαι zugrunde gingen. Ihre Tat war schon im μ 300 ἀτασθαλίη genannt. ἀτάσθαλος erklärt Apollonios Archib. durch ἁμαρτωλός; besser wird man ἀνόσιος sagen, nach Herodot 8, 109, 3, der die beiden Wörter nebeneinander stellt. Das α läßt gleich darauf in der olympischen Szene Zeus sich darüber beschweren, daß die Menschen sagen, das Übel käme von den Göttern, οἳ δὲ καὶ αὐτοὶ σφῇσιν ἀτασθαλίῃσιν ὑπὲρ μόρον ἄλγε' ἔχουσιν. Es kommt auch vor, daß sie durch eigene Frevel Schmerzen haben. Aristarch hat freilich das καί für abundierend erklärt, aber auf diese Willkür können wir uns nicht einlassen; Zeus konnte auch gar nicht bestreiten wollen, daß die Götter oft den Menschen ἄλγεα bereiten. Dazu stimmt ὑπὲρ μόρον; wenn die Menschen nicht frevelten, würden sie sich diese ἄλγεα ersparen. So wäre es dem Aigisthos gegangen, wenn er den Mord Agamemnons unterlassen hätte. Der Gebrauch von ὑπὲρ μόρον ist nicht mehr der alte, aber das ist nicht

[1] So bequem soll der Weg zur ἀρετή sein. Diese verzweifelt naive Schätzung wird nicht verständiger durch die asyndetisch angeschlossene Erklärung, daß ὀλβίων παῖδες die Δίκη sich zur Hausgenossin wählen.

[2] Perser 831 sagt Dareios den Ratsherren, sie sollten den Xerxes dazu bestimmen λῆξαι θεοβλαβοῦνθ' ὑπερκόμπωι θράσει, sehr eigentümlich, er handelt in seiner Überhebung wie ein θεοβλαβής; aber das ist bei Herodot z.B. VIII 137, 4 so viel wie mit Blindheit geschlagen, also von der Gottheit. In dem Verse kann es das nicht sein, denn Xerxes soll sich bessern können, es ist also nicht mehr als μανιώδης, wie θεοβλάβεια bei Aischines 3, 133 neben ἀφροσύνη steht. Das Verbum ist eine Neubildung, die nicht wieder vorkommt. Die Tragiker kennen das Wort in allen Formen sonst nicht.

zu verlangen, und es ist gut verständlich. Was die Menschen *κατὰ μοῖραν* erleiden, das kommt von Zeus und den Göttern, Gutes und Böses. Als Penelope hört, daß die Freier getötet sind, vermutet Penelope, *ψ* 67, ein Gott hätte sie für ihre *ὕβρις* bestraft, *τῶι δι' ἀτασθαλίας ἔπαθον κακόν. T* 87 sagt Agamemnon geradezu, daß *Ζεὺς καὶ Μοῖρα καὶ ἠεροφοῖτις 'Ερινύς* ihn zu seinem Auftreten gegen Achilleus getrieben haben; Zeus hat ihm seine Tochter Ate gesandt. Aber wir wissen, daß er im Iota die Schuld auf seine *λευγαλέαι φρένες*, also auf sich nahm. Der Dichter des *α* hat also nichts Neues gesagt, nur die Antithese der widersprechenden Vorstellungen gehört ihm, und daß sie ihm zuerst aufgegangen sei, ist wenig wahrscheinlich. Er hat doch die Erga benutzt, kann nicht älter als Archilochos sein, und wie gering seine Originalität und seine Erfindsamkeit ist, sollte nicht vergessen werden[1]. Wenn kürzlich von mehreren Seiten dieser Stelle große Wichtigkeit beigelegt ist und Solon bei dem Verfasser des *α* gelernt haben soll, so erklärt sich das wohl dadurch, daß das *α* Homer heißt und die ersten Verse eines Gedichtes im Gedächtnis besonders fest haften.

[1] Wie er arbeitet und was er taugt, zeigt sich in der Fortsetzung der Zeusrede. Da sollen die Götter den Aigisthos durch Hermes mehrfach vor der Ermordung des Agamemnon vergeblich gewarnt haben, und nun hat ihn die Strafe durch Orestes ereilt. Seltsame Götter. Hatten sie für Aigisthos so viel Wohlwollen und so wenig für Agamemnon, daß sie den ungewarnt in den Tod gehen ließen? Daß Menschen durch ihre *ἀτασθαλίαι* sich den Tod bereiten, ist in der Ordnung, so hat es auch der Lokrer Aias getan; aber daß sie eine persönliche Warnung durch einen Gott in den Wind schlagen, ist unerhört, mit dem Verkehr zwischen Göttern und nicht nur Menschen, sondern auch Göttern, wie ihn das Epos schildert, unvereinbar. Kalypso im *ε*, Poseidon im *O* gehorchen. Male man sich doch ein Gespräch zwischen Hermes und Aigisthos aus. Wie der Poet auf den Einfall gekommen ist, versteht man leicht: Hermes wird sogleich zu Kalypso geschickt, 84. Ich habe schon früher darauf aufmerksam gemacht, daß die Telemachie eine Exposition brauchte, die durch die Parallele mit der Rachepflicht des Orestes die Reise des Telemachos vorbereitete; jede Odyssee mußte über den Verbleib des Odysseus orientieren. Also ist sehr wahrscheinlich, daß der Bearbeiter eine olympische Szene vorfand und ebenso in seinem *α* verarbeitete wie den zu *β* gehörigen Eingang der Telemachie. Wie viel er übernahm, ist unbestimmbar; die Antithese, mit der sein Zeus beginnt, könnte dazu gehören. Sie wird ja erst durch *ὑπὲρ μόρον* und die Sendung des Hermes verdorben.

Wir haben früher gesehen (I 357), daß schon die Patroklie davon weiß, daß Zeus Menschen, die ungerecht richten, *θεῶν ὄπιν οὐκ ἀλέγοντες*, durch eine Überschwemmung bestraft, und Hesiod von der göttlichen Strafe weiß, die ein einzelner meineidiger Richter über seine Stadt bringen kann. Das ρ 485 weiß, daß Götter verkleidet, auch in Bettlergestalt, auf die Erde kommen, um die Frevel der Menschen kennenzulernen. Erga 321–34 werden Missetaten aufgezählt, gegen die Zeus selbst einschreitet. In der Erklärung habe ich sie Todsünden genannt, um den Gradunterschied hervorzuheben. Ich wußte, daß ich genauer von Sünden hätte sprechen müssen; aber dort durfte ich nicht so weit abschweifen. Wir sind gewohnt, alle Verstöße gegen die von der Kirchenlehre geforderte Sittlichkeit Sünden zu nennen, also Taten, die Gott verboten hat. Das muß anders sein, wo die Moralgesetze erst spät und allmählich mit der Gottesverehrung verbunden werden. Tatsächlich macht unsere Praxis und auch unsere sittliche Empfindung die stärksten Unterschiede, und das Recht hat wieder eine andere Skala. Es ist unvermeidlich, die Sprache zu verhören; sie allein lehrt unzweideutig, wie die Hellenen gedacht haben, schon ehe der Staat mit seinem Rechte eingriff. Wir müssen fragen, wie sich etwas dem Begriffe der Sünde Entsprechendes gebildet hat, von der Homer nichts weiß. *ἁμαρτεῖν*[1] ist „verfehlen"; man sagt es vom Geschosse. Verfehlungen bestrafen sich selbst; da braucht kein Gott einzugreifen, und auch später leiht der Staat seinen Arm nur dem, der durch die Verfehlung eines anderen geschädigt ist, also im Privatprozesse[2]. Das Wort greift dann sehr weit um sich, eine

[1] Aischylos, Ag. 537, bildet ein Wort *τὰ ἁμάρτια* nach *ῥύσια* für die Strafsumme, die der Schuldige als Ersatz des durch seine *ἁμαρτία* dem Kläger entstandenen Verlustes zu zahlen hat. Oft stumpf als „peccatum" mißverstanden. Auf Pers. 676 ist kein Verlaß.

[2] Aristoteles Eth. V 1135 b unterscheidet die *βλάβαι ἐν ταῖς κοινωνίαις*. *ἀτύχημα* ist, was lediglich durch zufällige Einwirkung von außen geschieht, *ἁμάρτημα* was zwar von dem Handelnden verübt ist, aber nicht aus böser Absicht; erst diese bewirkt ein *ἀδίκημα*, zu dem aber im Affekt auch einer, der nicht *ἄδικος* und *μοχθηρός* ist, kommen kann. Demgegenüber sieht die Moral der Komödie auch in der Vergewaltigung einer Jungfrau nur ein *ἀτύχημα*, also nichts anderes, als ihr dadurch geschehen ist, Menander Epitr. 530. 34. 37. Auch wenn er in der *Ῥαπιζομένη* den Unterschied zwischen *ἀτύχημα* und *ἀδίκημα* macht, *τὸ μὲν διὰ τύχην γίγνεται τὸ δ' αἱρέσει*, so wird das *ῥαπίζεσθαι* nicht einmal ein

bedenklich milde Moral will immer mehr für bloße Verfehlung erklären, und die kupplerische Amme mahnt den Hippolytos, der ihren verbrecherischen Antrag für ein *ἀδίκημα* erklärt, daran, daß *ἁμαρτεῖν* menschlich sei (615). Wir sagen, irren ist menschlich, und das *ἁμαρτεῖν* war einmal etwas Ähnliches gewesen. Nun führte die Ausdehnung auf sittliche Verfehlungen dazu, daß die Stoa dem *κατόρθωμα* das *ἁμάρτημα*, noch mit richtiger Erinnerung an die echte Bedeutung, entgegensetzte, so daß es von der jüdisch-christlichen Sprache für „Sünde" übernommen werden konnte. Die ionische Sprache besaß ein dem Epos noch fremdes Wort *ἀμπλακεῖν*, das die Tragödie aufnimmt, doch so, daß es in ihr gegen Ende schon selten und schwächer wird. Das brauchte oben Archilochos von einer uns unbekannten Tat, die für ihn zu einer *ἄτη* ward. Ibykos sagt in dem durch Platon im Gedächtnis erhaltenen Verse: *δέδοικα μή τι πὰρ θεοῖς ἀμβλακὼν τιμὰν πρὸς ἀνθρώπων ἀμείψω*. Bei den Göttern ist *ἀμπλακία*, was bei den Menschen Ehre einbringt. *θεοῖς ἀναμπλάκητος*, Aischylos Ag. 345. *ἀμπλακίαισι φρενῶν* ergibt sich Koronis dem Ischys, Pind. Pyth. 3. 13; *ἀμπλακία* war, daß Kassandra sich dem Apollon versagte, Agam. 1212. *ἀμπλακοῦσα* von einer Ehebrecherin Eurip. Androm. 948. Unverkennbar liegt hier schon mehr von Sünde darin. Es ist eine Handlung, welche von den Göttern so beurteilt und daher bestraft wird. Das führt hinüber zu dem epischen *ἀλιτέσθαι*, das transitiv von dem Verhältnis gegen die Götter gebraucht wird, *T* 265, *δ* 378, daneben von dem Verhalten gegen Waisenkinder, Hesiod Erga 330. Das Aktivum steht intransitiv von einem Verhalten, das Versöhnung ausschließt, *I* 375, vom Verwandtenmorde Aspis 80, von Gotteslästerung Aischylos Prom. 534[1]. Das ist also wirklich sich versündigen. Und nun sehe man, welche Ver-

*ἁμάρτημα* sein, ein Wort, das Menander vermeidet. Hübsch sagt dagegen ein Vater bei Philippides (Stob. III 18, 20) zu seinem Sohne, der sich mit Betrunkenheit entschuldigen will, *ὁ εἰς τὸν ἀσθενῆ βίαι τι, Πάμφιλε, ποιῶν ὑβρίζειν οὐχ' ἁμαρτάνειν δοκεῖ*. Übrigens sieht schon Gorgias 15 in dem Ehebruche der Helene ein *ἀτύχημα*, kein *ἀδίκημα*.

[1] Es ist die einzige Stelle der Tragödie, die das Wort anwendet, was die Herren verdauen mögen, die den Prometheus athetieren. Die Strophe ist ganz und schön: „möge ich nicht zögern den Göttern mit Opfern zu nahen, noch mich mit Worten versündigen, sondern bleibe mir dies immer fest (im Herzen) und schwinde nie daraus", dies, das *μήτε ἐλινύειν μήτε ἀλιτεῖν*. Das will der Glaube an starre Silbenresponsion zerstören. Archaisch ist beides, Sprache und Versbau, und darum aischyleisch; aus euripideischer Zeit kann beides nicht stammen.

gehungen Hesiod als die namhaft macht, welche Zeus ahndet: Vergewaltigung, auch ἀπὸ γλώσσης, d. h. vor Gericht durch Falscheid, Kränkung von ξένος und ἱκέτης[1], Verführung der Schwägerin, Versündigung an Waisenkindern, Schmähung der Eltern. Hesiod hat gemäß seiner subjektiven Schätzung hinzugefügt, was ihm göttliche Bestrafung zu verdienen schien, z. B. die Eltern nicht nur gegen tätliche Mißhandlung durch die πατραλοῖαι schützen wollen, die in der Unterwelt nach der eleusinischen Lehre mit den Meineidigen sich im Kote wälzen (Aristoph. Frösche 274); aber zugrunde liegt die Hervorhebung solcher Missetaten, gegen welche Zeus selbst einschreiten muß. Es entspricht seinen Beinamen ξένιος ἱκέσιος; die außer ihrer Gemeinde rechtlosen Leute müssen unter göttlichen Schutz gestellt werden. Die Erinyen heben sie unter denen hervor, deren Kränkung im Hades schwere Strafe findet (Aischyl. Eum. 270. 546)[2]. Die Furcht vor Strafe im Jenseits soll sie schützen; das liegt dem Hesiodos und den Ioniern noch ganz fern. Aber auch überhaupt die Schwachen, Vergewaltigten und Betrogenen vertrauen auf die Hilfe des Zeus, auch dann noch, als es Richter gibt, wie Hesiodos zeigt. Es ist klar, daß das Rechtsgefühl in den Zeiten vor staatlicher Rechtspflege und weiter, wenn diese versagte, Hilfe von der Gottheit erwartet hat. Da sind dann gewisse ἀδικήματα als ἀμπλακίαι herausgehoben, direkte Vergehungen gegen die Götter gehörten dazu, Meineid, dessen Ahndung immer den Göttern anheimgestellt blieb[3], und dann solche Taten, in denen sich ein θυμὸς ἀλιτρός zeigte, wie Solon sagt, ἀτασθαλίαι, wie es im Epos heißt; darin liegt ja das ἀνόσιον. ἀλιτρός gehört zu ἀλιτεῖν und ebenso der ἀλιτήριος, wie z. B. die Mörder der Kyloneer immer heißen. So sind wir berechtigt von Sünden zu reden, die sich über Verbrechen und Vergehen erheben und göttliche Strafe

[1] Bezeichnet wird nur das Vergehen gegen den ἱκέτης, aber ein Vergehen von diesem gegen den, welcher ihn aufgenommen hat, ist ebenso eine Sünde, wie die paradigmatische Geschichte von Ixion beweist.

[2] Platon, Ges. 718, schärft nach den Pflichten gegen Familie und Staat (die Götter waren früher behandelt) die gegen ξένοι und ἱκέται ein. Er schließt sich an die alten Gebote an, die das Verhalten zu Göttern und Eltern und die Beobachtung der νόμοι κοινοί vorschrieben. Zu diesen gehörte die Schonung der Fremden und Schutzflehenden. So geht Platon von der alten Ethik aus, die er neu formuliert und tiefer begründet.

[3] Die δίκη ψευδομαρτυριῶν galt nur den durch die Folgen des Meineids geschädigten Privatinteressen.

verwirken, wenn der Staat seine Pflicht versäumt. Erwachsen ist dieser Glaube an ein Eingreifen der Götter, wo eine Rechtshilfe von den Menschen, also dem Staate, nicht zu erwarten war, sei es, daß man ihm nicht traute, sei es, daß die Geschädigten nicht imstande waren, den Rechtsweg zu beschreiten. War doch der Rechtsweg zuerst überwiegend eine in feste Form gebrachte Selbsthilfe. Das Rechtsgefühl hat noch nicht erreicht, sich in einem staatlichen *νόμος* durchzusetzen. Im Mutterlande hat der Pythier das Blutrecht durch seinen göttlichen Willen durchgesetzt; das reichte nicht bis Ionien.

Das Recht zu verfolgen ist hier unmöglich; aber das gehört doch her, daß das altattische Recht sich bemüht hat, gegen die Sünden, wo es sie fassen konnte, einzuschreiten. Dazu gehören die *γραφαὶ κακώσεως*, die den Ehefrauen, Erbtöchtern und Waisen galten, *κάκωσις* der Eltern sogar jedem Bürger zu verfolgen gestattete, vor allem aber war die *ὕβρις* dem Gesetze nach ein Verbrechen, das als öffentliches durch Schriftklage verfolgt werden sollte. Seit der Grundsatz des *τιμωρεῖν τῶι ἀδικουμένωι* von der Demokratie anerkannt war, mochte auch ein Fremder durch das Eintreten eines Bürgers Rechtsschutz erfahren; aber immer half Zeus *ἱκέσιος* dazu. Die *ὕβρις* führt uns in eine andere Region der hellenischen Sittlichkeit. Zwar kommen die Götter in der Odyssee auf die Erde, um *ὕβρις* und *εὐνομία* der Menschen zu prüfen, bei Hesiod, Erga 134, heißt es, daß das silberne Geschlecht vernichtet worden ist, weil sie *ὕβριν ἀτάσθαλον* nicht im Zaume hielten. Bei Theognis hat die *ὕβρις* ionischen Städten den Untergang gebracht[1]. Sie war also bei den Ioniern verbreitet, aber gezähmt ward sie nicht; sie haben ja auch das *ὕβρις φυτεύει τύραννον* oft genug erfahren. Da ist ihr Gegensatz *εὐνομία*; immer wieder lobt oder empfiehlt sie Pindar für die Städte, in denen die alte Verfassung besteht. Wenn es sich um das Verhalten des Einzelnen handelt, so wird *σωφροσύνη* der Gegensatz der *ὕβρις*, und von der haben Alkaios und Archilochos, Mimnermos und Anakreon wahrlich nichts besessen. Wir aber sind gewohnt, in dem Maßhalten gerade die spezifisch hellenische Tugend zu sehen, und sollen dabei nur bedenken, daß sie als wichtigste

[1] Die Unterwerfung der Magneten am Mäander (die am Sipylos waren längst lydisch), die ihrer Freiheit ein Ende machte, hat Archilochos erlebt, und seine Erwähnung erhielt ihre *κακά* im Gedächtnis, daher bei Theognis 603. 1103 steht ein Vers, der gemacht ist, als Kolophon und Smyrna das Geschick der Magneten geteilt hatten, unter Kroisos.

sittliche Forderung in den Kreis gehört, den der pythische Apollon behauptet. Die Sprüche der Sieben Weisen *μηδὲν ἄγαν, μέτρον ὅρα, καιρὸν γνῶθι*[1] gehören in dieselbe Klasse mit denen, welche in der Vorhalle des delphischen Tempels standen, und in dem *γνῶθι σαυτόν* hat vor Platon (Charmides 164e) schon Herakleitos *σωφρόνει* gefunden[2]. An der einzigen Stelle der Ilias, wo das Wort *σαόφρων* vorkommt, *Φ* 462, sagt Apollon von sich, daß er auf diese Eigenschaft Anspruch macht, und beweist es durch sein Verhalten gegenüber dem älteren Poseidon. Bei Theognis 41 steht es als Gegensatz zu *ὕβρις* in Beziehung auf das politische Verhalten[3]. Wie überaus häufig die Tragödie und Thukydides das Wort gebrauchen und in wie weitem Sinne diese Tugend gefaßt wird, braucht nicht verfolgt zu werden. Sie ist von der Religion ganz gelöst.

Wenn die Vergehungen, die wir Versündigungen nennen können, göttliche Strafe verwirkten, die Erfahrung aber lehrte, daß sie nur zu oft im Leben straflos blieben, so hat uns Solon gesagt, daß Zeus die Strafe von dem Geschlechte der Sünder einfordert. Dieser Glaube hat lange vorgehalten; Herodot erzählt in einer der letzten Einlagen seines Werkes ein Beispiel, die Geschichte von Sperthias und Bulis, 7, 134–137, und er hat es *ἐν τοῖσι θειότατον* genannt. Überaus häufig ist in einem Unglück, das eine Familie oder einen Staat betraf, die Wirkung der *μῆνις* eines Gottes oder Heros gesehen worden, die ein ungesühnter Frevel hervorgerufen hatte[4]. Unverschuldetes Unglück konnte so durch Sünden der Vorfahren

[1] Daß man den *καιρός* nicht vom glücklichen Momente mißverstehe: Theogn. 401 *μηδὲν ἄγαν σπεύδειν· καιρὸς δ' ἐπὶ πᾶσιν ἄριστος ἔργμασιν ἀνθρώπων.*

[2] 116 *ἀνθρώποισι πᾶσι μέτεστι γινώσκειν ἑωυτοὺς καὶ σωφρονεῖν.* Das können sie alle haben; ein Gegensatz mußte folgen, der wohl Einzelne, die es auch erreichten, charakterisierte. Es ist kaum begreiflich, daß *σωφρονεῖν* geändert wird, obwohl die Sentenz bei Stobäus im Kapitel *περὶ σωφροσύνης* steht und der Sinn klar und gut, freilich nicht philosophisch tiefsinnig ist.

[3] In dem jungen Gedichte 701 wird *σωφροσύνη* an Rhadamanthys gelobt; da ist die Beziehung für uns nicht faßbar, denn den Richter kann sie nichts angehen. Die spätere Philosophie faßt ihren Begriff immer enger als temperantia, *ἀκολασία* als ihren Gegensatz. Davor muß sich die Erklärung der älteren Zeugnisse hüten.

[4] Hippolytos sieht in seinem schuldlosen Tode ein *κακὸν μιαιφόνων συγγόνων παλαιῶν προγεννητόρων*, wo man an keine bestimmten Vorfahren denken soll, Euripides Hipp. 1379.

mit dem Glauben an die göttliche Gerechtigkeit in Einklang gebracht werden. Tiefere Einsicht sah in der Vererbung der frevelhaften Gesinnung die fortzeugende Kraft der ersten Schuld. Platon, Ges. 854b, richtet eine befremdende Ansprache an den, welcher mit der Versuchung, sich an heiligem Gute zu vergreifen, kämpft: *οἰστρός σέ τις (κινεῖ) ἐμφυόμενος ἐκ παλαιῶν καὶ ἀκαθάρτων ἀνθρώποις ἀδικημάτων περιφερόμενος ἀλιτηριώδης*. Eine solche ererbte Belastung konnte dann auf jedem liegen, der erst durch sie zum Sünder ward, so daß ihm Platon anrät, sich lieber das Leben zu nehmen, als selbst schuldig zu werden. Das Grauen vor solchem Erbe überkommt den Chor des Agamemnon 1341, als Kassandra in das Schloß geht, wo Klytaimestras Beil sie erwartet. Daß sich eine Sünde auf ihn vererbt habe, darauf muß jeder Mensch gefaßt sein; aber von der Erbsünde, wie der Christ sie von Adam her tragen soll, ist nie die Rede, kein Gedanke an ein radikales Böses in der Menschennatur. Beides ist schlechthin unhellenisch[1]. Der Gott, der nach Empedokles in allen Wesen steckt, hat sich selbst schuldig gemacht.

Eine andere Lösung dieses Problems wird in dem Gerichte über die Seelen nach dem Tode gefunden, aber dieser Glaube ist der Nekyia, ist dem Solon, ist den Ioniern noch fremd, mit deren Vorstellung von der Seele er ganz unvereinbar war; wo und wie er, nicht vor dem Ende des sechsten Jahrhunderts, aufgekommen ist, weiß ich nicht zu sagen. Platon, Ges. 870d, beruft sich auf *τελεταί*, aber zugleich mit den Höllenstrafen verbindet er das Schicksal der wiedergeborenen Seele. Das ist zweierlei. Nur das erste kennt Aischylos, und so ist es einmal in den eleusinischen Glauben aufgenommen, der unter die *τελεταί* gerechnet werden konnte. Für die Periode, die wir hier betrachten, existiert es noch nicht.

Nun werden wir sagen können, ob diese Griechen den Traum des Lebens schön geträumt haben. Schwer genug ist ihnen das Leben gewesen, und zum Träumen hatten sie wenig Lust, aber vom Pessimismus waren sie weit entfernt, dazu hatten sie in ihrem tä-

[1] Im pythischen Hymnus 336 stammen Götter und Menschen von den Titanen, über diese von Erde und Himmel. Das meint nichts anderes als Hesiods Theogonie und sein *ὁμόθεν γεγάασι* von Göttern und Menschen. Was in den *ἱεροὶ λόγοι* des Orpheus stand, Fr. 220, ist für die alte Zeit und die echte Religion unverbindlich, ganz abgesehen von der Unsicherheit der Deutung.

tigen Leben und ihrer Genußfähigkeit weder Zeit noch Stimmung. Optimismus ist diese Stimmung freilich auch nicht. Was helfen auch solche Abstraktionen gegenüber dem konkreten Leben, das wir geschichtlich mitfühlend begreifen? Der gefangene Silen hat das Urteil abgegeben, nie geboren zu sein, wäre für den Menschen am besten, und das ist oft wiederholt worden, die äußerste Steigerung über das homerische οὐδὲν ἀκιδνότερον γαῖα τρέφει ἀνθρώποιο. Das Elementarwesen, der ϑήρ, kennt freilich die Schmerzen nicht, die wir dulden, weil wir eine Seele haben; wir dürfen wohl so sagen, wenn es auch aus unseren heimischen Sagen übertragen ist. Von Dionysos reden die ionischen Dichter kaum, aber wenn wir auf die Vasenbilder blicken, so sehen wir den λυαῖος, λύσιος, der die Menschen von dem Drucke dieses schweren Lebens befreit, indem er sie in seinem Gefolge zu Silenen erhebt. Das ist zwar nicht der Gott der zahmen Staatskulte, aber seine Mysterien, seine Orgien haben in dem Volke Bekenner genug, wenn auch nicht in der Gesellschaft, der Archilochos angehörte. Der besitzt dafür die κρατερὴ τλημοσύνη, den Mannesmut, der die Schläge des Schicksals überwindet: das ist ionische, wird hellenische Gesinnung, eine andere ἀρετή als die Standesehre des Spartiaten, das Selbstgefühl des Mannes, der auf sich steht und sich allen Gewalten zum Trotze erhält, prometheisch, zu leiden, zu weinen, zu genießen und sich zu freuen, und das Leben, wie es eben ist, hinzunehmen und hinzugeben ohne viel zu grübeln. Semonides kennt die Leiden des Lebens und die Wahrheit des homerischen Verses, aber daraus folgert er nur, trotz allem dieses Lebens Genüsse zu suchen, und er bewahrt auch die Kraft tätig zu wirken. Hesiodos hatte die κακά, die den Menschen von den Göttern zugeteilt waren, schwer genug empfunden, aber doch den Weg zur ἀρετή gezeigt; wer zu ihr emporgedrungen war, hatte es dann leicht. In der Feier der Κρόνια lag der Glaube an ein verlorenes paradiesisches Leben, aber sie waren doch fröhliche Ruhetage nach der heißen Arbeit, ein Fest des Bauern und seines Gesindes, nicht der Ritter. Die Dichtung von den Weltaltern steigert Hesiod zu einer Klage über sittlichen Verfall; die Anklage gegen δωροφάγοι βασιλῆες stimmt dazu. Dieser rechtlose Zustand ohne αἰδώς beruht nicht auf Verstößen gegen die Götter, auf religiösen Sünden; wir spüren die nahenden Kämpfe, durch die sich eine gedrückte Schicht des Volkes politisch und sozial emporarbeitet. Zweihundert Jahre später klagt Theognis ähnlich: da ist er der Wortführer des nun heruntergedrückten

Standes. Beide gehören dem Mutterlande an; aus dem Osten hören wir direkt verschwindend wenig[1], aber schon die Zustände, wie sie bei Herodot erscheinen, zwingen zu dem Schlusse, daß hier Hybris von beiden Seiten noch viel wilder geübt worden ist. Nur Sparta und die Städte, in denen seine Krieger die alte Ordnung aufrechthielten, haben die *εὐνομία* bewahrt. Der Gegensatz ist stark, wird einmal zu vernichtendem Kampfe führen, allein zu dem Hellenentume, das unsterblich ist, hat jene starre *εὐνομία* auch beigetragen[2]. Es ist auch ein Gegensatz zwischen dem ionischen Glauben an den *τέλειος* Zeus, der selbst die Olympier zu seinen *πρόσπολοι* macht, und den zahllosen Göttern, die in allen Dörfern und Städten gläubig verehrt werden. Ein noch wichtigerer Gegensatz liegt darin, daß ein Heroenkult und Heroenglaube nur im Mutterlande besteht. Gerade in den Widersprüchen, den gegeneinander flutenden geistigen Strömungen liegt der Reichtum dieser Zeiten, in welchen sich jenes unsterbliche Hellenentum vorbereitet, das sich dann fortbilden wird, sowohl durch die Erweiterung der Kenntnisse wie durch immer neue Versuche, die Rätsel der Sinnenwelt zu lösen, wieder in Gegensätzen, ionischer Naturphilosophie und italischer Mystik. Wer da glaubt, eine gerade Linie der Entwicklung ziehen zu können, muß vielem sein Auge verschließen und verbaut sich selbst das Verständnis des Ganzen. Gewiß, es ist dieselbe hellenische Seele, die in dumpfen Kindertagen ihre Götter in Tiergestalten, aber auch als anmutige Mädchen im Walde sah, und der bald die Fittiche wachsen werden, auf daß sie sich zur Schau in das Reich des ewigen Seins aufschwinge. Aber dazu mußte sie alle die Irrgänge durchmachen, mit tausend Schmerzen aus allen lernen, hoffend, verzweifelnd, bis sie den rechten Führer findet. Wenn wir nur hoffen dürften, die Stationen dieses Weges einmal genügend kennenzulernen. Aber die Überlieferung ist gar zu spärlich, und die Griechen selbst haben später kein Verständnis für diese Zeiten des Werdens gehabt.

[1] Aus Milet wissen wir von einem Aufstande der Untertanen, *Γέργῑθες*, Herakleides Pontikos Athen. 524, und von einem Tyrannen Thrasybulos, aber das bleiben nackte Tatsachen, die sich in keinen geschichtlichen Zusammenhang fügen lassen.

[2] Lange Zeit habe ich selbst so gesündigt, daß ich durch Beschränkung auf den ionischen Stamm eine geradlinige Entwicklungslinie ziehen wollte. Platon, zumal durch die Gesetze, hat mich belehrt.

Ganz einseitig ionisch-attisch würde uns das Hellenentum erscheinen, wenn Pindar nicht zu uns spräche, der Prophet des Pythiers. Es ist eine seltene Ausnahme, wenn ein ionischer Dichter ein Kultlied verfaßt[1], selbst bei den beiden Keern[2]. Pindars Nachlaß hat überwiegend aus solchen Liedern bestanden; selbst Keos hat ihn herangezogen, für Delos, das ionische Heiligtum, hat er auch sonst mehrfach gedichtet. Dem Pythier fühlte er sich schon durch die Geburt hingegeben; indem ihn der Gott nach seinem Tode regelmäßig zum Festmahle lud, hat er ihn zum Heros erhöht. Aber er war nicht in dem Sinne Prophet wie die Pythia und die Deuter ihrer Worte, kein Organ des Gottes, sondern nicht weniger ein individueller Mensch als Archilochos. Daher hat er auch einen eigenen Glauben, und dieser ist uns noch wichtiger, als was wir durch ihn über die Götter, ihre Kulte und ihre Mythen erfahren. Sein Glaube, sage ich, denn dahinter steht kein System, kein bindendes credo; es würde etwas Schreckliches werden, wenn jemand eine Theologie Pindars konstruieren wollte. Er ist ein Dichter und wird in den Stimmungen eines langen Lebens nicht immer gleich empfinden. Dichten ist aber auch sein Handwerk, und durch jede Aufgabe ist er mehr oder weniger gebunden. Der Gott, auf den er dichtet, hat seinen Mythos, das Fest hat sein *αἴτιον*. Ein Lied für Delos verlangt die Entbindung der Leto, die delphischen Theoxenien den Tod des Neoptolemos. Für einen Päan hat er sich die ganze Geschichte von Abdera erzählen lassen. In jedem längeren Epinikion stehen solche Partien, die ihm inhaltlich vorgeschrieben waren. Was er in der Ode auf Diagoras über Helios, Aphrodite, Telchinen vorträgt, geht Rhodos an, nicht den Glauben Pindars, oder doch nur so weit, als er überall die Götter und die Mythen, wie sie hier und dort anerkannt waren, gelten läßt: das tut der Pythier ja auch. Wenn er auf den Tod eines Atheners einen Threnos dichtet, wird er die eleusinischen Weihen preisen, in denen jener eine Hoffnung auf ein künftiges Leben gefunden hatte. Theron von Akragas vertraute auf eine andere Geheimlehre,

[1] Wie anders der Nachlaß Alkmans. Auf Stesichoros Namen gingen Päane, die aber in die Ausgabe seiner Werke nicht aufgenommen waren. Textgesch. der Lyriker 34.

[2] Bakchylides hat ein Lied für die Pamboiotia verfaßt, Simonides auf Boreas für die Athener, Sappho u. Simon. 207, also für Kulte des Mutterlandes. Das asiatische Ionien kannte Chöre in seinem Gottesdienste so wenig wie an Familienfesten.

Pindar hat von ihr erfahren und folgt ihr, weil er Theron trösten will. Das gibt uns kein Recht, ihm diesen Glauben zuzuschreiben. Auch in einem anderen Gedichte[1] hat er Paradies und Hölle geschildert und für besonders große Heroen der Vorzeit noch eine besondere Art der Seligkeit angegeben. Nicht eben sehr deutlich deutet er auf Seelenwanderung. Die *ψυχή* als das Göttliche im Menschen, durch das er lebt, ist ihm vertraut, aber sie lebt nur fort als *αἰῶνος εἴδωλον*. Er hat diese Vorstellungen, die ihm von außen zukamen, weitergegeben, mag sie auch innerlich nicht abgewiesen haben, aber ihm hat diese *γηροτρόφος ἐλπίς* (Fr. 214) schwerlich sein Herz eingewiegt. Nachruhm verspricht er den Siegern, kein persönliches Fortleben, und für sich erhebt er auch keinen anderen Anspruch (Nem. 8, 36). Nur im Geschlechte lebt der Sterbliche weiter; so kann man den Spruch 104c 16 (S. 551) Schr. wohl nur auffassen. Das entspricht auch dem Glauben der Gesellschaft, für die er dichtet und zu der er selbst gehört, den Familien, welche in ziemlich allen „dorischen" Städten das Regiment in den Händen haben und selbst in Athen tatsächlich führend waren, als er dort seine Lernzeit zubrachte. Da sich diese leitenden Geschlechter als Standesgenossen betrachten, gibt es trotz der Zersplitterung der Nation hier ein hellenisches Gemeingefühl, das durch die Verehrung derselben Götter und die Begegnung bei den Kampfspielen bestärkt wird, und das der Segen des pythischen Gottes bekräftigt. Der Sieg des einzelnen Bürgers wird als Ehre seiner Heimat empfunden, und er selbst fühlt sich als Nachkomme der Heroen seiner Stadt, denen er durch den Sieg nahe rückt, wenn auch die Ansprüche auf Götterblut nicht mehr erhoben werden. So spricht Pindar durchaus nicht nur zu der einzelnen Person, sondern auch zu ihrer Stadt und weiter zu den Hellenen. Nur er hat sich diese Stellung erworben; die Ionier Simonides und Bakchylides können sich das nicht erlauben. Was er in Einklang mit seinem Gotte wünscht oder fordert, ist die Erhaltung der väterlichen Ordnung, die *εὐνομία*, also auch Eintracht und Frieden in der Bürgerschaft, was die gesetzliche Haltung der Bürger in sich schließt, *σωφροσύνη* können wir sagen, wenn das Wort auch nicht zu seiner Terminologie gehört, *μεγαλοπρέπεια* im aristotelischen Sinne (Nikom. Ethik IV 2) gehört auch dazu. Gegen die Haltung des Archilochos spricht Pindar seinen Widerwillen offen aus: ihm

[1] Genaueres Pindaros 497.

ist aber auch Odysseus antipathisch, und er hat die Odyssee nicht gemocht. Nun muß er als Dichter vom Handwerk aber auch für Demokratien und für Tyrannen dichten, und gerade das steigert sein panhellenisches Ansehen, denn er vergibt sich nichts, erhebt sich vielmehr zur Würdigung der persönlichen Leistung, wo immer er Tüchtigkeit antrifft, und aus den Mahnungen, welche er dem Deinomenes gibt, der in der neuen Stadt Aitna König sein soll, spricht der überlegene, furchtlose Mann, der auch der Tyche von Himera als Tochter Zeus des Befreiers von der Tyrannis gehuldigt hatte. Mit der Unterordnung unter den Willen der Götter und der Einordnung in die gesetzliche Ordnung der Gesellschaft ist von den Menschen viel verlangt. Das weiß der Dichter wohl, der noch im höchsten Alter bekennt, daß die Begier nach der Erfüllung unerreichbarer Wünsche so gar heiß brenne. Menschenkraft und Menschenglück hat der nicht höher als die Ionier eingeschätzt, der *ἄνθρωπος σκιᾶς ὄναρ* gesagt hat. Am bloßen Leben hängt nur, wer ein solcher Schatte ist. Aber der *αἰών* kann doch *μαλθακός* werden, wenn von Gott ein Strahl auf ihn fällt. Es ist einmal so, daß die Götter auf ein Gutes zwei Übel geben und das Menschenherz erschüttert haben, wenn sie ihm eine Freude gewähren. Darein müssen wir uns schicken, auf die Götter vertrauen, beten und nichts versäumen, was der herkömmliche Gottesdienst verlangt. So wird er denn alle Götter anerkennen, auch solchen in seiner Heimat Aufnahme gewähren, die sie noch nicht verehrte. Er wird auch Therons Glauben vortragen, wenn er zu ihm spricht. Auch die Mythen gehören dazu, und er scheut sich nicht, an ihnen fortzudichten. Es ist doch seine Erfindung, wie er Apollon und Chiron über die Nymphe Kyrene sprechen läßt. Das erschien ihm also der Würde des Gottes keinen Eintrag zu tun. Wie er sonst sogar ausdrücklich anstößige Mythen vermeiden will und die Pelopssage in einer Weise ändert, die manchem nicht minder anstößig scheinen muß, ist bekannt. Mit dieser Anerkennung aller Götter, ihrer Mythen, ihrer Wundertaten (*ἀρεταί*)[1], mit der Furcht vor den Folgen einer Sonnenfinsternis und dem Versuche, sie durch einen bittenden Chorgesang abzuwenden, ist aber seine Religion nicht erschöpft. In allen den zahllosen leibhaften Göttern, denen er Opfer und Gebete darbringt, empfindet er doch ein

[1] Dieser beinahe technisch gewordene Ausdruck steht wohl zuerst Sylloge 1151, in Athen Mitte des vierten Jahrhunderts. Späteres stellt Weinreich zu 1172 zusammen.

einiges gestaltloses Göttliches. *θεὸς ὁ πάντα τεύχων βροτοῖς* (Fr. 141), *ὁπόταν θεὸς ἀνδρὶ χάρμα πέμψηι, πάρος μέλαιναν ἐστυφέλιξε καρδίαν* (Fr. 225). *θεὸς . . κλυτὰν αἶσαν παρέχοι φιλέων* (Ol. 6, 101). Das steht zwischen der Erwähnung der Götter von Syrakus und der Bitte an Poseidon um gute Fahrt. *θεόθεν ἐραίμαν καλῶν* (Pyth. 11, 50). Solche Stellen ließen sich viele anführen[1]. Die *αἴγλα διόσδοτος*, Pyth. 8, 96, kommt auch nicht von Zeus dem Kroniden und Gatten Heras; das Adjektiv ist nur älterer Prägung als das gerade in Böotien beliebte *Θιόζοτος*. Dieses Göttliche stellt sich in mehr Sonderkräften dar, als es benannte Götter gibt, und der Dichter gibt ihm dann gemäß seiner Empfindung einen Namen, ja sogar einen Vater, ohne an eine mythische Zeugung zu denken, aber wohl an Zusammengehörigkeit. *Κλυθ' Ἀλαλὰ Πολέμου θυγάτηρ* (Fr. 78). *Ἀγγελία Ἑρμᾶ θυγάτηρ*, Ol. 8, 81, soll einem Verstorbenen Kunde bringen, daher der Vater. *Διὸς παῖς ὁ χρυσός*[2], denn ihn fressen keine Motten, und er bezwingt das Menschenherz (F. 222). *Ἀλάθεια Διός* bittet er zweimal (Ol. 10, 4 und Fr. 205), ihn vor einer unwahren Äußerung zu bewahren, ein besonders schönes, zumal bei einem Hellenen und einem Gelegenheitsdichter schwerwiegendes Wort. Es ist nicht bloß pindarisch, in etwas, dessen Macht über die Menschen empfunden wird, ein Göttliches zu schauen, und auch die sozusagen genealogische Verbindung mit einem der bekannten und benannten Götter findet sich auch sonst, *Ἔρως ὁ Διὸς παῖς* sagt Euripides Hipp. 534, *Αἰὼν Χρόνου παῖς* Heraklid. 900 usw. Es ist ja dasselbe religiöse Gefühl, das die meisten hellenischen Götter einst geschaffen hatte, und die „Personifikation" den späteren Griechen und unserer Dichtung ganz geläufig gemacht hat. Gerade darum ist es überaus wichtig, daß es bei Pindar keine poetische Figur ist, sondern eben jene Einstellung zu dem *κρεῖττον*, die bei ihm dauert und dauern kann, weil er alle Götter als Personen anerkennt und eben daher weiß, daß es unzählige Einzelmächte gibt, in denen das unbestimmbare Göttliche, ein *ἄπειρον*, enthalten ist, das er doch zugleich in *θεός* zur Einheit zusammenfaßt. Ihm konnte eine solche Gottheit, die er zuerst erkannte und benannte, die Hesychia, Dikes

[1] Aber Fr. 140 *τί θεός; ὅτι τὸ πᾶν* kann er unmöglich gesagt haben. Clemens wird irgendwie getäuscht sein. Vermutlich war ihm dieser Pantheismus als Apophthegma beigelegt.

[2] *κεῖνον οὐ σὴς οὐδὲ κὶς δάπτει ⟨δάμναται δὲ⟩ βροτέαν φρένα κάρτιστον κτεάνων*. Der Sinn verlangt gebieterisch Valckenaers Ergänzung. Die Verse sind mit ihr allerdings nicht hergestellt.

Tochter, zu einer μεγιστόπολις werden, gegen die auch die Giganten vergeblich anstürmten. Was er aus den blutlosen Schemen der hesiodischen Theia gemacht hat, habe ich vor vielen Jahren zu zeigen versucht[1]. Das muß man nachfühlen, das Göttliche als Einheit und zugleich in zahllosen Einzelerscheinungen muß man mitfühlen; wer das nicht kann, wird dem Pindar und durch Pindar der hellenischen Religion niemals gerecht werden.

Als der greise Pindar starb, ziemlich um dieselbe Zeit, da Protagoras in Athen auftrat, war es bereits entschieden, daß die Tage der Gesellschaft, für die er gedichtet hatte, vorüber waren. Auch Herrscher, wie er sie besungen hatte, gab es nicht mehr, weder in Sizilien noch in Kyrene. Damit war auch für chorische Lyrik seiner Art kein Platz mehr. Seine Religion war auf dem Boden jener Gesellschaftsordnung erwachsen, wurzelte in den Überlieferungen von den Vätern her in Kult und Sitte und mußte mit diesen ins Wanken kommen. Athens Macht überwog, der ionische Geist, gestärkt durch das attische Wesen, ließ sich nicht bannen. Überwinden konnten die Gegner Athens das verhaßte Reich, aber sie hatten keine gemeinsame religiöse Einstellung, auch wenn der Pythier ihre Partei nahm, und eine gemeinsame politische Ansicht hatten sie auch nicht; Sparta, Korinth, Syrakus, Chios und der Perserkönig waren nur durch den Haß gegen Athen verbunden, daher brachte ihr Sieg nichts als ein Chaos, und der Geist Athens ließ sich nicht mit materiellen Mitteln bezwingen.

Pindars Altersgenosse ist der Verkünder dieses Geistes während der Lebenszeit Pindars, Aischylos, der Kämpfer von Marathon, der die Gründung der Demokratie durch Kleisthenes und ihre Vollendung durch Ephialtes und Perikles erlebt und die Tragödie von ihren Anfängen auf den Gipfel geführt hat. Er fühlt sich als Lehrer seines Volkes, aber nur dieses Volkes; der Besuch von Syrakus hat für ihn keine solche Bedeutung wie für Pindar. Seine Religion ist schon in dem frühen Werke, das zum Glück erhalten ist, so geschlossen, wie von einem Dichter erwartet werden kann, der kein System hat noch haben will, aber aus den Erfahrungen seines Lebens auch seine religiösen und ethischen Einsichten vertieft. Für fremde Länder und Sitten hat er ein starkes Interesse, vor-

[1] Sitz. Ber. Berl. 1909, 827. Pindaros 200. An Theia ist mir das Verständnis dieser Religion aufgegangen.

nehmlich durch seine Feldzüge und Reisen bereichert, mag auch einzelnes dem Hekataios entnommen sein. Dagegen ist ihm alle Mystik fremd, selbst die seiner Heimatgemeinde; sie war unter den Peisistratiden aus dem Westen nach Athen gekommen, aber da verkehrten auch Dichter anderer Richtung wie Anakreon und Lasos. Auch von den theologischen Gedichten auf die alten Namen Epimenides, Musaios, Eumolpos, die noch zu seiner Zeit entstanden, hat er keine kenntliche Notiz genommen. Wenigstens können wir einige befremdende theologische Sonderbarkeiten, die noch erwähnt werden müssen, weder auf diese wenig bekannte Dichtung zurückführen noch überhaupt in ihrer Herkunft bestimmen[1]. Das bleiben aber immer Äußerlichkeiten, die das klare Gesamtbild nicht trüben dürfen. Im ganzen kann man ihn nicht besser charakterisieren als den Träger des echt attischen, solonischen Geistes, sowohl als Patrioten wie in seinem Glauben und seinen ethischen Forderungen. Den Glauben an den einen allmächtigen und gerechten Herrn und Lenker der Weltgeschichte bekennt er schon vor der Erlösung aus der Persergefahr in den Hiketiden, und in ihm findet der Chor des Agamemnon allein die Befreiung von der Last vergeblichen Sinnens. Zeus nennt er diesen Gott, aber auf den Namen kommt es ihm schließlich nicht mehr an. Trotzdem deutet er unmittelbar nach diesem Bekenntnis auf die beiden Vorgänger des Zeus in der Weltherrschaft, also auf Uranos und Kronos, die Theogonie Hesiods. Das ist für das Verständnis des Prometheus hilfreich, das aus dem allein erhaltenen ersten Drama der Trilogie sich nicht unmittelbar erschließt[2]. Denn der Zeus, der das Menschengeschlecht vernichten wollte und den Titanen, der gegen seine Brüder für ihn gekämpft hatte, wegen seiner Menschenfreundschaft gekreuzigt hat, ist grausam und ungerecht; Ios Leiden zeigt das auch. Prometheus aber, dem die Menschen

[1] Am auffälligsten sind die Verse aus den Heliaden

*Ζεύς ἐστιν αἰθήρ, Ζεὺς δὲ γῆ, Ζεὺς δ' οὐρανός,*
*Ζεύς τοι τὰ πάντα χὤτι τῶνδ' ὑπέρτερον,*

die man mit dem Hymnus auf Zeus vergleichen kann, den Platon anführt, dessen Überarbeitungen die Neuplatoniker und die Modernen für ihren Orpheus in Anspruch nehmen. Aber wer kann sagen, daß er nicht durch Xenophanes zu dieser Materialisierung der Gottheit gelangen konnte, von der wir nicht wissen, in welchem Zusammenhange und von wem sie ausgesprochen war.

[2] Genaueres Aischylos Interpretationen 130.

ihr Fortbestehen und alle ihre Künste und Fertigkeiten verdanken, ist in seinem Titanentrotze ebenso unversöhnlich wie durch neue Qualen nicht zu bezwingen und kann mit der Verkündigung drohen, daß auch Zeus seinen Überwinder zeugen wird. In den Grundlinien wissen wir, wie der Konflikt ausgeglichen ward: Zeus löst die im Tartaros gefesselten Titanen, Prometheus enthüllt das Geheimnis, so daß Zeus sich vor der Zeugung eines Überwinders hüten kann. Herakles befreit auch den Prometheus. Aber mit diesen Zügen, die alle bereits in älteren Sagen vorhanden waren, ist nicht gegeben, wie der Tragiker den Mythos dramatisch gestaltete, und wie er den „jungen Tyrannen" (310) zu dem Zeus seines Glaubens werden ließ. Er kann wohl die Theogonie, deren Mythen er nicht preisgeben wollte, nur so mit seinem Glauben ausgeglichen haben, daß in den früheren Weltperioden die Götter ebenso wie die Menschen anders waren. Da gab es die *πελώρια*, die Zeus nun vertilgt hat (152) oder durch Herakles, seinen Sohn, vertilgen ließ. Wie sich dank Prometheus die Menschen zivilisiert haben, so sind die Götter, soweit sie nicht selbst nur in jene wilde Urzeit gehörten, zu denen geworden, die nun unter Zeus stehend von uns verehrt werden. Hesiodos hatte ja auch mit dem Siege des Zeus geschlossen, also erst da die definitive Weltordnung eintreten lassen. Ganz entsprechend sehen wir die Verwandlung der Erinyen in Eumeniden; sie können ihre Aufgabe als Rächerinnen des Verwandtenmordes aufgeben, weil nun ein Staat vorhanden ist, der das Recht wahren und den Rechtsbruch ahnden kann. Wir mögen sagen, es läge in dieser Stellung zu den Geschöpfen der alten Religion die Erkenntnis der Wahrheit, daß die Vorstellungen von der Gottheit sich gemäß dem Fortschritte der menschlichen Kultur und Sittlichkeit wandeln; wenn wir uns nur hüten, so etwas dem Dichter selbst zuzuschreiben.

In den Persern können die hellenischen Götter nicht angerufen werden[1], aber *Ζεύς* ist auch hier *βασιλεύς*, 532, Herr der Geschicke, 740, und straft Überhebung schwer. Der Untergang des Perserheeres ist die Folge der *ὕβρις* des Xerxes, des unumschränkten Königs, den wir daher selbst als verzweifelnden Flüchtling sehen;

[1] Poseidon als den Gott des Meeres hat der Dichter unwillkürlich 750 genannt. In der Totenbeschwörung erscheint nicht nur Ge, eine universale Potenz, sondern auch Hermes und Aidoneus. Da hat der Dichter die vertrauten Namen nicht vermeiden wollen; das Barbarische kommt daneben genügend heraus.

aber wir sehen auch Dareios in seiner Majestät; keine Spur von hellenischer Feindschaft oder Verachtung gegenüber den Barbaren, kein überheblicher Nationalismus. Zeus ist eben nur der hellenische Name des universalen Gottes, der das für alle Menschen gleich gültige Sittengesetz aufrechthält.

Es bedarf keiner Ausführung, daß der Dichter die übrigen Götter, so wie sie der Mythos darbot, handelnd einführen konnte; der Glaube an Zeus schloß es nicht aus, und die Landesgöttin wird ihm nicht weniger teuer gewesen sein wie dem Solon. So wie sie in den Eumeniden erscheint, ist sie bereits die Seele Athens. Aber die Abgabe ihrer Stimme für Orestes wird durch die Berufung auf ihre mythische Geburt begründet, was wir mit Recht als grellen Mißklang empfinden. Auffällig ist die Behandlung des Apollon. Der Bote des Agamemnon 509 bittet ihn *σωτήϱ* und *παιώνιος* zu werden; er habe vor Ilion genug Pfeile in ihr Heer geschossen. Die gräßlichen Drohungen, mit denen er den Orestes zum Muttermorde hetzt, Choeph. 278, können kaum dadurch entschuldigt werden, daß noch kein Areopagitengericht besteht, und die Erinyen, die er mit gröbsten Schimpfreden aus seinem Hause weist und vor dem Gerichte nicht glimpflicher behandelt, vertreten doch ihr Recht, und die Stimmengleichheit des Urteils erkennt es an. Sie erinnern auch Eum. 724 an einen Betrug des Pythiers. Die Anklage der Thetis, Fr. 350, trifft das *ϑεῖον ἀψευδὲς στόμα* schwer, und die mißhandelte Kassandra ist berechtigt, ihn, seinen Namen etymologisierend[1], *ἀπόλλων ἐμός* zu nennen. Das läßt sich alles so auffassen wie der tyrannische Zeus des Prometheus, aber auf Ehrfurcht vor diesem Gotte deutet es nicht, mag er auch in seinen Sprüchen den Willen des Vaters verkünden. Es klingt sehr nach Euripides; Sophokles würde es als Lästerung empfinden. Daneben haben wir die ausdrückliche Angabe, daß Orpheus in den Bassarai auf dem Gipfel des Pangaion die aufgehende Sonne als Apollon und zugleich als höchsten Gott begrüßte, wofür er von den thrakischen Dienerinnen des Dionysos zerrissen ward. Da scheint die Deutung Apollons auf die Sonne vollzogen, die wir bei Euripides finden, und sie ist bei dem Dichter nicht befremdlich, der Artemis mit dem Monde gleichgesetzt und dieselbe Tochter

[1] Er etymologisiert sehr gern; das kann mit den die *ἔτυμα* in den Namen suchenden Spekulationen zusammenhängen, die wir bei Herakleitos und den Sophisten finden, war aber älter, wie die Namen der Thebais lehren, an die sich Sieben 830 anschließt.

Demeters genannt hat[1], also zwei sehr verschiedenen theologischen Deutungen gefolgt ist. Es steht hier aber wohl etwas anders. Denn in Thrakien ist Helios ein Hauptgott, Dionysos auch, und die Lykurgie behandelte den siegreichen Einzug dieses Gottes in Thrakien, Orpheus fiel als sein Gegner. Macrobius, Sat. I 18, führt zum Beweise der Identifikation von Apollon und Dionysos einen Vers, Fr. 341, an, der schon wegen des Versmaßes in die Bassarai gehört und wohl sicher so zu lesen ist

ὁ κισσεὺς Ἀπόλλων ὁ βακχειόμαντις[2].

Auf dem Pangaion war ein Dionysosorakel, das den Athenern bekannt gewesen sein muß[3]: da konnte der Inhaber wohl „der Efeu-Apollon, der bakchische Prophet" genannt werden, ohne daß eine Gleichsetzung gemeint war, vielmehr die Überlegenheit des neuen Gottes, der wie ein Apollon, aber mit Efeu, nicht mit Lorbeer bekränzt, prophezeite. Es war für den Gegensatz der streitenden Götter wirksam, wenn Helios als Apollon angerufen ward. Dann hat Aischylos die theologische Deutung gekannt, aber nur für eine besondere Gelegenheit verwertet, nicht dem Hellenengotte überhaupt aufgedrängt[4].

Über Solon hinaus hat Aischylos an eine Bestrafung der Sünder nach dem Tode geglaubt, Sünde in dem oben begrenzten Sinne. Schon Hik. 415 steht es dem bevor, der einem ἱκέτης die Aufnahme verweigert, und die Erinyen drohen außer mit den Martern, die sie dem Lebenden in Aussicht stellen, mit den Strafen des unerbittlichen Hades. Damit ist noch kein Totengericht gegeben, dem jede Seele unterworfen würde; von Belohnungen der Gerechten ist

[1] Fr. 170. Herodot II 156.

[2] Überliefert scheint βάκχιος ὁ μ. Hermanns Βακχεύς liegt ferner, und ὁ μάντις ist viel weniger wahrscheinlich als eine Beziehung, die wie vorher dem Gotte ein Prädikat des anderen gibt. Das ebendort angeführte euripideische Zitat, Fr. 477, kann nicht richtig sein, weil δέσποτα φιλόδαφνε βάκχε παιὰν Ἄπολλον εὔλυρε in die Metra nicht aufgeht. βάκχε pflegt nicht Eigenname zu sein; alle anderen Beziehungen gehen nur Apollon an. Ob Verlaß darauf ist?

[3] Rhesos 971.

[4] Hiket. 213 ist das Sonnenlicht mit Zeus verbunden. Dann sollen die Mädchen anrufen ἁγνόν τ' Ἀπόλλω φυγάδ' ἀπ' οὐρανοῦ θεόν, ohne daß ein Altar oder ein Symbol des Gottes bezeichnet wird. Angerufen wird er nur, weil er auch einmal aus der Heimat verstoßen war, was auf die Dienstbarkeit bei Admetos geht. Mit der Sonne hat es nichts zu tun.

überhaupt keine Rede, aber es ist doch mehr, als was der jüngste Zusatz der Nekyia mit den drei Büßern gibt. Der Ermordete kann zur Rache mahnen, auch helfen; Klytaimestras Schatte erscheint den schlafenden Erinyen. Dareios wird beschworen; Könige hatten eben im Hades immer einen Vorzug. Vorsicht ist geboten; aus der Benutzung älterer mythischer Bilder und Gestalten darf nicht auf den Glauben des Dichters geschlossen werden; die Erinyen gehören ja selbst einer überwundenen Periode an, und in ihrem zweiten großen Liede werden die moralischen Forderungen ohne Hindeutung auf Strafen im Jenseits vorgetragen; der Schuldige geht am Schlusse des Liedes zugrunde, damit ist es aus. Heilige Überzeugung ist dem Dichter, daß die Schuld sich selbst ihre Strafe zeugt, aber auch daß sie selbst neue Verschuldung bewirkt, so daß jeder Mensch befürchten muß, ein solches Erbe mitbekommen zu haben (Agam. 1341). Der Dämon im Geschlecht des Atreus ist nichts anderes als die Verkettung der Nachkommen in die Folge von Freveltaten, nimmt aber keinem die Verantwortung für die eigene Tat (1505). So mag es auch um den Untergang des Eteokles stehen, der sich von allen Göttern verlassen glaubt und zum Brudermorde und in den eigenen Tod stürmt. Da spricht jedoch der Dichter seinen Glauben noch nicht aus. Er weiß auch, daß die Menschen glauben, allzugroßes Glück schlage in Unglück aus, weil der Glückliche sich nicht bescheidet, Pers. 163. Agam. 1331; 1001 steht bereits der hippokratische Aphorismus *α ἐπ' ἄκρον εὐεξίαι σφαλεραί*. In diesem verbreiteten Glauben liegt neben einer frommen Scheu die Gefahr, an ein *θεῖον φθονερὸν καὶ ταραχῶδες* zu glauben, wie es Herodot I 32 den Solon aussprechen läßt[1]. Aischylos weiß, daß er die gemeine Meinung wider sich hat, wenn er behauptet, nur die Sünde (*δυσσεβὲς ἔργον*) zeuge weitere Frevel und führe zum Untergange, Dikę dagegen leuchte auch in der Hütte des Armen, aber wende sich von dem Palaste, wenn die Hände des Reichen unrein sind, und sie gebe immer die Entscheidung (Agam. 750–81). Kein Prediger, kein Patriot hat je zu seinem Volke bescheidener, weiser, frommer gesprochen, als dieser Tragiker es in den Persern und in der Orestie getan hat. Das konnte er nur unter Benutzung des Mythos, er konnte es noch. Aber wir durchschauen doch schon, daß die Götter des Kultus, weil sie vom Mythos nicht be-

[1] Pindar hat in demselben Sinne einmal von *κῆρες ὀλβοθρέμμονες* geredet, Schädigungen, die der Reichtum nährt, mit sich bringt. Theodoros Metochites hat das Wort erhalten, Herm. 40, 129.

freit werden können, einer tieferen Religiosität nicht genügen werden, und doch ist der Staat unlösbar mit diesem Kultus verbunden. Das Volk wird diesem Prediger wohl mit Andacht lauschen und erbaut nach Hause gehen, aber umlernen wird weder der Einzelne noch der Staat, der seine Jugend zwar durch die Gymnastik und den Dienst als *περίπολοι* zu kriegstüchtigen Bürgern erzieht, aber noch gar nicht daran denkt, ihre geistige und sittliche Erziehung in die Hand zu nehmen.

Pindaros und Aischylos, neben ihnen die Schöpfer der erhabenen Götterbilder, zeigen uns den Gipfel, zu dem diese Religion emporsteigen konnte, wie sie gemäß der äußeren und inneren Geschichte der Nation geworden war. Es ist das Athen der Generation, welche den Persereinfall erlebt hatte und an die einigende Herrschaft über die Nation denken durfte, wenn das auch eine Überschätzung der materiellen Kräfte war; Aischylos hat auch davor gewarnt. Fünfzig Jahre später ist die Macht Athens zerschmettert, aber seine geistige Herrschaft über die Nation befestigt. Da ist der athenische, bald panhellenische Geist bereits ein anderer geworden, haben die Götter die Gewalt über viele Herzen eingebüßt. Roher Atheismus, der sich mit der Verleugnung aller sittlichen Pflichten verbindet, ist verbreitet und begeht entsetzliche Verbrechen. Daneben hat ein Sehnen und Suchen nach einer neuen Religion begonnen; aber das ist nicht mehr eine Religion für das ganze Volk, das hinfort ohne eine feste Stütze für Glauben und Sittlichkeit dahinlebt, also sittlich dahinsiecht oder in der Hingabe an neue Götter und Mysterien und in engen Kreisen privater Kultgenossenschaften sein Heil sucht, in denen die Religion ihre schwer errungene Verbindung mit der Moral wieder verliert. Die verhängnisvolle geistige Revolution, die sich in den siebzig Jahren vollzieht, welche zwischen der Orestie und der Gründung der platonischen Schule liegen, ist außerhalb Athens schon lange vorbereitet.

Ehe wir uns jenen verhängnisvollen neuen Bewegungen zuwenden, wollen wir auf Grund der Zeugnisse, die uns Poesie und Kunst darbieten, noch einmal überschauen, welche Götter in dem Glauben noch wirklich ein persönliches Leben und Wirken besitzen und behalten, nicht bloß in den Mythen und in der Sprache von Kunst und Poesie, die daran festhalten, alles was im Moment als wirkend aufgefaßt wird, als Person einzuführen und darzustellen, so daß eine Stadt oder der Rat der Fünfhundert, das Spiel (*παιδιά*) oder der Trug (*ἀπάτη*)[1] als Person gebildet werden, der Dichter die Ate, die Dike, die Gesetze, die Eirene und den Polemos handeln läßt, wonach nicht wenige Namen einstiger Götter zu beurteilen sind. Dabei darf nicht stören, daß alte Kulte an einzelnen Orten fortbestehen, obgleich die zugehörigen Götter aus dem panhellenischen Glauben verschwunden sind, den wir hier verfolgen. Es wird auch zu allen Zeiten vorkommen, daß ein delphischer Spruch oder ein Traum jemandem auferlegt, einem Gotte zu opfern, der ihm sonst ganz fern lag, denn die Olympier sind darum nicht abgeschafft, daß man zu dem oder jenem tatsächlich in keine Beziehung tritt. Die folgende Ausführung erhebt keinen anderen Anspruch, als ein im groben richtiges Bild zu geben. Das durch die Geschichte bedingte Übergewicht Athens bringt es mit sich, daß wir von dem übrigen Hellas manches nicht wissen können, was die Züge eines Gottes wohl ändern oder doch bereichern würde; wir erfahren eben darum nichts, weil die Zeit darüber hinwegging.

Beginnen wir mit alten Göttern, die ganz verblaßt sind. Hestia wird in den Prytaneen ihre Opfer noch lange erhalten, weil das Ritual bleibt; im Privathause ist der Herd nicht mehr heilig. Von Themis reden die Dichter im Anschluß an Hesiod; wenn die Eingangsszene der Kyprien gemalt wird, muß sie erscheinen. Von Themis, dem Recht, wird die Poesie reden, obwohl Dike sich vordrängt, aber Pindar, der *Θέμις* oft nennt, sagt ebenso *θέμιτες Διός*, Ol. 10, 24. In Rhamnus hat sie Tempel und Bild neben Nemesis bekommen, in der man nicht mehr *νέμησις*, sondern die Mutter der *ἑλέναυς ἕλανδρος Ἑλένη* sah. Auch sie bekommt Tempel und Kultbild, aber das ist ein Dorfkult, auch wenn der Staat den Tempel erbaut haben mag und in der Göttin die Vergelterin für die *ὕβρις* der Asiaten, des Paris wie des Xerxes, ehren wollte[2]. Sie ist noch nicht die strafende Dike wie bei den späteren Dichtern; im Aberglauben hat sie dann noch eine Rolle gespielt.

[1] Die Perservase wird nicht ohne Erinnerung an die Parodos der Tragödie entstanden sein, wenn sie die Apate einführt; bei Aischylos 93 steht aber *δολόμητιν ἀπάταν θεοῦ*.

[2] So nimmt E. Kjellberg an, Studien zu Att. Reliefs 110ff. Die Basis kann freilich nichts beweisen; Kjellberg sagt mit Recht, da versammeln sich bei der Mutter der Helene die Heroen und Heroinen, welche diese angehen, Vertreter von Staaten sind sie nicht. Orestes kann nicht da sein,

Die Musen waren für die Volksgemeinde zu keiner Zeit verehrte Göttinnen gewesen[1], sie sind es nun auch für die Dichter nicht mehr, so lebendig auch der Chor der Acharner 665 seine besondere Muse einführt. Es ist alles poetisches Spiel und homerisierender Stil, was die Dichter treiben, und wenn die Frauen sagen ἔστι μοῦσα καὶ ἡμῖν (Eurip. Med. 1085), so machen sie auf keine Sondergöttin, sondern auf geistige Begabung Anspruch. Spiel ist dann später geistreich genug getrieben, als die hesiodischen Namen auf die Gattungen der Poesie verteilt wurden, Urania die Astronomie übernahm. Τραγῳδία und Κωμῳδία mußten selbständig bleiben, denn diese dionysische Poesie gehörte nicht in das Gefolge des Apollon. Daneben heiligten Musenstatuen die Schulstuben, und die Kinder werden ihnen geopfert haben; μουσεῖα, die in manchen Städten erwähnt werden, sind wohl Schulgebäude[2]. Sophokles konnte einen θίασος Μουσῶν gründen; darin lag, daß sich eine Anzahl ἐκ τῶν πεπαιδευμένων in einem Klub zusammenfanden. Dasselbe war formell die platonische Schule in der Akademie und die Akademie der Wissenschaften im Königspalaste von Alexandreia. In der Kaiserzeit redet man nicht mehr von anderen μουσεῖα; aber Musenstatuen stehen in einem Saale eines ephesischen Gymnasiums, der für Vorträge bestimmt ist, und in den illustrierten Büchern haben die Porträts der Dichter ihre Muse oder Musen neben sich. So lebt die Muse Homers und der Musenchor Hesiods weiter, lebt die Muse auch heute noch, aber sie war schon

wenn Neoptolemos als Gatte Hermiones erscheint. Kratinos hat eine seiner antiperikleischen Komödien an die Nemesis der Kyprien, die sich in einen Vogel verwandelte, angeschlossen. Dazu brauchte er an die Göttin von Rhamnus gar nicht besonders zu denken.

[1] Vereinzelte Kulte und Altäre gibt es wohl. Die Musen haben in Athen sogar einen Schatz, IG. I 324, 62. 91, selbst Mnemosyne erhält ein Opfer, Sylloge 1040. Für das Ganze verschlägt das nichts; ich werde so etwas wohl öfter übergehen oder auch übersehen.

[2] Seltsam ist das μουσεῖον, das der Gatte der Epikteta und nach dessen Tode seine Witwe in Thera erbaut hat (IG. XII 3, 330). Musenstatuen stehen darin und erhalten, wie es scheint, einmal im Jahre Opfer. In dem Museion wird dann ein Gedächtnismahl für die verstorbenen Familienglieder gehalten, deren Heroa sich nebenan befinden. Tatsächlich ist also das Museion ein eigenes Gebäude für dieses Mahl. Der Stifter war zu der Gründung zunächst durch den Tod eines Sohnes veranlaßt; bevor es fertig war, starb er selbst und ein anderer Sohn. Ob sie als Schulkinder gestorben waren?

für Empedokles und Aristophanes in keinem anderen Sinne Göttin, als sie es heute ist.

Ares und Hephaistos gehören zu den zwölf Göttern, aber diese werden als ungeteilte Summe verehrt. Die beiden erst in Ionien von den Barbaren übernommenen Götternamen sind schon im Epos metonymisch verwandt. Ares wird im Olymp nicht fehlen, wenn Pindar den Apollon Leier spielen oder Dionysien feiern läßt; es kann auch einmal von einem der gefeierten Sieger heißen *ἅδε δ' Ἄρει*, Isthm. 3, 33, aber ungleich häufiger ist keine Spur von Persönlichem in dem Gebrauche des Namens. In Athen muß der Ares des Areopages seine Kapelle haben; aber der Vater der Amazonen, Mörder des Halirrhothios, von dem Aischylos sagt *μιαίνων εὐσέβειαν Ἄρης* (Sieben 344) und *ὅταν Ἄρης τιθασὸς ὢν φίλον ἕλῃ* (vom Morde eines Blutsverwandten, Eum. 367), ist freilich ein Gott, denn er bekommt Opfer und ist aus Homer und mancher Sage bekannt, aber ein Gott, zu dem ein Athener in ein persönliches Verhältnis träte, ist er nicht; er ist es kaum je gewesen. Daher mag man sich an ihm klarmachen, was später in weitestem Umfange geschieht, daß einst er und auch sehr viel stärker verehrte Götter zwar nicht ihren Kultus verlieren, aber praktisch für den Glauben nicht mehr existieren und in der Poesie nur zum alten Bestande gehören. Auch im Mythos bleibt populär nur die Verbindung des Ares mit Aphrodite; *πόσις Ἀφροδίτας* nennt ihn Pindar Pyth. 4, 88. Das wird nun so aufgefaßt, daß gerade die rohesten und unbändigsten Naturen den sinnlichen Reizen am ehesten erliegen. Es wirkt schon in dem Ares Ludovisi[1] und weiter auf pompejanischen Bildern. Nicht einmal die Gleichsetzung mit dem großen italischen Mars hat dem Ares aufgeholfen.

Hephaistos war zu den Hellenen des Mutterlandes als Gott überhaupt nicht gedrungen; in Olympia, wo die sechs Altäre dazu führten, die einzelnen der zwölf Götter zu benennen, erscheint er nicht. Nur Homer hat ihn in der Mythologie eingebürgert. Wie der *ἀμφιγυήεις* gedacht war, haben wir erst durch die Vasenbilder erfahren, auf denen die *δέσις Ἥρας* nach dem lustigen Schwanke dargestellt wird. Nur in Athen ist ihm ein Tempel erbaut und im Jahre 421 ein besonderes Fest mit Fackellauf gestiftet (IG. I 84). Dies soll

[1] Der hat ein so lysippisches Gesicht, daß der Künstler eine Individualisierung dieser Person weder überkommen hatte noch selbst anstrebte. Der Mars Borghese mag so weiter heißen, bis sein Knöchelring ihm zu seinem Namen verhilft; Ares soll man nicht sagen.

sich an das Vorbild der Promethia halten; Prometheus, oder vielmehr *Προόμηθος*, ist überhaupt der ältere Gott der Handwerker[1], auch in der Hilfleistung bei der Athenageburt von Hephaistos verdrängt. Die Annahme liegt nahe, daß die Annexion von Lemnos den Gott, der dorthin wegen des Erdfeuers gekommen war und der einen der beiden Städte seinen Namen gegeben hatte, nach Athen gebracht hat, was schon unter den Peisistratiden geschehen sein kann, als Miltiades die Insel unterwarf. Die Handwerker des Kerameikos, die auch an den Hephaistien irgendwie beteiligt werden[2], haben mit ihrem Gotte hoch hinaus gewollt. Als Künstler gehörte er schon bei Homer[3] mit Athena zusammen, und sie mochten diese *Ἡφαιστία* nennen, wie sie auch offiziell genannt wird, IG. II² 223, *B* 4. Es wäre so hübsch gewesen, wenn man ein Ehepaar aus ihnen hätte machen können, was sich doch bei der göttlichen Jungfrau verbot. Aber in der Ilias stand doch, daß sie den Erechtheus erzog, den die Erde geboren hatte. Da ließ sich wenigstens erfinden, daß er aus dem Samen des Hephaistos stammte, der die Athena begehrt, aber nicht bezwungen hätte[4]. Der Staatskult machte den plebejischen Gott vornehm; da durfte er auch seine verkrüppelten Beinchen nicht behalten, die ihm das Stehen und Gehen verwehrten. Alkamenes[5] hat Lob dafür erhalten, daß er das Hinken in der Tempelstatue diskret angedeutet hätte, so daß es

[1] Ein Relief in der Akademie brachte zum Ausdruck, daß Hephaistos an Alter und Würde unter Prometheus stand. Lysimachides im Schol. Soph. OK 56.

[2] In dem Psephisma 84, 14 ist *τοῖς δημότησι* ohne jeden Zusammenhang erhalten.

[3] *ζ* 233. Der Hymnus 20 ist für die athenischen Hephaistien bestimmt und macht den Gott zu dem Begründer der Kultur; also auch das soll er von Prometheus übernehmen.

[4] Was moderne Mythologen nicht abgehalten hat, der Göttin die Jungfrauschaft zu nehmen und dann von ihrer chthonischen oder sonst einer ihr vor allen fremden Natur zu faseln. Die naiv-plumpe Geschichte, wie Hephaistos den Erichthonios zeugt, kann nicht jung sein, dennoch wundert man sich, daß Bathykles die Verfolgung Athenas durch Hephaistos am amykläischen Throne dargestellt hat, Pausan. III 18, 13.

[5] Suidas *Ἀλκαμένης ὄνομα κύριον· ὁ Λήμνιος* stammt aus grammatisch-lexigraphischer Quelle. *Μύρων Μύρωνος ὄνομα κύριον* ist eine Parallele. Dann war irgendwo in der Literatur ein Alkamenes aus Lemnos erwähnt; daß es der Künstler war, ist wahrscheinlich, aber Verlaß ist nicht darauf, und im Grunde ist es gleichgültig.

der Würde keinen Eintrag tat. Aber wenn der Hinkefuß ein würdiger Herr ward, war er seinem Wesen entfremdet[1]. Dieser attische Kult ist auch ohne weiteren Einfluß geblieben, die Kultstatue auch. Die *δέσις Ἥρας* ward vergessen; die Vulkane der liparischen Inseln sind die Schmiede des Handwerkers für die hellenistischen Dichter, Kallimachos und Apollonios, geworden; da wird man auch bei der Besiedelung das mächtige unterirdische Feuer mit dem homerischen Namen bedacht haben, wenn man es noch als göttliche Person faßte, und dann war Hephaistos unten tätig und erhielt die Kyklopen zu seinen Schmiedegesellen. Aber das war alles Poesie. Auch Hephaistos ist für ziemlich alle Hellenen nur noch ein mythischer Gott.

Hera bleibt in Samos, Argos, Stymphalos, Heraia, Elis die große Landesgöttin, und von dieser werden die Bürger Hilfe in allen Lebenslagen erwarten. Der Schutzgott des Landes ist sehr viel mehr Gott als die Einzelperson mit ihrem mythischen Charakter, wenn auch dieser die leibliche Gestaltung der Götterbilder und ihre Attribute bestimmt. Es gibt auch alte Heiligtümer genug, in denen der Kultus Heras dauert, wie in Delos, wo er aber nur ein Frauenkult wird. Wenn Zeus *βασιλεύς* in Lebadeia einen neuen Kult erhält, so folgt ihm seine Gattin und erhält auch eine besondere Weihgabe (IG. VII 3097). Die *Λακινία* Krotons ist aus einer vorgriechischen Göttin entstanden. Aber in ganzen Landschaften wie Thessalien ist kaum eine Spur von ihr, selbst auf Euboia, wo sie einst zu Hause war; in Böotien und Attika tritt sie ganz zurück. Ganz unverständlich ist mir, daß bei Platon und Xenophon Männer oft *νὴ τὴν Ἥραν* schwören, was in der Komödie fehlt. Sie hat das Wesen bewahrt, das sie in der alten Zeit ausgebildet hatte, aber nicht erweitert, sondern verengt. Ehegöttin ist sie geblieben, die einzige Ehefrau auf dem Olymp, daher *Ὀλυμπία*, deren eigene Ehe in dem Hochzeitsliede besungen wird, und die nun *κλῇιδας γάμου φυλάττει*[2]. Vergessen aber ist die *Παρθένος* und die *Χήρα*, die wir bei den Daidala betrachtet haben; also auch der wilde Trotz der homerischen Hera ist geschwunden. Ihr Haß gegen Dionysos und Herakles ist versöhnt. Die Iuno Vergils sollte niemanden beirren;

[1] Auffällig ist die Beteuerung *μὰ τὸν Ἥφαιστον* bei Ameipsias *Σφενδόνῃ*.

[2] Aristophanes Vögel 1731. Thesm. 973. *τελεία* heißt sie. Eine Weihung aus Orchomenos an *Ζεὺς τέλειος* und *Ἥρα τελεία*, IG. VII 3217, hat einer Hochzeit gegolten.

sie ist, soweit er nicht Homer nachahmt, die regina von Karthago. Daß diese Semiten eine Himmelskönigin haben, die Hellenen aber nicht, ist auch für die Erhebung Marias im Glauben der Christen bedeutsam: er kann nur im Orient entstanden sein. Wir sind so glücklich, das Haupt des alten Kultbildes aus dem olympischen Heratempel zu besitzen. Da mag es den meisten unbegreiflich sein, daß in ihm das Göttliche gefunden werden könne. Aber das hat der Künstler gewollt und für die Gläubigen erreicht. Wenn wir uns nur in die alte Kunst und den alten Glauben hineingelebt haben (beides ist nötig), dann spricht uns die älteste Hera als die Herrin in ihrer Würde an. Und wenn wir dann die schönen Münzen von Elis und Argos dazunehmen, so sehen wir nicht mehr die Herrin, sondern die reife Schönheit der olympischen Ehefrau, die *τελεία*. So sollen wir sie in unserer Phantasie gegenwärtig haben. Die ganz und gar klassizistische Hera Ludovisi ist nicht mehr die echte hellenische Göttin, wenn sie auch Goethe und Wilhelm von Humboldt über alles gestellt haben.

P o s e i d o n mußte schon zweimal behandelt werden, weil der ursprüngliche Gatte der Erde in Ionien zum Herrn des Meeres herabgesetzt ward. Als solcher kam er durch Homer nach Hellas zurück, sein Kultus, der von Thessalien bis Tainaron reichte, blieb bestehen, wenn auch die Bedeutung des *πατήρ*, *γενέθλιος*, *φυτάλμιος* unter der Oberherrschaft des Zeus verblassen mußte. Der Herr von Tainaron bewies seine furchtbare Gewalt in dem Erdbeben von 465; die Spartaner haben weiter in seiner Furcht gelebt, und die Landschaften, welche verschont blieben, hatten Veranlassung, dem *ἀσφάλειος* zu danken. Als im Jahre 373 der Norden des Peloponneses von einem gleichen Unheil heimgesucht ward und gerade Helike im Meere versank, in dem die Ionier jetzt die Heimat ihres Helikonios suchten, beruhigten sich die Massen nicht bei den nun schon hervortretenden Erklärungen der Naturwissenschaft[1], die doch bald die Oberhand gewinnt. Ein Gott, der also wirkt, ist unheimlich, da mag man wohl *Πόσειδον* rufen, wenn man etwas Unerwartetes und Aufregendes hört. Daneben bleibt er der *ἵππιος*, gerade weil seine Roßgestalt nicht mehr geglaubt wird, und solange der Rennsport eifrig betrieben wird und die Reiterei so hoch geschätzt wird, wie es der Parthenonfries zeigt, bedeutet das viel;

[1] Ephoros (Diodor XV 48, 4) sucht seiner Art gemäß in dem Grolle des Gottes die Ursache und weiß eine Verschuldung der Achäer anzugeben.

das Lied der aristophanischen Ritter 551 gibt dem Ausdruck, und die Korinther verehren den *δαμαῖος* neben dem Herrn des Meeres. Aber im vierten Jahrhundert verfällt die Kavallerie überall außer in Thessalien, und von dem Rennsport spürt man nichts mehr. Da bleibt nur der Poseidon Homers, dem die isthmischen Spiele gehören, und selbst sie werden zu alten Leichenspielen umgedeutet. Als Herr des Meeres lebt er allein in den späteren Zeiten, wird auch allgemein als Herr des Wassers gedacht, weil Okeanos und Acheloos als Götter aus dem allgemeinen Bewußtsein geschwunden sind. Aber er handelt nicht mehr[1], und in der Phantasie sind Tritonen und Nereiden sehr viel lebendiger, mag er auch einmal mit Amphitrite, die ganz allein aus Hesiod stammt, zu Wagen mit seinem Thiasos dargestellt werden. Sein Reich mag er vom Hafen aus überschauen, wie ihn die Statue mit dem hochgestellten rechten Fuße vorzüglich darstellt. Auffällig ist, wie sehr er schon früh im athenischen Kultus zurücksteht. Er hat keinen Tempel und kein Fest, obwohl ein Monat nach ihm heißt. Wie anders huldigen ihm am Saronischen Busen Korinth, Aigina (mit *Ποσείδαια*), Troizen, Kalaurea. Es wirkt immer noch nach, daß Athena ihn einst von der Burg verdrängt hat; auch in Ionien ist sie die vornehmere geworden. Im Westgiebel des Parthenon, der seine Zurückdrängung darstellt, zeigt er uns wenigstens noch die gewaltige Brust, die Homer an ihm hervorhebt, während er auf dem Ostfries gar nicht charakterisiert ist. Die attische Kunst hat ihm seine göttliche Gestalt überhaupt nicht gegeben. Zum Glück haben wir noch Statuen von Künstlern, welche an den mächtigen Gott glaubten. Die böotische Bronze *'Εφημ. ἀρχ.* 1899 T. 5, zeigt ihn in ruhiger Würde: der kann *γενέθλιος*, *φυτάλμιος*, *ἀσφάλειος* sein. Die Bronze aus dem euböischen Meere paßt für den *ἐννοσίγαιος* besser als für einen Zeus; seine gewaltige Kraft findet ihren Ausdruck, aber in den Zügen ist keine Wildheit, wie sie etwa der Zeus der dodonäischen Bronze zeigt. Wir sollen uns freuen, daß in ihm noch ein Gott uns erscheint, der bald aus dem panhellenischen Glauben ausscheiden sollte.

Hermes verwandelt in der bildenden Kunst seine Gestalt, so

[1] In der neuen Komödie scheint es herkömmlich gewesen zu sein, daß ihm von den zu Schiff heimkehrenden Kaufleuten gedankt ward, Plautus Trin. 820. Most 431. Die Ausführung ist aber ganz plautinisch. Rud. 84 hat er auch den Sturm erregt, der die Dachziegel herunterwarf. Diphilos hat ihn hier öfter genannt.

daß hier der Wechsel in seinem Wesen unmittelbar vor Augen steht. Der bärtige Gott mit den großen Flügeln an seinen Reisestiefeln verschwindet, und wenn an den Hermen der bärtige Gott noch weiter gebildet wird, so ist das gedankenlose Nachahmung. Aber auf der Lekythos, Buschor, att. Lek. T. II, sitzt der bärtige Seelenführer so ernst und doch so freundlich, daß man den lebendigen und tröstlichen Glauben mit empfindet. Ein Kultbild wie der wohl böotische Hermes mit dem kurzen Reisemantel (der sog. Phokion mit dem was dazu gehört) steht auf der Mitte. Die schönen Münzen von Ainos, der Hermes im Ostfriese des Parthenon mit dem modischen Petasos, vor allem der des Orpheusreliefs genügen, die Wandelung in den elastischen Jüngling zu zeigen. Das kommt daher, daß der *ἐναγώνιος* nun vorwiegt, den die Jugend der Gymnasien als ihren Patron erwählt hat und ihm *Ἑρμαῖα* feiert. Schon bei Pindar, Nem. 10, 53, ist er mit Herakles verbunden; Kraft und Gewandtheit braucht der Athlet, und so erhält sich dieses Paar, solange die Gymnastik geübt wird[1]. Dem entspricht die neue Bildung, und Praxiteles erreicht es noch, durch edelste Schönheit des Körpers und freundliche Lebenslust in den Zügen die Göttlichkeit der *ῥεῖα ζώοντες* zum Ausdruck zu bringen; der kleine Bruder ist Beiwerk[2]. In dem Läufer, der sich nur auf einen Augenblick hingesetzt hat, um gleich wieder aufzuspringen, ist der Gott von Lysippos schon fast aufgegeben. Es ist eben kein Gott mehr, von dem man ein tätiges Wirken erwartet, sondern ein heilig gehaltenes Geschöpf der Phantasie. Die Hirten mögen noch anders denken und so manche Verehrer eines alten Kultes, auch die Thessaler, die ihre Gräber dem *χθόνιος* weihen. Aber auch dieser wird meist in den Grabgedichten nur so weitergeführt wie der *Περσεφόνης θάλαμος*. Wieder darf der Mercurius das Bild des hellenischen

[1] Oxyr. 1015 ist das Konzept eines Gedichtes aus dem dritten Jahrhundert n. Chr., das eigentlich einem Knaben gilt, der wohl als Gymnasiarch das Öl für das Gymnasium gespendet hatte. Aber es richtet sich an Hermes, erwähnt die Erfindung der Leier, nennt den Gott *μουσοπόλος νόμιος ἐναγώνιος*; nur auf diesen kommt es an, das andere ist konventionell.

[2] Was es bedeutet, daß in dem Hermes keine späte Kopie, sondern das originale Werk des Praxiteles vor uns steht, lernt man mit heller Freude in dem Bekenntnis von Rudolf Binding, Erlebtes Leben 193, dem doch der Gott Hermes gleichgültig ist. Gerade hier ist der Versuch gemacht, die Originalität zu bestreiten.

Gottes nicht trüben, denn der ist nur κερδῷος und hat daher dem Hermes den Geldbeutel in die Hand gegeben, verbreitet sich in die romanisierten Provinzen und identifiziert sich mit Wuotan, der vielleicht manches mit dem echten Hermes gemein hatte. Noch viel weniger geht die Religion an, was theologische Ausdeutung aus diesem macht. Da wird der λόγιος zum λόγος, der ἑρμηνεύς zum Erfinder der Sprache und damit der Wissenschaft[1]. Das dringt doch in die quasi sakrale Rede[2], und Horaz mischt es in dem geringen Carmen I 10 mit Reminiszenzen aus Alkaios und Homer, vergißt aber seinen Mercurius ganz. Schließlich drang das Fremde, Ägyptische ein, und der τρὶς μέγιστος spielte in dem Dunste wüster Spekulationen eine Hauptrolle, als der lichte hellenische Gott längst mythisch geworden war.

Artemis umfaßt nun unter ihrem Namen die vielen jungfräulichen Göttinnen, die einst aus der urhellenischen Herrin des Draußen entstanden waren, aber von diesem ursprünglichen Wesen ist kaum noch etwas in der allgemeinen Vorstellung vorhanden. Dabei wird in jenen Einzelkulten des Peloponneses noch das alte Ritual bestehen; die Mädchen von Karyai werden zu ihr in Prozessionen die Körbe tragen, an vielen Orten ihr zu Ehren auch die wilden Tänze aufführen, die Aristophanes mit dem Galopp der Füllen vergleicht, ja es wird der Name Artemis noch nicht überall hingedrungen sein; die Orthia von Sparta, die Laphria von Kalydon haben ihn schwerlich im Volksmunde angenommen. Artemis heißen nun auch viele mehr oder minder hellenisierte Göttinnen,

[1] Cornutus 16 führt mit Erläuterung der Kultnamen diese stoische Theologie gut durch.

[2] Kaibel Epigr. 816

*Interpres divum, caeli terraeque meator*
*sermonem docui mortales atque palaestram*
. . . . .
*sermonis dator atque somniorum*
*Iovis nuntius et precum minister.*

Vergil, Aen. IV 242, bildet die Odysseestelle nach, in der Hermes den Flug zu Kalypso unternimmt, und überbietet die Kraft der Zauberrute, die bei Homer nur einschläfert oder aufweckt: *hac animas ille evocat Orco pallentis, alias sub Tartara tristia mittit.* Ob er dabei nur an so besondere Fälle denkt, wie Hermes bei Euripides den Protesilaos in die Oberwelt geleitet, oder schon an die Zaubereien der Nekromanten?

von Ikaros und Leros, Ephesos und Magnesia, Perge und Thrakien. Allgemeiner verbreitet ist kaum ein anderer Gott, und manche Stadt sieht in ihr nun ihre Beschützerin[1]. Für die Weiblichkeit Athens hat sie die Hekate vor dem Hause verdrängt, so daß diese selbst in Eleusis Artemis heißt, und erst recht alle anderen Helferinnen bei der Entbindung. Schon das attische Skolion 3 D. sagt von ihr *ἡ γυναικῶν μέγ' ἔχει κράτος*; wie ganz anders klingt das als das homerische *λέαινα γυναιξίν*. Auch auf Delos, wo doch Eileithyia uralt war, hat Artemis *λοχία* einen besonderen Tempel erhalten. Die Brauronia auf der attischen Burg bekommt bis in das vierte Jahrhundert hinein von Frauen aus allen Ständen reiche Gaben, namentlich Kleidungsstücke, und das Artemision von Delos, kaum viel jünger als der Tempel des Bruders, ist noch reicher; da war die Göttin eben mehr der Ephesierin verwandt, also nicht *λοχία*. Syrakus ist für Pindar, Pyth. 2, 6, *ποταμίας ἕδος Ἀρτέμιδος* und Ortygia Schwester des Delos (Nem. 1). Die Artemis, die auf der Insel neben Apollon ihren Tempel hat, ist wohl die *Ἀλφειώια*; die Arethusa hat ja Wasser des Alpheios. Die Grammatiker, die für Theokrits Bukolik einen Ursprung aus dem Kultus suchten[2], haben uns die Beschreibung von Festbräuchen erhalten, die zwar so jung sind, daß sie an die Stadt Tyndaris angeknüpft werden und auch für Syrakus an die Zeit Gelons, aber den Umzug und ein *ἀγείρειν* der Bauern und Hirten glauben wir gern: das kam dann aber mehr zu der Stadtgöttin, als daß es über das Wesen der Artemis Auskunft gäbe, und beschrieben ist es, weil es dem Bericht-

[1] Kallimachos hat richtig gefühlt, daß sie eigentlich gar nicht in die Stadt gehört, aber Zeus schenkt ihr doch gleich dreißig Städte, V. 19 und 34. Ich kann hier auf meine Erklärung des Hymnus verweisen. Filialen hat die Ephesierin; daß sie in Massalia die Hauptgöttin ist, hat durch die Einwirkung auf Rom und seine Diana Bedeutung erhalten.

[2] Das war ein Mißgriff, denn Theokrit lehnt seine Bukolik an keine Kultlieder, sondern an das Volkslied der Hirten und Bauern. In den Zauberinnen erwähnt er eine Prozession in den Hain der Artemis, aber die gehört nach Kos, ist als solche recht belehrend, denn es werden ihr allerhand Tiere zugeführt, *πότνια θηρῶν*; Asien ist nahe. Eine Löwin darf nicht befremden, denn Ptolemaios konnte seiner Geburtsstadt sehr viel leichter dieses Tier schicken als Seleukos den Athenern einen Tiger (Philemon *Νεαίραι*). Die Herleitung der Bukolik aus Sparta, die mit einem Ersatz einer Prozession der Karyatiden durch Landleute rechnet, ist befremdlich, ganz abgesehen davon, daß jene Prozession mit Bukolik nichts zu tun hat.

erstatter auffiel. Damals war Artemis schon in der Poesie und dementsprechend in der bildenden Kunst die reife, reizende Jungfrau, die Aktaion belauscht, und die Jägerin in kurzem Chiton mit Jagdstiefeln[1], obwohl die Elaphebolia, nach denen der Monat hieß, längst verschollen und in Attika selbst die Hasen selten waren und niemand mehr begriff, woher die Dienerinnen der Brauronia Bären hießen. Die Jagd war für das ganz städtisch gewordene Leben der Hellenen kein beliebter Sport mehr. Wenn dann Artemis vorwiegend als Jägerin erschien, so war sie ziemlich mythologisch geworden. Die Ephesierin gewann dann an Macht, weil sie immer weniger hellenisch ward, denn so, wie sie dann gebildet wird, ist sie vollkommen Barbarin. Um so wertvoller, daß wir Artemisstatuen besitzen, die noch die große Göttin zeigen, die sie im fünften und noch im vierten Jahrhundert war. Die Artemis Colonna ist zwar schon stark im Sinne des vierten vermenschlicht, aber sie führt doch noch die Fackel, aber wenn die Kultstatue, deren Kopie in Aricia wieder als Kultstatue gefunden ist, wirklich eine Armis ist[2], was ich durchaus glaube, so sehen wir die Göttin, die wohl den Namen *Σώτειρα* verdient, und gern wird man sich ihrer Erhabenheit beugen, um derentwillen ihr farnesischer Kopf lange für eine Hera gelten konnte. Durch die starke Trübung der Kopie muß man freilich auf das Original hindurchsehen. Aber von dem, was die althellenische Göttin einmal war, ist nicht viel geblieben; sie ist zu einer himmlischen Jungfrau gesteigert, und die arkadi-

[1] Auf den pompejanischen Bildern trägt sie gern eine eigentümliche Zackenkrone, auch auf der klassizistischen Umbildung eines noch ziemlich archaischen Kultbildes in München. Man möchte wissen, wo dieser Schmuck herstammt. Aufgefallen ist mir ein Kranz, der wohl zu solcher Krone werden konnte, auf einer schönen Lekythos, Österr. Jahresh. XVI T. 2. Da füttert sie einen Schwan. Was bedeutet das? Die orientalische Herrin der Tiere hält auch Vögel in ihren Händen, daran ist nicht zu denken, sie wird auch nicht den Vogel füttern, der ihren Bruder begrüßt, wenn er von den Hyperboräern heimkommt. Die Göttin freut sich wohl nur an dem schönen Vogel, den sie sich hält, wie die Athenerinnen an ihren Vögelchen; aber als Göttin hat sie einen schöneren Vogel als die Menschen.

[2] Wenn sie in Athen gearbeitet ist, was die Archäologen versichern, so darf noch entschiedener versichert werden, daß sie für keinen athenischen Tempel geschaffen sein kann. Sie ist weder eine *ἀγροτέρα* noch eine *ταυροπόλος*, und auch die *μουνιχία* wird man sich so nicht denken. *χιτώνη* kann sie erst als Jägerin geworden sein; hier ist sie es nicht.

sche *Σώτειρα*, die man mit Kore glich, könnte ebenso gebildet sein. Andererseits gibt es manche Artemis, die so mädchenhaft ist, daß sie *κόρη* heißen könnte. Wir wissen nicht, was Aischylos gemeint hat, als er Artemis Tochter Demeters nannte, worüber sich schon Herodot, II 156, gewundert hat, sehen aber wohl, wie es zu seiner Zeit noch dazu kommen konnte, sollen aber auch beherzigen, wie frei der Dichter, gerade weil es ihm mit der Religion ernst war, mit der Genealogie schaltete, die ihm also nur Mythos war.

Aphrodite bleibt dauernd im allgemeinen Bewußtsein eine große Göttin, obwohl sie im Kultus niemals mit Artemis wetteifern konnte und auch jetzt ihre Geltung als Göttin nicht in ihrem Kultus liegt und außer ihrer Heimat Kypros keine Stadt sie als ihre Beschützerin verehrt[1]. Aber die Menschen müssen immer in sich die Naturgewalt erfahren, die die Geschlechter zueinander treibt. Und nun erkennt tieferes Denken, daß dasselbe für alle Lebewesen gilt. Euripides spricht es aus, nachdem Hippolytos untergegangen ist, weil er sich wider die Natur und Aphrodite empörte, 1268. Da kann Empedokles ihren Namen für die vereinende der beiden Naturkräfte verwenden, durch die er das Leben erklären will, und der Epikureer Lucrez wird, nicht ohne Einwirkung des Empedokles, in der *Alma Venus* in Wahrheit der allmächtigen Natur einen Hymnus widmen. Sie behält aber auch in der Phantasie die Gestalt des Weibes mit allen sinnlichen Reizen, wie sie schon der Dichter des Γ geschildert hatte. So haben sie Männeraugen gesehen[2]; im Kultus der Frauen, die sie doch auch verehren, wird sie eine andere sein. Da müssen wir auf den Thiasos zurückblicken, der sich um Sappho versammelt hatte und offenbar in Kypris die Gottheit fand, die ein jeder Verein als seinen Beschützer haben

[1] Die vom Berge Eryx ist von den Griechen übernommen, dann als Erycina auch nach Rom gekommen. Sonst scheint Aphrodite im Westen stark zurückzutreten, ist aber doch einmal als Frutis zu den Italikern gekommen, deren Kult nur durch die Gleichsetzung mit Venus ganz zurückgesetzt ward. Das karische Aphrodisias heißt nach ihr, aber natürlich ist seine Göttin ursprünglich karisch.

[2] Daher liebt sie nicht selbst, denn die zu Anchises in ihrem Hymnus geht, ist die asiatische, die Geliebte des Adonis die semitische Göttin; auch Phaethon ist zuletzt der Karer Tenages, und mit Phaon wird es nicht anders stehen. Butes gehört zu der Herrin des Eryx; durch seine Einführung wollen die Griechen aus der Göttin der Elymer ihre Aphrodite machen und Anspruch auf Segeste erheben.

mußte, hier also die jungen Mädchen, die sich im Hause der Dichterin zusammenfanden und im heiteren Spiele, im Tanzen und Singen zu Ehren der Götter eine Jugendzeit genossen, bis sie Hera in das ernste Eheleben führte[1]. Sappho war nicht die einzige Leiterin eines solchen Thiasos, auch Andromeda mag Kultlieder gemacht haben, aber echte Dichterin war nur die eine, welche die Macht der Aphrodite auch in ihrer Seele erfuhr und zu sagen wußte, was sie litt. Für unsere Kenntnis ist dieser Dienst der Aphrodite allerdings ganz vereinzelt, und überdauert hat er die archaische Zeit keinesfalls. Auch die Liebe, welche in die Seele des Menschen dringt, hat Aphrodite nicht behalten, sondern Eros ist selbst Gott geworden, als die Menschen sich dieser Gefühle bewußt wurden, wozu eben bei Sappho Ansätze sind, die ihn das *γλυκύπικρον ἀμάχανον ὄρπετον* nennt, während Mimnermos nur Aphrodites *μείλιχα δῶρα καὶ εὐνή* kennt, und als Eros das Seelische übernimmt, behält seine Mutter schließlich nur die *ἀφροδίσια*[2]. Da sind es die Hetären Athens, welche der Pandemos *'Αφροδίσια* feiern. Wobei man nicht vergesse, daß Hypereides die Begnadigung der Phyrne als einer *ὑποφῆτις καὶ ζάκορος 'Αφροδίτης* durchgesetzt hat. Die alten Kulte bestehen weiter, brauchen auch die alten Rufnamen, auch wenn sie nun bedeutungslos geworden sind oder gar wie Pandemos eine andere, der Würde abträgliche Bedeutung erhalten haben[3]. Alte

[1] Sappho selbst hat auch an Hera Gedichte gerichtet, 28 D., und die Mädchen zum Chortanze in ihren Tempel geführt, Anth. Pal. IX 189, in dem *καλλιστεῖα*, Schönheitswettkämpfe, stattfanden, Schol. A zu *I* 129.

[2] Ich habe bei der Behandlung der Metonymie im Epos vergessen, daß *χ* 444 in *ἐκλελάθοντ' 'Αφροδίτης* (die Feier) die Göttin fast gleich den *ἀφροδίσια* ist, was auch im Altertum bemerkt war, Et. M. *Κύπρις*.

[3] Am Kap Kolias verehren später die Frauen Aphrodite, Genetyllis ist vergessen. Daraus darf nicht gefolgert werden, daß sie sich um das Gebären kümmere. Selbst die *Κουροτρόφος* ist von Grammatikern zur Aphrodite gemacht, Athen. 592a, wo wir den Irrtum überführen können, weil die herodotische Homernovelle erhalten ist, Kap. 30. Die Ehe geht sie nichts an, was nicht ausschließt, daß sie in einem Orte der Argolis *νύμφα* heißt, denn die *νύμφαι* sind ja nicht nupturientes, sondern nubiles. Pausan. II 32, 7 gibt eine törichte Erklärung des Beinamens. Mehr möchte man über die *῞Αρμα* der Delpher wissen, die Plutarch Erot. 769 als Aphrodite anführt und auf die Verbindung in der Ehe deutet. Zu schreiben ist *τὴν 'Αφροδίτην ῞Αρμαν καλοῦσιν*, denn *῞Αρμα* neutral kann keine Göttin heißen. *ἅρμη* bei Hesych gehört aber nicht her. Wohl aber deutet der böotische Namen *῾Αρμόδωρος* darauf, daß neben *῾Αρμο-*

Xoana zeigten eine bewaffnete Aphrodite, was nun höchstens auf ihre Verbindung mit Ares bezogen werden konnte; es zeugt davon, daß die fremde Göttin auch eine solche Auffassung zuließ, die wir nicht mehr verstehen. Eine echte Göttin des ganzen Volkes konnte z. B. als Schutzpatronin der lakonischen Jugend Schild und Speer ergreifen. Es mag eine Nachwirkung jener Bewaffnung sein, wenn sie gelegentlich ein Schwert umgehängt trägt[1]. Wohl möchte man wissen, in welcher Gestalt sie Aischylos auf die Bühne gebracht hat. Gerade er, der kein liebendes Weib geschaffen hat, ist der erste Verkünder der universalen Macht Aphrodites; das Lied der Dienerinnen am Schluß der Hiketiden fügt freilich hinzu, daß sie eine allmächtige Gewalt nur in Verbindung mit Hera, also in der Ehe besitzt[2]. Noch vermochte die Kunst die weiblichen Götter nicht zu individualisieren, da auch die Attribute oft mehrdeutig waren. Das Bild, vor dem Sappho gebetet hat, war *ποικιλόθρονος*, also ein Sitzbild. In Athen mag damals die stehende Berliner Göttin geschaffen sein, in der ich Aphrodite gern sehe, ohne daß sich

*νία* eine Kurzform bestand, und Harmonia, Aphrodites Tochter in der Kadmossage, konnte ebensogut mit dieser Göttin selbst gleichgesetzt werden. Die Vereinigung von Mann und Weib konnte sehr wohl zu „Harmonia" im ganzen potenziert oder auch die Harmonie auf die aphroditische beschränkt werden.

[1] Aus Epidauros *'Εφ. ἀρχ.* 1886 Taf. 13; vermutlich hielt sie auch einen Speer. Spätere Spielerei, Aphrodite, die sich im Schilde spiegelt, wird auch auf die bewaffnete zurückgehen. Der Beiname *στρατεία* in Erythrai ist nicht hellenisch, Nordion. Steine 55.

[2] 1035–43. Die Verse sind überaus wichtig. Nur *ἔργοις ἐπὶ σεμνοῖς* wird die *αἰολόμητις θεός* geehrt. Aber ihre *μῆτις* ist eben bunt; denn ihre Kinder, wie wieder einmal das abhängige Verhältnis genealogisch ausgedrückt wird, sind der *Πόθος*, die begehrende Sehnsucht, und die Peitho, deren Zauber keine Ablehnung duldet. Peitho hieß ja Aphrodite öfter im Kultus, z.B. auf Lesbos (IG. XII 2, 73), oder sie war ihre *πρόπολος*. Überredung ist sie nicht, sondern die gewinnende Macht, der jeder nachgeben muß; daher erhalten später Hetären das Lob des *πιθανόν*. Und Anteil an Aphrodite haben auch eine *ψεδυρα 'Αρμονία* und das Getriebe der Eroten, also das Liebesspiel, in dem die Eintracht nicht ohne Trug ist. So steckt für den ernsten Dichter in der Liebelei ohne Heiligung durch die Ehe eine Aphrodite, die später *πάνδημος* heißen wird. Aber ohne Aphrodite ist auch die Ehe nichts wert: nur wo sich beide Göttinnen zusammenfinden, ist die wahre Harmonie, erfüllt das Weib seinen Beruf. Daher kommt Aphrodite vom Himmel, um Hypermestras Sache zu führen.

irgendein Name verbürgen läßt: die Göttin ist für jeden Empfänglichen unverkennbar[1]. Die sitzende Göttin könnte schließlich auch Aphrodite geheißen haben, wenn sich unser Gefühl auch dagegen sträubt. Dies wird dagegen in dem kolossalen Kopfe, der einst in Villa Ludovisi stand[2], gern die Aphrodite sehen, die in den Danaiden das Wort führte. Die nächsten Generationen haben würdige Bilder der Göttin geschaffen, die des Pheidias, die den Fuß auf eine Schildkröte setzt (wir wissen nicht, was es bedeutete), und die, an welcher der törichte Name genetrix haftet. Aber erst Praxiteles hat die Aphrodite so zu bilden gewagt und vermocht, wie sie seitdem nicht nur in leiblicher Schönheit, sondern auch in göttlicher Unnahbarkeit geschaut wird. Das ward freilich kein Kultbild: die Knidier hatten keine Euploia bei ihm bestellt, dachten auch gar nicht daran, die Statue, die sie kauften, als Kultbild aufzustellen, sondern erbauten ihr ein eigenes Häuschen, in dem sie von allen Seiten betrachtet werden konnte; nur weil sie nah am Meere stand, hieß sie Euploia. Der Künstler hatte aus eigenem Antrieb gebildet, was er und seine Zeit in Aphrodite sah, die ins Göttliche gesteigerte Schönheit des weiblichen Körpers[3]. Er läßt uns die Göttin in einem Momente schauen, wo sie ganz sicher ist, daß kein Blick sie treffen kann, und darum sozusagen nur Weib ist: wenn wir da die Göttin in ihr nicht verkennen, ist es ihre reinste Offenbarung. Man muß die von Melos daneben stellen, die als Göttin posiert und es schon darum weniger ist. Und wenn die spätere Kunst noch so reizvolle Lösungen der Aufgabe hervorgebracht hat, das Motiv des Bades höchst anziehend variiert, aber auch Gewöhnliches und Gemeines genug bringt, geht es immer mehr zur Pandemos herunter; die Masse nackter Körper, die in unseren Museen stehen und Aphrodite sein wollen, sind nur Zeugnisse für den praktischen Kultus der Pandemos, der im Grunde nicht höher steht, als wenn die alten Karer der Inseln die nackten weiblichen Statuetten mit in das Grab nahmen. Die Venus getauften weiblichen Akte von Tizian und Velasquez sind edel und schön, aber menschlich;

[1] Daß sie in einem geschützten Raume, also einem Tempel, gestanden hat, folgt aus der Erhaltung der Farben.

[2] Kekule, Annali 1874.

[3] Blinkenberg, Den Knidiske Afrodite 1919, Separatabdruck, ich kann nicht sagen, aus welchem Buche. Daß es ältere nackte Aphroditen gibt, z.B. Friederichs-Wolters 236, kommt für die Tat des Praxiteles nicht in Betracht. Muß die kleine Bronze wirklich Aphrodite sein?

Giorgione kommt dem Göttlichen wenigstens nahe. Man kann auch den Fortschritt im Verständnis des Hellenischen in Kunst und Religion daran abmessen, daß die mehr als profane medizeische Venus der von Melos Platz gemacht hat und diese wieder nun wohl keiner mehr neben Praxiteles und den Werken des fünften Jahrhunderts nennen wird; Verständnis für die Göttin in den ältesten Werken ist wohl noch nicht überall erreicht, weil da das Gefühl für die Religion mitsprechen muß, das nicht so leicht erworben wird.

Aus dem Schaume des Meeres hatte Hesiod die himmlische Aphrodite hervorgehen lassen. Das war nicht allein eine naive Deutung des Namens, die doch dem Griechen immer nahelag, denn die Göttin war über das Meer gekommen und verdiente *πελαγία* zu heißen; Dionysos hat ja diesen Namen aus demselben Grunde erhalten. Mit dem Meere ist sie verbunden geblieben, nicht etwa so, daß sie den Schiffern als *εὔπλοια* in der Gefahr hülfe[1], sondern die Wogen glätten sich unter ihren Blicken, und das Meer wird so aphrodisisch, friedlich und freundlich, wie einst, da die Göttin ihm entstieg. Diese *γοναὶ 'Αγϱοδίτης*[2] sind nicht wie die Geburt des Apollon in Delos und die der Artemis bei Ephesos an den Ort gebunden, der den Anspruch erhebt, der Ursitz des Kultus zu sein, obgleich sie auf Kypros lokalisiert blieb, sondern es spricht sich darin das Wesen der Göttin aus, wie in ihrer Geburt aus Zeus das Wesen Athenas. Wenn Pheidias alle Götter die Aphrodite empfangen läßt, als sie dem Meere entsteigt, so hat er am Throne des Zeus die Olympier einführen wollen, die Gefolgschaft des Himmelsherrn, aber wenn er diesen Anlaß für ihre Versammlung wählte, so war die Urania ihm etwas wie die Harmonia, zu deren Hochzeit einst alle Götter kamen. Der himmlischen Aphrodite Erscheinen bringt jene Schönheit in die Welt, deren Harmonie und Kosmos unter dem Regimente dieses Zeus, der selbst friedlich und freundlich ist, von keiner Gewalt gestört werden soll. In anderer Weise,

[1] Ich erinnere mich, daß die Aphrodite, welche Medeia zur Rettung des Iason trieb (Eurip. Med. 527), für die Euploia erklärt ward. Ein Mißverständnis des Dichters und nicht minder der Gottheit, für den Interpreten nach beiden Seiten charakteristisch.

[2] In der jüngeren Komödie beliebter Dramentitel, aber schon der kleinere Aphroditehymnus 10 könnte so heißen, für den ebenso wie für die Gruppe des Ostfrieses die Zusatzverse der Theogonie 201ff. vorbildlich waren. Übrigens ist der Hymnus für Kypros verfaßt.

aber nicht minder bedeutsam ist ihre Geburt auf dem sog. ludovisischen Throne. Wissen möchte man, aber erraten kann keiner, wen sich der Künstler unter den Helferinnen gedacht hat, welche die eben erst zu selbstbewußtem Leben erwachende Göttin emporheben. Zwei mußten es sein; Chariten, Eileithyien, Moiren? Die letzten möchte ich wählen, denn die Seitenfiguren zeigen verschiedene *μοῖραι ἀφροδίτης*. Schließlich wird die *'Αναδυομένη* des Apelles ähnlich wie die Knidierin des Praxiteles ein Offenbarung göttlich-weiblicher Schönheit gewesen sein, wenn auch schwerlich einer noch religiös empfundenen Schönheit: der Unterschied zwischen dem fünften und vierten Jahrhundert wird hier besonders fühlbar; Abfall mag man noch nicht sagen, aber dann mußte der Abfall doch unvermeidlich folgen.

Das Schöne und noch mehr die *πειθώ* stehen aber auch damals noch weiter, als es ihre körperliche Erscheinung aussprechen kann, unter der Göttin. Man spürt es in dem, was *ἐπαφρόδιτον* ist. „Wir beten zu der Göttin, daß sie uns *ἔπη καὶ ἔργα ἐπαφρόδιτα* gewähre", sagt Xenophon, Symp. 8, 15. So soll es die Poesie und die Kunstrede tun, wie es Isokrates, Helene 65, von den homerischen Gedichten sagt, und der platonische Sokrates (Symp. 177e) sagt, daß die Tätigkeit des Aristophanes sich immer um Aphrodite und Dionysos bewegt[1], womit er dasselbe lobt, was Platons Epigramm so ausdrückt, daß die Chariten in seinen Dichtungen leben. Euripides aber läßt Aphrodite aus dem Kephisos Wasser schöpfen, von dem ein frischer sanfter Hauch über das Land zieht, und sie kränzt sich mit Rosen und sendet Eroten, Diener der Weisheit, Helfer zu jeglicher *ἀρετή* (Med. 835). Das ist jene *χάρις*, die in Sapphos Versen weht und das spezifisch Attische in jeglicher Kunst, am göttlichsten in den Werken der Weisheit ist, die am Kephisos in der Akademie erblühten. Von dieser Aphrodite ist freilich später keine Rede mehr; die Chariten des Pindaros und Aristophanes sind ebenso vergessen; dafür kann die reizvolle Gruppe von drei nackten Mädchenleibern nicht entschädigen.

[1] Im orphischen Hymnus 55, 7 heißt sie *σεμνὴ Βάκχοιο πάρεδρος*, aber wie das gemeint ist, zeigt das folgende *τερπομένη θαλίῃσι*. Wenn der Dichter einmal etwas Besseres bringt als eine Summe von Prädikaten, ist es bei Abel durch die gedankenlosen Kommata zerstört. Ich gebe Proben, indem ich nur die Kommata fortlasse 3 *νυκτερίη ζεύκτειρα, δολοπλόκε μῆτερ ἀνάγκης*. 8 *γαμοστόλε μῆτερ ἐρώτων*. 9 *κρυφίη χαριδῶτι*. 11 *νυμφιδίη σύνδαιτι θεῶν*.

Dionysos bleibt wie Aphrodite dauernd ein großer Gott, ganz unabhängig von dem Kultus, den die Staaten und die einzelnen ihm darbringen. Er war spät gekommen, so daß er höchstens vereinzelt in einer Stadt der Haupt- und Schutzgott war[1], so oft ihn auch die Münzen zeigen, und die Menschen wandten sich in den Nöten des Lebens kaum an ihn. Es ist auch nicht der gewöhnliche Opferdienst, in dem sich der Glaube ausspricht, und große Tempel werden ihm kaum irgendwo gebaut. Das Beilager der Königin von Athen mit dem Gotte ist bald eine bedeutungslose Zeremonie geworden und wird dann wohl eingeschlafen sein[2]. Nicht was er mit den anderen Göttern gemein hat, macht seine Größe, sondern was ihn unterscheidet. Er ist ja nicht nur der Geber des Weines, sondern sein Geist befreit die Seele, auch wenn seine Orgien nicht mehr im Waldgebirge begangen werden. Die ausgelassene Festlust der Choen und Dionysien ist mehr als die feierlichen Prozessionen, und die dionysischen Spiele vollends sind mehr als alle Chorgesänge der alten Art, die sich dem neuen dionysischen Stile unterwerfen und oft Dithyramben heißen. Überall in der hellenischen Welt wird man nach der Aufführung von Tragödien verlangen und Theater bauen, und wohin die Tragödie kommt, da ist auch der Gott der Ekstase, der den Choreuten zum Satyr erhob und den Dichter aus der Seele der Heroen sprechen lehrte. Als der Bringer dieser neuen, höchsten Kunst eroberte sich der Gott von neuem die Hellenenwelt. Er war doch einmal mit seinem dämonischen Gefolge als Eroberer über die ganze Erde gezogen, Thraker und Phryger kannten ihn, so fand man ihn selbst bei den Arabern wieder und entdeckte ein neues Nysa[3]. Es hat auch etwas zu bedeuten, daß der Name Dionysios später der allergewöhnlichste geworden

[1] In Teos heißt er *ἀρχηγέτης*, als dort die Techniten sitzen; das Wappen der Stadt ist schon früh der Greif, der kann wohl diesem Gotte gehören. Dionysopolis heißt eine Stadt an der thrakischen Küste des Pontos, aber sie hat den Namen erst spät angenommen, früher hieß sie *Κρουνοί*. Weder von Teos noch von Naxos, wo man es leicht erwartet, ist nachweisbar, daß Dionysos eine Stellung gehabt hätte wie Apollon, Artemis, Athene in zahlreichen Städten und Stämmen.

[2] Der Redner gegen Neaira entrüstet sich über den Skandal, daß ein Hurenweib als Königin von Athen jene geheime heilige Handlung vollzogen hat. Es war auch skandalös, aber die Klage auf Asebie ward nicht eingereicht.

[3] Herodot II 146, da liegt es in Äthiopien. Antimachos bei Diodor III 64 verlegt es nach Arabien, wo Herodot III 8 Dionysoskult kennt.

ist, freilich dann so abgegriffen, daß ihn Bischöfe ohne Anstand getragen haben. Als er sich im fünften Jahrhundert verbreitete, wünschte der Vater seinem Sohne die Huld des begeisternden Gottes.

Die bildenden Künste zeigen uns einen merkwürdigen Wandel. Nur die Vasenmalerei führt uns den großen Gott mit seinem Gefolge so vor Augen, wie die Lieder der euripideischen Bakchen oder wie ihn Aristophanes in dem feierlichen Liede der Thesmophoriazusen 995 auf dem Kithairon einführt, und auch da fehlen Silene und Satyrn. Der majestätische, vollbärtige Gott zwischen den verzückten Nymphen und den ausgelassenen Satyrn erscheint auf den Vasen in immer neuen Szenen, so daß wir mit in den Taumel gerissen werden. Aber wir sehen auch, wie sie sich alle ändern und zahm werden. Die Neapler Satyrspielvase gibt schon ein ganz anderes Bild. Es scheint, als hätte die Skulptur gar nicht versucht, den bärtigen Dionysos in seiner erhabenen Männlichkeit darzustellen[1]; wir besitzen wohl kein Kultbild[2]. Er wird zwar nicht gleich der *γύννις* der aischyleischen Lykurgie (später ist er auch das geworden), aber er wird doch jugendlich, weich, verträumt, schmachtend eher als begeisternd. Hörnchen an den Schläfen erinnern ganz von fern an den *ἄξιος ταῦρος*. Er hat keine feste Physiognomie erhalten. Seinem Gefolge geht es ebenso. Das vierte Jahrhundert macht aus dem Silen, den Myron noch so prächtig als täppisch begehrlichen Waldschrat gebildet hatte, den biederen alten Diener, der das Herrenkind wartet, und die praxitelischen Satyrn sind gewiß schön, aber sie sind salonfähig geworden. Wir glauben nicht mehr an sie, und die dionysische Welt ist nur ein Phantasiebild seligen Naturlebens. Das bleibt dann, aber es wird der Schäferwelt vergleichbar, mit der die städtische und höfische Gesellschaft des Rokoko spielte. Daneben bestehen die dionysischen Mysterien fort und gewinnen in tieferen Schichten des Volkes erhöhte Bedeutung; aber das ist eine Neben- und Unterströmung, die zunächst für uns nicht an die Oberfläche tritt.

[1] Eine Ausnahme ist das schöne Relief mit dem Besuche des Gottes bei dem tragischen Dichter. Es gibt wohl auch Hermen und Doppelhermen des alten und jungen Gottes.

[2] Eine seltsame vereinzelte Bildung war das geflügelte Kultbild des Dionysos *Ψίλαξ*, Pausan. III 19, 6, das wohl aus der archaischen Zeit stammte, die allen Göttern gelegentlich Flügel gab. Naive Gemüter glauben wirklich die alberne Begründung, *ὅτι ὁ οἶνος ἀναπτεροῖ.*

Demeter, seit der Urzeit dem Volke und vor allem den Frauen von allen Göttinnen die ehrwürdigste und vertrauteste, ist es im Kultus geblieben, daher kennen wir sie besonders gut durch Kultstatuen, die von Cherchel und Berlin, und gern glaube ich, daß auch die Hestia Giustiniani eine Demeter ist[1]; in dem eleusinischen Relief tritt die Tochter hinzu. Später hat Praxiteles in der Knidierin bewiesen, daß er auch eine Göttin für die Andacht der Gläubigen schaffen konnte. Daß diese mütterlich freundliche Göttin, neben der die Tochter zwar verehrt ward, aber nicht im Bilde stand, auch die Strafe an denen vollziehen sollte, welche ihr von dem Aberglauben in den Defixionen als Gefesselte überantwortet wurden, werden die Verwünschenden selbst ihr nicht zugetraut haben; aber dafür hatte sie die *θεοὶ παρὰ Δάματρι*[2]. Immerhin darf man auch diese Seite des Glaubens nicht vergessen, von dem wir auch in Attika viele Belege haben, nur daß er sich da nicht an Demeter heranwagt.

Die beiden Göttinnen werden meist als Paar zusammengefaßt, und dann entspricht das Verhältnis dem, was das Kultbild so bezeichnete, daß die Mutter saß, die Tochter neben ihr stand. Man schwört bei beiden, bei Demeter allein, nicht leicht bei der Tochter[3]. Persephone ist, wenn sie allein oder mit dem Gatten erscheint, nicht *κόρη*. Aber es hat doch auch *τῆς κόρης μυστήρια* gegeben (oben S. 45). Sie heißt auch *σώτειρα*, Aristophanes Frösche 378 (töricht denkt der Scholiast an Athena), Perikles disputiert mit Lampon *περὶ τῆς τελετῆς τῶν τῆς Σωτείρας ἱερῶν* (Aristoteles Rhet. 1419a); man

[1] Die sog. Aspasia als Kore kann ich mir mit der Hestia zusammengestellt nicht denken, aber daß sie nicht allein stand, scheint mir ein glücklicher Gedanke.

[2] Dem Zeus *μειλίχιος*, der eine Weihung erhält, Inscr. Brit. Mus. 817, kann man das auch nicht zutrauen. Wir treffen ihn als Hauptgott in Selinus, wo auch Defixionen gefunden, aber bisher nicht genügend gelesen sind. Die knidischen Defixionen GDI. 3536–48. In Knidos wird man sich die Erinyen als die Schergen der großen Götter gedacht haben, daneben auch die *ἄνακτες*, Br. M. 804, wohl der *Ἄναξ* und seine Gattin. Die Götter, an die sich die Verfluchung wendet, sind in Athen oft gar nicht bezeichnet, Demeter erscheint nie, Pherephatta selten, am häufigsten soll Hermes die Flüche vermitteln, wie auch Orestes am Anfange des Choephoren und dann 164 Elektra für ihre Gebete sich an ihn wenden. Dann konnten die Bleirollen auf einem Friedhofe verscharrt werden.

[3] *ναὶ τὰν κόραν* bei Plautus Capt. 881 stammt nicht aus der Vorlage, wohl überhaupt ganz plautinischer Witz.

wird doch nicht an eine andere σώτειρα κόρη denken, auch wenn von dieser ein Heiligtum im Demos Korydallos (Ammonius s. v.) liegt, der mit Eleusis zu derselben Trittys gehört. Wenn die Toten in den Περσεφόνης θάλαμος kamen, so waren sie geborgen, da verdiente sie den Namen σώτειρα, den sie in Arkadien mehrfach führte. Hoffentlich führt ihn die Kore Albani mit Recht; die ist keine Nebenperson gewesen.

Der eleusinische Kult ist vom Staate mit großem Aufwande betrieben[1], das Telesterion neu gebaut. Das Volk beteiligt sich an dem großen Festzuge und den Mysterien mit nicht geringerer Wärme als an Dionysien und Panathenäen, und hier ist es mithandelnd an einem rein religiösen Feste, Männer, Frauen und Sklaven. Auch die Abgabe von Getreide wird um 420 von dem delphischen Gotte sanktioniert und vom Staate den Bürgern und den Bündnern auferlegt (IG. I 76), allen Hellenen anempfohlen. Noch gegen Ende des vierten Jahrhunderts wird von den Bauern reichlich gezahlt, obgleich der Staat die Forderung der Göttin zwar anerkannte, aber die Steuer nicht eintreiben konnte. Die σπονδοφόροι haben bis in das dritte Jahrhundert die Hellenen zu den Eleusinien geladen[2]. Wie schwer das Volk einen Verstoß gegen die Heilighaltung der Mysterien nahm, haben Diagoras und Alkibiades erfahren[3]. Die Aufdeckung des Heiligtums hat über die Baulichkeiten und ihre Geschichte Aufklärung gebracht, die Inschriften belehren über die Verwaltung, Weihgeschenke auch über die verehrten Götter, aber gerade diese haben neue Rätsel aufgegeben und die sog. Mysterienvasen sicher zu deuten scheint so aussichtslos wie früher. Wir wissen nun von einer Göttertrias θεός, θεά, Εὐβουλεύς, von denen die Schriftsteller schweigen; wir verstehen sie nicht, und ob die schöne Eubuleus getaufte Büste diesen Na-

[1] Im fünften Jahrhundert werden die Heiligtümer der Demen noch vom Staate bei Neubauten unterstützt, nicht nur Peiraieus und Eleusis, auch die Tempel von Sunion und Rhamnus konnten von den Demen nicht allein erbaut werden. Andere Beispiele sind vielleicht nur zufällig nicht bekannt. Später ändert sich das, aber Eleusis erhält noch die philonische Vorhalle.

[2] Sylloge 1019 mit Hillers Anmerkung.

[3] Es hat noch den Anstoß zu dem verwüstenden Zuge Philipps V. gegen Athen gegeben, daß zwei Akarnanen sich in das Allerheiligste gedrängt hatten und mit dem Tode bestraft wurden, Livius (Polybios) XXXI, 14.

men mit Recht trägt, ist zweifelhaft geblieben. Von einer Göttin Daeira oder Daira[1] hat sich keine Spur gefunden, und doch war sie ohne Zweifel alt, hatte ihren eigenen Priester (Pollux 1, 35) und empfing noch in der Zeit des Lykurgos Opfer (Sylloge 1029, 39); die literarischen Angaben sind widersprechend. Eigen steht es mit Pluton. Den Räuber der Persephone-Kore darf man gar nicht so nennen, wenigstens solange der Name seine Bedeutung behält. Aber der in Eleusis verehrte Gatte der Kore trägt wie auch anderwärts das Füllhorn, ist also Plutos oder Pluton, der Herr der unterirdischen Schätze. Die Herrschaft über die Toten kommt ihm dann nicht zu, und sie übt auch im athenischen Glauben allein Persephone. Wir sehen diese aber auch aufsteigend und den Plutosknaben emporreichend, denselben, den auch die Eirene des Kephisodotos trägt. Das ist der Segen, den sie den Mysten verleiht. Das ist alles an sich gut verständlich, aber es verträgt sich nicht miteinander. Ein System haben die Priester offenbar nicht gehabt, und Dichter, die es schaffen konnten, gab es nicht mehr. Die Widersprüche aber entstanden gerade deshalb, weil der Glaube noch lebte und neue Gestalten schuf. Das nahm die Priesterschaft willig hin, den Gläubigen lag nichts an Systematik, sie suchten die heiligen Geheimnisse nicht zu enträtseln, und der Hierophant schwieg sich aus. *χρυσέα κλῄς ἐπὶ γλώσσαι βέβακεν προσπόλων Εὐμολπιδᾶν*, Sophokles OK. 1052. Dieser einzige fromme Epopt, der zu uns spricht, hat auch noch einen eleusinischen Mythos zu einer Tragödie ausgestaltet. In seinem Triptolemos fuhr dieser mit seinem Schlangengespann durch alle Lande und verbreitete die Gabe Demeters; so viel mochte schon erzählt sein, um die Verpflichtung aller Hellenen, besser aller Menschen, die sich von der Feldfrucht nährten, zu der Abgabe des Zehnten an die Göttin zu begründen. Es war das ganz im Sinne der athenischen Propaganda, denn in der *ἡμέρα τροφή* lag jede höhere Zivilisation. So ist das auch ein *τόπος* der Enkomien Athens geblieben. Damit es aber in einer Tragödie behandelt werden konnte, mußte Sophokles eine Handlung erfinden, die Nachstellung eines wilden Getenkönigs Charnabon wider den Apostel Demeters. Diese Geschichte ist freilich nicht populär geworden. Unter den neu eintretenden Göttern ist be-

[1] In der Opferordnung der Tetrapolis IG. II² 1358 B *Δαίραι οἷς κύουσα*. Aischylos Psychagogen 277 gleich Persephone. Er wendet, wie es scheint, nicht die eleusinische Form an, sicher nicht die eleusinische Auffassung der Göttin.

deutend nur einer, Iakchos, und auch über ihn sind die durchweg späten literarischen Angaben widersprechend und ganz unbefriedigend. Der Name ist durchsichtig, entstanden aus dem Rufe ἴακχε wie Linos und Hymenaios. Aber so entsteht kein Gott, dem man Tempel baut. In Athen heißt ein Tempel hinter dem Pompeion, in dem die beiden Göttinnen und Iakchos standen, Iakcheion, passend, da der Festzug, auf dem fortwährend ἴακχε gerufen ward, von hier ausging. An den Lenäen rief die Gemeinde auf die Aufforderung des Daduchen Σεμελήϊ' Ἴακχε πλουτοδότα. Da sieht man, daß Dionysos diesen Namen ebenso erhalten hat, wie er εὔιος und διθύραμβος heißt. Unter diesem Namen ist also der neue Gott, als er nicht mehr abgewiesen werden konnte, in den eleusinischen Kult aufgenommen, aber er sollte sich als ein πάρεδρος unterordnen[1], erhielt also die jugendliche Gestalt, die Dionysos auch zukam. Auf die Dauer ließ sich das der Glaube an den großen Gott nicht gefallen, auch Eleusis mußte ihn bei sich anerkennen[2]; Iakchos ist wohl manchmal als eine nun unwichtige Person neben ihm betrachtet worden, so daß auch hier Verwirrung und Widersprüche entstanden. Die Würde Demeters hat niemals durch die übrigen Götter eine Einbuße erlitten, und ihre Mysterien haben sich in Athen wenigstens mit den dionysischen nicht vermischt, höchstens in der letzten Verfallzeit. Die wichtigste Änderung in der mystischen Lehre ist schon früher besprochen, daß die Mysten der Seligkeit im Jenseits nur teilhaftig werden können, wenn ihr Lebenswandel vor dem Totengerichte besteht, womit zusammenhängt, daß Triptolemos, bisher Knabe und Schützling Demeters, zum Totenrichter erhoben wird. Eleusis hat damit seine älteren Belohnungen der Geweihten dem feineren moralischen Empfinden angepaßt, ohne doch das Alte zu verdrängen, weil es die eleusinische Dichtung im Gedächtnis erhielt; es war auch manchen Epopten erwünschter. Der Glaube an ein Totengericht war nicht hier aufgekommen, wohl aber hatte Eleusis damit Erfolg, daß Triptolemos zu einem der Richter im Hades erhoben ward. Es kann keine Rede davon sein, daß die Eumolpiden Führer des Volkes zur Moral gewesen wären. Die ἀρεταί der Göttin, von denen der Redner gegen Andokides erzählt, sind nicht besser als die des

[1] Strabon 468 nennt nach Poseidonios den Dionysos als Iakchos ἀρχηγέτην τῶν μυστηρίων τῆς Δήμητρος δαίμονα.

[2] Sophokles Antig. 1119 μέδεις δὲ παγκοίνοις Ἐλευσινίας Δηοῦς ἐν κόλποις ὦ Βακχεῦ.

Asklepios. Das soll uns so wenig wie die moderne Mysterienmystik oder der Rationalismus Lobecks verhindern, in Demeter mit ihrer geraubten und heimkehrenden Tochter eine der edelsten Schöpfungen tiefer und reiner Frömmigkeit anzuerkennen. Aber so weit war schon die älteste Religion gelangt. Daß die Herrin der Toten zur Tochter der Erhalterin des Lebens geworden ist und selbst immer wieder zu ihr heimkehrt, daß so der ewige Wechsel von Werden und Vergehen sich an allem, was auf Erden lebt, vollzieht und doch die gute, gnädige Mutter ewig dieselbe bleibt, ist das nicht eine tiefe Auffassung des irdischen Lebens, der menschlichen Vergänglichkeit und der ewigen Gottheit, tiefer und auch frommer als das Sakrament samt seinen Verheißungen, das einmal hinzugetreten war und vielen Generationen den tröstlichen Glauben auf den Genuß eines seligen Lebens hier und im Jenseits gegeben hatte. Nur darf man nicht wähnen, daß dieser Glaube die religiöse Krisis überstanden hätte und die Menge, die den Festzug nach Eleusis mitmachte, nach der Schau des Allerheiligsten Verlangen trug und von den Hoffnungen auf ihre Wirkung getrieben war. Platon erzählt, daß Kallippos mit Dion in freundschaftlichen Verkehr kam, wie es meistens geschähe, *ἐκ τοῦ ξενίζειν καὶ μυεῖν καὶ ἐποπτεύειν*, Brief VII 333 e. So schätzt er die eleusinischen Mysterien ein. Ihren Ruf aber behielten sie durch die folgenden Jahrhunderte, und so sind die Demeterheiligtümer und Feste in sehr vielen Griechenstädten, alten und neuen, den Frauen heilig geblieben, und auch die Männer haben diese Göttin und den Glauben an sie mit Ehrfurcht behandelt.

Athena ist in dem Jahrhundert, das ihre Stadt zu *Ἑλλάδος Ἑλλάς Ἀθῆναι* macht, bei deren Feinden nicht minder verehrt. Als Chalkioikos sitzt sie auf dem Hügel, den man die Burg von Sparta nennen kann. Die Alea von Tegea ist die reichste Göttin Arkadiens, wenn sie ihren Tempel, den prächtigsten der Halbinsel, auch erst im folgenden Jahrhundert erhält. Argos beansprucht das Palladion von Ilios zu besitzen und führt den Schild des Diomedes[1],

[1] Der Schild war Symbol der Göttin gewesen, bis er dem Helden zugewiesen ward, der das Palladion nach Argos gebracht hatte. Die Geschichte von seinem Raube setzt *Παλλάδια* voraus, die es sehr früh gegeben haben wird, kleine Bilder einer stehenden Frau aus Holz oder Ton; die Ägis machte sie zu Athena. Wer das troische Palladion besitzen wollte, kümmerte sich nicht um das Sitzbild in dem *Z* der Ilias. In Ilion stand später das Kultbild, war aber, wie die Münzen zeigen, aus dem

der jene vornehmste Beute heimgebracht hatte, in der großen Prozession, die das Palladion zu dem Bade im Inachos geleitet. Korinth hat weder Hera noch Aphrodite, die doch beide auf der Burg wohnen, sondern Athena auf den Münzen. Böotiens Stammfeste sind die Itonien von Koroneia. In Phokis hat sie dieselbe Ehrenstellung und außer in Elateia auch den alten Tempel zu Delphi, nun als *προνάια*. Außerhalb des Mutterlandes ist zwar auch manche *πολιάς*, aber ein berühmtes Heiligtum hat sie nur auf der Burg von Lindos, wo sie an die Stelle einer fremden Göttin getreten war[1]. Auffallend ist, wie sehr sie in Westhellas zurücktritt; die Etrusker haben ihre Minerva mit ihr geglichen und den Römern zugeführt. Neben Juppiter und Juno auf dem Kapitol kann sie nur die hellenische Zeustochter gewesen sein. Aber der Tempel war etruskisch. Das römische Volk dachte sie nur als *ἐργάνη*, Beschützerin jeglichen Handwerks, die in Hellas zurücktrat. Bei allen Hellenen ist es dieselbe Athena, die von Zeus die Ägis übernommen hat, auf der das Haupt der Gorgo die Feinde lähmt und deren Fransen Schlangen sind, die Athena der Ilias, die nun die Wehrkraft der Staaten beschützt, wie sie einst dem einzelnen Helden beistand. So steht sie zwischen den kämpfenden Schlachtreihen in den Giebelfeldern des Aphaiatempels. Wie sie den Herakles, den vollkommenen Heros, durch sein Leben geleitet, zeigen die olympischen Metopen und zahlreiche Vasenbilder. Der rechte Mann kann auf sie vertrauen wie Odysseus, den aber liebt sie wegen seiner Klugheit und Geistesgegenwart (*ν* 297); sie fühlt sich ihm inner-

sechsten Jahrhundert, jünger als die Geschichte von dem Raube, die aber wie alle Posthomerika erst nach der Ilias entstanden ist; das unbekannte Alter der *Ἰλιὰς μικρά* ist dafür gleichgültig.

[1] In dem skythischen Neapolis eine Weihung *Ἀθηνᾶι Λινδίαι*, Latyschef Inscr. Ponti 671. Blinkenberg, Archiv Relig. Wiss. 28, 154, hat auf Grund der Weihgaben gezeigt, wie wenig die Lindia von der hellenischen Athena außer dem Namen angenommen hatte. Er sieht in ihr die asiatische Bergmutter, was mir auch nicht durchschlagend scheint. Wenn sie in dem rhodischen Demos Brasiai dem Helios die Korybanten geboren hatte, war sie von der asiatischen Göttin verschieden. Mit den allgemeinen Zügen, die sich aus dem Kulte ergeben, läßt sich das individuelle Wesen der Göttin nicht erschließen, und was man erkennt, stimmt mit zu vielen Kulten, in denen die Frauen vorwalten. Sie war für die Lindier, was Athena für die alten Athener war, nicht eine, sondern die Göttin.

lich verwandt. Sie hat ja auch dem Epeios beigestanden, als er das hölzerne Pferd schnitzte, die Handwerker sind ihre Knechte, und als sie dem Odysseus in ihrer gewohnten Gestalt erschien, war sie nicht gewappnet, sondern ein stattliches Weib, erfahren in den Kunstfertigkeiten der Frauen (ν 289). Da ist sie die *ἐργάνη* oder *ὀργάνη*, wie sie mehrfach heißt, und dieses doppelte Wesen wird empfunden, wenn sie in Delphi zugleich *ζωστηρία* genannt wird[1]. Diese Athena scheint in Ionien ausgebildet zu sein, weil die Frauen auch einen Anteil an der vornehmen Beschützerin der Männer haben wollten. Dort wird man sie wohl auch so gebildet haben, wie sie dem Odysseus erschien, und alte Sitzbilder haben sie so gezeigt, auch wenn ein Stück der Bewaffnung zugefügt war, lediglich um diese Göttin von anderen ebenso gebildeten zu unterscheiden. Diese Athena ist nur bis in das sechste Jahrhundert auch auf der athenischen Burg dargestellt worden, dann lebt sie so in der Phantasie, wie sie aus dem Haupte des Vaters hervorgegangen ist. Der prachtvolle homerische Hymnus 28, ohne Zweifel für die Panathenäen gedichtet[2], Vasenbilder und der Ostgiebel des Parthenon haben die alte Geschichte festgehalten, so unhellenisch und erst recht dem attischen Gefühle für das Schickliche, das *πρέπον*, widersprechend sie war, denn sie sprach nun aus, was für das Wesen der Göttin bedeutsam ist. Aischylos, Eum. 738, läßt es sie selbst sagen: *κάρτα εἰμὶ τοῦ πατρός*. Zeus ist in eine Erhabenheit gesteigert, für die das persönliche Eingreifen in die Händel der Menschen nicht mehr paßt. Sein ist die *βουλή*, sein der Wille, aber die Sorge für die Ausführung überläßt er gern der Tochter, die er schon bei Homer besonders geliebt hat. Späte Theologie hat es in ihrer Sprache nicht übel ausgesprochen, indem sie Athena als *δύναμις Διός* bezeichnete[3].

[1] Der Beiname, den Hesych auch für Böotien bezeugt, kommt natürlich von dem Gürtel, der den Chiton der Kriegerin zusammenhält, ξ 72. Kallimachos, Hymn. 2, 85, nennt tanzende Krieger *ζωστῆρες Ἐνυοῦς*. Unbegreiflich wie er Athena als Geburtsgöttin bezeichnen soll, als ob sie das überhaupt sein könnte.

[2] Da ihr Erscheinen die ganze Natur entsetzt, muß sie die Waffen ablegen, mit denen sie aus dem Haupte gesprungen war. Ähnlich muß Leto im delischen Hymnus 12 dem Apollon den Bogen abnehmen, weil die Götter von ihren Sitzen springen, als der gerüstete Gott unter sie tritt.

[3] Aristides 37, 28. Nicht zu vergessen, daß die Spätzeit die *δυνάμεις* ganz persönlich faßte.

Das erleidet aber eine starke Einschränkung dadurch, daß sie die Natur und ihr Leben nichts angeht, sondern nur der Mensch, und auch der nicht in den Tätigkeiten, die ihn als Bauern, Hirten, Schiffer mit der Natur verbinden. Artemis, die ursprünglich mit der Natur im Gegensatze zu der menschlichen Wohnung verbunden war, steht darin zu Athena in ergänzendem Gegensatze; ihre Heiligtümer gehören nicht in die Stadt. Athena ist *πολιάς* auch im Sinne der Städterin. Die Stadt, die sich nach ihr nennt, hat ihr ursprünglich nicht gehört, sondern den Namen erhalten, weil Verehrer der Göttin die Oberhand über Diener des Poseidon gewonnen hatten[1], doch so, daß das Haus des Königs Kapellen für beide Götter in sich schloß. Da werden zwei nahverwandte kleine Gefolgschaften ihrer Fürsten zusammengewachsen sein[2]. Das ist noch in den heroischen Zeiten geschehen, als die Nordküste des Saronischen Golfes *ἀκτή* hieß, weil keine namhafte Stadt an ihr lag, wie die Südküste des Korinthischen Golfes aus demselben Grunde *αἰγιαλός* hieß. Allmählich haben die Könige Athens ihre Herrschaft über das Land ausgedehnt. In der geometrischen Zeit ist die Töpferei ein Zeichen, daß Athens Gewerbefleiß bereits etwas bedeutet. Bald darauf führt die Umsicht der Regierenden den Olivenbau ein[3]. Im sechsten Jahrhundert stehen schon zahlreiche Gebäude in dem nun der Athena gehörigen heiligen Bezirke der Burg, dessen Grenzen wir nicht kennen, weil ihr nach den Perserkriegen die ganze Burgfläche überwiesen ist[4]. Solon, 3 D., spricht dann den Glau-

[1] Poseidons Recht ist unverkennbar, denn daß er zuerst kommt und durch die Löcher im Felsboden sein Vorrecht beweist, ist von der Sage zugestanden. Es gibt ja auch zwei Archegeten, Kekrops und Erichthonios, aber nur der erste ist Eponym eines Stammes, der *Κέκροπες*, wie die Endung des Namens erkennen läßt. Die Verteilung auf die Verehrer der beiden Götter läßt sich nicht mehr sicher feststellen.

[2] Die Tragiker sagen *'Αθάνα*, und daß sie bei Dorern borgten, ist undenkbar. Hieratisch muß sich wohl die alte Form erhalten haben, obgleich der Name und die Göttin danach älter scheinen als der panionische Lautwandel. Die Weihgeschenke kennen nur *'Αθηναία*.

[3] Weil Athena den Staat vertritt, der die Ölbäume auf privatem Lande pflanzt und überwacht, heißt sie *μορία* neben *Ζεὺς μόριος*; damit wird sie so wenig eine Göttin des Ackerbaus wie durch ihren Garten am Nordabhang.

[4] Daß Poseidon Erechtheus in diesem Bezirke bleibt, *Ζεὺς πολιεύς* neben der *πολιάς* verehrt werden muß, ist selbstverständlich. Der Brauronia hat offenbar Peisistratos, weil er aus ihrer Gegend stammte, in dem

ben aus: „nach dem Willen des Zeus wird unsere Stadt nicht untergehen, dafür hält Athena ihre Hand über uns[1]." Das ist der Glaube der Athener geblieben, und so oft auch ihre ἀτασθαλίαι diese Strafe verdienten, hat Athena allein die Stadt gehalten, bis sie vergessen war, und als ihr Gedächtnis wieder auflebte, hat sie ihr Athen zur Hauptstadt des neuen Hellas erhoben. Es liegt wohl nicht nur an unserer reichen Überlieferung, daß wir hier so deutlich wie nirgendwo sonst beobachten, wie die Landesgöttin geradezu die Seele des vaterländischen Staates wird, und zugleich jeder Athener sich ihr persönlich verbunden fühlt. Ob er seinen Acker bestellt, Töpfe macht, Handel treibt, Pferde zieht, in allem steht ihm die Göttin bei, und er bringt ihr einen Anteil des Gewinnes dar, und die Namen Θεόδωρος, Θεόδοτος, Θεόγνητος besagen, daß er seinen Sohn als ihr Geschenk betrachtet, Θεόπομπος, daß sie ihn geleiten soll. So kann die Göttin, der die ältesten Weihungen gern ihre homerischen, kriegerischen Beinamen geben, als Ἐργάνη, Νίκη, Ὑγίεια sogar Kult erfahren; als μουσική wenigstens Weihgeschenke und eine Statue bekommen[2]. Ihr eigentliches Wesen geht das alles nichts an, und wer da folgert, sie war chthonisch oder agrarisch usw., verschließt sich das Verständnis selbst. ἡ θεός war sie für die Athener, Göttin, die alles kann und alles für die Ihren tut. Die Gestalt, in der sie in der Phantasie lebt, ist die des Palladion geblieben. So steht sie auf den panathenäischen Vasen, seit ihr Fest seine

damals noch profanen Teile der Burg einen Bezirk zugewiesen, der ihr blieb, aber einen Tempel hat sie nicht erhalten. Peisistratos wird noch selbst oben gewohnt haben, vielleicht nicht allein. Die Entfestigung der Burg, die mit dem Mauerbau des Themistokles zusammenhängt, ist wohl erst durchgeführt, als sie in dem Plane, Athena Nike vor dem Prachttore anzusiedeln, ihren Ausdruck fand. Zur Not ließen sich die Propyläen verrammeln und die Burg verteidigen, da kein anderer benutzbarer Zugang bestand. So tun es die Frauen der Lysistrate und hat 404 die spartanische Garnison die Burg besetzt.

[1] Er fährt fort „aber die Bürger richten durch ihre ἀφραδίαι das Vaterland zugrunde". Wer solche Erfahrung macht, wird seine Hoffnung auch nur auf die unsterbliche Seele des Vaterlandes gründen, um derentwillen die Gerechtigkeit des Weltenregimentes den durch die Taten und Unterlassungen der Bürger verwirkten Untergang nicht eintreten lassen wird. Solon hat die Tyrannis kommen sehen und beklagt; aber gerade durch sie hat Athena ihr Volk emporgeführt. Das ist der rechte Weg.

[2] Plinius N. H. 34, 76 mit einem törichten Aition. IG. II² 1417.

dauernde Ordnung erfahren hat. Das maßgebende Kultbild stand aber nicht auf der Burg, sondern in dem später verschollenen Heiligtume, das danach ἐπὶ Παλλαδίωι hieß, und es sollte wie in Argos das troische Palladion sein. Als sie einen eigenen Tempel erhielt, mag dieser ein Kultbild gehabt haben, aber das alte Holzbild, das jährlich einen neuen Peplos erhielt, blieb in dem Bau, den sie mit Poseidon Erechtheus teilte: da hieß sie zum Unterschiede πολιάς[1]. Die πρόμαχος des Pheidias war nur ein Weihgeschenk, aber in dem Kultbilde des großen Tempels gab er ihr die Gestalt, in der sich nun ihr ganzes Wesen aussprach. Diese παρθένος ist die Göttin des attischen Reiches, in diesem Bilde sehen sie die Athener, so daß der Wursthändler dem Demos einen Brei vorsetzt, den die Göttin mit ihrem Elfenbeinfinger angerührt hat (Ritter 1169). Aber um zu erkennen, wie die Göttin vertraulicher, friedlicher, sinniger erscheinen kann, muß man die Weihreliefs hinzunehmen, und auch die große Plastik läßt sie den Helm abnehmen, und Myron läßt sie gar den Silen als ein ganz junges Mädchen abweisen, das nicht Flöte spielen will, weil die aufgeblasenen Backen häßlich sind. Dabei ist Athena doch eigentlich niemals so jung gewesen. Es ist für das fünfte Jahrhundert charakteristisch, wie die Künstler sich bemühen, gerade diese Göttin unter Einhaltung ihrer typischen Bildung immer wieder neu zu gestalten. Es werden gar nicht alles Athener sein, aber die Athena, die dann weiter höchstens ein wenig variiert erscheint, ohne daß etwas Bedeutendes entsteht, ist die Athenerin, ganz mit Recht. Denn nun lebt sie wirklich als die Seele des geistigen Athen, das Hellas sich unterworfen hat, als es die politische Macht verlor. Da wird der Ölzweig, den einst Perikles für den Sieg über Samos erhielt, zum Symbol des Friedens, die Göttin wird nun die Beschützerin von Bibliotheken und Schulen, und die Theologen deuten sie als φρόνησις[2]. Der Weg war weit

[1] Vitruv IV 8, 4 in einer Aufzählung von Tempeln besonderer Bauart *Athenis in arce et in Attica Sunio Palladis Minervae.* Er redet so, als hieße die Göttin der beiden Tempel Pallas Athene. Wie soll er dazu kommen, der Göttin ihr poetisches Beiwort zu geben? Auf der Burg hatte sie mehrere Tempel, die also unterschieden werden mußten; gemeint hat er das Erechtheion. So ergibt sich von zwei Seiten die Verbesserung *Poliadis.* Kolbe hat erwähnt, daß mir die Verbesserung gelegentlich seiner Bestreitung von Dörpfelds unglücklicher Hypothese über seinen alten Tempel eingefallen war.

[2] Chrysippos hat sich auf die Interpolationen der Theogonie beru-

von dem Schilde und der Schildjungfrau bis zu der symbolischen Gestalt, in der sich heute Akademien der Wissenschaft und was sich sonst diesen Namen anmaßt, personifizieren. Aber der geschichtliche Verlauf, der zu diesem Ende geführt hat, liegt deutlich vor unseren Augen.

Was in Hellas, genauer in Delphi, aus Apollon geworden war, ist früher dargestellt. Nichts kann seine Macht über den Glauben der Hellenen deutlicher zeigen, als daß sie ihm, der sich wahrlich bei dem Einfalle der Perser wenig patriotisch bewiesen hatte, die perserfreundlichen Böoter verzehnten wollten und die Schlangensäule errichteten. Die meisten Schatzhäuser und Statuengruppen, die den heiligen Bezirk überfüllten, sind erst später entstanden; Syrakus und Kyrene sind vertreten, und er hat keinen Anstand genommen, auch keinen Anstoß erregt, wenn bei ihm Weihungen der in hellenischen Kriegen siegreichen Parteien nebeneinander Aufstellung fanden. Er durfte die athenische Demokratie des Kleisthenes und daneben die Erhaltung der *πάτριος πολιτεία* und die Autonomie, wie sie Sparta verstand, unterstützen. Feste und Prozessionen werden ihm in sehr vielen Städten dargebracht sein; Pindars Nachlaß ist voll von Chorliedern für die Delien und von Päanen; sie erzählen aber wenig von dem Wesen und den Taten des Gottes. Wie Athena die liebe Tochter des Zeus war, lebte er in dem Glauben der Hellenen als der Sohn des Zeus, der den Willen des Vaters kannte und dafür Sorge trug, daß die Menschen ihn erfuhren und sich ihm unterwarfen. Wie Athena wirkte er nur in der Menschenwelt; die elementare Natur war ihm immer fremd gewesen, auch wenn er bei Ioniern die ersten frischen Brote an den Thargelien erhielt. Ihn ging wohl mehr das Menschenopfer der *φαρμακοί* an, das ein Sühn- oder Reinigungsopfer gewesen sein muß. Nach Athen ist es aus Asien mitgekommen, in Delos und Delphi hat es keinen Eingang gefunden. Auch den Menschen bleibt er fern; seine Reinheit scheut ihre Berührung. War er doch aus dem Himmel verwiesen, als er in das Haus des Admetos kam. Es wäre undenkbar, daß er sich so zu einem Menschen

fen, die ihr in Metis eine Mutter geben wollten. Das war eine unerfreuliche theologische Erfindung, die zugleich erklären sollte, daß Zeus keinen Sohn haben durfte, aber auch nicht bedurfte, da er diese Tochter hatte. Dann war sie zwar klug wie die Mutter, aber dieselbe, welche die Ägis trug und allein den Schlüssel zu der Kammer wußte, wo die Donnerkeile lagen (Eumen. 827).

stellte, wie Athena zu Herakles und Perseus. Es gibt auch keine Weihreliefs, auf denen er so erschiene wie sie. Wohl weihen ihm die Knaben ihre Haare, wenn sie in die Mannbarkeit treten, aber es werden keine vertraulichen Epigramme gemacht wie für die Mädchen an Artemis. Man könnte erwarten, daß ein solcher Gott ganz Geist werden müßte, aber den Gedanken faßte nur ein radikaler Philosoph wie Empedokles. Es sträubte sich dagegen nicht nur die lebendige Erinnerung an den Apollon, der den Patroklos schlug, die Niobiden erschoß, der Glaube an den *βοηδρόμιος* und *ἀποτρόπαιος*[1]; es lief auch der sinnlichen Phantasie entgegen, die ein Bild des Gottes verlangte, und wer die Hellenen kennt, ist nicht überrascht, daß sie den vollkommenen Jüngling in ihm sehen wollten; *ἀκερσεκόμης* war er schon bei Homer gewesen, nun trat nach einigem Schwanken die Bartlosigkeit hinzu. Es ist fein bemerkt, daß der Koloß von Amyklai wohl bärtig (d.h. ohne Schnurrbart, der in Sparta nicht geduldet ward) gewesen sein wird[2], denn in dem Sparta des siebenten Jahrhunderts mußte er als Abwehrer aller Feinde ein gerüsteter Hoplit sein. Hundert Jahre später haben sich die Milesier ihr Tempelbild bei Kanachos von Sikyon bestellt und erhielten einen gedrungenen nackten Jüngling. Es ist nicht durchaus falsch, daß die archaischen nackten Jünglingsstatuen zuerst Apollines genannt wurden, was doch die meisten nicht sind, denn die Aufgabe schien damals noch die gleiche, und die kennzeichnenden Attribute fehlen. Hermes ist ja damals noch der bärtige, gestiefelte Herold, und als er sich als *ἐναγώνιος* verjüngte, war er Athlet, wozu sich Apollon nie herabläßt. Erhabenheit und Würde unterscheidet diesen immer von dem menschlicheren Bruder. Sie erscheint uns am vollkommensten im Westgiebel von Olympia: da hat ein Peloponnesier den Gott seines Glaubens in seiner ruhigen und gerade damit jeden irdischen Widerstand bändigenden Majestät über dem wüsten Getümmel so hinzustellen gewußt, wie es ein Ionier nicht vermocht hätte. Den Apoll auf dem Omphalos und den von Kassel vor allem und dann die Münzstempel muß man daneben halten, dann wird man inne, wie verschieden dieser Gott den verschiedenen Hellenen erschien,

[1] Auch der *ἐπικούριος* wird zuerst diesen Sinn gehabt haben, vielleicht immer, denn auf die Ausdeutung des Namens für den Tempel von Bassai kann man sich nicht verlassen.

[2] Ein leierspielender Apollon, Orthia 261c, ist allerdings schon bartlos.

immer aber gleich göttlich erhaben. Und dann der pompeianische nackte Leierspieler, wohl für Sparta, nicht in Sparta geschaffen, der nicht erkennen läßt, wie auch dort sich der ἀλεξίκακος vom Amyklaion gewandelt hatte, sondern wie er doch noch der nackte schöne Jüngling blieb. Es ist dem Leochares später noch gelungen, eine Epiphanie des Gottes in dem Apoll von Belvedere im Bilde festzuhalten, denn die Sünden des Kopisten und der Ergänzer darf der Athener nicht entgelten; aber es ist doch eine Schönheit ohne den tiefen Ernst, den der echte Glaube etwa des Sophokles in dem Bilde seines Gottes suchen würde[1]. Gerade weil er ihn schreitend, gewissermaßen handelnd darstellt, bildet Leochares mehr den Gott des Mythos als den des Glaubens. Der wohl noch schönere Hypnos ist glücklich als sein Bruder erkannt; er wird für den Bildhauer nicht minder Gott gewesen sein als Apollon. Der Sauroktonos ist schon eine Spielerei. In manchem Tempel wird statt der nackten Jünglingsstatue der Kitharode in seiner schweren Festtracht gestanden haben; er spielt ja schon bei Homer einmal zum Tanze der Musen, ist μουσηγέτης geblieben, und Kadmos hat, wie Pindar mit Bedacht sagt, bei seiner Hochzeit des Gottes „richtige Musik" gehört. Die seine hat er gewiß so gehalten, wie er glaubte, daß sie der Gott damals in Theben die Menschen gelehrt hatte. Nicht zum wenigsten auf der Musik hat die Verbindung des Pythagoras mit Apollon beruht, und in der ethischen Wirkung, die von den Hellenen in der Musik so stark empfunden ward, liegt der Geist des Pythiers. Es mag auch diese Musik in Theorie und Praxis dazu beigetragen haben, daß Platon den delphischen Gott mit geradezu andächtiger Ehrfurcht behandelt und den Staat seiner Gesetze an das delphische Orakel verweist. Entscheidend war, daß er in ihm die Sonne gesehen hat, wie es die theologische Spekulation schon im sechsten Jahrhundert getan hatte[2]. Was ihm die Sonne war, gesteht ja die Stelle des Staates,

[1] Die Maler der Renaissance haben den heil. Sebastian gewählt, um den schönen Leib eines Jünglings darzustellen. Antonello da Messina erreicht das vollkommener als Soddoma. Aber in dem nur leidenden Heiligen muß die göttliche Macht fehlen. Christus am Kreuze war auch nur der Leidende, und wenn Michel Angelo ihn als Sieger mit dem Kreuze darstellte, geriet er zu herkulisch. Ich kenne zu wenig von der gotischen Plastik, namentlich der französischen; ihr könnte ich einen apollinisch schönen Christus zutrauen.

[2] Schön spricht sie Skythinos aus, der ihn aber so hoch erhebt, daß

an der er seine Religion am offensten bekennt. Diese Theologie hat dem Glauben an den persönlichen Gott in Apollon kaum Eintrag getan. Wenn der Schwur *νὴ τὸν Ἀπόλλω τουτονί* in der Komödie gewöhnlich wird, steht der *ἀγυιεύς* statt des älteren Hermes vor der Haustür, und mag das noch so gedankenlos wiederholt werden, es weist doch auf den Schutz des *ἀποτρόπαιος*. Auch später tritt der Gott nicht zurück wie Athena, sondern wird der Gott der Seleukiden, dort als der Exponent des Hellenenstolzes gegenüber den Barbaren, wird der Schutzgott des Augustus, und der Gedanke an Orestes und Alkmaion scheucht den Nero von dem Betreten Delphis zurück. Zuletzt werden wieder Orakel des Gottes verbreitet, auch von den Christen, die sich von ihm ihren Sieg bescheinigen lassen. Etrusker und Römer haben diesen Gott, als sie ihn übernahmen, mit seinem griechischen Namen nennen müssen, weil er zu individuell war, um mit einem der ihrigen geglichen zu werden; dann ist aber dieser Apoll mit barbarischen Göttern wie dem Grannus gleichgesetzt worden.

Endlich Zeus. Wir wissen schon, daß er in keiner Stadt ihr besonderer Schutzgott ist. In Olympia hat er zwar die Hera zurückgedrängt, erteilt noch Orakel, aber sie haben keine allgemeine Bedeutung, und Staaten holen sie nicht ein. Aber durch die Agone ist er der panhellenische Zeus geworden, so daß ihm als dem von Olympia auch anderswo Heiligtümer errichtet werden[1]. Aber Olympia ist keine Stadt, und der Stammgott der Eleer ist er nicht. Dodona ist ein Heiligtum in barbarischem Lande, das sich durch diesen Gott sein Hellenentum bewahrt. Hier erhält sich auch das Orakel, und manche Staaten, Theben z.B. und das heilige Delos, stehen mit dem fernen Gotte in regelmäßiger Verbindung. Achilleus hatte sich schon an den Zeus von Dodona gewendet; der Ort legte Zeugnis davon ab, daß Hellenen einmal in dem Lande ge-

die Sonne sein Plektron ist, mit dem er auf seiner Leier die Harmonie spielt, welcher die Sphären folgen, Allgott ist er dann wie bei Empedokles.

[1] Die Scheidung des Gottes vom Olympos und dem von Olympia läßt sich nur dann sicher vollziehen, wenn die Bezeichnung des Heiligtumes als *Ὀλυμπιεῖον* zuverlässig bezeugt ist wie für Athen und Syrakus. Pausanias hat *Ὀλυμπιεῖα* in Megara, Sikyon und Ephesos, aber er konnte schon wie die Grammatiker den Gott des Olympos darunter verstehen, nach dem es doch *Ὀλύμπιον ὡς Πύθιον Δήλιον* heißen würde. Die Aussprache entschied nicht mehr sicher.

wohnt hatten; das verlieh dem Zeus *νάιος* besondere Würde. Aber der religiöse Glaube hielt sich an das *αἰθέρι ναίων* in dem Gebete des Achilleus. Auch das haben wir schon gesehen, daß Zeusfeste geringe Bedeutung haben, die Nemeen nur agonistische, die altattischen *Διειπόλια*, *Μαιμακτήρια*, *Βουφόνια* veraltet sind. Darin liegt aber gerade, daß Zeus eine andere und höhere Geltung beansprucht, für die der gewöhnliche Kultus nicht zureicht. Er ist der Allmächtige, der vom Himmel her immer noch das Wetter macht, an dem das Gedeihen von allem, was da auf Erden lebt, abhängt, und er ist Gebieter über die Geschicke des Einzelnen und der Völker, seines Willens Vollstrecker sind Athena und Apollon. Die Welt aber regiert er mit Gerechtigkeit, steht daher dem Schwächeren gegen die Hybris des Stärkeren bei. Da wird ihm nach der Errettung aus der Persernot der Kult als *'Ελευθέριος* in Athen gestiftet, *σωτήρ* heißt er im Peiraieus und an manchem anderen Orte. Wie er in Benennungen wie *ἑρκεῖος κτήσιος φράτριος γελέων ξένιος* usw. viel mehr Gott als Zeus ist, braucht nicht wiederholt zu werden. Daß die religiöse Einstellung der verschiedenen Volksschichten und auch der verschiedenen Landschaften bald den alten Schwinger des Blitzes festhält, bald in seinem Namen den Urheber alles Lebens und den universalen, über alle Götter und Menschen erhobenen Gott erkennt, bedarf auch keiner weiteren Ausführung. Verkenne aber keiner, daß der neue Zeus von den Ioniern kam, die Stämme anderer Rasse im Mutterlande mußten es erst lernen[1]. Nichts ist bezeichnender als daß Herakleitos sagt, daß *ἓν τὸ σοφὸν μοῦνον λέγεσθαι οὐκ ἐθέλει καὶ ἐθέλει Ζηνὸς ὄνομα*. Wenn der Name auch eigentlich nicht zutrifft, man muß und darf ihn doch gebrauchen. Fromme Dichter hatten es vermocht, den Glauben an diesen Zeus zu fassen und zu verbreiten, aber weder die Malerei noch die Skulptur hatte auch nur versucht, ihn im Bilde darzustellen. Der Künstler, dem der Apollon des Westgiebels gelungen ist, hat in dem Zeus des Ostgiebels höchstens den göttlichen Agonotheten zu geben gewußt. Da steckte viel mehr in dem Blitzschleuderer der Bronze von Dodona; wir werden uns die *Ζᾶνες* von Olympia ähnlich denken. Re-

[1] Peinlich ist, daß wir nicht wissen, was *Μαχανεύς* bedeutet, wie Zeus in Korinth und Megara samt Kolonien heißt, auch einen Monat benennt. Nach Argos und Tanagra wird er von da gekommen sein. Die grammatische Deutung bleibt ungewiß, weil die Quantität der beiden *α* nicht zu bestimmen ist. Wozu schleppt man da Deutungen weiter, die nichtig bleiben müßten, wenn sie nicht an sich blauer Dunst wären.

ligion ist darin, aber die Religion einer überwundenen Periode. Die Eleer haben das begriffen. Den Tempel konnten sie selbst bauen, für seinen Skulpturenschmuck fanden sie im Peloponnese die geeigneten Kräfte, aber schon die Technik der Kultstatue forderte einen Athener. Pheidias hatte in der Athena ein Wunderwerk geschaffen, er war aus Athen vertrieben: da folgte er ihrem Rufe und schuf den Zeus eines anderen Glaubens. Bis auf diesen Tag ist es ihm allein gelungen, den Vater der Götter und Menschen, den allmächtigen aber auch den alliebenden darzustellen. Damit schaute jeder Besucher der panhellenischen Spiele den Gott des Aischylos, nicht nur den Homers. Wir können uns von dem Werke, das nicht kopiert werden konnte, keine Vorstellung machen, dazu reichen Münzen und Gemmen, reicht auch der schöne Kopf von Kyrene nicht hin, der zwar nicht den Zeus des Pheidias wiedergeben will, aber doch ein Werk derselben Zeit, das sich dieselbe Aufgabe gestellt hatte. Welchen Eindruck die Besucher Olympias hatten, schätzen wir an dem Geständnis des Ämilius Paulus, daß seine Erwartung weit übertroffen wäre[1], und noch eindringlicher redet Dion, dessen fromme Begeisterung ihm gehört und zu der tiefen und wahren Rechtfertigung der religiösen Kunst stimmt, die er dem Poseidonios entnommen hat. Dem folgen wir, wenn wir die Kunst befragen, um die Religion zu erfassen. Sie hat das Höchste nur in den Zeiten erreicht, wo sie nicht nur dem Kultus, sondern wirklich der Religion diente. Hier aber gelang es ihr, weil die hellenische Religion das Göttliche in der Schönheit und in dem Maße, der *συμμετρία*, mit Platon zu sprechen, immer gesucht und endlich gefunden hat.

Dies die großen Götter, die in der Poesie fast allein erscheinen, denen die Bildhauer ihre hinfort dauernde Gestalt geben. Die Malerei führt sie handelnd im Verkehr mit ihrem Gefolge und als Zuschauer bei den Kämpfen der Heroen ein. Da ist bezeichnend, wie selten Hera, Hephaistos, Ares auftreten, während Dionysos mit den Seinen überaus häufig ist, Hermes und Athena immer wieder neben ihren Schützlingen, namentlich Herakles, stehen. Man sieht, wer dem Volke teuer ist. Für das Volk kann Herakles nicht das sein, was wir früher als die höchste Blüte des Heroentums erkannt haben. Das verträgt sich mit der Demokratie nicht, aber den

[1] Polybios 30, 10; man hat dieses Urteil des edlen Römers gern wiederholt.

starken Mann hielten die Athener gerade besonders hoch; er hatte hier sehr viele Kultstätten, in der Stadt und den Dörfern, aber nirgend, auch außerhalb Attikas nicht, ein großes Heiligtum, ein angesehenes Fest. Kein verbreitetes Epos erzählte seine Taten, die Tragödie hat ihn spät und selten eingeführt, aber gern das Satyrspiel, auch die Komödie; Aristophanes, Frieden 741, nennt den „fressenden Herakles" unter ihren gewöhnlichen Typen, die er verachtet. Es ist da ein Gegensatz zu dem Heros des Pindar, den wir früher gewürdigt haben, und doch war er in Theben kein Gott wie in Attika. Allerdings ist der durch alle Zeiten unverkennbare Typus des Herakles ohne Zweifel im fünften Jahrhundert bereits festgestellt. Er hält sich an den Heros der unverwüstlichen körperlichen Kraft in Übereinstimmung mit dem populären Glauben, ohne den zur Göttlichkeit erhobenen Wohltäter des Menschengeschlechtes geben zu wollen. Der bartlose Herakles des Skopas wird dem Heros überhaupt nicht mehr gerecht; man traut ihm nicht mehr zu, daß er seine Keule richtig schwingen wird. Hierin wie in dem Kultus zahlreicher Götter und Heroen, von denen die hohe Poesie schweigt, lernen wir, daß weite Reiche des lebendigen Glaubens der breiten Volksmassen unserer Erkenntnis unzugänglich sind; sie beharren auf einer Stufe der Religion, die schon durch die Olympier überschritten war.

Es kamen auch fremde Götter durch den Zuzug von Ausländern in die großen Städte, die thrakische Kotys[1] nach Korinth, die Bendis nach Athen, wo sie eine Weile starken Anklang fand, um dann ganz zu verschwinden, weil sie in Artemis aufgegangen war. Herodot nennt sie bereits mit diesem Namen. Die große Mutter der Kleinasiaten, die den dortigen Hellenen machtvoll gegenüber trat und bald unter dem eigenen Namen Verehrung erzwang, bald mit der schattenhaften Rhea gleichgesetzt ward, ist auch in das Mutterland herübergekommen, Pindar selbst hat sie in Theben eingeführt. Da ist sie mit der eigenen Mutter Erde gleichgesetzt, was auch für Athen zahlreiche kleine Statuen bezeugen; in einem seltsamen Liede

[1] Es ist sehr bezeichnend, daß ein wenig gebildeter römischer Dichter wie Iuvenal, 2, 92, von dieser seit 400 Jahren verschollenen Göttin reden kann. Ihm ist irgendwie eine Notiz über die Bapten des Eupolis zugekommen, weil der Archaismus auf die alte Komödie zurückgriff, und es machte sich gut, eine gelehrte Anspielung anzubringen, die kein Leser verstand.

des Euripides, Helene 1301, ist sie zugleich Demeter, eine theologische Identifikation, die nicht durchgedrungen ist. Um Adonis klagen nun auch die attischen Frauen; von wo er hierher kam, erfahren wir nicht. Seit die Hellenen zahlreich in die fernen Länder kamen und Ausländer verschiedenen Stammes unter sich sahen, stellte sich die Frage ein, wie sich ihre Götter zu den fremden verhielten. Es verstand sich von selbst, daß jedes Land und Volk seine Götter hatte, und daß wer in das Land kam, sich diesen Göttern unterwerfen mußte. Aber waren es wirklich andere Götter, nicht nur in den Namen verschieden? Die waren ja auch unter den Hellenen nicht überall dieselben und waren früher noch viel verschiedener gewesen. Daher die Übertragung der hellenischen Namen, wie wir sie bei Herodot finden, und wie sie später gang und gäbe ist. Damit streitet die Behandlung der ägyptischen Götter, denn da ist Herodot geneigt, eine Anzahl hellenischer Götter und Kulte aus Ägypten abzuleiten, ein Schluß, den ihm die Bewunderung der uralten ägyptischen Monumente und die Erzählungen der Priester aufdrängte[1]. Das hat sich nicht gehalten; aber die Übertragung der hellenischen Namen, die sich besonders in den späteren Städtenamen Ägyptens ausspricht, ist ganz äußerlich geblieben. Im sechsten Jahrhundert, als der Verkehr mit Ägypten sehr rege war, hat das Befremden über die Tiergestalt der ägyptischen Götter und die Verehrung von Tieren zu einem seltsamen Mythos geführt, weil die hellenischen Götter, die man doch in den ägyptischen finden wollte, sich gegen das Tierische sträubten; es war ja vergessen, daß die eigene Vorzeit mit der Erscheinung vieler Götter in Tiergestalt gerechnet hatte. Da erzählte man, daß die Götter beim ersten Auftreten des Typhon sich in Tiere verwandelt hätten und nach Ägypten geflohen wären. Gleichsetzung von Typhon und Seth, also einige Kenntnis der ägyptischen Sage, wirkte mit, die schon der Syrer Pherekydes, 4, berücksichtigt hat. Pindar, Fr. 91, hat sich nicht gescheut, davon zu erzählen. Er hat auch dem Ammon einen Hymnus gewidmet, vermutlich wegen seiner Beziehungen zu Kyrene, aber der Anfang *Ἄμμων Ὀλύμπου δέσποτα* zeigt, daß ihm der fremde Name nur den hellenischen Zeus bedeutete. In Athen ist Ammon im fünften Jahrhundert wohl noch nicht, aber von den

[1] Aus gleicher Anschauung sind die Fabeln erwachsen, die Kekrops und Danaos zu Ägyptern machten. Das wahrscheinlich kyrenäische Epos Danais hatte den syrischen Baal als Belos in die Heroengenealogie eingereiht und Epaphos zum Herrn von Ägypten gemacht.

ägyptischen Göttern scheint es eine Spur zu geben[1]. Ein Rätsel ist der Kabir mit einem *παῖς* und einer Krateia usw. auf dem Lande bei Theben, der mit den Kabiren von Samothrake nur den Namen gemein hat, aber doch ein Fremdling sein muß, nachgewiesen in der Küstenstadt Anthedon[2].

Für die Aufnahme eines bisher nur in einer abgelegenen hellenischen Landschaft verehrten Gottes ist Pan ein Beispiel, das überhaupt in das religiöse Empfinden, seinen Ausdruck und die Fortführung im Mythos, den belehrendsten Einblick gewährt. Als das Perserheer bei Marathon steht, schicken die Athener den Läufer Pheidippides nach Sparta, um Hilfe zu erbitten. Unterwegs in den arkadischen Bergen hört er, daß Pan von den Athenern Kult verlangt, Hilfe verspricht. Das ist sein persönliches Erlebnis. Heimgekehrt muß er melden, daß Sparta Ausflüchte macht, aber er berichtet auch von dem, was Pan ihm gesagt hat. Die Schlacht wird gewonnen, Pan hat also mitgeholfen, daher weist ihm das Volk eine Höhle in den nordwestlichen Burgfelsen zu und errichtet ihm einen Kult. Aischylos hat bei Marathon mitgefochten, wohl auch bei Salamis. Als er von diesem Siege erzählt, läßt er den Tänzer Pan das nackte Felseneiland Psyttaleia beschreiten, auf dem auserlesenes persisches Fußvolk den Tod gefunden hat. Darin liegt, daß der Gott wieder hilfreich zur Stelle war, und die steinigen Klippen waren ihm nun so willkommen wie das Hochgebirge seiner Heimat[3]. Ein Tänzer war er geworden, denn neben seiner Höhle führten die Agrauliden ihre nächtlichen Reigen. So sehen wir es

[1] Der Eteobutade Lykurgos (Kirchner Prosop. 9249) wird schwerlich bloß deswegen *Ἶβις* genannt sein (Aristoph. Vögel 1296 mit Scholien), weil er den Ägyptern die Erlaubnis verschafft hatte, ihren Göttern ein Heiligtum zu errichten, was aus einem ähnlichen Antrage des Redners geschlossen wird (IG. II² 337), sondern wird an dem Kulte teilgenommen haben. Kratinos läßt ihn in ägyptischem Kostüm auftreten; das konnte in dem ägyptischen Dienste gefordert sein und bei den Athenern Anstoß erregen.

[2] Athen muß aus dem Spiele bleiben, denn den Titel einer Komödie des Alexis *Κράτεια ἢ φαρμακοπώλης* haben wir keine Veranlassung mehr auf die Krateia des *Κάβιρος* zu beziehen (Kaibel Herm. 25, 98), seit wir wissen, daß die Heldin von Menanders Misumenos ebenso hieß. Das rätselhafte Relief von Larymna, das Rodenwaldt, Jahrbuch 28, 327, auf den Kabir bezieht, wird auf seine Deutung warten müssen, da der Kult des Kabirion von einem solchen Widderopfer nichts weiß.

[3] Anknüpfung bot sich darin, daß benachbarte Klippen *Σιληνίαι*

auf Weihreliefs, und Euripides, Ion 501, läßt ihn auch die Syrinx spielen. Er hat nun seinen Platz unter den Göttern. Sophokles ruft ihn zum Tanze, als der Chor des Aias 693 seiner Freude über das scheinbare Nachgeben des Aias leidenschaftlichen Ausdruck gibt[1]. Er hat wirklich im Glauben des Volkes Leben gewonnen; bei Phyle ist ihm im Gebirge eine Höhle geweiht, aus der er im Dyskolos des Menander als diesmal nicht bedeutungslose Prologfigur hervortrat. Und Sokrates kann das Schlußgebet an Pan richten, in dessen schattigem Bezirke am Ilios er sein Gespräch mit Phaidros gehalten hat. Aber auch unehrerbietiges Spiel ist bald nach seiner Aufnahme an ihn herangetreten, und der Maler, den wir nun nach seinem Meisterwerke den Panmaler nennen, läßt ihn begehrlich einen jungen verschüchterten Hirten verfolgen. Das ist dann weitergegangen, er ist dem Kallimachos *τρύπανον αἰπολικόν*, erhält den Daphnis zum Geliebten, schmachtet auch nach der Syrinx. Wichtiger als dieses ist der panische Schrecken (oben I 243). Wie bei Marathon hat er in der Schlacht bei Lysimacheia dem Antigonos gegen die Kelten geholfen, der zum Danke *Πάνεια* auf Delos gestiftet und den Gott auf seine Münzen gesetzt hat[2]. Arat dichtete den Hymnus *εἰς Πᾶνα τῆς Ἀρκαδίας*, wie es in dem *γένος*

hießen (der Name hat sich erhalten), Aischylos Perser 303. Da gab es also einen Silen.

[1] 695. Von der Kyllene soll er kommen, mysische Tänze soll er aufführen, die gehören der Göttermutter; Sophokles kennt Pindars Gedicht; knosische Tänze auch, das sind die der Korybanten, die auch mit der Göttermutter verbunden sind. Wer die Variante *Νύσια* vorzieht, bringt wie der Urheber der falschen Änderung das Dionysische herein, mit dem Pan erst später etwas zu tun bekommt. Auch Apollon soll von Delos kommen und dem Chore gnädig bleiben: das ist der *καθάρσιος*, denn Aias muß sich entsühnen. Weiter hat Ares dem Aias den argen Schmerz von den Augen genommen; der Scholiast erklärt *λύσσα, μανία*. Es handelt sich um sein *μεταγνῶναι*. Also ist Ares die böse Verblendung, Trachinierinnen 653 ist er der *οἶστρος*, der den Herakles wider Eurytos in den Kampf trieb. Wenn nun die Verblendung beseitigt ist, hat Ares zu wirken aufgehört. So empfindet Sophokles diesen Gott.

[2] Studniczka, Arch. Jahrb. 38–39 S. 74, vermutet, daß auf den Münzen, die eben um des Pan willen besser zu Gonatas als zu Doson passen, Pan die Züge des Königs trüge. Die plebejische Häßlichkeit dürfte doch der König schwerlich auf seinen Münzen verewigt haben. Eine solche Bildung des Gottes ist freilich auch sehr auffallend, aber doch wohl eher glaublich.

*'Αράτου* (Maaß S. 148) heißt, das also mit der Herkunft des Gottes anfing. So hat der arkadische Gott in Ernst und Spiel, im Mythos und auch im Glauben der Hellenen keine geringe Stelle erhalten. Nicht viel später, als er nach Athen kam, hat ihn Pindar in Theben eingeführt, aber der großen Göttermutter zum Diener bestellt, wieder als Tänzer, und dann erzählte die Sage, daß er selbst einmal nach einem pindarischen Liede tanzte und der Dichter dafür mit einem Liede dankte[1]. So konnte noch im fünften Jahrhundert ein neuer Gott den Athenern ganz lebendig werden. Das ist er freilich nur, solange er seiner Herkunft aus dem Waldgebirge der Hirten treu bleibt[2]. Die geschmacklose Spielerei, die aus seinem Namen einen Allgott herausetymologisiert, steckt zwar in seinem epidaurischen Hymnus, aber darin verrät sich die Zeit der Entstehung, denn die Sublimierung aller Götter ist nur ein Versuch, dem Verfalle des alten Glaubens zu steuern. Daß dieser Pan bei Asklepios Aufnahme findet, stimmt dazu, denn dieser Gott ist damals wirklich im Glauben weiter Kreise über die alten Götter erhoben, und doch war er noch später als Pan von den Hellenen als Gott anerkannt, was wir bald betrachten werden.

Neben diesen großen Göttern des Kultus und den Zuzüglern fordern einige Gestalten hier noch einen Platz, weil sie zwar keinen Staatskult erhalten haben, aber doch für die Menschen vielleicht mehr Göttliches in sich tragen als mancher der Olympier. Wir wissen ja, es konnte ein einzelner einer göttlichen Macht, die er als solche empfunden hatte, einen Altar weihen. Das Gefühl ist dasselbe wie das des Pindar, wenn er Hesychia oder Theia anredet, stärker als das des Hesiodos, der so viele solche Götter erfunden

[1] Pindaros 270.

[2] Aus zwei entlegenen Orten sei sein Kult belegt, aus dichtem kretischen Walde bei Lato ein hübsches Epigramm, Bull. Corr. Hell. 27, 295 (V. 4 sollte aber *καὶ ἐν* stehen, wie der Vers verlangt), aus Thasos Weihinschrift Bull. Corr. Hell. 50, 240, 18, da ist er zum *πρόπολος Βρομίου* geworden; drüben das Pangaion war voll von Dionysoskult. Bei Edfu verehrt eine Garnisontruppe den *Πὰν εὔοδος* (Orient. inscr. 38), ähnlich Or. inscr. 72; die Landschaft war danach, daß Pan in sie zu gehören schien. Ein Soldat oder ein Kaufmann weiht ihm etwas *σωθεὶς ἐξ 'Αράβων*, Kaibel Epigr. 826; ebenda wird aber auch ein Heros *Εὔοδος* verehrt, Kaibel 825. Auch Artemidoros von Perge bekennt, daß ihn Pan *εὔοδος ἐκ Τρωγοδυτῶν* gerettet hat, Strack, Dynastie der Ptolemäer 236.

hat, oft nur für den einen Vers, in dem ihr Name steht. Auf solchen Altar mag auch ein anderer einen Kranz legen, aus seinem Aryballos einen Tropfen Öl fallen lassen. So hat noch Eudemos der *Φιλία* (*Πλάτωνος*) in dem Garten der Akademie einen Altar gestiftet, Timoleon der *Αὐτοματία*. Mancher Kult, der uns befremdet, der *Γέλως* in Sparta, die *Αἰδώς* auf der athenischen Burg, können so entstanden sein. Mikythos von Rhegion (Pausan. V 26, 2) stellte den Stifter der olympischen Spiele von dem Landfrieden, der Ekecheiria, bekränzt in zwei Statuen dar. Dasselbe hat der Staat Elis später in der Vorhalle des Tempels getan (Pausan. V 10, 10). Daß der Gottesfriede die Menschen bindet, rechtfertigt die Anerkennung seiner göttlichen Macht; dann ist auch die sinnliche Darstellung dieser durch das Geschlecht des abstrakten Wortes bestimmten Göttin berechtigt und verständlich. Eirene, den ersehnten Zustand des Friedens (ursprünglich kein griechisches Wort), konnte Aristophanes nicht nur als Göttin auffassen, worin Euripides im Kresphontes 453 vorangegangen war, sondern eine Statue von ihr auf die Bühne bringen, was allerdings Anstoß erregte; aber Eirene hat später Staatskult und Statue gefunden. Was auf der Bühne gewagt werden konnte, von der Lyssa an, die Aischylos in den Xantriai 169 zuerst eingeführt hat, bis zu den öden Prologfiguren der neuen Komödie, Elenchos, Agnoia usw., hat religiöse Bedeutung nie gehabt; solche Personen müssen sich immer selber nennen.

Zwei Götter, die für die Phantasie und die bildende Kunst überaus wichtig geworden sind und doch im Kultus und auch in dem religiösen Glauben kaum mitgezählt werden dürfen, illustrieren diese Art des hellenischen Empfindens ganz besonders einleuchtend. Irgendeine Stadt oder ein Tyrann, der dem delischen Apollon für einen Sieg danken, in Wahrheit das Gedächtnis des Sieges erhalten wollte, hat sich von Mikkiades und Archermos das Bild der Nike bestellt, und sie haben ihr die Gestalt einer laufenden Flügelfrau gegeben[1]. Das ist sie geblieben; es mag schon damals den Beschauern geläufig gewesen sein. Später ist und bleibt diese göttliche Person Dichtern und Künstlern ganz vertraut. Aber wir wissen, daß ihr der Niketempel nicht gehört, sondern der Athena, die

[1] Ich halte es für unverantwortlich, die Beziehung des Karystios, Schol. Aristoph. Vögel 574, auf diese Statue zu leugnen oder zu behaupten, er habe sie falsch gedeutet. Wir haben die Künstlerinschrift; die Weihinschrift kann nicht gefehlt haben und konnte sehr wohl die an sich nicht fern liegende Deutung bestätigen.

in dem Tempelchen selbst als Nike verehrt wird, und deren neues Kultbild im Parthenon sie auf der Hand trägt. Daher kann der Künstler der Balustrade eine Menge solcher Niken als Dienerinnen Athenas vorführen; die Göttin hat ja ihr Volk zu vielen Siegen geführt. Paionios kann gleichzeitig den Sieg in die Altis herabschweben lassen; sie kommt nach Olympia zu jedem Feste, dem Athleten den Kranz des höchstgeschätzten Sieges zu bringen; zugleich erhält sie das Gedächtnis der Stifter jenes Denkmales, die sie einmal siegreich werden ließ. Aber wie oft sie auch einen Sieger kränzt, den Opferstier schlachtet, ein Tropaion errichtet: sie gibt den Sieg nicht, bleibt die Dienerin von Zeus und Athena. Um sie hat mancher gebetet, Euripides und Menander am Schlusse ihrer Dramen, an sie hat es niemand im Ernste getan.

Eros ist bei Homer nur die Begier, nicht einmal besonders häufig die sinnliche Brunst, sondern vornehmlich das Verlangen nach Essen und Trinken; auch von dem Drange sich auszuweinen wird es gesagt, *Ω* 227. In Thespiai war er ohne Zweifel der Gott, der Vieh und Menschen zur Zeugung trieb und die Fruchtbarkeit bewirkte. Ein roher Stein war sein Symbol. Das wäre ein bedeutungsloser Lokalkult geblieben, wenn er nicht dem Hesiodos den Anstoß zu seinem Eros gegeben hätte, der dem Elemente, zunächst der Erde, die Kraft zu zeugen und zu gebären verleiht[1], was dann die spätere Kosmogonie, noch die des Parmenides, weiterbildet[2]. Der thespische Eros würde trotzdem vergessen sein, wenn nicht durch die Thespierin Mnasarete, die als Hetäre Phryne hieß, der Eros des Praxiteles dorthin gekommen wäre. Nun war durch dieses Bild der Gott der Ruhm von Thespiai, dem zu Ehren auch Erotidia gestiftet wurden. Ganz unabhängig davon haben die Dich-

[1] Ich streiche die Anmerkung, welche begründete, daß V. 120 nur bei Aristoteles richtig steht, 121, 22 später Zusatz sind. So hat es jetzt Jacoby schon gedruckt.

[2] Proklos, Tim. II 54 D., sagt, bei Pherekydes, 3 D., verwandle sich Zeus in Eros als Weltschöpfer, um die gegensätzlichen Elemente in Harmonie zu bringen. Das will sich mit dem, was wir sonst von dem Syrier wissen, schlecht vereinigen. Aber dieser kosmische Eros hat doch eine archaische bildliche Darstellung erhalten, eine geflügelte bärtige Gestalt. Das ist dem Paignion des Simias zu entnehmen; das Gedicht gibt sich so, als stünde es auf den Federn der beiden streng symmetrischen Flügel. Dieser Eros wird von den Neuplatonikern wiederaufgenommen.

ter, seit sie von ihren eigenen Gefühlen redeten, den Eros als den Herrn ihrer Liebesleiden und -freuden in wechselnden Gestalten eingeführt, als Jungstier oder als über die Blumen hinwandelnden, also geflügelten Knaben, als Schlange. Sie haben ihm auch verschiedene Eltern gegeben, alles freies Spiel, die Empfindung einer unwiderstehlichen Macht lag doch dahinter. Die bildende Kunst geht mit. Wo der Eros das Handeln eines Menschen bestimmt oder an einem Menschen gekennzeichnet werden soll, ist er in Gestalt eines geflügelten Knaben gegenwärtig. Wenn der Griff eines Spiegels eine züchtige Mädchenfigur ist, fliegen über ihr zu beiden Seiten des Rundspiegels oder der Kapsel zwei Eroten. Aber es erscheinen auch geflügelte Jünglinge, die wir darum Eroten nennen, weil sie selbst die Knabenschönheit wiedergeben wollen, der der παιδικὸς ἔρως gilt. Eroten dieser Art kann es zahlreiche geben; der Gott scheint dabei vergessen. Und doch kann Charmos in der Akademie, wo die Jugend, auch die Knaben verkehren, einen Altar dem Eros errichten; auf dem werden dann viele Opfergaben niederlegen oder sonst irgendwie dem Gotte ihre Verehrung erweisen, endlich auch die Nachbarn aus dem Garten Platons, diese in anderem Sinne als Dichter und Künstler, die den Gott immer mehr zum Sohne und dienenden Begleiter Aphrodites machen. So sieht man ihn überall, hört von ihm und spricht von ihm aller Orten. Das nimmt dem Liede des Euripides nicht die Wahrheit, in dem der Chor des Hippolytos sich beschwert, daß Eros, den er wegen seiner Allmacht Sohn des Zeus nennt, keinen Kult erfährt. Dabei ist es geblieben. Aus den Eroten der Vasenmalerei sind die geflügelten putti geworden, die uns wohl am häufigsten in allen möglichen Darstellungen der folgenden Jahrhunderte begegnen und in der Renaissance und weiter, wenn sie vornehmer gehalten sind, Genien heißen, häufiger noch die Flügel teils behalten und Engel vorstellen, teils flügellos als putti den Künstlern unentbehrlich sind. Daneben aber bemächtigt sich das Denken der platonischen Akademie des Eros, die tiefsinnigsten Gedanken über das Sehnen und Streben der Menschenseele weihen ihn zum Mittler zwischen Sinnenwelt und dem Reiche der göttlichen Schöne und Wahrheit. Auch da setzt das Spiel an und neue Mythen und Märchen erwachsen. So hat Eros in den verschiedensten Gestalten, auch umgesetzt in Amoretten und Engel und Genien, dauernd weitergelebt und wird nicht sterben. Dann ist er auch ein Gott, hellenisch ist er auch. Aber unter die Götter, denen hellenische

Priester geopfert hätten, ist er nicht aufgenommen oder nur als der Klotz von Thespiai[1]. Darum beleuchtet er am hellsten die Zwiespältigkeit, die durch die hellenische Götterwelt geht, und die doch aus derselben Wurzel stammt, aus demselben Gefühle des *κρεῖττον*, dessen Macht dem Hellenen zu einer Person ward; ob zu einem Gott, der von der Gemeinde Verehrung fand, dem Opfer und Gebete dargebracht wurden, das bestimmten geschichtliche Faktoren. Aber das Göttliche ist nicht minder mächtig, wenn es nur im Herzen der Menschen lebt. Daß es dann in der Dichtung Person wird, in der bildenden Kunst menschliche schöne Gestalt erhält, ganz wie die Götter des Kultus, ist spezifisch hellenisch.

Nun kommen wir endlich zu den schon öfter angekündigten neuen Gedanken, religiösen und wissenschaftlichen, auch irreligiösen, rationalen und mystischen, einer Revolution des Geistes, deren Folgen sowohl das Schwinden des Glaubens an die väterlichen Götter wie die Versuche, eine philosophische Religion zu begründen, sind. Doch habe ich keine passendere Stelle für eine wichtige und sogar in dem Glauben der christlichen Eschatologie fortwirkende Erweiterung des Jenseitsglaubens gefunden, das allgemeine Totengericht über die Verstorbenen, die Belohnungen und besonders die Höllenstrafen. Wir haben gesehen, daß Aischylos zwar weiß, daß ein anderer Zeus (Hiket. 230) oder Hades (Eumeniden 274) im Jenseits richtet, auch daß bestimmte Sünden grausame Strafen finden, aber Totenrichter kennt er nicht; sie sind auch im allgemeinen Bewußtsein noch nicht vorhanden. Die homerische Nekyia führt in ihrem jüngsten Zusatz nur die Bestrafung besonderer Gottesfrevler ein[2]. Polygnots Gemälde zeigt außer den homerischen Büßern, Sisyphos und Tantalos, die Bestrafung von *ἱερόσυλοι*[3] und *πατραλοῖαι*, die anerkannt unverzeihliche Sünden

[1] Was er in dem lakonischen Flecken Leuktra war, wo er einen Hain mit Tempel hatte, Pausan. III 26, 5, ist nicht ersichtlich. Er konnte so etwas wie der Eros von Thespiai, also uralt sein, ebensogut eine junge private Gründung in dem lieblichen Haine.

[2] Ixion war auch ein solcher Frevler, aber er wird auf ein Rad geflochten durch die Luft getrieben. Auch Tantalos erlitt seine Strafe zuerst im Luftraum. Erst spät ist Ixion und sogar Prometheus in die Hölle gekommen.

[3] Platon Ges. 854 verhängt besondere Strafen für die *ἱερόσυλοι*, die er öfter mit *ἀνδραποδισταί* zusammenstellt und zu den *ἀσεβεῖς* rechnet. In

begangen haben, daneben was den Ungeweihten bevorsteht; der Thasier folgt der Lehre seiner heimischen, also parischen Demetermysterien. Totenrichter fehlen: Gefilde der Seligen wohl nicht. Das Gemälde konnte das Elysion nicht abgrenzen, aber die Heroen leben offenbar selig fort[1], Orpheus, der Kitharode, sammelt Hörer um sich, und achäische und troische Helden sitzen in Gruppen beieinander.. Zugefügt ist Oknos[2], der ein Seil flicht, das ein Esel sofort auffrißt, also eine gleiche Strafe, wie sie die Büßer und die Ungeweihten erdulden. Einen benannten Totenrichter kannte wohl die Geheimlehre, die Pindar um Therons willen nacherzählt, aber er vermeidet den Namen und sagt nur *δικάζει τις*, Ol. 2, 59[3]. Rhadamanthys war es schwerlich; von dem kennt er wie die Telemachie, *δ* 564, und Aischylos (Karer 99, 11)[4] die Entrückung auf die seligen Inseln. Herrscher derselben konnte er kaum werden, denn der ist Kronos schon in der Interpolation der Erga. Aber es lag nahe, daß er die Würdigen auswählte, und seine Gerechtigkeit (Pindar Pyth. 2, 73) und der *ὅρκος Ῥαδαμάνθυος* (Zenob. V 81) konnten auch dazu führen. Minos treibt in der Nekyia das Richteramt im Hades weiter, das er im Leben geübt hatte, aber

der späteren Komödie ist *ἱερόσυλος* ein abgegriffenes Schimpfwort wie früher *μιαρός*.

[1] Theseus und Peirithoos gehören zu den Heroen, obgleich sie Strafe verdienten und nach älterem, nie erloschenem Glauben auch gefunden haben. Wie Orpheus sind sie hier, weil sie den Hades besucht hatten.

[2] Wenn *Ὄκνος* so bestraft wird, so trifft das eine moralische Schwäche, den Mangel an Mut, die Scheu, sich zu dem, was er als Pflicht empfindet, zu entschließen. Das ist wohl eine Umdeutung, Oknos war wohl vorher der Greis, dem eine Last zu schwer ward, so daß er sie abwarf und lebenssatt nach dem Tode rief, aber als der kam, ihn nur bat, ihm die Last wieder aufzulegen, also Strafe für das Hängen an einem wertlos gewordenen Leben. Den *αἶνος* kennt Euripides Alk. 669.

[3] Höllenstrafen sind damit gegeben, wenn sie Pindar auch nirgends berührt. Ob und wie Empedokles ausgeführt hat, wie es den von einem Leibe befreiten Dämonen bis zu einer neuen Einkörperung geht, läßt sich nicht erkennen. Strafen sind schlecht zu denken; sie liegen in der Art der neuen Einkörperung wie bei Platon.

[4] Gegen die Fassung in Naucks Fragmenta ändere ich, nur zum Teil nach dem Vorgange von anderen, V. 2 *τοιόνδ' ἐμὲ Ζεύς*. 7 *καὶ τρὶς γοναῖσι*. 9 *τὸ μὴ ἐξενεγκεῖν σπέρμα γενναῖον πατρός*. 13 *ζόην ἔχει*. 14 *δέ* für *τε*. 17 *κλέος γὰρ ἥκειν Ἑλλάδος λωτίσματα πάσης ὑπερφέροντας*. 19 *αὐχεῖν*. 21 *ὑπέρβατον*.

von da zu seiner Erhöhung zum Totenrichter war nur ein Schritt, sehr leicht, seit der *Διὸς ὀαριστής* (τ 179) zum Gesetzgeber geworden war. Den Triptolemos die Sonderung der seligen Mysten von den *ἀμύητοι* vornehmen zu lassen, lag in Eleusis nahe. Das hat Erfolg gehabt, denn er gehört in der Apologie des Sokrates, 41 a, zu den Totenrichtern und erscheint so auf den apulischen Unterweltsvasen; aber er ist zuletzt zugetreten, denn im Gorgias fehlt er. Ganz seltsam ist die Erhöhung des Aiakos, denn daß in einer schweren Notlage alle Hellenen seine Fürbitte nachgesucht haben, ergibt keinen unmittelbaren Anhalt. Kritias läßt ihn im Peirithoos den Eindringling Herakles verhören; das ist mindestens eine Herabsetzung, wenn er Totenrichter war, aber es kann kaum anders zugegangen sein[1]. Unabweisbar ist der Schluß, daß die Schaffung und Benennung eines Totenrichters an verschiedenen Orten nebeneinander erfolgt ist. Der Gedanke hat also in der Luft gelegen; aber man kann seine Ausgestaltung kaum über 500 hinaufrücken. Immerhin bestanden die Richter nebeneinander, als Platon die Apologie und den Gorgias schrieb, denn in diesen weiß er von der pythagoreischen Seelenwanderung noch nichts, aber seine Erfindung ist, daß die Seelen vom Körper befreit gerichtet werden, woraus folgt, daß das Totengericht in Gegenden entstanden ist, wo der ganze Mensch in den Hades kam, also in dem Mutterlande oder wo sonst der Heroenglaube auf Grund der materiellen Fortexistenz des Toten bestand. Die ionische *ψυχή* hat erst Platon eingeführt. Ägyptischer Einfluß ist angesichts dieser Einzeltatsachen nicht glaublich. Dieses Totengericht über alle Menschen, später über alle Seelen, mit den körperlichen Strafen, die jeder für die Sünden, deren er sich bewußt war, zu erwarten hatte, ist ein wichtiges Stück des populären Glaubens geworden. Aber es war noch auf dem Boden des alten Glaubens erwachsen, und daß Platons Mythen es übernahmen, hat es für immer geadelt.

Nun erst wenden wir uns zu Neuerungen. Von zwei Seiten

[1] Nur geringwertige Scholien und Handschriften nennen den namenlosen *οἰκέτης Ἅιδου* in den Fröschen Aiakos. Bei Kritias kann man denken, Aiakos wäre Türhüter, und in der apollodorischen Bibliothek III 159 bewahrt er die Schlüssel zum Tore. Da ist wohl aus ihm der ianitor Orci geworden, der auf späten Monumenten erscheint. Dem muß nachgegangen werden. Ein *πυλάοχος* erhielt im Kultus des *Διόνυσος βουγενής* in Argos ein Opfer bei der Aufrufung des Gottes aus der Unterwelt oder wo immer er schlief, Plutarch Isis u. Osir. 364f.

kommt eine Bewegung, die dem Menschen die Fleischnahrung verbieten will, weil sie ihn unrein mache. Wie das aufgekommen ist, entzieht sich unserer Kenntnis, weil wir von dem Leben und Denken in den Ausgangsländern nichts wissen. Einmal ist diese Forderung mit dem Dienste der Korybanten oder Kureten verbunden, weist also auf Kreta. Theophrast (Porphyr. abst. II 21) sagt, die Bestimmungen auf den *κύρβεις*, also den echt solonischen, über Gußopfer wären so gut wie Abschriften der *ἱερὰ Κορυβαντιακά*, die er also lesen konnte und für älter hielt; Xenokrates (Porphyr. abst. IV 22) kennt das Gebot des Triptolemos *ζῷια μὴ σίνεσθαι*. Unblutige Opfer gab es im Kultus vieler Götter, gelegentlich auch solcher, die gewöhnlich Schlachtopfer erhielten, wie an einem delischen Altare des *Ἀπόλλων γενέτωρ*, was schon Aristoteles der Aufzeichnung wert gehalten hat[1]. Nun handelt es sich aber bei den Kureten-Korybanten nicht bloß um Opfer, sondern um die Enthaltung der Menschen vom Fleischgenuß, was als Askese empfunden werden mußte. Mancher Kult verbot diese oder jene Speise, Fasten kam wohl nur im Frauendienste Demeters vor. Vom Kult her ist das Verbot also nicht zu erklären. Wir hören darüber durch die Anapäste, mit denen der Chor in den Kretern des Euripides einzog; Minos war auf der Bühne. Der Chor sagt „ich führe ein reines Leben, seit ich Myste des Zeus vom Ida geworden bin und nach Vollbringung der Mahle rohen Fleisches Rinderhirt des Zagreus, der in der Nacht umgeht, und nachdem ich für die Bergmutter mit den Kureten die Fackel geschwungen habe, trage ich rein geworden den Namen Bakchos. Gekleidet in rein weiße Gewande halte ich mich von der Geburt von Menschen fern, nahe nicht den Orten, wo eine Leiche liegt, und hüte mich vor dem Genusse von Speisen, in denen Seele ist“[2]. Ein reines Leben konnte

[1] Aristoteles, Laertios VIII 13, Porphyrios II 28. Einen Zeusaltar auf der athenischen Burg, für den dasselbe Ritual galt, führt Pausanias an, I 26, 5. Dieser dürfte mit den Buphonien zusammenhängen, die den Stier zwar schlachteten, aber das Schlachten doch als Mord behandelten, der Sühne forderte.

[2] Ich habe die schweren Verse behandelt Berl. Klass. Text. V 2, 77; hier wiederhole ich sie nicht. Nur über den Schluß ein Wort. *φεύγω γένεσίν τε βροτῶν καὶ νεκροθήκαις* (*-κης* codd.) *οὐ χριμπτόμενος τὴν* [*τ'*] *ἐμψύχων βρῶσιν ἐδεστῶν πεφύλαγμαι.* Die Streichung des *τε* verlangt der Satzbau, *χρίμπτεσθαι* fordert den Dativ. Aber außer diesen Kleinigkeiten schien mir das bekannte Gebot, sich von der Berührung mit Wöchnerin

er unmöglich den Dienst des Zagreus (Dionysos) nennen, in dem er rohes Fleisch gegessen hatte; also hat er drei Weihen erhalten, die des Zeus, von denen wir nichts weiter wissen, aber zu diesem Zeus gehören ja die Kureten-Korybanten von Hause aus, dann die dionysischen, zu denen die Verehrung der Göttermutter wie in den Bakchen 128 gerechnet wird; die Verbindung mit der asiatischen Göttin gehört aber gar nicht nach Kreta, wird also von Euripides aus seiner Kenntnis der bakchischen Mysterien eingefügt. Endlich die Erhebung zu einem Bakchos. *βάκχος* ist in diesem Dienste nur dann möglich, wenn es drei Grade der Weihe sind, die der Gläubige durchmachen mußte, da der *βάκχος* dem dionysischen Kreise zugehört. Nur so konnte auch das der jetzigen Reinheit widersprechende Ritual erwähnt werden. Ob Euripides dieses genau kannte oder die verschiedenen Mysterien vereinigte, um die Würde seines Mystenchores zu erhöhen, in Wahrheit alle solche Ausartungen der Religionsübung bloßzustellen, kann niemand sagen; mir scheint es so. Porphyrios bringt an einer anderen Stelle (3, 25 = Eurip. Fr. 1004) die Begründung für das Verbot des Fleischgenusses: die Tiere haben Odem und Blut wie die Menschen und haben auch Himmel und Erde zu Eltern[1]. Das ist wichtig, weil von einer Seele in den Tieren nicht die Rede ist. So heißt es auch von dem delischen Ritual, es dürfe kein *ζῶιον* geschlachtet werden. *ἄψυχος βορά* sagt also Euripides aus einer anderen Anschauung, der pythagoreischen Seelenlehre. Daß diese Reinheit im Dienste der Kureten[2] von dem Verbote der blutigen Opfer in den *Κορυβαντικὰ*

und Leiche fernzuhalten, durch die Verbindung mit *νεκροθῆκαι* nicht genügend bezeichnet, so daß ich ein Metron zusetzte. Vielleicht läßt sich das entbehren.

[1] Dies erinnert an die kretischen Verse, Kern, Orphika 32b, wo der Tote sich durch dieselbe Abkunft legitimiert. Der dritte Vers war im Original

*τίς δ' ἐσί πῶ; Γᾶς εἰμὶ καὶ Οὐρανῶ* ἀστερόεντος.

Die ersten Worte geben *τίς πόθεν εἶ* wieder. Mit Orpheus haben die Plättchen nichts zu tun, aber daß alles, was alte und neue Zeit orphisch genannt hat, in einer sauberen Sammlung vorliegt, ist mit lebhaftem Danke zu begrüßen. Die Kritik kann man ja mitbringen.

[2] Damit konstrastiert, daß in Messene ein *μέγαρον* der Kureten war, in dem ganze Tiere verbrannt wurden, Pausan. IV 31, 9. Man muß sich also hüten, Kulte von Kureten und Korybanten auf die Namen hin zu identifizieren.

ἱερά nicht zu trennen ist, scheint klar. Schwer vereinigt sich damit das κορυβαντιᾶν, die Weihe durch Tanzen bis zur Sinnlosigkeit, die von Platon und Aristophanes öfter erwähnt wird, später nicht mehr, außer in literarischer Tradition. Auch die θρόνωσις gehört zu der Einweihung[1], aber auf die Askese fällt niemals eine Hindeutung. Diese Korybanten senden auch Geistesverwirrung, was nahelag, da die Ekstase zu dem Kulte gehörte, der dem Euripides erlaubte, den Kreterchor βάκχος zu nennen. Er redet noch einmal von der Askese und gibt da seiner Ablehnung höhnischen Ausdruck. Theseus sagt zu Hippolytos, 952,

> ἤδη νυν αὔχει καὶ δι’ ἀψύχου βορᾶς
> σίτοις καπήλευ’, ’Ορφέα τ’ ἄνακτ’ ἔχων
> βάκχευε πολλῶν γραμμάτων τιμῶν καπνούς.

Da ist der zweite Vers noch nicht verstanden[2], aber der erste Vorwurf muß wohl mit dem zweiten zusammenhängen, also die Forderung der ἄψυχος βορά in den vielen Schriften des Orpheus gestanden haben. Platon Ges. 782c rechnet das ἐμψύχων ἀπέχεσθαι zu den ’Ορφικοὶ λεγόμενοι βίοι. Damit ist der Name gefallen, den vom sechsten Jahrhundert ab viele Gedichte verschiedensten Inhaltes getragen haben. Aber ehe wir von Orpheus reden, gebührt sich, der Lehre den Vortritt zu lassen, die für die vegetarische Nahrung in der Seelenwanderung eine Begründung gibt. Nur ein Denker von wahrer Bedeutung konnte der Seele, die bei den Ioniern zu der den Körper während des Lebens beherrschenden Kraft im Menschen geworden war, die Unvergänglichkeit zuerkennen und die Seele, weil sie dann anfanglos war, durch viele Körper wandern lassen: Pythagoras der Samier. Ohne Zweifel hat er auch andere philosophische Lehren vorgetragen, da Herakleitos ihm die weiteste ἱστορίη zugesteht[3], aber was das war, haben

[1] Dieterich, Rh. M. 48, 276.

[2] Ich kann nicht mehr sagen als in meiner Ausgabe des Hippolytos. Diels hat σῖτ’ ἐκκαπήλευε drucken lassen, einer Erklärung erinnere ich mich nicht. ἐκκαπηλεύειν δολοῦν bei Hesych hilft nichts: es ist doch keine Nahrungsmittelfälschung. σῖτα neben βορά scheint unerträglich.

[3] Das viel umstrittene Fragment 129 steht bei Diogenes in Verbindung mit Schriften des Pythagoras; wenn es gefälscht wäre, würde es aussprechen, daß er geschrieben hätte, aber es lautet Πυθαγόρης Μνησάρχου ἱστορίην ἤσκησεν ἀνθρώπων μάλιστα πάντων καὶ ἐκλεξάμενος ταύτας τὰς συγγραφὰς ἐποιήσατο ἑωυτοῦ σοφίην πουλυμαθίην κακοτεχνίην. Er hat sich

Platon[1] und Aristoteles nicht mehr gewußt. Die Beobachtungen und Schlüsse, die von der Musik zur Mathematik führen, so daß diese von der Geometrie zur Arithmetik und Zahlenlehre fortschritt, müssen bereits von ihm selbst begonnen sein. Aber er hat kein Buch geschrieben, so daß seine Lehre sich nur in der Schule fort- und umbildete; Herakleitos hat in Ephesos viel über sie erfahren können. Denn Pythagoras zuerst hat eine geschlossene Schule oder besser Gemeinde gebildet, die durch strenge Vorschriften über den Kult und die Lebenshaltung zusammengeschlossen war. Er ward aber zugleich der Führer einer zuerst erfolgreichen politischen Bewegung, da sich seine religiöse Genossenschaft der Herrschaft in italisch-achäischen Städten bemächtigte. Als sie gewaltsam niedergeworfen wird, hält sich die Gemeinde auf Grund ihres Glaubens, Apostel gehen in das Mutterland hinüber, nach Phleius und Theben vor allem, und finden Anhang. So wird die Philosophie des Pythagoras fortgebildet, auf dem Gebiete von Musik und Mathematik mit ertragreicher wissenschaftlicher Arbeit, und als im vierten Jahrhundert Archytas die Leitung von Tarent in die Hände bekommt, das früher von der Bewegung unberührt war und auch jetzt das asketische Leben keineswegs annahm, hat die pythagoreische Philosophie einen bedeutenden Vertreter, der auch politisch eine Macht ist. Nach Archytas hat das Pythagoreertum für die echte Wissenschaft keine Bedeutung mehr, aber die Gestalt des Wundermannes wird nun erst literarisch herausgearbeitet und verliert ihre Bedeutung nicht, so daß sich später sehr verschiedene populär-philosophische und religiöse Bestrebungen als pythagoreisch vorstellen können. Andererseits lebt in Italien die Mystik

am weitesten unterrichtet, und indem er diese Schriften auswählte (besser fortsetzte, ἐκδεξάμενος; das Medium ἐκλέγεσθαι ist nicht glaublich) machte er sie zu seiner Weisheit, Vielwisserei, Afterkunst. Nur darin, daß er Schriften benutzt haben soll, liegt peinliche Schwierigkeit. Denn was sollen sie sein? Homer und Hesiod, die Herakleitos noch kritisiert, reichen nicht, und niemand kann andere nennen. Aber reicht unser Wissen aus, um zu sagen, Herakleitos kannte keine, zu bestreiten, daß auch ägyptische oder andere fremde gemeint waren? Statt das formell unangreifbare Zeugnis zu verwerfen, soll es uns ein Rätsel bleiben wie viele heraklitische Sprüche, bis es ein glücklicher Fund oder eine treffende Kombination löst. Die letzten Worte tragen den Stempel des Herakleitos; wie kann man ihn verkennen.

[1] Platon, Staat 600b, nennt nach den Erfahrungen seiner ersten Reise den Pythagoras nur einmal als Begründer des *Πυθαγόρειος βίος*.

weiter, wenn auch von Pythagoras gelöst, doch offenbar dieselbe, welche Herodot in Thurioi beobachtet hat. Er sagt allerdings nur von einer Äußerlichkeit, dem Verbote wollener Kleider, das wäre Gesetz für die ägyptischen Priester und darin stimmten sie zu den *'Ορφικά* und *Βακχικά*, die aber ägyptisch und pythagoreisch wären (II 81). Wenn er die beiden ersten hellenischen Geheimlehren ägyptisch und pythagoreisch nennt, den Ursprung aber in Ägypten sucht, so kann er nur meinen, daß für die erstgenannten der Vermittler auch Pythagoras war, der das Ägyptische vorher übernommen hätte, sonst müßten die Pythagoreer mit den anderen auf gleicher Linie stehen[1]. Ihm wird festgestanden haben, daß Pythagoras in Ägypten gewesen war, was auch durchaus glaublich ist, und das auf ihn stark eingewirkt hatte. Herodot schreibt den Ägyptern auch die Lehre der Seelenwanderung zu (II 123), nennt aber die Griechen nicht, die sie übernommen haben sollen, obwohl er sie kennt. Zu diesen hat Pythagoras gehört, denn er hat die Seelenwanderung gelehrt, das einzige, was für ihn durch seinen Zeitgenossen Xenophanes unbedingt sicher feststeht. Es begründet auch die Beschränkung auf vegetarische Nahrung und linnene Kleidung[2]. Aber aus Ägypten stammt der Wandel der unsterblichen Seele durch viele verschiedene Körper nicht, gehört also dem Pythagoras an. Ins Endlose kann die Wanderung nicht fortgegangen sein, und da von den Gläubigen eine peinliche Reinheit

[1] Ich habe hier und öfter den Text unserer Ausgaben befolgt, obgleich das grammatisch nicht recht stimmen will. Es ist aber nur die Fassung der zweiten Klasse der Handschriften, die erste ist kürzer *ὁμολογέουσι δὲ ταῦτα τοῖσι 'Ορφικοῖσι καλευμένοισι καὶ Πυθαγορείοισι*, läßt also vor dem letzten Worte weg, was die zweite Klasse bietet, *καὶ Βακχικοῖσι, ἐοῦσι δὲ Αἰγυπτίοισι.* Die ägyptische Herkunft war schon bezeichnet. So wird dieses ein Zusatz sein, der die Herkunft der *Βακχικά* zufügen und besonders betonen wollte; stammen mag er aus der späteren Zeit, als das Bakchische in Süditalien überwog. [Zusatz bei der Korrektur.]

[2] Wenn Aristoxenos (Fr. 7 Müller) behauptete, Pythagoras hätte nur das Fleisch des *βοῦς ἀροτήρ* nicht gegessen, Bohnen aber mit Vorliebe, so ist die Tendenz sonnenklar, der verbreiteten Ansicht zu widersprechen, die sich über die Lebensweise des Propheten lustig machte. Höchstens könnte in Kreisen, die eine mildere Praxis eingeführt hatten, diese dem Stifter beigelegt sein. Aber Aristoxenos konnte sich auch erlauben, das Bild des Pythagoras so zu malen, wie er es seiner am würdigsten hielt.

des Lebenswandels gefordert war, muß durch diese eine Erlösung, ein Übergang in ein seliges ewiges Leben bewirkt sein, wenn uns auch bestimmte Angaben fehlen. Wir kennen die Seelenwanderung genauer nur aus den *Καθαρμοί* des Empedokles, der von der Seele nichts sagt, sondern statt ihrer in allen Lebewesen, zu denen auch die Pflanzen gehören, einen aus dem Himmel verstoßenen Gott sieht, der seine Schuld durch die Einkörperungen abbüßt und unter bestimmten Bedingungen durch ein reines Leben in den Himmel zurückkehren kann. Das verträgt sich nicht gut mit dem, was wir sonst über die pythagoreische Seelenlehre hören. Aristoteles weiß von einer Lehre, welche die Sonnenstäubchen Seelen nannte, weil sie sich immer bewegten (*ψυχ.* 409a), was doch nur eine Analogie zu der Seele sein kann, die beständig in Bewegung ist und dadurch das Leben des *ζῷον* erhält. Dazu stimmt der pythagoreische Arzt Alkmaion (Aristoteles *ψυχ.* 405a), und diese Lehre konnte der Samier schon mit nach Italien bringen, da dem Thales Ähnliches beigelegt wird (Fr. *A* 22). Die Selbstbewegung begründet noch bei Platon die Unsterblichkeit der Seele. Aber andere Pythagoreer sahen die Seele in der Kraft, die die Sonnenstäubchen unaufhörlich bewegt; dann konnte sie auch die Lebewesen bewegen. Die Pythagoreer Simias und Kebes bestreiten in Platons Phädon gerade gegen Sokrates die Unsterblichkeit der Seele, weil sie Harmonie sei, die also durch den Tod gelöst würde. Die pythagoreische Philosophie bleibt überall problematisch; sie geht uns hier nichts an, ihre Wissenschaft auch nicht. Wie Pythagoras zur Annahme der unsterblichen Seele kommen konnte, ist verständlich; die Vergleichung mit den *θεῖα*, den Himmelskörpern, die sich ewig selbst bewegen, hat Alkmaion gezogen; auch das wirkt bei Platon nach. Dieselben Seelen durch viele Körper wandern zu lassen, kann eine Lösung der Schwierigkeit sein, die darin liegt, daß immer neue Lebewesen entstehen, also auch neue Seelen, die doch, wenn unsterblich, auch anfangslos sein müssen. Aber aufgegeben ist damit ein unterirdisches Reich der Toten. Nur in die Zuweisung eines neuen Körpers an die frei gewordene Seele konnten Götter eingreifen, wie es bei Empedokles war, wenn nicht auch da eine Wartezeit der Seelen angenommen war, also die neuen Einkörperungen nur stattfanden, wenn eine große Zahl von Seelen in neue Körper gesendet werden mußte. Platon hat im Mythos des Staates neben der Wahl der neuen Einkörperung, durch die er die Seelen sich selbst bestrafen läßt, den Tartaros für die schwersten

Sünder und entsprechende Belohnung für die Tugendhaftesten beibehalten, aber die Totenrichter erscheinen nicht, die in dem einfachen Mythos des Gorgias über Lohn und Strafe der Seelen entschieden.

So bleiben Verschiedenheiten, aber für die Religion ist das Wesentliche, daß im Gegensatz zu dem, was wir in Ionien und Athen beobachten, ein Sehnen aus dieser Welt hinaus, nach einem anderen Leben, die Herzen erfüllt und auf Grund neuen Glaubens und neuer Hoffnungen religiöse Gemeinschaften erzeugt. Eine solche Gemeinde hat Pythagoras gestiftet, und seine zersprengten Anhänger haben den Glauben weiter in die hellenische Welt getragen. Es war nicht die einzige Geheimlehre, und wenn schon die Pythagoreer selbst in ihrer Seelenlehre weit auseinander gingen, so darf man sich nicht wundern, wenn wir an verschiedenen Orten sehr Verschiedenes antreffen, und muß sich davor hüten, alles in einen Topf zu werfen, unter einen Namen zu stellen und womöglich auszugleichen. Was Pindar in Akragas kennengelernt hat, knüpft an den alten Heroenglauben an, da es einen Weg des Zeus kennt, den Kadmos und Achilleus gegangen sind, behält auch die Inseln der Seligen mit Kronos bei. Von der asketischen Lebensweise ist keine Spur[1]. Was Pindar in anderen Gedichten bringt, geht mit Ol. 2 auch nicht ganz zusammen. Was der Akragantiner Empedokles noch in den dreißiger Jahren im Peloponnes gepredigt hat, legt auf die Enthaltung von der Fleischnahrung, auch von Bohnen, den höchsten Wert und sieht in allem, was lebt, einen Gott. Ein Gott ist keine Seele; da ist vielmehr der alte Glaube an den Menschen, der zum Heroentum emporsteigt, in eigentümlicher Weise fortgebildet, wie es nur jemand wagen konnte, der in sich des Gottes gewiß zu sein glaubte, wo er dann freilich in anderen dieses Selbstvertrauen nicht erwecken konnte. Herodot sagt (wenn wir der Vulgata folgen), die bakchischen und orphischen Lehren wären eigentlich ägyptisch und pythagoreisch. Auf die bakchischen trifft das nicht zu, denn mit Dionysos haben die Pythagoreer niemals eine Verbindung, sondern mit Apollon[2]. Das wird von der Pytha-

[1] Pindar Fr. 220 kann gegen die Speiseverbote der Pythagoreer polemisieren, Pindaros 251.

[2] Kult des Pythagoras als Apollon *ὑπερβόρειος* in Kroton wird man dem Buche, das den Namen des Aristoteles trug, glauben dürfen, Älian V. H. 2, 26, Laertios VIII 11. Herleitung der Ethik aus Delphi, Aristoxenos bei Laertios VIII 8. Auch Abaris, mit dem Pythagoras verbunden wird, ist ein apollinischer Prophet.

goraslegende in verschiedener Weise berichtet oder vorausgesetzt, und wo auf ein reines Leben der höchste Wert gelegt war, mußte der *καθάρσιος* zum Schutzgotte werden. Aristoxenos hat auf die moralischen Grundsätze und die Erziehung zur Moral, die Pythagoras durchgeführt hätte, den Hauptakzent seiner Darstellung gelegt, und wenn das auch noch so frei ausgemalt war, Pythagoras konnte sich nicht, wie selbst Empedokles es tut, auf die äußerliche Reinheit seiner Gemeinde beschränken, wenn sie zugleich die Herrschaft im Staate anstrebte. Darin gerade unterschied sich seine Religion von den anderen Weihen ganz ebenso wie von den ionischen Naturphilosophen, die nichts als ihre wissenschaftlichen Forschungen verfolgten. Die Verse sind alt, in denen gefordert wird, sich täglich zu fragen, *πῇ παρέβην, τί δ' ἔρεξα, τί μοι δέον οὐκ ἐτελέσθη*. Es ist auch wichtig, daß wir von sakramentalen Handlungen nichts hören. Apollon war dann der rechte Gott für diese Gemeinde, und es stimmt gut, daß Empedokles ihn in die Höhe der reinen Geistigkeit erhebt, Fr. 134.

Die Dionysosmysterien waren gleich mit dem Gotte aus Asien gekommen. Sie haben sich in Unteritalien gehalten, auch als die pythagoreischen Gemeinden verschwanden, und sich weiter ausgebreitet. Daß sie dem Geweihten eine Erlösung von dem Drucke des Lebens und nach dem Tode eine Erhöhung versprachen, kann nicht bezweifelt werden. Orpheus hat mit ihnen nichts zu tun, denn daß in der riesigen Gedichtsammlung, die den Neuplatonikern unter dem Namen des Orpheus vorlag, der Mythos von Dionysos-Zagreus eine breite Darstellung fand, beweist nichts für die alte Zeit; später ward alles Mystische auf den einen Namen geschoben. Gerade dieser Mythos bildet offenbar den ägyptischen von der Zerreißung des Osiris nach, aber es ist noch eine starke hellenische Kraft der Mythenbildung darin, und die Verse klingen gut. Bei Aischylos stand Orpheus zu Dionysos in Gegensatz. Es kann überhaupt niemand sagen, was den Orphika[1], von denen Herodot spricht, eigentümlich gewesen wäre. Das Verbot blutiger Opfer

[1] Über Orpheus habe ich kurz meine Ansicht geäußert, Hellenist. Dicht. I 62. Das muß hier ausgeführt werden, was leider nicht kurz geschehen kann. Es ist mir aber die größte Freude, daß Fr. Cumont, Oriental. Relig. 313 der deutschen Ausgabe, über die Kaiserzeit ganz wie ich urteilt; wenn er die ältere zu behandeln gehabt hätte, würde er es auch da tun.

und überhaupt die ἄψυχος βορά, die sie forderten[1], war auch korybantisch und pythagoreisch. Eine Theogonie unter dem Namen des Orpheus hat es gegeben, in der von dem Weltei die Rede war, einer merkwürdigen Vorstellung, vielleicht auch von Phanes, wenn der auch noch lange nicht erwähnt wird. Aber eine Theogonie beweist keine besondere Religion und erst recht keine Gemeinde. τελεταί gab es, die von Orpheus stammen sollten, also Anweisungen, sich durch besondere Weihungen zu reinigen und gegen drohendes Unheil zu schützen. Gegen die Ananke, die keine orphische Göttin, sondern die Naturnotwendigkeit ist, hilft kein φάρμακον, das in den Büchern des Thrakers Orpheus steht, sagt Euripides, Alk. 967. φάρμακα konnten auch Besprechungen sein. Die feigen Satyrn wollen mit einer solchen ἐπῳδή des Orpheus bewirken, daß der brennende Balken von selbst in das Auge des Kyklopen dringt (Eurip. Kykl. 646). Der Abergläubische des Theophrast 16 läßt sich mit Weib und Kind monatlich von einem Ὀρφεοτελεστής weihen. Solche Winkelpriester gab es also, die ihr Buch mit Zaubersprüchen hatten, in denen bestimmte rituelle Prozeduren vorgeschrieben waren[2]. Diese Weihepriester waren nicht mehr als die Traumdeuter, die auch ihre Regelbücher hatten und von ihrer Kunst lebten.

Auch bei den ernstesten Forschern wird heutzutage als etwas Selbstverständliches vorausgesetzt, daß Platon von der orphisch-pythagoreischen Lehre und Religion starke Anregung erhalten hätte. Orphisch und zugleich pythagoreisch ist die Askese, Enthaltung vom Fleischgenuß usw. Platon hat sie immer verworfen. Eine orphische Seelenlehre soll erst einer nachweisen. Was Platon von den τελεταί hielt, steht im Staate 364. Von ἀγύρται redet er, die vor die Türen der Reichen kommen und ihnen einreden, sie besäßen von den Göttern die Macht, durch Opfer und Zaubersprüche ein altes Unrecht[3] zu sühnen oder auch gegen geringen

[1] Aristophanes Frösche 1032 gibt als Lehre τελεταί und φόνων ἀπέχεσθαι. Eurip. Hipp. 954 kennt eine Masse Schriften des Orpheus. Das Ei, das die Nacht legt, Vögel 695, spielt mit einer Vorstellung, die in den späten Orphika gestanden hat, ob aber in der dem Platon bekannten Theogonie, ist nicht ausgemacht. Ion in den Τριαγμοί 2 D. hält Pythagoras für den Verfasser orphischer Gedichte, doch wohl weil sie die Fleischnahrung verboten.

[2] Antisthenes, Laertios VI 4, und ein Lakone in den plutarchischen Apophth. Lacon. 224e verhöhnen die orphischen Weihungen, die ein seliges Leben im Jenseits versprechen.

[3] εἴ τι ἀδίκημά του γέγονεν αὐτοῦ ἢ προγόνων, ἀκεῖσθαι μεθ' ἡδονῶν τε

Entgelt einem Menschen zu schaden; sie könnten die Götter *ἐπαγωγαῖς καὶ καταδέσμοις* zwingen. Dafür beriefen sie sich auf homerische und hesiodische Worte, hätten auch Haufen von Büchern des Orpheus und Musaios, nach denen sie ihre zauberkräftigen *τελεταί* vollziehen, usw. Wer hier nicht die Verachtung spürt, die nicht geringer als bei Euripides ist, dem ist wahrhaftig nicht zu helfen. Orpheus ist darum noch kein Religionsstifter, daß er solche *τελεταί* aufgebracht hat, die man mit den Orakelsammlungen der Sibylle und des Bakis vergleichen kann. Auch hier ist wesentlich, daß die *τελεταί* in Verse gefaßt sind, von denen wir freilich nichts besitzen. So steht es ja überhaupt, daß Orpheus Sänger und Dichter ist und bleibt. Zuerst tritt er als Teilnehmer an der Argofahrt auf[1]. Denn wenn ihn Pindar und sein Bild an dem delphischen Siphnierthesauros aufführen, hat er spätestens bei Eumelos seinen Platz auf der Argo gehabt. Dann war er älter als Homer, daher machten ihn Hellanikos und Damastes zu dessen Vorfahren. Sie stammen aus der Äolis; zu Antissa auf Lesbos war sein Haupt be-

*καὶ ἑορτῶν*. Auf den Reichen, die sie beschwatzen, liegt der Fluch einer Sünde; die kann auch ein Vorfahr begangen haben, Hippolytos glaubt, daß ihn *μιαιφόνων προγεννητόρων κακόν* getroffen hat, 1379. Der delphische Gott hat häufig gegenwärtiges Unglück auf eine solche alte Schuld zurückgeführt und angegeben, wie sie zu sühnen wäre. Was Epimenides für Athen getan haben soll, ist gleicher Art. Alles ganz verständlich, aber heute muß man hören, die Orphiker lehrten, wie man armen Seelen im Fegefeuer helfen könnte, sie von den Höllenqualen zu erlösen. In den Orphika, Fr. 232, wird dem Dionysos die Macht beigelegt, Seelen davon zu erlösen, daß sie wiedergeboren werden (*ἀπ' ἀπείρονος οἴστρου*), und die Menschen werden Hekatomben an allen trieterischen Festen zugunsten ihrer sündigen Vorfahren darbringen (*πέμψουσιν*, die Tiere gehen in der *πομπή*). Das ist sehr merkwürdig, lehrt uns eine Handlung der Dionysosmysterien, die natürlich zunächst die Bitte für die Teilnehmer aussprachen, dann auch für ihre Vorfahren. Aber mit den Schwindlern, von denen Platon redet, hat es nichts zu tun, und zu der Fürbitte für die armen Seelen ist es eine entfernte Analogie. Das Futurum *πέμψουσι* lehrt, daß die Worte ein Prophet sprach, der die Dionysosmysterien stiftete.

[1] Bei diesem Heros wird man keine besondere Bedeutung in dem Namen suchen. Ob wir an *ὀρφνός* oder *ὀρφανός* oder den Fisch *ὀρφώς* denken sollen, läßt sich nicht bestimmen, kann uns auch gleichgültig sein. Bei Ibykos stand *ὀνομακλυτὸν Ὄρφην*, Wechsel wie zwischen *Περσεύς* und *Πέρσης*. Natürlich hat er nicht den Verfasser der Orphika, sondern den Kitharoden erwähnt.

graben und hatte die Musik den Lesbiern verliehen, die Kitharodie, d. h. den alten Vortrag der Aoiden des Epos, dem Terpandros[1]. Wenn sie nur das Haupt hatten, war er zerrissen. Das setzt den Überfall durch die Mänaden, also die Gegnerschaft des Dionysos voraus, wie es das thrakische Lokal ergab; die Katastrophe kam bei Aischylos vor[2]. Von der thrakischen Küste schwamm das Haupt nach Lesbos. So ist Orpheus zum Thraker geworden; für Polygnot war er das aber nicht. Es ist durchgedrungen, weil die Athener es annahmen, denen es genehm war. Eumolpos war ja auch ein Thraker, und sie machten den Phylenheros Leos zu einem Sohne des Orpheus (Phot. *Λεοντίς*), den Antiochos zum Sohne des Thamyris. Die Macht seines Gesanges lockte und bezauberte Tiere, Bäume, Felsen; das setzt schon Aischylos, Agam. 1629, voraus. Amphions Kitharodie hatte die Steine zur Ummauerung Thebens herangezogen. Diese Zauberkraft der Musik ist gesteigert in der Sage von der Hadesfahrt des Orpheus, der so die Unterirdischen zwang, ihm seine verstorbene Gattin zurückzugeben. Sehr richtig hat Kern[3] hervorgehoben, daß dies die ältere Form der Sage ist. Ein wahrer Dichter, den man kennen möchte[4], hat das so geändert, daß die Ananke doch stärker ist und Orpheus selbst durch seine Liebe sich den Erfolg seiner Kunst verscherzt. Der Bildner des Orpheusreliefs ist diesem Dichter ebenbürtig, beide Athener. Das alles ist echte schöne Sage und Dichtung, in ihrem Wachstum ganz verständlich. An sich würden wir aus der Sage nicht schließen, daß ein Gedicht über die Hadesfahrt des Orpheus bestanden hätte. Es ist aber eins unter dem Titel *κατάβασις* in der Bibliothek von Alexandreia gewesen, wie die auf Kataloge zurückgehenden Notizen lehren, die Kern, Orphika 304, zusammenstellt. Immer steht ein anderer Verfassername daneben. Auch ein Kerkops streitet bald mit Hesiod, bald mit Orpheus um die Autorschaft eines Ge-

[1] Anschluß des Terpandros an die Musik des Orpheus nimmt der alte Glaukos von Rhegion an, Ps. Plutarch mus. 5, wo ein Zitat aus Alexander Polyhistor töricht eingeschoben ist.

[2] Trotzdem identifiziert Plutarch Alex. 2 die *'Ορφικά* und die *περὶ τὸν Διόνυσον ὀργιασμοί*, zu seiner Zeit mochten sie sich mischen.

[3] Orpheus 24. Noch Isokrates hält sich an diese ältere Sage, wenn Orpheus *ἐξ Ἅιδου τοὺς τεθνεῶτας ἀνῆγεν*, Busir. 8.

[4] Wenn man spielen wollte, könnte man sagen, es wäre Aristias, der Sohn des Pratinas, gewesen, weil er eine Tragödie Orpheus gedichtet hat, und das Relief wäre ein Weihgeschenk für seinen Sieg.

dichtes[1]. Ganz wie bei Homer haben die unberühmten Namen den besseren Anspruch. In den Hades ist natürlich Orpheus immer um Eurydikes willen gegangen; darum allein steht er neben Herakles auf den apulischen Unterweltsvasen, Eurydike ist auch wie Megara gegenwärtig, wenigstens manchmal. Es konnte sich eine Schilderung des Hades anschließen, und die Neuplatoniker haben so etwas gelesen[2]. Aber was beweist das für ein altes Gedicht? Nur die Modernen wissen, daß Platons Hadesbilder und zugleich die Petrusapokalypse von Orpheus stammen. Hekataios von Abdera (Diodor I 96) weiß, daß Orpheus wie Musaios und Melampus (von dem es Herodot gesagt hatte) in Ägypten gewesen war und dort die Anregung zu seiner Schilderung der Höllenstrafen empfangen hätte, was dann Homer nachahmte. Das beweist keine *κατάβασις*, nur die Möglichkeit ist vorhanden, daß es in einer stand. Eine einzige positive Angabe gibt es. Plutarch läßt in der Höllenfahrt des Thespesios (ser. num. vind. 566c) den Führer sagen: „bis hierher ist Orpheus gekommen, als er seine Frau holen wollte, und hat etwas Unrichtiges erzählt", was berichtigt wird[3]. Das führt auf

[1] Kerkops und Hesiod Homer und Ilias 412. Ein Pythagoreer Kerkops Verfasser eines orphischen Gedichtes, dessen Inhalt unsicher bleibt, Cicero nat. deor. I 107. Es ist die Stelle, durch die wir wissen, daß Aristoteles die Existenz des Orpheus leugnete, Fr. 7 Rose. Philoponos kennt diese Kritik und fügt hinzu *αὐτοῦ γάϱ εἰσι τὰ δόγματα, ταῦτα δέ φησιν Ονομάκϱιτον ἐν ἔπεσι κατατεῖναι.* Wie kann man daraus schließen, daß es für Aristoteles *δόγματα* des Orpheus gab? Dann hätte er ja existiert. Aristoteles sagte natürlich, die Gedichte wären von Onomakritos. Aber Philoponos und seine Zeit glaubte an die Offenbarungen des Orpheus und rettete sie gegen Aristoteles, wie es der Glaube an heilige Bücher immer fertigbringt. Übrigens wird Aristoteles schwerlich ein Zeugnis für die Autorschaft des Onomakritos gehabt haben; es reichte, daß er ihn aus Herodot als Fälscher kannte. Späte Angaben über Leute des Namens Orpheus aus Kroton und Kamarina sind unkontrollierbar, wollten aber Zweifel an der Echtheit irgendwelcher Gedichte durch Homonymie der Verfasser begründen. Zwei Orpheus hat schon Herodoros, Fr. 42 Jac., unterschieden, den Argonauten und natürlich den von den Mänaden zerrissenen Ahnherrn Homers und Feind des Dionysos.

[2] Orphische Argonautika 40.

[3] Der delphische Priester nimmt Anstoß daran, daß aus diesem unteriridischen *μαντεῖον* ein delphisches des Apollon und der Nyx gespeist wird, denn Apollon hat mit der Nacht und den Träumen nichts zu tun. Es wäre in Wahrheit ein Orakel der Nacht und des Mondes, und die

eine *κατάβασις*, in der Orpheus selbst berichtete, wo denn eine Schilderung der bestraften Sünder erwartet wird; die Seligen konnten auch bei dem „Pluton-Plutos" sein. Das ist alles was wir wissen. Denn Fr. 295 ist aus Hesiod genommen; von der Lage der Styx im Hades steht nichts darin. Die Bestrafung des Charon dafür, daß er den Herakles übergesetzt hat, gehört in ein Gedicht, das dessen Hadesfahrt erzählte, da bietet sich die Minyas, denn da der Tod des Meleager in ihr vorkam, möchte man dessen Begegnung mit Herakles heranziehen[1], und als Verfasser der Minyas wird von dem Beschreiber der delphischen Lesche derselbe Prodikos angegeben, der sich um die *κατάβασις* mit Orpheus stritt[2]. Es gibt also nicht den mindesten Anhalt dafür, Platons Mythen auf Orpheus zurückzuführen[3]. Der des Gorgias enthält überhaupt nichts, was von athenischen Vorstellungen abweicht; er hatte eben Italien noch nicht besucht, also pythagoreische Lehre höchstens von den thebanischen Freunden gehört, denen die Seele Harmonie war[4],

Wie in Athen allerhand Gedichte unter den Namen des Epime-

Träume kämen von da. Was bei Orpheus stand, ließ also in Delphi Apollon noch die Inkubation üben, wogegen das Lied des Euripides, Iph. Taur. 1267, protestiert. Verständlich ist die Stelle durchaus, Plutarchs Polemik auch. Wo er die Angabe des Orpheus her hat, ist nicht zu sagen; aus erster Hand brauchte es nicht zu sein.

[1] Bei Bakchylides stirbt allerdings Meleagros nicht durch Apollon, so daß die Herleitung aus der Minyas allein nicht angeht. Auch eine *κατάβασις Θησέως ἅμα Πειριθόῳ* steht unter den angeblich hesiodischen Gedichten bei Pausanias IX 31, 5. Von ihr ist sonst keine Spur.

[2] Suidas *Ὀρφεύς*, erster Artikel. Überliefert *Ἡρόδικος*, von Otfried Müller verbessert. Prodikos Verfasser der Minyas bei Pausanias IV 33, 7, aus der Beschreibung der Lesche hierher versetzt; Heimat Phokaia, Prodikos von Samos Verfasser der *κατάβασις εἰς ᾅδου* des Orpheus Clemens str. I 397 P. Prodikos (*προδόται* codd. verb. Botzon) zwischen Onomakritos und Kinaithon, Plutarch Pyth. orac. 407b. Trotz den verschiedenen Vaterländern muß es dieselbe Person sein.

[3] Bei Kern sind alle möglichen und unmöglichen platonischen Stellen unter die Fragmenta veteriora gestellt, sogar die Seelenwanderung hat Platon von Orpheus, Olympiodor sagt es ja, das genügt. Auch der Vers *πολλοὶ μὲν ναρθηκοφόροι παῦροι δέ τε βάκχοι* ist orphisch. Da hat sich Orpheus wohl, nachdem ihn die Mänaden zerrissen hatten, in die dionysischen Mysterien aufnehmen lassen.

[4] Wenn Philosophen den Gorgias hinter die erste Reise rücken, so

nides und Musaios enstanden, Musaios auch die Belohnungen der Epopten von Eleusis und die Leiden der Ungeweihten im Hades behandelte, so sind in Italien Gedichte auf den Namen des alten Kitharoden Orpheus gestellt, in denen ebenfalls mystische Lehren verkündigt wurden. So viel ist durch das Zeugnis Herodots gesichert, aber Genaueres erfahren wir nicht, Zusammenhang mit den Pythagoreern ist aber unverkennbar, denn das Verbot der Fleischnahrung ist immer die Hauptforderung gewesen, auf ihr beruht die Bezeichnung eines *Ὀρφικὸς βίος*. Es ist aber nicht daran zu zweifeln, daß die Orpheotelesten, die ihren *τελεταί* durch den berühmten Namen Autorität verschaffen wollten, auch im Mutterlande tätig waren, zumal in Athen. Das Gedicht des Orpheus, das wir mit dem homerischen Demeterhymnus zusammen behandelt haben, geht Eleusis an[1]. Euripides kennt eine Masse orphischer Gedichte, *τελεταί* und Empfehlung der *ἄψυχος βορά*. Platon kennt außer den *τελεταί*, die er verachtet, eine Theogonie, die auf seine Philosophie wirklich nicht einwirken konnte, auch Hymnen – wenn es auf Gedichte geht, daß er sagt, Ges. 829d, in seiner Stadt würde nicht erlaubt *ἀδόκιμον μοῦσαν ᾄδειν, μηδ' ἂν ἡδίων ᾖι τῶν Θαμύρου τε καὶ Ὀρφείων ὕμνων*. Thamyris hat mit den Musen gestritten, aber Gedichte von ihm gab es nicht. Orpheus hatte Persephone gerührt: da mußten seine Lieder wohl reizvoll gewesen sein; doch zu existieren brauchten sie nicht. Ges. 715e *θεός, ὥσπερ καὶ ὁ παλαιὸς λόγος, ἀρχήν τε καὶ τελευτὴν καὶ μέσα τῶν ὄντων ἁπάντων ἔχων εὐθείαι περαίνει κατὰ φύσιν περιπορευόμενος*. Da kann ein Vers zugrunde liegen, aber keinesfalls der, welchen der Scholiast aus Orpheus anführt[2];

beweist das von neuem, daß ihnen der Mensch gleichgültig ist, dessen Gedanken sie doch verfolgen wollen. Und doch ist es der Mensch, dem sein Leben die neuen Eindrücke, Anregungen und Kenntnisse bringt, die dann in ihm neue Gedanken, Probleme und Lösungen zeugen.

[1] Die Lykomiden hatten die Leitung der *ὄργια* der Demeter im Demos Phlya, Pausanias hat durch den damals amtierenden Daduchen einen Hymnus des Orpheus auf Eros kennengelernt, der zu jenen Mysterien gehörte (IX 27, 2 und 30, 12). Das war kein altes Gedicht, schon der Eroskult lehrt das, aber was beweist auch ein Zeugnis so später Zeit. Schwerlich war der Daduch ein wirklicher Lykomide.

[2] Orpheus sagt *Διὸς δ' ἐκ πάντα τέτυκται* oder *πέφυκε* oder *πέλονται*; *τελεῖται* ist schwach überliefert; bei Platon steht *τελευτή*. Der Vers dieses Orpheus steht in dem breiten Zeushymnus am Ende der Schrift *π. κόσμου* (Fr. 21a Kern) und wieder in dem überlangen Fr. 168, in dem V. 8 aus Empedokles 17, 18 genommen ist. An diesen monotonen Präkoni-

die Hauptsache steckt ja in εὐθεῖαι περαίνει. An Orpheus kein Gedanke.

Wo steckt denn nun die Wirkung der Ὀρφικά? Was war ihr Lehrinhalt? Hatten sie eine Gemeinde? Weiß irgendwer von orphischen Mysterien? Die Modernen reden so entsetzlich viel von Orphikern. Wer tut das im Altertum? Platon, Kratyl. 400 c, kennt τοὺς ἀμφ' Ὀρφέα, die sagen, daß der Körper σῶμα heißt, weil er die Seele σώιζει wie in einem Gefängnis, was die Modernen nicht hindert, das σῶμα σῆμα ψυχῆς für orphisch zu erklären; die Lehre ist pythagoreisch. οἱ ἀμφ' Ὀρφέα sind Orpheus und die ihm folgen. Ὀρφικοί kann ich an einer einzigen Stelle nachweisen, und das bei Apollodor, Fr. 139[1]. Epimenides und Musaios haben nach dieser Seite mehr ausgegeben. Ihre Gedichte verschwinden aber bald ganz aus den Händen selbst der Gelehrten, und auf ihre Namen wird nicht mehr gefälscht. Aus den Ὀρφικὰ ἔπη, vornehmlich der Theogonie, nimmt Aristoteles ein paarmal ein Wort[2], ebenso Eudemos, aber danach werden sie wenig gelesen, gerade wo man es erwarten sollte. Philodem S. 80 G. sagt zwar, daß Chrysippos und Kleanthes auch τὰ εἰς Ὀρφέα καὶ Μουσαῖον ἀναφερόμενα mit ihrer Lehre in Einklang zu bringen versucht hätten, aber davon ist kaum etwas Näheres bekannt, und dasselbe gilt von Apollodor. Vorauszusetzen ist, daß es sich dabei vornehmlich um die Theogonie

sationen konnte Platon wahrhaftig nicht ein ἡδύ loben. Es geht ihn nichts an. – Ich lasse das stehen, wie es vor dem genauen Nachweis durch Harder, Philol. 85, 243, geschrieben war.

[1] In einem Zitatenneste, das zusammenstellt, wen alles Asklepios vom Tode auferweckt hat, nennen die Ὀρφικοί den Hymenaios. Die Stellen bei Kern Fr. 40. Der Gott, der aus dem Refrain des Hochzeitsliedes geworden war, muß in seiner Jugendblüte sterben, aber, da er Gott ist, aufleben, was in der Chrestomathie des Proklos, die erlesenste alte Gelehrsamkeit gibt, 321 a, durch seine Entrückung ausgedrückt wird. In den Hochzeitsliedern der troizenischen Jungfrauen ward vom Tode des Hippolytos erzählt, was das Gefühl erkennen läßt, aus dem dieser Brauch und dieser Gott entstanden ist. Auch den Hippolytos hat Asklepios auferweckt, so stand zuerst in den Ναυπάκτια, Philodem εὐσεβ. 52 G. In den Scholien zu Alkestis 1 steht dafür der Sammler Apollodor. Ob der nicht vielmehr von Ὀρφικά geredet hat? Wenn Leute wie Iamblichos, Stobaeus Ecl. I 376 W., Ὀρφικοί nennen, kann das nichts mehr bedeuten.

[2] Diels ,Vorsokr. II 170, stellt zu Orpheus aus Metaphysik 983 b, 27, was bei Homer Ξ 201 und Hesiod Theog. 776 steht.

gehandelt hat. Apollonios läßt den Orpheus auf der Argo ein kosmogonisches Lied singen, I 496. Das stellt Diels unter die alten Zeugnisse der orphischen Lehre, obwohl er selbst sagt, daß der erste Teil aus Empedokles genommen ist, den Apollonios öfter formal nachahmt, und der Sturz des Ophion durch Kronos stimmt zu dem Syrier Pherekydes, Fr. 4. Ich selbst habe mich solcher voreiligen Heranziehung der Orphika schuldig gemacht, als ich die Einlage der Nekyia 566–630 aussonderte und sogar die oben geschilderte Umbildung der eleusinischen Mysterien orphisch nannte. Mit vollem Recht hat Kern gegen beides Einspruch erhoben[1].

So können wir wenigstens bisher die *εἰς Ὀρφέα ἀναφερόμενα* in ihrem Fortleben vom vierten Jahrhundert bis zu den Neuplatonikern nicht verfolgen, sehen aber, daß der Name des Orpheus alle anderen Propheten verdrängt hat[2]. Weil er der Verkünder heiliger Wahrheiten geworden war, konnten die Christen seine Bezauberung der Tiere, die alte Sage, als ein Symbol für die alles bezwingende Kraft ihres Evangeliums übernehmen und im Bilde darstellen. Nun ist schließlich ein *ἱερὸς λόγος* in vierundzwanzig

[1] Die Alexandriner athetierten *λ* 602. 603 über Herakles und schrieben sie dem Onomakritos zu. Darin lag nicht, daß sie orphisch wären, denn bei Herodot stand nur, daß dieser dem Musaios Sehersprüche untergeschoben hätte. Aber er war einmal ein Fälscher und lebte in Athen, so wird diese Zuweisung zu der Hypothese der peisistratischen Redaktion der homerischen Gedichte gehören. Namentlich aus Pausanias ersehen wir, daß dem Onomakritos orphische Gedichte beigelegt wurden, die man für unecht hielt. Dazu gehört nach Pausanias VIII 37, 5 gerade ein Hauptstück, die Zerreißung des Dionysos durch die Titanen. VII 18, 4 nimmt er die Geschichte offenbar aus dem Buche, das er für Patrai benutzt und ich bei der Laphria berührt habe, wo es ganz deutlich wird, wie er es müde wird, seine Vorlage weiter auszuschreiben. Mehrfach sagt er, daß die Stiftung von Lokalkulten dem Orpheus zugeschrieben werde; so etwas konnte zu allen Zeiten behauptet werden, seit Orpheus *τελεταί* verfaßt hatte. Seltsam ist ein *ξόανον* des Orpheus in einem Demeterheiligtum. *Πελασγῶν ἔργον*, III 20, 5. Willkürliche Deutung eines alten Holzbildes.

[2] Pausanias erhebt kein Bedenken gegen die Angabe, daß Orpheus die Hekatemysterien auf Aigina gestiftet hat (II 30,2), deren Alter nicht bekannt ist, ebenso einen Tempel der Kore Soteira in Sparta gebaut hat, wo aber Abaris konkurriert (III 13, 2). Aber von dem Kulte der Demeter *χθονία* (III 14, 5) glaubt er es nicht, sondern nimmt Übertragung aus Hermione an. Alles hat nur den Wert, zu zeigen, wie der Name Orpheus sich schließlich an alles hängte.

Büchern da; es durften nicht weniger als die der Ilias sein[1]. Das ist nun uralte Offenbarung, von der Platon abhängig ist, der ebenso behandelt wird. Denn es gilt den verborgenen Sinn, d.h. die eigenen Dogmen, hineinzulesen; was der Dichter gemeint hatte, fragt der Benutzer nicht, und die alten Götter sind ihm ganz gleichgültig. Wie diese chaotische Kompilation entstanden ist, vermöchten wir nur zu erkennen, wenn wir sie auflösen könnten. Vergleichbar ist die noch viel rohere Sammlung der Sibyllinen. Wie in dieser jüdische Stücke der Hasmonäerzeit stecken, werden sich auch hier ältere Partien, vielleicht ganze Einzelgedichte befunden haben, der *Διονύσου ἀφανισμός* z.B., dessen Verse nicht schlecht klingen; die Theogonie war wohl arg verwüstet. Einzelne alte Verse waren natürlich nicht wenige darin; das steht für das goldene Gedicht des Pythagoras fest, das gleicher Art und Zeit ist. Auch Empedokles ist benutzt; wenn er nicht eine so stark individuelle Person gewesen wäre, würden seine Katharmen in die Orphika aufgegangen sein. Auch ein Spruch des Herakleitos ist aufgenommen, Fr. 226. Es macht nicht den Eindruck, daß die heilige Rede für eine Kultgenossenschaft bestimmt gewesen wäre. Anweisungen für den Gottesdienst, also gerade die orphischen *τελεταί*, fehlen; auch Hymnen standen vielleicht nicht in, sondern neben dem *ἱερὸς λόγος*. Regeln für die Lebensführung, überhaupt alles Moralische ist kaum vorhanden. Es hat immer noch mancherlei anderes Orphische gegeben[2], es wuchs auch Neues hinzu, selbst Astrologisches durch Plünderung des Maximus. Selbstverständlich war Orpheus vorhomerisch, sollte das wohl immer gewesen sein[3]. Es

[1] Der Dichter der Argonautika 42 läßt den Orpheus am Schlusse der Aufzählung seiner Werke sagen

*ἠδ' ὃν ἐν Αἰγύπτωι Ἱερὸν λόγον ἐξελόχευσα*
*Μέμφιν ἐς ἠγαθέην πελάσας ἱεράς τε πόληας*
*Ἄπιδος, ἃς πέρι Νεῖλος ἀγάρροος ἐστεφάνωται,*
*πάντα μάλ' ἀτρεκέως ἀπ' ἐμῶν στέρνων δεδάηκας.*

Damit ist die Entstehung des Riesenepos nach Ägypten verlegt. Ob es wahr ist, bleibt zu untersuchen. V. 42 ist überliefert *ἠδ' ὅσον Αἰγυπτίων*, *Αἰγύπτωι* hat Schneider verbessert. Es kann nur der bekannte Titel gemeint sein.

[2] Galen *Ἀντίδοτα* II Bd. XIV 144 K. Über *σύνθετα θανάσιμα* will er nichts sagen, obwohl viele darüber geschrieben haben, *ὧν ἐστὶν Ὀρφεὺς ὁ ἐπικληθεὶς θεολόγος*.

[3] Der Schriftsteller *π. κλοπῶν* bei Clemens Strom. VI 751 P., Fr. 206

ist inkonsequent, wenn diejenigen anders denken, die doch Empedokles, Herakleitos, Pindar, die Tragiker von diesem Orpheus abhängen und Platon seine Gedanken aus diesem Wuste entnehmen lassen. Aber was Orpheus bei den Modernen geworden ist, mag ich nicht verfolgen. Er hat heute seine Gläubigen, und der Qualm des Orphismus (das neue Wort haben sie sich erfunden) liegt schwer über dem Lichte der alten Götter wie zu Zeiten des Iamblichos. Salomon Reinach hat nach ihm ein Buch benannt, eine Art von Geschichte aller Religionen, weil in ihnen allen etwas Orphismus stecke. So baut die Kritik auf dem Grunde absoluter Kritiklosigkeit. Genug davon. Nur noch einige merkwürdige alte, wirklich religiöse Dokumente, die ganz unschuldig sind, daß sie allgemein orphisch heißen.

Die Goldplättchen aus Kreta und Unteritalien (32 Kern) sollen orphisch sein. Alle reden jetzt so. Warum denn orphisch? Der Durst nach frischem Wasser weist viel eher nach Ägypten, Eubuleus nach Eleusis, und gar ein sog. Demeterhymnus hat doch nicht das mindeste Anrecht darauf, ist übrigens zum großen Teile unverständlich. Wir haben hier einen Glauben, der dem Toten eine gnädige Aufnahme sichert. Zuerst, 32 b, ist es in Kreta nur der Zugang zu einer Quelle, vergleichbar den Wegweisungen, die an den Landstraßen gestanden haben, wie manche hellenistische Epigramme zeigen[1]. Aber griechisch ist dies schwerlich: das kühle Wasser, das Osiris dem Toten auf seiner Wanderung gibt, muß vorbildlich gewesen sein. Danach beruft sich der Tote darauf, ein Sohn von Himmel und Erde zu sein. In einem längeren Gedichte wird er, nachdem er getrunken hat, unter die Heroen aufgenommen (Petelia 32 a Kern), dann steigert sich das zur Vergottung[2]. Alles sehr

und 149 K. Es werden noch die einzelnen Gedichte des Orpheus angeführt.

[1] Hellenist. Dicht. II 102 stehen einige Proben.

[2] Die Tessera der Caecilia Secundina (32 g), deren Fundort durch die Erwerbung in Rom nicht bestimmt wird, bewahrt nur durch die Erklärung der Reinheit und die Anrufung von Eubuleus und Eukles den Zusammenhang mit den älteren Gedichten. Sonst beruft sie sich nur auf den Empfang dieser Bescheinigung. *μνημοσύνης δῶρον* erklärt sich durch das Gedicht von Petelia. Da gibt es zwei Quellen, die eine gehört der Mnemosyne, aus der sollte der Tote trinken. Offenbar ist die andere die Lethe. Also wollten diese Leute im Hades die Erinnerung bewahren, während die Lethe den meisten erwünscht war, das irdische Leben zu vergessen. Die Mutter der Musen hat hier natürlich nichts zu tun.

merkwürdig. Die Sorge um ein künftiges Leben und die Zuversicht, durch diese *σύμβολα*, Ausweise über die Qualität ihres Besitzers, gute Aufnahme zu finden, kommt aus derselben Stimmung wie der Glaube an die Mysterien des Dionysos und der Demeter, die dasselbe durch sakramentale Handlungen erreichen wollen. Ein Sakrament ist zugetreten, wo das rätselhafte „Ich fiel als Böcklein in die Milch" dabeisteht (32c). Die Pythagoreer und Empedokles wollen sich durch ihr reines Leben aus dem Strudel der Wiedergeburten befreien, Empedokles ein Gott werden. Die Enthaltung von Fleischgenuß ist die Hauptsache, sie ist dem Platon das Entscheidende für den *'Ορφικὸς βίος*, und gerade von ihr ist in den Orphika der Neuplatoniker keine Rede; in der Schrift des Porphyrios kommt Orpheus gar nicht vor. Es gibt also auch wichtige Unterschiede neben den Ähnlichkeiten. Ob bestimmte Götter helfen oder nicht, und welche es sind, das verbietet, alles unter dem Namen orphisch zusammenzufassen, der dadurch vollkommen leer wird. Vorwärts kommen wir nur, wenn wir uns bemühen, die Einzelerscheinungen zu erfassen, und mit den Orphika der Neuplatoniker steht es ebenso: die Sonderung der Gedichte, die Verfolgung der einzelnen Motive scheint nicht aussichtslos.

Poseidonios, den uns Reinhardt bei Strabon gezeigt hat, sagt, daß die *'Ορφικά* ihren Ursprung in Thrakien hätten (470), aber er läßt Pierien und den Olymp ursprünglich von Thrakern bewohnt sein (471), und auch Eumolpos und Musaios sind ihm Thraker so gut wie Orpheus; die Phryger und den Dionysosdienst zieht er auch heran. Ihm liegt daran, den orgiastischen Kult und die zugehörige Musik bei Hellenen und Barbaren auf dieselbe Wurzel, primitive Religion, zurückzuführen[1]. Da ist Orpheus zunächst der alte Kitharode, und außer dem Schlusse, die Orphika müßten ihre *καταρχή* da haben, wo Orpheus zu Hause war, ist über sie nichts ausgesagt. Auf Poseidonios kann sich die Herleitung des Seelenglaubens aus Thrakien nicht berufen[2], und was Herodot von den *Γέται ἀθανατίζοντες* erzählt, samt der rationalistischen Fabel, die

[1] Bei Strabon Epit. VII 18 ist Orpheus ein Kikone, lebt aber in Pierien, ein *γόης* ,Musiker und *τελεστής*, der schließlich von Leuten, die den Schwindel durchschauen, totgeschlagen wird.

[2] Poseidonios bei Strabon 296 macht wertvolle Bemerkungen über die Moeser seiner Zeit, die er mit den Mysern und den *ἄβιοι* Homers gleichsetzt. Sie enthalten sich aus religiösen Rücksichten der Fleischnahrung, heißen *θεοσεβεῖς* und *καπνοβάται*, ein seltsames Wort, das ein

Pythagoras heranzieht, beweist nicht mehr, als daß diese Thraker auf ein üppiges Leben bei Salmoxis rechneten; ἀθανατίζειν besagt nicht mehr als ein Leben nach dem Tode, wie es die Hellenen auch einmal gehofft hatten[1]. Über die Trauser fügt er V 4 hinzu, daß sie den Neugeborenen mit Klagen empfangen, den Toten mit Glückwünschen zu dem nun erreichten seligen Leben begraben. Das war den lebensfrohen Ioniern verwunderlich, die den Glauben an die Wiederholung des leiblichen Lebens längst aufgegeben hatten. Euripides, Kresphontes 449, nahm das νόμιμον βαρβαρικόν auf, ließ aber die Beglückwünschung nur darauf gehen, daß das elende Leben zu Ende war. Das wird der Stimmung der redenden Person entsprochen haben, verallgemeinern darf man den Pessimismus nicht, und einen Einfluß der Barbaren auf den Seelenglauben der Hellenen anzunehmen ist im Altertum niemandem eingefallen; wir sollen uns auch davor hüten.

Mystik, Askese, Erlösungssehnsucht beweisen eine neue Stimmung in den Gegenden, wo wir sie antreffen. Dort muß die väterliche Gottesverehrung die Menschen nicht befriedigt haben, aber auch das Leben ihnen keine Aufgaben gestellt, die ihre Kräfte forderten und der Arbeit Lohn versprachen. Wir wissen von Kreta und Italien zu wenig, um darüber etwas auch nur zu vermuten. Materiell scheint doch gerade im sechsten Jahrhundert der Wohlstand der italischen Städte auf der Höhe gestanden zu haben. Vielleicht hat gerade die sybaritische Üppigkeit den Kontrast der Askese hervorgerufen. Die Hellenen, welche den Perser zurückgeschlagen hatten, konnten für weltflüchtige Gefühle nicht empfänglich sein; selbst Empedokles hat noch in den dreißiger Jahren im Peloponnes keinen dauernden Erfolg mit seiner Predigt gehabt. Sparta hatte genug zu tun, sich die durch das Erdbeben erschütterte Machtstellung zurückzugewinnen; für Argos galt das gleiche. Mantineia erhielt eine neue Verfassung und gewann erst jetzt

moesisches übersetzt, denn das griechische ist an sich unverständlich. Einige leben auch ehelos; die heißen κτίσται, Gründer, was ebenso unverständlich, also auch übersetzt ist. Für diese tatsächlichen Angaben sind wir dankbar. Die Homerinterpretation streifen wir leicht ab, gegen die Strabon breit, aber nicht erfolglos polemisiert.

[1] Etwas ganz anderes ist, daß Dekaineos, der priesterliche Berater des Burebista, für einen Gott galt, was bei Strabon 298 bis aus Zamolxis zurückgeführt wird, den er nach Herodot einen Sklaven des Pythagoras nennt.

einige Bedeutung. Die Isthmosstaaten erfreuten sich des Friedens, ihr Handel war durch Athen bedroht, aber noch nicht erdrückt, und sie waren nicht gewillt, ohne Kampf zu weichen. Die hohe Blüte der Skulptur, die Kleinbronzen, Aphaiatempel und vor allem der olympische Zeustempel ersetzen es uns, daß wir von dem geistigen und religiösen Leben der Peloponnesier keine unmittelbaren Zeugnisse besitzen. Athen würde durch die Werke der bildenden Künste genügend sein lebensfrohes und tatenfrohes Wesen offenbaren, auch wenn wir nicht die Tragödie hätten, und die politische Geschichte nicht zeigte, wie es von Erfolg zu Erfolg fortschritt. Da hatten die Menschen wirklich keine Zeit, die ionischen Bücher zu lesen, und für Korybantenweihen und pythagoreische Askese hatten sie keine Stimmung. Wie es aber in Ionien nach der Befreiung aussah, davon hören wir so gut wie nichts. Zum Glück haben wir wenigstens den Herodotos, der zwar ein Ionier weder war noch sein wollte, aber das mehr karische als dorische Halikarnaß war doch in der Schriftsprache ionisiert und gehörte in denselben Kulturkreis. Ein Aufenthalt in Athen um 444[1], wohl nicht der erste, und der Verkehr im Kreise des Perikles hat ihn zum Wahlathener gemacht und mag den Entschluß, die Perserkriege zu erzählen, erst hervorgerufen haben, was dann die Anlage des Werkes, wie es vorliegt, bestimmte. Dafür hat er die Bereisung des Westens unterlassen, so nahe sie ihm der Aufenthalt in Italien legte. Aber der Herodot, der über seine Reisen in den barbarischen Ländern berichtet, war ein anderer gewesen, und das merkt man ihm an. Hier fragen wir nach seinen Anschauungen über Gott und Welt, auch nach seinem persönlichen Glauben. Da kommen wir in Verlegenheit und müssen zugeben, daß Wider-

[1] So viel ich von Jacoby gelernt habe, an der Rückkehr Herodots von Thurioi halte ich fest, kann nicht daran glauben, daß er die eingestreuten Angaben über Ereignisse der ersten Jahre des peloponnesischen Krieges in dem fernen Italien machen konnte, ebensowenig ist denkbar, daß ein Exemplar des Werkes 425 in den Händen des Aristophanes war. Und wenn er sich an einem Orte aufhielt, der ihm jene Ereignisse zu erfahren gestattete, liegt etwa ein anderer näher als Athen? Der Tod verhinderte den Abschluß des Werkes, es fand sich eine Hand, die für die Verbreitung des Buches, wie es war, sorgte. Wo war das am leichtesten zu machen? In Thurioi gewiß nicht. Auf andere Auffassungen des Historikers einzugehen fühle ich keine Veranlassung; Jacoby mag sich selbst wehren.

sprüche vorhanden sind, wie es Jacoby treffend ausspricht. „Anschauungen, wie sie Aischylos hat, und wieder solche, die im Glauben des Volkes und des Sophokles noch herrschend sind, und wieder solche, die dem ionischen Rationalismus eigentümlich sind, stehen unvermittelt nebeneinander".[1] Zumal im zweiten Buche überwiegt der Rationalismus, was sich durch Anschluß an Hekataios erklären wird. Da werden die hellenischen Götter aus Ägypten abgeleitet, Poseidon gar aus Libyen (II 50), was sich mit ihrer Anerkennung als Götter schwer verträgt. Er hatte ganz recht, wenn er seine persönliche Erkundung der gewaltsamen Konstruktion eines geographischen Weltbildes gegenüberstellte, aber er war auch für das wissenschaftliche Denken und Forschen unempfänglich. Unbedingten Glauben bringt er wie Sophokles den delphischen Sprüchen und den Erläuterungen der Priester entgegen, von denen das Zugeständnis stammt, daß auch ein Gott die *πεπρωμένη μοῖρα* eines Menschen nicht ändern kann, was sogar wie im Mythos so ausgedrückt wird, daß Loxias die Moiren nicht umstimmen kann (I 91). Das steht am Schlusse der Kroisosgeschichte; in der Novelle von Solon fällt das Wort von dem *θεῖον φθονερὸν καὶ ταραχῶδες*. In dem Ausgange der Perserkriege vollzieht sich dagegen der Wille der Götter; vieles klingt wie in den Persern des Aischylos, aber selbst da ist es durchaus nicht immer der gerechte Gott, der die gute Sache beschützt, die freien Hellenen vor der asiatischen Knechtschaft bewahrt, sondern es stürzt die Persermacht, weil *κύκλος τῶν ἀνθρωπηίων ἐστὶ πρηγμάτων, περιφερόμενος δὲ οὐκ ἐᾶι αἰεὶ τοὺς αὐτοὺς εὐτυχεῖν*, wie Kroisos, der es erfahren hat, dem Kyros sagt (I 207). So hat Herodot wohl den Weltlauf beurteilt, aber daneben auch in einzelnen Geschichten Schuld und göttliche Strafe verfolgt und die Einzelgötter neben dem *θεῖον* niemals aufgegeben. Es ist von höchstem Werte, daß wir eine solche Erfahrung an einem Manne von dem Range des Herodotos machen (übrigens steht es mit seinen politischen Urteilen bei genauem Zusehen ebenso). Das darf uns für seine ganze Generation maßgebend sein. So mußte es wohl in einer Übergangszeit zugehen; wir wissen aber auch, daß es immer zahlreiche Menschen gibt, die sich der Wider-

[1] Bekennen will ich, daß meine Charakterstik Herodots, Arist. und Athen II 11, gänzlich verkehrt war. Ich hatte sie vergessen, den Schriftsteller oft gelesen und entsetzte mich jetzt, als Jacoby mir Veranlassung gab, nachzusehen. Ich würde sie viel schärfer verurteilt haben, als es Jacoby ausspricht; denken wird er ebenso wie ich jetzt.

sprüche in ihrem inneren Verhalten zu der Religion oder auch der Weltanschauung gar nicht bewußt werden, nicht einmal bewußt werden wollen.

Wir fangen wie Aristoteles die Geschichte der Philosophie mit Thales an, müssen es tun, weil in Milet der erste Schritt auf die Wissenschaft hin gemacht wird. Er ist als der weiseste der Sieben im Gedächtnisse der Menschen geblieben, weil er eine Sonnenfinsternis vorhergesagt hatte; seine These, daß alles aus dem Wasser entstanden wäre, hat dazu nichts getan. Wenn man überhaupt von ihr Notiz genommen hätte, so würde man gesagt haben, das stünde schon bei Homer (*Ξ* 302). Thales ist zugleich das Prototyp des unpraktischen Professors (Platon, Theaet. 174a). Es sind einzelne Denker, die auf diesem Wege fortschreiten[1]; sie schreiben bereits, rechnen also auf Leser, aber viele werden sie nicht gefunden haben, und ihre Naturerklärung bot auch den Menschen des tätigen Lebens nichts. Das Verdienst des Thales bei der Voraussage der Sonnenfinsternis bestand nur darin, daß er bei den Babyloniern und ihrer Astrologie gelernt hatte, und falls er schon etwas wie Mathematik getrieben hat, so kam diese „Feldmesserkunst", *γεωμετρία*, aus Ägypten, und es dauerte lange, bis die Hellenen etwas aus ihr machten, das den Ehrennamen *μάθημα κατ' ἐξοχήν* verdiente. Wie in der Skulptur haben die Hellenen auch auf diesen Gebieten zuerst bei den älteren Kulturvölkern gelernt; dafür war Milet der rechte Ort; es ist auch während ihrer kurzen Herrschaft einiges, allerdings wenig Förderliches, von den Persern übernommen[2]. Die Wissenschaft, zu der die Denker strebten, war dem Volke unzu-

[1] Die Hypothese, daß in Milet eine Schule, also eine Genossenschaft wie die des Pythagoras bestanden hätte, steht im Banne der antiken *διαδοχαί*, überträgt also die Zustände des dritten Jahrhunderts auf das sechste. Schulen halten sich an die Lehren des Meisters, die Milesier tun alle bis auf Leukippos das Gegenteil, jeder stellt ein ganz neues Prinzip auf. Es gibt keine *'Αναξιμάνδρειοι* usw.; *'Ηρακλείτειοι* gibt es, und gerade da denkt niemand an eine Schule. Es steht übrigens in Abdera nicht anders.

[2] Es ist eine schöne und wichtige Entdeckung von A. Götze, daß die seltsame Schrift *π. ἑβδομάδων* Persisches verarbeitet. Der religiöse Dualismus hat nicht herübergewirkt; was über angeblich Iranisches für frühere Jahrhunderte gefabelt wird, ist so wenig ernst zu nehmen wie die Phantasmen von Entlehnungen aus Indien oder Homers Abhängigkeit von dem Gilgameschepos.

gänglich und gleichgültig, aber wenn etwas praktisch Verwertbares dabei herauskam, nahm man es gern von den weisen Männern an. Die Schiffer orientierten sich nun sicherer nach dem Kleinen Bären[1], und wenn ein weiser Mann, nicht durch Seherkunst, sondern weil er die Wege der Sonne kannte, eine Finsternis vorhersagen konnte und damit recht behielt, daß sie nur am Neumond einträte (Thuk. II 28), so war man gern die Beängstigungen los, die dem Pindar das Herz schwer machten. Noch willkommener war, daß Anaximandros eine Erdkarte verfertigte, die *Γῆς περίοδος* des Hekataios war es noch mehr, weil er auch von den Völkern in der weiten Welt erzählte, zu denen nun auch athenische Schiffe gelangten. Es mußte aufklärend wirken, daß in Ägypten eine uralte, in vielem überlegene Kultur bestand und an den Küsten des Pontos schweifende Skythen und Menschenfresser bekannt wurden. Die *νόμιμα βαρβαρικά* lehrten die Relativität des *νόμος*. Was die Milesier von Thales bis Leukippos über die Entstehung der Körperwelt und einen oder mehrere Urstoffe Verwunderliches behaupteten, konnte den praktisch tätigen Athenern gleichgültig sein, und auf Ethik und Politik haben die Naturphilosophen sich alle nicht eingelassen. Das gilt ebenso von Parmenides und Empedokles. Die lebhafte Kritik, die Xenophanes, selbst Rhapsode, gegen die Unsittlichkeit der homerischen und hesiodischen Göttergeschichten richtete, brauchte die Götter nicht zu belasten; *πολλὰ ψεύδονται ἀοιδοί*. Der Angriff auf den Glauben an ihre Menschengestalt schloß die Leugnung der göttlichen Personen nicht in sich. Ob seine monotheistische Lehre mit jener Polemik verbunden war, bleibt unsicher wie alles an seiner Dichtung. Selbst wenn das Apophthegma echt war, daß Totenklage um Ino und Opfer an Leukothea sich nicht vertrügen, ist er keiner Asebie schuldig. Nur Herakleitos wagt das Äußerste gegen Kultus und Götter, verhöhnt die rituelle Reinigung durch Schweineblut[2], die Anbetung der Götterbilder, die

[1] Für die Schiffer werden die *ναυτικαὶ ἀστρολογίαι* gedichtet, unter dem Namen des Thales oder Phokos, dann des Kleostratos; die hesiodische war vielleicht älter. Die beiden Bären erwähnt jetzt zuerst Kritias, Peir. 594. Aber sie haben in der Astrologie des sog. Thales gestanden, Kallimachos Fr. 9, 120 Pfeiffer.

[2] Fr. 5. Da ist der Satz, den die Theosophie allein erhalten hat, nicht wohl erträglich, *μαίνεσθαι δ' ἂν δοκοίη, εἴ τις αὐτὸν ἀνθρώπων ἐπιφράσαιτο οὕτω ποιέοντα*. Verrückt erscheint, wer sich mit Schmutz bestreicht. Wie kann aber *ἀνθρώπων* hinter *αὐτόν* stehen? Und kommt etwas darauf an,

Phallagogie. „Hades und Dionysos ist derselbe“[1], was ich nicht sicher zu deuten weiß, wie so viele seiner Sprüche, insbesondere über das Schicksal der Seele, von der er so oft redet, nach dem Tode. Aber wer versteht 98 *αἱ ψυχαὶ ὀσμῶνται καθ’ ἅιδην*, gehört 7 dazu, *εἰ πάντα τὰ ὄντα καπνὸς γένοιτο, ῥῖνες ἂν διαγνοῖεν*? Weiß jemand, was er meint, wenn er sagt, wer die Kultbilder anbete, wisse nicht, was Götter und Heroen sind? In Athen würde seine Kritik des Kultus als Asebie verfolgt sein, und vielleicht war er auch in Ephesos davor nicht sicher[2]. Den Beinamen der Dunkele verdient er insofern, daß er es macht, wie er es von dem delphischen Gotte sagt, *οὔτε λέγει οὔτε κρύπτει ἀλλὰ σημαίνει*, er gibt ein *σῆμα*, eine Weisung. Da müssen uns die vereinzelt überlieferten Sprüche dunkel bleiben und waren Entstellungen ausgesetzt. Ich bezweifele nicht, daß wir eine Folge von Gedanken finden würden, wenn wir das Ganze hätten[3], aber der Stil ist doch der gnomische, Herakleitos legt seine *γνώμη* in einzelnen *γνῶμαι* vor, vergleichbar also dem Phokylides, dem Theognis. Wie Anaximandros und noch Leukippos geschrie-

daß es ein Mensch sieht? *αὐτόν* und ανων sind Dittographie, *ἄνθρωπον* würde mißverständlich. *καὶ τοῖς ἀγάλμασι* [*δέ*] richtig Clemens und Origenes gegen die Theosophie. Übrigens hat der Aberglaube später die *πήλωσις* wirklich geübt, Plutarch superstit. 168d. Aristeides hat sie vollzogen.

[1] 15 *εἰ μὴ .... ὕμνεον ἆισμα αἰδοίοισιν ἀναιδέστατα εἴργασται* .. So überliefert. Wie kann man sich bei dem Nachsatze beruhigen, wie ihn Schleiermacher gegeben hat, *ἀναιδέστατα εἴργαστ’ ἄν*. Erstens steht das *ἂν* falsch, zweitens ist das Tempus falsch, Präteritum des Perfektstammes. Auch wenn man Plusquamperfectum sagt, ist es nicht besser. Drittens würde ihre Handlung nicht als *ἀναίδεια*, sondern als *ἀσέβεια* betrachtet werden, auch von den Tätern selbst. Ich habe früher, als ich noch nicht genug Griechisch verstand, den Nachsatz falsch behandelt, aber darin hatte ich recht, daß *ἆισμα αἰδοίοισιν ἀναιδέστατα* irgendwie zusammengehört. Der Witz beruht darauf, und *ἆισμα* fordert ein Adjektiv, vermutlich ist eine Lücke zwischen *ἀναιδές* und *τατα*. Ich versuche keine Ergänzung, weil *εἴργασται* unbedingt verschrieben ist.

[2] Es kann sehr wohl sein, daß er seine Schrift bei der Artemis als Weihgeschenk hinterlegte, Laert. IX 6. Der Tempel stand unabhängig von der Hellenenstadt unter fremder, wohl persischer Verwaltung. In den Handel wird das Buch erst allmählich durch Abschriften gekommen sein.

[3] Es ist sehr erfreulich durch das Gefühl für die sinnliche Kraft der alten Sprache, was Snell Herm. 61 über Herakleitos vorträgt, aber seine Lehre wird zu einfach.

ben haben, davon haben wir keine Ahnung, allein anders kann es nicht wohl gewesen sein, als daß sie Behauptungen aufstellten, etwa so anfingen wie Ion in den τριαγμοί, und daß die Begründung oft in einer Vergleichung bestand, ein εἰκός sich aus einer Ähnlichkeit ergab. Die Rhetorik, πειθοῦς δημιουργός, hat auch mit εἰκότα operiert. Wirklich bewiesen hat erst die Dialektik des Dialoges, vollkommen dann die πειθανάγκη der Mathematik das Beweisen gelehrt. Wir sondern die Schriften nach ihrem Inhalte, damit stellen wir manche in eine Gattung, die erst später erwachsen ist. Formell war noch gleichartig, was wir gar nicht zusammen denken, nicht nur Epen wie Odyssee, Erga, Φυσικά des Empedokles, sondern auch kosmologische, historische, medizinische Prosa, und was in das Publikum dringen sollte, war auf mündlichen Vortrag berechnet, forderte also künstlerische Gestaltung; die hat Herakleitos gewollt und erreicht, aber zum Vorlesen eignet sich die Gnomik nicht. Kein Wunder, daß die alten Schriften π. φύσεως nur in engsten Kreisen bekannt wurden und früh verkamen. Aber gerade Herakliteer hat es viele gegeben, die seine Lehren fortbildeten und verbreiteten[1]. Kratylos hat sie dem Platon übermittelt, den Parmenides konnte dieser erst in Italien kennenlernen. Leukippos ist in Athen überhaupt nicht beachtet worden.

In dem fernen Velia, einer kleinen Enklave im Barbarenlande, die auch einen barbarischen, verschieden wiedergegebenen Namen führte, hat Parmenides, außer Berührung mit dem fernen Ionien, aus dem sein Vater oder Großvater herübergekommen war, aber angeregt durch den Rhapsoden Xenophanes, den sein Wanderleben auch hierher gebracht hatte, in dem, was er seine Göttin als Wahrheit verkünden ließ, vor eine wahrscheinliche Erklärung des Naturlebens als Ergebnis tiefsten Denkens die Lehre des ewigen Seins aufgestellt, die zwar auch ein ewig Seiendes unter dem Scheine von Werden und Vergehen zeigte, aber durch diesen Gegensatz der Philosophie den Weg zum reinen Denken, zu Erkenntnistheorie und Logik weisen sollte. Ganz fruchtbar ist das erst durch die Verbindung mit dem ewigen Werden geworden, wie es sein Zeitgenosse Herakleitos allein gelten ließ. Sie haben wohl nichts voneinander gewußt, denn die Chronologie gestattet wirklich nicht, in den „Doppelköpfen“, welche Parmenides ver-

[1] Wieder ist Euripides der erste, der den ionischen Denker gelesen hat. Ariston (welcher, weiß ich nicht) hat daraus gemacht, daß ihn Euripides in Athen eingeführt hätte, Laert. IX 11.

höhnt, den Herakleitos zu finden, wie auch ich bisher immer geglaubt hatte[1]. Daß andererseits Herakleitos den Parmenides neben Xenophanes genannt haben würde, wenn er ihn gekannt hätte, ist sonnenklar. Die *διαδοχή* der philosophischen Gedanken führt uns immer in Versuchung, eine *διαδοχή* der Denker anzunehmen, aber die Menschen sind mehr als Glieder einer Kette, sie erzeugen auch mehr und anderes, als später in einer bestimmten Kette der Gedanken ein haltbares Glied wird. Hier sind zwei ganz voneinander unabhängige Denker, beide stehen ganz auf sich. Einen hypothetischen Pythagoras als Lehrer des Parmenides einzuschieben, ist nicht wohl glaublich, denn von der Seele, gar von ihrer Unsterblichkeit und Wanderung, weiß Parmenides nichts (der Empedokles der *Φυσικά* auch nichts), und das allein ist unzweifelhaft pythagoreisch.

In Athen ist man auf die Naturphilosophie wohl erst aufmerksam geworden, als Anaxagoras dorthin verzog und sein Buch veröffentlichte, das von den Göttern nichts gesagt haben wird, aber sie in der Erklärung der Naturvorgänge ausschaltete. Er war ein stiller Gelehrter, aber Perikles hat mit ihm verkehrt. Es befremdet, daß der erste Athener, der sich auf diese Studien einließ, Archelaos, unbeachtet geblieben ist. Er gehörte zu der vornehmen Gesellschaft, denn er hat Gedichte an Kimon gerichtet, was seine Lebenszeit bestimmt und die Übersiedelung des Anaxagoras, dessen Werk er voraussetzt, in die fünfziger Jahre schiebt. Sein Buch ist das älteste attische gewesen, wenn er nicht etwa ionisch schrieb. Dennoch ist eine Nachwirkung desselben nur bei den ionischen Ärzten zu verspüren. Bezeichnend, daß er auch die Ethik behandelt hat, was zu der falschen Behauptung geführt hat, daß Sokrates sein Schüler gewesen wäre, wovon die Sokratiker nichts wissen[2]. Epoche-

[1] Den Parmenides kennt Empedokles in den sechziger Jahren; nach Athen kam sein Buch nicht; ob Platon den dortigen Besuch nicht ganz erfunden hat? Jedenfalls wußte er, daß eine Unterhaltung mit Sokrates eigentlich unmöglich war. Herakleitos erwähnt den Hekataios, der den ionischen Aufstand als Mann erlebt hat; seine Lehre kennt Epicharm am Hofe Hierons, wenn die Komödie von ihm stammte, und an diesem Hofe ist die Kenntnis nicht undenkbar. Xenophanes ist noch ebendahin gekommen. Die Person des Parmenides hat keine Spur hinterlassen.

[2] Sophokles scheint ihn in einer Elegie erwähnt zu haben, denn den Makedonen wird man nicht leicht verstehen. Dann hat er die archaische

machend ist erst das Auftreten des Protagoras und sein naher Verkehr mit Perikles, der ihm die Redaktion der Gesetze für Thurioi übertrug, sich daneben aber auch des einflußreichen Exegeten Lampon bediente. Er ist also vor 445 in Athen aufgetreten, epochemachend nicht in erster Linie wegen der Behauptungen, die ihm eine ehrenvolle Stelle in der Geschichte der Philosophie sichern, wie der homo-mensura-Satz, auch nicht wegen der gar nicht umstürzlerischen Erklärung, daß er von der Existenz oder Nichtexistenz der Götter kein Wissen besäße (ob er diese Erkenntnisse schon damals gewonnen hatte, ist ganz ungewiß), sondern weil er als Lehrer der Jugend auftrat, der sie zur *ἀρετή* zu führen, also tüchtig im praktisch-politischen Leben zu machen versprach. Dabei handelte es sich auch um Kenntnisse und insofern um ionische Aufklärung, aber vor allem werden die Söhne der herrschenden Gesellschaft, oft auch die Väter, empfunden haben, daß die herkömmliche Erziehung der Knaben bei Grammatisten und Kitharisten, dann die gymnastische und militärische Schulung für den Mann nicht zureichte, der in der Demokratie eine Führerstellung zu Hause und gegenüber den Bündnern einnehmen sollte. Der Spartiat besaß Autorität, weil ihn ein unerbittlicher Drill durch Gehorchen zum Befehlen erzog. Das gab es in der Demokratie selbst für den Reiter nicht mehr, und sich selbst an den gymnischen Agonen mit den übrigen Hellenen zu messen kam ab. Theognis 433 hatte gewünscht, daß es eine Kunst gäbe, die durch Belehrung den *κακός* zum *ἀγαθός* machte; an eine Erziehung, die den Jüngling geradesweges zur *ἀρετή* führte, hatte man damals noch nicht denken können. Jetzt trat ein solcher *σοφιστής*[1] auf. Platon läßt ihn im Hause

Form seines Namens mit Bedacht festgehalten, die sich auch sonst findet, 2337ff. Kirchner, auch *Ἀρχέλας* 2347. In Milet ist sie schwerlich denkbar. Den Vatersnamen muß man *Μείδων* schreiben, wenn ihn Laertios mit *Μίδων* richtiger gibt als Epiphanios mit *Μίλτων*. Jenes ist in Athen nicht selten, dies nicht belegt, aber neben Miltiades gut möglich. Daß es bei Laertios heißt, er hätte zuerst die Physik aus Ionien nach Athen gebracht, trifft auf den ersten athenischen Philosophen zu. Durch wen sich das einzige Wort aus seinem Buche bei Plutarch, prim. frig., erhalten konnte, ist ein Rätsel. Die Ärzte, bei denen Fredrich, Hippokr. Unters. 133, Spuren von ihm gefunden hat, nennen ihn nie. Was Diels als auf seinen Namen gefälscht glaubt, wird eher den Dichter der *Ἰδιοφυῆ* meinen, der eine besondere Untersuchung verdient.

[1] Eurip. Hippol. 921 *δεινὸν σοφιστὴν εἶπας ὅστις εὖ φρονεῖν τοὺς μὴ φρονοῦντας δυνατός ἐστ' ἀναγκάσαι.*

des Kallias, wo er bei seinem späteren Aufenthalt in Athen wohnte, einen Vortrag halten, den wir auch als Antrittsrede betrachten können, denn er behandelt das Ziel seiner Unterweisung, die Erziehung zur ἀρετή und die Lehrbarkeit derselben. Alles ist durchaus unanstößig, ein Mythos bildet hesiodische Motive zugunsten der Götter um. Es war Platons Absicht, den Gegensatz des Weisheitslehrers zu der Methode herauszuarbeiten, mit der Sokrates seine jungen Freunde zur ἀρετή führte. Die Tugend sich für das Lehrgeld an den weisen Mann zu erkaufen, hielt dieser freilich für einen verderblichen Wahn; die mußte sich jeder durch Denken, durch Einsicht in die wahren Werte des Lebens in schwerem Ringen erwerben, aber lernen mußte er doch. In dem Gegensatze zu der alten Erziehung und zu dem pindarischen Glauben an die den Edlen eingeborene φυά war Sokrates mit dem Weisheitslehrer einverstanden. Dadurch ergab sich, wenn auch gegen die Absicht des Sokrates, doch wieder eine Oberschicht in dem Volke, das die politische Einsicht nach dem Glauben der Demokratie, dem Protagoras beipflichtet, im Gegensatze zu allem speziellen Wissen und Können von Natur besitzen soll. Dem entspricht die Zuhörerschaft im Hause des Kallias, unter der sich neben den Söhnen des Perikles Alkibiades und Kritias befinden. Protagoras hat zur Folie zwei aus der großen Schar von Vortragskünstlern, Weisheitslehrern, die in diesen Jahrzehnten herumzogen, Athen natürlich besonders heimsuchten. Ziemlich zugleich mit Protagoras kam um 445 auch Herodotos, um ebenso wie jener nach Thurioi zu gehen, und trug Stücke aus seiner ἱστορίη vor. Ärzte kamen, ernsthafte und Schwindler, und durch sie verbreiteten sich physiologische Tatsachen und Hypothesen. Man hörte, daß es mit allen Krankheiten natürlich zuginge, Götter wurden weder als Erreger noch als Vertreiber bemüht. Es kamen Parmenideer[1], Zenon an der Spitze, mit ihren eristischen Fragen, die zu begrifflichem Denken zwangen, bei nichtigen Klopffechtern wie Euthydemos zu läppischem Spiele ausarteten, das einem naiven Zuhörer doch den Kopf schwindeln machte. Herakliteer fehlten auch nicht. Protagoras mit seiner Behauptung, die „Wahrheit" zu verkünden, warf die Behauptung

[1] Erstorben war ein eigenes geistiges Leben in Ionien nicht. Leukippos wird in Milet gelebt haben, aber seine Person ist ganz verschollen. Es ist zu beherzigen, daß Melissos der Führer des samischen Aufstandes war und Chios den Mathematiker Hippokrates stellte. Chios und Samos waren freilich keine Untertanen, sondern Bundesgenossen Athens.

einer doppelten Wahrheit mit seinen *δισσοὶ λόγοι* auf und verstieg sich zu der Behauptung, daß der *νόμος* schließlich zu dem *νομιζόμενον* jedes Subjektes führe. Daneben fing er mit grammatischer Behandlung der Sprache an; auch ästhetische und stilistische Fragen wurden erörtert, und eine neue Kunstform, die bald der parallelismus membrorum, bald die Assonanz zu einer Art Poesie machte, bezauberte ganz Hellas, als der sizilische Ionier Gorgias mit seinen Vorträgen auftrat, in einer Sprache, deren Grundlage nun das Attische war. Er hat auch Naturphilosophie behandelt und eine ganz nihilistische Schrift verfaßt, die ihm schwerlich mehr als seine anderen *παίγνια* war. Die Redekunst bewies ja gerade darin ihre Macht, daß sie mit jedem Thema fertig ward, womit gesagt ist, daß ihr an dem Gegenstande nichts zu liegen brauchte, und eine Paradoxie zu vertreten war besonders beliebt[1]. Daß dann die Entstehung und die Berechtigung des Glaubens und des Dienstes der Götter auch zur Debatte gestellt ward, konnte nicht ausbleiben. Es ist das keineswegs erst durch die Sophisten geschehen. Wenn Hesiod eine Menge von göttlichen Personen aufgeführt hatte, deren Namen ganz durchsichtig waren, und die doch höchstens vereinzelt einen Kultus erfuhren, wenn Parmenides die Sonnentöchter, die Wahrheit, Polemos und Eris (Discordia, Cicero nat. deor. I 28) und viele solche Personen in seinem Gedichte einführte, wo sie gar nichts anderes als poetische Fiktionen sein konnten[2], wenn Empedokles darin noch weiter ging, in den Physika aber die Vergänglichkeit aller Götter vortrug und doch ihre Namen für die von ihm aufgebrachten Mächte verwandte, wie sollte das nicht dazu reizen, in allen Göttern ähnliche Personi-

[1] So wie Platon den Gorgias einführt, kann man ihn als radikalen Gottesleugner gar nicht denken. Platon hat also jene Rede richtig als *παίγνιον* genommen.

[2] Die berufene Stelle des Symposion 178b ist nicht so zu heilen, daß der hesiodische Vers getilgt wird, sondern seine prosaische Periphrase. Dann schließt sich Parmenides an, der Prosaiker folgt. Bei Parmenides aber ist mit K.F. Hermann *Γένεσις* als Person zu bezeichnen: wer anders sollte denn Subjekt zu *μητίσατο* sein? Diese *Γένεσις* hat die Götter hervorgebracht, das Werden, das es im wahren Sinne gar nicht gibt. Es ist die Voraussetzung für die Welt der *δόξα*, die für uns die reale ist, die der Dichter auch erklären kann, für uns zureichend; *δόκος δ' ἐπὶ πᾶσι τέτυκται*: das Wort des Xenophanes ist für den Nachfolger bestimmend gewesen, der sich der bedingten Geltung des Systemes bewußt ist, das er erst erbaut.

fikationen zu sehen. Hephaistos war doch schon bei Homer das Feuer und Ares der mörderische Kampf. Es hat eine recht alte Theologie gegeben, die sich leider weder zeitlich bestimmen noch inhaltlich recht fassen läßt[1], aber schon dem Aischylos die Gleichung des Apollon mit der Sonne, der Artemis mit dem Monde zugeführt hat. Die Versuche, die Götternamen zu deuten, reichten auch weit zurück und die Annahme, daß hinter anstößigen Mythen ein verborgener Sinn stecke, die *ὑπόνοια*, ist gerade von Verteidigern des geltenden Kultus aufgebracht. Euthyphron hat so etwas im Sinne, wenn er dem Sokrates das Anstößigste erklären will. Mit diesen Künsten der Umdeutung löste Metrodoros von Lampsakos die handelnden Personen der Ilias, Götter und Menschen, in Naturkräfte auf. Demokrits Deutung von *Τριτογένεια* (Fr. 1 b) ist gleicher Art und wird nicht die einzige bei ihm gewesen sein. Prodikos erklärte, was den Menschen nützlich wäre, hätten sie zu Göttern gemacht, das Brotkorn zu Demeter, den Wein zu Dionysos. Kritias setzt im Sisyphos breit auseinander, daß ein kluger Mann die Götter erfunden hätte, um die Menschen durch Furcht vor ihnen an ein zivilisiertes Zusammenleben zu gewöhnen. Gesprochen wird das wohl der schlaue Sisyphos haben, der dann die verdiente Strafe erhielt, wie bei Euripides der Gottesleugner Bellerophontes vom Blitze getroffen ward und der Dichter die Frevel seines Ixion, der sie verteidigt haben wird, mit der schließlichen Bestrafung entschuldigt haben soll. Seine Dramen geben überhaupt den vollsten Einblick in die ganze geistige Bewegung,

[1] Theagenes von Rhegion gilt als der erste, der die Götter in physische Mächte umgedeutet hat (Porphyrios zu *Y* 67), und zwar in einem Buche über Homer. Da wird er ein Rhapsode gewesen sein, denn von diesen verlangte man auch Erklärung, wie Ion dem Sokrates Rede stehen muß und das Urteil des Xenophon, Symp. 3, 6, bestätigt, *οὐδὲν ἔθνος ἠλιθιώτερον ῥαψωιδῶν*. Moralische Anstöße, wie sie Xenophanes erhoben hatte, werden eingewirkt haben, aber sie waren es nicht allein, theologische Ausdeutung der nicht mehr geglaubten Personen kam hinzu. So wird Athena zu *νοῦς* und *διάνοια* bei den *περὶ Ὅμηρον δεινοί* nach Platon, Kratylos 407b. Glaukon, der auch im Ion genannt wird, bleibt ein Name. Der Rhapsode Stesimbrotos hat auch ein Buch *π. τελετῶν* geschrieben, also über Weihungen; das einzige Zitat geht die fremden Daktylen an, die bei gewissen Werken zu Hilfe gerufen werden mochten; dazu passen auch die samothrakischen Götter, aber was er sonst über Göttergenealogien und Geschichten bringt, paßt schlecht unter diesen Titel, freilich auch nicht leicht zu den Homererklärungen.

da er geflissentlich den verschiedensten neuen Gedanken Aufnahme gibt und eine wunderbare Belesenheit besitzt. Er konnte Worte von Herakleitos und Xenophanes und Protagoras aufnehmen, die Entstehung der Welt aus den Elementen Erde und Himmel (Äther) und den ewigen Wechsel durch ihre Mischung und Trennung erklären, die Erziehung der Menschen zur Kultur einem fürsorgenden Gotte zuschreiben, die Sehergabe anerkennen und leugnen, den wilden Dionysosdienst und die kretischen Asketen so auf die Bühne bringen, daß Urteilslosen sein Widerwille nicht zum Bewußtsein kommt. Das *νόμιμον βαρβαρικόν* „*τὸν φύντα θρηνεῖν*" hat er aufgegriffen, hat auch einmal von der Möglichkeit eines seligen anderen Lebens geredet[1]. Wenn er die Götter im fünften Akte auf der Maschine zeigte, so gab er damit ihre mythische Existenz nicht weniger zu erkennen, als wenn er den Pythier, der den Orestes zum Muttermorde trieb, offen angriff oder Aphrodite von *ἄφρων* ableitete. In der Welt seiner Heroen handelten und litten die Menschen durch die Leidenschaften des eigenen Herzens getrieben, oft wider bessere Einsicht, und den Hafen des Friedens, die wahre *εὐδαιμονία*, erreichte keiner. Die Friedlosigkeit der eigenen Seele des Dichters vermochte nicht zu schaffen, wonach sie sich vergebens sehnte. Zahllose erbauliche Sprüche haben die folgenden Jahrhunderte aus seinen Werken ausgehoben und immer wiederholt; da standen aber auch solche Worte wie

*τὸ μηδὲν εἰς οὐδὲν ῥέπει* (vom Sterben).
*εἰ θεοί τι δρῶσιν αἰσχρόν, οὐκ εἰσιν θεοί.*
*τί δ' αἰσχρόν, ἢν μὴ τοῖσι χρωμένοις δοκῆι.*
*ἡ φύσις ἐβούλεθ' ἧι νόμων οὐδὲν μέλει.*

Damit ist das Kriterion aufgehoben, das für den echten Hellenen auch in sittlichen Fragen gegolten hatte, das *καλόν*, und damit

[1] Bedeutender als die bekannte Antithese, *τίς οἶδεν εἰ τὸ ζῆν μέν ἐστι κατθανεῖν, τὸ κατθανεῖν δὲ ζῆν*, ist Hipp. 192: „Was liebenswerter als das Leben ist, verhüllt Finsternis. Mit falscher Liebe hängen wir an dem, was auf Erden glänzt, weil wir von einem anderen Leben keine Erfahrung haben, nicht wissen, was unter der Erde ist: die Mythen führen uns nur an." Darin ist positiv nichts ausgesprochen, aber mit einer lockenden Möglichkeit wird gerechnet, und die Zukunftshoffnungen der Mythen werden abgewiesen. Ob da Gedanken wie *σῶμα σῆμα ψυχῆς* im Hintergrunde stehen, ob Heraklitisches, weiß ich nicht zu vermuten; dem Dichter ist alles *μῦθος*, sicher nur, daß wir im Gegensatze zu dem *δυσέρωτες τῶν ἀπόντων* in unserem Hangen am Leben *δυσέρωτες* sind.

fällt das letzte Band, das den Menschen, auch wenn jede Rücksicht auf etwas außer ihm, auf Götter und Menschen, geschwunden war, aus Rücksicht auf sich selbst von dem „Häßlichen“ zurückhalten konnte. Aidos und Nemesis schienen dann die Erde wirklich verlassen zu haben, wie es Hesiodos als Vorzeichen des Weltunterganges verkündigt hatte. Verdenken kann man es braven Bürgern, die noch fest an dem Alten hingen, nicht, wenn sie ein Grauen packte und sie das Einschreiten gegen die Jugendverderber forderten. Löste die Wahrheit des Sophisten Antiphon nicht alle Bande des Rechtes und der Sitte, wenn er die äußersten Konsequenzen aus dem Gegensatze von *φύσει* und *νόμωι δίκαιον* zog? Das Buch verrät einen Nachtreter, der die verschiedensten Anregungen ohne eigene Gedanken weitergibt[1]. Wunderbar, daß er unbehelligt blieb, wenn er nicht etwa auswanderte.

Gewiß war es für die Moral des ganzen Volkes verderblich, daß Grundsätze, die alle Moral negierten, in Wort und Schrift verbreitet wurden. Dennoch sind es nicht die Sophisten, welche für die erschreckende Verwilderung des sittlichen Gefühles in Wort und Tat die Verantwortung tragen. Euripides zeigte eine Welt ohne *αἰδώς* und *νέμεσις*, weil er sie sah. Die Kerkyräer, die im Bürgerkriege die Scheußlichkeiten verübten, welche dem Thukydides die berühmten Kapitel über das Sinken der Moral eingegeben haben,

[1] Xenophon führt ihn als den typischen Sophisten ein, der viel Geld macht und den Sokrates von oben herab behandelt. Er hat also zu der Zeit, da Xenophon mit Sokrates verkehrte, in Athen sein Handwerk betrieben. Gehören muß ihm die *Ἀλήθεια*, die in zwei Bücher geteilt werden mußte, was bei der Fülle des Stoffes und der Breite der Behandlung nicht wundernimmt, auch für die Zeit quantitativ eine Leistung ist, während die Qualität auch stilistisch niedrig ist. Das Buch *π. ὁμονοίας* steht unvergleichlich höher, nicht nur stilistisch, sondern in der Fülle von Gedanken. Es ist schwer, mit den antiken Kritikern in ihm denselben Sophisten zu finden. Der Name war in Athen sehr gewöhnlich, aber nur der Traumdeuter und der Tragiker haben ihn sicher getragen, wo dann die Gleichsetzung mit dem Sophisten fraglich, Homonymie wahrscheinlich ist. *π. ὁμονοίας* müßte anonym geworden sein, wie es für uns der Sophist des Jamblichos ist, und dann dem Sophisten Antiphon beigelegt. Der Verfasser der Tetralogien ist kein Athener gewesen; sie sind zu dem Redner Antiphon gestellt, weil sie *φονικά* behandeln. Daß immer noch ihre Echtheit Verteidiger findet, ist mir unbegreiflich, vgl. Glotz solidarité de la famille 506. Den *πολιτικός* halte ich auch jetzt für ein Werk des Redners.

werden schwerlich einen Sophisten gehört haben. Sie folgten dem Parteihasse bis zur Vernichtung der Mitbürger ohne jede menschliche Regung und verletzten die Scheu vor den Göttern ohne Bedenken. Gerade Bürgerkrieg hat immer wieder zu solchen Scheußlichkeiten geführt bis auf diesen Tag. Aber auch der Krieg zwischen Hellenen war im Grunde ein Bürgerkrieg und die Unmenschlichkeit war nicht geringer. Es macht die Roheit nur abstoßender, daß die Platäer in der Form eines Gerichtes abgeschlachtet werden. In der Verhandlung über die Mytilenäer, die sich ergeben hatten, fällt von beiden Rednern kein Wort über *αἰδώς* und *ἔλεος*, keiner fragt, ob die Abschlachtung ein *καλόν* sei. Den Dialog der Athener und Melier hat Thukydides erfunden, um die nackte Gewaltpolitik an den Pranger zu stellen. Wie anders war der Krieg gewesen, als die spartanische Zucht die Verfolgung verbot, sobald die feindliche Phalanx den Rücken gewandt, also Zeus *τροπαῖος* die Entscheidung gegeben hatte, als das Duell einer erlesenen Schar über den Besitz der Kynuria entschied. Jetzt verweigerten die Böoter sogar die Auslieferung der feindlichen Leichen. Die Götter hatten die Moral nicht geschaffen, aber sie hatten sie doch in Schutz genommen. Das galt nur so lange, als diese in der Sitte der Gesellschaft herrschend blieb, also in den Herzen der Menschen. Diese Gesellschaftsordnung mit ihrer Standesmoral bestand nicht mehr. Der Egoismus des Einzelnen, der Parteien und der Staaten fand in seinem Vorteil das einzige Ziel, und zu seiner Erreichung war jedes Mittel recht. All die schönen Sprüche von *μέτρον ὅρα*, von *σωφροσύνη* schienen leere Worte. In den Sprüchen des Theognis fanden sich neben solchen Mahnungen auch andere, in denen der Parteihaß unverhüllt zu Worte kam. In dieser Zeit ist das Bild des Tyrannen entstanden, der sich durch üble Künste und durch Gewalt zum Herrn macht und sich als solcher behauptet, allen seinen Lüsten nachgibt, sich mit Schmeichlern umgibt und anständige Menschen nicht aufkommen läßt. Vor jeder Volksversammlung Athens werden feierliche Flüche gegen die Tyrannis geschleudert. Dabei erscheint sie doch als *ἰσόθεος*; sich selbst in einer Lage zu denken, wo man alle Gelüste befriedigen kann, so etwas zu sein wie der Großkönig, *ὁ Περσῶν Ζεύς*, wie Gorgias sagte, das kitzelt die Phantasie auch der Strepsiades und Konsorten. Polos und Kallikles bekennen sich offen zu dieser Schätzung. Demokratie ist die Vorfrucht der Tyrannis, das hat Platon erkannt. Soweit es reichte, ist mancher tyrannische Wege gegangen. Alkibiades war eine Tyrannennatur in großem Stile, aber den Entschluß, die Herrschaft über sein Volk zu ergreifen, hat er nicht fertiggebracht; vielleicht hätte er es tun sollen. Kritias wagte den letzten Schritt, aber der Sophist war nur ein Doktrinär, zu jeder Ruchlosigkeit fähig, aber unfähig als Politiker. Hermokrates kennen wir nicht, können nicht entscheiden, ob er ein Mann vom Schlage des Themistokles oder des Dionysios war. Aus der Demokratie ging auch hier die Tyrannis hervor und rettete zum zweiten Male das Hellenentum. Perikles hatte es verstanden, die Tyrannis über Athen zu vermeiden, und durfte sich rühmen, daß keiner um seinetwillen Trauerkleider angelegt hätte, aber daß die Herrschaft über die Bündner „sozusagen eine Tyrannis“ wäre, läßt ihn Thukydides aussprechen (II 63); solange er regierte, hat sie die Brutalität vermieden, die mit Kleon einsetzt. Er hat für die Götter, ihre Häuser und ihre Feste mehr getan als je ein Papst oder König; allerdings mußten manche alten Heiligtümer dem Torbau weichen, der in die Burg führte, die nun ein heiliger Bezirk geworden war. Daß er daneben mit Anaxagoras und Protagoras nicht nur verkehrte, sondern sympathisierte, ist nicht zu bezweifeln. Thukydides, der in der Geschichte nur die materiellen und geistigen Kräfte der Menschen und Staaten handeln läßt und alles Mythische von sich weist, hat auch hierin den Anschluß an den großen Staatsmann bewahrt. Seinem Epitaphios wird der samische des Perikles darin entsprechen, daß von den Göttern kein Wort fällt[1]. Das ist keine Gott-

[1] Das Totenfest verbot die Nennung der Olympier (Menexenos 238b), aber viele Redner werden doch von dem Lohn gesprochen haben, den die Helden im Hades gefunden hätten, wie es Hypereides tut, der am Schlusse seinen Glauben an den Mythos, allerdings mit einem schalen *ὥσπερ ὑπολαμβάνομεν*, zu bekennen wagt. Das ganze Fest mit seinem Verzichte auf den Heroenkult, den Harmodios noch erfuhr, auch mit dem Ersatze eines poetischen Threnos und damit auch aller Musik durch die Ansprache eines Politikers, ist eine gewaltige Neuerung, gerade darum die schönste Offenbarung für die echte und schlichte Frömmigkeit jener Zeit. So war es noch, als Perikles sprach. Hypereides zeigt, daß man sich vergeblich in sie zurückschrauben wollte, wo es denn ohne unwahre Phrasen nicht abging. Daß der demosthenische Epitaphios für echt erklärt werden kann, ist ein Zeichen dafür, was dabei herauskommt, wenn man nur Worte liest, die Gedanken vergißt. Wir Modernen haben sehr lange das sog. Kürzengesetz nicht erkannt, und den Rhetoren ist es ebenso gegangen. Zur Zeit des Demosthenes kann das nicht so gewesen sein, denn er hatte es sich geschaffen, um durch seine Kunst zu wirken.

losigkeit; der Glaube an eine Naturerklärung, wie sie ihnen Anaxagoras gezeigt hatte, schloß, recht verstanden, die Verpflichtung in sich, daß der Mensch sich in den κόσμος ἀγήρως einordnete, und Euripides konnte in schönen Versen, deren Beziehung auf Anaxagoras naheliegt, sagen τοῖς δὲ τοιούτοις οὐδέποτ' αἰσχρῶν ἔργων μελέδημα προσίζει (Fr. 910). Mit dem Kultus der väterlichen Götter, der zu der Pflicht des guten Bürgers gehörte, vertrug sich diese Gesinnung durchaus; sie schloß auch die Existenz und ein Wirken der Götter nicht aus, beides freilich innerhalb der Naturgesetze des Kosmos. Dazu gehörte auch, daß das Menschenleben mit dem des Leibes ein Ende nahm.

Ein Angriff auf die gottlosen Sophisten ist von manchen schon darin gefunden worden, daß Aischylos sagt „manche behaupten, daß sich die Götter um die Menschen kümmern" (Agam. 369). Das ist irrig. Solche Leute hat es zu allen Zeiten gegeben, seit Autolykos mit Meineiden zu betrügen wußte. Schon bei Phokylides stand δίζησθαι βιοτήν, ἀρετὴν δ' ὅταν ᾖι βίος ἤδη. Die geschäftliche Moral der Griechen war zu allen Zeiten lax; wo es zu verdienen galt, nahmen sie es nicht genau. Platon hat in dem alten Kephalos ein treffendes Bild von einem Geldmanne gezeigt, der die ἀρετή als Wohlstand und geachtete Stellung erreicht hat und nun in seiner Art übt, was er δικαιοσύνη nennt, τὰ ὀφειλόμενα ἀποδοῦναι. Jetzt ist es ihm doch nicht sicher, ob das Gericht nach dem Tode Mythos ist, und er will die Götter durch eifriges Opfern versöhnen. δῶρα θεοὺς πείθει. Eine Reaktion gegen den Atheismus setzt erst viel später ein[1], und der Prozeß des Anaxagoras ἀσεβείας, weil er die Sonne einen glühenden μύδρος genannt hatte[2], war vielmehr gegen Perikles gerichtet; aller-

Dann mußte sie auch bemerkt werden, und wenn sie demosthenisch war, mußten Reden, die auf seinen Namen gestellt wurden, auch seinen Stil nachahmen. Also beweist die Beobachtung des Kürzengesetzes nur, daß die betreffenden Schriften in der nicht langen Zeit entstanden sind, die den demosthenischen Stil noch festhalten konnte und wollte.

[1] Aischylos hat sich der Anklage, die Mysterien profaniert zu haben, dadurch erwehrt, daß er nachwies, nicht geweiht zu sein. Das wird in der Volksversammlung geschehen sein, die gleich nach dem Feste gehalten ward und Beschwerden über dessen Verlauf entschied oder dem Rate überwies. So wird das Volk auch unter dem frischen Eindruck der Μιλήτου ἅλωσις des Phrynichos ihre weitere Verbreitung untersagt haben. Die Beschränkung der Komödie hat wohl politische Gründe gehabt. Dazu war ein Volksbeschluß notwendig.

[2] Euripides soll die Ketzerei im Phaethon 783 aufgenommen haben;

dings war ein Chresmologe Diopeithes an der Anklage beteiligt, der von der Leichtgläubigkeit des Publikums lebte. Die Komödie verhöhnt diese Sippe, aber Thukydides V 26 verzeichnet doch, daß sich die Prophezeiung eines siebenundzwanzigjährigen Krieges erfüllte.

Als der archidamische Krieg einen für Athen günstigen Abschluß fand, kamen Sophisten in Menge nach Athen, aber sie trafen bei dem Volke eine feindliche Stimmung. Die Pest, die Perikles selbst unter die *δαιμόνια* rechnet (Thukyd. II 64), hatte die Seelen stark erschüttert; so etwas wird nicht rasch verwunden. Nikias, der nun Parteiführer war, hing zäh an dem alten Glauben. Wir sehen, daß zwar die Propyläen nicht nach dem alten Plane fertig gebaut werden[1], aber das eleusinische Mysterienhaus wird, freilich auch nicht so, wie Iktinos gewollt hatte, vollendet und die Forderung der allgemeinen Kornabgabe von neuem erhoben. Neue Tempel werden errichtet, Delos, das schon ein paar Jahre früher gereinigt war, wird bedacht. Bestrebungen, fremde Götter einzuführen, finden lebhaften Widerspruch, in den Horen durch Aristophanes[2], die Kotytto greift Eupolis an. Es hilft aber nichts. Die Frauen feiern den Adonis, und aus Epidauros kommt Asklepios mit seiner Schlange, dem Sophokles das Kultlied macht, und dieser neue hellenische Gott sollte es zu allgemeiner Anerkennung bringen, und doch macht die Religion durch ihn einen Rückschritt zu Vorstellungen und Praktiken, die sie überwunden zu haben schien. Bald kommt es zu Verfolgungen *ἀσεβείας* von den zwei Ausländern, dem alten Diagoras, der für das ganze Reich vogelfrei erklärt wird, weil er die Mysterien profaniert haben sollte, und dem hochberühmten Protagoras, dessen gottloses Buch verbrannt werden soll. Schließlich führt der Hermokopidenprozeß und die Anschuldigung des Alkibiades und seines Kreises zu Todesurteilen

gerade in diesem Drama ist es kaum denkbar. Es wird ein Mißverständnis oder ein falscher Titel vorliegen.

[1] Ich würde es begrüßen, wenn sich nachweisen ließe, daß Rücksichten auf andere Götter, die hätten verdrängt werden müssen, bestimmend gewesen wären, wie es oft behauptet ist. Aber ich vermisse jeden Beweis. Wenn Lampon (Sylloge 83) die Errichtung neuer Altäre im Pelargikon verbietet, so wird sich das auf das Gebiet am Burgabhang zwischen Eleusinion und Theater beziehen, wo dann doch Asklepios eingezogen ist.

[2] In *ἀπιχθύς*, das als *μὴ ἐσθίων ἰχθῦς* vorkam, wird wohl ein Angriff auf syrische Götter stecken.

und Verbannungen. Politischer Haß der radikalen Demokraten gegen die adlige Jugend steckt dahinter, aber er findet Glauben, weil diese Jugend die Sophisten eifrig gehört hatte. Zu den Führern der oligarchischen Reaktion von 411 gehört der Rhamnusier Antiphon, dessen Reden die strenge altattische Religiosität zeigen, und unter den Probulen, die der Partei des Antiphon die Zügel des Staates überließen, war Sophokles; aber als diese Reaktion in der Luft liegt, ruft Aristophanes in den Thesmophoriazusen alle Götter in feierlichen Liedern auf und läßt die Flüche wider Tyrannis und Landesverrat auch vor der Weiberversammlung aussprechen. Zu Ketzergerichten lassen die furchtbaren Jahre der letzten Kraftanstrengung keine Zeit. Euripides erhält Jahr für Jahr einen Chor und läßt sich nicht beirren, weicht aber doch schließlich vor den Anfeindungen in das Ausland. Kritias predigt offen den Atheismus. Er wird Tyrann und versucht, die Jugendlehrer, selbst den Sokrates, mundtot zu machen. Auf seinen Sturz folgt die Amnestie. Aber 399 werden die beiden Prozesse des Andokides und des Sokrates verhandelt. In dem ersten hören wir in einer Anklagerede (Lysias 6) einen zelotischen Pfaffen übelster Art. Hier kamen die Kläger nicht durch; Sokrates ward verurteilt. Aber sein Tod und die durch ihn aufgerufene Schriftstellerei seiner Jünger scheint erreicht zu haben, daß es auf lange Zeit von ähnlichen Anklagen still wird; es wird auch auf der anderen Seite kein grob verletzender Ton angeschlagen sein. Aber der Gegensatz konnte niemals überbrückt werden, und wir werden noch später von dem lebhaften Aufflammen des Glaubens oder doch des Eintretens für die alten Götter zu berichten haben.

Das Aufkommen des neuen Gottes Asklepios fordert eine Behandlung gleicher Art, wie sie die althellenischen Götter erfahren haben. Das ist hier eine störende Unterbrechung, und ich meinte erst, ihn in eine Beilage abschieben zu sollen. Aber gerade weil er den Gang der Darstellung unterbricht, gehört er hierher. Es muß ganz stark empfunden werden, daß eben zu der Zeit, in der die Flut der Aufklärung am höchsten ist, ein neuer Gott sich durchsetzen kann, der nie zu den Olympiern in den Himmel gekommen ist, aber auf Erden mit den Menschen persönlich in Verbindung tritt, was die Olympier längst verlernt hatten; der Glaube an ihn hat schließlich im Kultus die übrigen überdauert, soweit er sie sich nicht unterordnete. Als die Ausgrabungen in Epidauros anfingen und die Gedichte des Isyllos bekannt wurden, glaubte ich den Gott zu verstehen und verständlich machen zu können. Jetzt sind sie ziemlich abgeschlossen; vieles haben wir zugelernt, aber die Folge ist, daß meine Behandlung mit einer Aporie schließen muß.

Erst im Jahre 420 ist Asklepios als Gott aus Epidauros in Athen eingezogen; seine heilige Schlange ist auf einem Wagen herangeholt; das Eleusinion bot ihm Unterkunft, bis ihm da, wo sich später sein Bezirk erstreckte, ein Wohnplatz und Altäre errichtet wurden. Ein Telemachos hat um seine Einholung das größte Verdienst. Zugleich kam auch Hygieia. So viel ist von der Chronik des Heiligtums noch lesbar[1]. Sie kam natürlich auch aus Epidauros, mehr als einen Altar wird sie in Athen nicht erhalten haben[2].

[1] Die Tempelchronik, Sylloge 88, zum Teil noch von Kutsch verbessert, ist durch die Bemühungen mehrerer Gelehrten doch noch nicht in allem befriedigend ergänzt. Gleich am Anfang erwartet man nicht *θεός* ohne Artikel. Wenn es dann heißt *θεὸς ... κατήγετο εἰς τὸ 'Ελευσίνιον καὶ οἴκοθεν μεταπεμψάμενος δράκοντα ἤγαγεν δεῦρε ἐφ' ἅρματος*, so erwartet man als Subjekt den Gott, für den *οἴκοθεν* allein paßt. Das muß auf den eigenen Einzug des Gottes bezogen werden; *ἤγαγεν* hinter *κατήγετο* ist deutlich plusquamperfektisch. Also ist es nicht gestattet, Telemachos zum Subjekt des Satzes zu machen, sondern *Τηλεμάχο* ist mit Recht als Genetiv gefaßt, und es war in einem Partizipium ausgesagt, was Telemachos bei der Einholung der Schlange tat. Da ist aber von elf Buchstaben nur der dritte, ein *α*, erhalten. Der Mann hat das Hauptverdienst um die Einführung des Gottes; IG. II[1] 1650 sagt er *ἱδρύσατο τὸ ἱερὸν καὶ τὸν βωμὸν πρῶτος*. Da kann er dem Gotte oder der Schlange nicht bloß entgegengegangen sein (*ἀπαντήσαντος*). In welcher Gestalt kam der Gott? Nicht als Schlange, wie einst in Sikyon; das glaubte man nicht mehr; an ein Symbol ist auch nicht zu denken. Sinnlich kam also nur die Schlange, ihr allein konnte Unterkunft gewährt werden, der Gott war unsichtbar gekommen, im Glauben. Die Überführung geschah praktisch nicht anders als in Sikyon, aber der Glaube ließ den vorher gekommenen Gott sich seine Schlange holen. Das besorgte Telemachos [*τὸ*] *ἅ*[*ρμα ἄγοντος*]. Da das Eleusinion an das unbebaute Gelände grenzte, auf dem der Gott Platz nahm, ist es begreiflich, daß Grenzstreitigkeiten eintraten und die Keryken einen Prozeß gewannen und *ἔνια* [*ἐπεκώλυ*]*σαν ποῆσαι*, wie Kutsch ergänzt hat.

[2] Die Gesundheit, die den Arzt überflüssig macht, ist in dem Skolion *ἄριστον ἀνδρὶ θνατῶι*. Nun war sie zwar zu einer Göttin gemacht, aber sie greift nicht in das Leben des Einzelnen ein. Sie ist wie Eirene ein Zustand, der für die Menschen beglückend ist, den sie oft entbehren, daher um ihn bitten. Das mag die Form einer Bitte an die Gesundheit

Ein sinnliches Kommen war es nicht. Später steht sie auf den Weihgeschenken, auch wohl in manchen Kultbildern neben dem Gotte, hat also seine anderen *πάρεδροι* überflügelt. Einige Jahrzehnte früher war Asklepios als Schlange nach Sikyon überführt worden (Pausanias II 10, 3); die Zeit ergibt sich daraus, daß Kalamis das Kultbild machte. Die Tiergestalt galt für den Glauben der Athener nicht mehr, aber sinnlich geschah sein Einzug doch durch die Überführung der Schlange.

Sophokles hat dem Gotte das Kultlied gedichtet und Altäre gestiftet. Er ist nach seinem Tode als Heros Dexion verehrt worden, weil er den Gott in seinem Hause aufgenommen hatte. So die Überlieferung[1]. Als der heilige Bezirk des Amynos westlich von der Burg ausgegraben ward und sich Orgeonenbeschlüsse fanden, welche den Kult des Dexion und des Asklepios erwähnen (IG. II² 1252. 53), entstand die Vermutung, daß Sophokles den Gott als Priester des Amynos in dessen Heiligtume bei seinem Einzuge beherbergt hätte. Aber das kostet einmal die Verwerfung der Überlieferung, daß der Empfang im Hause des Sophokles stattgefunden habe, und die gewaltsame Änderung von *῞Αλωνος* in *᾿Αμύνου*. Des Halon Priester ist Sophokles nach der Vita 11; den Namen verstehen wir nicht[2], er kann verschrieben sein, aber scheint sich nicht verbessern zu lassen. Daß der Gott und die Schlange, die im Eleusinion ihre Unterkunft fanden, wenige hundert Schritte vorher bei Amynos Station gemacht hätten, ist nicht wahrscheinlich. So muß es dabei bleiben, daß Sophokles die Epiphanie des Asklepios in seinem Hause erlebt hat. Weshalb die Orgeonen den Kult des Dexion übernahmen, bleibt unbekannt.

annehmen, aber es wird nicht verlangt, daß sie etwas tun soll. So der Hymnus des Ariphron, der in Athen unter die Kultlieder aufgenommen ist, wohl gleich für diesen Kult gedichtet.

[1] Et. M. *Δεξίων ... Σοφοκλῆς ... ὑπεδέξατο τὸν θεὸν ἐν τῆι αὐτοῦ οἰκίαι καὶ βωμὸν ἱδρύσατο.* Plutarch ne suaviter quidem etc. 1103b *τὸν ᾿Ασκληπιὸν Σοφοκλῆς ξενίζειν αὐτός τε πειθόμενος (ἔχαιρε) καὶ τῶν ἄλλων οὕτως ἐχόντων διὰ τὴν γενομένην ἐπιφάνειαν.* Numa 4 steht dieselbe Tradition als ein *λόγος πολλὰ μέχρι δεῦρο διασώιζων τεκμήρια.* Darunter denkt man sich am ehesten die Inschrift eines Altares. Anth. Pal. VI 145 steht die Erneuerung von Altären, die Sophokles zuerst *θεοῖς* geweiht hatte. Man denkt leicht an Asklepios und seine *πάρεδροι*, aber beweisbar ist es nicht.

[2] Einen Halon sich aus dem Namen zu konstruieren, einen „Salzmann" oder ein Hypokoristikon von Halirrhothios, dem Mädchenschänder, den Ares erschlug, ist nichtig.

Epidauros ist die Heimat des Gottes Asklepios; von da hat er und seine weibliche Familie sich verbreitet. Pausanias, II 26, 8, weiß es von Pergamon[1] und Kyrene, nennt auch einige Enkelkulte. Von Rom ist es allbekannt, und wenn der Gott dahin als Schlange kam, wird dies die geltende Form gewesen sein. Ob die Kulte von Erythrai, Dion und dem oberägyptischen Ptolemais, die dasselbe Kultlied hatten[2], direkt aus Epidauros stammen, ist fraglich, aber da sie die epidaurischen Göttinnen, sogar die Aigla, aufführen, stehen sie unter epidaurischem Einfluß. Dasselbe gilt von Kos, wie der vierte Iambus des Herodas zeigt. Die Aufdeckung des Heiligtumes in dem Zypressenhain hat den Beweis geliefert, daß Asklepios erst bei der Gründung der Stadt Kos sich vor den alten Apollon gedrängt hat, es ist also verständlich, daß es hier ebenso wie in Erythrai steht. Herodas nennt um Homers willen Trikka vor Epidauros, aber das kann einen älteren thessalischen Asklepios, der nach Kos gekommen wäre, nicht beweisen. Für Knidos gibt es kein Zeugnis eines alten Asklepios[3]. Älter als das athenische Asklepieion ist eine Anlage in Munichia[4], aus der eine Urkunde aus dem Anfange des vierten Jahrhunderts vorliegt, die

[1] Die Einführung geschah in der ersten Hälfte des vierten Jahrhunderts durch einen Archias, der der nun hellenisch gewordenen Stadt auch eine Verfassung gab. Orient. inscr. 264 mit Dittenbergers Erklärung.

[2] Die drei Fassungen jetzt am bequemsten bei Powell, Collectanea Alexandrina 136, wo unbegreiflicherweise von *origo et dialectus Thessalica* geredet wird. Das späte Exemplar aus dem athenischen Asklepieion führt vielleicht auf attischen Ursprung. Der Hymnus ist jünger als der des Sophokles.

[3] Die knidischen Ärzte beweisen den Gott hier sowenig wie in Kos. Eine Weihung an ihn, Inscr. Brit. Mus. 825, ist aus dem dritten Jahrhundert. Aber es ist einmal der Versuch gemacht, die italischen Ärzte auf Knidos zurückzuführen. Bei Suidas *Δημοκήδης* steht, daß der Vater dieses Krotoniaten in Knidos Priester des Asklepios gewesen wäre. Auf diesen durch Herodot III 131 überführten Schwindel hätte man wirklich nicht hereinfallen sollen.

[4] Mit Recht schließt man daraus, daß Plutos bei Aristophanes 656 vor der Inkubation im Meere gebadet wird, daß seine Heilung in diesem Asklepieion vor sich geht. Das Heiligtum ist staatlich, und der Priester setzt am Anfang des vierten Jahrhunderts viel für den Kultus durch, Sylloge 144. Es ist, wie natürlich, von dem städtischen Asklepios bald zurückgedrängt. Seit dessen Chronik bekannt ist, sollte nicht mehr gesagt werden, daß dieser Kult aus dem Hafen in die Stadt gekommen wäre.

von Ziehen, Leg. sacr. 18, ausführlich behandelt ist. Ausgestellt hat sie der Asklepiospriester, aufgezählt werden aber nur die Voropfer, die anderen Göttern dargebracht werden; das Hauptopfer kam natürlich dem Asklepios zu. Voropfer erhalten Maleatas, Apollon, Hermes, Iaso, Akeso, Panakeia, endlich *Κύνες* und *Κυνηγέται*. Abhängigkeit von Epidauros ist evident für Maleatas und die drei Töchter des Asklepios. Hermes ist befremdend, Hunde und Jäger erst recht. Im Hieron hat es zwar Hunde gegeben, die auch an den Heilungen teilnahmen, von *κυνηγέται* verlautet nichts. Wohl aber heißt der Berg, auf dem der Apollon Maleatas sein Heiligtum hat, *Κυνόρτιον* und der heilige Platz geradezu *κύων*[1]. Kynortes, Hundehetzer, ist heroischer Eigenname, hier wird kein Heros genannt, es mag nur der sein, der den *κύων* hetzt, also nur Einzahl gegenüber der Mehrzahl in Munichia, aber beim Hieron sind die Personen ganz verschwunden. *κύνες* und *κυνηγέται* nennt Platon im Phaon neben *θεοὶ πριαπώδεις*. Wie das zusammengeht, haben unsere Deutungsversuche nicht sicher herausgebracht, alt sind diese Hunde und Hetzer sicherlich, und das ist Maleatas selbständig neben Apollon erst recht. Wir sehen, scheint es, in eine Zeit zurück, da der Maleatas mit Hetzern und Hunden noch selbständig das Heilen besorgte. Hermes nimmt man dann gern hinzu; er kann Verkehr mit der Unterwelt vermitteln, aber auch der Gläubigen *ὄμματα θέλγειν*, die sich zum Schlafe niedergelegt haben, um im Traume vom Gotte besucht zu werden. Hinzu ziehe ich Verse aus den *Θηρία* des Krates bei Athen. 268, wo jemand eine Wasserleitung auf Säulen anzulegen verspricht *ὥσπερ διὰ τοῦ Παιωνίου ἐπὶ τῆς θαλάττης*, denn schwerlich ist das eine andere Anlage als die bei Munichia. Photius und Suidas *Παιώνιον, ἰατρεῖον, θεραπευτήριον*; an einen Gott Paion zu denken hat man also keine Veranlassung[2]. Das Heiligtum war also, ehe der Asklepios von Epidauros in die Stadt kam, als „Heilstätte" bezeichnet, und es muß unbestimmt bleiben, ob Asklepios damals bereits der Hauptgott war; er kann sehr wohl die älteren Inhaber zurückgedrängt und auf *προθύματα* beschränkt haben.

[1] IG. IV² 1, 109.

[2] Paieon ist nach Aristarch Arzt der Götter, was aus dem *E* erschlossen ist. Wo die Dichter ihn einführen, kann diese Stelle maßgebend sein. Kultus hat er nicht. Gleichsetzung mit Apollon ist sehr früh eingetreten. Der Dichter des *E* oder ein anderer Rhapsode hat den Götterarzt erfunden.

Nun sind wir vorbereitet, zu fragen, wie Asklepios zu dem Gotte geworden ist. Das ist er nicht gewesen, bevor er neben Apollon Maleatas, der immer die erste Stelle im Kultus einnahm, obwohl er nichts mehr tat, in Epidauros seine Wunder zu tun anfing. Das geschah, als das Hieron unterhalb von *Κύων* und *Κυνόρτιον* gegründet ward, nach Ausweis der Ausgrabungen nicht vor dem Ende des sechsten Jahrhunderts. Vorher ist er nur der Sohn des Apollon, dessen Vorwitz, Tote zu erwecken, Zeus durch den tödlichen Blitzschlag bestrafte. So hat die hesiodische Eöe erzählt; damit ist er tot und abgetan. So wissen es Pindar Pyth. 3, der die Eöe nacherzählt, Aischylos Ag. 1022 und Euripides Alk. 122[1]. Es ist also eine ganz späte Gründung durch epidaurische Priester, die den ungeheuren Erfolg gehabt hat. Hiernach müßte man in ihm einen der zahlreichen Heilheroen sehen, die später zu Söhnen von ihm gemacht worden sind oder durch ihn sehr bald in den Schatten gestellt[2] und schließlich ganz vergessen wurden. Nun kommt Asklepios schon in der Ilias vor, aber nur als Vater Machaons und als ein guter Arzt[3]. Machaon ist aus Trike (so mit kurzer erster Silbe), Δ 202, Trikka gibt der Schiffskatalog 729 den Asklepiossöhnen Podaleirios und Machaon zur Heimat. Nach Thessalien führt auch die Genealogie in der Eöe, und dorthin, wo Trikka noch heute als Trikkala liegt, ist auf Grund des Kataloges später das älteste Asklepieion verlegt. Isyllos weiß, daß dort vor dem Eintritt in das Adyton ein *πρόθυμα* für Maleatas gefordert war. Man glaubt die Stelle des Heiligtums zu kennen[4], aber bis es ausgegraben ist, hilft das nichts, und mehr als lokale Bedeutung hat dieser Asklepios nicht gehabt. Den Homererklärern ist es nicht gelungen, die Städte Ithome und Oichalia nachzuweisen, die der Schiffskatalog mit Trikka verbindet; es gab sie dagegen in Messenien (Trikka aber nicht), da war auch ein Grab und ein Kult des Machaon, von dem

[1] Populär ist die Eöe gewesen, denn sie machte ihn allein bekannt und reizte zu der Frage, wen er vom Tode erweckt hätte, wo dann die verschiedensten Antworten gegeben wurden, über die wir zufällig unterrichtet sind.

[2] Charakteristisch das Asklepieion von Argos, von dem Pausanias, II 23, 4, weiß, daß es ein Sphyros gegründet hätte, dem es offenbar ursprünglich gehörte.

[3] Über die Homerstellen Isyllos 45. 46. Ich halte aber meine Änderung von Δ 194 aufrecht, die Vulgata ist aus Λ 518 eingedrungen.

[4] Stählin Thessalien 119.

aus Trikka nichts verlautet, und den Asklepios wollte man auch haben; außer Messenien führt Pausanias mehrere arkadische Orte dafür an. Der Gott hatte hier eine Mutter Arsinoe oder Arsippe; Krates von Mallos kannte einen *Λευκιππιδῶν κατάλογος*, in dem sie vorkam. Es bietet sich die Erklärung, daß diese thessalischen Heroen wie so viele andere von der zweiten Schicht der Einwanderer in den Peloponnes mitgebracht und ihnen neue Sagen zugewachsen wären. Asklepios muß sich dann aber auch zu den stammfremden Arkadern verbreitet haben, was bereits einen dortigen Heilheros voraussetzt. Der Machaon[1] der Ilias kann ebenso als Thessaler in die Äolis mitgebracht sein; Kos braucht man dazu gar nicht heranzuziehen und wird es nicht mehr tun, seit Asklepios dort so jung geworden ist. Mit Podaleirios wird man rasch fertig; der ist ein Karer von Syrnos und hat in der Ilias noch gar keinen Platz[2]. Aber Hippokrates stammte von Asklepios ab, die Ärzte hießen Asklepiaden, aber als Ärzte; mit der Inkubation, die an den Heroengräbern geübt ward, hatten sie so wenig zu schaffen wie Machaon und Podaleirios in den homerischen Epen. Sollen wir anders über ihren Vater denken? Wenn der weise Kentaur Chiron anderen Heroen Heilmittel mitgegeben hatte, konnte er seine Wissenschaft auch den Asklepios gelehrt haben, wie das in der Eöe gestanden hat. Das ginge wohl, wenn er nicht einen schon durch die Oxytonese ganz seltsamen Namen führte. Da setzt nun Isyllos ein, der diesen Namen von Aigle ableitet, und der Asgelatas-Aigletes von Anaphe tritt hinzu, wie ich es im Isyllos dargelegt habe. Aigle muß einmal **Ασγλα* oder besser *Αἴσγλα* gewesen sein, und die Formen Aisklapios[3] usw. fügen sich dem. Aber dann ist er ein vorgriechischer Gott eher als ein Heros, und wie kann er in Trikka, im innersten Thessalien und auf der winzigen Insel hinter Thera auftreten, womöglich auch im inneren Arkadien, wo wir einen vorgriechischen Gott nicht erwarten. Auf Anaphe haben die The-

[1] Der Name ist wohl griechisch, hat im Lakonischen *Μαχάν ὡς Ἀλκμάν* gelautet, wie der Eigenname *Μαχανίδας* lehrt. Also steckt *μάχεσθαι* darin, was für einen Heilheros paßt wie *Ἀριστόμαχος* und *Πολεμοκράτης*. Sein messenischer Kult mußte ihn auch bei den Spartanern populär machen.

[2] *Λ* 834–36 sind selbst in der geringhaltigen Eurypylosepisode unerträglich; es genügt, was in meinem Isyllos steht.

[3] In Epidauros selbst begegnet *Αἰσκλαπιός* noch zweimal, 136 und 151, das zweite Mal mit Heta anlautend.

räer ihren Apollon in ihm gefunden; ob er Heilgott war, ahnen wir nicht. Das ist die für mich unlösbare Aporie, zu der die Verfolgung der Zeugnisse führt. Um so deutlicher wird, daß der Asklepios, der allein ein dauernd wichtiger Gott wird und bleibt, kurz vor 500 von den epidaurischen Priestern erfunden ist, anders kann man es nicht nennen, selbst wenn sie an den Erfolg der Inkubation, also an einen Gott, der sie erregte, geglaubt haben, denn den Asklepios haben sie herangeholt, die Genealogie, seine Geburt und Aussetzung in ihrem Hieron aufgebracht und dann weiter den Schwindel mit den *ἰάματα* getrieben, den andere Asklepieia nachgemacht haben. Auch die Inkubation müssen sie erst eingeführt haben, denn der Apollon Maleatas kann nicht wohl so wie später Asklepios seinen Gläubigen Heilung gebracht haben. Davon, daß er irgendwo auf Erden mit den Menschen in Verbindung getreten wäre, kenne ich keine Spur; in Delphi hat er die Inkubation gerade vertrieben. Heilgott ist er aber sehr oft, *παιάν*; das wird der Apollon Maleatas auch in Epidauros gewesen sein, aber das geschah dann, indem er die Gebete der Kranken erhörte; so hat man es in Sparta bei Augenkrankheiten von der Athana *ὀπτιλέτις* erwartet, und in Tenos war Poseidon *ἰατρός*, aber sie übten keine praktische ärztliche Tätigkeit. Apollon war gar nicht der erste Inhaber des epidaurischen Heiligtumes, sondern Maleatas; das beweist das Voropfer an ihn in Munichia[1] und seine Verehrung in dem lakonischen Prasiai[2] und an dem unbestimmten Orte, wo Damonon in *Μαλεάταια* gesiegt hat (IG. V 1, 213). In Sparta war der Maleatas auch zum Apollon geworden, Pausan. III 12, 8. Zu dem Maleatas, der auf dem *Κύων*, dem Abhange des Berges *Κυνόρτιον*, wohnt, müssen die Hunde und die Hetzer gehören, denen in Munichia geopfert wird. Maleatas kann nichts anderes sein als

[1] Isyllos sagt, das *πρόθυμα* in Trikka habe dem Apollon Maleatas gegolten, aber da er einen von Apollon gesonderten Maleatas nicht kennt, mußte er so reden, auch wenn Apollon in Trikka nicht genannt war.

[2] IG. V 1, 927. 929. Dem *Πυθαιεύς* gehört 928, aber der konnte gesondert von Maleatas verehrt werden. Auf 929a–c ist kein Verlaß. Die Schriftformen sind zum Teil ganz jung. 1519 ist die undeutliche Abbildung aus den *Πρακτικά* 1911 (nicht 1912) 264 genommen. Da steht hinter *Απολονος* nur ein halbes *M*. *ἠμ*[*ί*] wie Rhomaios angibt, kann ich nicht anerkennen, so erwünscht es wäre. Platz war nur für ganz wenige Buchstaben. Für den Maleatas ist kein Raum, Abkürzung auch unwahrscheinlich.

„der von Malea"; das ist im südlichen Peloponnes ein verbreiteter Ortsname[1], aber auf das Wesen eines von diesem abgeleiteten Gottes lassen sich keine Schlüsse ziehen. Die *κύνες* und *κυνηγέται* verstehen wir auch nicht. Vermuten kann man ja, daß dieselbe göttliche Macht als der Herr von Malea bezeichnet worden sei, die anderswo unter dem Namen Asgelatas verehrt ward, was auch Ortsname sein kann; *'Ασκληπιός* kann den Akzent auch erhalten haben, um von einem adjektivischen *ἀσκλήπιος* zu unterscheiden, wie *'Ακουμενός 'Αμφοτερός*. Aber das ist alles viel zu windig. Bescheiden müssen wir uns bei der Einsicht, daß die genaue Prüfung der Überlieferung uns lehrt, was wir wissen müßten, um Schlüsse zu ziehen. Um so entschiedener heißt es festhalten, was sich feststellen läßt. Das ist der Asklepios, wie er in Epidauros geworden ist und sich von dort verbreitet hat. Da ist die uralte Inkubation in großem Stile wiederaufgenommen. Einst hatte die Erde selbst die Träume emporgesandt; dagegen hatte der pythische Apollon sich gewendet. Dann hatten Heroen aus ihren Gräbern aufsteigend die Schlafenden beraten, Amphiaraos z. B.; es kann sehr wohl sein, daß Asklepios in Trikka es als Heros ebenso getan hat, der pythische Gott durch den Dichter der Eöe ihn zurückwies. Gegen Epidauros hat er nichts mehr getan, und der Apollon Maleatas, auch der von Kos und wohl auch von Mytilene, haben sich dem Asklepios sogar untergeordnet. So hat sich gerade in der Zeit, in welcher sich die Aufklärung mit gröbsten Angriffen gegen den Glauben an Götter wandte und daneben der Glaube an die väterlichen Götter sich hoch über die primitiven und auch die homerischen Vorstellungen erhoben hatte, dieser Rückfall in den allerprimitivsten, grobsinnlichen Verkehr mit göttlichen Personen, Schlangen und Hunden und in den albernsten Wunderglauben vollzogen. Wir müssen das geradezu als Komplement zu der atheistischen Aufklärung betrachten. So geht beides weiter, viele Jahrhunderte lang, und wenn die Asklepieia mit ihrer Inkubation verschwinden, bleibt die Inkubation, nun bei Kosmas und Damianos. Der Irrglaube bleibt und wird in einer oder der anderen Form bleiben, vor allen Dingen, wenn es sich um die Heilung von körperlichen Leiden handelt, nicht nur als Glaube an wundertätige Götter, sondern auch an Zaubermittel, Kurpfuscher, die Naturheilkunde oder auch Wissenschaft vortäuschen, und an den per-

[1] Vgl. die Beilage Malea; es war für eine Anmerkung zu viel zu sagen.

sönlichen Verkehr mit den Toten. Schwindel, wie er in den *'Ιάματα* an mehreren Orten sich mit belustigender Unverschämtheit offenbart, wird auch immer wieder seine Gläubigen finden. Auch in der Heilkunde ist das fünfte Jahrhundert entscheidend geworden. Nicht die Praktiken der weisen Frauen und Männer, viel mehr die Pädotriben, die auf den Ring- und Boxplätzen praktische Chirurgie zu üben bekamen, hatten vorgearbeitet. Nun wird die medizinische Wissenschaft durch Alkmaion und durch die Ärzte von Kos und Knidos begründet. Asklepiaden nennen sie sich, wie die Rhapsoden sich Homeriden nannten, und der Eid ihrer Gilde ist ein erhebendes Zeugnis für den Geist, in dem die Jünger des Asklepiaden Hippokrates sich ihr Handwerk zu üben gelobten. Aber mit den Wunderkuren des Asklepios haben diese Asklepiaden nichts gemein, auch wenn sie ihren heroischen Ahn verehren, der nun für einen Gott gilt. Den Hippokrates mögen unsere Ärzte als ihren *ἥρως κτιστής* verehren; eine Asklepiosbüste würde ich mir nicht ins Zimmer stellen, wenn ich Mediziner wäre, denn er ist der Gott von Epidauros. Freilich hat die attische Kunst sehr bald für ihn eine Bildung geschaffen, die von dem Sohne des Apollon, den der Blitz für seine Vermessenheit traf, nichts mehr an sich hat, sondern in dem Gotte neben der Würde auch das *ἤπιον* zeigt, das man in seinem Namen hörte: da kann er wohl das Idealbild eines Arztes sein.

In Athen hat schon die Ansiedelung des Asklepios unter der Burg ohne staatliche Genehmigung nicht stattfinden können; darin lag aber noch nicht seine Anerkennung als ein *θεὸς δημοτελής*; wann diese erfolgt ist, steht noch nicht fest. Der Komiker Apollophanes, der erst in die letzte Zeit der *ἀρχαία* gehört, rechnet Asklepios noch unter die *ξενικοὶ θεοί*[1]. Aristophanes verhöhnt im Plutos die Inkubation, allerdings bei dem Asklepios von Munichia[2]. Aber die

[1] Apollophanes zählte in den Kretern die *θεοὶ ξενικοί* auf, Hesych s. v. Daraus steht im Lex. Sabait. *'Αφρόδιτος* der Vers *'Ασκληπιός, Κύννειος, 'Αφρόδιτος, Τύχων*. Da befremdet der *Κύννειος*, denn wir kennen nur einen Apollon *Κύννειος*, der bei Aixone auf dem Hymettos zu Hause war und von einem Geschlechte der *Κυννίδαι* verehrt ward, Töpffer, Ath. Genealogie 301.

[2] In den Wespen 122 bringt Bdelykleon seinen Vater in ein Asklepieion nach Aigina; das unter der Burg bestand noch nicht. Da Aigina mit Epidauros nah verbunden war, ist Asklepios dort nicht wunderbar.

Gläubigkeit überwog. Der Tragiker Aristarchos hat bei dem Gotte Heilung gesucht und gefunden und soll zum Danke ein Drama Asklepios verfaßt haben[1]. Der schwindsüchtige Komiker Theopompos soll die Kraft, weiter zu dichten, von dem Gotte erhalten haben[2]. Am stärksten mußte das Auftreten des Sophokles wirken, und für uns ist es am wichtigsten, daß dieser fromme Mann für einen solchen Gott empfänglich sein konnte, so sehr, daß er dessen Erscheinung in seinem Hause erlebte. Das scheint zu dem Bilde schlecht zu stimmen, das wir uns von dem Dichter der Tragödien machen. In der Tat würden weder Aischylos noch Euripides dazu fähig gewesen sein. Es stimmt aber dazu, daß er allein die eleusinischen Weihen verherrlicht und offenbar selbst empfangen hat. Auch seine Freundschaft mit Herodotos paßt gut zu seiner Sinnesart. Der große Künstler, der liebenswürdige (*εὔκολος*) Mann, heiterem Lebensgenusse nicht abgeneigt, hat unter Perikles die höchsten Stellen im Staatsdienst eingenommen, als Stratege, wenn auch kein Feldherr, und als Vorsitzender der Hellenotamien in einem Jahre, das mehr als die gewöhnliche Arbeit brachte. Perikles muß ihn doch wohl höher eingeschätzt haben als Ion, der ihn weder *σοφός* noch *ῥεκτήριος* nannte. Nach seiner Strategie ist er allerdings zurückgetreten. Ohne Zweifel hat er an die Götter geglaubt, die er auf die Bühne brachte; er hat auch im Satyrspiele über sie gescherzt und die Heroen schließlich mit euripideischer Freiheit behandelt. Unbedingt ist sein Glaube an die Wahrheit und Macht der delphischen Sprüche. Die Allmacht des Zeus verherrlicht schon die Antigone, und der Untergang von Deianeira und Herakles ist sein Werk; dabei haben wir uns zu beruhigen, ohne zu fragen, warum der Gott seinem Sohne den qualvollen Tod auf-

422 war es athenisch, und Aristophanes zog das entferntere Heiligtum dem von Munichia vor, weil das die Anstrengung des Sohnes für den Vater steigerte. Mit Epidauros war Krieg.

[1] Aelian, Fr. 101 Hercher. Von dem Drama ist keine Spur.

[2] Aelian, Fr. 99. Der Bericht ist verwirrt. Aelian beschreibt das Weihgeschenk und behauptet, der Komiker nannte sich darauf Sohn des Teisamenos, das war aber der Titel einer seiner Komödien, sein Vater hieß nach Suidas anders. Hier hat Aelian seine Vorlage verdorben. In den Worten *δείκνυται καὶ νῦν ὑπὸ λίθωι Θεοπόμπου ..... εἴδωλον Παρίας λίθου* haben die Schreiber in der Vorlage des Suidas *ὑπὸ λίθωι* aus einem Epitheton zu *εἴδωλον* gemacht, das verdeutlichte, weshalb der Schwindsüchtige nur noch ein *εἴδωλον* oder *φάσμα* war – *ὑπόλεπτον* z. B. konnte stehen. Das Relief ist denkbar; aus parischem Marmor war es schwerlich.

erlegt[1]. So steht es um die Menschen und ihr Leben. *σκιᾶς ὄναρ ἄνθρωπος* hatte Pindar gesagt. Wir sind *εἴδωλα, ὅσοιπερ ζῶμεν, ἢ κούφη σκιά*, sagt Odysseus, als ihm die grausam höhnische Athena den durch sie in Wahnsinn gejagten Aias zeigt, Athena, in der Sophokles und das zuschauende Volk die geliebte Landesherrin und himmlische Beschützerin verehrt. Das muß man verstehen, verstehen, daß der Dichter sich des Widerspruches nicht bewußt wird, wenn er sie zuletzt zu unserer Beruhigung sagen läßt, daß die Götter die Bescheidenen (*σώφρονες*) lieben, die Schlechten (*κακοί*) hassen. War etwa Aias ein *κακός*[2]? Schuldlos ist Ödipus zum Vatermörder und Blutschänder geworden. Es lag dem Dichter so viel daran, das zu zeigen, daß er ihm wider das Herkommen die Schlußworte des Dramas gab, die eben das einschärfen, was die Athena des Aias sagt: *ἡμέρα κλίνει τε κἀνάγει πάλιν ἅπαντα τἀνθρώπεια.* Die Lehre ist dieselbe, welche Solon bei Herodot dem Kroisos gibt. Das *ἀνάγειν* sehen wir auf dem Kolonos, und auch da ist nichts von einer Sühne für irgendwelche Schuld, sondern die Götter richten nun den auf, den sie einst stürzten (394). Die verstockte Torheit wird nicht verstummen, die eine „tragische Schuld“ des Ödipus herausriecht und damit endet, seine letzte Rede auszuwerfen. Darin liegt nicht nur die Unfähigkeit, das Gedicht zu verstehen, sondern

[1] Wer sich gegenwärtig hält, was früher über Zeus und die Götter, die auch Unheil geben, gesagt ist, wird sich nicht wundern, wenn die Phaidra des Sophokles sich vor dem Chore damit entschuldigte, daß niemand den *αἴσχη*, Handlungen, deren er sich selbst schämt, entgehen kann, wenn Zeus ihm *κακά* zuführt; solche gottgesandte Krankheit müsse man eben tragen (Fr. 619).

[2] Man soll sich nicht dadurch stören lassen, daß Sophokles nachher 762–75 dem Aias Worte frevler Selbstüberhebung in den Mund legt, um Athenas Haß zu motivieren. Das ist nichts anderes als Pindars Versuch, die Götter, denen Tantalos das Fleisch des Pelops vorsetzte, durch eine eigene Erfindung von der *γαστριμαργία* zu entlasten. Der Zweck wird hier nicht besser erreicht, denn warum wartete die Göttin, bis Aias durch eine ungerechte Zurücksetzung gereizt war? In der epischen Vorlage hat vielleicht gestanden, daß Athena den Mordplan verhinderte, weil sie die Achäer immer beschützt, den Odysseus besonders. Moralische Bedenken bei ihrem Tun empfand der Epiker so wenig wie der Dichter des *X*. Bei Sophokles findet sich eine solche noch schwächlichere Erfindung in der Elektra 563, wo wir die echte Sage kennen, er aber den Zorn der Artemis durch eine Prahlerei des Agamemnon begründen will, der im Haine der Göttin ein Reh geschossen hatte.

auch die Überheblichkeit, von dem frommen Hellenen eine seinem Volke fremde religiöse Einstellung zu verlangen, und am Ende kommt die alte Dummheit des Glaubens an ein blindes Schicksal heraus, der den Hellenen untergeschoben wird und die Mißgeburten der Schicksalstragödie erzeugt hat. Den Ödipus hat Sophokles allerdings gedichtet, als ihm die Aufklärung, die Lehre von dem subjektiven *νόμος*, und der Zweifel an den delphischen Sprüchen das Herz schwer machte. Daher preist er die ewigen ungeschriebenen Gesetze, verlangt die Teilnahme an den panhellenischen Kulten, und bezeichnenderweise sieht der Patriot in der frivolen Gesinnung die Gefahr einer Tyrannis[1]. Es ist nicht zu verwundern, daß er sich der Reaktion von 411 gebeugt hat und am Ende seines Lebens, als der Zusammenbruch des Staates unvermeidlich schien, dem Spruche des Silens „nie geboren zu sein ist das Beste" zustimmte, gerade wo er zugleich die Erhöhung des Vatermörders Ödipus zum Heros vorführte. Mag der Verstand sagen, daß ein Menschenleben, das unter der Willkür der Götter steht, zu pessimistischer Verzweiflung führe, so beweist das Leben des Sophokles, daß er vielmehr die Mahnung zum Lebensgenusse beherzigt hat, die wir bei den Ioniern Archilochos und Semonides und bei dem Dareios des Aischylos gefunden haben. Wer wirkt und schafft, der bannt in sich die lähmenden Gedanken, und wenn die Götter willkürlich schalten, so wird er alles tun, sich ihrer Gnade zu versichern, und in dieser Hoffnung genießen, was die *δωτῆρες ἐάων* ihm „eine Weile gönnen und lassen". Es wird nicht lange nach dem großen Liede des Ödipus gewesen sein, daß Asklepios in Athen einzog und Sophokles sich den Wundern des neuen Gottes hingab. Wenn er die persönliche Erscheinung des Gottes erlebt hat, so werden wir das so auffassen, daß er zwar die Möglichkeit eines solchen Verkehres, wie ihn zahllose alte Geschichten erzählten, nie geleugnet, aber auch in seinem Leben nie gekannt hatte und gerade in widerstrebendem Zweifel die Erscheinung wahrnahm, die ihm nun Gewißheit ward. So war ja der neue Gott Dionysos bei Semachos und Ikarios eingekehrt und die Dioskuren in manches Haus zu den Theoxenien gekommen. Für Sophokles war es keine Erscheinung, die ihn zur Umkehr von seinem alten Glauben

[1] Wie anders hatte er in der Antigone gepriesen, was der *περιφραδὴς ἀνὴρ* alles erreicht hatte, wo man nicht an Protagoras, sondern an Prometheus denken soll. Aber an die Pflichten gegen das Vaterland und den Staat mahnt er auch dort zuletzt.

zwang, sondern eine Bestätigung seiner Hingabe an den Glauben der Väter. So hat es auch das Volk aufgefaßt, das ihn zum Dexion erhöhte. Er bewies noch einmal, daß echte Herzensfrömmigkeit und der geistige Tiefblick des Tragikers auf dem Boden des väterlichen Götterglaubens möglich war und die Mahnungen des Pythiers, das *γνῶθι σαυτόν* und *ἕπου θεῶι*, als Richtschnur des Lebens genügten. Er hat diese Gesinnung in seinem Volke noch selbst schwinden sehen, und wenn die Athener seinen Dramen zujubelten und die Nachwelt in ihm den in seiner Kunst weisesten Tragiker anerkennt, Lehrer des Volkes konnte er nicht werden: das fiel dem Aufklärer Euripides mit seinen Gnomen zu, der die Menschen so unheroisch zeigte, wie sie sind, auch mit all den Widersprüchen von Glauben, Zweifel, Unglauben und Wahnglauben, die ihre Herzen und ihr Handeln verwirrten.

Das letzte Wort des Sokrates ist die Mahnung an Kriton, dem Asklepios einen Hahn zu opfern, den er dem Gotte schuldig war. Was haben die Modernen nicht alles aufgeboten, um in diesem Worte tiefe symbolische Weisheit zu finden, statt sich die schlichte Wahrheit einzugestehen, daß Platon das Wort mitteilt, weil Sokrates es gesprochen hatte, und gern mitteilt, weil es von der *εὐσέβεια* oder doch *εὐλάβεια* des Verurteilten Zeugnis ablegt. Es ist auch uns wertvoll, denn Sokrates zeigt sich auch hier als guter Bürger, der den Göttern des Staates das Ihre gibt. Er wird freilich die ärztliche Hilfe des neuen Gottes nicht für sich in Anspruch genommen haben, aber er hatte eine Frau und kleine Kinder und hinderte Xanthippe oder auch Kriton nicht, wenn sie zu Asklepios gingen. Zu diesem Verhalten stimmt, was Xenophon in den ersten Kapiteln der Memorabilien angibt, um die Anklage auf Asebie zu widerlegen. Dagegen die Bekehrung des Atheisten Aristodemos, die sich I 4 anschließt, ist durchaus xenophontisch, nicht sokratisch, was sich gerade dadurch verrät, daß Sokrates *περὶ τοῦ δαιμονίου* geredet haben soll. Ohrenzeuge will Xenophon gewesen sein, kann aber höchstens die Ablehnung atheistischer Redensarten und die Mahnung, das *σέβεσθαι θεούς* nicht zu unterlassen, gehört haben. Der Nichtwisser konnte keinen physiko-teleologischen Beweis für das Dasein Gottes führen, und nur für Xenophon war mit einem solchen *θεός* das Dasein der Götter des Kultus gegeben. Sokrates ist bei Xenophon ein guter und kluger Mann, der seine Bekannten auf den guten Weg bringt, sie aber auch in praktischen Dingen berät, wie es Xenophon selbst erfahren hat, schließlich der Träger von Belehrungen, die Xenophon aus sich geben will. Was er war und auch für uns ist, hat allein Platon verstanden, und darin liegt der Wert der kleinen Jugenddialoge, nicht in den philosophischen Gedanken. Hier sehen wir den Erzieher und Erwecker am Werke, der sich der jungen Leute annimmt, um sie zu sittlichem Handeln zu bringen; nicht nur auf *προτρέπειν*, sondern auf *προάγειν εἰς ἀρετήν* kommt es ihm an, und wir fühlen, daß er durch sein Vorbild die positive Ergänzung zu dem scheinbar ergebnislosen Suchen nach dem Wesen von Tapferkeit, *σωφροσύνη*, Gerechtigkeit[1] gibt. Und ergebnislos ist auch das Suchen nicht, denn unerschüttert bleibt, daß es eine absolute Tapferkeit usw. gibt, ihre Idee, wie wir vorgreifend sagen dürfen. Die Erkenntnis liegt dahinter, daß die anerkannten Einzeltugenden in Wahrheit eine Einheit bilden, die *ἀρετή*, was ja der alten Anschauung entsprach. Sie war das, was den *ἀνὴρ ἀγαθός* machte, wozu der Knabe und Jüngling erzogen werden sollte, jetzt wie ehemals. Das Neue war, daß dies durch die Erziehung zum Denken geschah, wodurch das in der Seele unbewußt Vorhandene zu bewußtem Wissen werden sollte, dem dann das Handeln folgen würde. Der diese Kraft besaß, traute sie den Menschen zu, wenn sie sich nur des Guten bewußt würden. Dieser Glaube an die Kraft der menschlichen Einsicht und des menschlichen Willens ist von Sokrates der Philosophie vererbt, der Glaube an die Realität der Tugend, wofür wir wohl das ewige Sittengesetz sagen dürfen, ebenfalls. Und die Bekräftigung dieses Glaubens liegt in seiner Person, seinem Leben und Sterben. Die Hingabe seines Lebens an die Gewinnung der Jugend für die Tugend tritt entscheidend hinzu. So hat er von der Seite der Moral den Weg zu dem Göttlichen gefunden, also im Gegensatze zu der Erkenntnis des Göttlichen in der Natur, von der die Religion seines Volkes ausgegangen war. Dabei löste er sich doch von den alten Göttern nicht, aber sie standen seiner Religion des Verstandes und des Herzens fern; nur wenn ihn eine innere Stimme zurückhielt, fühlte er etwas dem Verstande Überlegenes, das er dämonisch nannte; dem gehorchte er. Solange die Menschheit besteht, wird Sokrates ein Erzieher zum recht denken und recht handeln bleiben, vorbildlich eben darum, weil er Mensch bleibt. Er ist für seine Nachfolger, man kann sagen, für sein Volk, auch dadurch, aber hier nicht nur

[1] Der Thrasymachos muß in dieser Reihe immer mitgerechnet werden.

zum Guten, maßgebend geworden, daß er die ganze ionische Naturwissenschaft beiseite ließ, obgleich Archelaos neben ihm wirkte und später für seinen Lehrer gehalten worden ist. Ihn interessierte nur der Mensch, genauer der Mann. Und der interessierte ihn nur als der einzelne, nicht als Glied der Gesellschaft. Denn er nahm den Staat hin, wie er die Götter hinnahm. Beiden war er durch die Geburt zu Gehorsam und Hingabe verpflichtet; danach handelt er, leidet er, wenn der Staat es verlangt[1]. Sowohl in der Anerkennung der *ἀρετή* als Ziel der Erziehung wie in dem Gehorsam gegen die Vaterstadt und ihre Götter ist er noch ein Hellene der alten guten Zeit.

Aber diese Zeit war nicht mehr. Der Glaube an die Götter war erschüttert und bestimmte das Handeln der Menschen so wenig wie die alten Ehrbegriffe, jene Gesetze, die nicht aufgeschrieben zu werden brauchten, weil sie durch den himmlischen Äther herrschen, wie Sophokles glaubte und sagte, dem der gläubige Dienst der Götter die Reinheit in Wort und Werk verlieh. Zerschlagen war nicht nur das Reich, auch die Demokratie Athens war in den Revolutionen zugrunde gegangen und nach einer wohlgemeinten Restauration doch nur zu einem Zerrbilde der alten geworden. So geht es im vierten Jahrhundert weiter, allgemein, und da Athen die geistige Hauptstadt, *Ἑλλάδος Ἑλλάς*, bleibt, wird es entscheidend sowohl in der Ziellosigkeit seiner inneren und äußeren Politik wie in dem Großen, was es auf geistigem Gebiete hervorbringt. Das siegreiche Sparta muß sich bald in den Schutz des Großkönigs stellen, um eine Vorherrschaft zu behaupten, die doch kläglich zusammenbricht. Athens Versuche, eine Hegemonie in neuen Formen zu gewinnen, scheitern bald. Der Aufschwung Thebens sinkt ebenso schnell zusammen, denn er ist das Werk des einen Mannes Epaminondas, dem pythagoreischer Glaube die sittliche Kraft verlieh. Die Räuberherrschaft, welche die phokischen Tyrannen mit den Schätzen des Pythiers unterhielten, war der letzte Akt: da war die einzige Rettung, daß von außen ein Herr

[1] Daß seine Erziehung sich auf das politische Gebiet erstreckte, darf man nicht glauben, denn wie Polykrates zu diesem Vorwurfe kam, ist durchsichtig; was Xenophon über *εἷς κοίρανος ἔστω* erzählt, ist kein Angriff auf die athenische Verfassung. Entscheidend ist, daß seine Schüler sich keineswegs auf den vornehmen Kreis beschränkten, in dem er bei Platon freilich allein auftritt. Da ist die Ergänzung des Bildes durch Antisthenes und Xenophon wichtig.

kam, der es den Hellenen verwehrte, einander zu zerfleischen. Wer in den Reden der demosthenischen Zeit mehr als Rhetorik hört, den muß ein Ekel vor der sittlichen Verwilderung fassen, die von einer solchen Demokratie erzeugt wird und immer wieder erzeugt werden muß. Was not tat, war eine neue Staatsordnung und eine neue Religion; beides gehört für die Hellenen zusammen. Aber das hellenische Volk hat beides nicht erreicht.

Empfunden ward das wohl gleich, als Hellas, das in dem dekeleischen Kriege aus allen Fugen geraten war, zur Besinnung kam. Da ist von ewiger Bedeutung, daß das Geschichtswerk des Thukydides erschien, wenn es auch auf die Politiker keinen Eindruck machte. Dieser politische Denker, der dem Perikles und der Demokratie, wie sie unter ihm war, die Treue wahrt, kennt nur die Triebe und Handlungen der Menschen; weder ein Gott noch Moira oder Tyche bestimmen die Geschichte. Das ist eine geistige Einstellung, mit dem Hellenentum, das wir bisher betrachtet haben, unvereinbar, aber nicht unvereinbar mit der Psychagogie des Sokrates. Wäre das Werk vollendet, würden wir wohl herauserkennen, was er von der Zukunft erwartete. Jetzt kann es niemand erraten. Sparta allein schien aus den Kämpfen unerschüttert hervorgegangen zu sein; das war nur Schein, wie gerade die Publizistik erkennen läßt, die sich nun mit seinen inneren Zuständen befaßte. Eine Reform unterblieb, und das ward verhängnisvoll, hat aber nicht verhindert, daß die strenge Zucht, mit der der Staat die Jugend erzog und die herrschende Kaste zugleich bändigte und in der Herrschaft über Untertanen und Hörige erhielt, selbst nach Leuktra für Platons Staatstheorie in vielem bestimmend blieb. Xenophon, der Parteigänger Spartas, hat das vom Staate bis in das Kleinste geregelte Leben der Spartiaten, was das eine Wort *ἀγωγή* zusammenfaßt, beschrieben; aber da war die Vorherrschaft Spartas schon gebrochen. In der Kyropädie verwertet er die Erfahrungen seines Zuges durch Asien, wo ihm die Herrschaft des Königs über ein weites Reich doch imponiert hatte. Man darf nicht sagen, daß er den Hellenen einen solchen König gewünscht hätte, und gegen die Schätzung der Tyrannis ist sein Hieron gerichtet. Der Offizier wußte, daß nur Subordination und Befehlsgewalt der Vorgesetzten im Heere etwas taugt, und war geneigt, ähnliches für den Staat zu verlangen; über Hellas hat er am Ende seines Lebens gemäß seinen Erfahrungen schwerlich hoffnungsvoll gedacht. Der Erfolg des Dionysios, der das Hellenentum Siziliens gerettet hatte, die Sympathie, die Euagoras gerade in Athen fand, die Übermacht des Großkönigs wird zwar manchem den Gedanken nahegelegt haben, daß die Monarchie ihre großen Vorzüge hätte. Demosthenes hat es auch nicht verkannt, aber für Hellas hat sie niemand im Ernst auch nur gewünscht.

Xenophon ist uns ganz besonders wichtig, weil der kreuzbrave Mann sich über metaphysische Dinge keine Gedanken gemacht, aber den Glauben an die alten Götter festgehalten und mit seinem moralischen Verhalten in vollem Einklang gefunden hat. Wie er einen ansehnlichen Teil der Beute, die er in Asien gemacht hat, den Göttern vorbehält und schließlich zu der Stiftung eines Heiligtumes der Artemis[1] verwendet, als er sein Landgut bei Skillus erhalten hat, das geschieht noch ganz in dem Sinne des frommen und wehrhaften fünften Jahrhunderts; es war aber wohl ebenso eine Ausnahme, wie daß Gryllos den Tod auf dem Felde der Ehre fand. Das war nicht mehr Mode in der athenischen Jugend, wie sich darin zeigt, daß die Rhetoren so viel Aufhebens von diesem Tode machten, den im alten Athen Tausende gestorben waren. Wenn ein Jüngling soldatische Neigungen hatte, ging er als Söldner ins Ausland; wenn ein Bürgerheer überhaupt aufgeboten ward, war es ein zuchtloser Haufe. Gryllos ist noch so gestorben wie nach dem Epigramm die Toten der Schlacht bei Poteidaia, *ψυχὴν ἀντίρροπα ϑεὶς ἠλλάξατο ἀρετήν*; so wird auch sein Vater noch gedacht haben, der in der ergreifenden Abschiedsrede des sterbenden Kyros bekannt hat, wie er über die Seele und die Möglichkeit ihres Fortlebens dachte. Er glaubt sogar an ihr Fortwirken, denn der Ermordete sendet *φόβοι* seinen Mördern, sogar *παλαμναῖοι* (VIII 7,18), also nicht nur Traumerscheinungen, wie sie die Mörderin Klytaimestra sieht, sondern geradezu Dämonen[2]. Wie die Seele im

[1] Es ist nicht die ephesische Artemis, bei der er das Geld zuerst deponiert hatte; nur für den Fall seines Todes sollte es ihr bleiben. Es ist die hellenische Göttin, die in den triphylischen Wäldern jagte. Die Jagd war es auch, die Xenophon hier trieb, und durch das edle Waidwerk erzog er seine Söhne zu tüchtigen Menschen und Kriegern, wie er das nachher in der *Κύρου παιδεία* vorschreibt. Er hatte freilich in der *'Εφεσία* nichts anderes als seine vertraute Göttin gesehen, obwohl ihr Priester ein Megabyzos, also ein Perser war, aber das Ritual würde doch verschieden gewesen sein, wenn der Tempel von Skillus Filiale des ephesischen gewesen wäre. Übrigens ist bemerkenswert, daß Megabyzos nach Olympia reist, also ziemlich hellenisiert ist.

[2] Pollux V 131 *δαίμονες οἱ μὲν λύοντες τὰς ἀρὰς ἀλεξίκακοι .... οἱ δὲ*

Schlafe am meisten göttlich ist und eine Vorahnung der Zukunft besitzt, so muß der νοῦς, wenn er vom Leibe gelöst ist, φρονιμώτατος sein, seine Denkkraft voll besitzen[1]. Trotz diesem Glauben rechnet Kyros auch mit der Möglichkeit, daß die Seele mit dem Körper vergeht: dann soll die Rücksicht auf die ewigen Götter die Menschen, zunächst seine Söhne[2], von dem Schlechten zurückhalten. Wo er sich die Seele nach der Lösung vom Leibe denkt, kommt später (VIII 7, 27) heraus: ἦν μετὰ τοῦ θείου γένωμαι. Damit ist der Glaube an die Unterwelt der Nekyia ganz aufgegeben, auch Totengericht und ewige Strafen. Soweit hat Xenophon der Aufklärung nachgegeben, wie er sie schon als Jüngling zu Hause gefunden hatte. Der Sokrates der platonischen Apologie spielt nur für die Richter und ihre Unbildung, um recht naivgläubig zu scheinen, mit einem Verkehre der Toten untereinander gemäß der Odyssee, sieht daneben den Tod als seligen, traumlosen Schlaf an, in dem nichts anderes als das Fehlen des Bewußtseins, praktisch das Nichtsein liegt. Der Nichtwisser konnte über das Rätsel des Todes nichts versichern, noch gar seine Jünger lehren.

Wenn uns Xenophon so die bald aussterbende Generation vertritt, die noch die Stimmung des fünften Jahrhunderts bewahrte, so ist Isokrates der rechte Vertreter des vierten und der Begründer der rhetorischen Jugenderziehung, die durch alle folgenden Jahrhunderte der von vielen, in der Römerzeit allgemein beschrittene Weg der Bildung im Gegensatze zur Philosophie blieb; er kann auch lehren, was Religion und Moral in dieser Erziehung bedeuten. Der große Künstler des Wortes geht uns hier nichts an, auch nicht der Gesetzgeber des Stiles, von dem die gesamte Kunstprosa abhängt, auch die römische, selbst wenn sie sich zu ihm in Gegen-

κυροῦντες ..... παλαμναῖοι. In diesem Sinne ist das Wort sonst nicht belegt, wird also bei Pollux aus dieser Stelle stammen.

[1] νοῦς ist hier ganz gleich ψυχή. Euripides Helene 1014 (früher von mir beanstandet, und die Interpunktion vor dem letzten Fuße bleibt auch anstößig) ὁ νοῦς τῶν κατθανόντων ζῇ μὲν οὔ, γνώμην δ' ἔχει ἀθάνατον εἰς ἀθάνατον αἰθέρ' ἐμπεσών. Auch hier ist νοῦς gesetzt, weil es sich um die γνώμη handelt. Die Seele führt, obwohl sie mit dem Äther, also mit dem Göttlichen, vereinigt ist, ein gesondertes Dasein. Dazu stimmt bei Xenophon das μετὰ τοῦ θείου γενέσθαι.

[2] Es handelt sich einmal um den Totenkult, der den Söhnen zufällt, zum anderen um das Bestehen der Familie, das durch ihre Zwietracht zerstört werden kann. Auch dies noch ganz altertümlich.

satz stellt. Auch der Publizist, der mehrfach sehr geschickt gespürt hat, wohin der Wind ging, geht uns nur insofern an, als sich an ihm zeigt, was die ganze Folgezeit bestätigt, daß die Rhetorik zum Politiker nicht erziehen konnte, dem sie weder theoretische Einsicht noch feste Gesinnung verlieh. Hatte er, der ein redlicher Patriot war, doch das Entgegengesetzte vertreten, so daß die Nachwelt seinen Schriften die schönsten Worte zur Empfehlung der verschiedensten Verfassungen entnehmen konnte. Ein redlicher Mann ist er auch gewesen, zur Schlechtigkeit hat er gewiß nicht erziehen wollen, aber was konnte bei seiner Lehre, die er *φιλοσοφία* nannte, herauskommen? Höre man Antidosis 217: „alle Menschen tun alles um Genusses oder Gewinnes oder äußerer Ehren willen!"[1] Das sagt er, wo er den Vorwurf abweist, seine Schüler verdorben zu haben; das habe er nicht getan, denn er konnte damit keines dieser Ziele des menschlichen Handelns erreichen wollen. Warum er redlich war, *εὐσέβεια περὶ τοὺς θεούς* und *δικαιοσύνη* übte, erklärt er am Anfang des Nikokles mit Seitenblicken auf Platons Gorgias, *ὅπως ἂν μετὰ πλείστων ἀγαθῶν τὸν βίον διάγωμεν*. Das ist seine *εὐδαιμονία*. Dabei hat er auch mit der alten Gnomik gewetteifert, die Rede an Nikokles ist voll von Moralsprüchen, und die unechte an Demonikos ist ganz in seinem Sinne und hat ungeheuren Erfolg gehabt, natürlich nur äußerlichen; auf die Seelen konnten die abgedroschenen Gemeinplätze nicht wirken. Die Götter, einzeln oder als *θεοί, θεός, τὸ θεῖον*, kommen kaum vor und sind für das Handeln ohne Bedeutung. Die Seele kennt er natürlich als Herrin des Leibes, aber über ihr Leben hat er nicht nachgedacht. Das Fortleben des Menschen nach dem Tode besteht in dem ehrenden Gedächtnis, nicht etwa in einer Unsterblichkeit, wie sie die Götter besitzen (An Nikokles 37[2], Philipp. 134). Das ist der alte ionische Glaube, und darin liegt die große Bedeutung des Isokrates, daß hier ein geistiger Führer der Nation uns vor Augen stellt, was der Glaube

[1] Es sind die von der alten Lyrik her unterschiedenen drei *βίοι, φιλήδονος, φιλοχρήματος, φιλότιμος* (Sappho und Simon. 188). Mindestens hätte Isokrates seinen *φιλόσοφος* den anderen entgegenstellen sollen. Aber er handelte eben wie alle anderen aus dem Streben nach Gewinn und Ehre; die *ἡδονή* hat nicht mitgespielt.

[2] *ἐπειδὴ θνητοῦ σώματος ἔτυχες, πειρῶ τῆς ψυχῆς ἀθάνατον τὴν μνήμην καταλιπεῖν*. Die Seele ist hier im Gegensatze zum Körper der wirkliche Mensch; aber fortlebt die Seele nur im Gedächtnis an den Menschen, wie er war und handelte.

der „Gebildeten" war, die von der philosophischen Bewegung unberührt blieben. Es konnte gar nicht anders sein, als daß das Jagen nach den drei irdischen Lebenszielen durch schöne moralische Sentenzen nicht in den Schranken der wahren Sittlichkeit gehalten ward, durch den Kult der mythisch gewordenen Götter erst recht nicht. Daher ist es verhängnisvoll geworden, daß Isokrates als rechter Schüler des Gorgias die Rhetorik als das wahre Bildungsmittel der Jugend aufstellte und damit den größten Erfolg hatte, in der lateinischen Schule bis zu völligem Siege, in der griechischen gleichzeitig mindestens bis zum Übergewicht über die Philosophie. Dabei hatte er selbst diesen Namen für den Inhalt seiner Lehre beansprucht, weil der Name Sophist etwas anrüchig geworden war[1].

Es gibt ein falsches Bild, wenn die Geschichte der Philosophie den Eindruck erweckt, als wäre die Sophistik mit dem Tode des Sokrates überwunden, weil nun die sokratischen Schulen führend wären. Es gibt immer noch wandernde Sophisten wie Bryson, die Scheidung zwischen Philosophen und Rhetoren ist noch nicht fest, an den Höfen des Dionysios und Euagoras, bei den thessalischen Magnaten sind sich die verschiedensten Literaten selbst oder durch Werbeschriften begegnet, und die Sokratiker konnte man von den Sophisten noch gar nicht scheiden. Aristippos hat lange ein Wanderleben geführt, und die Schule, die er endlich in seiner Heimat begründete, hat außerhalb erst eine Wirkung getan, als Theodoros *ὁ ἄθεος* und Hegesias *ὁ πεισιθάνατος* an den makedonischen Fürstenhöfen Anstoß erregten; bei beiden war von dem wenig zu spüren, was als kyrenäische Philosophie die engsten Fachkreise interessierte. Erst in der Diadochenzeit spüren wir etwas von der Schule des Phaidon von Elis, weil Menedemos auf sie zurückgeführt wird, der in seiner Heimat Euboia eine kurze Zeit als Schulleiter Erfolg hat und zugleich die Politik Eretrias bestimmt[2].

[1] Aischines I, 173 nennt den Sokrates *σοφιστής*, Alexander bei Plutarch 55 den Kallisthenes, beide mit dem uns geläufigen Nebentone.

[2] Das Porträt des Menedemos, das Studniczka unter den prachtvollen Gemälden von Boscoreale entdeckt zu haben glaubte (Jahrb. 38, 86), kann nicht richtig bestimmt sein. Wir kennen ihn genügend, um bei ihm eine gesellschaftlich korrekte Barttracht und Kleidung vorauszusetzen, aber wir besitzen auch seine genaue Beschreibung von der Hand des Antigonos von Karystos, Laertios II 132, *ἤδη καὶ πρεσβύτης ὑπάρχων*

Seine Lehre scheint wesentlich in Dialektik bestanden zu haben. Dasselbe gilt von den Megarikern; Eukleides setzt an Parmenides an und erzieht Eristiker[1]. Das führte wie bei den Sophisten zu einem baren Rationalismus, mochte auch die Person mancher Lehrer auf die Sittlichkeit fördernd wirken. Etwas, das Religion genannt werden könnte, haben diese Sokratiker alle nicht gegeben. Das hat Antisthenes allerdings angestrebt, der schon vor Platon in Athen zu lehren begann, Rhetorik ebensowohl wie Philosophie, und sich als Nachfolger des Sokrates betrachten durfte. Er scheute sich nicht, die Götter offen anzugreifen, nur einen Gott anzuerkennen und zu fordern, daß der Mensch durch *πόνος* sich die *ἀρετή* und damit die *εὐδαιμονία* erwerben sollte, wie Herakles, der die *ἡδονή* verachtet hatte. Das war gewiß eine Religion, auch jedermann zugänglich, da hierzu das theoretische Wissen nicht erfordert war, das seine Dialektik verfolgte. Aber bei Antisthenes blieb es Theorie, und die Schriften, in denen er diese vortrug, brachten es nur zu geringer Wirkung. Erst Diogenes setzt die Lehre in die Praxis des Lebenswandels, in die *ἀγωγή*, um; der Kynismus wird wirklich eine Art von Religion, passend für die Zeit, welche der Diogenes der Sage voraussah, als er verlangte, daß seine Leiche im Grabe auf den Bauch gelegt werden sollte, weil doch alles bald umgestürzt werden würde. Erst dann soll mehr von ihm gesagt werden. Westhellenen und Ionier machen diese Bewegung nicht mit. In Italien lebt das Pythagoreertum, seine Apostel werden zwar in Athen wegen ihrer Lebensführung von der Komödie verlacht, was doch beweist, daß sie etwas bedeuteten[2], aber anderwärts fassen sie Fuß; Lysis hat den Epaminondas gebildet. Es ist eine reli-

*οὐδὲν ἧττον ἀθλητοῦ στερεός τε καὶ ἐπικεκαυμένος τὸ εἶδος,, πίων τε καὶ τετριμμένος, τὸ δὲ μέγεθος σύμμετρος*. Ich glaube auch an Phila und Gonatas nicht. Sie hat ihren Sohn nicht als König gesehen, und dieser Dame traue ich den Entschluß zum Selbstmorde nicht zu.

[1] Eubulides kann noch dem Aristoteles lästig fallen. Bemerkenswert, daß ein Ionier, Diodoros von Iasos, unter diesen Megarikern erscheint. Wenn er und ein Apollonios den Spitznamen Kronos erhalten, so dürfte das kein Ehrentitel sein und viel mehr den *Κρονόληρος* als den *ἀγκυλομήτης* meinen. Stilpon hat als Person Eindruck gemacht, zumal durch sein omnia mecum porto nach der Plünderung von Megara. Aber dies und anderes stellt ihn nahe zu den Kynikern.

[2] Theokrit 14, 5 verspottet einen Pythagoristen in derselben Weise, läßt ihn aber einen Athener sein. Darin muß eine bestimmte Absicht liegen, die wir nicht verstehen.

giöse Gemeinde, die auch in der Diaspora den Zusammenhang nicht verliert, und neben den asketisch Armen, die in der Welt herumziehen, hat es in Italien nicht an Männern gefehlt, die wissenschaftlich arbeiteten, ohne Zweifel auch literarisch tätig waren[1]. Vor Platon hat kaum jemand von ihnen Notiz genommen.

Der Rückfall Asiens unter die persische Herrschaft hat die Verbindungen mit dem Mutterlande stark gelockert, auf wissenschaftlichem Gebiete beinahe abgerissen. Die ionische Naturwissenschaft findet in Athen kein Interesse mehr, geschweige Förderung, und sie erhält in Abdera gleichzeitig ihre Krönung. Demokrit muß schon ein berechtigtes Selbstgefühl gehabt haben, als er bei einem Besuche Athens bemerken mußte, daß er völlig unbekannt war. Es steht zu vermuten, daß er von der athenischen Philosophie keine Notiz genommen hat, obwohl er Sokrates lange überlebte. Seine Naturwissenschaft geht uns nichts an, aber er war über alle seine Vorgänger darin fortgeschritten, daß er auch die Ethik hinzunahm, und aus den Florilegien, wohl schon hellenistischer Zeit, sind uns wenigstens Sprüche erhalten, die deutlich zeigen, was wir an ihm verloren haben[2], wenn sie auch den Aufbau seiner Ethik nicht erkennen lassen. So viel sieht man doch, daß er auf dem Boden seines Materialismus eine Seelenlehre errichten konnte, die

[1] Ich kann mir nicht vorstellen, daß die Schriften, die den Namen des Pythagoras trugen, alle erst der hellenistischen Zeit angehörten, als die Schule, der Aristoxenos angehörte, erloschen war. Gerade der ionische Dialekt kam dem Samier zu; wir haben davon kaum etwas und können nicht entscheiden. Herakleitos konnte sein Urteil über Pythagoras unmöglich nur auf mündliche Mitteilungen stützen. Vielleicht gehört der dorische Dialekt erst zum Pythagoreer, weil Archytas ihn schrieb, oder hat es der falsche Philolaos bewirkt?

[2] Als der Attizismus zur Herrschaft kam, konnte er den Herodot von den Klassikern nicht ausschließen; der war aber der einzige Ionier. Im zweiten Jahrhundert, als es aufkam, wieder ionisch zu schreiben, ward Hekataios einzeln herangezogen. Daß Demokrit, dessen Werke Thrasyllos doch nicht bloß sozusagen bibliographisch behandelt haben wird, ganz vergessen werden konnte, muß die Abkehr von jedem Materialismus bewirkt haben. Das nimmt den Grammatikern nichts von der Schuld, einen Schriftsteller ersten Ranges übersehen zu haben. Die Schrift *π. εὐθυμίης*, aus der die Masse der Gnomen bei Stobaeus stammt, muß schon früh eine besondere Stellung eingenommen haben, da auf ihr der Ruf des lachenden Philosophen beruht. Seit wann, dazu müßte feststehen, wann die Abderiten zu Schildbürgern geworden sind.

in praktischer Anwendung auf das Leben die Vergleichung mit einer auf den Glauben an eine unsterbliche Seele gegründeten Lehre nicht zu scheuen hatte. *εὐδαιμονίη οὐκ ἐν βοσκήμασιν οἰκεῖ οὐδὲ ἐν χρυσῶι· ψυχὴ οἰκητήριον δαίμονος*; der Dämon ist das Glück, und das wohnt in der Seele (171 vgl. 174). „Die Götter geben den Menschen alles, was gut ist, jetzt wie früher (*δωτῆρες ἑάων*), aber was schlecht und schädlich und unzuträglich ist, das geben sie den Menschen nicht, jetzt wie früher, sondern diese geraten durch die Blindheit ihres Verstandes und ihre Unbesinnlichkeit von selbst hinein" (175). Da sehen wir auch, daß er sich des gewöhnlichen Ausdruckes bedient und die Götter statt der Natur nennt. Er wird den Menschen diesen Glauben nicht wehren, wenn sie sich nur zu richtigem Lebenswandel entschließen. Denn die persönliche *εὐδαιμονία* oder *εὐεστώ* liegt in der *εὐθυμία*, der *tranquillitas animi*, wie Seneca übersetzt: diesen Begriff hat Demokrit geprägt und der späteren Ethik hinterlassen. Kein Zweifel, daß er eine Religion besessen und verkündet hat, auf deren Grunde der Mensch zu sittlichem Handeln und dadurch zu dem beglückenden Seelenfrieden gelangen konnte, ohne mit Furcht oder Hoffnung auf ein anderes Leben hinzublicken. Von dieser religiösen Einstellung ist bei den Nachfolgern, die sich an die Prinzipien seiner Naturerklärung hielten, gerade auch bei Anaxarchos, der sich *εὐδαιμονικός* nennen ließ, nichts zu bemerken. Der Abderite konnte persönlich nicht ins Weite wirken und, wie er selbst den *θεωρητικὸς βίος* des Anaxagoras fortsetzte, nur an den Einzelnen und sein Glück denken, obgleich er die Bedeutung des *πολιτεύεσθαι* nicht verkannte und zum Erlernen der *πολιτικὴ τέχνη* aufforderte (157).

Vielleicht befremdet diese Häufung von Namen, über die nur Bekanntes zusammengestellt wird. Sie haben ja fast alle für die Religion nichts zu bedeuten. Gerade das sollte deutlich werden, daß die Bewegung, die wir im fünften Jahrhundert sophistisch nennen, dieselbe bleibt, auch wenn wir nun von Philosophie reden. Nur das hat sich geändert, daß es sich bei den Sokratikern nicht mehr um Naturerkenntnis handelt, sondern um den Menschen, sein Wissen und sein Handeln. Darüber wollen alle diese Schulen belehren, aber nur ihre Schüler; an eine Reform des Staates und der Gesellschaft denkt höchstens der Kyniker, indem er beides negiert.

Platon ist der einzige, der begriffen hat, daß es galt, den Menschen sowohl eine neue Religion wie eine neue Gesellschaftsordnung zu geben, und daß sich beides nicht trennen läßt. Es war ja immer so gewesen, daß die staatliche Gemeinschaft sich in dem gemeinschaftlichen Kulte ihrer Götter aussprach. Das ist und bleibt der natürliche Zustand. Es genügte nicht, daß eine kleine Anzahl von Menschen einen neuen Glauben erhielten, um dann in der Masse zu verschwinden, so daß das Chaos der Ungerechtigkeit bliebe, sondern die Gesellschaft mußte gemäß diesem Glauben neu geordnet werden. Zu dieser Erkenntnis war Platon durch die Erfahrungen gelangt, die er an der oligarchischen Tyrannis und der demokratischen Restauration gemacht hatte; der Tod des Sokrates gehörte dazu, aber es war nicht mehr der Sokrates, dessen Lehre und Lehrweise er bisher dargestellt hatte, als er ihn sich im Gorgias als den einzigen Politiker bezeichnen ließ, sondern Platon sprach durch ihn aus, was er zwar noch nicht war, aber was er werden wollte. Zum Politiker war der Neffe des Kritias durch seine Geburt bestimmt; das hat er, wenn auch in neuem Sinne, zeitlebens festgehalten; wer ihn bloß als Philosophen nimmt, wird ihm niemals gerecht werden. Im Gorgias vermag er bereits im Wortkampfe die neue sokratische Sittlichkeit gegenüber dem Übermenschentum zum Siege zu führen; das dankte er seinem Lehrer, der es leidend durch die Tat bewiesen hatte. Und er greift bereits zur Poesie, zum Mythos, um zu ergänzen, was sich nicht beweisen läßt. Den volkstümlichen Mythos des Totengerichtes übernimmt er; nur daß die Seelen nackt gerichtet werden, ist ein geistreicher neuer Zug. Über die Seele hat er selbst noch nicht tiefer nachgedacht, sondern folgt den epischen Unterweltsbildern, in denen die Seelen keine Schatten, sondern die im Jenseits fortlebenden Menschen sind. Er ist sich bewußt, noch lernen zu müssen, wenn er das Werk des Politikers angreifen will. Daher geht er auf Reisen. Als er heimkehrt, hat er bei den Pythagoreern die Bildung einer auf gemeinsamem Glauben begründeten Gemeinde kennengelernt, die einst auch politische Erfolge gehabt hatte. Dem entsprechend gründet er seine Schule, die sich durch zusammen Leben und in sokratischer Weise zusammen Forschen über die Schulen des Antisthenes und des Isokrates erhebt. Sie hat nicht unmittelbar die Aufgabe, Politiker zu bilden, aber wird ihre gereiften Mitglieder zu politischer Führung befähigen; an der Unternehmung Dions hat sie tätigen Anteil genommen, aber mußte lernen, daß die Philosophie keine Tatmenschen heranbildet.

Als Platon den Staat schrieb, nährte er noch die Illusion, daß seine Gedanken praktisch verwirklicht werden könnten (Staat 499d), wenn auch manche Konzessionen nötig sein würden. Als das sich zu Hause sofort als unmöglich herausstellte, hoffte er zuversichtlich auf Dion. Die Enttäuschung hat er niemals ganz verwunden, aber bis zum Tode ist die Arbeit an den Gesetzen sein Hauptgeschäft geblieben wie für Goethe der Faust; als sein Vermächtnis erschienen sie ebenfalls gleich nach seinem Tode. Er hat sich nicht dabei beschieden, eine Kirche oder Sekte zu gründen, die innerhalb der Staaten ihr Leben führte. Ein selbständiger Staat sollte es bleiben, nun von Auswanderern in einem freien Winkel gegründet, also doch nur ein winziger Kleinstaat, wie es deren so viele gab, dem die Autarkie zuzuschreiben eine nur durch die Verhältnisse seiner Zeit entschuldbare Selbsttäuschung war. An die übrige Welt hat er nicht gedacht und konnte er nicht denken. Konzessionen hat er nun mehr gemacht, als er einst für nötig gehalten haben mag. Aber die Grundzüge sind geblieben, so daß wir beide Werke zusammennehmen können. Was er nach dem Staate als Philosoph und als Leiter und Lenker der Schule und ihrer Arbeit[1] geleistet hat, geht uns hier kaum etwas an.

Von der Gerechtigkeit geht der Staat aus, also dem Verhältnis der Menschen zu einander. Es ist für Platon von entscheidender Bedeutung, daß der Staat ein Lebewesen ist und seine Stände den Teilen der Menschenseele entsprechen, die er nun unterscheidet. Auch von dieser Analogie können wir absehen. Sie hat Platon ge-

[1] Es sind sehr schöne Seiten, auf denen Jäger (Aristoteles 13ff.) den Lehrer Platon charakterisiert; er hat recht, den Organisator der wissenschaftlichen Arbeit auf das Feld der Mathematik in weitem Sinne zu beschränken. Aber der Organisator wissenschaftlicher Arbeit bleibt. Philodem in der Akademiegeschichte (S. 15 Mekler) sagt, der Aufschwung der mathematischen Studien erfolgte *ἀρχιτεκτονοῦντος καὶ τὰ προβλήματα διδόντος τοῦ Πλάτωνος* (was ihm die Ergänzungen auf S. 17 zuweisen, bleibt unsicher). Das war neu und mußte vorbildlich auf andere Gebiete wirken. In einem Kreise, dem neben Theaitetos und Eudoxos auch Aristoteles und Herakleides angehörten, gingen die Interessen über das Gebiet, auf dem der Meister Aufgaben stellte, weit hinaus, da lag es nahe, daß die Methode der Arbeit auf andere Gebiete erstreckt ward. Aristoteles hat dann solche Probleme gestellt; die sind neu, und wenn sie in echt wissenschaftlichem Geiste angegriffen wurden, mußten auch neue Methoden gesucht werden. Aber das geschah dann in dem richtig verstandenen platonischen Geiste.

sucht, weil er die freie Bürgerschaft seines Staates ständisch gliederte. Die konsequente Demokratie, in der er lebte, ignorierte es, daß sich längst eine Oberschicht der Bildung von der Masse abgesondert hatte; Platon wollte es nicht bei dem belassen, was alle spätere Philosophie ertragen hat, daß die Männer, welche sie erzog, nachher zusehen mochten, wie sie sich in den bestehenden Staaten zurechtfänden. Er sah das einzige Heil des Staates darin, daß die Philosophen Könige würden, d.h. diejenigen regierten, welche Gerechtigkeit und Sachverständnis in sich vereinigten, die Elite eines Staates, die durch die Teilnahme an einer bestimmten Erziehung und Lebensführung von der Masse abgesondert werden sollte. Das war eine Analogie, aber doch etwas ganz anderes als die Herrschaft der durch ihre *ἀγωγή* abgesonderten Spartiaten, der Wehrstand, neben dem außer den Heloten die freien, aber von allen staatlichen Rechten entblößten Perioken im ganzen mit ihrer Lage durchaus zufrieden standen. Platon schrieb, als Spartas Macht unerschüttert stand und der Spartiat wirklich wie ein Mann höherer Art auftrat und weithin angesehen ward. Platons höherer Stand trug auch die Verpflichtung der Vaterlandsverteidigung, denn er mußte sich ganz dem Dienste der Allgemeinheit widmen, selbst auf Eigenbesitz und Ehe verzichten. Sie sollten nicht eine genießende Aristokratie sein, sondern ebenso wie die anderen Stände das Ihre für das Ganze tun. Denn in dem Egoismus hat Platon einen Grundfehler erkannt[1], dem auch die nicht entgehen, welche genug zu tun meinen, wenn sie für die eigene *εὐδαιμονία*, ihr persönliches Seelenheil, sorgen. Der Vorwurf trifft viele der späteren Philosophien und trotz dem Evangelium Jesu manchen Heiligen der Kirche. Aus dem Stande der Wächter-Philosophen gehen schließlich die obersten Leiter des Staates hervor, die zu den ewigen Wahrheiten durchgedrungen sind, aber alle, die sie in dauerndem *φιλοσοφεῖν* suchen, werden es erreichen, sich glücklich und gottwohlgefällig zu fühlen, und in ihrer Sphäre können es auch die niederen Stände tun, denn für sie zu sorgen ist Pflicht der Wächter[2].

[1] Gesetze 731 e *λέγουσιν ὡς φίλος αὑτῶι πᾶς ἄνθρωπος φύσει τ' ἐστὶν καὶ ὀρθῶς ἔχει τὸ δεῖν εἶναι τοιοῦτον, τὸ δὲ ἀληθείαι γε πάντων ἁμαρτημάτων διὰ τὴν σφόδρα ἑαυτοῦ φιλίαν αἴτιον ἑκάστωι γίγνεται ἑκάστοτε.* Staat 500 d verlangt sich nicht nur selbst zu bilden, sondern ein *δημιουργὸς τῆς δημοτικῆς ἀρετῆς* zu werden.

[2] Es ist etwas Großes, daß Platon die Zurücksetzung des weiblichen

Die Philosophie führt zu der Erkenntnis der wahren Gottheit, die keinen Kult erfahren kann. Aber der Dienst der hellenischen Götter bleibt daneben bestehen und ist für alle verbindlich. In ihm spricht sich ja für den Hellenen das Gemeinschaftsgefühl der Staatsbürger aus, so daß ein Staat ohne seine Götter gar nicht gedacht werden kann, ihre Verehrung aber von allen gefordert wird. Im Staate hat Platon den Kultus und überhaupt den Nährstand nicht behandelt. In den Gesetzen sind die Unterredner so gewählt, daß die wahre Gottheit nicht berührt werden kann; es wird auch die wirklich wissenschaftliche Erziehung scheinbar aufgegeben. Dagegen wird auf den Kultus der hellenischen Götter der höchste Wert gelegt, Apollons Weisungen werden eingeholt, fremde Götter dürfen nicht eingeführt werden, Atheismus wird mit Zuchthaus und mit dem Tode bestraft; darin muß allerdings mehr liegen als Zweifel an den vielen Götterpersonen. Platon hat zeitlebens selbst die Aus- und Umdeutung der Mythen und ihre Kritik abgelehnt, der *θεοί* immer mit gläubiger Ehrfurcht gedacht; die Erinnerungen einer frommen Kindheit sind ihm immer lebendig und für seine Haltung bestimmend geblieben. So zwang ihn das Herz, den Bedenken und Zweifeln des Verstandes Schweigen zu gebieten. Das hat sich im Alter nur gesteigert, und so hat er im Timaios 40d die homerisch-hesiodischen Götter und sogar ihre Genealogien anerkannt, so schwer ihm auch dies Zugeständnis an die Überlieferung, also an die Dichter, fällt.

Im Euthyphron war das *ὅσιον* für die Vorstellungen von den Göttern gefordert, also widersprechende Darstellungen der Dichter verworfen. Im Staate wird die Konsequenz gezogen. Wenn das Ziel erreicht werden soll, konnte Homer nicht der Lehrer des Volkes bleiben[1]. Wir sagen uns freilich, daß die Götter blutlose Schat-

Geschlechtes überwinden will und ihm die Gleichberechtigung zuerkennt, sowenig Verständnis er für das Ewigweibliche besaß. Im Staate will er daher die Frauen sozusagen zu Männern machen. In den Gesetzen ist der Fortschritt groß, da ihnen nichts zugemutet wird, was wider ihre Natur geht, manches auch, weil sie dafür geeigneter sind als die Männer. Aber darauf hat niemand im Altertum gehört. Erst jetzt ändert sich das, aber die Gefahr ist, daß es mehr im Sinne der Politeia als in dem der Gesetze geschieht.

[1] Die Tragödie, aus der anstößige Stellen angeführt waren, wird im Staate nicht ausdrücklich verbannt, aber sie muß dem Homer folgen, den der Theaetet 152e als den vornehmsten Tragiker bezeichnet. Die

ten werden mußten, wenn die Mythen fortfielen. Vielleicht hat sich Platon das später auch gesagt und ist toleranter geworden. Aber er hat jede Auseinandersetzung selbst mit den vielen anstößigen Riten des Kultus vermieden, die Aristoteles in seinem Staate abschaffen will, während auch für ihn die Erhaltung der Gottesdienste selbstverständlich ist. Unleugbar ist hier eine Inkonsequenz, besser ein Ausweichen vor notwendigen Konsequenzen. Wir begreifen, daß dies für Platon unvermeidlich war, verstehen seine Haltung, sein Schwanken und auch die Widersprüche. Aber es hat für die Folgezeit ungemein viel bedeutet, daß er die Götter in ihrem Besitzrechte anerkannt hatte. Das gab den vielen recht, die aus gleicher Kinderfrömmigkeit von den Göttern nicht lassen wollten, und noch viel größer war die Zahl derer, die ohne solche Gefühle zufrieden waren, an dem Herkommen nichts zu ändern, und sich auf ihn berufen konnten. Auch Mythen mußten wohl eine Berechtigung haben, wenn Platon selbst Mythen gedichtet hatte, gerade dann, wenn er das, was ihm heilige Wahrheit war, nur in der Dichtung auszusprechen vermochte, und es ist kein Zweifel, daß gerade seine Mythen dauernd die stärkste religiöse Wirkung ausgeübt haben, auch ungewollte. Das Totengericht des Gorgias hielt sich an populäre Vorstellungen, hat aber stark dazu beigetragen, diese Bilder in der Volksphantasie lebendig zu erhalten, auch wenn sie gerade das beiseite ließen, was er Neues erfunden hatte, das Gericht über die körperlose Seele, die Strafen leidet, welche eigentlich einen Leib, der leiden kann, voraussetzen, oder in ewige Seligkeit eingeht. Der Mythos des Staates[1] konnte weder mit seiner mythisch verhüllten Astronomie noch mit dem Allertiefsten, „der Wahl des eigenen Dämons", also der Bestimmung der nächsten Einkörperung durch die Seele selbst, in den Glauben und die Hoffnung weiter Kreise dringen, denn die Seelenwanderung ist keine Lehre, die das Sehnen des Menschen nach dauerndem Frieden erfüllte, zumal hier zwar von Höllenstrafen viel ge-

Gesetze schließen sie aus, aber der Grund ist ein anderer; in ihnen wird die Poesie überhaupt in trauriger Weise geknebelt.

[1] Es kann nun nicht mehr verkannt werden, daß die Katharmen des Empedokles den Platon stark angeregt haben. Wir brauchen für das, was er über den Mythos des Gorgias hinaus bietet (außer der Astronomie), keine weitere Vorlage. Die Orphiker, die Dieterich ohne jeden Anhalt auch hier als die Urheber der Gedanken einführt, die Platon geborgt haben soll, sind wir los. Es war ganz ins Blaue geredet.

sagt war, aber über die Belohnungen kaum ein Wort (616a). Erst der Timaios 42b führt die Seele, die sich in dem ihr zugemessenen Leben bewährt hat, zur Seligkeit auf das Gestirn, zu dem sie gehört, denn es sind so viele Seelen wie Sterne geschaffen, 41d[1]. Was die Menschen, Philosophen und Laien, als das kostbarste Stück ihres Glaubens sich herausnahmen, war die Unsterblichkeit ihrer Seele. Die Seele fanden sie bei Platon überall, und der Phädon schien ihre Ewigkeit bündig zu beweisen (das zehnte Buch der Gesetze kam daneben nur für Philosophen in Betracht); daß es dann kein individuelles Fortleben geben konnte, blieb unbeachtet, und wenigstens die *φιλοσοφίαι ἱκανῶς καθηράμενοι* gelangten für immer auf einen unaussprechlich schönen Wohnsitz (Phäd. 114c). So verschiedene Menschen wie Cicero und Cato haben diesen Glauben mindestens als eine tröstende Hoffnung sich nicht rauben lassen, und so ist es weiter durch die Jahrhunderte gegangen. Nichts ist bezeichnender, als daß Panaitios, dem das Fortleben des

[1] Es steht nicht *ἀστήρ*, sondern *ἄστρον*, was Schwierigkeiten macht; *ὄργανα χρόνου* sind doch die unzähligen Fixsterne nicht. Vgl. den Kommentar von Archer Hind. Ich weiß keine Lösung. Die herrliche Wohnung, Phäd. 114c, könnte der Stern, aber auch ein Planet sein. Die Späteren haben meist kurzweg den Himmel oder die Milchstraße verstanden. Im Staate 621b fliegen die Seelen auseinander, eine jede zu dem Leibe, in den sie nach ihrer Wahl kommen sollen, *ᾄττοντες ὥσπερ ἀστέρες*, wie ein Schwarm von Sternschnuppen. Das hat weder mit der Zugehörigkeit der Seele zu ihrem Sterne etwas zu tun noch mit der Verstirnung eines gestorbenen Menschen. Dieser Glaube besteht nicht; Aristophanes, Fried. 835, läßt Ion zum Morgenstern werden, erklärt aber gleich, weshalb. Es wiegt nicht schwerer, als was ebenda über die Sternschnuppen gesagt wird. Erst von Antinoos haben gefällige Leute dem Hadrian versichert, nach seinem Tode wäre ein neuer Stern erschienen, der wäre aus seiner Seele entstanden. So sagt Cassius Dio 69, 11; ob er genau berichtet, stehe dahin. Die Sternbilder, die nach Göttern und Heroen heißen, sind nicht deren Seelen oder gar sie selbst, sondern Erinnerungszeichen. Was die Astrologie später von ihnen aussagt, ist ihre Erfindung. Das sidus Iulium ist nicht die Seele Cäsars oder ihr Wohnsitz, sondern ein *σῆμα*, das den Eintritt eines neuen Gottes in den Himmel anzeigt; der Stern, der die Magier nach Bethlehem führt, zeigt die Geburt des göttlichen Kindes an. Diese *σήματα* verschwinden, nachdem sie das Ihre getan haben. Es kann ansprechend scheinen, daß die zahllosen Sterne der Milchstraße Seelen wären, und die Stoiker, denen die Seele ein Teil des *πῦρ νοερόν* war, hätten sie als Stern leuchten lassen können, aber ich finde keine Spur davon, daß so etwas wirklich gedacht wäre.

Menschen so innerlich zuwider war wie Gottfried Keller, den Phaidon am liebsten aus Platons Werken verbannt hätte. Es muß überhaupt gesagt werden, daß die Seele im Menschen erst durch Platon zu einem Objekte wissenschaftlicher Forschung geworden ist, für die nicht weniger, die sie im Tode vergehen ließen, wie wir an Lucrez sehen. Wie viel bedeutet es nicht schon, daß Sokrates prüfen will, ob in dem schönen Leibe des Charmides auch eine schöne Seele wohne. Dann die Unterscheidung von Teilen in der Seele, die Mythen des Phaidros und des Symposion. Doch das gehört nicht her.

In das *ἐπέκεινα* dringt unser Blick nimmer, weder der des Auges noch der des Verstandes; wohl aber vermag die Natur in vielen ihrer Erscheinungen, je nach unserer Stimmung und Empfänglichkeit, in uns das beseligende Gefühl zu erwecken, hier offenbart sich die ewige, allmächtige Schönheit und Wahrheit, das ewige Sein. Ebenso offenbart es das Werk des wahrhaft großen Künstlers, sei er nun Baumeister, Bildhauer, Maler, Musiker, Dichter. Aber was dem Dialektiker Platon in seinen Mythen gelungen ist, hat seinesgleichen nicht, denn hier kommt das Sehnen und Streben des Menschen und seine in glücklichen Augenblicken erreichte Erfüllung zugleich mit der Inbrunst des Glaubens an das Ewige so hinreißend zum Audruck, daß diese Schriften durch alle Zeiten hindurch echte Erbauungsstücke bleiben konnten, ganz einerlei, wie die Leser ihre Metaphysik formulierten und ihre Götter benannten und verehrten. Rechnen wir die Worte des Sokrates an Kriton über seine Pflicht gegen seinen Staat und seine Sterbeszene hinzu, in der die siegreiche *εὐδαιμονία* des ungerecht Leidenden für jedermann faßbar hervortritt, so werden wir inne, was Platon für die ewige Religion des Herzens gewirkt hat und wirken wird, solange die Menschen Menschen bleiben.

Eine solche Wirkung erzielt er keineswegs, wo er einmal dialektisch entwickelt, was die Gottheit für ihn ist. Und doch fordert der Glaube dieses Hellenen hier seine Stelle. Im sechsten Buche des Staates läßt sich Sokrates nur widerstrebend dazu drängen, über das *ἀγαθόν* zu reden, und gibt nur seine *δόξα*. Das Göttliche, alles Werden Bewirkende, zu dem ihm der Verstand den Weg gewiesen hat, und das darum das Prädikat *θεός* verdient, nennt er das *ἀγαθόν*; das *ἀληθές* gehört schon hier dazu. *κάλλος ἀλήθεια μετριότης* sagt vollständiger der Philebos, ohne daß inhaltlich ein Unterschied ist. Uns scheint das *ἀγαθόν* ein lebloses Abstraktum, schon weil es ein Neutrum ist[1], und beten kann gewiß kein Mensch zu diesem Gotte, der demnach das religiöse Bedürfnis nicht befriedigt, auch durch Platon nicht. Die „Idee des Guten" als Gottheit bleibt uns fremd, wenn nicht gar so etwas wie das Gütige hineingetragen wird. Verständlich wird sie nur dem, der mit den Griechen griechisch denken kann. Das *ἀγαθόν* mit seinen Steigerungsgraden ist zunächst das was uns taugt, bekömmlich, zuträglich, nützlich ist. *ὑγιαίνειν ἄριστον ἀνδρὶ θνατῶι, ἄριστον ὕδωρ, Ζεὺς ἀγαθόν τε κακόν τε διδοῖ.* Dabei ist es relativ, wie der Superlativ zeigt. Wenn es tüchtig bedeutet, muß es näher bestimmt werden. *βοὴν ἀγαθός, ἀγαθὸς διδάσκαλος, ἀγαθὸς ὑλακτεῖν κύων.* In das Absolute erhoben wird dann das *ὄντως ἀγαθόν* zu dem, was alles Gedeihliche schafft, also in der Körperwelt alles Leben bewirkt und erhält. Aber damit ist sein Wesen nicht erschöpft. Schon der Staat sagt, 505, *ἡ τοῦ ἀγαθοῦ ἰδέα, ἧι καὶ δίκαια καὶ τἆλλα προσχρησάμενα χρήσιμα καὶ ὠφέλιμα γίγνεται*[2]. Für die *ἄλλα* dürfen wir Späteres hinzuziehen. Tim. 87c *πᾶν τὸ ἀγαθὸν καλόν· τὸ δὲ καλὸν οὐκ ἄμετρον.* Phileb. 65 *εἰ μὴ μιᾶι δυνάμεθα ἰδέαι τὸ ἀγαθὸν θηρεῦσαι, σὺν τρισὶ λαβόντες, κάλλει καὶ συμμετρίαι καὶ ἀληθείαι, λέγωμεν, ὡς τοῦτο οἷον ἓν ὀρθότατ' ἂν αἰτιασαίμεθ' ἂν τῶν ἐν τῆι συμμείξει καὶ διὰ τοῦτο ὡς ἀγαθὸν ὂν τοιαύτην αὐτὴν γεγονέναι.* Damit erst ist voll ausgesprochen, was dieses göttliche *ἀγαθόν* ist. Das *καλόν* ist am wichtigsten. Eine alte Formel bat die Götter *ἐπὶ τοῖς ἀγαθοῖς τὰ καλὰ διδόναι* (Alkib. II 148c). Bei der Hochzeit des Kadmos haben die Musen gesungen *ὅττι καλὸν φίλον ἐστί.* So denken Menschen und Götter. Die sinnliche Schönheit gehört immer dazu, das ist hellenisch; aber sie erfüllt den Begriff nicht, denn der Gegensatz von *καλόν* ist *αἰσχρόν*, das zugleich *κακόν*, also die Negation von *ἀγαθόν* ist[3]. Wenn der Jüngling im Skolion wünscht *καλὸς φυὰν*

[1] Das Neutrum ist uns zuerst anstößig (obgleich Gott im Gotischen Neutrum ist), aber seit man *τὸ θεῖον* für die Gottheit sagte, lag es den Griechen nicht fern. Im Attischen kommt das vor Euripides und Kritias wohl nicht vor, aber Herodot hat es mehrfach, auch *τὸ δαιμόνιον* V 87. Belege für solche damals beliebte Neutra in meinem Platon I 347, den ich sonst nicht heranziehe. Hinzuzufügen war das *καλόν, δίκαιον, συμφέρον* der Rhetorik.

[2] Vgl. den Spruch *κάλλιστον τὸ δικαιότατον, λῷστον δ' ὑγιαίνειν*, in dem *λῷστον* dem *ἄριστον ὑγιαίνειν* des Skolions entspricht, das *δίκαιον* aber sich zum *καλόν* stellt. Dem Dichter ist bewußt, daß *δίκαιον* im Leben nicht immer *ὠφέλιμον* ist, aber das *ἀδικεῖν* ist *αἰσχρόν*.

[3] Dazu gehört, was Sokrates gegen Kallikles ausführen muß, Gorgias

γενέσθαι, so ist er kein eitler Fant, der seinen Namen als παῖς καλός auf die Wände gemalt sehen möchte, sondern denkt an alles, was Pindar zu der φυά rechnet, was der Mensch bei der Geburt mitbekommt, das Zeug zu einem tüchtigen Manne; ein wohlgebildeter Körper gehört natürlich dazu. Der Sänger des Skolion konnte im selben Sinne wünschen, καλὸς καὶ ἀγαθός zu werden, worin ἀγαθός zuerst die Tugend des ἀνδρεῖος bezeichnete; die schöne Wendung ἀνὴρ ἀγαθὸς γενόμενος ἀπέθανε entspricht dem. Noch Aristoteles, Eth. Nik. 1115b, bezeichnet das καλόν als τέλος τῆς ἀρετῆς, gerade wo es sich um die Haltung des Tapferen handelt. καλὸς δ' ὁ πότμος sagt Simonides von den an den Thermopylen Gefallenen. Wenn man das alles zusammennimmt, so wird klar, daß die ἀρετή, die der Sterbliche nur κατὰ τὸ δυνατόν erreicht, in das Absolute erhoben als Gottheit prädiziert wird, jetzt auch von der moralischen Seite her als ἀγαθόν. ἀρετή war ja zuerst auch Gedeihen gewesen. Wenn dies ἀγαθόν die höchste Idee war, zugleich die Idee des Lebens und des Sittlichen, so war in dem Gottesbegriffe die vollkommene Schönheit in der sinnlichen und in der sittlichen Welt vereinigt.

Das primitive Leben hatte das Göttliche nur in dem κρεῖττον gefunden; κρείττονα gab es viele, und der Komparativ zeigt, daß der Mensch, was außer ihm war, nur in Relation auf sich dachte, also die κρείττονα, die Götter, menschenähnlich. Jetzt war die Einheit alles Lebens begriffen, in dem Leben κάλλος und συμμετρία. Der Urheber des Lebens mußte auch eine Einheit sein, καλόν und σύμμετρον gehörten mit zu dem ἀγαθόν, das alles gedeihen ließ. Da konnte der Kosmos, das einheitliche, geordnete Weltganze, wohl als ein Lebewesen erscheinen, dem Mikrokosmos Mensch entsprechend, und seit in dem Menschen eine Seele von dem Leibe unterschieden war, die ihn beherrschte, solange sie in ihm weilte, konnte auch in dem Kosmos eine Weltseele angenommen werden; diese konnte sogar als Gott prädiziert werden, wie es von Stoikern geschehen ist. Platon ist diesen Weg nicht gegangen[1]. Er empfand,

474c usw. Der Lateiner gibt dieses καλόν mit *honestum* wieder, was für die Denkart der beiden Völker bezeichnend ist.

[1] Sobald mit der Weltseele Ernst gemacht und sie doch nicht mit der Gottheit gleichgesetzt wird, ergibt sich mit Notwendigkeit die Frage, ob auch diese Seele wie die menschliche verschiedene Teile besitzt, denen im Staate die Stände entsprechen, im Mythos des Phaidros der Lenker und die beiden Rosse. Und wenn der Lenker Mühe hat, weil das eine Roß der Fahrt zur Schau des Ewigen widerstrebt, so wird auch in dem

daß seine neutral bezeichnete Gottheit direkt handelnd aufzutreten nicht geeignet war und suchte einen Vermittler zwischen ihr und der Körperwelt, der zwar göttlich, aber doch auch zu dieser gehörig war. So führt der Staat die Sonne ein, geradezu als Sohn des Gottes[1] (506e). Noch im Briefe an Hermias sollen die Freunde

Leben des Kosmos ein solches Widerstreben zu spüren sein. Platon hat sich mit der Weltseele im besonderen nicht beschäftigt, aber einmal dem Eindrucke folgend, daß die Harmonie des Weltlaufes ihre Störungen hat, von den „zwei Seelen" der Welt geredet, die den beiden Rossen des Phaidros entsprechen, was nun in der Vereinzelung befremdet und manche falschen Schlüsse hervorgerufen hat. Mich dünkt diese Vergleichung durchschlagend. Die schlechte Weltseele erscheint nur im zehnten und dem zugehörigen Teile des zwölften Buches der Gesetze, abgesehen davon, daß Philippos von Opus den Gedanken aufgegriffen hat. Diese Partie ist nachweislich ein ganz spätes Stück. Die Gesetze enthalten ja vieles Disparate, Erzeugnisse verschiedener Zeit und Stimmung. Und sie haben die Interpretation, die sie Schritt für Schritt verfolgt, noch nicht gefunden. Platonisch ist alles, aber in der langen Arbeit an dem unförmlich gewordenen Buche hat sich nicht wenig zusammengefunden, was erst, wenn es ausgelöst wird, in sein rechtes Licht gesetzt werden kann. Daß die böse Weltseele auf Zoroaster zurückgeführt werden konnte, wird hoffentlich kein Unheil anrichten; daran könnte ja erst gedacht werden, wenn das Böse im ewigen Kampfe stünde, und eine Eschatologie gehört notwendig dazu. Iranisch ist zur Zeit Mode, wie Ägyptisch und Babylonisch, auch Indisch, einmal das Hellenische verdrängen sollte. So etwas verfliegt, und Hesiod aus Baktrien belehrt zu denken ist schließlich nur spaßhaft. Platon hat sich in der Nacht vor seinem Tode mit einem Chaldäer unterhalten. Klearchos hat in seinem Buche *π. ὕπνου* dem Aristoteles über die Juden berichten lassen, und daß Klearch den Namen *Ἱερουσαλέμ* so geschrieben hat (wenn es dem Josephus, geg. Apion I 22, geglaubt werden kann, was ich nicht tue), ist sehr merkwürdig. Klearchs Aristoteles hatte den Juden auf einer Reise in Asien kennengelernt. Hat er die Reise gemacht? Die ganze Geschichte stand in einem Dialoge, beansprucht also gar nicht, als historische Wahrheit genommen zu werden. In demselben Dialoge war Aristoteles dabei gegenwärtig, wie einem Knaben durch den Schlag einer Zauberrute die Seele aus dem Leibe gezogen ward (Proklos in remp. II 122K.) usw. Dann gehört das Fragment 42 dem Aristoteles des Klearch, nicht dem wirklichen. Bernays, Theophrast über Frömm. 187, hat das eigentlich schon gesagt. Und die jüdische Reisebekanntschaft ist ebenso eine Romanfigur und darf für orientalische Einflüsse auf die Platoniker nicht ins Feld geführt werden.

[1] Das hätte zu einem Sonnenkult führen können; aber ein Kult ihres wahren Gottes würde den Philosophen Profanation gewesen sein. In der

anrufen τὸν τῶν πάντων θεὸν ἡγεμόνα τῶν τε ὄντων καὶ τῶν μελλόντων τοῦ τε ἡγεμόνος καὶ αἰτίου πατέρα κύριον, was man nur dem Staate entsprechend auffassen kann. Er hatte allerdings inzwischen im Timaios den Schöpfungsmythos anders gefaßt; aber hier stellt er neben den Gott, der im Reiche der νοητά, im ἐπέκεινα, bleibt, den Sohn als ἡγεμών und αἴτιος; die Freunde müssen wissen, daß er die Sonne meinte, nicht etwa den Demiurgen des Timaios. Sie war immer ἐπιφανὴς θεός gewesen, und Platon hatte ihr und ihrer Schönheit gehuldigt. Jetzt war in den Verhältnissen der Planetenbahnen und der Harmonie der Sphären neben der Schönheit auch die συμμετρία offenbar geworden, die auch zu dem Begriffe des vollkommenen ἀγαθόν gehörte und im Sittlichen die σωφροσύνη, das Maßhalten, ist. Das Anschauen des Sternenhimmels war schon dem Anaxagoras die Offenbarung des ewigen Kosmos gewesen. So hat auch Platon zu den Sternen aufgeschaut[1], da erklang ihm in dem Umschwunge der beseelten Himmelskörper die Harmonie der Sphären; die Gottheit war in ein Jenseits alles Sinnlichen entrückt, aber die Sonne war der Erwecker und Erhalter des Lebens in der Sinnenwelt geworden, und auch zu ihrer Schönheit schaute Platon mit frommer Andacht empor. So wie er sie empfunden und gezeigt hatte, ist diese Offenbarung von der späteren Philosophie festgehalten, bis Plotin[2]. Ganz besonders hat Poseidonios die Erkenntnis Gottes aus der Schönheit des Kosmos abgeleitet, ist auch in der Schätzung der Sonne noch über Platon hinausgegangen und hat sie geradezu Zeus genannt; der Stoiker ward den Materialismus nicht ganz los, wenn seine Gottheit ein πνεῦμα νοερὸν καὶ πυρῶδες blieb[3]. Damit war freilich der Schönheit der Natur nicht Ge-

Stadt der Gesetze ist ein Heiligtum des Apollon und Helios, 945 e, aber das will Apollon auf die Sonne deuten. Der Sonnenkult, in den schließlich die hellenische Religion ausmündet, ist fremd und beweist nur, daß die hellenischen Götter tot sind.

[1] Man fühlt es in dem schönen Gedichte an einen Schüler, mit dem er die Sterne betrachtet, ἀστέρας εἰσαθρεῖς ἀστὴρ ἐμός· εἴθε γενοίμην οὐρανὸς ὃς πολλοῖς ὄμμασιν εἰς σὲ βλέπει. Ohne Würdigung dieser reinen Erotik ist der Eros Platons nicht verständlich.

[2] Plotin, Ennead. I 6 und II 9, faßt die Schönheit weiter, aber die Natur kommt doch nicht ganz zu ihrem Rechte. Nach Theophrast (Cicero Tuscul. I 45) hat die Schönheit, zunächst der *res caelestes* durch das Streben, sie zu verstehen, die Philosophie erzeugt.

[3] Aetius I 6D., in einer Partie, deren Herkunft von Poseidonios feststeht, wird die Erkenntnis der Götter aus der Betrachtung des κόσμος

nüge geleistet, denn sie offenbart ihre Göttlichkeit nicht nur in der stillen Majestät des Sternenhimmels oder des Sonnenballes im reinen Äther, sondern auch im wilden Tosen des Meeres, im Rauschen des Sturmes, in Waldesstille, in der Öde des Hochgebirges, im Gewoge der Kornfelder: ihr gehörte also die Stelle des zweiten Gottes, der in der sinnlich materiellen Welt allmächtig wirkt, nach dem Willen des Allvaters, der im Jenseits, jenseits von allem Werden, Urgrund von allem ist[1]. Wenn aber die Natur als der Stellvertreter Gottes in der Sinnenwelt anerkannt ist, so können die alten elementaren Götter wieder in ihr Reich zurückkehren.

Schauen wir nun zurück auf den Weg, den die hellenische Religion genommen hat. Das Gefühl, das *κρείττονα* zuerst in der Umwelt, dann auch im Inneren des Menschen entdeckt, hat unzählige Götter erzeugt; in der Erdmutter ist die Einheit des Lebens bereits geahnt. Sittlichkeit und Recht erwachsen neben dem Dienste der *κρείττονες* im Zusammenleben des Stammes, werden aber immer mehr religiös als ein bindendes *κρεῖττον* empfunden. Der alte Blitzgott wird als Vater über alle Götter erhoben, als Vater der Menschen wird er immer mehr zum Wahrer von Recht und Sittlichkeit. Aber die Götter, die der Mythos ganz vermenschlicht und entgöttlicht hat, genügen der Religion schließlich nicht mehr. Naturphilosophie und Mystik, Atheismus und Aberglaube, Sokratik und Sophistik ringen miteinander; es geht um einen neuen Glauben. Den verschafft sich Platon mit aller Schärfe des Verstandes, aber auch mit der vollen Inbrunst des frommen Gefühls. Im Guten und Wahren, Harmonischen und Schönen finden Verstand und Gefühl den einen Gott; in Gott muß in ganzer Fülle und Rein-

abgeleitet, der ausdrücklich *καλός* heißt. Da steht auch, daß er *ἐκ τοῦ μεγέθους καλός* sei. *πάντων γὰρ ὁμογενῶν τὸ ὑπερέχον καλόν, ὡς ζῷον καὶ δένδρον.* Da ist schon im Altertum ein sinnloses *περιέχον* an Stelle von *ὑπερέχον* eingesetzt. Das durfte nicht aufgenommen werden.

[1] Als Platon den Staat schrieb, hatte er von der Physik und dem Bau des Kosmos die Himmelssphären in den Bereich seines Denkens gezogen, und hier weist die Sphärenmusik in der Tat auf die Pythagoreer. Als ihm dann Eudoxos nahetrat und ihn den Demokritos kennen lehrte, mußte er manches anders fassen und kam zu dem Mythos seines Timaios, zu dem Demiurgen, der das Schaffen der einzelnen materiellen Dinge den *θεοὶ θεῶν* überläßt. Darauf hier einzugehen war nicht erforderlich, weder rückblickend auf die älteren religiösen Vorstellungen, noch wegen der Wirkung auf die des späteren Hellenentums.

heit das sein, was in dem vollkommenen Menschen *ἀρετή* sein würde. Aber menschenähnlich darf dieser Gott nicht sein. Die ewige, absolute Schönheit, Harmonie, Wahrheit, die das Göttliche ist, liegt in einem Jenseits; nur dem Sehnen der gläubigen Seele mag es einmal vergönnt sein, das Übersinnliche zu schauen. Wie weit entfernt scheint diese Religion von der sinnlichen Schau der Götter, die in den *κρείττονα* lebten. Und doch ist es dieselbe hellenische Seele, die auf noch so verschlungenen Wegen zu dieser erhabenen Religion aufgestiegen ist. In Schönheit und Harmonie offenbart sich die Gottheit Platons. In lieblichen Mädchengestalten erschienen von je die Seelen von Quell und Busch und Hain. Schöne Menschengestalt tragen die homerischen Götter. Schön will sie der Künstler bilden, wenn er sie statt formloser Symbole im Tempel für die Andacht ihrer Verehrer aufstellt. Als würdige Frauen oder anmutige Mädchen sieht Platons Zeit Sieg und Frieden, Spiel und Rausch, Charis und Peitho und Muse. Maß und Harmonie haben schon das Kuppelgrab Mykenes zu einem Wunderwerk gemacht, beherrschten nun Form und Schmuck des Kruges und des Dreifußes ebenso wie des Gotteshauses, beherrschten auch den Bau des Dramas und die Periode des Redners. Hellenische Kunst, hellenische, platonische Religion.

Platon wähnte das, was er religiös erfaßt hatte, auch wissenschaftlich festgestellt zu haben, obgleich er selbst immer weiter sann. Da schritt die Wissenschaft sogleich über ihn fort; man mag auch sagen, daß er als Greis ihr die neuen Wege wies oder auch den berichtigenden Widerspruch hervorrief. Genügt hat er seinen nächsten Schülern nicht, und erst der größte von ihnen, Aristoteles, erreicht theoretisch und praktisch, was eigentlich erst wissenschaftliches Denken ist, und lernt erst wirklich bei Demokritos Naturwissenschaft. Aber dieser ungeheure Fortschritt wird teuer erkauft, denn dem Philosophen genügt nun der *θεωρητικὸς βίος*, wie er dem Anaxagoras genügt hatte. Es geht nur noch um die *εὐδαιμονία* des einzelnen. Platon hatte niemals aufgehört, an dem Neubau von Staat und Gesellschaft zu arbeiten; Politiker war er immer gewesen und geblieben. War er doch Athener und lebte in der alten hellenischen Anschauung, daß die gemeinsame Religion den Körper des Staates beseelen müsse. Nun kam an den Tag, daß der Kleinstaat, an dessen *αὐτάρκεια* er noch geglaubt hatte, nicht mehr lebensfähig war, noch weniger fähig für die von ihm geplanten Reformen. Neue Formen des staatlichen und gesellschaftlichen Lebens bildeten sich; sie trieben die Wissenschaft in den Schatten der Hallen und Gärten. Der Kultus der alten Götter blieb dagegen, wie er war, weil er nicht reformiert werden konnte; aber ihre Macht über die Herzen schwand immer mehr; wir werden das noch betrachten, soweit es das verdient, werden zusehen, was den Gebildeten Religion oder Ersatz derselben war. Zunächst gilt es zu beherzigen, daß der echt hellenische Glaube, der sich seine Götter geschaffen und umgeschaffen hatte, indem er sich zu dem Gotte Platons vergeistigte, am Ziele seiner Entwickelung, also auch seines Lebens stand. *τέλος* ist Ziel und Ende.

## WELTGELTUNG
## UND NIEDERGANG DES HELLENENTUMES

Der Literat Anaximenes hat in dem Pamphlete Trikaranos die drei Köpfe des durch Zwietracht ohnmächtigen Hellas trefflich bezeichnet; ob schon im Dienste des makedonischen Herakles, der diese Hydra zu bezwingen kam (was doch nicht ganz gelang) oder nur aus der Erkenntnis der unheilbaren Krankheit heraus, läßt sich nicht bestimmen. Spartas Macht war bei Leuktra zusammengebrochen; Thebens Hoffnungen sanken mit Epaminondas ins Grab; Athen mußte sich in den Zerfall seiner Herrschaft über die Inseln finden; in den kleinen Städten war immer ein Teil der Bürgerschaft von der Gegenpartei in die Verbannung gejagt; so hinderte niemand, daß sich in Delphi phokische Tyrannen behaupteten, und der Gott mußte es sich gefallen lassen, daß sie ihre Söldner mit seinen Tempelschätzen bezahlten, von einer Empörung der gläubigen Welt spürt man nichts[1]. Den Tempel, der schon früher ausgebrannt war, durch eine allgemeine Kollekte wie vor zweihundert Jahren wiederherzustellen fiel niemandem ein. Das ist erst aus den Kriegskosten geschehen, die der makedonische König von den Phokern eintrieb, nachdem er sich durch die Vernichtung der Tyrannen den Eintritt in die Amphiktionie und, worauf ihm mehr ankam, die Herrschaft über das Einfallstor nach Mittelgriechenland erkämpft hatte.

Es ist anzuerkennen, daß Athen ernsthafte Anstrengungen gemacht hat, seine Kräfte zu stärken. Eubulos und später Lykurgos haben die Finanzen in Ordnung gebracht, so daß auch nach dem

[1] Nachgewachsen sind Wundergeschichten von der göttlichen Heimsuchung einzelner Tempelräuber. Vielleicht mag damals die Verwendung von *ἱερόσυλε* als gewöhnliches Schimpfwort aufgekommen sein, also ohne an die eigentliche Bedeutung zu denken.

Schlage von Chaironeia, der dank der Mäßigung Philipps den Besitzstand Athens nicht schmälerte, die Flotte erhalten und vermehrt werden konnte. Freilich halfen die Schiffe nichts, weil die Trierarchen säumig waren und mit dem Staatsgut übel umgingen, und weil eine Erziehung der Ruderer und Matrosen unterblieb; an die Flottenmanöver des fünften Jahrhunderts dachte niemand. Auch das Bürgerheer erwies sich gegenüber wirklichen Soldaten als eine hilflose Miliz. Dem versuchte man nach Chaironeia durch die Ausbildung der Ephebie abzuhelfen, dies im Anschluß an Platons Gesetze. Das merkwürdigste athenische Bauwerk dieser Zeit ist die Skeuothek Philons; die Vorhalle des eleusinischen Weihetempels ist der einzige nicht profane Bau. Lykurgos hat mit Theater, Stadion und Gymnasion nur der Bürgerschaft gedient. Man muß sagen, daß neue Tempel nicht nötig waren, aber das Mißverhältnis ist doch groß, wenn man die steigende Pracht der Grabbauten bedenkt, an denen schon Platon Anstoß genommen hatte. Demetrios von Phaleron machte ihnen ein Ende; es war wohl die Verarmung der Bürger, welche sich der grausamen, Kunst und Künstler schwer schädigenden Maßregel fügte. Denn der Geistesrichtung der Zeit entsprach es, daß die Menschen mehr gefeiert wurden als die Götter. Das einzige Wunderwerk von Architektur und Skulptur war der Grabbau des Karers Maussollos, dem die Herrschaft über Griechenstädte und Inseln zugefallen war, welche Athens Herrschaft nicht ertragen hatten. Noch sind es Tote, bald werden es Lebende sein, die göttliche Ehren fordern und auch dann erhalten, wenn sie sie nicht beanspruchen.

Es war an sich gemäß der hellenischen Denkart möglich, einem lebenden Menschen das Prädikat *θεός* zu geben, wenn er der Träger einer übermenschlichen Macht war; aber seine Sterblichkeit verbot es. Daher geht Homer nicht über *θεὸς ὡς τίετο δήμωι* und Ähnliches hinaus. Der delphische Gott begrüßt den Lykurgos *δίζω ἤ σε θεὸν μαντεύσομαι ἤ ἄνθρωπον* (Herodot I 65); aber das ist verfaßt, um einen Gesetzgeber zu legitimieren, den Sparta sich auf Grund des olympischen Diskus erfand. Selbst nach dem Tode war nur Herakles neben der heroischen zu göttlicher Ehre erhoben. Der Dichter des Rhesos 355 läßt diesen sterblichen Göttersohn nicht wegen dieses Adels als *Ζεὺς Φαναῖος* begrüßen, sondern weil er als ein unerwarteter Retter erscheint. Das wäre im fünften Jahrhundert ganz unmöglich gewesen. Dem lebenden Lysandros als einem Gotte Altäre zu errichten und einen Päan zu singen haben die samischen Oligarchen gewagt, als er die letzte Stadt des athenischen Reiches bezwang (Duris bei Plutarch Lysander 18). Das fand keine Nachfolge, und als ein verrückter Arzt Menekrates sich selbst Zeus nannte, verfiel er der Lächerlichkeit. Das sind keine Präzedenzfälle[1]. Alexander wird auch nichts von ihnen gewußt haben, als er von den Hellenen die Anerkennung seiner Gottheit verlangte, was sie nicht ohne höhnisches Achselzucken gewährten; gehalten hat es sich höchstens vereinzelt in asiatischen Städten[2]. Die Nachwelt nennt ihn nicht einmal den Großen[3], sondern schlicht entweder Alexander den Makedonen oder Alexander den Sohn des Philippos. Gerade darin mag man neben dem Proteste gegen den Gott die Anerkennung der unvergleichlichen Größe finden, die kein Prädikat hervorzuheben brauchte. Es könnte nicht verwundern, wenn er nach der Rückkehr aus Indien den Griechen als Gott oder Gottessohn erschienen wäre wie Herakles und Dionysos; aber fremde Huldigung hat ihn nicht zum Gotte gemacht[4];

[1] Überaus merkwürdig ist, daß in Eresos ein *Ζεὺς Φιλίππιος* Altäre hatte, die ein Tyrann umstürzte, als er sich gegen Alexander erhob, Orient. inscr. 8, 6. Es war also vorher zwar kein Kultus des Philippos eingeführt, aber der Gott der Altäre war doch nach dem makedonischen Könige benannt; ich kann nicht entscheiden, ob bei dessen Lebzeiten, aber das ist wahrscheinlicher.

[2] In Priene ist ein *'Αλεξάνδρειον*, Inschrift 108, 75; der Stein von Bargylia, Orient. inscr. 3, der eine Statue trug, beweist keinen Kult. In dem Heiligtume zwischen Teos und Klazomenai, wo ihm der ionische Bund *'Αλεξάνδρεια* feierte und an seinem Geburtstage opferte (Orient. inscr. 222), blieb er gewiß Gott so gut wie Antiochos I. und Stratonike, aber das besagte nun nicht mehr als ein Heroenkult. In dem ägyptischen Alexandreia hatte er als Gründer auf Kult Anspruch, teilte ihn aber bald mit seinen Nachfolgern. Ähnlich muß es in allen Städten gehalten sein, die nach ihm hießen. Als Augustus das Sema betrat und die Gräber der Ptolemäer verachtend nur den Alexander besuchen wollte, huldigte er dem Großen, der sich durch seine Taten wie Dionysos und Herakles die Göttlichkeit erworben hatte, der divus Iulius auch. Für den Römer und Stoiker gab es zwischen Gott und Heros keinen Unterschied. Der Alexanderkult Caracallas und der Makedonen der Kaiserzeit gehört zu den archaistischen Spielereien.

[3] Magnus ist erst der junge Pompeius geworden, sehr bezeichnend für seine Hoffart. Antiochos der Große ist eine falsche und verwerfliche Übersetzung. *μέγας* hieß er als Großkönig mit Recht, weil er die Ostprovinzen wieder zum Reiche gebracht hatte.

[4] In Strabons Auszug aus Kallisthenes (814) steht, daß ihm die Mi-

die Erscheinung eines der anerkannten Götter in einem Menschen war auch eine Vorstellung, die seiner Zeit noch fremd war[1]. Er selbst hat die göttliche Verehrung von den Hellenen für sich gefordert, nur von ihnen, nicht von den Makedonen; deren Glauben ist die Menschenvergötterung immer fremd geblieben. Er brauchte sie auch nicht, denn er war ihr König, und sie waren königstreu. Auch der Sohn des Philippos ist er für sie geblieben. Für die Asiaten brauchte er auch keinen Kult; da war er der Erbe der Achämeniden, unumschränkter Herr, im hellenischen Sinne so gut wie ein Gott; *Ξέρξης ὁ Περσῶν Ζεύς*, hatte Gorgias gesagt. Da fand er freilich die *προσκύνησις*, mußte sie auch von seiner makedonischen Umgebung verlangen; das gehörte zu seiner Verschmelzungspolitik. Für die Ägypter war er als König zugleich Inkarnation des höchsten Gottes. Die Forderung an die Hellenen ergänzte das; er bedurfte einer Form, um seine tatsächliche Oberherrschaft zu legitimieren; als Bundesfeldherr, wie er ausgezogen war, konnte er die Rückkehr der Verbannten nicht verlangen. Dies ist also eine bewußte politische Maßregel, die auch Erfolg hatte und für das hellenistische Königtum vorbildlich geworden ist. Göttlichkeit ist etwas ganz anderes als Erzeugung durch Zeus Ammon; der Zeussohn Herakles ist erst nach dem Tode Gott geworden. Aber diese Sohnschaft hat Alexander seit seinem Zuge in die Oase Ammons als Offenbarung des Gottes anerkannt und die Anerkennung von seiner Umgebung gefordert. Ich vermeide auf die Debatte über den Bericht des Kallisthenes einzugehen, denn über den persönlichen Glauben Alexanders kann dieser offiziöse Bericht nicht entschei-

lesier nach Memphis Orakel brachten über seine Abstammung von Zeus, die Schlacht bei Arbela, den Tod des Dareios, den Aufstand der Spartaner. Das Spätere ist undenkbar, also auch das erste Glied nicht sicher. Nach Memphis werden sie nur das Aufleben des Orakels von Didyma gemeldet haben, dazu ein Orakel, das irgendwie ein *θεῖον* in ihm verkündete. Auch die Sprüche der Athenais von Erythrai sind auf die Zeit vor dem Zuge zu Ammon nicht festgelegt.

[1] Laertios VI 63 *ψηφισαμένων Ἀθηναίων Ἀλέξανδρον Διόνυσον, κἀμέ, ἔφη* (Diogenes), *Σάραπιν ποιήσατε*. Ein ganz dummes Apophthegma. Den Sarapis gab es noch nicht, und der Gegensatz forderte eigentlich den Ammon. Also ist auf den Dionysos nichts zu geben; er steht auch nur hier. Was Berve, Alexanderreich II 132, anführt, sagt nichts von Dionysos. Ebenso sinnlos wird von Alexanders Aufnahme als dreizehnter Gott geredet, als ob es nur zwölf gegeben hätte oder die Einzelpersonen in den Zwölf unterschieden wären.

den, der unter allen Umständen eine Offenbarung des Gottes bezeugte; ob man einem Orakel glauben wollte oder nicht, blieb damals und bleibt heute dem eigenen Ermessen frei. Da stellt sich die Frage: Hat Alexander sich auf Grund dieser Offenbarung wirklich für Ammons Sohn gehalten? Daß er den Zug zu dem Gotte nicht unternommen hat, um eine Komödie zu spielen und die Welt zu betrügen, darüber verliere ich keine Worte. Schon die Schwierigkeit konnte ihn zu dem Besuche des den Hellenen wohl noch mehr als den Ägyptern heiligen Ortes reizen[2]. Aber auch den Glauben an das Orakel brachte er mit. Er war kein Hellene, sondern ein Makedone, hat die väterlichen Opfer, die dem Könige sein Amt auferlegte, bis zum letzten Tage dargebracht[1], den Göttern zeitlebens mit verschwenderischen Opfern und Festen gehuldigt, den karischen Wahrsager Aristandros neben sich gehabt: es ist unerlaubt, ihn mit dem Maße seiner hellenischen Zeitgenossen zu messen. Seine Makedonen haben an das Fortleben ihres Königs fest geglaubt, als Eumenes ihm ein Zelt errichten ließ, in dem er dem Kriegsrate sozusagen präsidieren sollte. Die Lehrzeit bei Aristoteles hat Glauben und Handeln Alexanders nicht bestimmt. Dessen Einfluß spürt man, wenn für die geographische Forschung und die Berichterstattung über alles neu Geschaute und Erkundete gesorgt wird, aber die Philosophie des Aristoteles ist dem Könige so fremd geblieben wie seine Politik. Was gibt uns Veranlassung zu bezweifeln, daß Alexander ebenso wie sein Volk an dem Glauben an die Götter festhielt? Er nannte sie mit den hellenischen Namen, wie er hellenisch sprach; manche mögen auch noch den makedonischen Namen geführt haben, dem sich der hellenische aufgedrängt hatte. Wie sein Heer hat der König die Spuren des Dionysos in den indischen Bergen gefunden, dem Gotte seitdem besondere Verehrung dargebracht und sich als Nachfolger

[1] Athen hat gerade kurz vor Alexanders Zug nach Ägypten dem Ammon einen Tempel gestiftet, Sylloge 281 aus dem August 333 mit Kirchners Erklärung. Es ist das Nächstliegende, die Bestellung einer Triere *'Αμμωνίς* auf diese Stiftung zu beziehen. Für eine Fahrt zum Sohne des Ammon paßt der Name nicht, und wie sollte man für diesen Verkehr ein Schiff bestimmen. [Kult des Ammon in Athen schon 367/6, IG. II[2] 1428 Add., 73 mit Anm. – Zusatz d. Herausg.]

[2] Athen. 659f. legt jemand dem Alexander ans Herz, sich von seiner Mutter einen Opferdiener, *μάγειρος*, kommen zu lassen, der die Riten seiner väterlichen Opfer und auch anderer genau kenne.

des Weltbezwingers gefühlt, was ihn schon über das gemeine Menschentum erhob. Auch den Göttern der fremden Länder, die er nun beherrschte, hat er nicht nur Schonung erwiesen, wie es hellenische Art war, sondern für ihre Heiligtümer gesorgt. Wenn er nun von Ammon, den der Priester vorstellte, den ausdrücklichen Bescheid erhielt, daß er dessen Sohn wäre, konnte er daran glauben? Lysandros würde es nicht getan haben, aber den Makedonen Alexander hatte der Glaube an den Orakelgott durch die Wüste getrieben. Er mußte auch das Wort des Gottes glauben. Sein Ahn Herakles war doch Sohn des Zeus. Daß er es innerlich konnte und demnach auch äußerlich ein Gottessohn sein wollte, dazu mußte freilich etwas in ihm sein, das die Offenbarung rechtfertigte, und das ist die Hauptsache: das Gefühl seines Könnens und seiner Mission. Er war eben mehr als alle anderen und fühlte, was er war. Männer seiner Art haben immer dieses Gefühl ihrer Überlegenheit gehabt, wie verschieden sie es auch gemäß ihrer Religion empfanden; nur dadurch haben sie das Übermenschliche geleistet. Napoleon hat wohl nur an sich geglaubt; wenn Cäsar sich auf seine Tyche berief, war das ziemlich dasselbe. Cromwell mag sich von dem Gotte des Alten Testamentes wie die Richter Israels berufen geglaubt haben. Als Alexander das Angebot des Dareios zurückwies, also um die Tiara des Großkönigs fechten wollte, hatte er mit einer Kühnheit, die niemand billigte, einen Entschluß gefaßt, der ihm eine ungeheure Verantwortung aufbürdete. Werden ihm in der Winterruhe nicht schwere Gedanken gekommen sein, trotz allem Selbstgefühl? Seinem unerschütterten Glauben an die Offenbarung, die ein Gott den Menschen an heiligen Stätten zuteil werden ließ, konnte der Gedanke kommen, den Gott in der libyschen Oase zu befragen, gerade weil er kein hellenischer, aber auch von den Hellenen anerkannt war. Ein berechnetes Trugspiel konnte das eigene klopfende Herz nicht beschwichtigen. Wie anders das Wort des Gottes. Der gab ihm recht, bestätigte ihm seinen Beruf, es seinem Ahn Herakles gleichzutun. Seitdem lebt er durch den Glauben an das Göttliche in ihm. Sein ganzes Leben und Handeln, sein Heldentum und auch seine Sünden werden begreiflich, wie ich meine, allein begreiflich durch diesen echten und heißen Glauben. Sein letzter Wunsch war, als Leiche zu seinem göttlichen Vater geführt zu werden. Spielte er da auch Komödie? Herakles ist immer zugleich der Sohn des Amphitryon und des Zeus gewesen. Sohn des Philippos ist Alexander ebenso geblieben. Da

Olympias noch lebte und mit ihrem Sohne in naher Beziehung blieb, war es etwas peinlich, auf die Erzeugung durch Ammon einzugehen; es scheint, daß sie selbst über die *θείου μετουσία* in Alexander, die sie anerkannte, einen Bericht gegeben hat, der das Wunder ohne fleischlichen Umgang geschehen ließ[1], sehr viel geschmackvoller als Speusippos den Apollon zu Platons Vater gemacht hatte[2]. Da haben natürlich später weitere Fabeln angesetzt bis zu dem Truge des Nektanebos; das ist gleichgültig. Alexander als Sohn des Ammon ist so einzig wie er selbst, weil es seine Bedeutung nur in dem Gefühle Alexanders erhalten hat. Daß er sich schließlich als Gott verehren lassen wollte, war einfacher und ist, wenngleich es zuerst auf Widerstand stieß, höchst folgenreich geworden, weil es mit der alten hellenischen Anschauung vereinbar war: der *κρείττων* ward zum Gotte. Wenn diese Überlegenheit vorhanden war, ist die Prädizierung als Gott verständlich und erträglich. Wenn aber die Überlegenheit nur in dem Königtume liegt, nicht in seinem Träger, so wird sie Blasphemie, entwürdigend für den König und sein Volk.

Wie das Volk jede Rücksicht auf die alten Götter preisgab, zeigte sich bald in der Aufnahme, die Demetrios in Athen fand, wo dem Sohne von Poseidon und Aphrodite Päane gesungen wurden und der Opisthodom, also der eigentliche Parthenon, dem Bru-

[1] Den sehr gewählten Ausdruck *τοῦ θείου ἡ μετουσία* braucht Kallisthenes in einem Apophthegma bei Arrian IV 10, 2, das echt klingt und auf die Aussagen der Zeugen in seinem Prozesse zurückgehen wird. Dazu paßt, was Plutarch, Alexander 2, von einer Vision der Olympias in der Nacht vor ihrer Hochzeit berichtet. Die Befruchtung geschieht hier durch einen Blitz, entspricht aber im ganzen dem *δύναμις ὑψίστου ἐπισκιάσει σοι* in der Anrede Gabriels an Maria im Lukasevangelium.

[2] Laertios III 2 bringt drei Zeugen für die Erzeugung Platons durch Apollon, aber die späteren werden weitergegeben haben, was Speusippos in seinem *Περίδειπνον* aufgetischt hatte, weder zu Platons noch zu seinen Ehren. Hier muß Ariston sich von seiner Ehefrau fernhalten wie Joseph bei Matthäus; Philippos hat die Ehe in der Hochzeitsnacht vollzogen, und niemand, auch Olympias nicht, hat von dem Anteil des Gottes etwas gewußt, bis Zeus Ammon sich selbst offenbarte. Sie hat die Gattentreue dabei sowenig verletzt wie Alkmene. Daran hat die Sage freilich gar nicht gedacht, als sie Zeus in der Gestalt des Amphitryon einführte, wie Poseidon in Gestalt des Enipeus zu Tyro gekommen ist. Erst Euripides in der Alkmene hat das Problem von Alkmenes Seite her angegriffen.

der Athenas eingeräumt ward, in den nun seine Hetären einzogen, die ebenso wie seine Gattin Phila den Kultnamen Aphrodite erhielten. Auch der Kultus unterwarf sich der Laune dieses Gottes, als ihm beliebte, alle Weihen von Eleusis auf einmal zu erhalten. Eine solche Orgie schamloser Asebie ist nicht wieder vorgekommen, aber Opposition hat sich erst hinterher geregt. Den Diadochen ward die Erhebung zur Göttlichkeit von den hellenischen Staaten entgegengebracht, was sie sich gefallen ließen, ohne doch ihrerseits davon Gebrauch zu machen. Antigonos, Lysimachos, Ptolemaios dachten noch makedonisch, und es ist ein Ruhm der Makedonen, daß ihre heimischen Könige die Vergottung niemals erfahren haben, auch von Auswärtigen nicht. Antigonos Gonatas hat in bewußtem Gegensatze zu seinem Vater nicht einmal auf einen göttlichen Ahnherren seines Geschlechtes Wert gelegt. Dagegen ließ sich Seleukos die eigene Abkunft oder doch die seines Geschlechtes von Apollon gefallen, die ihm wohl von Milet entgegengebracht war. Die Ptolemäer wollten von Herakles stammen wie die Argeaden, noch makedonisch, erst später von Dionysos.

Den entscheidenden Schritt hat Philadelphos, nachdem er schon seinen Eltern Tempel gebaut hatte, durch die Proklamierung der *θεοὶ φιλάδελφοι*, also die Selbstvergottung, getan; bald folgte der offenbar allgemein erzwungene Kult der verstorbenen Arsinoe. Es wird wohl zuerst die Absicht mitgesprochen haben, die Geschwisterehe zu legitimieren[1]; dabei war es erwünscht, daß die griechischen Untertanen den Königskult mitmachten, an den die Ägypter

[1] Die Täfelchen mit der Inschrift *Ἀρσινόης φιλαδέλφου* oder ähnlich, die sich an vielen Orten der ptolemäischen Herrschaft gefunden haben, zeigen, daß man sich möglichst billig mit dem verordneten Kulte abfand. Die Zahl ist seit der Zusammenstellung in Stracks Dynastie der Ptolemäer nachgewachsen. Weihungen von Privaten und Staaten kommen hinzu. Kallimachos empfand um ihren Tod wirkliche Trauer, der er in der neuen Weise mit den Göttern zu spielen Ausdruck gab. Theokrit hat die Parallele mit der olympischen Geschwisterehe geradezu blasphemisch gezogen; das wirkt anstößiger als die Zote des Sotades. Am Zephyrion ist Arsinoe Aphrodite. Für Theokrit, 7, 93, ist Ptolemaios Zeus, ebenso in einem feinen Worte des Knidiers Sostratos (Sextus adv. gramm. 276), in dem Antiochos I. Poseidon ist. Das konnte die Könige und Götter noch bloß parallelisieren. Gleichung mit bestimmten Göttern, sozusagen eine neue Inkarnation, ist noch nicht beliebt. Berenike II. wird nur im Bilde eine vierte Charis, erst ganz spät ward *νέος Διόνυσος* offizieller Beiname.

gewöhnt waren. Die Bevorzugung der Frauen hatte schon mit dem Kulte Berenikes eingesetzt, deren Ehe und Herkunft besondere Erhöhung nötig hatte. Damit war ein Präzedenzfall geschaffen, der für alle Zukunft in diesem Hause maßgebend geblieben ist. Bei den Seleukiden hat erst Theos den Kult seiner Gattin befohlen.

Gegenüber den hellenischen Städten, die zu seinem Reiche gehören, und erst recht dem Auslande gegenüber macht Philadelphos von seiner Göttlichkeit keinen Gebrauch; das ist auch später wohl von keinem Könige geschehen. Auch von der anderen Seite wird der König nicht als Gott bezeichnet, ehe dies zu einer leeren Formel wird. Der Kult verlangt eigentlich Priester; wie man sich in Alexandreia half, lehren die eigentümlichen Bezeichnungen der Kultbeamten in der offiziellen Datierung nach ihnen. Ein Priester des regierenden Königs Euergetes in Ainos fällt auf, Herzog Herm. 65, 468. Wie es sich bei den Seleukiden entwickelt hat, läßt sich an gleichzeitigen Zeugnissen für die beiden ersten Könige nicht feststellen. Ein Priesterverzeichnis aus Seleukeia, Orient. inscr. 245, lehrt, daß Seleukos als Zeus Nikator, Antiochos als Apollon Soter verehrt wurden, aber Zeus und Apollon haben eigene Priester, die an erster Stelle aufgeführt werden. Die beiden Könige haben die uns geläufigen Beinamen Nikator und Soter im Leben geführt. Ob sie damals schon göttliche Ehren beanspruchten, ist fraglich, kaum wahrscheinlich. Eher werden sie die Götternamen bei ihrem Tode erhalten haben, womit ausgesprochen war, daß dieser Götter Geist in ihnen gewohnt hatte. Bei Antiochos II. wäre dann die Vergöttlichung des Lebenden eingetreten, so daß er Theos als Beinamen erhielt. Er hat den Kult seiner Gattin und Schwester Laodike in allen Provinzen eingeführt (Orient. inscr. 224). Damit hört das Prädikat der Göttlichkeit auf, einen persönlichen Inhalt zu haben, der wenigstens in einzelnen Beinamen, *Μέγας* und *'Επιφανής*, deutlich ist. Der Seleukide kam wirklich wie ein rettender Gott; der Ptolemäer ward als ersehnter Thronfolger geboren. So wird, was einst der Ausdruck für das Gefühl der stärksten persönlichen Überlegenheit gewesen war, zu einem Titel, wie die Majestät des Königs, die Heiligkeit des Papstes und was sonst der Kurialstil seit dem zweiten Jahrhundert n. Chr. aufgebracht hat. Als Eumenes für Asien an die Stelle der Seleukiden getreten war, nannten diese Provinzialen ihn auch *θεός* (Hondius Suppl. IV 632), was der König schwerlich verlangte, und wenn die Söhne der Apollonis ihre Mutter konsekrierten, so lag nicht mehr darin, als daß sie hochselig ward, während die Heroisierung so viele Männer und Frauen selig machte. In Ägypten ist schließlich nicht nur Kleopatra, sondern auch Antonius Gott geworden, wenigstens für einen seiner Parasiten, Orient. inscr. 195. Gewissensbedenken hat die Titulatur der Könige ihren Untertanen nicht bereitet; es zwang ihnen auch niemand den (freiwillig öfter geleisteten) Schwur bei dem Könige oder ein Bekenntnis des Glaubens an seine Gottheit auf, und Majestätsprozesse wie schon unter Tiberius hat es nicht gegeben.

So ist diese Menschenvergötterung positiv nicht von tieferer Bedeutung. Wohl aber negativ. Denn als die Schätzung gewaltiger Menschen sie in gleiche Höhe wie die Götter rückte, lag darin eine Herabsetzung von diesen. Es ist begreiflich, daß Euemeros von Messene nun die Götter des Kultus durch die geschwindelten Urkunden seiner „heiligen Geschichte" zu alten Königen machte. Der Gedanke war ja nicht neu, aber er ward durch die Ausführung in einer der damals beliebten Schilderungen eines fremden Landes (es waren doch so viele durch Alexander in den Gesichtskreis der Hellenen getreten) für weite Kreise glaublich gemacht, und wenn Kallimachos sich an dem Geschwätze ärgerte, fand es doch bis an den Anfang der Kaiserzeit Leser genug[1]. Ob Eueme-

[1] In der Beurteilung des Euemeros werden wir uns am besten an Eratosthenes halten, der ihn einmal *Βεϱγαῖος* nennt (Strabon 47. 102. 104, zum Teil aus Polybios 34, 5), also einen zweiten Antiphanes, ein andermal sein Panchaia mit der Meropis des Theopompos und den Hyperboreern des Hekataios von Teos zusammenstellt (Strabon 299 aus Apollodor). Darin liegt die schwindelhafte Reisebeschreibung und zugleich die sozusagen philosophische aufklärerische Tendenz. Er hat nicht bloß von Göttern, sondern auch von Heroen gehandelt (Athenäus 658e über Kadmos und Harmonia, sehr despektierlich von dem Gründer Thebens); da ist die Tendenz unmöglich atheistisch, aber die Albernheit und das Herunterreißen der den Hellenen heiligen mythischen Gestalten höchst anstößig; es konnte den Kallimachos mehr ärgern als die Vermenschlichung der Götter. Das Zeusgrab, gegen das dieser polemisiert, kann ich nicht für Erfindung des Euemeros halten, denn Kallimachos macht dafür die Kreter verantwortlich. – Antiphanes war *ϑεαϱοδόκος* von Epidauros, IG. IV² 1, 94, 19. Damit ist er so datiert, wie ich es Herm. 40, 150 erschlossen hatte. Er schrieb also zur Zeit Theopomps, lebte in seiner Heimat. Euemeros wird durch Hekataios angeregt sein. Kallimachos 10, 5 Pf. führt darauf, daß er in Alexandreia auftrat.

ros darum mit Recht unter die ἄθεοι gerechnet werden darf, ist mehr als fraglich, denn das liegt in der Zurückführung der Götterpersonen auf Menschen der Vorzeit keineswegs.

Die herkömmlichen Gottesdienste aufzuheben, daran denken selbst ausgesprochene Gottesleugner wie Theodoros von Kyrene oder die Kyniker mit ihren Grobheiten keineswegs. Der Staatskult gehört zum Staate und läßt den persönlichen Glauben frei. Freilich werden die Götter nun verehrt, weil sie vom Staate *νομίζονται*. Das Wort des Euripides *νόμωι καὶ θεοὺς ἡγούμεθα* ist volle Wahrheit geworden; einst waren sie *ἐτεῆι* gewesen und der Kultus eine Folge davon. Immerhin besaßen sie durch den Kultus und nicht minder durch den Mythos, in dem sie fortlebten, keine geringe Macht über das Volk. Erziehlich konnte diese Religion freilich nicht wirken, und Homer, die Sprüche von Dichtern und Weisen, die eine den Bibelsprüchen der Christen vergleichbare, niemals erstorbene Lebenskraft bewahrten, reichten dazu nicht hin. Lehrer waren nötig, und mit ihnen ging es zunächst so weiter, wie es im vierten Jahrhundert geworden war. Wer las, dem standen nun philosophische Schriften genug zu Gebote, die ihn zu einer neuen Religion führen konnten. Aber das stille Lesen haben die Griechen niemals geliebt, und die Jugend verlangte einen Lehrer. Die fehlten nicht; in Megara saß Stilpon, in Eretria Menedemos, beides Männer, die persönlich starken Eindruck machten, in Elis Pyrrhon und Alexinos, wenn dieser nicht vielmehr Wanderlehrer war, wie es so viele gab, die auch in weiter entlegene Gegenden kamen, wie der Kyrenäer Theodoros, dessen Auftreten in Athen, am Hofe des Lysimachos und in Alexandreia wir kennen, und sein Landsmann und Schulgenosse Hegesias, der mit einer ganz anders gerichteten Lehre in Alexandreia Erfolg hatte[1]. Auch Anaxarchos kann in die Hände eines kyprischen

[1] Durch Cicero, Tusc. I 84, kennen wir den Titel und Inhalt des Dialoges, der dem Hegesias den Beinamen *Πεισιθάνατος* verschaffte. *᾿Αποκαρτερῶν* hieß er nach der Hauptperson, die ihren Entschluß, sich tot zu hungern, siegreich verteidigte. Diese Art des Selbstmordes, die bei den Römern der Kaiserzeit beliebt war, hier anzutreffen, ist an sich wertvoll, um so mehr, als eine Komödie des Philemon denselben Titel führte und aus Athen noch ein älterer Beleg vorhanden ist. Timokles *Καυνίοις* sagt von jemand *οὐκ ἀπεκαρτέρησεν, ἀλλ' ἐκαρτέρησε πίνων*. Er wollte sich aushungern, aber er überwand sich einen gewissen Trank zu nehmen,

Kleinfürsten nur geraten sein, als ihn eine Tournee auf die Insel führte[1]. Die anderen Schulen gehen ein, als Athen die vier Philosophien hat, die Wanderprediger sind dann zumeist auf einer dieser Schulen mehr oder weniger ausgebildet, Kyniker treten hinzu. Es macht sich aber neben der Lehre sehr fühlbar, daß das Vorbild eines persönlich packenden Lehrers bestimmend wird. Neben den Helden der Tat, die zu Göttern werden, stehen die Weisen und Guten: *πάντων ἱερώτατον ἄνθρωπος ὁ ἀγαθός* sagt der Dialog Minos 319 und nennt die Männer, an die wir uns halten sollen, geradezu *θεῖοι*. Daß sie nicht *θεοί* würden, dafür hatte Sokrates gesorgt, und die geschmacklose Fabelei des Speusippos, die Platon über das Menschliche erheben wollte, fand keinen Nachhall. Es bildete sich natürlich um die dauernd wirksamen Weisen ein Mythos, wie eben durch die Sokratiker um Sokrates, um Pythagoras nicht nur in seiner Schule. Die wahrheitsgetreuen *βίοι* vieler zeitgenössischer Philosophen, also Schilderungen der Lebensführung, welche Antigonos von Karystos entwarf, sind aus gleicher Stimmung erwachsen, wenn auch keiner von diesen als Person dauernd fortlebte. Epikur, der es in seinem Kreise tat, ist von ihm bezeichnenderweise nicht behandelt[2]. Hier erst ist der rechte Platz, den Dio-

so daß er schließlich am Leben blieb. Damals war also *ἀποκαρτερεῖν* die festgeprägte Bezeichnung dieser Todesart. Sie muß von außen nach Athen gekommen sein, denn *κάρτα, καρτερός, καρτερεῖν* sagt der Athener nicht; es gehört zu hohem Stile, konnte in einem solchen technischen Worte aus verschiedenen Dialekten übernommen werden. Wir müssen uns überhaupt gegenwärtig halten, daß der Selbstmord, den seine Freunde schon dem Achilleus zutrauen, als er den Tod des Patroklos erfahren hat, und der bei den Heroen der Tragödie häufig vorkommt, im Leben nicht selten gewesen sein kann. Dadurch rechtfertigt sich die Debatte über seine Zulässigkeit, das Verbot der Pythagoreer und Platons, das aus ihrer Seelenlehre folgte, und die entgegengesetzte Stellung der Stoa. Wer sich überlegt das Leben nahm, glaubte damit in das Nichtsein überzugehen, und so lehrte auch der *ἀποκαρτερῶν* des Hegesias.

[1] Wenn das berühmte Apophthegma, *πτίσσε τὸν Ἀναξάρχου θύλακον, Ἀνάξαρχον δ' οὐ πτίσεις*, echt ist, beweist es einen Glauben an eine unsterbliche Seele, den man dem Demokriteer sonst nicht zutrauen würde.

[2] Es war sachlich ebensowenig erträglich wie paläographisch, daß Usener bei Laertios X 14 *αριστονοι* in *Ἀντίγονος* zu ändern wagte; unter dem Texte schlägt er daneben *Καρύστιος* vor, das nicht besser ist. Es scheint eine Variante *Ἀρίστων δέ φησι* und *οἱ δέ φασιν*, gefordert ist der Eigenname; darin hat aber Usener recht, daß ein Leben Epikurs wenigstens für die beiden bekannten Ariston nicht paßt.

genes von Sinope vorzuführen, der gern mit einem kynisch aufgefaßten Sokrates zusammengestellt, dauernd eine Hauptperson in der volkstümlichen ethischen Belehrung gewesen ist.

Alexander vor Diogenes, der König, den sein brennender Ehrgeiz nimmer ruhen läßt, vor dem in sich zufriedenen Bettler, das ist und bleibt ein unmittelbar packendes Bild. Da schadet es nichts, daß die beiden nie zusammengekommen sind. Von den bissigen Worten, mit denen Diogenes die Leute auf den Gassen angriff und sich den Namen Hund verdiente, mit dem ihn schon Aristoteles bezeichnet, mögen die meisten keine andere Wahrheit haben[1], eins bleibt doch und gibt in der Tat an, was ihm die Aufgabe seines Lebens war, *παραχάραξον τὸ νόμισμα*[2]. Alles, was jetzt Kurs hat, muß umgeprägt werden, ein Protest gegen die Schäden und Sünden der herrschenden Zivilisation und ihre heuchlerische Scheinmoral. Den erhebt er durch persönliche Angriffe, dazu geht er auf die Gasse, stolz auf die *παρρησία*, die fortan zu den Pflichten des Kynikers gehört; die Betroffenen sahen darin die Schamlosigkeit des Hundes, und später erfinden wirklich schamlose Kyniker Geschichten zu ihrer Entschuldigung. Es könnte scheinen, als lebte der sophistische Gegensatz zwischen *φύσις* und *νόμος* wieder auf, und wenn man die Übertreibungen der kynischen Politie des Zenon heranzieht, sieht es vollends so aus, als liefe die Umprägung

[1] Über Diogenes hat Ed. Schwartz in den Charakterköpfen zum ersten Male mit fruchtbarer Kritik überaus anziehend gehandelt. Ich glaube nur, daß er gegen den Aufenthalt in Korinth zu ablehnend ist; der Wechsel mit Athen scheint mir auch durch die Notizen gesichert, denen Schwartz traut: er reiste öfter, wenn gesagt wird, daß er nur dann Ranzen und Stock trug. Sein Verkauf und Sklavendienst ist freilich mythisch, aber alt erfunden, denn sein Käufer Xeniades hat den Namen von dem korinthischen Leugner aller Erkenntnis, der in der Literatur wohl nur durch eine Anführung bei Demokrit bekannt war; vielleicht sollte er selbst der Käufer sein. Der Mann war dem Erfinder der Geschichte noch bekannt, also auch Diogenes in Korinth.

[2] Hieraus entstand, wie Schwartz natürlich durchschaut hat (wie es scheint, wirklich als erster ausgesprochen, obwohl es niemand hätte verkennen dürfen), die Fabel, daß er zu Hause Falschmünzerei getrieben hätte, was seine Auswanderung nach Athen motivierte. Man hat offenbar nichts darüber gewußt, nur daß er Antisthenes gehört hatte, also spätestens in den sechziger Jahren nach Athen gekommen war. Er mußte auch das Lehrgeld bezahlen können. Ein Bettler ist er überhaupt nicht gewesen.

aller Sitte auf die Zerstörung der Sittlichkeit hinaus. Daß die positive Ergänzung nicht fehlte, garantiert Zenon, aber Diogenes kam selbst von Antisthenes. Dessen Kampf gegen jede Lust und seine Verherrlichung des *πόνος*, die Erhebung des Herakles, des *πονηρότατος καὶ ἄριστος*, zu dem Heiligen, der er für die Kyniker geblieben ist, wirkt in Diogenes weiter, der seinen Lehrer eine Trompete nennt, weil er nur das Signal gibt; Ernst mit dem Kampfe gegen *ἡδονή* und *κακία* macht erst der Schüler, der durch *ἄσκησις*, durch dauernde Übung, durch Training, zur *ἀρετή* kommt und dadurch zur Freiheit. Wenn er nur will, wenn er sich nur nicht durch eingebildete Bedürfnisse und Rücksichten binden läßt, kann der Mann sich selbst befreien, der Kyniker leistet es, und in seiner Bedürfnislosigkeit hat er das Hochgefühl der Freiheit, *ἐλεύθερος ὑπὸ τὸν Δία*[1]. Das Volk, unter dem er sich bewegt, wird ihn bewundern und begreifen, daß auch ihm diese Freiheit erreichbar ist. Diogenes treibt bewußt den Kampf gegen die Torheit und die Laster der Menschen. Ob er auch auf der Gasse predigte oder disputierte, stehe dahin. Glaublich ist, daß er schriftstellerte; besonders in der Form von tragischen Szenen ließ sich die Polemik gegen die Verkehrtheiten des *νόμος* anschaulich machen, auch wohl parodisch. Erfolgreicher hat Krates von Theben die Poesie und Parodie geübt, der nichts Hündisches an sich hatte, die Untugend nicht durch persönlichen Schimpf und Hohn bekämpfte, sondern zu stillem Zuspruch in die Häuser ging, die sich seiner *φιλανθρωπία* bereitwillig öffneten. Durch diese praktische Tugend erhebt sich sein Kynismus über alle theoretische Philosophie; ob aber viele neben diesem vornehmen und gebildeten Thebaner die Seelsorge mit Hingebung und Erfolg geübt haben, mag man bezweifeln. Er hatte auf ein großes Vermögen zugunsten seiner Vaterstadt Theben verzichtet und die Liebe einer Jungfrau gewonnen, die ihm aus ihrem reichen Vaterhause in seine freiwillige Armut folgte. Wohl hat er den *τῦφος*, den Schwindel, bekämpft, wo er ihn fand, auch in der verstiegenen Metaphysik des Xenokrates und der haarspaltenden Eristik Stilpons, aber von der billigen Polemik gegen die mythischen Götter, die Stilpon nicht mied und spätere Kyniker gern trieben, scheint er sich vollkommen frei gehalten zu haben: seine Umdichtung von

[1] Diogenesbrief 7 *καλοῦμαι κύων ὁ οὐρανοῦ, ὅτι ἐκείνωι ἔοικα ζῶν οὐ κατὰ δόξαν ἀλλὰ κατὰ φύσιν ἐλεύθερος ὑπὸ τὸν Δία*. So der Palatinus; ob *οὐρανοῦ* erträglich ist? Man wünscht *οὐράνιος*, wie Kerkidas bei Laertios VI 77 hat.

Solons großer Elegie schließt mit dem Versprechen, ein Lebensziel zu erreichen, wo er Hermes und die Musen nicht mit üppigen Opfergaben, sondern mit *ὅσιαι ἀρεταί*, mit reinem und frommem Lebenswandel, seine dankbare Verehrung erweisen könnte.

Die menschliche Gesellschaft verneint dieser Kyniker nicht, aber außerhalb des Staates steht er freilich, und in den ohnmächtigen hellenischen Städten war das begreiflich; recht viele und nicht die schlechtesten lebten so. Das Wort Kosmopolit scheint von den Kynikern geprägt zu sein. Freilich ein Abfall von Sokrates, den die Spätzeit gern mit Diogenes zusammenstellte. Um so erfreulicher, daß in der zweiten Hälfte des dritten Jahrhunderts in Megalopolis ein Mann, der sich zum Kynismus bekennt, nach dem Rücktritt des Lydiades von der Tyrannis als Gesetzgeber auftritt und weiter die Führung seiner Stadt in der Hand hat. Kerkidas greift in seinen Meliamben auch einzelne Personen namentlich an[1] und verehrt den Diogenes als *οὐράνιος κύων*; aber er gehört vielmehr zu Krates[2]. Das Eigentümliche dieses Kynismus steht im ersten Gedichte. Da wird breit ausgeführt, daß im Schicksale der Menschen eine göttliche Gerechtigkeit nicht zu finden ist, und dabei fallen Götternamen mit homerischen Anklängen. Dies Problem zu lösen überläßt er den Metaphysikern; denen macht es keine Mühe. Wir sollen uns an Päan und die *Μετάδως* halten, die er sich nach Analogie der hesiodischen Dos erfindet, also das Abgeben, das gehört mit dem Heilgotte zusammen. Also als Arzt geht der Kyniker zu seinen Mitmenschen. Diese Parallele wird auch später gezogen, aber Kerkidas verlangt auch tätige Hilfe: das ist nicht die im Grunde egoistische Bettlerphilosophie des Diogenes, sondern Altruismus, oder besser auf gut deutsch Menschenliebe, *φιλανθρωπία*, neutestamentlich *ἀγάπη*. Sie hat hier nicht nur keine Verbindung mit den Göttern der Tempel oder denen der Dogmatiker, sondern ist aus dem Leben in einer entgötterten und moralisch sinkenden Welt erwachsen; um so verdienstlicher ist sie, hat aber leider keine Nachfolge gefunden. Der Kynismus ist

[1] Völlerei wird besonders gezüchtigt. Stelle man dazu die Schilderungen von Diners, die wir bei Athenäus von Lynkeus, Matron und anderen lesen, aus dem Ende des Jahrhunderts die Schilderung der Böoter bei Polybios XX 6. Der Gegensatz gegen Althellas ist hierin besonders stark.

[2] Auch im Stile wird es Berührungen gegeben haben. Krates 11 *συγκατανευσιφάγοι* ist ein Kompositum, wie Kerkidas sie liebt.

auf die Städte des eigentlichen Hellas beschränkt[1]; die Königreiche haben ihm keine Stätte gewährt; ihre Großstädte hatten wohl zu viel barbarische Bevölkerung. Aber auch in Hellas verschwindet er mit Kerkidas und Teles, der, so gering man ihn selbst einschätzen muß, uns die beste Probe von den herumziehenden Philosophen gibt, die in den Gymnasien Vorträge halten. Dieser borgt auch bei Stilpon, dessen Eristik ebenfalls ausstirbt[2], und bei dem Borystheniten Bion, der unter die ernsthaften Philosophen nicht gezählt werden darf, wie einst die Sophisten herumzog und mit seinen witzigen Vorträgen, die er auch veröffentlichte, das Geld zu einem behaglichen Leben verdiente, aber auch verbrauchte. Die Modernen haben seine Bedeutung stark überschätzt. Amüsiert haben sich die Leute bei seinen Witzen, aber nahrhaft war die Kost nicht. In einer Zeit, die so viele namhafte Philosophen nebeneinander sah, fanden solche Redner leicht ein Publikum, das sich etwas unterrichten wollte, um die Mühe des Lesens zu sparen. Manche Gymnasiarchen werden von den moralisierenden und aufklärerischen Vorträgen Nutzen für die Jugend erwartet haben. In Wahrheit haben die *σπουδογέλοια* dem ernsthaften philosophischen Unterrichte Abbruch getan und zu dem moralischen Niedergange beigetragen, den Polybios anerkennen muß. Denn die Redlichkeit, die an dem alten Glauben immer weniger eine Stütze hatte, konnte durch eine religionslose Moral und eine vorgebliche Lebensweisheit nicht aufrechterhalten werden. Die Satire des Menippos von Gadara hat sich ebenso gegen die alten Götter wie gegen die Philosophie Epikurs gerichtet, vermutlich nicht nur gegen diese eine Schule. Nach beiden Seiten ist sie später dem Lukian willkommen gewesen, dessen Ikaromenippos wenigstens ein sehr glückliches Motiv des Originals erhalten hat. Ob Menippos aber wie Lukian bei der bloßen Negation blieb, läßt sich nicht erkennen[3]. Schwer-

[1] Krates ist, wie Schwartz erkannt hat, nicht auf einer Vortragsreise nach Maroneia gekommen, sondern hat die Familie seines Schülers und späteren Schwagers Metrokles besucht.

[2] Pyrrhons Skepsis ist, da er nicht schrieb, literarisch nur durch den Python des Timon vertreten worden, dessen Sillen für die Menge unverständlich waren. Es ist mir daher nicht wahrscheinlich, daß Polystratos gegen diese Skepsis geschrieben hat.

[3] Meleager hat schwerlich mehr als die literarische Form dieser Satire mit Menippos gemein. Er hat nur darin Bedeutung, daß er an die Zeit Varros heranreicht, also diesem den Weg zu Menippos gewiesen haben mag.

lich wird er mit Recht der kynischen Schule zugerechnet, denn der Spott macht noch nicht zum Philosophen. Vielfach ist man geneigt, auch die zum Teil gelehrte Polemik gegen die Volksreligion, die sich bei Juden und Christen findet, den Kynikern zuzuschreiben, möglicherweise trifft das zu; aber dann war das kein echter Kynismus mehr, der doch seine philosophische Weltanschauung besaß. Barer Atheismus blieb anstößig. Theodoros konnte sich in Athen nicht halten, und nur Demetrios von Phaleron bewahrte ihn vor einem Asebieprozesse (Laert. II 101). Das würde der letzte geworden sein; später hat kein Staat mehr die alten Götter geschützt, denn wenn die Epikureer manchmal ausgewiesen sind (Athenaeus 547), so galt ihre Lehre für unmoralisch, Gottesleugner waren sie nicht.

Daß die Philosophie, also eine wissenschaftliche Unterweisung, die religiöse und moralische Erziehung der Jugend, wenigstens der höheren Stände, zu besorgen hätte, hat den hellenistischen Jahrhunderten festgestanden; es ließ sich diese Erziehung nur nicht leicht beschaffen, wenn kein Studium in Athen erreichbar war. Im Unterschiede von dem vierten Jahrhundert und vollends von der Römerzeit erhob die Rhetorik nicht mehr in Konkurrenz mit der Philosophie Anspruch auf die vollkommene Jugendbildung, sondern begnügte sich, die formale Schulung in Rede und Schrift zu besorgen. Über die stilistischen Prinzipien und die entsprechende ästhetische Kritik hat es zwischen den Rhetoren starke Gegensätze gegeben, auch wohl Streit mit den Peripatetikern, die sich von Aristoteles und Theophrast her mit solchen Fragen beschäftigten und auf die Grammatik, als sie sich zu einer Wissenschaft erhob, stark einwirkten. Andererseits griff die Stoa von der Seite der Logik auf die Rhetorik hinüber. Schriftstellerischen Erfolg hat mancher Rhetor des dritten Jahrhunderts gehabt, zumal wenn er auch Geschichte schrieb; aber von öffentlichen Deklamationen spürt man nur wenig. Im zweiten Jahrhundert bildet Hermagoras eine erfolgreiche Systematik der Gerichtsrede aus, und die Unterscheidung der Behandlung eines konkreten Falles, *ὑπόθεσις*, von der eines allgemeinen Satzes, *θέσις*, ist folgenreich geworden, denn das griff auf philosophische Themen über. Der vermutlich rhodische Rhetor, von dem die Rhetorik ad Herennium abhängt, beansprucht die Regeln für alle Gattungen der Prosa geben zu können. Wir sehen die Macht der Rhetorik wieder zunehmen, wozu beitragen mußte, daß den Römern, die griechisch reden und schreiben lernen mußten, der Rhetor wichtiger als alle Philosophen war. Daher polemisieren schließlich selbst die Epikureer gegen die Rhetoren, die Akademie des Philon von Larissa nimmt trotz Platon die Rhetorik in ihren Studienplan auf, und selbst Poseidonios hält eine Vorlesung gegen Hermagoras. Das sind die Vorzeichen des Umschwunges in der Jugendbildung, welchen die Kaiserzeit bringt, ein offenkundiger Niedergang der Philosophie und damit der ganzen hellenistischen Bildung.

Doch wir haben nur vorgreifen müssen, um uns ganz den Philosophenschulen widmen zu können, die sich in den letzten Jahrzehnten des vierten Jahrhunderts nach dem Vorgange der Akademie in Athen gebildet und das geistige Leben nicht nur der Hellenen bis weit über den Untergang des Hellenentumes bestimmt haben. Durch sie bleibt Athen, obgleich es seit dem Sturze des Lachares unfrei und politisch ohnmächtig war, die geistige Hauptstadt des Hellenentumes, wie Rom während des Mittelalters durch das Papsttum für die westliche Christenheit. Die Philosophie sinkt zwar bald von der Höhe herab, auf die sie Aristoteles erhoben hatte, sie verzichtet auf die wissenschaftliche Forschung sowohl auf dem Gebiete der Natur wie der Geschichte und des Rechtes, aber sie gibt den Menschen, was diese vor allem bedürfen, eine Metaphysik, an die sie glauben, und die ihnen die Grundlage für ihre sittliche Lebensführung schafft, sie gibt ihnen Religion. Es liegt keine Herabsetzung darin, daß man die vier Schulen vier verschiedene theologische Fakultäten nennen kann. Die Philosophie wird magistra vitae. Es gehörte freilich bei allen eine Physik dazu, die den Anspruch erhob, das einheitliche Leben des Kosmos und der Natur wissenschaftlich zu erklären, aber was die Menschen praktisch suchten, war eine Norm für ihre Haltung im Leben, also Ethik, nicht das Moralische, das sich nach Fr. Vischer immer von selbst versteht, sondern eine Wegweisung zu dem, was zwar nicht in allen Schulen *ἀρετή* hieß, aber doch der alten *ἀρετή* entsprach, und das Ziel können wir auch noch *εὐδαιμονία* nennen, wenn es auch nun vorwiegend negativ als *ἀλυπία ἀοχλησία ἀταραξία ἀπάθεια* bezeichnet ward; auch *εὐθυμία* kann man mit Demokrit sagen, denn um den Frieden der Seele handelt es sich, in diesem Leben, auch da, wo an ein Fortleben der Seele geglaubt wird[1]. Was ist das an-

[1] Christlicher Dünkel hat gern diese Eudämonie verlästert, als ob sie nichts als ein gemeines Wohlergehen wäre, was schon durch die Wort-

deres als Religion? Daß die vier Schulen sehr verschiedene Weltanschauungen vertraten, war kein Nachteil, denn die Begabung und Geistesrichtung ist verschieden und findet daher in verschiedenen Metaphysiken Befriedigung. Es kommt hier weniger auf die Schüler an, welche die Philosophie zu ihrem Berufe machen, als auf die große Zahl der Hörer, die eine Religion in das Leben mitnehmen, und zu ihnen stellen sich noch viel mehr, die durch die wandernden oder hier und da in hellenischen Städten angesiedelten Anhänger einer Schule und durch die populären Schriften sittliche und religiöse Anregung erhalten. Diese Ausstrahlungen reichen allmählich weit über die gebildeten Kreise hinaus. Unsere Betrachtung der philosophischen Lehren beschränkt sich natürlich auf das, was zur Religion gehört.

Platons Schule behauptet schon wegen ihres Alters und ihrer festen Organisation den ersten Rang; sie hat ja auch am längsten gelebt. Es war von Bedeutung, daß die Mitglieder in Xenokrates einen Ausländer zum Vorstand wählten, der also auch den Grundbesitz der Genossenschaft verwalten durfte. Er hatte mit der herrschenden Demokratie, die Platon so heftig befehdet hatte, Frieden geschlossen, also auf alle politischen und sozialen Reformgedanken verzichtet, aber ebenso auf die Gunst der Makedonen, um die Speusippos gebuhlt hatte. So konnte ihn Athen der Gesandtschaft beigeben, die Antipatros um Gnade bitten sollte, weil dieser Metöke auf einen besseren Empfang rechnen durfte als alle Bürger. Es war nun seine ehrwürdige Person, durch die er wirkte, denn seine Lehre hielt sich an die spätesten Gedanken Platons, und das *ἕν* und die *ἀόριστος δυάς* waren nur im engsten Kreise verständlich; daß ihm die Chariten nicht gnädig waren, hatte Platon selbst gesagt. Mit seiner Dämonologie, die Platons Dichtungen und zugleich mehr oder minder abergläubische Volksvorstellungen ernst nahm, hat er nur Unheil angestiftet. Es ist seine Schuld, daß die Akademie jede Fühlung mit der Naturwissenschaft verlor[1] und

bedeutung widerlegt wird. Aber es wird damit auch verkannt, daß jede Hoffnung auf eine künftige Seligkeit ihren Wert darin hat, dem Gläubigen schon hier die wahre innere Eudämonie zu verleihen. Der schwere Mangel der hellenistischen Philosophien liegt darin, daß sie nur an die Eudämonie des einzelnen Menschen denken, nicht an die menschliche Gesellschaft; das erzeugt den Egoismus, dem auch die meisten Lehrer selbst verfallen.

[1] Es würde anders gegangen sein, wenn Aristoteles bei dem Tode des

selbst die Mathematik nicht fortgetrieben ward; Eukleides hat zwar die für alle Zeit kanonische Zusammenfassung der Mathematik gegeben, wie sie in der Akademie Platons zu einem gewissen Abschluß gebracht war, aber in der Schule des Xenokrates oder für sie hat Eukleides nicht geschrieben. Trotz alledem behielt die Akademie unter ihm ihre Würde und fehlte es ihr nicht an Schülern. Als dann wieder Athener an die Spitze traten, war freilich das frische Leben anderswo, aber die weltflüchtigen Männer mit ihrer frommen Sittenstrenge imponierten, weil sie einer vergangenen besseren Welt anzugehören schienen[1], und als Demetrios 288 zum letzten Male gegen das wehrlose Athen zog, ward das Schulhaupt Krates zu ihm geschickt, und man wird ihm die Rettung zugeschrieben haben, die in Wahrheit auf dem friedlichen Abkommen zwischen Demetrios und Pyrrhos beruhte[2]. Durch populäre Schriften auf weitere Kreise zu wirken, haben diese Schulhäupter verschmäht. Das hat dann Krantor besorgt, mit Erfolg durch *περὶ πένθους*[3]; was wir noch von ihm lesen, steht nicht eben hoch. Das Bedürfnis war auch nicht groß, da Platons Dialoge in allen Händen waren[4]. Als Arkesilaos durch das Zurückgreifen auf Sokrates und die Zurückstellung der Metaphysik frisches Leben in die Akademie brachte,

Speusippos als Vorstand erreichbar gewesen wäre, und wenn er damals sich nicht schon zu selbständig gefühlt hätte. Aber auch wenn der Pontiker Herakleides Schulhaupt geworden wäre; denn er hatte sowohl astronomische wie historische Interessen und war ein erfolgreicher Schriftsteller. Freilich gebrach es ihm an wissenschaftlichem Ernste. In seiner Heimat Herakleia war er so gut wie aus der Welt, nur sein Landsmann Chamaileon hat die literaturgeschichtlichen Forschungen fortgesetzt.

[1] Arkesilaos, der von ihren Lehren abwich, hat gesagt, daß sie ihm, als er in die Schule eintrat, als *θεοί τινες ἢ λείψανα τῶν ἐκ τοῦ χρυσοῦ γένους* erschienen wären, Antigonos von Karystos bei Laertios IV 22.

[2] Auf diese *διαλύσεις* geht das Komikerfragment bei Plutarch curios. 519, das also von Menander nicht herrühren kann.

[3] Die *σύγκρισις* der höchsten Güter bei Sextus eth. 52–58 mag zu ihrer Zeit gefallen haben, ist aber reichlich flach und steht auch stilistisch gar nicht hoch. Von *π. πένθους* haben wir viel weniger, als flüchtige Benutzung der elend kompilierten consolatio ad Apollonium zu versichern wagte. Vgl. Kuiper Mnem. 29, der nur in Verkennung des hellenistischen Stiles die Auswüchse der modischen Kunst beschneiden will.

[4] Selbst die Kleruchen des Fajum haben platonische Bücher besessen, deren Reste uns wertvoll sind.

verzichtete er selbst auf das Schreiben, sorgte aber für eine Ausgabe der platonischen Schriften. In diesen haben alle folgenden Zeiten eine religiöse Anregung gefunden, wichtiger als alle dialektisch-wissenschaftliche Belehrung; für die Ethik in den sokratischen Dialogen, gipfelnd in Gorgias und Phaedon; da lernten sie die Unsterblichkeit der Seele, und daß sie im Jenseits oder einem neuen Leben Lohn und Strafe findet, was ihnen auch den Mythos des Gorgias glaublich machte. Timaios und Gesetze erklären das Leben des Kosmos und des Menschen; überall war die Seele schaffend und bestimmend, *ψυχὴ γένεσις ἁπάντων πρώτη* (Ges. 899c). Und von beiden Seiten her ergab sich der Glaube an die Gottheit, *δύ' ἐστὸν τὼ περὶ θεῶν ἄγοντε εἰς πίστιν* (966d)[1]. Es ist das Wesen der Seele, wie er es erkannt hatte, und die Regelmäßigkeit des Laufes der Himmelsphäre mit den Sternen und den Planetensphären, wie ihn Eudoxos ihm bewiesen hatte. Das erste war ihm aus seinem ethisch-politischen Denken erwachsen; das andere hatte er durch die Beschäftigung mit Astronomie und Mathematik zugelernt. Er dachte also gar nicht daran, wie vor Zeiten einmal die Menschen darauf gekommen wären, an Götter zu glauben[2]. Aber wenn er dazu gedrängt war, den Sternen eine Seele zuzuschreiben und sie daher als Götter anzuerkennen, dann gab es Götter unbeschadet Gottes, des *βασιλεύς* (Ges. 904), und konnten die *κατὰ νόμον ὄντες θεοί* unter ihm bestehen, deren Kult er immer anerkannt, deren Existenz er nie geleugnet, im Timaios 40e ausdrücklich in seine Konstruktion des Kosmos aufgenommen hatte. So haben sehr viele aus ihm sich die Rechtfertigung für ihren Glauben an ihre Götter geholt, noch viel mehr für den Glauben an einen die Welt

[1] Auch dies ist also nur Glaube; auch wenn die wenigen Denkfähigen den Wahrheitsbeweis liefern können, wird die Menge am Glauben sich beruhigen müssen und können.

[2] Aristoteles (Fr. 10, 11 R.) dagegen hat im Anschluß an diese Ansicht Platons die Entstehung des Götterglaubens bei den Menschen erklärt; *τὰ περὶ τὴν ψυχὴν συμβάντα* sind Ahnungen der Seele im Traume und ihr mantisches Hellsehen. Dazu kommt das Anschauen des regelmäßigen Laufes der Sonne und der Gestirne des nächtlichen Himmels, das auf einen Schöpfer dieser Ordnung schließen ließ. Jäger, Aristoteles 164, setzt sich zu dem Texte in Widerspruch, wenn er bestreitet, daß dies historisch verstanden werden soll. Es werden ja die *πρῶτον εἰς οὐρανὸν ἀναβλέψαντες* genannt. Fr. 14 gehört dem Aristoteles nur *numquam nos verecundiores esse debere quam cum de dis agitur*, was nichts Besonderes ist. Das Folgende ist von Seneca; man muß es nur in Natur. quaest. VII 30, 1

regierenden Gott. Niemals hat er aufgehört religiös zu wirken, allerdings in sehr verschiedenem Sinne, weil seine Mythen auch als Offenbarung genommen wurden.

Aristoteles kann, was die Wirkung für die Religion angeht, noch zu der Akademie gerechnet werden, denn seine Dialoge, stilistisch höchst reizvoll und viel verständlicher als Platons Altersschriften, standen noch wesentlich unter dessen Einfluß; die Abweichungen waren nur auf Gebieten bedeutend, welche den meisten Lesern kaum zugänglich und für Gottes- und Seelenglauben nicht entscheidend waren. Wir haben erst durch W. Jäger die Schriften dieser Frühzeit, die Dialoge, verstehen und würdigen gelernt. Aristoteles selbst ist später von Platon und seinen eigenen Jugendschriften immer weiter abgerückt, aber als er nach Athen zurückkehrte und zu der Akademie, die nun unter seinem alten Freunde Xenokrates stand, in Gegensatz geriet, dehnte er seine Studien und seine Vorlesungen immer weiter aus und fand keine Zeit, fertige Bücher herauszugeben. Nur wenige Vorlesungen und daneben Materialsammlungen, die oft von Hilfsarbeitern stammten (z.B. die Politien, an denen er nur strichweise selbst gearbeitet hatte), wurden von Schülern herausgegeben. Schließlich geriet sein wissenschaftlicher Nachlaß in den Keller von Skepsis, seine Schule schlug bald andere Wege ein. So lange war er im wesentlichen der Aristoteles der Dialoge. Als aber die Schätze in Skepsis am Ende der hellenistischen Periode gehoben wurden, nahm die Entdeckung des reifen Aristoteles das Interesse der Fachleute ganz in Beschlag, und da auch die logischen Schriften und die Metaphysik den allgemein Gebildeten nicht zugänglich waren, war die peripatetische Lehre nun ausschließlich die in den nachgelassenen Schriften niedergelegte. Das schob die Dialoge beiseite, so daß nur wenige sich

nachlesen: die Haltung eines Römers wird beschrieben. Fr. 15, Synesios, Dion. S. 271 Kr., *τοὺς τελουμένους οὐ μαθεῖν τι δεῖν ἀλλὰ παθεῖν καὶ διατεθῆναι, δηλονότι γενομένους ἐπιτηδείους*. Da gehört dem Aristoteles nur die Antithese; *διατεθῆναι* ohne eine nähere Bestimmung ist für ihn unmöglich, und das Folgende kann nicht aristotelisch sein. Lobeck Agl. I 145 hat eine Parallelstelle aus Iamblichos herangezogen. Aus solcher Gegend wird Synesios auch das Zitat haben; wo das Wort bei Aristoteles stand, zu bestimmen halte ich für Willkür. Gehört übrigens nicht zu Fr. 18, was Iulian or. VII 237c auf Aristoteles zurückzuführen scheint, wie stark es auch immer umgestaltet sein mag?

überhaupt erhielten und auch diese ebenso wie fast alle Werke seiner Schüler schließlich zugrunde gingen. Aristoteles hatte noch starkes Interesse für die Politik, sah sie begreiflicherweise vom Standpunkte der hellenischen Kleinstaaten oder besser Städte an und kam trotz allen historischen Sammlungen in der Konstruktion einer Musterstadt über Platon nicht hinaus. Demetrios von Phaleron hat ihn gehört, hat in seinem Geiste der Wissenschaft eine Stätte in Alexandreia geschaffen, aber zu dem letzten wirklichen Staatsmann Athens ist er nicht durch Aristoteles geworden. Dieser hat zwar im Schluß der nikomachischen Ethik begeisternde Worte über das Lebensziel gefunden, aber der *θεωρητικὸς βίος* kann unmöglich den Menschen als das Höchste und Erstrebenswerteste hingestellt werden. Wir bewundern es als das schöne Geständnis des Forschers, der in der rastlosen, hingebendsten, aber auch fruchtbarsten Arbeit die *εὐδαιμονία* gefunden hat, aber die Klugheit, Menschenkenntnis und *σωφροσύνη* seiner Ethik kann kaum ein *προτρέπειν*, sicher kein *προάγειν εἰς ἀρετήν* bewirken, wie es doch die stoische Ethik getan hat, die alle die bezeichneten Vorzüge der aristotelischen nicht besitzt. Der Gott seiner Physik hatte mit den Menschen und ihrer Sittlichkeit nichts mehr zu schaffen, wenn auch in der Teleologie seines Systemes die Anerkennung einer höheren Göttlichkeit lag als in dem ersten Beweger. Als er sich selbst gefunden hatte, war er der maestro di color che sanno, aber ein Erzieher seines Volkes zum Leben und Handeln war er nicht mehr. Das ist der Peripatos auch nie gewesen, so stark die aristotelischen Gedanken in der späteren Philosophie fortleben. Erst als mit dem vierten Jahrhundert n. Chr. die hellenistischen Schulen erstorben und ihre Schriften vergessen sind, bildet sich der Gegensatz von Platon und Aristoteles aus, der sich dann durch die Byzantiner bis ins 16. Jahrhundert zieht. Aristoteles war der Träger der antiken Wissenschaft überhaupt geworden, als seine Hauptschriften in das Latein übersetzt waren; Thomas von Aquino baute mit seinen Syllogismen die katholische Dogmatik, und dann richtete sich die werdende moderne Wissenschaft gegen ihn und meinte die Kirchenlehre. Er würde über beide sarkastisch gelächelt haben, denn man sieht an seinem Gesicht, das so ganz anders aussieht als alle anderen Philosophen, daß er das konnte. Auch für die Fehde der griechischen Platoniker und Aristoteliker würde er nur Hohn gehabt haben. Aber auf Rafaels Disputa stehen die beiden Könige der Philosophie nebeneinander: so gehört es sich.

Theophrastos, der Nachfolger des Aristoteles, dem erst sein Mitschüler Demetrios die Gründung einer Schule ermöglichte, hat einen starken Lehrerfolg gehabt und im Sinne des Meisters auf allen Gebieten der Forschung und Lehre fortgearbeitet. Auch auf weitere Kreise wollte er wirken. Die Schrift *περὶ εὐσεβείας* mit ihrer Bekämpfung der blutigen Opfer haben wir öfter anzuführen Gelegenheit gehabt. Es war im Sinne des Aristoteles, die Götter und ihren Kult nicht zu bekämpfen, aber wohl Anstößiges und Überlebtes aus dem Kultus zu entfernen. Dazu hätte aber nur ein energischer Staatsmann das Volk bestimmen können, und wenn Demetrios tatsächlich den Luxus der Grabbauten beseitigte, mochte auch eine Reform des Opferdienstes möglich scheinen. Offenbar war Theophrast eine stille Gelehrtennatur, unermüdlich in produktiver Forscherarbeit, aber nicht geneigt, in der Politik eine feste Stellung theoretisch oder gar praktisch einzunehmen[1] oder als Erzieher des Volkes aufzutreten, vielmehr dem *θεωρητικὸς βίος* so unbedingt ergeben, daß sein Abscheu vor den Störungen, die in der Ehe drohten, geradezu komisch wirkt[2]. Es hat wohl starke Gegenströmun-

[1] Höflichkeiten, die dem berühmten Schriftsteller von Königen erwiesen wurden, beweisen nichts. Ein Buch *π. βασιλείας*, an Kassandros gerichtet, ward auch einem anderen Verfasser zugeschrieben, war also schwerlich echt. Sein vielbenutztes Buch über die Politik *πρὸς τοὺς καιρούς* zeigt durch den Titel, daß er die Politik für eine praktische Kunst hielt, die sich also der theoretischen Regelsetzung entzog. Die Errichtung großer Königreiche führte zu einer neuen Behandlung der Aufgaben des rechten Königs, denn Aristoteles hatte praktisch mit einem Königtum als Form der *πολιτεία* gar nicht gerechnet; Philipps Makedonien war ihm ein *ἔθνος* wie Persien. Es wäre sehr wichtig, wenn sich ermitteln ließe, ob die Theoretiker über das Banale, daß die Pflicht des Königs das *εὐποιεῖν* sei, und die isokratischen Trivialitäten hinausgekommen sind und den Beamtenstaat, daneben die Erhaltung kommunaler Selbstverwaltung für die hellenischen Städte u. dgl. begriffen haben. Aber die Aussicht dazu scheint sehr gering. Was wir von Epikur *π. βασιλείας* hören (Fr. 5, 6), ist nur die Warnung an die Seinen, sich in die Gesellschaft der ungebildeten Könige, Makedonen, einzulassen. Kolotes hat doch versucht, bei Philadelphos seine Philosophie auf Kosten der anderen anzupreisen. Iulian, or. VII 212 d, sagt von Diogenes: *ἃ πρὸς Ἀρχίδαμον γέγραφεν οὐ βασιλικαὶ παραινέσεις εἰσίν*. Von dieser Beziehung zu dem Spartaner kenne ich sonst keine Spur. Epiktet IV 1, 156 steht nur sein Name in einem Worte des Diogenes.

[2] Was Seneca bei Hieronymus adv. Iovinianum aus Theophrast in seiner pointierten Weise mitteilt, gibt von der Ehefrau eine Vorstellung,

gen in der Schule gegeben, wenn er ihr seine ganze Bibliothek entzog, zu der auch der schriftliche Nachlaß des Aristoteles gehörte, und keinen Versuch machte, seinen Nachfolger zu bestimmen. Das ward Straton, der auch neue Wege einschlug, als Physiker persönlich von Bedeutung, aber ohne darin Nachfolger zu finden. Mit ihm hört die wissenschaftliche Bedeutung der athenischen Schule auf; daß sie gescheite und gefällige Schriftsteller erzeugt, ändert an dem Niedergange nichts. Sie hatte aber das Erbe des Aristoteles niemals allein übernommen, darin lag ein Vorzug. Eudemos lehrte in seiner Heimat Rhodos, Aristoxenos gehörte ihr mindestens zur Hälfte an, und so wie er den Pythagoras als Moralprediger auftreten ließ, konnte das wohl ins Breite wirken. Nicht nur er verzichtete auf die Seelenwanderung und faßte die Seele wie Simias und Kebes als Harmonie, die der Tod auflöste. Ihr Fortleben gab auch Straton auf, ebenso Dikaiarchos, der Verfechter des *πρακτικὸς βίος*, in dem wir einen einflußreichen Schriftsteller vermuten, aber bisher nicht fassen können[1]. Diese peripatetische anziehende Schriftstellerei muß weiten Kreisen der Gebildeten eine nicht theoretisch begründete, aber für ihre Haltung im prak-

die aussieht, als wäre sie aus der neuen Komödie, keinesfalls aus dem Leben genommen. Theophrasts Charaktere zeugen dagegen von einer scharfen Beobachtung, und darin liegt eine Verwandtschaft mit Menander, wenn auch der Dichter, der individuelle Menschen schafft, von dem Philosophen stark verschieden ist, der die Laster charakterisieren will, also alle verwendbaren Züge zusammenstellen muß, unbekümmert, ob sie sich in einer Person zusammenfinden können. Ob die Überlieferung von persönlichen Beziehungen der beiden Männer auf Tatsachen beruht, ist unsicher, Schüler Theophrasts ist der frühreife Dichter nicht gewesen.

1 Wir sind geneigt, dem *βίος Ἑλλάδος* große Bedeutung zuzumessen, aber wir wissen eigentlich nur, daß Dikaiarchos bei dem Traume einer paradiesischen Urzeit beharrte, was ein historischer Gewinn nicht genannt werden kann. Danach ist wichtig, daß er von Assyrien und Ägypten erzählte, also von der älteren Macht und Kultur der Barbaren. Seine politischen Schriften hat Cicero gelesen; daher bin ich geneigt, ihre Wirkung auf dessen politische Bücher hoch anzuschlagen, wenn auch der Nachweis kaum möglich ist; nur wird man mißtrauisch gegen andere Hypothesen, die ihm keinen Raum lassen. Von Pythagoras hat er auch gehandelt; da müßte man sein Verhältnis zu Aristoxenos kennen, was auch nicht erreichbar zu sein scheint. Wir vergessen zu leicht, daß die früheste hellenistische Zeit sehr fruchtbar war und ihre Werke, die uns ganz verloren sind, in den nächsten Jahrhunderten nachgewirkt haben müssen.

tischen Leben bestimmende Weltanschauung vermittelt haben. Für die Erhaltung der Wissenschaft, wie sie Aristoteles zu treiben gelehrt hatte, ist doch das Wichtigste durch Demetrios in Alexandreia geschehen, die Gründung der Bibliothek und des Museion, das seinen Namen ja von der Schule des Theophrast direkt entlehnte, der Demetrios zum Leben verholfen hatte. Für die Arbeiten der Bibliothek, das Sammeln von allem möglichen Stoff aus ihren Schätzen, wie sie Kallimachos und seine Schüler getrieben haben, die sich vielfach auch Peripatetiker nennen, ist Aristoteles das Vorbild, der die *πολιτεῖαι νόμοι δικαιώματα* hatte sammeln lassen. Daß der Geist fehlte, der dies Material verarbeiten sollte, und ein Hermippos nicht nur urteilslos, sondern tendenziös bis zur Unehrlichkeit war, daß die freie Philosophie an den Höfen nicht gedieh, mindert das Verdienst des Demetrios nicht, und wenn die Späteren ihn auch ganz vergaßen, er hat doch den Grund dazu gelegt, daß in Alexandreia Philosophie so lange wie in Athen sich gehalten hat, wohl auch dazu, daß die Medizin, die in Athen fehlte, ebensolange betrieben ward[1].

Man kann sich gut denken, daß zur Zeit von Lykon, Ariston, Kritolaos bei der peripatetischen Schule wohlhabende junge Leute eintraten, die in Athen den gesellschaftlichen Schliff und eine weltmännische Bildung suchten, ohne den Drang zu spüren, sich eine philosophisch-religiöse Weltanschauung zu erwerben.

Der Garten des Epikuros nahm ganz andere Menschen in seinen stillen Frieden auf. Cicero hat die Lehre Epikurs immer nur mit Abscheu und Verachtung abgewiesen, er schlägt sozusagen das Kreuz gegen die gottlose und unsittliche Lustlehre, Plutarch ebenso, aber Cicero vor allem verschuldet das noch heute herrschende Renommee der Epikureer (die falsche Orthographie der Zeitungschreiber gehört dazu), das schon das hübsche Vagantenlied in die Worte faßt:

[1] Wenn Straton Erzieher des Philadelphos heißt, also vor dem Antritte seiner Schulleitung in Alexandreia war, so wird Demetrios an seiner Berufung nicht unbeteiligt gewesen sein. – Einen Arzt als Mitglied des Museions kenne ich nicht vor Chrysermos, der wahrscheinlich unter Philometor an der Spitze stand (delische Inschrift, Orient. inscr. 104), aber das berechtigt, schon Herophilos eine offizielle Stellung zuzuschreiben, und der dauernde wissenschaftliche Primat der alexandrinischen Medizin deutet auf eine staatlich gesicherte Organisation.

alte clamat Epicurus,
venter satur est securus,
venter deus meus erit.

Und doch hätte Epikur wie Krates die *Εὐτέλεια* begrüßen können

*χαῖρε θεὰ δέσποινα, σοφῶν ἀνδρῶν ἀγάπημα,*

wenn er einen Vers hätte machen können und nicht selbst im Spiele eine Göttin als *δέσποινα* anzureden sich gescheut haben würde. Auf der anderen Seite hat seine Physik, in Wahrheit die Demokrits, steigende Anerkennung gefunden, seitdem Gassendi das Gedicht des Lucretius inhaltlich erschloß. Das siebzehnte Jahrhundert hatte auch Veranlassung genug, sich nach Erlösung von den terrores religionis zu sehnen, und Lucrez huldigte dem Epikur in unvergeßlichen Versen als dem Erlöser. Das sind aber Gefühle des Römers. Die Gesellschaft, in der Epikur seine Anhänger gefunden hatte, litt nicht unter dem tatsächlichen oder eingebildeten Drucke der Staatsreligion, und Höllenstrafen schreckten sie nicht. Von der Furcht vor dem Tode und den selbstbereiteten Sorgen und Ängsten wollte er sie erlösen, indem er ihnen zeigte, welche Lebensregeln die richtig verstandene Natur dem Menschen vorschriebe, andere Regeln als die der Kyniker, aber die Befreiung von den Fesseln und Vorurteilen der Konvention war auch hier das Ziel. Epikur war zwar Athener, aber in ionischer Luft aufgewachsen und gebildet; was er nach Athen brachte, war die ionische Naturerklärung der Demokriteer, *φυσιολογία*, wie er sagte, nicht *φιλοσοφία*, und seine Tat war, daß er auf diese eine praktische Weltanschauung und Lebensphilosophie gründete. So viele Mühe er sich auch mit der Begründung seiner Physiologie gegeben hat, ihm lag selbst viel weniger daran, zu erkennen, wie es um die einzelnen Erscheinungen des Naturlebens stünde, wenn sie sich nur irgendwie materialistisch erklären ließen[1]. Das Forschen lag ihm fern, und seine

[1] Angesichts dieser Gleichgültigkeit gegen die Feststellung der tatsächlichen Wahrheit ist es kaum begreiflich, daß behauptet werden kann, erkenntnistheoretische Zweifel hätten den Epikur, der sogar ein Pessimist gewesen sein soll, zu seiner Philosophie getrieben. Das kommt dabei heraus, wenn das System aus mehr oder minder festem Holze gezimmert und dann der lebendige Leib des Denkers auf dieses Kreuz geschlagen wird. Epikur ist uns als Mensch faßbarer als alle anderen Philosophen, wir sehen, wie er lebt und stirbt, er hat keine zwei Seelen in seiner Brust. Was er suchte und fand, nicht zu erkennen, ist wahrhaftig schwer. Heute geschieht es doch.

Schüler hatten es nicht mehr nötig, da er die Wahrheit bewiesen, besser offenbart hatte. Dies ist geradezu eine Buchreligion geworden, denn wer an den Katechismus der *κύριαι δόξαι* glaubte und ihnen nachlebte, der durfte hoffen, die Eudämonie zu erreichen. Hatte doch der Stifter auf dem Totenbette versichert, sie unter den stärksten Schmerzen bewahrt zu haben, die das *σαρκὸς εὐσταθὲς κατάστημα* zerstörten. Begreiflich, daß er dann in seiner Gemeinde Ehren erhielt, die der Vergöttlichung oder Heroisierung gleichkamen. Den Zauber seiner Persönlichkeit wird auch heute jeder empfinden, der sich damit vertraut macht, wie er mit den Seinen lebte, die er durch eben diesen Zauber viel mehr als durch die Bündigkeit der Beweise für seine Physiologie gewonnen hatte, und nicht wenige Sprüche hat er geprägt, so treffend im Ausdruck und so einleuchtend im Inhalt, daß Seneca der Stoiker und Pointenhascher sie bewunderte und übernahm. Epikurs nächste Anhänger stammen meist aus dem ionischen Kulturkreise, in dem er selbst seine Physiologie gefunden hatte, und man darf sagen, daß der ionische Geist, der nun seine Spannkraft verloren hatte, in dieser Lebensstille zur Ruhe kam, soweit ihn nicht die Auswanderer in die neuen Städte der Seleukiden als ein Ferment des neuen Hellenismus überführten. Dort waren diese Ionier am geeignetsten, die Orientalen zu hellenisieren, weil sie es an ihren lydischen und karischen Nachbarn erreicht hatten. Aber die Schule Epikurs ist ganz rein hellenisch; kein Orientale ist für ihren Geist empfänglich gewesen, und als sich das Orientalische überall eindrängte, ist sie still und unbemerkt gestorben. Auch das war ionisch, daß sich die Epikureer zwar ohne Widerstand in die Herrschaft der Könige fügen und auch die Pflichten der eigenen Stadt willig erfüllen, aber nur duldend, selbst liegt ihnen alles *πολιτεύεσθαι* ganz fern. Sie gehören überhaupt nicht in die Stadt, sondern in den Garten, Leute des Mittelstandes, die ihren bescheidenen Wohlstand genießen wollen, in Zeiten der Not bereit einander beizustehen, beglückt durch den gemeinsamen Glauben und die auf diesem begründete nahe Freundschaft, dem Meister unbedingt hingegeben, was er durch übertriebene Lobesergüsse vergilt. Es gehört dazu, daß nur hier auch die Frauen, Themista und Leontion[1], keine geringe Rolle spielen, und

[1] Es konnte nicht ausbleiben, daß die übliche Medisance sich an diese weiblichen Freundschaften machte; es geht den männlichen ja nicht anders. Ob Leontion sich auch in freier Liebe an einen Mitschüler oder einen älteren Genossen angeschlossen hat, stehe dahin. Eine Hetäre ist

selbst die Kinder nicht vergessen werden. Solche menschliche Herzlichkeit hat nirgend eine Parallele. Wir kennen das freilich nur aus der Zeit Epikurs, hören später kaum etwas über das Leben in der Gemeinschaft. Da die Lehre keine nennenswerte Fortbildung finden kann, weil sie an die Worte des Meisters viel stärker als die Pythagoreer an ihr *αὐτὸς ἔφα* gebunden ist und jede wirkliche Wissenschaftlichkeit fehlt, ist ihre Polemik gegen die fremden Philosophien unerquicklich, schon bei Epikur, noch mehr bei Kolotes und später bei Philodem. Große Verbreitung konnte dieser Materialismus nicht finden, noch weniger dieses enge Gemeinschaftsleben, aber daran kann kein Zweifel sein, daß immer Menschen, Männer und Frauen, einzeln oder in kleinem Kreise, in diesem Glauben den Frieden eines engen, aber reinen Lebens gefunden haben. Sehr glücklich hat man sie als die Stillen im Lande bezeichnet.

Die Lehre Epikurs war leicht; der Glaube brauchte nicht die Vertiefung in die physiologische Begründung. Daher war er auch den Frauen zugänglich. Das waren die anderen Philosophien nicht; dem Kynismus ist schwerlich eine zweite Hipparchia gefolgt. Sie rechnen auch alle gar nicht mit der Seele der Frau, denken nicht daran, sie zu bilden; das hat sich schwer gerächt. Um so wertvoller wird die Freundschaft, im Leben und noch viel mehr in der Theorie aller Schulen, auch der Epikurs. Aristoteles hat das alter ego bereits geprägt, das auf Diogenes übertragen ward (Stobaeus ecl. II 33, 10), und der Freundschaft einen unverhältnismäßigen Raum in seiner Ethik gewährt. Die Stoa ist dahinter nicht zurückgeblieben; die wahre Freundschaft sollte natürlich nur zwischen *σπουδαῖοι* möglich sein. Dagegen tritt der platonische *ἔρως*, den Polemon noch festgehalten hatte, ganz zurück[1]; von dem verleumderischen Gerede kann man absehen. Wo die *ἀπάθεια* angestrebt ward, war für warme Gefühle kein Raum.

sie damit noch lange nicht; sie konnte sich auch so gut wie Maria Magdalena bekehrt haben. Sehr bezeichnend ist, wie Athenäus 593b einen Auszug aus Phylarchos einführt. Da heißt Danae, die Tochter der Leontion, *ἑταιριζομένη*. Phylarchos selbst nennt sie *Λεοντίου τῆς μετ' Ἐπικούρου τοῦ φυσικοῦ σχολασάσης θυγάτηρ, Σώφρονος δὲ γεγονυῖα πρότερον ἐρωμένη*. Als aber Danae den Sophron gerettet hat und dafür den Tod erleiden soll, nennt sie diesen *τὸν γενόμενόν μοι ἄνδρα*. Sie war Hofdame der Laodike geworden, was die eheliche oder so gut wie eheliche Verbindung gelöst hatte.

[1] Wenn Kerkidas sagt *ἀλλ' αἴ τιν' ὀρῇς διὰ πασᾶν μουσικῶς ἁρμοσμένον*

Alle diese Schulen und Philosophien sind im alten Hellenenlande erwachsen, wurzeln in seiner geistigen Überlieferung, und ihre Lehrer stammen aus diesem Boden. Anders die Stoa; sie ist die Philosophie des Hellenismus, fast alle ihre Vertreter kommen aus dem hellenisierten Osten nach Athen, das der Sitz der Schule wird, weil es die geistige Hauptstadt des Hellenentumes war, aber es teilt der neuen Lehre keinen Hauch von attischem Geiste mit. Ein eigenes Heim hat die Schule niemals erworben; sie hat keinen gemeinsamen Kult wie Akademie und Peripatos den der Musen, der Garten den seines Stifters, auch die Organisation ist so wenig fest, daß es immer Abtrünnige gibt oder doch Außenseiter, die einen besonderen Kreis um sich sammeln. Keiner ihrer Leiter hat durch den Zauber seiner Person gewirkt, so daß er als eine vorbildliche Gestalt im Gedächtnis lebendig blieb und den Heiligenschein des Mythos erhielt. Zenon von Kition war ein schüchternes Männchen; *Φοινικίδιον* nannte ihn Krates, als er sich genierte, einen Topf mit Brei über die Straße zu tragen. Er zog aus einer Mietwohnung niemals aus, in der er nur die Bedienung eines alten Weibchens hatte, auch als der Prinz Antigonos ihn in seinen Verkehr zog, in dem er sich ungemütlich fühlte. Eine solche *αἰσχυντηλία* kontrastierte stark mit den Schamlosigkeiten seiner kynischen Politie. Chrysippos verschwindet als Person hinter dem Berge seiner ungenießbaren, mit Zitaten überladenen Bücher. Der Künstler, der sein Porträt schuf, hat es getroffen: er sieht aus, als hätte er einen Schlafrock an. Kleanthes von Assos steht zwischen beiden als ein echter Hellene, wird aber ziemlich zerdrückt. Er war sich bewußt, daß er langsam lernte und nicht die Schlagfertigkeit besaß, auf die in der Zeit der geistreichen oder doch blendenden Apophthegmen besonderer Wert gelegt ward. Es hatte ihn nicht verbittert, daß er sich als Werkstudent mühselig hatte durchschlagen müssen, und Arkesilaos, sein engerer Landsmann, hatte trotz aller Polemik gegen die stoische Dogmatik volle Achtung vor ihm. Im Gegensatze zu den Männern aus dem Osten steckte ein Dichter in ihm; er fühlte, daß von dem Höchsten in Syllogismen und dialektischen Beweisen unzulänglich geredet wird, weil da nur der Verstand

*τότ' ἂν τὸν ἶσον πόϑον ἕλκ[οις] καὶ·αϑευτον ἵμερον. τ[οῦτ]' ἐστὶ ποτ' ἄρσενας ἄρσην, [τοῦ]τ' ἔρως Ζανωνικός*, so ist *ἔρως* nichts anderes als *φιλία*. *ὀρῆς* ist zu *εὕρης* verschrieben, weil die gut dorische Form nicht verstanden war; dann *ἶσον τόν* falsch gestellt, der nächste Vers noch nicht geheilt. Im Schlusse bleibe ich bei meiner Ergänzung.

spricht[1], und seine Dichtung, die er auch sonst wie die Kyniker gern in den Dienst der Lehre stellte[2], hat in dem Hymnus auf den stoischen Zeus die wärmsten Töne hellenischer Frömmigkeit getroffen. Sein Zeus durfte auch nicht wie die anderen Götter in der Ekpyrosis aufgelöst werden[3]; offenbar konnte sich der ererbte Glaube an den Zeus, der zu Gott geworden war, nicht entschließen, ihn das Schicksal der göttlichen Personen teilen zu lassen. Es ist auch bezeichnend, daß Kleanthes in einem Hauptpunkte von der gemeinstoischen Physik abwich. Er verlegte das *ἡγεμονικόν* der Weltseele nicht in den Äther, sondern in die Sonne, traf also mit Platon in gewisser Weise zusammen, wobei das fromme Naturgefühl mitgesprochen hat. Ging er doch so weit, den Aristarchos von Samos als Atheisten zu denunzieren, weil er die *κοινὴ ἑστία* der Welt von ihrem Platze rücken wollte, während das heliozentrische System ihm eigentlich seine Lehre bestätigte.

Von den Verdiensten der Stoa um Logik, Grammatik und Rhetorik haben wir nicht zu handeln, ebensowenig von der Skepsis des Arkesilaos und den langen Kämpfen der beiden Schulen auf diesem Gebiete. Die periodische Auflösung des Kosmos und seine Erneuerung, die nichts als eine Wiederholung bis in alle Einzelheiten ist, der vollkommene Weise, der allein der wahre König und

[1] Philodem, mus. Kol. 28 S. 97 K., führt aus ihm an: *τοῦ λόγου τοῦ τῆς φιλοσοφίας ἱκανῶς μὲν ἐξαγγέλλειν δυναμένου τὰ θεῖα καὶ ἀνθρώπινα, μὴ ἔχοντος δὲ ψειλοῦ τῶν θείων μεγεθῶν λέξεις οἰκείας, τὰ μέτρα καὶ τὰ μέλη καὶ τοὺς ῥυθμοὺς ὡς μάλιστα προσικνεῖσθαι πρὸς τὴν ἀλήθειαν τῆς τῶν θείων θεωρίας*. Also auch die Musik führt zu der Schau des Göttlichen. Bei Seneca, epist. 108, 10, sagt er offenbar aus eigener Erfahrung *sensus nostros clariores carminis arta necessitas efficit*. Fragm. 486, 87.

[2] Auch Ariston hat Verse eigener Fabrik unter seine Prosa gemischt, denn die zwei Trimeter, die bei Clemens 486 P hinter dem Fragmente 370 stehen, hat Arnim zwar ausgeschlossen, aber ich hatte schon früher gesagt, daß sie nicht abgetrennt werden können; Nauck hatte wohl ebenso geurteilt, denn sie stehen nicht in den Tragikerfragmenten und klingen doch tragisch. Bei Stählin ist die Zuteilung an Ariston bezeichnet. – Auch in Prosa hat Kleanthes ein Bild gezeichnet, wie Krantor, um die verschiedenen Lebensziele zu veranschaulichen, Fr. 553, die Hedone, der alle Tugenden Sklavendienste leisten müssen. Es zeugt für eine populäre Schrift gegen Epikur.

[3] Plutarch commun. notit. 1075 b. Chrysippos hat sich dem angeschlossen. Die Einzelgötter gehen dann in Zeus ein, der also neben dem *πῦρ τεχνικόν* steht; er war schon bei Euripides *αἰθήρ* gewesen.

der wahre Schuster ist, die Leugnung aller Güter außer der Tugend (die Zenon mildern mußte, was den konsequenten Ariston zum Austritt zwang), die Gleichwertigkeit aller *ἁμαρτήματα*, das sind alles gesuchte Paradoxien[1], und an solchen hatte Zenon schon in seiner kynischen Periode Gefallen gefunden. Sie gaben Spöttern Gelegenheit zu billigen Lacherfolgen, andererseits Rhetoren Stoff zu blendender Verteidigung. In der Konstruktion des Allweisen liegt eine Vergöttlichung des Menschen, wenn er auch noch nicht in einer Person der Vergangenheit oder Gegenwart erschienen war, wie Pythagoras oder Epikur für ihre Gläubigen. Für den Menschen ist die Erde mit allem, was sie an gestalteter Materie enthält, also auch Pflanzen und Tieren, entstanden; schließlich ist auch der ganze Kosmos um des Menschen willen da, also auch die Physik für Anthropologie und Ethik, wenn sie auch wie von Epikur als Grundlage von beiden behandelt wird, denn echte naturwissenschaftliche Forschung wird nach keiner Seite betrieben. In Wahrheit ist der Mikrokosmos Mensch das Vorbild, nach dem der Makrokosmos als ein Lebewesen gedacht wird, wie jener bestehend

[1] Die äußersten Konsequenzen aus seiner Behauptung zu ziehen, ward ein Philosoph leicht in der Disputation gezwungen. Gorgias und Polos erfahren es bei Platon. Die Polemik der neuen Akademie gegen die Zuverlässigkeit der Sinneswahrnehmungen wird auch in das Paradoxe gegangen sein; die lustige Satire, die Numenios bei Euseb. praepar. XIV 734 erhalten hat, fängt den Lakydes in der Schlinge seiner Theorie. Es ist aber überhaupt die hellenische, zumal attische *σωφροσύνη* in den ersten Generationen des Hellenismus in eine Sucht nach dem Maßlosen, Überraschenden, Paradoxen umgeschlagen. So im Stil: hier Menanders Glätte und Präzision, die peinliche Wortwahl des Demosthenes, dagegen das *γριφῶδες* und *γλωσσηματικόν* des Simias und Lykophron, des Aitienprologes von Kallimachos, die neuen oder auch plebejischen Wörter bei modischen Historikern und Rhetoren, auch bei Epikur, die *πολυσύνθετα* bei Krates und Kerkidas. In der bildenden Kunst der rhodische Koloß des Chares, der Kairos des Lysippos, der Plan des Deinokrates, den Athos zu einer Menschenfigur umzugestalten, der Bau von Eikoseren und des Prachtschiffes Hierons, das in keinen Hafen ging. Auch die Sammlungen von *παράδοξα* in der Natur von Kallimachos, Antigonos u. a. kann man mitrechnen, denn die Prüfung der Angaben blieb aus und die Beobachtung des Normalen auch; die Erkenntnis der Natur macht ja keine Fortschritte mehr. Schließlich ist die Lebensführung schon Alexanders, zumal wie sie von Kleitarchos und anderen ausgemalt ward, dann die des Demetrios Poliorketes, aber auch des Diogenes das Gegenteil der alten Sophrosyne.

aus Körper und Geist. Dieser Dualismus, auf ein *ποιοῦν* und ein *πάσχον* zurückgeführt, wird dadurch überwunden, daß auch die Seele materiell ist, *πνεῦμα* oder *πῦρ τεχνικόν*, und dann muß dieser materielle Geist in aller gestalteten Materie (dem absolut qualitätlosen *πάσχον*) vorhanden sein. Er hat einmal durch gestaltendes und belebendes Eindringen den Kosmos geschaffen, wie die Seele als Pneuma den Fötus eindringend belebte, und wie diese Seele den Leib im Tode verläßt, so muß auch der Kosmos einmal sterben, indem der ihn belebende Geist sich aus ihm in sich selbst zurückzieht, räumlich gesprochen in den Äther, das *περιέχον*, das demnach göttlich genannt werden kann, worauf er denselben Kosmos einmal wieder entstehen und vergehen lassen wird, mit oder ohne Grazie in infinitum. Dieser Geist, dieses feurige *πνεῦμα* ist zugleich *λόγος* und *νοῦς* und *φύσις*, als Urheber, Erhalter und Zerstörer alles Lebens ist es Gott. So bringt es diese Lehre fertig, zugleich Materialismus und Pantheismus zu sein und ihrem materiellen Gott so viel Persönlichkeit zu verleihen, daß er Zeus heißen kann. Da der Geist, das alleinige *ποιοῦν*, alles bestimmt und bewirkt, muß sich alles mit Notwendigkeit in unverbrüchlichem Zusammenhange vollziehen. Der Determinismus, die Herrschaft der *εἱμαρμένη* (*μοῖρα*), gehört notwendig zu dieser Lehre. Da aber der Geist die vollkommene Weisheit besitzt, ganz dem menschlichen Weisen entsprechend, muß der Kosmos in allem die vollkommene Zweckmäßigkeit, Harmonie und Schönheit besitzen. Damit ist die Teleologie für diese Weltbetrachtung gegeben. Und wenn in dieser Gestaltung des Kosmos und des Menschen die Absicht des persönlich gefaßten Geistes und Gottes gefunden wird, so ist die göttliche Vorsehung, die *πρόνοια*, gegeben, die den Druck der *εἱμαρμένη* aufheben soll. Es kostete bedenkliche Vexierkünste, die Verantwortlichkeit des Menschen und seine Willensfreiheit mit dem Determinismus zu vereinigen, aber gerade an dieser lag dem Stoiker besonders viel, der sich als Herr seiner Handlungen fühlte und Gewicht darauf legte, auch berechtigt zu sein, seinem Leben selbst ein Ende zu machen. In bestimmten Fällen ist der Selbstmord sogar Pflicht. Mit der Einführung der Pflicht hat Zenon die Behandlung der Ethik umgestaltet, und wenn sich daraus auch eine üble Kasuistik ausgebildet hat, so war es doch praktisch von weittragendster Bedeutung, daß die Menschen dazu getrieben wurden, sich im konkreten Falle darauf zu besinnen, was sie zu tun hätten, weil sie Menschen wären. Freilich wird damit die Entscheidung ganz dem

Verstande zugeschoben. Für das Gefühl hat dieser Rationalismus kein Verständnis, und in dunkelem Drange seines Gefühles hat der Mensch oft genug längst die edelsten Taten der Hingabe und Selbstaufopferung getan, ehe der Verstand das Für und Wider abgewogen hat, und die Liebe zu einer großen Sache wird sogar dem Verstande Schweigen gebieten. Die Pflicht ist ein *καθῆκον*, sie kommt an den Menschen heran; das Beste, allerdings auch das Schlechteste was er leistet, kommt aus der eigenen Seele. Für die Stoa ist das *τέλος ὁμολογουμένως τῆι φύσει ζῆν*. Das klingt am schönsten, wenn wir es mißverstehen, individualistisch, wie Gräfin Terzky sagt: „Recht hat jeder eigene Charakter, der übereinstimmt mit sich selbst". Das gerade Gegenteil hat Zenon gemeint, auch wenn er *τῆι φύσει* dem *ὁμολογουμένως ζῆν* noch nicht zufügte. Denn die Übereinstimmung bezog sich immer auf die *φύσις*, die mit dem *νοῦς* oder *νόμος*, dem Weltprinzip, zusammenfiel[1]. Es ist für ihn dasselbe wie *κατ' ἀρετὴν ζῆν*, und wenn dieses Ziel erreicht ist, so ist damit das summum bonum, die *εὐδαιμονία*, nicht nur erreicht, sondern unverlierbar. Dann ist der Mensch der stoische Weise, ein zwar unerreichtes, aber erreichbares Ideal. Auf seine Pflichten führt den Menschen die Natur allmählich, indem er zuerst sich selbst als ein *οἰκεῖον* fühlt, ein Zugehöriges, für das er sorgen muß; das erweitert sich dann so, daß er die *οἰκείωσις* auf andere überträgt, also die *δικαιοσύνη* üben lernt, die ja immer das Verhältnis zu den Mitmenschen angeht[2]. Die spätere Stoa hat die Pflichten, die sich aus dem seltsam gebildeten Worte und Begriffe der *οἰκείωσις* ergeben, also gegenüber Familie, Vaterstadt, Staat, Freunden, schließlich allen Menschen, bis in das einzelne verfolgt; wir werden es bei Panaitios finden; die Grundzüge müssen aber von Zenon stammen.

Daß die Stoa kosmopolitisch war, entsprach der Zeit; Zenon erbte es vom Kynismus, er war auch selbst staatlos, Chrysippos

[1] Nur eben nachtragen kann ich, daß Arnim, Logos XX, ausführt, Zenon habe von Polemon einen anderen Begriff der *φύσις* übernommen und umgebogen, auch Theophrast habe Ähnliches gelehrt. Verfolgen kann ich es nicht, aber es scheint begründet und wird dann recht bedeutend.

[2] Tieren gegenüber gibt es keine *δικαιοσύνη*. Das hat sich leider allgemein durchgesetzt. Die Stubenmenschen kannten keine Tiere. Die Athener haben einem Maultier, das, als es keine Last mehr tragen konnte, immer noch denselben Weg auf die Burg mitlief, auf die es Steine zum Bau des Parthenon geschleppt hatte, die *σίτησις ἐκ πρυτανείου* gewährt, Aristoteles bei Aelian. nat. anim. VI 49.

ebenfalls und so die meisten stoischen Professoren. Aber auch dem Kosmos gegenüber ist von Pflichten noch nicht die Rede. Dazu mußte erst Poseidonios die *συμφυία* von allem im Kosmos erkennen, wo dann auch Stein und Pflanze und Tier, ein jegliches das Seine, zum Gedeihen des Ganzen beiträgt[1]. Noch ist die Lehre im Grunde ganz egoistisch, wenn auch so, daß sie in diesen Zeiten, die in so vielen Vaterlands- und Staatsgefühl erstickten, ein neues und starkes Pflichtgefühl erzeugte. Eine Hingabe der *σπουδαῖοι* an den Staat, wie sie Platon von seinen *φύλακες* forderte, kennt die Stoa nicht, hat überhaupt um die politische Theorie keine Verdienste, aber wenigstens hat Zenon von dem Weisen das *πολιτεύεσθαι* gefordert und damit auch dem empfohlen, der diesem Ziele zustrebte. Das war praktisch von großer Bedeutung, denn dadurch vertrug sich diese Lehre wie die des Dikaiarchos mit dem tätigen Leben und paßte für den neuen Staatsdienst der königlichen Beamten. Daß Zenon seinen Landsmann und nächsten Freund und Schüler Persaios in den Dienst des Gonatas schickte, ist ebenso wichtig für die Geltung der Stoa in der Welt geworden wie der Anschluß des Königs an die Lehre und die Person Zenons. Sphairos ist der Erzieher des revolutionären Königs Kleomenes gewesen. Aber darin lag keineswegs eine Billigung der Monarchie als der richtigen Staatsform; das war sie nur, wenn der Weise König war, was Platon und Aristoteles auch gewollt hatten.

Die einzelne Seele mußte spätestens mit der Seele des Kosmos bei der Weltverbrennung in das ungeteilte Urpneuma zurückkehren. Daß sie es gleich bei ihrem Ausscheiden aus dem Körper täte, lag begrifflich nahe, aber dazu konnten sich erst die Neuerer des zweiten Jahrhunderts entschließen. Vorher war darüber keine Einigkeit, ob alle oder nur die der Guten bis zu dem letzten Termine gesondert fortlebten, aber eine Weile sollten es wohl alle tun. Ob sie dann aber in der sublunaren Sphäre schwebten oder wie man es sonst darstellte, das hatte praktisch keine Bedeutung, denn sie wirkten auf die irdische Welt nicht ein, auch wenn sie dämonengleich genannt werden[2], und der individuelle Mensch

[1] Es steht freilich immer noch tief unter der Forderung Platons Ges. 903c *καὶ τὸ σόν, ὦ σχέτλιε, μόριον εἰς τὸ πᾶν συντείνει βλέπον ἀεὶ καίπερ πάνσμικρον ὂν ..... ὅπως ᾗι τῶι τοῦ παντὸς βίωι ὑπάρχουσα εὐδαίμων οὐσία οὐχ ἕνεκα σοῦ γιγνομένη, σὺ δ' ἕνεκα ἐκείνου.*

[2] Sextus phys. I 74. Fr. Stoic. II 812 Arn.

lebte doch nicht weiter[1]. Praktisch ist also für den Menschen der Tod das Ende, ganz ebenso wie für die Peripatetiker und Epikureer derselben Zeit, und für Arkesilaos war die platonische Seelenlehre auch nichts als eine Hypothese.

Die Götter des Volksglaubens und des Kultus mußten, wenn es sie gab, in der Ekpyrosis ebenso vergehen wie die Menschenseelen. Existieren konnten sie wohl als höher organisierte, aber menschenähnliche Wesen, und das haben die Stoiker zugestanden; wie es schlechte Menschen gab, war Chrysippos berechtigt, auch φαῦλοι δαίμονες anzunehmen, Fr. 1104, und nichts hinderte, daß solche Wesen auch in das Menschenleben eingriffen. Das hat zunächst wohl noch nicht die bedenklichen Folgen gehabt, die später nicht ausgeblieben sind. Viel wichtiger war das Bestreben, den Kultus zu erhalten und so den Volksglauben mit der stoischen Religion auszugleichen, damit er dem Volke erhalten werden konnte. Das geschah nicht nur, weil der Kultus unlösbar mit dem Staate verbunden war, wie Platon, Aristoteles und Epikur ihn dulden wollten, sondern die Stoiker wollten ihn sinnvoll machen; ihnen war der consensus gentium ein Beweis für die Existenz der Götter oder ihres Gottes. Zeus in diesem zu finden war leicht, Euripides, Fr. 941, hatte ihn schon in dem Äther, dem περιέχον, gefunden. Apollon und Artemis waren längst Sonne und Mond geworden. Andere Götter ließen sich auf das Wirkende in einem Teilgebiete des Kosmos beziehen, Poseidon auf das Meer, Hephaistos war längst das Feuer gewesen, Hera hatte das etymologische Spiel des Kratylos zum ἀήρ gemacht. Vorgänger fehlten auch für die Allegorie nicht, die nun bis zum äußersten durchgeführt ward, mit ungeheurem Erfolge. Der Jude Philon und der Christ Origenes haben auch die Umdeutungen der Mythen übernommen; und wenn Euthyphron sich anheischig gemacht hatte, noch viel Ärgeres als die Entmannung des Uranos rechtfertigen zu können, so hat ihn Chrysippos übertroffen und aus Lust am Paradoxen das

[1] Christen wird man nicht glauben dürfen, daß Zenon die Seelen in einen Hades verwiesen hätte, wo sie Strafe oder Lohn erhielten. Wenn Seneca in der Trostschrift an Marcia 25 von ihrem Sohne sagt: *totus excessit paulumque supra nos commoratus, dum expurgatur et inhaerentia vitia situmque omnem mortalis aevi excutit, deinde ad excelsa sublatus inter felices currit animas*, und gar von einem Wiedersehen mit den seligen Vorfahren redet, so wird deutlich, daß er der stoischen Lehre um seines Zweckes willen Fremdes beimischt.

Scheußliche aufgesucht. Kleanthes hat sich die Ausdeutung der Mythen besonders angelegen sein lassen; wenn er in Persephone τὸ διὰ τῶν καρπῶν φερόμενον καὶ φονευόμενον πνεῦμα fand (Fr. 547), so ist das noch ganz artig, aber wie z.B. die ganze Heraklessage bei Cornutus allegorisiert wird, ist unerträglich, und in diese Bahn hat Kleanthes die Stoa geführt.

Die wissenschaftlichen Fragen, welche die Philosophie in dem Jahrhundert von Arkesilaos bis Karneades vorwiegend beschäftigen, gelten nicht der Metaphysik, sondern der Erkenntnistheorie, und die bleibendsten Verdienste der Stoa liegen in ihrer Wirkung auf Logik, Grammatik, auch Rhetorik. Die Akademie hat ihre alte Verbindung mit der Mathematik verloren, denn den Eratosthenes darf man ihr um seines *Πλατωνικός* nicht zurechnen[1], Archimedes hat kein philosophisches Interesse. Eher dürfte die Skepsis des Arkesilaos (schwerlich des Pyrrhon) auf die neue empirische Schule der Medizin eingewirkt haben, die in Alexandreia entstand und später wenigstens die philosophische Skepsis bekannte und fortpflanzte. In der Medizin allein hat, seit Herophilos die Anatomie begründete, die Naturwissenschaft wirkliche Fortschritte gemacht, während die aristotelische Biologie verkam; man begnügte sich im wesentlichen mit der Zoologie des Aristoteles[2] und der Botanik und anderen einschlägigen Schriften des Theophrast. Zwar vermehrte die erweiterte Kenntnis unerschlossener Länder das Tatsachenmaterial, naturgeschichtliche Paradoxa wurden eifrig gesammelt, aber eine Erklärung und Prüfung, selbst eine Einordnung zu versuchen, daran dachte niemand. Es ist beschämend, aber leugnen läßt sich nicht, daß der Schwindel, der schließlich im Physiologus für Jahrhunderte kanonisiert ward, seine Wurzeln in der Zeit bald nach Theophrast hat. Und doch ist es ein Fortschritt, daß es zwar alle möglichen Wunder in der Natur geben

[1] Mit unserer Unkenntnis der hellenistischen Literatur müssen wir allerdings immer rechnen. Wer hätte geglaubt, daß es einen epikureischen Mathematiker gegeben hätte, wie es die kostbare Vita des Philonides von Laodikeia gelehrt hat. Daß der Mann auch politisch tätig war, ist nicht minder überraschend.

[2] Aristophanes von Byzanz macht von der Tiergeschichte eine Epitome. Die aristotelische Schrift wird in mehreren Scholienkorpora angeführt. Es ist wohl noch nicht untersucht, ob die Epitome benutzt ist, und wann diese gute Gelehrsamkeit in die Scholien gelangt ist.

sollte, aber eben der Natur, in der das Kausalgesetz herrscht, auch wenn wir es nicht erkennen. Götter werden nicht mehr bemüht. Damit sind für die Gebildeten die Elementarwesen, Nymphen usw. beseitigt, und die Dämonen, die Xenokrates in allen Elementen annahm, spielen auch nicht mit. Ob aber in der Natur ein Streben zu einem Ziele immanent vorhanden sei oder über ihm der Wille, die Vorsehung oder die Laune einer Gottheit stünde, das blieb verschiedenem Glauben überlassen, doch war die Einheit der Gottheit ebenso wie die der Natur anerkannt. Bauern und Hirten denken noch anders; die Spannung zwischen dem niederen Volke und den Gebildeten, zwischen Stadt und Land, ist vorhanden und wird immer größer werden, vollends wenn die Lehren der Philosophenschulen sich verbreiten. Ein anderes trat hinzu. Die Erfahrungen, welche die Menschen in dem letzten Drittel des vierten Jahrhunderts machten, hatten die Seelen bereits auf das tiefste erschüttert und für viele die Wertung von Gott und Mensch von Grund aus verändert.

In den Jahrzehnten von der Schlacht bei Issos bis zu der bei Ipsos war so Ungeheueres, aller Berechnung und Erwartung Widersprechendes geschehen, Umwälzungen, Neubildungen, Erhebung mächtiger Menschen zur höchsten Höhe, jäher Sturz, zuweilen ebenso überraschender Wiederaufstieg, daß in den Geschicken der Menschen weder ein Gott noch irgendein Gesetz zu walten schien, sondern der blinde Zufall, *ἡ πρὸς τὸν βίον ἡμῶν ἀσύνθετος τύχη*, wie sich Demetrios von Phaleron ausdrückte. Ihm ist der Sturz des Perserreiches und das Aufsteigen der Makedonen ein Beleg, und er erwartet den Sturz Makedoniens von der Zukunft. Polybios 29, 21 führt die Stelle an, als sich diese Erwartung bestätigt hat, und er teilt selbst diese Beurteilung der Weltgeschichte. Diese Tyche waltete nicht anders in dem Geschicke des einzelnen Menschen; sie wird denn auch schon von Menander[1] blind gescholten und ist seitdem oft nichts als der Zufall. Aber das liegt

[1] Stobaeus Eklog. I 7, 3 *τυφλόν γε καὶ δύστηνόν ἐστιν ἡ τύχη*. Man darf sich nicht dadurch täuschen lassen, daß der Vers in den Monosticha auf *ἀνθρώποις τύχη* ausgeht, Stobaeus ihn Flor. IV 34, 10 mit dem Ende *ἀνθρώπου βίος* aufgenommen hat, denn *ἀνθρώποις* gerade paßt neben *δύστηνον* gar nicht. Also wohl eine sehr alte, aber schlechte Variante. Änderungen von *δύστηνον*, gegen die ich zu Eurip. Her. 1346 protestiert habe, verstoßen, wie wir jetzt wissen, gegen Menanders Verstechnik. Das gilt auch von einer einst verlockenden Änderung im zweiten Verse des Zitates bei Stob. Ekl. I 6, 1, in dem nichts zu ändern ist: *παύσασθε*

in dem Worte an sich durchaus nicht, und Menander läßt ein andermal dahingestellt, ob in ihr ein *νοῦς*, also bewußte Absicht, oder ein *πνεῦμα θεῖον* stecke, ein Hauch der Gottheit, der sie treibt, so daß ihr gegenüber aller menschliche *νοῦς*, aller menschliche Vorbedacht, *πρόνοια*, nichtig ist. Wenn ein *θεῖον πνεῦμα* in ihr war, so daß sie als eine handelnde, demnach göttliche Macht angesehen ward, konnte sogar ihre Gerechtigkeit anerkannt werden, freilich auch dieses erst von der neuen Komödie[1]. Denn erst sehr allmählich ist *τύχη* eine die Geschicke beherrschende Macht geworden, schließlich eine Göttin, der man Tempel baute.

Das Wort selbst, das für jeden Griechen seinen Zusammenhang mit *τυγχάνειν* nicht verhehlte, fehlt dem alten Epos, und Hesiod, Theog. 360, nennt nur neben einer Okeanide Eudore auch eine Tyche[2], die eine schenkt, die andere verleiht das *τυγχάνειν*, treffen, das Gewollte erreichen. Das Wort bestand also, und wir finden es bei Archilochos, 8D., in demselben Sinne mit *μοῖρα* verbunden[3],

*νοῦν ἔχοντες* (hört auf mit dem Anspruch, *νοῦν* zu haben, *νουνεχόντως* zu handeln). *οὐδὲν γὰρ πλέον ἀνθρώπινος νοῦς ἐστιν, ἀλλ' ὁ τῆς Τύχης, εἴτ' ἔστι τοῦτο πνεῦμα θεῖον εἴτε νοῦς* (nämlich *θεῖος*), *τοῦτ' ἔστι τὸ κυβερνῶν ἅπαντα καὶ στρέφον καὶ σῶιζον*. Wie lebendig, frei und schön ist das gesagt. Hoffentlich ist nun Menanders Stil genügend erkannt, daß man aufhört, ihn in das logisch Korrekte zu verschlechtern.

[1] Stobaeus Ekl. I 6, 6 stehen die Tetrameter

*ἡ τὰ θνητῶν καὶ τὰ θεῖα πάντ' ἐπισκοποῦσ' ἀεί.*
*καὶ νέμουσ' ἡμῶν ἑκάστωι τὴν καταξίαν Τύχη.*

Meineke, Com. IV S. 693, hat sie richtiger beurteilt als Nauck, der sie als tragisches Adespoton 505 aufgenommen hat, wenigstens müßten sie dann von einem Spätling sein. Im fünften Jahrhundert ist eine Tyche, die über den Göttern steht, undenkbar. Auch das folgende Fragment 506, in dem Tyche *πάντων τῶν θεῶν τύραννος* heißt, ist aus der Komödie, nach der es übrigens auch klingt.

[2] Entlehnt im Demeterhymnus 420.

[3] *πάντα τύχη καὶ μοῖρα, Περικλέες, ἀνδρὶ δίδωσιν.* Ich habe im Hermes 64, 486 die Zuteilung an Archilochos verteidigt und einiges über Tyche gesagt. Platon Ges. 946b verbindet auch *ἀγαθὴ μοῖρα* und *τύχη*, als er bei Stimmengleichheit eine Wahl durch das Los entscheiden läßt. *Τύχης παῖς κλῆρος* hatte Euripides, Fr. 989, gesagt. Da werden wir den Zufall verstehen, aber das ist nicht gemeint, „Sohn des Glückes" wäre richtiger, denn man vertraut, daß eine Macht dahintersteht, die entscheidet, wie etwa die Stimme des Vorsitzenden. Bei der Losung im *H* 179 beten die Achäer, daß Zeus das Los des Aias herauskommen lasse.

die eine gibt, was dem Menschen als sein Anteil zukommt, die andere läßt es ihn erlangen, „Geschick und Glück“ können wir übersetzen. Simplikios zur Physik 327 D. bespricht, was Aristoteles über *τύχη καὶ τὸ αὐτόματον* gesagt hat, der die beiden Nomina nebeneinanderstellen mußte, weil *τύχη* allein den Zufall nicht bezeichnete. Dabei stellt Simplikios Verse des Empedokles zusammen, in denen seiner Meinung nach der Zufall bezeichnet sein soll. In Wahrheit ist das nicht die Absicht des Empedokles, sondern er bezeichnet nur, wie die einzelnen Dinge, *πράγματα*, *τυγχάνει* oder *ἔτυχεν ὄντα*; dafür braucht er außer *τυγχάνειν* auch *συγκυρεῖν* und einmal (Fr. 103) das Nomen *τύχη*, das er in seiner Weise durch die epische Wendung *ἰότητι Τύχης* personifiziert. Damit wird sie doch keine wirkliche Göttin. Sie wird es auch nicht, wenn der Bote bei Aischylos sagt (Agam. 664), daß sie rettend das Steuer des Schiffes im Sturme lenkte, oder wenn der Ödipus des Sophokles 1080 sich ein „Glückskind“ nennt, *παῖδα τῆς Τύχης τῆς εὖ διδούσης*. Der Zusatz war notwendig, denn wenn auch in *τυγχάνειν* eigentlich der Erfolg liegt, kann doch Euripides die Hekabe auf den Ausdruck des Bedauerns '*τίς οὕτω δυστυχὴς ἔφυ γυνή*' erwidern lassen '*οὐκ ἔστιν, εἰ μὴ τὴν Τύχην αὐτὴν λέγοις*', was der Scholiast richtig mit *τὴν δυστυχίαν* erklärt. Der Erfolg ist die *τύχη*, oder sie gibt ihn. „Ich komme nicht wieder, mag der Täter gefaßt werden oder nicht, *τοῦτο γὰρ τύχη κρινεῖ*“, Sophokles Ant. 328. Mit Glück oder Erfolg oder ähnlich müssen wir sie wiedergeben. Agathon 6 *τέχνη τύχην ἔστερξε καὶ τύχη τέχνην*. Der Sachverstand, etwa des Arztes, reicht nicht hin, er muß auch Glück haben, unberechenbare Faktoren müssen ihm zu Hilfe kommen, aber daß es glücklich geht, dazu hilft sein Sachverstand. Der oft angeführte Spruch des Chairemon 2 *τύχη τὰ θνητῶν πράγματ' οὐκ εὐβουλία* sagt aus, daß das Glück entscheidet[1], nicht die mensch-

[1] Platon, Ges. 709b, hat im Hinblick auf den Vers des Chairemon gesagt, *τύχας εἶναι σχεδὸν ἅπαντα τὰ ἀνθρώπινα πράγματα*, z.B. in der *κυβερνητική* und *ἰατρική*, stellt dem aber gegenüber, daß zwar Gott und mit ihm *τύχη* und *καιρός* die menschlichen Dinge regieren, aber man müsse doch auch die *τέχνη* mitrechnen, denn in einem Sturme wäre doch die *κυβερνητική* von großem Nutzen. Das stimmt zu Agathon. Beiläufig, was die Handschrift und Stobaeus, Ecl. I 6, 17b, haben, ist offenbarer Unsinn, *καιρῶι γὰρ χειμῶνος συλλαβέσθαι κυβερνητικὴν ἢ μὴ μέγα πλεονέκτημα ἔγωγ' ἂν θείην*. Flor. IV 1, 128 fehlt *ἢ μή*, und es genügt für den Sinn, es zu streichen. Aber das lag nahe, während der Zusatz kaum begreiflich ist, wenn kein äußerer Anlaß dazu trieb. Ich vermute, *ἢ μέγα*

liche Berechnung; das ist nicht der Zufall, sondern eine Macht, die wir Menschen nicht berechnen können. Unser „der Mensch denkt, Gott lenkt“ nennt jene bestimmende Macht, sonst besagt es dasselbe. Der Sprecher in Antiphons erster Rede, 2, sagt, daß ihn die *τύχη* und seine Gegenpartei gezwungen haben, vor Gericht zu gehen. Da ist die *τύχη* nicht der Zufall, sondern das, was *ἔτυχε γενέσθαι*, der Tod seines Vaters[1]. Himera ist befreit: das ist eine solche *τύχη*; Pindar, Ol. 12, will das feiern, wendet sich also an Tyche, die Tochter des Zeus *ἐλευθέριος*. Die Entscheidung hat Zeus gegeben: noch kommt sie, also auch die *τύχη*, von den Göttern. So sagen auch die Melier bei Thukydides V 112, sie vertrauten der *μέχρι τοῦδε σώιζουσα τύχη ἐκ τοῦ θείου*. Pindar schafft sich diese Tyche gemäß seiner Weise, ein Göttliches, das er empfindet, persönlich zu fassen; er hat es mit Hesychia und Aletheia nicht anders gemacht. Wer aus seinen Worten auf einen Tychetempel in Himera schließt, verkennt den Stil des Dichters ebensosehr wie die Geschichte des Tychekultes. Pindar hat hier die göttliche Macht, deren Entscheidung Menschenvernunft nicht vorausberechnen kann, Tyche genannt, weil dem Manne, den er feiert, Unglück zu hohem Glücke ausgeschlagen ist. An anderen Stellen[2] sagt er ganz wie Chairemon *ἐν ἔργμασι νικᾶι τύχα, οὐ σθένος* und bezeichnet die Macht der Tyche so, daß sie ein doppeltes *πηδάλιον* hat (wie alle Schiffe), also nach rechts und links fahren kann; wir können es nicht vor-

*πλεονέκτημα* ist das Echte, mechanische Wiederholung *ημεμεγα* führte zu *ἢ μή*.

[1] Ebenso 6, 1. Platon nennt so etwas öfter eine *ἀναγκαία τύχη*, Staat 579c. Ges. 806a. Gemäß seinem Glauben, der den Zufall ausschließt, redet er noch häufiger von einer *θεία τύχη*, begreiflicherweise nicht von einer *δαιμονία* wie der Verfasser des größeren Hippias 304c.

[2] Pausanias IV 30, 3 findet in dem messenischen Pharai einen Tychetempel mit einem *ἀρχαῖον ἄγαλμα*, das wir darum nicht gleich in die wirklich alte Zeit rücken werden. Dabei legt er Auszüge aus einem gelehrten Buche über Tyche ein, aus dem er eine Pindarstelle nach VII 26, 8 übertragen hat, wie das seine Art ist. In jenem Buche stand, daß Bupalos in Smyrna das älteste Tychebild verfertigt hätte; sie trug einen Polos und hielt das Füllhorn. IX 35, 6, wieder in einem solchen Exkurse, steht, daß Bupalos im Tempel der *Νεμέσεις* in Smyrna goldene Charites gemacht hätte und ein anderes Bild derselben, das Attalos in Pergamon besaß. Dies konnte Kopie sein, aber wir werden dem goldenen Bilde nicht trauen, und der Tyche mit Füllhorn von dem alten Bupalos auch nicht.

auswissen. Das ist nichts Besonderes; bedeutender, daß er ein anderes Mal Tyche unter die Moiren, und zwar als die mächtigste, gerechnet hat; aber auch dies ist aus seiner Art, solche göttlichen Wesen zu behandeln, wohl verständlich; er hätte es in Ol. 12 auch sagen können. Wenn er sie *φερέπολις* genannt hat, die, welche die Stadt trägt und erhält, so wird das auch mit Beziehung auf eine Stadt gesagt sein, selbst wenn die Göttin das Beiwort als allgemeine Bezeichnung ihres Wirkens erhielt, aber es weist doch schon auf den Weg, der später dazu führte, daß eine Stadt ihre Tyche verehren konnte. Auch dazu ist der Weg bereits beschritten, einem Menschen seine besondere Tyche beizulegen. Ion am Anfange seiner *Τριαγμοί· ἑνὸς ἑκάστου ἀρετὴ τριάς· σύνεσις καὶ κράτος καὶ τύχη*[1]. Noch nichts von einer persönlichen Tyche. Aber bei Philemon finden wir sie im *Ἀποκαρτερῶν·*

*νῦν δ' οἶδ' ἀκριβῶς τὴν Τύχην ὡς οὐ μία,*
*οὐδ' ἔστι πρώην, ἀλλὰ μετὰ τῶν σωμάτων*
*ἡμῶν, ὅταν γιγνώμεθ', εὐθὺς χἠ Τύχη*
*προσγίγνεθ' ἡμῖν συγγενὴς τῶι σώματι,*
*κοὐκ ἔστιν ἕτερον παρ' ἑτέρου λαβεῖν τύχην.*

Da kommt an den Tag, daß sie ziemlich dasselbe wird wie der Dämon, der ja ebenso allgemein in die Geschicke der Menschen eingreift und ebenso dem einzelnen Menschen angehört und mit ihm geboren wird. Bei der Behandlung des Dämon war schon angeführt, daß Diagoras alles *κατὰ δαίμονα καὶ τύχαν* geschehen ließ[2].

[1] Vergleichbar Theognis 129 *μήτ' ἀρετὴν εὔχου Πολυπαίδη ἔξοχος εἶναι μήτ' ἄφενος· μοῦνον δ' ἀνδρὶ γένοιτο τύχη.* Es sei noch auf einen hübschen Spruch hingewiesen, der in der Anthologie IX 49 und 172 (das zweite Distichon gehört nicht dazu) steht, offenbar als Grabschrift gedacht. An der ersten Stelle folgt ein Spruch der Theognidea; so alt ist dieser nicht, aber hellenistisch wird er sein. Ich setze 172 her:

*Ἐλπίδος οὐδὲ Τύχης ἔτι μοι μέλει οὐδ' ἀλεγίζω*
*λοιπὸν τῆς ἀπάτης· ἤλυθον εἰς λιμένα.*

[2] Platon, Ges. 877, behandelt die Bestrafung des *τραῦμα ἐκ προνοίας.* Er soll wie in Athen *φόνου* belangt werden, aber man soll *τὴν οὐ παντάπασιν κακὴν τύχην αὐτοῦ σέβεσθαι* und den *δαίμων*, der die Verwundung nicht tödlich werden ließ, aber dem Täter eine *ἐπάρατος τύχη καὶ συμφορά* auferlegte. Bei Euripides Iph. Aul. 1136, aber in einer unsicheren Partie (1132–1139), ruft der verzweifelte Agamemnon *ὦ πότνια μοῖρα καὶ τύχη δαίμων τ' ἐμός*, alle drei bezeichnen sein Geschick.

Zum Schluß sei auf das merkwürdige Gedicht auf Tyche hingewiesen, das mit dem falschen, aber unaufgeklärten Verfassernamen *Αἰσχύλου* bei Stobaeus Ecl. I 6, 13 steht. Sie ist für die Menschen *ἀρχὰ καὶ τέρμα*, sie ist weise, *χάρις* (das *χαρίζεσθαι*) leuchtet um ihre Fittiche, sie gibt mehr Gutes als Böses, bringt in der Finsternis helles Licht, *ἁ*[1] *προφερεστάτα θεῶν*. Der Dichter protestiert gegen den blinden Zufall, leugnen kann er nicht, daß diese Göttin auch Schlimmes gibt. Sie ist also nicht das *τυγχάνειν* im Sinne des Erfolges, aber er vertraut, daß sie auch einen Ausweg aus den Schmerzen der *ἀμηχανία* geben wird. Was er gegenüber dieser Tyche bekennt, konnte sich ebenso an einen weisen, allmächtigen, unberechenbaren, aber gütigen Gott richten; sie ist ja auch der vornehmste Gott. Leider gibt Sprache und Versmaß keinen sicheren Anhalt zur Zeitbestimmung; denn daß das Gedicht schon aus dem Ende des vierten Jahrhunderts sein kann, wird sich schwerlich leugnen lassen; wie weit man in der hellenistischen Zeit heruntergehen kann, weiß ich auch nicht zu bestimmen.

Ich habe weit ausgeholt, denn man darf die Mühe nicht scheuen, den älteren Sprachgebrauch zu verfolgen, wenn es sich um einen neuen Begriff handelt, der in ein Wort hineingelegt wird und dann weiter gilt. Nun sehen wir den Kultus der Tyche an. Der erste nachweisbare Tempel, der ihr erbaut ist, stand in Theben, ihr Bild war von einem Mitarbeiter des Kephisodotos, dadurch erkennen wir, daß die Thebaner dem guten Glücke dankten, das ihnen unter der Führung des Epameinondas Macht und Reichtum beschert hatte; ihre Tyche trug wie die Eirene des Kephisodot den Plutosknaben[2]. Das Glück Thebens hielt freilich nur wenige Jahre vor, und es ist wunderbar, daß der Tempel sich erhielt. Ungefähr um dieselbe Zeit hat Timoleon in Syrakus der *Αὐτοματία* einen Altar errichtet und sein Haus dem *ἀγαθὸς δαίμων* geweiht[3]. Die erstere hat er geradezu erfunden, denn das Wort hat sonst gar nicht bestanden; er wollte damit den Zufall bezeichnen, was Tyche nicht

[1] Die Ergänzung des Artikels ist unbedingt erfordert, damit vorher ein Daktylus entsteht.

[2] Pausanias IX 16, 2. Pindaros 306. In derselben Verbindung mit Plutos erscheint die Tyche von Melos in später Zeit, IG. XII 3, 1098.

[3] Plutarch Timoleon 36, Selbstlob 542e. An der ersten Stelle steht *ἱερῶι δαίμονι καθιέρωσεν*, aber ein *ἱερὸς δαίμων* ist undenkbar; man würde die Korruptel auch ohne die Parallelstelle heilen, denn wenn *ἱερός* richtig wäre, würde Plutarch ein anderes Verbum gewählt haben.

tut, ganz wie Aristoteles τύχη und αὐτόματον verbindet[1]. Komplementär ist die Weihung an den Dämon, der ihm ein guter war; beide zusammen hatten sein Lebenswerk gelingen lassen. Kein Zweifel, daß der merkwürdige Mann seine Religion in den Weihungen aussprach; ein guter Dämon hatte ihn einst an der Ermordung eines Tyrannen, der zugleich sein eigener Bruder war, teilnehmen lassen, denn dadurch hatte er das Vertrauen der Sikelioten gewonnen und ihnen zu Freiheit und Eintracht verholfen. Aber diese Religion sah bereits von den Göttern der Staaten ab und wandte sich an Mächte, die auch die Weihung nicht mehr wirklich zu Personen erheben konnte. Eben darum ist es sehr wichtig, daß ein Mann, der noch ganz in den politischen Anschauungen des alten Hellenentumes lebte, so empfand, und daß der Tychetempel Thebens in Megara und Megalopolis[2] wiederkehrt und auch Athen unter Lykurgos der ἀγαθὴ Τύχη Opfer bringt[3]. Die äußeren Formen des Kultus werden auf Mächte übertragen, die doch dadurch nicht zu Göttern werden, daß die Künstler ihnen einen Leib verleihen und durch Attribute andeuten, wen die Frau vorstellte. Ihre Kunst tut nun dasselbe, was Pindar getan hatte, als er die Zeustochter Tyche von Himera besang. Wohl sprach sich ein Glaube darin aus, daß in den Geschicken der Menschen ein Unberechenbares herrschte, und ihm mochte Dank für erreichten Erfolg oder Hoffnung auf gutes Glück Weihungen und Opfer darbringen, aber sie hatten ihren Sinn verloren; eine Tyche kommt nicht zum Opfer und wird Gebete nicht hören. Sie ist eben anderer Art als die alten Götter, und daß die Gebete und Opfer sich nicht mehr an diese richten, zeigt den religiösen Wandel. Wenn aber diese Tyche regierte, so hatte der Mensch in seinem Glauben keinen

[1] Philemon (Clemens Str. V 726 P.): „Es gibt keine Göttin Tyche, sondern ταὐτόματον δ γίγνεται ὡς ἔτυχ' ἑκάστωι wird so genannt."

[2] Megara Pausanias I 43, 6, Kultbild des Praxiteles, Megalopolis VIII 30, 7; Tyche ein Tropaion schmückend über dem Beschlusse der Arkader für Phylarchos von Athen, Ath. Mitt. 36, 349 [IG. V 2, 1]; in der Erklärung erwähnt Hiller S. 359, daß Robert ihn darauf hingewiesen habe, die Gestalt der Tyche sei wesentlich im vierten Jahrhundert ausgebildet. Damit war das Richtige und Wichtige erkannt.

[3] IG. II² 333, c 19. 20. Opfer Sylloge 1029. Rätselhaft ist der Kultplatz zwischen Munichia und Zeahafen, an dem Zeus als Philios und Meilichios zusammen mit 'Αγαθὴ Τύχη verehrt ward, schon im vierten Jahrhundert, Judeich Topographie² 435. Das staatliche Tycheheiligtum ist dies nicht gewesen.

Halt, denn dieser Gott war allmächtig, unberechenbar, aber er war keine sittliche Macht; von Gerechtigkeit der Tyche kann selbst dann nicht geredet werden, wenn sich die Menschen über einen Schlag freuen, der einen Frevler trifft. In Wahrheit sind sie in ihrer Stellung zu dem Geschicke der Welt und ihrem eigenen zurückgefallen auf den Zustand, den der Glaube an einen gerechten Gott und den Triumph des Guten überwunden hatte. Das hat notwendig die schwersten Folgen für die eigene sittliche Haltung der Menschen, wo nicht die Philosophie, die als Erzieherin an die Stelle der Dichter tritt, die Sittlichkeit neu begründet. Daher ist bedeutungslos, was weiter durch alle Jahrhunderte über die Tyche geredet und geschrieben wird, denn es werden nur die alten Gedanken hin und her gewendet. Auch das wenig gelungene Gedicht des Horaz auf die Fortuna von Antium, I 35, hat höchstens darin Wert, daß es vergeblich das Widerstrebende zusammenzwingt und sogar die Ananke zur Dienerin der Tyche machen will; daß auch die Hoffnung die Tyche verehrt, stimmt zu den S. 299 angeführten Versen; die Fides ist gewaltsam herangezogen, um einen neuen und fremden Gedanken anzuschließen. Wie die griechische Tyche das Wesen der echt italischen Fortuna denaturiert, gehört hier nicht her[1], läßt aber erkennen, wie tief diese Art von Religion sich in alle Kreise des Volkes eingedrängt hatte.

Nur das ist wichtig, daß nun eine Stadt und ein Mensch ihre besondere Tyche erhalten, denn darin spricht sich der Glaube oder doch die Hoffnung aus, daß sie, wie es Ödipus von sich sagte, Kinder der Tyche *τῆς εὖ διδούσης* seien. In der alten Zeit waren Thebe und Aigina samt den anderen Asopostöchtern durch diese Genealogie vergöttlicht worden, aber Kultus erhielten sie nicht, auch die *ἐυστέφανος Μυκήνη* (*β* 120) hat ihre ganz verschollene Sage gehabt.

[1] Orient. inscr. 119 steht die Weihung eines ägyptischen Phrurarchen von Itanos, wohl aus der Zeit Philometors, an *Ζεὺς σωτήρ* und *Τύχη πρωτογενῆ αἰενᾶ* (das letzte Wort ist glücklich von Marg. Guarducci gelesen, Historia V 231. Aber es fehlt nur das Iota des Dativs, *αἰενάα* kontrahiert wie *πρωτογένεια*, dreier Endungen). Die Ergänzung der Ewigkeit zu der Erstgeborenen ist schön und sehr willkommen. Auf Delos nennt ein Kreter, der zugleich Traumdeuter und Aretaloge ist, die Isis *Τύχη πρωτογένεια*, Syll. 1133. Die primigenia von Präneste ist also Übersetzung, auch die *Iovis puera* ist entlehnt. Die altitalische Göttin ist hellenistisch umgeformt, hat aber im Glauben der Frauen und in dem Losorakel ihr altes Wesen bewahrt.

Die Delos war in dem alten Apollonhymnos als Person eingeführt. So konnten die Dichter von Inseln und Städten als Personen reden, Künstler und Stempelschneider konnten sie als schöne Frauen darstellen, aber die handelnden und verehrten Vertreter der Staaten waren ihre Schutzgötter. Das mußte sich in den Neugründungen ändern; die Gründer erhielten ihren Heroenkult, aber sie wurden nicht zu Vertretern ihrer Gründung, und im Barbarenlande waren die Hellenengötter Fremde; selbst der Apollon von Daphne bei Antiocheia war der Gott des Königsgeschlechtes, nicht der Stadt. So ward diese selbst zur Göttin. Rom ist in der hellenistischen Zeit geradezu *θεά* für ihre Verbündeten oder Untertanen geworden. So hoch haben Antiocheia und Alexandreia es nicht gebracht, aber beide haben von der Kunst eine feste Gestalt empfangen[1]. Kult liegt in dieser Verkörperung noch nicht; ich kann nicht angeben, wann er in der Form aufgekommen ist, daß die *Τύχη τῆς πόλεως* ihren Tempel erhielt, aber es ist mit der Zeit in Asien und im Osten so gewöhnlich, daß die zufällig erhaltenen Belege verallgemeinert werden dürfen[2]; sogar Roms Tyche ist beim Zeus Panamaros verehrt worden[3]. Schließlich hat Herodes Attikos neben dem Stadion der *Τύχη τῆς πόλεως* einen Tempel erbaut: so ganz war vergessen, daß einst Athena ihre schützende Hand über ihrer Stadt gehalten hatte.

Noch wichtiger ist die Tyche des einzelnen Menschen, und da zeigt sich, daß sie sich dem Gehalte nach von dem Dämon nicht unterscheidet, wohl aber einen anderen Klang hat. Wenn Cäsar den ängstlichen Steuermann damit beruhigt, daß er Cäsar und seine Tyche fährt, so spricht sich darin der Glaube an die eigene Größe und die eigene Mission ergreifend aus, aber Cäsar spricht so, weil es gewöhnlich war, von der *τύχη* der Könige zu reden und bei dieser zu schwören[4]. Wichtig, daß in Ägypten der *δαίμων τοῦ*

[1] Die Antiocheia kennt jeder, Alexandreia besonders schön als Emblema einer Silberschale, Mon. Piot V T. 1.

[2] Dittenberger hat es hinreichend zum Tychaion von Paphos, Orient. inscr. 585, erläutert. Von dem *Τυχαῖον* Alexandreias steht eine Schilderung bei Pseudolibanios VIII 529 F.; die Verläßlichkeit scheint mir fraglich.

[3] Bull. Corr. Hell. XII 272 *τύχη ἀγαθῇ· Τύχη Ῥώμης, Διὶ Καπετωλίω, Τύχη Στρατονικίας, Τύχη Ἀντιοχείας ..... ασ . ς ἱερεύς*. Erstes Jahrhundert v. Chr.

[4] Z.B. *τύχη βασιλέως Σελεύκου* in dem Vertrage zwischen Smyrna und

*βασιλέως* in gleichem Sinne vorkommt. In der Kaiserzeit sind wir an die Fortuna Augusta gewöhnt; die ist ganz von den Griechen übernommen; der genius Augusti hat seine italische Wurzel, denn die Sklaven schworen bei dem genius Lucii nostri; da ist also nur Übereinstimmung, aber keinesweges aus graeco-italischer Wurzel. Am merkwürdigsten ist die halikarnassische Urkunde, Sylloge 1044, aus bestem dritten Jahrhundert. Es handelt sich um eine Familienstiftung, und der Apollon von Telmessos verordnet unter anderem *τιμᾶν καὶ ἱλάσκεσθαι ἀγαθὸν δαίμονα* des Stifters Poseidonios und seiner Frau. In den Ausführungsbestimmungen erhält dieser Dämon das Opfer eines Widders, zugefügt ist ein gleiches Opfer für die *ἀγαθὴ τύχη* der offenbar verstorbenen Eltern des Poseidonios. Ein Ehepaar hat also im Leben einen gemeinsamen *δαίμων*, hier einen *ἀγαθός*, im Tode aber eine gemeinsame *τύχη*, hier eine *ἀγαθή*. Den Unterschied wird man kaum fassen, wenn auch die Toten als Selige bezeichnet sein werden. Karischer Glaube kann sich einmischen. Immerhin sind sowohl die Tyche wie der Dämon eines Menschen auch in hellenischem Sinne verständlich, aber wenn Poseidonios seinem eigenen Dämon opfern wird, und nicht seinen toten Eltern, sondern ihrer guten Tyche, so haben wir das als eine merkwürdige Ausgestaltung eines Glaubens zu buchen, der viel religiöser ist als aller sonstige Tychekult seit der hellenistischen Zeit.

Es war unvermeidlich, die Tyche und ihren Kult ausführlich zu behandeln, da derselbe Name schließlich sehr Verschiedenes deckt. Sie ist nicht ein personifiziertes Abstraktum, wie es deren so gar viele gibt[1], sondern Tyche ist wirklich der Exponent für ein neues

Magnesia, Orient. inscr. 229, 61. Strabon 557 *τύχη βασιλέως* im *βασιλικὸς ὅρκος*, hier für das Reich der Pythodoris, aber offenbar entsprach dieser Teil des Schwures dem Gebrauche der Königreiche überhaupt.

[1] Als in vielen Städten besondere Beamte bestanden, die für die Verpflegung zu sorgen hatten, für *εὐθηνία, εὐετηρία, εὐβοσία*, sind diese schließlich als Göttinnen dargestellt, auch wohl verehrt worden, einzeln schon vor der Kaiserzeit (z.B. GDI. 5031), in der sie häufig erscheinen, zumal auf den ägyptischen Münzen, wo die *Εὐθηνία* Ägyptens freilich nur der Stadt Rom wirklich zugute kam. Das darf gar nicht in die Religion gezogen werden, sondern borgt nur die alten Formen und beweist, daß die alten Götter nichts mehr wirken. Anders *Ὁμόνοια*, die wohl schon im vierten, im dritten ziemlich häufig Kult erfährt, Belege in dem Artikel der Realencyklopädie. Sie wird immer das dankbare Gefühl zum Ausdruck bringen, daß die Bürger eines Gemeinwesens einen inneren

Gefühl, eine neue Weltanschauung geworden, als sie aus dem guten Glücke zu dem Zufall ward, eine die Welt beherrschende Gottheit, neben welcher eigentlich keiner der alten Götter bestehen konnte; sie ist ja auch mit keinem eine Verbindung eingegangen, hat nicht einmal einen Vater erhalten. Wenn im Menschenleben der Zufall herrscht, gibt es keine göttliche Gerechtigkeit, und wenn der Erfolg entscheidet, gibt es kein ewiges Sittengesetz. In den Herzen der Menschen ist dieser ungöttliche Gott entstanden. Die Philosophie kennt ihn nicht, hat sich vielmehr bemüht, dem verderblichen Glauben entgegenzuwirken[1]. Sie hat es auch erreicht, ihn mit der Zeit zu überwinden, um so mehr müssen wir beachten, daß er gerade neben den hellenistischen Philosophien ausgebildet ist.

Es war der Druck der Not, und wo gerade keine Not war, der überwältigende Eindruck der Weltereignisse, der die Menschen an allem irremachte, was ihrem Glauben und Handeln Halt gegeben hatte. Das fand in dem Glauben an die Tyche, die im Weltlauf und dem Leben des einzelnen herrschte, seinen Ausdruck. Erfolg zu haben, einerlei mit welchen Mitteln, das ist das Ziel der Mutigen in solcher Zeit. Die anderen müssen dulden, ducken sich, zufrieden in den Stürmen einen Winkel zu finden, der auf eine Weile Schutz gibt. Aus den Athenern, die unter der Führung von Demosthenes und Lykurgos wenigstens noch für die Mahnungen an die Ehre des Vaterlandes empfänglich waren, sind die Philister der neuen Komödie geworden. Diese Stimmungen suchen die Phi-

Zwist glücklich überwunden haben. Da ist es hübsch, daß in Athen im Jahre 302 eine Genossenschaft von einem verdienten Mitgliede, das wohl die Eintracht hergestellt hatte, eine Statue der Demeter *ὁμόνοια* erhält. Die *θεσμοφόρος* also erschien den Leuten als die göttliche Macht, welche ihnen ihre Herzen zur Eintracht getrieben hatte. Die Göttin des Vereines ist Aphrodite, und sie feiern *Ἀδώνια*. Da werden Frauen im Vereine überwogen haben, IG. II$^2$ 1261. In der Kaiserzeit heißt die damals viel verehrte Artemis Thermia von Mytilene auch *Ὁμόνοια*, IG. XII 2, 108. Das ist gleichgültig; aber vergessen darf nicht werden, daß der Tempel der Concordia unter der Arx von Rom älter ist als die persönliche *Ὁμόνοια*.

[1] Pacuvius beim Rhetor ad Herennium II 36 wird die *Fortuna insana caeca bruta* auf die Philosophen zurückgeführt; darin liegt nur, daß es für ihn eine fertige griechische Lehre war. Bemerkenswert, daß er so etwas einer heroischen Person in den Mund legte.

losophien zu überwinden, und das muß neben der Fortbildung der Theorien stark in Betracht gezogen werden. Dem Epikuros gelingt es, seine Anhänger in den stillen Hafen einer engen und vertrauten Gemeinschaft zu retten, aus dem sie auf die Stürme der Außenwelt mit dem Gefühle des inneren Friedens schauen, wie es Lucrez, der in ähnlicher Weltrevolution lebte, im Eingange des zweiten Buches ergreifend ausspricht. Erreicht wird es auf Grund des Glaubens an eine zureichende Erklärung des Naturlebens, Physiologie, und des Verzichtes auf ein Fortleben nach dem Tode. Dagegen muß man halten, daß Hegesias dazu riet, das Leben fortzuwerfen, natürlich unter derselben Voraussetzung. Der Kyniker ruft den einzelnen Menschen dazu auf, sich um den Schwindel der ganzen großen Welt und ihrer Zivilisation nicht mehr zu kümmern als um das Wetter (*εὐδία, διεστείλω, ψῦχος, συνεστείλω*), in sich aber, befreit von allen Vorurteilen und Konventionen, die Autarkie des freigeborenen Menschen zu erreichen, immer noch etwas von der alten *ἀρετή*, freilich ohne alle Ideale, schließlich trotz der *φιλανθρωπία* ohne wirkliche Menschlichkeit. Der stoische Determinismus hebt die Tyche auf: mit der Pflicht will er die sittlichen Gefahren dieses Glaubens beschwören, und der materialistische Pantheismus gibt dem Menschen seine Würde zurück und mildert die *ἀνάγκη φύσεως* durch die *πρόνοια*. Zenon hat sich nicht rasch durchgesetzt; der Dünkel des Wissens, der zu dem unfehlbaren und allwissenden Weisen führte, mußte abstoßen; es steckte in Zenon und vollends in Ariston noch viel von dem Kynismus. Aber der Versuch, den Kultus und seine Götter zu erhalten, blieb nicht erfolglos, und Kleanthes gab den Menschen den allmächtigen Zeus, gab ihnen Gott zurück. Die Stoa kam in ihrer Naturerklärung auf eine Teleologie; teleologisch war diese auch bei Aristoteles und von anderer Seite her auch bei Platon, und daß selbst von dem Epikureer die Natur mit Inbrunst wie eine Göttin empfunden werden konnte, zeigt die alma Venus des Lucretius. In dem Leben der Natur herrschte keine Tyche, sondern Gesetz und Harmonie, ihre Göttlichkeit behauptet sich. Wenn der bürgerliche Kalender zu den Mondphasen nicht stimmt, ergibt sich ein Doppeldatum *κατ' ἄρχοντα* und *κατὰ θεόν*.

Die Philosophie der Zeit war dem Fortleben der Seele abgeneigt. Epikur und der Pythagoreer Aristoxenos leugneten es, Dikaiarchos schrieb einen Dialog von mehreren Büchern eigens zu seiner Bestreitung, und Theophrasts Nachfolger Straton konnte es mit seiner Naturerklärung nicht vereinigen. Das *πνεῦμα*, das nach der Stoa in dem Menschen als Seele vorhanden ist, kann freilich niemals zerstört werden, aber der individuelle Mensch lebt nicht weiter. Die Platoniker werden von Platon nicht abgewichen sein, aber Polemon und Krates hielten sich in klösterlicher Zurückgezogenheit. Dafür lebten Platons Schriften, Krantors Trostschrift brachte die Seelenlehre (ob auch die Seelenwanderung, mag zweifelhaft sein), also auch die Zukunftshoffnung, in moderner, gefälliger Form[1], wandte sich aber immer noch an die Gebildeten. Im Volke regte sich angesichts so vieler gelungener, scheinbar belohnter Missetaten das Gerechtigkeitsgefühl und forderte die Bestrafung der Verbrecher im Jenseits. Es kann kein Zufall sein, daß Gemälde, welche die Höllenstrafen darstellten, gerade in dieser Zeit zweimal erwähnt werden, damals also verbreitet waren. Captivi 998 *vidi ego multa saepe picta quae Acherunti fierent cruciamenta* Rede I gegen Aristogeiton 52 *μεθ' ὧν δ' οἱ ζωγράφοι τοὺς ἀσεβεῖς ἐν ᾅδου γράφουσι, μετὰ τούτων, μετ' ἀρᾶς καὶ βλασφημίας καὶ φθόνου καὶ στάσεως καὶ νείκους, περιέχεται*[2]; da wird er bei den Göttern im Hades keine Gnade finden. Die Vase von Altamura (Heydemann, Vasensammlungen von Neapel 3222) stellt die bestraften großen Sünder dar. Nachklänge finden sich in der späteren Kunst, aber doch nicht so ausgedehnte Darstellungen. Aber die Hölle bei Dante und auf

[1] Sehr seltsam ist es, daß wir bei Proklos, in rem publ. II 109 Kr., hören, schon Kolotes, der scharf gegen Platons Staat polemisierte, hätte in Platonhandschriften statt des Er den Namen des Zoroaster gefunden. Was das sollte, ist nicht zu durchschauen; hoffentlich wird es nicht zu einer Stütze für persische Einflüsse auf Platon. Proklos hat selbst ein Buch des *Ζωροάστρης Ἀρμενίου Πάμφυλος* gelesen, dessen Inhalt wesentlich astrologisch war, aber doch auf jene Interpolation irgendwie zurückging. Von echtem Mazdaismus scheint in den Schriften, die den Namen Zoroasters tragen, wenig gesteckt zu haben.

[2] Dies kann wohl nur so verstanden werden, daß die personifizierten Sünden selber die Sünder straften, was für die *Ἀρά* gut paßt, mit der Aristogeiton kaum einhergehen konnte, wohl aber mit anderen der genannten Nomina, *στάσις* und *νεῖκος* z. B. Sehr genau hat es der Verfasser nicht genommen, in dem Demosthenes nachweisen zu wollen, ich weiß nicht ob mehr zum Zorne oder zum Lachen reizt. Der Rhetor nennt auch den Orpheus, 11, als Verfasser der *ἁγιώταται τελεταί* (wir kennen die Orpheotelesten) und weiß, daß er Dike als *πάρεδρος Διός* einführte, was längst ein Gemeinplatz war. In Demosthenes' Munde sind beide Paragraphen nicht denkbar.

den Darstellungen des Jüngsten Gerichtes scheint damals in den Grundzügen ihre Form gefunden zu haben. Die Gefilde der Seligen haben immer zurückgestanden. In dem Mythos des Staates 615 e treten ἄνδρες ἄγριοι, διάπυροι ἰδεῖν, auf, packen die ἀνίατοι, schleifen sie in den Tartaros und foltern sie grausam. Das entnimmt er der Volksvorstellung, denn die Verdammten müssen Körper haben, um solche Qualen zu empfinden, während nur Seelen in seinen Mythos passen. In der Bildung von Teufeln hat die christliche Phantasie sich nach Gefallen ergehen können. Die Petrusapokalypse erst hat uns offenbart, wie lebhaft und wie dauernd die Phantasie des Volkes und eine sozusagen unliterarische Literatur sich an diesen Höllenbildern versucht hat. Albrecht Dieterich hat in seinem Buch Nekyia sofort die Zusammenhänge in ausgezeichneter Weise verfolgt und dargelegt[1]. In die Kinderstube haben auch solche von diesen grellen Bildern ausgleichender Gerechtigkeit gehört, und die Einsicht, daß alles Märchen waren, hat die ersten Eindrücke nicht ganz ausgelöscht; es wäre doch so schön, wenn es ein solches Gericht gäbe, wenn man daran glauben könnte. Daher wird es viel mehr Nachahmungen der platonischen Mythen gegeben haben, als wir wissen. Ein solches Buch ist in dem Dialoge Axiochos sogar dem Platon untergeschoben, wohl im zweiten Jahrhundert, weiß auch von den eleusinischen Mysterien zu erzählen, und wie sich hier jemand auf dem Totenbette zu dem Glauben an ein Jenseits bekehrt, mögen es manche Leute getan haben, die im Leben ganz anders gedacht hatten. Das ist, wenn es auch besondere stilistische Künste anwendet, doch ein untergeordnetes Machwerk. Vergils sechstes Buch gehört zur höchsten Poesie, aber damit steht es eigentümlich. Der Dichter mußte seine Nekyia verfassen, weil er mit der Odyssee rivalisierte, und worauf es ihm ankommt, ist die römisch-patriotische Wirkung; philosophische oder religiöse Belehrung bei ihm zu suchen, ist darum nicht minder unbillig, daß es ihm bis heute widerfährt. Er war kein Dante und wollte nur ein römischer Homer werden. Aber auch Plutarch

[1] Mit vollem Rechte, aber auch mit durchschlagendem Urteil weist Dieterich S. 61 darauf hin, daß es aus hellenischem Glauben stammen muß, wenn die Seelen der Ermordeten neben dem bestraften Mörder stehen und ihre Genugtuung über die Strafe aussprechen. Bei Platon, Phaed. 114a, müssen die Seelen der Sünder diejenigen um Gnade anflehen, gegen welche sie sich vergangen haben, und nur wenn sie Verzeihung finden, dürfen sie den Tartaros verlassen.

hat Hadesmythen verfaßt, obgleich er sie der κακοδαίμων δεισιδαιμονία zum Vorwurfe macht (superst. 167) und nicht verkennt, daß die Strafe sich in dem Gewissen des Sünders vollzieht[1], wie Lucrez die homerischen Büßer ähnlich als Bilder dieser Seelenqualen deutet. Übrigens haben Plutarchs Mythen keine religiöse Wirkung gehabt, sind auch schwerlich darauf berechnet, sondern literarische Versuche, die platonische Kunst des Dialoges nachzuahmen.

Die Freuden der Seligen darzustellen ließ sich bildlich nicht leicht erreichen, und wo wollte man sie denken, da die Inseln des Kronos auf der Erde nicht mehr angesetzt werden konnten[2], eigentlich eine körperliche Bildung der Seelen gar nicht denkbar war. Hier greift ein Mythos des Herakleides Pontikos ein, der großen Erfolg gehabt hat, und da die mir bekannten Behandlungen nicht genügen, muß ich die Stellen in einer Beilage vorführen. Hier genüge, daß er die Seelen auf die Milchstraße versetzte, von wo sie je nach Verdienst auf einem Wege zum Himmel, dem Sitze der Götter, aufstiegen, auf einem anderen zu neuer Einkörperung auf die Erde hinab. Das ist später aufgegeben und die Milchstraße zum Aufenthalte der Seligen geworden, so bei Cicero im Somnium Scipionis 16 und vor allem in der großen Aufzählung der griechischen und römischen Heroen bei Manilius I 758–804, wo der höher gelegene Sitz der Götter auch angegeben wird. Herakleides konnte die Milchstraße daher den Hades des Himmels nennen und entging so der Schwierigkeit, die seligen Heroen im unterirdischen Hades unterzubringen, wie wir es bei Polygnot gefunden haben und Vergil in seiner Nekyia es auch machen mußte,

[1] Sera num. vind. 554. Daß diese Schrift einen Mythos des Totengerichtes fast verlangte, wird jeder Leser empfinden. Merkwürdig ist, was er 554b hinzufügt. „Manche sind wie die Kinder, die im Theater die Bösewichter für glückselig halten, wenn sie prächtige Kleider anhaben und tanzen, bis sie zu sehen bekommen, daß jene gestochen und gegeißelt werden und Flammen aus ihren bunten Prachtgewändern herausschießen." So etwas gab es also in den Pantomimen zu sehen, denn an die ist zu denken, vielleicht auch an Puppenspiele.

[2] Daß später unklare Berichte über Madeira, die Kanarischen Inseln, auch wohl die Azoren die damaligen Homeriker dazu verführten, Homers und Hesiods selige Inseln als geographisch fixierbare Realität zu behandeln, ist verzeihlich. Daß es heute geschieht, ist das nicht, aber diese Torheiten sterben nicht aus; man soll ihnen nur nicht die Ehre einer Polemik gönnen.

so unbequem es für ihn war, da Aeneas seinen Vater sprechen sollte[1].

Der Glaube an die Höllenstrafen ist nicht der einzige, in dem sich ausspricht, daß das Volk im Gegensatze zu den Philosophen auf ein Fortleben nach dem Tode nicht verzichten will, obgleich die Beigaben in den Gräbern immer spärlicher werden, der Totenkult ebenfalls. In Thessalien wird das Grab dem Hermes *χθόνιος* geweiht; darin liegt, daß er den Toten geleiten soll. Die Heroisierung ihrer Toten glauben die Überlebenden selbst vollziehen zu können, worin kaum mehr als ein seliges Fortleben im Jenseits liegt. Die Grabsteine und Epigramme beweisen nur die Einhaltung der alten Formen. Daß die Seele, auch wo sie genannt wird, im Sinne der homerischen Nekyia gemeint ist, nicht die vom Körper ganz gelöste der Philosophen, braucht ebensowenig gesagt zu werden, wie daß für recht viele zu allen Zeiten das Leben mit dem Tode zu Ende ist. In Ägypten lag die Sache besonders, weil der Glaube der Eingeborenen sich sehr stark um die Zukunft des Verstorbenen sorgte, selbst seines Körpers, und die Osirisreligion recht viel Ansprechendes bot. Dem haben sich die Griechen des Landes immer mehr angeschlossen. Die Bitte um kühlendes Wasser stammt daher und ist uns schon auf den Goldplättchen in Hellas begegnet. Kallimachos gehört noch in die Zeit, wo Alexandreia sich ablehnend gegen das Ägyptische verhält. In seinen Grabepigrammen finden wir den Glauben seiner Besteller berücksichtigt, daneben auch Spott über die Hadesmythen, der jedenfalls die Ansicht des Dichters wiedergibt[2]. Da offenbart sich der Widerstreit zwischen Volksglauben und der Leugnung jedes Fortlebens, die nun von den Philosophen ziemlich allgemein bekräftigt wird. Aber

[1] Vgl. die Beilage Herakleides Pontikos *περὶ τῶν ἐν ἅιδου*.

[2] Epigr. 10 sagt von dem Toten, daß er „unter den Frommen" weilt; da seine Phyle Ptolemais angegeben ist, gehörte er zu den Honoratioren der Stadt Alexandreia. Epigr. 9 sagt von einem Akanthier, daß er „einen heiligen Schlaf schlafe, weil er ein guter Mann war". Über das mythische Fortleben spottet Ep. 13 wie der Iambus 9, 92 Pf. Der Tote ist ein Landsmann des Dichters, dessen Gesinnung dieser gekannt haben wird und ihn daher über den Hades Auskunft geben läßt. Auf dem Steine hat dieses Gedicht natürlich nicht gestanden. Für Kallimachos selbst ist am wichtigsten Ep. 23 mit seinem Hohne. Daß die Seele unsterblich sein soll, hat Kleombrotos bei Platon gelernt, aber was hat er davon gehabt? Er stürzte sich von der Mauer *εἰς Ἀίδην*. In diesem Namen liegt, daß es mit Kleombrotos vorbei war.

derselbe Kallimachos läßt Arsinoe sich nach dem Tode zum höchsten Himmel erheben (sie ist schon jenseits der Sphäre, in der die Sterne sich befinden), zu den Göttern, unter die Philotera bereits aufgenommen ist. Mag das bei ihm Anbequemung an den offiziellen Kultus sein, so entspricht dieser doch dem Gefühle, das in außergewöhnlichen Menschen etwas mehr als Menschliches anerkannte und sie nun zu den Göttern erhob wie Herakles und Dionysos. Es ist eine neue Form, in der sich dasselbe Gefühl ausspricht wie in dem alten Heroenglauben; sie ist uns aus Horaz vertraut. Auch Diogenes ist dem Kerkidas *οὐράνιος κύων*. Mag das für ihn auch nicht wörtlich gemeint sein; die Anerkennung einer unsterblichen Größe liegt doch darin, und so hat auch Kallimachos die Arsinoe gewertet.

Der Gang unserer Betrachtung hat zu dem Dichter geführt, der uns die Stimmung der neuen Zeit am vollkommensten nahebringt. Aber Lehrer des Volkes zu sein hat die Dichtung aufgehört; sie erlebt eine neue Blüte von eigenem Dufte, aber die wahre Poesie, die aus einer *θεία μανία* stammt, ist unter den Hellenen für immer verstummt, und auch ihre Verbindung mit dem Kultus und der Religion geht verloren. Tragödie und Komödie hängen nur noch äußerlich mit den Festen des Gottes zusammen, dessen Dienst sie einst erzeugt hatte. Dithyrambos und kitharodischer Nomos behandeln überwiegend heroische Stoffe, und wenn sie sich einmal an Götter wenden, wie Timotheos an die ephesische Artemis, so halten sie sich an den Mythos, einzeln wohl auch an theologische Umdeutungen[1], wie es die Tragödie auch getan hatte. Der Kultus hat wohl vielfach alte Lieder weiter gebraucht; es entstanden aber auch neue, wie wir es namentlich für Delphi durch die Inschriften kennen, von Philodamos über Aristonoos zu Limenios; da werden die alten Mythen wiederholt, neu zugestutzt, wirkliche Religion ist nicht darin. So etwas erhebt nicht einmal den Anspruch, zur Literatur zu gehören. In dieser vollzieht sich in der Diadochenzeit der Umschwung, daß zuerst in Asien[2], dann in Alexandreia die

[1] Timotheos bei Apollodor *π. θεῶν* (244 S. 1050 Jac.) identifiziert Helios und Apollon.

[2] In Kolophon schlägt Antimachos die Brücke von den Homeriden zu den hellenistischen Epikern Hermesianax und Nikandros. Wichtig werden die dorischen Inseln, Kos durch Philitas, Rhodos durch Simias; dort wird der verschollene Peisandros vorgeholt.

alten rezitativen Formen, Epos, Elegie und Iambus, wiederaufgenommen werden; das gesungene Lied tritt zurück, mag auch bald zur Buchlyrik geworden sein[1]. Diese Poesie ist gar nicht mehr auf das Volk berechnet, sondern wendet sich an fein gebildete, zum Teil an gelehrte Kreise; es geht ja bis zum Griphos[2]. L'art pour l'art gilt fortan von der griechischen Dichtung; nur das Epigramm macht eine Ausnahme. Natürlich hat es zur Belustigung der Menge dramatische und musikalische Aufführungen in Masse gegeben, auch Dichtungen, die wir gern kennen möchten, aber von diesen ephemeren Erzeugnissen können wir uns kaum eine Vorstellung machen. Der Versuch, das Epos zu erneuern, führte auf die Heldensage: da spielten die mythischen Götter handelnd mit, und je sinnreicher und gefälliger die neuen Erfindungen waren, um so mehr verloren die göttlichen Personen ihre Göttlichkeit. Simias hat vielleicht noch lyrische Hymnen für den Kult gedichtet[3], aber die Form, die er ihnen gab, war so gelehrt, daß das Volk sie nicht verstehen konnte. Von Philikos gilt das gleiche. Kallimachos schreibt wieder epische Hymnen; er knüpft an einen ganz altertümlichen Festbrauch von Argos an, das Waschen des Athenabildes im Flusse, das zu einem Bade der Göttin wird; er kann darüber nur durch ein Buch unterrichtet sein. Das wird der Rahmen für die Nacherzählung eines Mythos, der die Göttin sehr menschlich zeigt. Es macht ihm Spaß, die Frauen bei einer Demeterprozession einzuführen[4], und wieder erzählt er eine Geschichte, bei der sich vielleicht die Frauen gruseln, wir gewiß nicht. Und so anmutig er von Artemis fabuliert und so geschickt er es erreicht, das Wirken der Göttin von allen Seiten zu beleuchten, Spiel ist alles und will nicht mehr als geistreiches Spiel sein. Ernst

[1] Erinna ahmt bereits Sappho in epischem Maße nach. Theokrits *Παιδικά*, die Arsinoe des Kallimachos sind mindestens sofort buchmäßig verbreitet; von Philikos haben wir ein Blatt der ersten, vermutlich einzigen Ausgabe.

[2] Gerade eine Göttin, Athena, hat Kallimachos *γρίφωι βαθίστωι καὶ δυσευρέτοις λόγοις* besungen, wenn *μέλπω* in der byzantinischen Inhaltsangabe einer Sammlung seiner Gedichte genau zu nehmen ist, was freilich epische Form nicht ausschließt.

[3] Hellenistische Dichtung I 111.

[4] Der Gedanke, den Demeterhymnus nach Kyrene zu ziehen, womöglich für den Kult, ist ganz abwegig. Ich hoffte, jede solche Beziehung durch meine Erklärung beseitigt zu haben. Angeregt ist der Dichter natürlich durch das Eleusis, in dem er gewohnt hatte.

ist es dem Kyrenäer mit seiner Kunst, ernst ist sein romantisches Bemühen um die alten Geschichten und Gebräuche des hellenischen Mutterlandes, das er mit Augen nicht geschaut hat. Er studiert die alten Chroniken und Mythographen nicht minder als die alten Dichter; überall treten ihm die Götter entgegen, die einst in jener ihm fremden Zauberwelt unter den Menschen wandelten und ihre Wunder taten. Gerade weil sie ihm innerlich fremd sind, oft seinen Spott oder sein Lächeln wecken (beides saß ihm locker), wird er nicht müde, von ihnen und den seltsamen Kulten zu erzählen, die sie einst gefunden hatten. Die suchende und sammelnde Gelehrsamkeit gehörte auch dazu, und wie er selbst gelehrte Bücher über Nymphen, Flüsse, Monate geschrieben hat, so hat er manche Schüler zu ähnlichen Sammlungen angeregt. Das entsprach der Zeitstimmung; weil man sich modern fühlte und weil man sah, wie das neue gemeinhellenische Wesen die landschaftlichen Sonderkulturen zu verwischen oder zu übertünchen drohte, war man beflissen, die alten Gebräuche zu verzeichnen, wie auch die Mundarten mit ihrem guten, nun verklingenden Wortschatze studiert wurden[1]. Das führte auch zu den Göttern und ihren Beinamen, die nicht selten alte Götternamen waren. Unzähliges der Art hat Lykophron in seiner Rätselsprache verwandt, unkontrollierbar für uns, sicherlich nicht ohne Willkür und Irrtum. Bei Theokrit finden wir nicht nur Anschluß an sizilische und lydisch-griechische Volkslieder (Lityerses), sondern Spartanisches und Arkadisches, das er gelehrten Studien verdankt. Er gibt in epischer Form das Lied einer Sängerin wieder, das im Palaste der Königin vor dem Prunkbette gesungen wird, auf dem Aphrodite und Adonis ruhen. Das läuft auf eine Huldigung an die Königin hinaus; das Adonisfest ist Nebensache, und die Frauen gehen nicht um des Adonis willen in das Schloß, sondern um die Pracht zu bewundern. Das weit jüngere Gedicht des Bion gibt die Stimmungen wieder, welche die mythische Handlung zunächst in der Göttin und dadurch in den teilnehmenden Frauen, in Wahrheit in dem Hörer und Leser erwecken soll, aber das lehrt uns zwar, daß die Frauen auch um 100 v. Chr. das Adonisfest begingen (es hat in einem pompejanischen Gemälde eine Parallele), aber Poesie und Malerei spielen nur mit dem Göttermythos, und das Pathetische ist durch stark sinnliche Reize gewürzt. In der zweiten Hälfte des dritten Jahr-

[1] Reiches Material in der ausgezeichneten Arbeit von Latte, Philol. 80, 157.

hunderts behandelt Rhianos die älteste Geschichte oder Sage vieler Landschaften und hat wenigstens mit den *Μεσσηνιακά* Erfolg. Aber selbst hier wissen wir nicht, wie er sich zu den Göttern stellte[1]. In dem Gedichte des Aratos ist die Absicht praktisch zu belehren in der Weise des Hesiodos von echter Frömmigkeit getragen, aber diese kommt aus der Stoa, nicht aus dem alten Volksglauben. Eratosthenes hat die Belehrung über die himmlischen Sphären mit ihrer Harmonie und die Zonen der Erde geistreich mit den alten Geschichten von der Geburt und den lustigen Streichen des kleinen Hermes verbunden, den er dann durch alle Reiche des Kosmos zum Ätherhimmel fliegen ließ[2]. Er wollte Aratos und Kallimachos verbinden; das war zu schwer für einen weiteren Leserkreis, so daß ein Erfolg, wie ihn die Erigone hatte, ausblieb, in der er die Ergebnisse seiner Forschung über den Ursprung der Tragödie mit einer hübschen Dorfsage verband. Wer sich das überlegt, wird im Somnium Scipionis Benutzung des Hermes nicht erwarten[3].

[1] Stephanus Byz. unter Dotion gibt den Vers *αὐδὴν εἰσάμενος Δωτηίδι Νικοτελείῃ*. Der die Stimme der Mutter des Aristomenes annimmt, kann der *ὄνειρος*, kann auch ein Gott sein, jedenfalls kein Mensch.

[2] Zwei Bruchstücke sind zu Hillers Sammlung hinzugekommen, in Powells Collectanea Alexandrina (die sehr viel Nachhellenistisches enthalten) S. 65 und 252; hier ein Wort *οἰρών*, das, wie ich zulerne, von W. Schulze als kyprisch nachgewiesen ist. Da die Lexikographie es verzeichnet, stand es natürlich in einem Gedichte. Die Zuteilung des anderen, *περιπλέγδην κρεμόνεσσι*, zur Erigone ist bare Willkür; *κρεμών* ohne den Namen des Dichters stand schon bei Lentz I 32. Das ältere *περιπλέγδην* war nicht mehr verstanden und daher geändert. Protestieren muß ich dagegen, daß das Epigramm, das feinste Stück des Eratosthenes, wieder als zweifelhaft hingestellt wird. Wer hier nicht besten hellenistischen Stil fühlt, soll sich Stilgefühl erwerben. Aber es steht ein Sprachfehler darin. Den konnte der Verfasser solcher Verse nicht begehen, also muß er geheilt werden, was den Zusatz eines Buchstabens kostet. Die Weihung des Instrumentes, zu dem das Epigramm gehört, wird bei dem Gotte von Kanobos erfolgt sein, denn da hat noch Ptolemaios eine gleiche Weihung vollzogen (Boll, Studien über Claud. Ptolem., Fleck. Jahrb. Suppl. Bd. 21, 66). Daß Eratosthenes Erzieher Philopators war, erschloß ich damals aus dem Gedichte. Jetzt wird es kein Kenner der Geschichte bezweifeln.

[3] Da Timarchos bei Suidas in der Vita des Apollonios als Zeitgenosse des Eratosthenes angegeben wird, hat das gelehrte Gedicht sofort einen Erklärer gefunden, was nicht verwundern kann. Der umfängliche Kommentar wird bei Athenaeus 501 e erwähnt. Es ist ein nichtiger Einfall,

Diese neue und für alle Späteren, auch die Lateiner und ihre Behandlung der Götter, bestimmende Poesie hat zeitlich in ihren Anfängen noch die neue Komödie neben sich, in der die Dichtung Athens ausklingt. Sie hat zwar noch weiter gelebt, aber nur in Nachahmung des Stiles, den die Zeit Menanders zur Vollendung geführt hatte. Da leben die Götternamen in zahlreichen Beteuerungen und formelhaften Anrufungen fort, *Ἄπολλον Πόσειδον Ἡράκλεις*, was für das Verhältnis der Menschen zu diesen Göttern nichts mehr beweist, und wenn Peitho, Epitr. 338, einmal zu Hilfe gerufen wird, ist sie keine persönliche Göttin. Nach dieser Richtung macht es keinen Unterschied, ob eine leere Personifikation oder Tyche (in der Florentiner Komödie) oder ein wirklicher Gott[1] den Prolog spricht. In den Wehen rufen die Mädchen Artemis an, die bei den Lateinern Juno werden muß, der Dichter am Schlusse die Nike[2]; Metonymie geht weit[3]. Kulthandlungen kommen kaum vor[4]; zu den Nachtfesten geht man noch, wenn es auch zu folgen-

diesen Namen in Timachidas zu ändern. Den kennen wir nun genügend, um ihm diese Arbeit nicht zuzutrauen.

[1] In dem Prologe des Straßburger Papyrus, bei Otto Schröder, novae com. fragmenta N. 7, scheint Dionysos aufgetreten zu sein und als ein *ὄντως θεός*, V. 14, gegen die leeren Personifikationen polemisiert zu haben. Der Verfasser hat eine Sprache, die das Ergänzen schwer, manchmal unmöglich macht. V. 18 scheint *εἰς τὰς ἐχομένας [ταύτας ἔγ]ημαν οἰκίας* erfordert, am Schlusse *καὶ γέγονεν ἑκκαίδεκα [αὐτοῖς] τὸ μῆκος τῆς ἀποδημίας ἔτη. [τί δ' ἔδει] τις ἂν φήσειεν ἀμφοτέροις ἅμα [ἐτῶν] τοσούτων*; Aphrodite spricht den P olog S. 64 O. Schröder. In dem *Ἀήρ*, der Luft, die überall ist, also alles weiß (Prolog aus Philemon bei Stobaeus Ekl. I 1, 32), Philosophie, gar den damals längst vergessenen Diogenes von Apollonia zu suchen, überschätzt und unterschätzt zugleich den Komiker. Plautus ist den Personifikationen mit großer Freiheit gefolgt; Terenz hat den Prologus daraus gemacht.

[2] Bei dem Karystier Apollodoros ruft ein Soldat beim Abgehen neben Nike den Ares, aber nur um einen Witz über den Parasiten Antiphon anzuschließen.

[3] Alexis bei Plutarch de audient. poetis 21 d stellt *τὸ φαγεῖν τὸ πιεῖν τὸ τῆς Ἀφροδίτης τυγχάνειν* zusammen. Eubulos im Orthannes in einer absichtlich verstiegenen *ῥῆσις* sagt für Mehl *μεμαγμένη Δήμητρος κόρη*. Das Ärgste steht bei Laertios VI 69: Diogenes *εἰώθει πάντα ποιεῖν ἐν τῶι μέσωι καὶ τὰ Δήμητρος καὶ τὰ Ἀφροδίτης*.

[4] Gebet und Opfer an Artemis, deren Altar vor dem Hause steht, Philemon *Πτωχῆι ἢ Ῥοδίαι*, sicherlich von einem Mädchen, wohl der Hauptperson, gesprochen.

reichem Verkehr der Geschlechter führt. Altäre stehen vor den Häusern, an denen Sklaven Schutz suchen[1]. Wenn der Schauplatz in einem Heiligtum ist wie im Curculio oder doch ein Tempel auf der Bühne wie im Rudens, werden die Götter natürlich erwähnt, aber sie tun nichts. Die Menschen werden in ihrem Handeln durch Rücksichten auf Götter und Religion nicht bestimmt, und ob der Mensch einen Dämon mitbekommen hat oder sein *τρόπος* für sein Verhalten und Ergehen entscheidend ist, wie es Onesimos in den Epitrepontes vorträgt, das macht keinen Unterschied. Es weht durchaus die dünne Luft des Rationalismus, und so sind auch die vielen klugen Sentenzen gehalten, durch die Menander in der Folgezeit neben Euripides getreten ist. Bei ihm kommt eine geflissentliche Verfolgung des Aberglaubens hinzu. *Δεισιδαίμων* heißt eine Komödie. Im Phasma werden gegen ein eingebildetes Leiden die gewöhnlichen Praktiken der Entsühnung empfohlen, deren Wirkung auch nur in der Einbildung beruht. Zwei Komödien, beide berühmt[2], haben Frauen in ekstatischen Zuständen eingeführt, die *Θεοφορουμένη*[3] sagt es im Titel, und aus dem Schlusse von Glykeras Brief an Menander, Alkiphron IV 19, erfahren wir, daß die von einem Gotte Ergriffene ein Mädchen war[4]. Von der *Ἱέρεια* gibt leider die zerrissene Hypothesis, Oxyr. 1235, keine klare Vor-

[1] In der Komödie des Alexis, Sitz. Ber. Berl. 1918, 744, ist ein Demetertempel auf der Bühne; zu der Priesterin haben sich Leute geflüchtet wie im Rudens. Ein Verfolgter stellt sich in den Schutz der Göttin, geht aber nicht in den Tempel, wird sich also auf den Altar setzen. Auch der Sklave in der Perinthia soll wohl auf dem Altare verbrannt werden; ihn wegzuziehen scheuen sich die anderen Sklaven. In Menanders Bakchides begrüßte der heimkehrende Sklave den *ἀγυιεύς* vor dem Hause. Plautus mußte das ändern, weil es in Rom keinen solchen Altar gab, läßt daher den Chrusalus 172 einen *vicinus Apollo qui aedibus propinquus nostris accolis* anrufen.

[2] Feine Bleitessera aus Athen, *Ἐφ. ἀρχ.* 1901 Taf. 7, 1, Umschrift *Θεοφορουμένη*, drei Masken, die der Hauptperson in der Mitte. Et. M. *εὐάντητος*. Erklärt mit *ἡ Ῥέα*. Darin zitiert *Νικαδίου ὑπόμνημα· Θεοφορουμένης*. Die Göttermutter kam also bei Menander vor. Die *Ἱέρεια* wird von der Hypothesis unter die besten Komödien gerechnet, was noch weiter ausgeführt war.

[3] Es ist der älteste Beleg für das seltene Wort.

[4] Sehr hübsch, daß sein Schätzchen den Menander zu ihrem Aberglauben bekehren will.

stellung. Was man erkennt, ist seltsam genug. Die Priesterin ist früher verheiratet gewesen, dann von ihrem Manne getrennt. Am Schlusse heiratet sie wieder. Es wird aber ein vorgeblicher θεοφορούμενος zu ihr geschickt, um entsühnt zu werden, und später wird einem Alten, der wohl die Priesterin heiraten wird, vorgemacht, daß seine Söhne verrückt wären. Es war keinesfalls eine staatliche Priesterin, sondern sie stand einer der zahlreichen Genossenschaften von Orgeonen oder Thiasoten vor, die wir aus den Inschriften kennen, und Menander führte sie in demselben Sinne vor, in dem Theophrast den δεισιδαίμων zeichnete. Es gab eben viele Frauen und Männer, die ihre religiösen Bedürfnisse in solchen privaten Gottesdiensten befriedigt fanden, zu den Orpheotelesten liefen oder zu Frauen, die es so trieben, wie Demosthenes es der Mutter des Aischines nachsagt. Auch Traumdeuter fehlten nicht[1]. Die Orgeonen der Göttermutter und die Dionysiasten werden in ihren Weihen eine seelische Erbauung oder gar Erlösung gesucht haben, so daß wir nicht bloß von Aberglauben reden dürfen. Es ist das freilich eine Unterströmung, die im dritten Jahrhundert nur einzeln hervortritt. Im ganzen herrscht die Abwendung von aller Mystik durchaus. Wir werden von rauschenden Festen des offiziellen Gottesdienstes zu berichten haben, aber die alten Sühnfeste scheinen abgestorben zu sein: das Gefühl, befleckt zu sein, den Zorn der Götter abwenden zu müssen, packt wohl einzelne Menschen, aber zum Gemeingefühle kann es nicht mehr werden, und daß die alten Reinigungsmittel, das Abwälzen der Befleckung auf Opfertiere oder auch Menschen, hülfen, glaubt niemand mehr. Es will in die Zeit nicht mehr passen, daß Philochoros als Seher und Zeichendeuter eine politische Rolle spielt; denn wenn der Glaube an die Mantik und an bedeutungsvolle Vorzeichen niemals verschwand und von der Stoa verteidigt wird, führten die Nachfolger Alexanders doch keinen Seher mit, der einen Einfluß wie Aristandros von Telmessos gehabt hätte. Wenn die Tyche entscheidet, sind ihre Launen unberechenbar. Wir wissen zu wenig davon, wie Philochoros die Zeitgeschichte dargestellt hat, um zu erkennen, ob er die Götter irgendwie eingreifen ließ oder auch nur in den Geschicken der Staaten, Städte und Menschen das Walten einer zielsetzenden Gott-

[1] Ein Nachkomme des alten Aristeides saß zur Zeit des Demetrios von Phaleron am Iakchostempel und ernährte sich durch Traumdeutungen, Plutarch Arist. 27. In der Komödie spielen Träume eine geringe Rolle, z.B. Mercator 225.

heit zeigen wollte[1]. Was wir sonst von seiner Atthis haben, deutet auf einen schlichten Bericht der Tatsachen. Ganz anders Timaios, der gleichzeitig in Athen schrieb. Wenn es schon bei Ephoros anstößig war, daß er neben starkem Rationalismus das Erdbeben, das Helike vernichtete, als Strafe für eine Vernachlässigung des Poseidon darstellte, so ging Timaios in solchen Deutungen bis zur äußersten Geschmacklosigkeit; es geschah den Athenern recht, daß sie vor Syrakus von einem Hermokrates besiegt wurden, denn sie hatten die Hermen verstümmelt. Es ist eine üble Nachahmung Herodots, die aus der Geschichtsschreibung nicht ausgerottet wird; eine stilisierte Biographie pflegt auch mit Vorzeichen der künftigen Größe ihres Helden zu beginnen. Es gehen Geschichtswerke danebenher, die sich bemühen, streng sachlich zu bleiben, und die tragische Wirkung anstrebende Historie von Duris und Phylarchos scheint auf die Wunderzeichen verzichtet zu haben. Aber Kleitarchos hat seinen dauernden Erfolg bei dem großen Publikum (Sisenna nahm ihn zum Vorbild) den Wundergeschichten verdankt, die er auftischte, und noch in der Darstellung der mithradatischen Kriege bei Appian und in Plutarchs Lucullus macht sich eine Wundersucht breit, die nach Polybios stark befremdet, und den elendesten Untergang eines Mannes, der Übles genug getan hat, aber manchmal von keinem Besseren umgebracht wird, begleitet auch bei solchen, die an keinen Gott in der Geschichte glauben, die Zensur τῆς προσηκούσης ἔτυχε τιμωρίας.

Was uns bisher überall entgegentrat, zeigte, daß der Glaube an die persönlichen Götter im Schwinden war. Um so merkwürdiger ist, daß eben diese Götter sich weithin über die Lande der Barbaren verbreiten oder doch zu verbreiten scheinen, viel weiter als die Herrschaft der makedonischen Könige reicht. Es geschieht allerdings zwischen Ost und West in ganz anderer Weise, und

[1] Die Atthis hatte schon vor und neben diesem ihrem letzten und bedeutendsten Vertreter sich viel mit der Erklärung alter Kultgebräuche und Sitten, auch Sprichwörtern abgegeben, also in ähnlichem Sinne wie viele Lokalschriftsteller und die peripatetischen Gelehrten Alexandreias, von denen Istros eine Art Auszug der Atthiden verfaßt hat. Im zweiten Jahrhundert schreibt noch ein Apollonios aus einer angesehenen Familie von Acharnai über die Feste und ein Krates über die Opfer; dem möchte man die Schrift über den attischen Dialekt zutrauen, jedenfalls eher als dem Malloten.

auch die orientalischen Völker verhalten sich sehr verschieden. In Kleinasien dringt die Hellenisierung von der Küste in das Innere vor. In Mylasa war schon unter den karischen Dynasten die Geschäftssprache griechisch; dann hellenisierten sich auch die Götter. Hekate war einst von den griechischen Einwanderern übernommen und schien hellenisch wie die Artemis von Ephesos, obgleich beide zu Hause ihr ursprüngliches Wesen nicht ablegten. Der Osogo schien sich zuerst mit Zeus nicht vollkommen gleichen zu lassen, darum sagte man *Ζηνοποσειδῶν*; später verlor sich das. Ein Gott, der sich Zeus nennen ließ, fand sich ziemlich überall bei den verschiedenen Rassen des inneren Kleinasiens, Apollon, Artemis, Leto waren ursprünglich asiatisch, daher treffen wir sie später auch ziemlich überall; es macht nichts aus, daß sie vermutlich andere Namen gehabt hatten und im Wesen sich kaum änderten. Auch Dionysos war ein Phryger und hatte sich Lydien früher als Ionien unterworfen; wenn er nun als Hellene heimkehrte und manches Neue mitbrachte, der Kultus konnte derselbe bleiben. Bei den später eingewanderten thrakischen Stämmen blieben wie in Europa neben den umgenannten manch einzelne wie Sabazios und Heros unter dem eigenen Namen auch für die Griechen bestehen. Oft hat ein Ortsname neben Zeus oder Apollon den alten Gott als solchen unterschieden und auch weiter verbreitet. Die Göttermutter war von den Hellenen angenommen, behielt also ihre hohe Stellung, im fernen Pessinus ihre, d.h. ihrer Priesterschaft, Herrschaft über Stadt und Landbesitz. Ähnliche kleine Priesterstaaten oder Theokratien hat es mehr gegeben. Überhaupt ist die Hellenisierung Kappadokiens, der Salzsteppe und der Landschaften um die Gebirge des Taurus in der hellenistischen Zeit selbst in den Städten nur höchst unvollkommen erreicht, und die Kelten kamen hinzu. Alle diese Völker beharrten in dem primitiven Glauben an ihre Götter, wovon die Erfahrungen, die Paulus und Barnabas in Lystra machten, ein überraschendes Zeugnis ablegen. Paulus predigte griechisch, die Menge verstand ihn kaum, da sie lykaonisch sprach, aber es ist ein Priester des Zeus, der den persönlich erschienenen Göttern opfern will (Acta 14, 11). Vom Osten her muß auch mit dem Vordringen der iranischen Religion gerechnet werden. Daß die fremden Götter, auch wenn sie hellenische Namen führen, unserer Betrachtung gänzlich fernbleiben müssen, brauche ich kaum zu sagen.

Nur eine Erscheinung mag hier am ehesten Platz finden. Ein Gott, der wohl bithynischer Herkunft ist, hat sich im dritten Jahrhundert überallhin verbreitet, und wenn er auch nur vereinzelt ernsthaft genommen ward, hat er doch bei Griechen und Römern eine größere Popularität erlangt, als mancher der Großen sich bewahrte. Das ist Priapos, der seine Herkunft aus dem Städtchen an der Propontis im Namen trägt, aber als seine Heimat wird immer nur Lampsakos angegeben[1], und der Name lautet zuerst auch ionisch Priepos. Vermutlich war Priapos zu einer Kome von Lampsakos geworden[2]. Von Hause aus war er ein bithynischer Gott (Arrian Bithyn. 24), ithyphallisch wie sein imbrischer Nachbar Orthannes und viele andere Geber der Fruchtbarkeit. Wie er aber erreicht hat, daß die zahlreichen phallischen Götter, die es gab, schließlich sich alle unter seinen Namen gestellt haben, bleibt ganz im Dunkel. Xenarchos, der noch in die mittlere Komödie gehört, hat ein Stück nach ihm genannt, was auffällig ist, da er sonst erst im folgenden Jahrhundert aufkommt[3]. Im Festzuge der Ptolemaia (Athen. 201 c) stand er mit Efeu bekränzt neben Dionysos, der sich, offenbar als Knabe, vor Hera an einen Altar der Göttermutter geflüchtet hatte, eine Darstellung, die einen unbekannten Mythos voraussetzt, in dem der lampsakenische Gott eine Rolle spielt. Er war also nicht der nackte Ithyphallos, eher so, wie ihn das bald erwähnte pompejanische Gemälde zeigt. Philikos (wie wir jetzt statt Philiskos sagen müssen) hat gleichzeitig den Priapos in eine lustige Fabel gezogen, die dem Sternbilde der Esel sein *αἴτιον* schuf; zugleich begründete sie, daß dem Priapos Esel geopfert wurden. Er erhielt also einen Kult[4]. Dann kennt ihn

[1] Eine Ausnahme notiert Strabon 382 und verweist bei Priapos 587 darauf zurück. Danach sollte der Gott aus dem korinthischen Dorfe Orneai stammen. Vermutlich beruhte das auf seiner Bezeichnung *Ὀρνεάτης* in den Priapeen des Euphronios. Was der wollte, ist unbestimmbar.

[2] Priapos hat in der hellenistischen Zeit eigene Kupfermünzen geschlagen (Head Hist. Num.[2] 537), mag also vorübergehend selbständig gewesen sein.

[3] Die unmögliche Ergänzung *πριαπίζοντος* in der attischen Schatzurkunde IG. II[2] 1388, 62 ist beseitigt, Kirchner in den Addenda p. 798.

[4] Eratosth. Kataster. XI, ergänzt aus Ovid, Fast. I 440. Ohne das Opfer hat der Wettkampf zwischen Esel und Priap keine Pointe. Ovid hat es für eine neue Fabel benutzt.

Leonidas[1] der Tarentiner, der später in Epirus lebte, schon als Wächter der Gärten und läßt ihn den Dieben ebenso drohen wie in den Priapea. Aber er steht auch am Hafen und verkündet, das Meer wäre offen, wie es ein Hermes, der als terminus am Hafen stand, tun konnte. Auf Thera hat ihn Artemidoros von Perge als Bringer von Reichtum kommen lassen (IG. XII 3, 421c), was ihm höhere Leistungen zutraut als die einer Vogelscheuche. So sahen ihn die römischen Dichter an, daneben als Ithyphallos, und wetteiferten in lustig obszönen Versen an ihn. So wird er in vielen Gärten gestanden haben. Dem Tibull wird er der Lehrmeister der Knabenliebe. Aber namentlich aus Pompei kennen wir eine, wenn nicht würdigere, so doch dezentere Bildung, am schönsten, wenn er neben dem trunkenen Herakles steht[2]; er ist ein verlebter und doch immer noch nicht ausgelebter Wüstling. Billige Genealogien, die nachwuchsen, haben keine Bedeutung. Daß Hera ihrem Sohne Ares von ihm Tanzstunde geben läßt, ist eine gar nicht üble Erfindung des späten Pantomimus[3]. Der Gartengott mochte manchmal von dem Obste, das er beschützte, ein Opfer erhalten, wenn das nicht auch nur Spiel der Poeten ist. Aber ganz überraschend ist eine Genossenschaft von *Πριαπισταί* in Gortyn aus dem ersten Jahrhundert v. Chr.[4], die ein Mitglied wegen seiner Verdienste um den Thiasos ehrt, ganz entsprechend den zahlreichen Ehreninschriften solcher Vereine. Das ist sicherlich keine Gesellschaft gewesen wie die *Ἰθύφαλλοι*, zu denen Konon gehörte, gegen den Demosthenes seine Rede geschrieben hat, sondern ganz ehrbare Leute, freilich in dem entlegenen und ziemlich kulturlosen Kreta. Immerhin bezeugt das, daß es wirklichen Priaposkult gegeben hat. Im Romane des Petron hat er an mehreren Orten Heiligtümer; in einem war auch etwas zu stehlen, und wir lernen, daß er die Gans liebte, wohl als Opfertier. Also hat sich dieser Gott zuerst wirklich als Gott verbreitet, und wie er das konnte, bleibt ein Rätsel. In den sinnlosen Spekulationen des späten Synkretismus erfuhr er die Erhöhung, mit Phanes und Erikepaios identifiziert zu werden, Orpheus, Hymn. 6, 9. Belustigend ist das große Gedicht aus Tibur, in Büchelers Anthologie 1504, das den alten richtigen Priap unverhohlen feiert, aber daneben auch zu sagen wagt

[1] Anth. Planud. 236. 261. Hell. Dicht. II 108.

[2] Helbig Nr. 1140. Jahn, Ber. Sächs. Gesellsch. 1855 T. VI.

[3] Lukian saltat. 21.

[4] Ausonia IV 243.

*seu cupis genitor vocari et auctor*
*orbis aut Physis ipsa Panque, salve.*

Bücheler bringt weitere Belege bei.

Semitische oder gar iranische Götter sind in der hellenistischen Zeit von den Hellenen nicht übernommen worden, wohl aber hat die Politik der Seleukiden, wie sie neue Griechenstädte gründete, so auch viele alte Semitenstädte umgenannt und ihnen hellenische Kolonisten zugeführt. Dem entsprach die Umnennung der Götter. Deren pflegte eine semitische Stadt nicht viele zu verehren, der Stadtgott war überall im Grunde der gleiche, aber weil er zugleich Stadtgott war, erschien er in jeder als ein besonderer Gott, der sich gegen jede Gleichsetzung mit dem Nachbar sträubte. So hatten es die Stammgötter früher auch gehalten, Kamos war Moabiter, Jahve Hebräer, sie vertrugen sich sowenig wie ihre Stämme. Die Hellenen kümmerten diese Gegensätze nicht; sie sagten Zeus, und für die weibliche Gottheit fand sich leicht ein Name. Zu wirklicher Ausgleichung hat das nicht geführt außer allenfalls in den Küstenstädten. Wenn Alexander dem Herakles von Tyros opferte, so war der Stadtgott bereits mit Herakles geglichen; das entsprach der Haltung des Königs Straton, bestätigt sich auch durch die älteren sidonischen Sarkophage. Im ganzen wird hier derselbe Unterschied gegolten haben wie bei den barbarischen Stämmen Kleinasiens: die Eingeborenen fahren fort, an ihre Götter zu glauben und ihnen den alten Kult zu erweisen; die hellenische Toleranz gestattete es ja, und die Religion, die in allen Göttern dasselbe Göttliche anerkannte, stand zwar höher als das zähe Beharren bei dem ererbten Einzelgotte, aber werbende Kraft hat nur ein positiver Glaube. Die semitischen Händler, die auf Delos ihren Göttern Heiligtümer anlegen dürfen, brauchen nur äußerlich hellenische Götternamen und werden schwerlich Propaganda gemacht haben. Allein bald kam die Zeit, wo die Semitengötter von Doliche und Emesa und Heliopolis und die *dea Syria* mit großem Erfolge in das römische Weltreich einbrachen, Syrien überhaupt zu überragendem geistigen Einfluß kam, und nun kamen sie als die syrischen Götter, einerlei ob man sie als Zeus und Juppiter anrief. Schließlich kam das heilige *βαιτύλιον* und heiratete die karthagische Himmelskönigin. Als Gaza christlich ward und noch lange ein Hauptsitz griechischer Bildung war, hieß der Stadtgott bereits wieder Marnas. Die alten Städtenamen haben ebenso wieder die Oberhand gewonnen.

In Iran war die geoffenbarte Religion Zoroasters unangreifbar, hat aber auch erst in dem verfallenden Römerreiche Eroberungen gemacht, wenn auch auf den Namen des Zoroaster und anderer Magier Zauberbücher verfaßt wurden. Aber die Könige, die sich im ferneren Osten noch lange behaupteten, nachdem sie vom Seleukidenreiche abgeschnitten waren, haben zäh an ihrem Hellenentume festgehalten, also auch an ihren Göttern, die sie daher auf ihre Münzen setzten, sogar neben indische Inschriften, und wenn sie ihren Untertanen von hellenischem Geiste auch nichts mitgeteilt haben, so hat doch die hellenische Kunst selbst die fremden Religionen erst gelehrt, wie sie ihre Götter würdig bilden könnten, und hat so befruchtend bis in den fernsten Osten hinübergewirkt.

Ganz anders im Westen. Der geriet nicht unter hellenische Herrschaft, erdrückte sie vielmehr, wo sie über das adriatische und sizilische Meer hinübergegriffen hatte. Aber seine Götter hat er den hellenischen preisgegeben, minder so, daß er diese mit ihren Namen in den Kreis der eigenen Götter aufnahm, als dadurch, daß diese zwar ihre Namen behielten, aber das Wesen der hellenischen annahmen, denen sie gleichgesetzt wurden[1]. Das ist für die Literatur zur Zeit des Ennius fertig, für den Kaiser Augustus, der den Kultus der römischen Götter neu beleben will, und für die Gelehrten und Dichter, die ihm halfen, selbstverständlich. Als sich dann die keltischen Lande, Spanien und Afrika romanisieren, erhalten die einheimischen Götter römische Namen, unter denen sich, mehr oder weniger umgestaltet, die griechischen Götter verbergen; die Sprache der Kunst ist durchaus die griechische, und

[1] Karthago hat, solange es seine Nationalität bewahrte, natürlich auch seine Götter behalten und auch fremden wenig Eingang verstattet. Eine Ausnahme macht die Stiftung eines Kultes von Demeter und Persephone (Diodor XIV 77, 5), deren Priester nach Diodor (Timaios) Karthager waren, aber die Ausübung des Kultes lag in den Händen der in Karthago lebenden Griechen. Zu beachten ist dabei, daß die Göttinnen auch von den Sikelern verehrt wurden, d.h. an die Stelle der von diesen verehrten Mütter getreten waren. Es war eine Maßregel, die den karthagischen Untertanen auf Sizilien entgegenkam. Den Griechen erscheint der Gott, welchen sie Kronos nennen, als der Hauptgott. In dem römischen Karthago ist Juno regina die Schutzgöttin und gilt als solche auch für die frühere Zeit; sie ist natürlich semitisch.

so finden wir in diesen von Griechen niemals erreichten Gegenden Götterbilder, die z.B. für Artemis geschaffen waren, Diana hießen und für ihre Verehrer eine keltische Göttin vorstellten; viele werden sie wohl noch lange mit ihrem wirklichen Namen angeredet haben. Denn die Kelten glaubten noch an ihre Götter trotz den römischen Namen wie die Syrer von Heliopolis-Baalbek, auch wenn ihr Baal Zeus hieß, aber den Römern war ihre Venus zur Aphrodite, die Fortuna zur Tyche geworden, mit denen sie eigentlich gar nichts gemein hatten. Das war Voraussetzung für die Spiele der Dichter, blieb es, als der Glaube an die Götter schwand, und die Gelehrten haben dauernd Hermes und Merkur, Diana und Artemis usw. für dasselbe gehalten[1]. Diese Überlieferung beherrschte das Mittelalter, die Entdeckung der griechischen Literatur änderte auch nichts daran. So ist es gekommen, daß noch vor 150 Jahren zwischen den lateinischen und griechischen Namen kein Unterschied der Bedeutung empfunden ward, und als die Einsicht durchdrang, daß den griechischen Göttern damit ein schweres Unrecht geschah, wurden die römischen beiseite geschoben; daß das auch ein Unrecht war, empfand man noch nicht, denn deren eigenes Wesen war ganz verschollen, ist es vielfach noch und wird es wohl mehr oder weniger bleiben. Es ist eine Erscheinung, zu der ich keine Analogie weiß, daß sich fremde Vorstellungen, und zwar sowohl mythische wie religiöse, ohne jeden Zwang, nur durch die Überlegenheit der fremden Zivilisation, die doch selbst diese Götter als mythisch erkannt hat, an die eigenen Götterpersonen heften und deren Wesen bis zur Unkenntlichkeit verändern können.

Hier würde es verstattet sein, nur diese notorische Tatsache zu konstatieren, denn selbst wenn die echte italische Religion besser bekannt wäre, als sie es heute ist[2], würde sie für die hellenische

[1] Bei den Wochengöttern geht das noch weiter. Wir brauchen die Namen germanischer Götter, die mit römischen gleichgesetzt waren, das Römische war Übersetzung des Griechischen, dieses des Babylonischen, wenn nicht Aramäisch dazwischenlag und vielleicht unter dem Babylonischen noch eine andere Sprache.

[2] In dem letzten Gespräche, das ich mit Richard Heinze geführt habe, trafen wir in der Beurteilung von Wissowas großem und mit Recht hochgeschätztem Werke zusammen. Wir hatten beide die Ansicht, daß darin zwar die Geschichte des Kultus vorzüglich behandelt wäre, aber die Religion eigentlich überhaupt nicht. Dazu hätten Wörter und Begriffe

schwerlich positiv etwas Beträchtliches lehren; negativ allerdings ist es sehr wichtig, daß sie grundverschieden war, also eine nähere Verwandtschaft der beiden Völker, eine gräkoitalische Periode, ausschließt und davor warnt, allzuviel für Erbgut aus der indogermanischen Periode zu halten, wenn nicht etwa die Italiker besonders stark durch die unbekannte Bevölkerung beeinflußt waren, die sie in Italien vorfanden. Aber es scheint mit nützlich, einiges über die Wege zu sagen, auf denen die griechischen Götter nach Rom gelangt sind. Da läßt sich einiges prinzipiell feststellen, was leicht vergessen wird, wenn man vom einzelnen ausgeht[1]. Wenn der Kultus eines fremden Gottes eingeführt wird, auch wenn der Staat sich an einen Gott wendet, der in der Fremde wohnt, ist der Glaube an dessen Macht bestimmend. So sind 293 Asklepios, 205 die Magna mater in Gestalt einer Schlange und eines Steines eingeholt und angesiedelt worden. Sie behielten ihre Namen, Hygieia, die zu Asklepios gehörte, ward mit einer bereits verehrten Salus geglichen, was unwesentlich war und nicht einmal ganz durchdrang. Der Kult blieb der fremde, wohl auch das Kultpersonal fremd, wenigstens in dem niemals ganz eingebürgerten Dienste der Barbarin von Pessinus mit ihren Kastraten. In diesen Fällen war es der Ruf besonderer Macht, in dem die fremden

so erläutert werden müssen, wie es Heinze an fides und auctoritas, W.F. Otto an religio geleistet haben, ganz wie das Verständnis der hellenischen Religion daran hängt, daß man *θεός* und *δαίμων*, *ὅσιον* und *ἱερόν*, *αἰδώς* und *δίκη* verstanden hat. Auf den Gegensatz der beiden Religionen in der Stellung der Priesterschaft, das Fehlen von Genealogien und Ehen der Götter, überhaupt der Göttergeschichten in Rom habe ich gelegentlich hingewiesen. Anderes wie die Götterpaare, Mars und Nerio, Faunus Fauna usw., kommt hinzu. Verkehr der Götter mit den Menschen fehlt, Heroen fehlen, aber im Triumphe erscheint ein Mensch geradezu als Gott. So ließe sich der Gegensatz weithin verfolgen; das geht in die Tiefe der Volksseelen. Aber es wird schwer sein, bei Cicero und Augustus, Vergil und Horaz noch die italische Stimmung der Seele aufzuweisen.

[1] Fr. Altheim hat in den Büchern „Griechische Götter im alten Rom“ und „Terra mater“ den energischen Versuch gemacht, die Herkunft der römischen Götter aufzuklären, und auf die Vermittlung der Etrusker und Osker gebührendes Gewicht gelegt. Gerade weil ich das freudig begrüße und diesen Arbeiten Wert beimesse, nehme ich zu diesen Fragen Stellung, und auch die Polemik ist ein Ausdruck der Hochschätzung und soll nur vor Irrwegen warnen.

Götter standen; ein angeblicher Spruch der Sibylle fand sich wie immer bei solchen Gelegenheiten und ward von den X viri sacris faciundis verkündet. Treibend ist in diesen Fällen nicht ein vorhandener Glaube, sondern ein Gefühl der ratlosen Not, die nach einem Helfer ausschaut. Es konnte auch ein fernes Orakel befragt werden, ohne daß der zukunftskundige Gott zu Hause einen Kult erhielt, wie griechische Staaten den libyschen Ammon befragt haben, dessen Heiligtümer in Hellas keine Orakelstätten wurden und bedeutungslos blieben. So konnte Rom in Delphi anfragen, ohne dem Apollon einen Tempel zu bauen, und eine sibyllinische Spruchsammlung, die griechisch als τελεταί bezeichnet werden kann, aus Kyme beziehen, ohne die Sibylle und den Gott, der ihr die Sprüche eingegeben hatte, unter die eigenen Götter aufzunehmen. Immer aber ist es ein Gott, der einen weitberühmten Kult an einem bestimmten Platze erfuhr, keiner, der bloß in der Mythologie seine Rolle spielte. Es ist also ausgeschlossen, daß Vulcanus von Hephaistos stammen könnte, weil dieser an keinem Orte, der in der Sehweite Italiens lag, überhaupt einen Kult erfuhr. Der lakonische Kult der Dioskuren hätte höchstens über Tarent auf Rom einwirken können, ist aber in Rom viel älter als die Verbindung mit den süditalischen Griechenstädten. Von einem Einflusse Olympias kann vollends keine Rede sein, weil es auf die Religion überhaupt einflußlos geblieben ist[1]. Den Sosipolis, der nicht Zeus hieß, als den Gott zu bezeichnen, den die Römer Juppiter puer nannten, ist eine peinliche Entgleisung; ich mag nicht mehr sagen. Die Götter des latinischen Stammes, zu dem die Römer selbst gehörten, werden wir zu derselben Religion wie die römischen rechnen dürfen, auch wenn einzelne von den Pontifices Roms unter die indigetes nicht aufgenommen sind. Es konnten freilich von der latinischen Küste her auch ursprünglich griechische Götter eindringen, allein Agrios und Latinos, die Söhne der Kirke, haben diese Küste mit Erfolg den Griechen verschlossen[2], während Agylla

[1] Wenn Peisistratos dem Zeus von Olympia einen Tempel gründet und mit diesem die Ge und den Kronos übernimmt, so ist das nicht aus Gründen des Glaubens geschehen und hat keine solchen Folgen. So steht es auch, wenn an anderen Orten Zeus als der von Olympia statt vom Olympos bezeichnet ward. Seine panhellenische Geltung kam dadurch wegen der Kampfspiele zum Ausdruck, kein besonderer Kultus, geschweige eine besondere religiöse Auffassung.

[2] Als die Verse hinter Hesiods Theogonie gedichtet wurden, in denen

schwerlich der einzige Platz ist, an dem sich Griechen unter Etrusker gedrängt haben. Wohl aber hat sich einmal die Herrschaft der Etrusker weit über den Tiber hinaus erstreckt, und die etruskischen Könige, die Roma erst zu einer wirklichen Stadt gemacht haben, waren Herren von Latium. Daher ist der etruskische Einfluß auf Rom am stärksten, wächst für unsere Erkenntnis immer mehr, je tiefer diese dringt; es kann sehr wohl sein, daß die Stellung der römischen Priesterschaft im Staate gar nicht italisch ist. Damit eröffnet sich die Möglichkeit, daß Griechisches auf dem Umwege über Etrurien gekommen ist; viele glauben ja jetzt, daß das Alphabet von Kyme, das in den Formen von C und L unverkennbar ist, diesen Umweg gemacht habe. Das treibt zu der Frage: Was hat die etruskische Religion von den Griechen? Die Religion zwar schwerlich etwas, denn in allem Etruskischen weht ein anderer Geist. Aber Götter sind doch identifiziert, Tinia, Fufluns, und der Apollon von Vei ist doch wohl auch für die Vejenter Aplu gewesen. Dieser ist freilich, wie die Übernahme des unverstümmelten Namens zeigt, den Römern nicht durch die Etrusker bekannt geworden. Es kann sich überhaupt nur um etruskische Götternamen handeln, unter denen sich hellenische Götter bergen, also wenn Minerva etruskisch ist, ob die Etrusker eine eigene Göttin mit Athena *ἐργάνη* gleichgesetzt hatten, oder ob diese Gleichsetzung erst später in Rom geschehen ist. Für Athena ist das gleichgültig, wichtig nur, daß Athena nicht übernommen ist, sondern eine bestehende Gottheit in ihrem Wesen Anhalt zu der Gleichsetzung mit einer Seite der Athena bot; als ihre Schutzgottheit mochten sie griechische Handwerker bezeichnen, die in Rom oder vorher in Caere und Tarquinii Beschäftigung fanden. Diese Göttin konnte schwerlich dieselbe sein, die zu der etruskischen Trias des Kapitols gehörte, in der jeder Grieche die Lieblingstochter des Zeus und die Polias finden mußte, auch wenn der Etrusker mit dieser Minerva eine ganz anders tätige Göttin meinte[1]. Diese Aporie muß

diese Namen stehen, saß Kirke offenbar schon auf dem Vorgebirge, das nach ihr heißt.

[1] Wenn wir Darstellungen der Trias hätten, die älter als der Brand des alten Tempels wären, würden wir wohl erkennen, was diese Minerva war. Alles Spätere gibt griechische Figuren. Die ancilia sind Schilde der Art, wie sie von Kretern und Mykenäern verehrt wurden, also die Schildgöttin vorstellten, die zu Athena geworden ist. Aber sie gehören hier zu Mars. Deshalb können sie immer noch aus dem Kulte der Völker des Ostens stammen.

man ins Auge fassen. Versichern aber können wir, daß Athena in keiner Minerva steckt, sondern erst, als die Gleichsetzung der Namen vollzogen war, sagte der an das Griechische gewöhnte Römer Minerva, wo er Athena meinte, was weder den Glauben noch den Kult etwas anging. Dafür, daß Mercurius ein aus Falerii nach Rom gekommener Etrusker ist, hat Altheim manches Verlockende vorgetragen[1]; aber der Hermes steckt nicht in dem Gotte, und daß schon die Etrusker beide gleichgesetzt hätten, ist wenig wahrscheinlich, da Hermes sonst Turms heißt. Und der römische Mercurius ist sowenig zum Hermes geworden wie Minerva zu Athena. Wer Hermes einen Gott des Handels nennt, bezeugt damit die ärgste Unkenntnis. Hermes führt den Geldbeutel nicht, sondern hat ihn erst später von Verehrern des Mercurius erhalten. Wieder liegt am nächsten, daß griechische Kaufleute, die auf dem römischen Markte verkehrten, unter dem Schutze des ἀγοραῖος stehen wollten, was sich aus dem echten Wesen des Gottes ergab; auch ein Profit konnte von diesem kommen. Da ergab sich die Gleichsetzung mit Mercurius, vorausgesetzt, daß die Römer dasselbe von ihrem Gotte erwarteten. Mit Turms steht es anders; woher auch immer die erste Ausgleichung der Götter gekommen war, die Etrusker wußten viel mehr von den Griechen, kannten also den Hermes auch als Herold der Götter, als Geleiter der Toten. Sie haben doch die Mythen gekannt, wenn sie sie in ihren Gemälden, auf ihren Cisten und Spiegeln darstellen ließen[2]; die Namen mußten sie im Munde führen, wenn sie sie so arg verstümmelten. Wer sich die Schlachtung der Troerknaben durch Achilleus darstellen ließ, der kannte die homerische Erzählung bis in ihre kleinsten Züge, die für den Gang der Handlung gar nicht unentbehrlich waren, aber dem Etrusker war es eine Freude, daß Achilleus dem Toten blutige Menschenopfer brachte, ganz wie ein Etrusker. Diese weitgetriebene Hellenisierung, die Rom erst nach dem hannibalischen Kriege erreicht, zugleich mit dem ganz Unhellenischen des etruskischen Wesens ist ebenso rätselhaft wie reizvoll. So sind nach Etrurien auch die Mythen gelangt, die von den Göttern erzählt wurden; die waren auch auf dem Tongeschirr dargestellt, das sich die rei-

[1] Wozu ich den genius als Phallus mit allem Zubehör nicht rechne.

[2] Gerade die Versehen in den Beischriften beweisen, daß die Namen aus dem Gedächtnisse geschrieben wurden. Die Geschichten verwirrten sich, weil sie viel erzählt wurden und sich dem Gedächtnisse nebeneinander einprägten.

chen Herren in Menge kauften; es kamen auch Maler und Kunsthandwerker ins Land und fanden Beschäftigung. So würde es in Rom auch gegangen sein, wenn die Tarquinier sich länger gehalten hätten; deren Sturz führte notwendig zu einer Abwendung von dem Etruskischen, soweit es nicht bereits so fest eingewurzelt war wie der Glaube an die Etrucsa disciplina der haruspices, die Vogelschau, die Anlage eines templum und der Bau der Tempel. Ebenso notwendig war die Zuwendung zu den stammverwandten Italikern, die Herstellung des latinischen Bundes und die Unterwerfung der Bergstämme, das Streben nach Campanien, wo die Etruskerherrschaft gleichzeitig gebrochen war, vornehmlich durch Kyme. Das führte Rom mit dieser Griechenstadt zusammen[1], und nur direkt von dort kann schon 496 (nach der geltenden Chronologie) *Δημήτηρ* und *Κόρη* verbunden mit Dionysos aufgenommen sein[2]; sie wurden aber mit dem altrömischen Paare Liber und Libera, daneben der Ceres geglichen, wodurch zwei Götter scheinbar nah verbunden wurden, die eigentlich gar nichts miteinander zu schaffen hatten. In dem Kultus, der ja griechisch blieb, hat sich das nicht fühlbar gemacht, und der alte Kult von Liber und Libera, denen die Liberalia gehörten, ist allmählich auch dionysisch geworden, Libera dabei vergessen. Cicero sagt statt des eigentlichen Namens mysteria, was bedeutungsvoll ist. Denn gerade in Kyme kennen wir einen gesonderten Friedhof der *βεβακχευμένοι*, und wenn Rom von dort die beiden Göttinnen vereint mit Dionysos übernommen hat, so war dort diese Verbindung des Dionysos mit

[1] Verbindungen mit Kyme hatte der letzte Tarquinier, der die Sprüche der Sibylle erworben haben soll. Benutzt werden sie erst für die Aufnahme der Trias Ceres Liber Libera, die aus Kyme stammt. Wenn von Büchern geredet wird, sind es natürlich Rollen. Wenn Varro bei Dionysios IV 62 davon redet, daß Akrosticha falsche Orakel entlarvten, so wußte er, daß solche Künste jung waren. Wer das umgekehrt versteht, weiß das nicht. Mit solchen Künsten beglaubigten die Verfasser von *Ψευδεπιχάρμεια* ihre Fälschungen, Laertios VIII 78.

[2] Wenn die Römer im Jahre 133 die Demeter von Henna auf Grund eines Sibyllenspruches aufsuchen und Cicero, Verr. IV 108, erzählt, man hätte die Göttin an ihrem Geburtsort aufsuchen müssen, also auch ihrem ältesten Kultplatze, so war damals Henna eine griechische Stadt in einer römischen Provinz, 496 eine Stadt der Sikeler außerhalb des römischen Gesichtskreises, und auch die Göttin von Henna war noch nicht Demeter. Zur Berühmtheit ist diese durch Timaios gekommen, auf den auch Ciceros Angaben irgendwie zurückgehen.

den zusammengehörigen Göttinnen bereits vollzogen, die wir sonst später erst belegen können, und sie lag nur nahe, wenn auch Dionysos der Gott des mystischen Kultes war[1]. Liber pater hieß der Gott, sowenig väterlich er aussah. Die Bezeichnung stammte von dem echt italischen Liber, zu dem Libera gehörte. Ich getraue mich nicht, über das Wesen dieses Paares irgend etwas wissen zu wollen. Aber daß Wissowa die Aufnahme und Umnennung der drei griechischen Götter richtig erklärt hat, steht außer Zweifel.[2]

[1] Hier genügt, was ich zu den Gemälden von Portus gesagt habe, Stud. Ital. di fil. class. VII 98.

[2] Hier kann ich nicht umhin, einem Schwindel ein Ende zu machen. Um den Liber als Übersetzung aus dem Griechischen zu fassen, soll Dionysos Eleutherios geheißen haben. Das ist schon vor Altheim aufgebracht, der selbst empfindet, daß ἐλευθέριος gar nicht *liber* ist; *liberator* ist es, und Zeus heißt so seit den Perserkriegen. Angeführt werden keine anderen Belege als Preller-Robert 667: da steht das Gegenteil. Bleibt Arnobius VI 23. Dieser leichtfertige, unwissende Christ soll als Zeuge ausreichen. Aber gut, nur bitte erst lesen. Arnobius triumphiert über die Zerstörung heidnischer Tempel, der die Götter sich nicht erwehrt haben. Ich muß einiges ausschreiben, damit verstanden werden kann, was der schlechte und doch anspruchsvolle Stilist will, kann aber kürzen: *cum Capitolium ... ignis absumeret ..., ubinam fulminator tempore illo fuit ...? ubi Iuno ... cum inclitum eius fanum ... vis flammae ... deleret? ubi Serapis Aegyptius cum ... iacuit solutus in cinerem ...? ubi Liber Eleutherius, cum Athenis, ubi Diana, cum Ephesi, ubi Dodonaeus Iuppiter, cum Dodonae?* Der Leser wird bemerkt haben, daß der Eleutherius nach Athen gehört. Es ist mir gleich, ob man einen Buchstaben ändern oder dem Arnobius den Irrtum zuschreiben will, meinen kann er nur den Eleuthereus von Athen.

Nun schafft sich Altheim auch eine Libera, Ἐλευθέρα. Nämlich Ἐλευθεραί hat Usener auf eine Göttin zurückgeführt, von der niemand nichts weiß. Gewiß konnte jemand eine Heroine des Namens erfinden. Πλαταία neben Πλαταιαί liegt dicht bei Eleutherai, Θήβη neben Θῆβαι ist auch nicht fern. Aber das sind blutlose Wesen, aus den Stadtnamen gemacht. Göttinnen sind sie niemals. Ward etwa in Melainai Demeter Melaina verehrt, die angeführt wird, und heißt eine Stadt nach einer Epiklese? Eine Alalkomene ist bare Erfindung, Ἀλαλκομενηὶς Ἀθήνη wird danebengestellt, gleich als ob sie den Einfall nicht widerlegte. Und schließlich – was tut das für Libera, wenn besagte Eleuthera „eine Göttin oder Nymphe“ war? Wie kam sie nach Rom? Wenn es sie gegeben hätte, wäre sie weder Göttin noch Nymphe gewesen. Gegeben aber hat es sie nicht: bei Hesiod stand Ἐλευθῆρ. Ich könnte fortfahren, aber dies wird genügen. Nur noch eins. Wenn sich etwa herausstellen sollte, daß

Nach der Aufnahme dieser Götter aus Kyme, die mit der gemeinsamen Abwehr der Etrusker zusammenfällt, hören wir sehr lange nichts von Verbindungen Roms mit einer griechischen Stadt auf dem Gebiete des Kultus[1]. Apollon erhielt 431 einen Tempel, und zwar wesentlich als *medicus*, was eine starke Beschränkung seines göttlichen Wirkens bedeutet. Er hat keine Orakel gegeben und wenig bedeutet. Daß er aus einer Griechenstadt gekommen wäre, ist nicht nötig, denn er war bekannt genug, immer unter dem eigenen Namen[2]. Gegen Etrurien bestand nun ein scharfer Gegensatz; Vei lag noch in drohender Nähe. Latium fühlte seine italische Natur und begann sich die stammverwandten italischen Stämme anzugliedern, was durchaus nicht allein durch kriegerischen Zwang geschah. Der Castortempel durfte auf dem Forum angelegt werden, denn der Gott samt seinem Bruder kam aus Tusculum, war also ein Latiner, und der Hercules der ara maxima war das auch. Hier sind also griechische Götter mit ihren Namen durch die Vermittlung von Italikern nach Rom gelangt und sind so volkstümlich geworden, daß ihre Namen allein zur Beteuerung von Männern und Frauen im Munde geführt wurden. Da müßten wir also fragen, wie und woher sie nach Tusculum gekommen waren. Die Verstümmelung von Polydeukes, die schließlich nur noch p o l übrigläßt, ist an sich seltsam, da er hinter dem Bruder ganz zu-

der italische Liber mit dem Weine etwas zu tun gehabt hätte, so würde das seine Ausgleichung mit Dionysos erleichtert haben, aber daß er der fremde Dionysos wäre, würde es nicht beweisen. Sollen denn die italischen Winzer und Trinker keinen Schutzgott gehabt haben, bis einer aus der Fremde kam?

[1] Wichtiger als alles andere war die Benutzung eines griechischen Rechtsbuches für die Zwölf Tafeln, das nur aus einer ionischen Stadt des Westens stammen konnte, denn hier allein war man zur Aufzeichnung des Rechtes fortgeschritten. Es müssen also irgendwie die Gesetze des Charondas gewesen sein. Die Abhängigkeit der Zwölf Tafeln ist im Altertum anerkannt; damals war verzeihlich, daß man an die solonischen Gesetze dachte und deshalb eine Gesandtschaft nach Athen erfinden mußte. Ob auch der Kalender erst damals fixiert ist?

[2] Für das griechische Ritual waren zuerst griechische Priester oder doch Lehrmeister nötig. Die mußten die ganze Trias mitbringen, die wie in Griechenland neben Apollon wenig bedeutete, aber Artemis mit der italischen Diana zu gleichen zwang, wenn das nicht bei anderen Italikern schon geschehen war. Letos Name ward latinisiert, aber sie blieb ein Name, wie sie es ziemlich überall war.

rücktritt; sie braucht wohl nicht etruskisch zu sein, denn der Weg von den Griechenstädten am sizilischen Meere war weit genug und hatte den Namen durch den Mund vieler Stämme geführt, ehe er nach Tusculum kam. Daß die Dioskuren so weit herkamen, läßt sich bezweifeln; Campanien war nur eine Durchgangsstation, denn die dortigen ionischen Städte hatten die Dioskuren von Hause schwerlich mitgebracht. So spüren wir auch von Rom her, was sich von der anderen Seite noch viel stärker aufdrängt, die Erkenntnis, daß wir von den Völkern des mittleren und südlichen Italiens verschwindend wenig wissen und sie doch kennen müßten, um das Eindringen der griechischen äußeren und inneren Kultur in Rom geschichtlich zu begreifen. Hier können wir unsere Hoffnung nur auf die Durchforschung des Bodens setzen. Wenn auch sie ergebnislos bleibt, werden wir uns bei der Anerkennung einer schmerzlichen Lücke unseres Wissens bescheiden müssen. So viel aber wissen wir, daß die Hellenisierung der apulisch-messapischen und oskischen Stämme sehr tief gegangen ist, aber, wie nachher in Rom, ohne daß sie ihr Volkstum aufgaben, wie es Lyder, Karer, schließlich auch Lykier, taten. Wenn ein Blaesus von Capri griechische *σπουδογέλοια* schreiben konnte, italische Namen unter den späteren Pythagoreern erscheinen, die tarentinische Posse[1] von den Oskern übernommen ward und als Atellane schließlich nach Rom kam, hat es eine oskische Literatur gegeben. Für die Kunst zeugen die Grabgemälde von Oskern und Messapiern und nicht sie allein[2]. Aber mehr als Ahnungen der einstigen Größe sind das nicht, und für die Geschichte der Götter und ihres Kultus lehrt selbst Pompei nichts[3]. Rom bekam die Überlegenheit der

[1] Wie die war, lehren uns die Vasen. Der Syrakusier Rhinthon mit seinen Komödien verhält sich zu ihr wie Theokrit zu den sizilischen Bukoliasten.

[2] Wenn in Bovianum ein schöner Kopf gefunden wird, der römischen Köpfen aus dem zweiten Jahrhundert verwandt aussieht, so wird er heute zur römischen Kunst gerechnet. In der samnitischen Hauptstadt ist das undenkbar. Das ist italische Übernahme griechischer, wohl Tarentiner Kunst, und deren Weg nach Rom geht über die Osker.

[3] Die Venus Pompeiana hatte der sullanischen colonia Cornelia den Namen Veneria gegeben, weil Venus die Schutzgöttin des *ἐπαφρόδιτος* Sulla war; aber das oskische Pompei hatte sie vorher schon als Venus fisica gehabt, und auch deren dienende kleine Götter müssen oskisch gewesen sein, im Bilde nur halbgriechisch gemacht. Keine alte Gottheit ist sonst vorhanden außer dem Griechen Apollo und Iuppiter milichius.

campanischen Kultur zu spüren, als es dorthin übergriff, dann die Samniten überwand und bis an das südliche Meer vorstieß. Zu Römern konnte es die Osker nicht machen; neue Tribus wurden nicht errichtet, aber Adelsfamilien aus den unterworfenen Landschaften zogen nach Rom, heirateten in den römischen Adel hinein, was die Romanisierung förderte, aber doch auch Italertum nach Rom hineintrug[1]. Da ist die Übernahme der Sühngebräuche an der ersten Säkularfeier mit neun Chören, wie sie auch die Messapier kannten, und die Wiederholung einer solchen Prozession und solcher Mädchenchöre im Jahre 207[2] ein wichtiges Ereignis, es zeugt für die Einführung eines griechischen Kultes, der zunächst als ein fremder aufgenommen ward (der Ort des Opfers mußte selbst Tarentum genannt werden) wie Asklepios und die magna mater, aber bald Nachahmung, sogar auf Weisung der Pontifices, fand. Es zeugt aber auch für die Einstellung des ganzen Volkes zu religio und superstitio. Noch war die griechische Aufklärung nicht eingedrungen, aber Empfänglichkeit für fremde Götter war vorhanden. Proserpina mußte schon verehrt sein, sonst würde ihr Name nicht mehr so zurechtgemacht worden sein. Dis pater war mit dem Herrn der Unterwelt geglichen, diese ganze Vorstellung aufgenommen. Die Gleichsetzung von Venus mit Aphrodite galt auch schon, aber die Göttin ist nach Rom überhaupt nicht als Griechin gekommen, sondern Venus ist aus den latinischen Orten zugezogen, in denen sie verehrt ward. Wie es dort zur Ausgleichung mit Aphrodite gekommen ist, würden wir fragen, wenn wir es könnten[3]. Den Mars konnten die Griechen nur mit Ares übersetzen; auf den Kult und das Wesen des großen italischen Gottes hat das keinen Einfluß gehabt. Mit Iuno Hera, Hestia Vesta steht es ebenso. Saturnus Kronos kann kaum anderes als eine gelehrte, künstliche Gleichsetzung sein. Zu untersuchen ist, ob die

Der alte Tempel lag in Trümmern; er stammte aus einer von den Oskern zerstörten Griechenstadt.

[1] Diese schöne Entdeckung Münzers scheint mir von größter Tragweite für das Verständnis der Verschmelzung der italischen Stämme zu dem Römervolke, das die Stadtverfassung Roms nicht mehr ertrug.

[2] Vorzüglich nachgewiesen von Altheim im ersten Kapitel der Terra mater.

[3] Den ersten Tempel erhielt sie am Zirkus 295, dem dann mehrere gefolgt sind, einen als die Göttin vom Eryx aus der römischen Provinz Sizilien nach der Schlacht am Trasimenischen See.

winterlichen Saturnalia ohne einen Anhalt in der römischen Sitte aus den Kronia entstanden sind. Neben gelehrten Kombinationen geht das Spiel der Dichter und wird immer freier. In Ovids Fasten wird beides zum äußersten getrieben, von Religion ist kaum noch eine Spur. Das brauchen wir zum Glück nicht mehr zu verfolgen; die Abschweifung ist schon störend genug.

Nun wenden wir uns nach Ägypten, wo alles ganz anders liegt. Das erhält einen makedonischen König und eine griechische Hauptstadt, aber es hält zäh an seiner Denk- und Lebensweise fest, sträubt sich gegen die Götter seiner Herren, und seine den hellenischen ganz unähnlichen Götter finden bald auch auf hellenischem Boden Eingang und verbreiten sich schließlich über das ganze römische Reich.

Schon als die ägyptischen Könige, weil sie die griechischen Söldner nicht entbehren konnten, auch die Kaufleute zulassen mußten, wurden einige geschlossene Ansiedlungen gestattet, in Naukratis, Daphnai, einer Vorstadt von Memphis, und das galt auch von den Göttern der Fremden. Daß diese beiden Eingeborenen Eingang fanden, war ausgeschlossen, aber ein, wie der Vatersname zeigt, in Ägypten geborener Ionier Pythermos, Sohn eines Neilon, huldigt der Isis[1], und der Eindruck der ägyptischen Tempel und der Götterdienste auf die Besucher war so stark, daß Herodot viele der eigenen Götter aus Ägypten ableitete. Es mag die Isis zwar an Orten, wo viele Ägypter verkehrten, auch von Hellenen verehrt sein, aber in Athen hat sie nur für die Ägypter ein Heiligtum erhalten, IG. II² 337. Die Völker waren ebensowenig dazu geschaffen, sich miteinander zu vermischen, wie ihre Götter. Wenn später namentlich die Götternamen, nach denen die Orte[2] und Gaue hießen, vielfach mit griechischen wiedergegeben wer-

[1] Schwyzer 749 = Journ. hell. St. 24, 337, Inschrift einer gewöhnlichen Isisstatuette etwa um 500, *Πύθερμός με ὁ Νέλωνος ἐλύσατο τῆς Ἔσιος ἄγαλμα*. Wie der Herausgeber Edgar richtig erklärt, hatte Pythermos das Götterbild aus irgendeiner Gefangenschaft erlöst, z. B. einem *ἱερόσυλος* abgenommen und der Göttin zurückgestellt. Darin lag noch keine persönliche Verehrung, aber wenn Pythermos die Inschrift anbrachte, wollte er doch, daß die Göttin seine Wohltat nicht vergaß.

[2] Der Name Heliopolis war schon früher eingebürgert; die vielen Namen, die später einen Ort als Stadt eines Gottes bezeichnen, sind insofern unzutreffend, als es rechtlich keine Städte waren.

den, so folgt daraus kein gemeinsamer Kult. Ptolemaios hat eine klare und konsequente Politik getrieben, schon als er Ägypten zunächst als Satrap übernahm und zu einem eigenen Königreiche auszubauen begann. Was Alexander versucht hatte, die Verschmelzung von Makedonen und Persern, war als undurchführbar aufgegeben; hier war an Ähnliches nicht zu denken, sondern mußte das makedonische Herrenvolk über die Millionen von Ägyptern herrschen; die Heranziehung von Griechen und Halbgriechen konnte das Mißverhältnis der Zahl niemals ausgleichen. Memphis durfte nicht mehr Hauptstadt bleiben; Alexanders Gründung, die zunächst nur eine Griechenstadt werden sollte, trat an seine Stelle, ward zur Residenz und Garnisonstadt umgeschaffen; ein stehendes Heer von Söldnern konnte nicht entbehrt werden. Nur eine einzige Griechenstadt ward noch gegründet, Ptolemais in Oberägypten, ein starker Gegensatz zu den Städtegründungen der Seleukiden. Die Ansiedlung von Farmern auf dem Lande mit der Verpflichtung zum Waffendienste ist bald hinzugetreten. In der Verwaltung der unermeßlichen königlichen Güter, von denen viele auf Zeit an Männer aus der Umgebung des Königs überwiesen wurden, kamen auch, abgesehen von den königlichen Beamten in der *χώρα*, zahlreiche Griechen auf das Land, Kaufleute und Handwerker zogen zu. Es konnte nicht ausbleiben, daß Ägypter Griechisch lernten und umgekehrt; Mischheiraten und halbschlächtige Bastarde blieben auch nicht aus. Es scheint, daß eine Oberschicht der ägyptischen Gesellschaft nur in den priesterlichen Familien bestanden hat. Die galt es zugleich zu gewinnen und niederzuhalten. In den Staatsdienst wurden sie nicht gezogen, wohl aber ließen sich die Könige die Fürsorge für die Landesgötter angelegen sein, gaben Geld für den Tempelbau und erhielten die offizielle Verehrung als Nachfolger der Pharaonen. Aber Philadelphos hat es verstanden, zugleich mit der Vergöttlichung seiner Schwester dieser Göttin auch ansehnliche Einkünfte zu sichern, zu denen auch die Tempel beitragen mußten. So ist es unter den beiden ersten Königen rasch und gut vorwärts gegangen, der Zuzug von Hellenen als Söldner und als Bauern versprach das Beste. Aber als Euergetes ein immer schlafferes Regiment führte, in Philopator ein unfähiger Regent folgte, hat die Reaktion begonnen, die ägyptische Priesterschaft hat sich mächtig erhoben, und auf die Einstellung ägyptischer Soldaten sind Aufstände und die allmähliche Ägyptisierung der Landbevölkerung gefolgt. Das spricht sich auch in der zunehmenden Verehrung der ägyptischen Götter aus. Die hellenische Art, überall den vorgefundenen Landesgöttern Verehrung zu erweisen, hatte vorgearbeitet. Im Fajum war der Krokodilgott willig anerkannt, wurden die eigenen Götter zwar nicht vergessen, die zum Dienste in der Reiterei verpflichteten Ansiedler hielten die Dioskuren hoch, Ackerbau und Weingärten brachten Demeter und Dionysos mit sich, aber größere Tempel erhoben sich selten in den neuen Dörfern. Man spürt daran, daß die Kulte und Feste der alten hellenischen Götter sich nicht einbürgern, wie wenig sie für die Ansiedler bedeuteten, die aus den verschiedensten Gegenden, allerdings oft aus kaum oberflächlich hellenisierten, kamen. Soviel ich sehe, hat aber auch der neue Gott Sarapis bei ihnen keine Heiligtümer erhalten.

Die Schaffung dieses Gottes ist höchst merkwürdig und legt von der weitausschauenden Politik Soters Zeugnis ab. Wenn es richtig ist, was Tacitus (Histor. IV 83) überliefert, daß der König einen Eumolpiden Timotheos berufen hat[1], der in die fabelhafte Geschichte von der Einführung des Sarapis verflochten ist, so folgt daraus nicht, daß er zu diesem Werke berufen war. Es ist doch ein Vorort von Alexandreia Eleusis benannt worden, und auch in der Stadt haben sogar zwei Demetertempel gelegen, sehr bezeichnend dafür, daß die hellenischen Frauen den Kult ihrer Göttinnen nicht entbehren wollten. Da war ein Eumolpide der nächste dazu, die heiligen Riten festzustellen, die in den Heimatstädten der Ansiedlerinnen sehr verschieden gewesen sein mochten. Timotheos war Schriftsteller und hat über Agdistis[2] gehandelt; Arnobius, V 5, der ihn einen Theologen nennt, mag den Mythos stark mit seinen grellen Farben übermalt haben, es bleibt doch zu viel, was einem wirklichen Mythos nicht zugetraut werden kann[3],

[1] Wenn Tacitus sagt, *quem ut antistitem caerimoniarum Eleusine exciverat*, so fügt er den Ortsnamen hinzu, um seinen Lesern verständlich zu sein; man darf nicht folgern, daß Timotheos Eleusinier war oder gar Hierophant, selbst wenn Tacitus das gemeint haben sollte. Er hat irgendein griechisches Handbuch über Sarapis benutzt; man sieht es daran, daß er eine Variante erwähnt, die auch bei Clemens protr. 4, 42 P. steht.

[2] Oder Agdissis Angdistis Angissis Angistis, vgl. Hiller, Archiv f. Rel.-Wiss. 24, 169. Die Ableitung von einem Berge Agdus bei Arnobius setzt die geläufige Form voraus; er schreibt Agdestis.

[3] Wie Dionysos durch eine künstliche Verschnürung die Selbstentmannung bewirkt, ist das stärkste solche Stück.

also Erfindung ist, mehr abenteuerlich im Stile von Skytobrachion als erbaulich oder darauf berechnet, daß unter dieser Hülle tiefe Weisheit geahnt würde. Die Einführung des Sarapis ist auch von absonderlichen Fabeln überwuchert, die zwei zeitlich ganz verschiedene Akte in eins ziehen, die Schaffung des Gottes Sarapis, die noch in die Satrapenzeit des Soter fällt, und die Einholung des Götterbildes aus Sinope, die bei Eusebius auf 286 datiert ist[1]. Der erste Schritt war gewesen, daß Ptolemaios in dem Dorfe Rhakotis, das nun innerhalb der neuen Stadt Alexandreia lag, einen Kult des Osiris-Apis von Memphis vorfand und diesen Gott so umbilden wollte, daß ihn alle Bewohner der neuen Stadt verehren könnten, was besonders darum wichtig war, weil nun auch der Gott von Memphis zu Sarapis ward. Das war die Hauptsache; der Gott hat auffallend rasch auch im Auslande Anerkennung gefunden[2]. Daß es lange dauerte, bis das große und prächtige Heiligtum ausgebaut war und dann das Götterbild aus Sinope geholt ward, ist sehr merkwürdig, aber begreiflich. Denn in der Vorstellung vom Wesen und Wirken des Gottes mochten sich Ägypter und Hellenen zusammenfinden, aber sobald er körperlich dargestellt werden sollte, konnten sie sich unmöglich vertragen, und ein Machtspruch des Königs würde auch nicht befriedigt haben. Da mußte göttliche Offenbarung helfen; wie die Wahl auf das Werk des Bryaxis gefallen ist, das einen unhellenischen Gott darstellte, den die Griechen von Sinope zu verehren gelernt hatten, wissen wir nicht, brauchen wir auch nicht zu wissen. Nun hatte Sarapis selbst entschieden, und die hellenische Kunst hatte einen für alle Zeit maßgebenden Typus des neuen Gottes geschaffen. Demetrios von Phaleron hatte den Päan für den Kultus verfaßt, der auch in helle-

[1] Das Tollste bei Plutarch soll. an. 984b, wo Sarapis auf der Fahrt von Sinope nach Kirrha verschlagen wird.

[2] Oxyr. 1803, 8 nach einem Zitat aus Menander *Σάραπιν διὰ τοῦ α, ὡς ἐν 'Εγχιριδίωι 'ὡς σεμνὸς ὁ Σάραπις θεός'*. Da ihn Menander erwähnt hat, ist jeder Versuch ausgeschlossen, die Einführung dem Philadelphos zuzuschreiben; auch Demetrios konnte unter diesem nicht für Sarapis dichten. Der Sarapistempel in Athen, Pausan. I 18, 4, kann sehr wohl bereits von Soter gegründet sein, dem daran liegen mußte, seinen Gott bekannt zu machen. Um die Mitte des dritten Jahrhunderts (Archon Hagnias) besteht ein Kollegium von *Σαραπιασταί*, die doch wohl in dem Tempel opfern, IG. II² 1292. Die ägyptischen Götter haben hier mit Sarapis nichts zu tun.

nischem Geiste gehalten sein wird[1]. Aber hellenisch ist Sarapis doch nicht geworden[2], sondern hat nur dazu beigetragen, daß auch die „ägyptischen Götter“ sich über die ganze Welt verbreiteten, unter die er selbst gewöhnlich nicht begriffen wird.

Einst hatten die Hellenen viele fremde Götter übernommen, die nun ganz hellenisch waren. Jetzt fanden sie ihre Götter auch in den fremden. Wenn sich in Athen die thrakische Bendis noch eine Weile hielt, so war sie nur ein besonderer Name der Artemis geworden; übrigens ward sie bald vergessen. Von der lydischen Artemis von Ephesos, der pamphylischen von Perge gilt das gleiche; außerhalb ihrer Stadt mochten sie etwas von ihrem besonderen Kultus behalten, aber sie waren deshalb doch Artemis, die hellenische Göttin. Ammon war immer der fremde Gott in der libyschen Oase geblieben, auch hatte sich sein Kult in den wenigen Heiligtümern nicht eingebürgert. Die Götter von Samothrake waren *σωτῆρες*, vor allem auf dem Meere, nun vor den Dioskuren bevorzugt, denen man sie auch gleichsetzte. Viele besuchten ihre Mysterien, Arsinoe hatte als Gattin des Lysimachos ihnen gehuldigt, fand bei ihnen Schutz vor ihrem Bruder Keraunos und hat weiter für sie gesorgt. Aber Filialen des samothrakischen Heiligtumes sind nicht entstanden[3].

[1] Laertios V 76. Die Angabe, daß der Päan noch jetzt gesungen würde, ging natürlich auf die Zeit des unbekannten Autors, dem Laertios folgt. Daß Demetrios von dem Gotte das Augenlicht wiedererhalten hätte, werden wir für Fabel halten, aber das nimmt der Angabe über den Päan nicht die Glaubwürdigkeit.

[2] Über den Sarapis von Kanobos, der diesen Namen erst erhalten hat, als ihm Soter oder Philadelphos einen Tempel baute, aber lange vorher an dem Orte bestand und Orakel gab, Hellen. Dicht. II 255. Sein Bild ist ganz ägyptisch, wenn die Schlüsse von W. Weber und Fr. v. Bissing (Bull. de la société arch. d'Alexandrie Nr. 24 [1929]) zutreffend sind, was ich nicht beurteilen kann.

[3] Antiochos Theos läßt den Erlaß über eine Schenkung an Laodike auch in Samothrake publizieren, Orient. inscr. 225. Eine Weihung bei Sestos gilt *θεοῖς τοῖς ἐν Σαμοθράκηι*, Orient. inscr. 88; sie hatten also an dem Orte der Weihung kein Heiligtum, wohl aber auf Delos am Ende des zweiten Jahrhunderts einen Priester, Orient. inscr. 430, der sie *θεοὶ μεγάλοι Σαμόθρακες Διόσκουροι Κάβειροι* nennt. Der orphische Hymnus 38 gleicht sie außer mit den Dioskuren auch mit den Kureten; die Kabiren nennt er nicht. Übrigens gab es auch auf Lemnos Mysterien der *Μεγάλη θεός*. Sie werden im Philocteta des Accius bei Cicero nat. deor.

Mit den ägyptischen Göttern stand es anders. Sarapis pflegt in sie nicht eingerechnet zu werden, wenn er auch für gewöhnlich als Ägypter betrachtet wird, und macht den Hellenengöttern noch lange keine gefährliche Konkurrenz. Wohl aber Isis[1] mit ihrem Gefolge, von dem Anubis mit seinem Hundskopfe mehr hervortritt als Osiris. Diese Götter konnten sich gar nicht hellenisieren, und wenn es die griechischen Theologen versuchten, die Isis mit Demeter gleichzusetzen und auch die Mythen auszugleichen, oder wenn für ihre Theologie in allen Formen der Religion schließlich eine und dieselbe Wahrheit stecken sollte, Isis ließ es sich nicht gefallen, sondern wollte Allgöttin sein, wie sie sich auf der Stele in dem fabelhaften Nysa (Diodor I 27) und in dem Hymnus von Andros berühmt. Ihren Kultus konnten eigentlich keine Hellenen versehen; in Priene ist dafür ein Ägypter angestellt (Inschr. 195), in Pompei sieht man einen ägyptischen Priester auf den Gemälden des Tempels; auch der Sarapis von Delos steht unter ägyptischer Verwaltung. So tritt nicht eine neue Gottheit zu den alten hinzu, sondern eine andere Religion als solche neben die hellenische; zwar treibt sie gegen den herrschenden Kult keine Polemik, ist aber zuerst und wohl lange Zeit nur geduldet wie manche anderen fremden Götter. Doch gegangen ist es schließlich wie in Rom, wo die Isis, deren Kapellen noch Tiberius zerstört hatte, bald nach seinem Tode einen staatlichen Tempel erhielt. Was die Menge, nicht zum wenigsten die Frauen, anzog, war der feierliche Kultus, der ihnen sinnliche, pathetische Erregung, für Auge und Ohr fremdartige Genüsse bot. Der heimische Opferdienst hatte nichts, was ein *παθεῖν* der Teilnehmer bewirken konnte. Ein *μαθεῖν* verlangten die wenigsten, und das Geheimnisvolle konnte den Reiz verstärken. Allmählich wird sich auch diese Wirkung abgenutzt

I 119 erwähnt und beweisen als seine Vorlage eine späte, aber wohl attische Tragödie. Auch der Hermes von Imbros gehört zu dieser fremden Religion.

[1] Isis und Sarapis dringen in die Eigennamen; die erstere beschert Kinder, *Ἰσίγονος*, *Ἰσίδωρος* werden ganz gebräuchlich. Von Sarapis abgeleitet ist nur *Σαραπίων* gewöhnlich, zunächst wohl nur bei Ägyptern. Die Verbreitung der Namen in der hellenistischen Zeit sollte örtlich und zeitlich untersucht werden. Der *Σεραπίων, τῶν ἀπὸ σφαίρας νεανίσκος*, bei Plutarch Alexander 39 war die vielen Worte nicht wert, die an ihn gewandt sind. Er steht in einer Anekdote, die so wertlos ist wie die unmittelbar vorhergehende über einen Brief Alexanders an Phokion.

haben; was Plutarchs Freundin Klea in Delphi als Isispriesterin zu besorgen hatte, war schwerlich für sie und für die Delpher von innerer Bedeutung, *πλοιαφέσια* konnte es hier nicht geben. Anders in der großen Hafenstadt Korinth, wohin Apuleius die letzte, mystisch erbauliche Szene seines lasziven Romanes verlegt hat, eigene Erfindung, die aus den Isismysterien eine Erlösungsreligion macht, an die wir weder in Priene noch in Pompei denken dürfen, vielleicht nicht einmal in Korinth. Isis hat von der hellenischen Kunst noch eine edle menschliche Gestalt erhalten, so daß sie gegen die alten Göttinnen nicht abstach. Aber wenn sie auch unter die Götter der Gemeinden Aufnahme fand, unhellenisch, im Grunde widerhellenisch, ist sie mit ihrem Gefolge doch geblieben, und in ihrer Aufnahme liegt auch der Niedergang der alten Götter.

Ein weiterer Versuch, die Gegensätze der Götter durch einen gemeinsamen Kult zu überwinden, war die Gründung von Tempeln aller Götter. Es war schon lange üblich gewesen, neben der Nennung bestimmter Götter auch alle anderen anzurufen, besonders gern zur Bekräftigung einer Aussage, also dauernd in Eidesformeln gebräuchlich. Wendungen wie „alle Götter mögen gnädig sein" sind leicht verständlich. Ein Kultus, der sie alle zusammengefaßt hätte, war damit nicht gegeben. Wohl aber haben wir gesehen, daß die alte ionische Zusammenfassung der zwölf Olympier einmal die großen Götter herausgehoben hatte, und daß sie zu der Errichtung von Altären und Tempeln der Zwölfgötter geführt hatte. Ein *Δωδεκάθεον* hat es öfter gegeben. Nun wird das zu einem *Πάνθειον* gesteigert. Die Zeugnisse sind kürzlich in einer vortrefflichen Dissertation von Fr. Jacobi[1] zusammengestellt, und es springt in die Augen, daß es Gründungen der hellenistischen Zeit

[1] *Πάντες θεοί*, Halle 1930. Weihungen von Naukratis an die *θεοὶ τῶν Ἑλλήνων* sind dadurch motiviert, daß das Heiligtum *Ἑλλήνιον* hieß; sie schließen die fremden Götter gerade aus, und der Weihende wollte gerade sein Nationalgefühl bekennen, indem er unter den Göttern seines Volkes keinen hervorhob. Wenn ein kleines Nest wie Marios in Lakonien nur ein *ἱερὸν κοινὸν θεῶν ἁπάντων* hatte (Pausan. III 22, 8), so mußten sich alle einzelnen Götter damit begnügen; das gehört hier nicht her. In der Inschrift von Amaseia S. 75 darf nicht eine an sich unerlaubte Ergänzung aus einem gut griechischen *ἀνθεών* einen unerhörten *Πανθεών* machen. Als es noch gar kein Pantheon gab, konnte niemand den Kosmos ein *Πάνθειον* nennen. Das hat also nicht Aristoteles, sondern der Jude Philon an der S. 13 angeführten Stelle getan. Die S. 53 genannte Inschrift, die den Schwindel der Apostelgeschichte von dem Altare des

sind und sich über Kleinasien[1] erstrecken. Weitere Verbreitung in den Gründungen der Seleukiden darf man nach den wenigen Belegen annehmen. Für Alexandreia zeugt Kallimachos, der unzweideutig angibt, daß Berenike ihre Locke in dem Tempel „aller Götter"geweiht hatte. Sonst darf man aus Weihungen an „die Götter" oder an „alle Götter" auf einen Kultus, der sie so zusammenfaßte, oder gar ein Pantheon nicht schließen. Es liegt nur darin, daß die Weihenden sich an keinen Einzelgott wenden mochten, weil sie zwar an die Gottheit glaubten, die in allen war, aber die einzelnen Personen ihnen nicht mehr genügten. Es war ja immer üblich gewesen, *οἱ θεοί* als Urheber von vielem zu bezeichnen, denn das göttliche Regiment war ja einheitlich, auch wenn es von den Einzelgöttern gemäß ihren einzelnen *τιμαί* ausgeübt ward. Erst wenn sich Priester aller Götter oder ein Pantheon finden, ist ein Kult vorhanden. Auch ein Monat *Πάνθειος* wird ihn beweisen[2]. Zu größerer Bedeutung ist das Ganze nicht gekommen, und Asiaten, die noch an ihren Kulten festhielten, wird es nicht gewonnen haben. Aber wohl spricht sich darin der Glaube aus, daß die Einzelgötter in einer göttlichen Einheit verschwinden. Das hat Hadrian, der die Götter seines Reiches in allen Teilen kennengelernt hatte, wieder stark empfunden und daher in Athen und Rom ein Pantheon gebaut.[3]

Die neuen philosophischen Religionen und die fremden oder neuen Götter verdienten den Vortritt, denn sie sind für das Hellenistische charakteristisch. Nun aber zu dem Kultus der panhellenischen Götter, der, wenn er auch eine andere Religion über sich hat, doch noch religiöse Kräfte besitzt; denn das Bestehende hat immer noch keine geringe Macht, schon weil sich in seinen Festen das Gefühl der Zusammengehörigkeit ausspricht, sei es der ein-

*ἄγνωστοσ θεός* fortsetzt, ist natürlich Fälschung. Sehr beachtenswert ist die Vermutung, daß die *Πάνθεια* und vielleicht schon die *Δωδεκάθεα* Rundtempel gewesen wären. Das muß weiter untersucht werden.

[1] In Erythrai, das überaus viele Götter verehrt, ist doch das Opfer *θεοῖς πᾶσι καὶ πάσαις* das reichste, Nordion. Steine S. 49 Zeile 46.

[2] Belegt in Pergamon, in Mytilene, in Antiocheia in der Persis (Inschr. Magnes. 61), auffälligerweise auch in Neapel, IG. XIV 759 (hier *Πανθεών*).

[3] Auf die *πάνθειος τελετή* des orphischen Hymnus 35 einzugehen ist hier noch nicht der Ort.

zelnen Stadtgemeinde in dem Feste ihres Schutzgottes, sei es daß sich das Fest an alle Hellenen wendet, also im Gegensatze zu den Fremdvölkern und zu der politischen Zerrissenheit der in dem Kulte ihrer Götter einigen Nation.

Die verwüstenden Kriege und die wirtschaftliche Entwicklung, durch die das Landvolk immer mehr in die Städte getrieben ward, so daß die Dörfer, soweit sich in ihnen noch ein freier und seßhafter Bauernstand hielt, ihre Bedeutung verloren, haben sehr viele der alten Kulte ihre Heroen und Götter untergehen lassen, und wenn sie im Dunkel fortbestanden, waren sie bedeutungslos. An den Demen Attikas ist es gut zu bemerken; außer der Hafenstadt und Eleusis ist bald keiner mehr von eigener Bedeutung, von dem einst so volkreichen Acharnai spürt man nichts. Aber auch ganze Städte sind zerstört worden, die Bürgerschaft vertrieben, und wenn eine Restauration erfolgte, war doch vieles untergegangen. So schon Aigina im fünften Jahrhundert, Plataiai ebenso, und kaum hergestellt zerstörten es die Thebaner wieder, Orchomenos ebenfalls, und dann verfiel Theben selbst der Zerstörung, wiederholt sogar. Wenn auch die Tempel noch verschont wurden, haben sich doch die kleineren Heiligtümer, Haine und Altäre nicht gehalten, viele ihrer Inhaber werden vergessen sein. Im Peloponnes ist die Entvölkerung besonders stark gewesen, Fehden gab es auch immer, aber die nivellierenden Mächte der Sophistik und der Philosophie haben nur auf einzelne Städte gewirkt, und fremde Herrscher haben nur vereinzelt in Korinth und Sikyon eingegriffen. Ganz besonders merkt man in Sparta, das niemals zerstört ist, die Erhaltung der ältesten Kulte. Im Laufe des dritten Jahrhunderts ist die Roheit der Kriegführung so weit gestiegen, daß die Ätoler in der Zerstörung von Dion und Dodona auch vor dem Heiligsten nicht zurückschreckten und Philippos in Thermos kaum weniger wütete; der alte Tempel ist wenigstens verschont geblieben. Es muß aber auch stark damit gerechnet werden, daß mit den Staaten auch ihre Götter verarmten. Die Athena der Burg wird von ihrem Grundbesitze wenig behalten haben, die freiwillige Abgabe von den Ernten hat den eleusinischen Göttern schwerlich noch Nennenswertes eingebracht, und es ist eine seltene Ausnahme gewesen, wenn jemand einem Gotte ein Grundstück vermachte[1]. Die Tempelschätze verarmen, denn die Aufstellung von

[1] Sylloge 993, Schenkung von Land und Geld an den Poseidon von Kalaureia.

Porträtstatuen als Weihgeschenke an Götter dient nur der eigenen Verherrlichung; Athen braucht keine besonderen ταμίαι τῆς θεοῦ mehr. Natürlich ging es dem Asklepios anders, bei dem die Menge Heilung für sich suchte, wenn das auch für keinen namhaften Mann nachweisbar ist. Er kann noch Schatzverzeichnisse aufstellen, und er bekam so viele εἰκονικαὶ πίνακες, also Gemälde, auf denen sich die Weihenden verewigten, daß das Kultbild nicht mehr zu sehen war[1]. Die gläubigen Kranken gingen auch immer noch zu dem ἥρως ἰατρός, der aber später wie die meisten Heilheroen verschwindet[2]. Am vollständigsten übersehen wir die Verwaltung von Delos in der Zeit seiner Selbständigkeit. Es ist dem Delier sehr viel besser gegangen als dem Pythier, dessen Einnahmen aus Weihgaben seit der Plünderung durch die Phoker kaum sehr beträchtlich waren, aber er hatte Grundbesitz. In Delos standen die ältesten Anatheme, der Koloß der Naxier und die Nike des Archermos, unversehrt und lagen in den Tempeln die Weihgeschenke des Datis und Lysandros, und die Könige aller Länder, auch die kaum hellenisierten Bithyner, später die römischen Feldherren wetteiferten in Stiftungen und Gaben aller Art, zumeist aus politischer Absicht. Das winzige Gemeinwesen erhielt sich durch seinen Gott; ihm fielen konfiszierte Grundstücke zu und die Verwaltung lebte von den Pachtsummen, lieh auch an benachbarte Inseln von dem heiligen Gelde aus und hielt alles zu Rate, so daß selbst der Mist der heiligen Tauben nicht unverwertet und unverrechnet blieb. Als dann Rom die Insel den Athenern schenkt und zu einem Freihafen macht, bringen die fremden Kaufleute, Römer, Semiten selbst aus Arabien, Ägypter, ihre Götter mit, die sich bald ansiedeln und selbst den heiligen Berg Kynthos okkupieren, so daß die Hellenengötter fast zurücktreten, bis Mithradates und die Seeräuber die Delos ἄδηλος machen.

In Asien haben die Götter, unabhängig von dem Staate, noch beträchtliche Mittel, obgleich nur wenige von den Königen so reich beschenkt werden wie der Apollon von Didyma durch die Seleukiden. Es zeigt sich darin, daß Götter einspringen, wenn sich keiner findet, der die Würde des στεφανηφόρος übernehmen will, die offenbar eine Art freiwilliger Liturgie darstellte, vergleichbar der

[1] IG. II² 995 und wieder 1019. Auch für Restauration der Tempel sorgte der Staat, 1046.

[2] IG. II² 839. Die τύποι, die erwähnt werden, sind wohl Abbildungen geheilter Glieder.

Verpflichtung zur Ausrichtung von öffentlichen Spielen, die in der späten Republik Ädilen und Prätoren der römischen Bürgerschaft auszurichten verpflichtet sind. Der Stephanephor erhielt dafür die Ehre, daß das Jahr nach ihm hieß und er den doch wohl goldenen Kranz trug, also für ein Jahr sozusagen königliche Würde besaß. Es kann kaum anders sein, als daß diese Institution in den Städten des Ostens einmal, wir sehen freilich nicht wie, eingeführt ist. Die Datierung nach Priestern bestimmter Ortsgötter in anderen Staaten, z.B. in Kyrene und auf Sizilien, ist eine entsprechende Erscheinung. Der Kranz war oft, vielleicht überall, der Kranz des Zeus, des himmlischen Königs. Praktisch angesehen, war dabei auf die Eitelkeit der Menschen gerechnet; politisch war der Stephanephor ohne Einfluß, und für die Religion war er schwerlich mehr als ein rex sacrificulus. Wenn etwa alte Geschlechter von *Βασιλεῖδαι* Ansprüche hatten, waren sie erledigt[1]. Die äußeren Ehren der Priester, zumal in der Tracht, haben immer zugenommen, bis in die späte Kaiserzeit, wo ihr Kopfputz auf den Münzen erscheint; es wird sich verlohnen, einmal alles über diese Insignien zusammenzustellen. In denselben Staaten finden wir die Käuflichkeit der Priestertümer, die dafür die Gefälle an Naturalien und Geld erhielten, welche dem Priester von den Opfernden zustanden. Das entsprach dem Verkaufe der Steuern. Wohl möglich, daß sich das verschoben hat, die Eitelkeit es sich etwas kosten ließ, um im Theater im ersten Range Platz zu nehmen und „Uniform" zu tragen. Das wird bei der Menge von Priestertümern in Erythrai (Sylloge 1014) mitzurechnen sein, erst recht bei den Inschriften auf den Sitzen im Theater von Athen, und wenn es den Fortbestand vieler Kulte beweist, so dürfte für die Religion die Bedeutung gering sein. Auch die Heiligtümer der Götter, welche in Erythrai einen Priester hatten, darf man sich nicht zu ansehnlich, wohl gar als Tempel, vorstellen; es mag oft ein Altar genügt haben, allenfalls eine Kapelle, wie sie heute überall in Griechenland stehen und oft nur einmal im Jahre ihre *πανήγυρις* haben, auch oft verfallen[2]. Es trifft sich gut, daß wir in Priene die Bauten einer ganzen Stadt übersehen. Das ist eine Gründung aus der Mitte des vierten

[1] In Milet ist der Stephanephor aus dem Obmann des Kollegiums der *μολποί* entstanden; das wird schwerlich noch einen engen, aristokratischen Charakter und damit politische Bedeutung gehabt haben.

[2] Aus Erythrai haben wir ein Verzeichnis der Opfertiere, die der Staat im Laufe des Jahres den Göttern darbrachte, mit den Preisen, Nord-

Jahrhunderts; da hat man sich auf den einen Tempel der Stadtgöttin beschränkt. Der Gegensatz zu den alten Städten ist stark; er verrät, daß in ihnen die Überlieferung, nicht mehr ein wirklicher Glaube, die Kulte erhält. Viele sterben allmählich ab, was wir nicht verfolgen können; wir finden sie nur nicht mehr. Der eine Tempel Prienes ist dafür so groß und so prächtig, daß er zu dem bescheidenen Landstädtchen so wenig paßt wie in manchem deutschen Orte oder auch in Orvieto der Dom. Die Göttin hieß Athena, die ja in Ionien die *πολιάς* zu sein pflegte, hier aber keine Burg zu beschützen bekam[1]. Auf ihre besondere Wirksamkeit als *ἀγελείη* oder *ἐργάνη* kam nichts mehr an; sie war *ἡ θεός*, die göttliche Beschützerin, die Seele der Stadt; Beziehungen zu Athen waren vorhanden. Mit diesem einen Tempel hatten die Bürger genug. Auf ihrem Gebiete lag das Panionion mit dem Tempel des Poseidon Helikonios, daher fiel ihnen die Verwaltung dieses Bundesheiligtumes zu; aber in der Stadt findet Poseidon keinen Kult, hat auch keinen Priester. Es ist überhaupt nur ein kleines Tempelchen für Kybele und dann ein Heiligtum der ägyptischen Götter hinzugetreten, also Fremde. Alexander, der den Tempel der Athena geweiht hatte, besaß ein Heiligtum (Inschrift 108, 75), das gegen Ende des zweiten Jahrhunderts noch einmal restauriert wird, dann aber spurlos verschwunden ist. Das Bianteion war kein Kultlokal; der Rat und die Beamten konnten darin ein Festmahl halten. Die Frauen hatten natürlich ihr Demeterheiligtum außerhalb der Stadt. Keiner der großen Götter scheint auch nur einen besonderen Priester gehabt zu haben; der des Dionysos, dessen Priestertum sehr begehrt war, Inschr. 174, hat offenbar keinen Tempel zu verwalten. Dasselbe folgt für die Götter, deren Kult gelegentlich erwähnt wird.

In der Form des Kultus fällt zweierlei auf, das Überwiegen der Prozessionen, *πομπαί*, die oft besser Aufzüge genannt werden kön-

ionische Steine S. 48, das allerdings einen sehr beträchtlichen Aufwand beweist. Darin erhalten Apollon und Artemis *οἱ ἐν τῶι πυλῶνι* ein gemeinsames Opfer; im Tore kann nur ein Altar gestanden haben. Es ist befremdend, wie wenig dieser staatlichen Opfer den Göttern gelten, welche ihre besonderen Priester hatten. Die Zahl der Kulte wächst dadurch in das Ungeheure.

[1] Die Burg, nur auf steilem Pfade zugänglich, heißt *Τηλωνεία*, und der Eponymos hat die Mittel, als *στεφανηφόρος* einzutreten, Inschrift 108, 31. Es ist ein barbarischer Gott oder wohl eher Heros.

nen, und die Lectisternia, für die sich der lateinische Name empfiehlt, weil ein griechischer fehlt; man redet nur von *στρῶσαι κλίνην*. Auffällig ist, daß in Rom Lectisternien schon vom Anfange des vierten Jahrhunderts an mehrfach von den Sibyllinen verordnet werden[1], während es mir nicht gelungen ist, einen so alten Beleg in den griechischen Inschriften zu finden[2]. Die fehlen aber auch aus Italien und Sizilien, von wo die Sitte am ehesten nach Rom kommen konnte. Auf der Kline sollte zwar der Gott Platz nehmen, um das Opfermahl zu teilen; insofern kann es scheinen, als wäre die älteste Sitte bewahrt, die dem Gotte einen Sitz bereitete, und nur ein Lager an die Stelle getreten, weil nun die Menschen im Liegen aßen. Aber es ist doch anders, denn auf der Kline stand oder lag nun ein Götterbild. So war es in Rom, so zeigt es sich in den Adoniazusen. Das fremde Adonisfest hatte allerdings einen besonderen Ritus ausgebildet. In den alten *Θεοδαίσια* und *Θεοξένια* wurden einst die Götter, mindestens die Dioskuren, wirklich erwartet. Solange dieser Glaube bestand, konnte man keine Puppe auf das Polster legen. Möglich, daß man es später tat. Das Kultbild stand im Tempel, das Opfer geschah draußen am Altare; da mag man die Gegenwart des Gottes durch ein Bild desselben angedeutet haben, das auf der Kline Platz nahm, und man mag sich oft mit einer Puppe begnügt haben. Sogar in einer *πομπή* gehen die Götter im Bilde mit; schon bei dem Feste, das dem Philippos den Tod brachte, sind sie in das Theater eingezogen[3]. Am anschau-

[1] Wissowa Röm. Rel. 422 und in der Realencyklopädie s. v.

[2] Wissowa beruft sich auf das Bruchstück des Diodor VIII 32. Da wird erzählt, daß Sparta den epizephyrischen Lokrern seine Dioskuren zu Hilfe geschickt hätte und deren Gesandte ihnen auf dem Schiffe *κλίνην ἔστρωσαν*. Offenbar hat Timaios, auf den die Geschichte zurückgeht, weiter erzählt, daß die Götter wirklich mitgekommen sind, denn sie haben in der Schlacht am Flusse Sagra den Lokrern beigestanden. Es ist nicht denkbar, daß die alte Zeit, die an die himmlischen Reiter glaubte, für nötig gehalten hätte, sie auf einem Schiffe zu befördern. Das ist auch nicht in einem historischen Epos erzählt, wie Diels, Parmenides S. 18, glaubt, denn von der Existenz solcher historischen Epik fehlt jede Spur. Timaios hat einen Zug aus der Praxis seiner Zeit in die eigene Erzählung übernommen. Die Geschichten von den Dioskuren in Lokroi und Sparta erfordern eine neue kritische Behandlung.

[3] Diodor 16, 92. Die zwölf Götter waren natürlich die zwölf, die in der alten ionischen Zwölfzahl als „die" Götter zusammengefaßt waren und in den *δωδεκάθεα* verehrt wurden. Alexander hat ihnen am Hyphasis

lichsten ist die Verordnung über ein Fest des Zeus Sosipolis in Magnesia aus dem Jahre 196, Sylloge 589, 41. Da geht der Stephanephor an der Spitze mit den prächtig angezogenen Holzbildern der zwölf Götter, für die auf dem Markte ein Zelt (*θόλος*) mit drei Betten neben dem Altare der zwölf Götter errichtet ist. Dieser Kultus bestand also längst, aber er galt eben nicht den einzelnen Zwölf, die nun als Puppen auftraten[1]. Solche Puppen werden in katholischen Prozessionen auch heute häufig mitgeführt. Auch in Athen kommt das *στρῶσαι κλίνην* schon im Jahre 276 für Zeus *σωτήρ* und Athena *σώτειρα* vor, IG. II[2] 676. Für die allgemeine Verbreitung der *πομπαί* genügt es, auf Hillers Index zur Sylloge zu verweisen[2]; oft werden sie kurz neben den Opfern als zusammengehörig aufgeführt[3]. Als aus einer Stiftung in Milet (Sylloge 577) eine Knabenschule eingerichtet wird, soll die Schule einmal im Jahre in einer *πομπή* dem Apollon einen Ochsen darbringen und opfern[4]. In Athen dürfen die Thraker, denen der Staat erlaubt hat, Grundbesitz zu erwerben, vom Prytaneion nach dem Peiraieus, offenbar zu dem alten Heiligtum ihrer Bendis, ziehen, IG. II[2] 1283, und selbst der Thiasos der Adonisverehrer hat seine *πομπή*, IG. II[2] 1261. Die Mädchen, welche den Peplos für das alte Schnitzbild der Polias woben, sind in der Prozession, wohl der Panathenäen, mitgezogen[5]. Das Zeugnis (Sylloge 718) ist jung, setzt aber den Ge-

zwölf Altäre errichtet, Arrian V 29, 1, Diodor XVII 95, 1. In solchen Fällen werden die einzelnen Personen unterschieden, aber sie vertraten immer die „hellenischen Götter" überhaupt. Makedonisches kann darin unmöglich stecken.

1 Zeus erhält einen einzigen Stier, für dessen Auswahl besondere Verordnungen ergehen; das Fleisch bekommen die Teilnehmer der Prozession. Sonst reicht das Geld nur noch für einen Widder, eine Ziege und ein Zicklein, deren Fleisch bevorzugten Teilnehmern der Prozession zufällt. Zu einer Volksspeisung fehlten die Mittel.

2 Die verschiedenen Typen hat Nilsson, Arch. Jahrb. 31, 309, behandelt. In der Ausführung unterscheiden sie sich wenig; wichtig nur, daß der Gott nur in dionysischen mitzieht. Wenn ein einzelner Bürger mit seiner Familie und einem Flötenspieler sein Opfertier zum Altare geleitet, ist es im kleinen dasselbe.

3 Auf Samothrake ziehen, als Lysimachos Kult erhält, nur die neun Archonten mit, IG. XII 8, 150.

4 Die Fleischrationen würden knapp geworden sein, wenn mehr als eine ausgewählte Schar von Schülern mitgezogen wären.

5 Diese Mädchen werden gegen Ende des zweiten Jahrhunderts erst

brauch voraus. Dieser Festzug war einst eine Huldigung des ganzen Volkes gewesen, wie wir am Parthenonfriese sehen, da war auch das ganze Volk mit dem Herzen dabei. Noch im Mercator des Philemon (66) gibt ein strenger Vater seinem Jungen, den er auf dem Lande hält, nur an den großen Panathenäen einen Tag Urlaub nach der Stadt, um den Zug anzusehen, der den Peplos auf die Burg bringt. Ebenso war der große Festzug nach Eleusis ein echtes und rechtes Volksfest gewesen. Von dem hört man wenig; IG. II$^2$ 992 ist eine milesische Festgesandtschaft zu den großen Eleusinien gekommen; mit Recht wird vermutet, daß ein politischer Anlaß dazu vorlag[1]. Daß es noch zu den *γεφυρισμοί* gekommen wäre, ist nicht wohl denkbar. Überhaupt werden alte Feste abgekommen sein, außer den Sühnfesten die Promethia und Hephaistia, Buphonia, Dipolia, Maimakteria. Keine Spur mehr, soviel ich weiß, von den alten Fackelläufen in Athen, wo sie aber an den Theseen eingeführt sind, und auf Delos sind unter der athenischen Herrschaft die Epheben mit Fackeln auf den Kynthos gezogen. Populär waren die Theseen wegen ihrer gymnischen Spiele geworden; auch die *πομπή* fehlt an ihnen nicht (IG. II$^2$ 956). Von wirklicher Religion kann da keine Rede sein, und so sind die Festzüge zu Schaustellungen geworden, an denen die Teilnehmer und die Zuschauer ihr Vergnügen hatten, wie sie es heute bei ähnlichen Veranstaltungen haben, allerdings ohne kultischen Charakter, aber der war eben für ziemlich alle nur ein äußerer Anlaß. Simaitha ist zu solcher *πομπή* ausgegangen, um zuzusehen; es gab ja sogar eine Löwin in dem Zuge, und dann war es eine Gelegenheit, männliche Bekanntschaften zu machen. Nicht zu vergessen, daß es bei den Opfern ein Stück Braten für die Teilnehmer gab, sogar Rinderbraten, der sonst nicht auf den Tisch kam, wenigstens in Städten, denen es eine Weile so gut ging wie Erythrai, als die Opferordnung der Gemeinde aufgezeichnet ward (oben S. 344), die schwerlich lange durchgeführt sein wird. Schon in dem Gesetze der delphischen Labyaden ist unverkennbar, daß ihnen an den Opfer-

erwähnt, dann aber öfter. Es ist damals mehr für den Kultus getan; Eitelkeit der vornehmen jungen Damen wird auch mitgespielt haben. Um die Mitte des Jahrhunderts muß ein Agonothet der Panathenäen aus eigenen Mitteln auch für den Peplos sorgen; er hat auch mehrere Heiligtümer restaurieren lassen, IG. II$^2$ 968.

[1] Geopfert haben sie wieder nur einen Ochsen, aber auch die *γέρα* dargebracht, d.h. das Eintrittsgeld für die Zulassung zu den Weihen bezahlt.

schmäusen recht viel liegt; es geht ihnen gut, sie werden recht oft im Jahre ein Festmahl halten, wenn es auch nicht zu dem Sonntagsbraten kommt, den heute auch diejenigen verlangen, denen der kirchliche Feiertag gleichgültig ist. Geradezu spaßhaft ist die überlange Urkunde von Amorgos (IG. XII 7, 515), in der über eine Stiftung verfügt wird, die für eine Speisung des ganzen Volkes bestimmt war. Da wird der eine Ochse ausgesucht, gekauft, vom Prytaneion aus zu der Opferstelle in Prozession geführt; es wird erwartet, daß die Zinsen der Stiftung erlauben würden, Schlachttiere zu kaufen und Weizenbrot zu backen. Der Ochse wird irgendeinem Gotte geopfert sein, aber das wird gar nicht erwähnt. Der Festzug an den Ptolemaia, den Kallixeinos beschreibt, führte Götterbilder in Menge mit, dazu marschierte die ganze Garnison durch die Stadt. Macht und Glanz des Königtums paradierte zu Ehren des vergötterten Königs. Nachtfeste, *παννυχίδες*, gab es auch, recht lustige, wie das Lied des Kallimachos zeigt; hier mischten sich die Geschlechter ohne Scheu, werden also ehrbare Eltern ihre Töchter zu Hause behalten haben. Nur in den privaten Genossenschaften sind Männer und Frauen zusammengekommen, und ihnen war ihr Gottesdienst ernst; selbst in den dionysischen Mysterien darf die Ausartung nicht überall vorausgesetzt werden, gegen die sich das S.C. de Bacanalibus richtet.

Von dem Erfolge der Opfer berichten athenische Priester an das Volk, das dann beschließt *δέχεσθαι τὰ ἀγαθά* und den Priester belobt. Wir erfahren es, weil der Beschluß auf Stein geschrieben ist[1]. Darin scheint sich ein Glaube an die Erfolge der Opfer, also an eine Einwirkung auf die Götter auszusprechen. Wenn die Opfer von einer staatlichen Kommission gebracht waren, was auch vorkommt, so war ein Bericht an den Rat in der Ordnung, schwerlich, wenn der Priester seine regelmäßige Pflicht tat. Dem wird es mehr um die Dekoration zu tun gewesen sein, die in der Publikation des Ehrenbeschlusses auf Stein liegt, und daß sich das Volk zu dem Beschlusse hergibt, überhaupt sich mit solcher Bagatelle befaßt, ist ein Zeichen der Zeit, in der es nicht mehr viel Ernsthaftes zu tun hatte. Die Masse der Proxenien dient ja auch vornehmlich der menschlichen Eitelkeit; es war auch für den Antragsteller einträglich.

[1] Ich habe die Inschriften behandelt, weil sich ein Formular für einen solchen priesterlichen Bericht unter den demosthenischen Proömien befindet (54), Aristot. u. Ath. II 401. Die Steine sind aus dem dritten Jahrhundert.

Einmal ist doch ein Ereignis eingetreten, in dem ein Gott in einem Augenblicke der dringendsten Gefahr rettend eingriff und so „in Erscheinung trat". Wohl behauptete niemand mehr, ihn gesehen zu haben, aber in dem Erfolge lag seine Epiphanie. Das war im Jahre 279, als die Kelten wider Erwarten von Delphi abzogen, ohne das Heiligtum ausgeplündert zu haben, und den Ätolern ein Sieg über einen ihrer Haufen in der Nähe von Delphi gelungen war. Der Rückzug der Kelten scheint wirklich wie unter einem panischen Schrecken erfolgt zu sein; die Gefahr für Hellas war damit vorüber. Da konnte es nicht ausbleiben, daß die Delpher in der Erlösung das Eingreifen ihres Gottes sahen, die Ätoler in ihrem Siege, und daß die ganze Hellenenwelt sich zu diesem Glauben bekannte. Boten gingen überallhin und verkündeten das Wunder. Wir besitzen wenigstens aus Kos eine der Antworten; es wird eine Gesandtschaft nach Delphi, die dort opfern soll, und ein Dankopfer in Kos beschlossen, Sylloge 398. Kallimachos schilderte den Untergang dieser Kelten gelegentlich in seinem delischen Hymnus. Das Fest der Soteria konnte in Delphi gestiftet und etliche Jahre später penteterisch zu dem Range der panhellenischen Spiele erhoben werden.

Wenn man dem Scheine traut, so hat diese Epiphanie den Erfolg gehabt, daß die Menschen bald auch an vielen anderen Orten die Epiphanie ihrer Götter erlebt haben, was eine Stärkung des Glaubens bedeuten würde. Wenn man nur darüber etwas erführe, worin die Epiphanie bestanden hätte. Aber selbst über die der Artemis Leukophryene hören wir nichts als die Tatsache, so überreichlich wir über die Gesandtschaften unterrichtet sind, die Magnesia in alle Hellenenwelt aussandte, um die Anerkennung der Heiligkeit und Asylie ihres Landes und ihrer neugegründeten isopythischen Spiele nachzusuchen, was sie für die Spiele überall erreichten; über die Asylie sagen viele Antworten nichts, weil die Städte selbst an ihr kein Interesse hatten und sich scheuten, etwas mit Worten anzuerkennen, was sie tatsächlich nicht garantieren konnten. Die Könige haben aber alle mit Bedacht zwar die Spiele anerkannt, aber nicht die Asylie, obwohl der delphische Gott es getan hatte. An ihr mußte den Magneten am meisten liegen; denn wenn sie auch von den kretischen Seeräubern kaum erreicht werden konnten, würde sie in den Kriegen der Könige ein Schutz gewesen sein. Aber auch die Abgesandten, welche zu den Spielen einluden, bedurften besonderen Schutzes, da die alte Ekecheirie nicht mehr respektiert ward[1]. Die Anerkennung der Spiele brachte außer dem Ruhm durch den Zuzug der Athleten, Musiker und Zuschauer auch materiellen Gewinn. Ähnliche Gesandtschaften sind nach dem Vorgange der Delpher für ihre Soteria von vielen Städten ausgesandt, die für ihre Spiele, aber auch gern für die Asylie ihres Heiligtumes Anerkennung suchten, Milet und Kos, Knidos, Tenos, Pergamon (und sein König), im Mutterlande Akraiphia für die *Πτώια*, Thespiai für die Umwandlung der Museia; wir werden lange nicht alles kennen, und ich übersehe wohl Bekanntes[2]. In Teos, das selbst Dionysos zu seinem Schutzgotte hatte, saßen nun die dionysischen Techniten, die ohne Asylie ihr Gewerbe gar nicht treiben konnten; wir sehen in zahlreichen Inschriften, wie sie sich namentlich um die Gunst der Kreter bemühen. Motiviert wird der Anspruch auf Asylie des Landes oder des Heiligtumes mit den Mythen, welche an dem Orte und dem Gotte haften, dem auch die Spiele veranstaltet werden, auch wohl aus der ältesten Geschichte, und wenn es da keine halb oder ganz mythische Fakta gab, so fabrizierte man sie sich samt den erforderlichen Orakeln, wie sie die Magneten auf Stein geschrieben haben. Das ist auch weiter so gehalten worden, wenn eine Asylie in Gefahr war, aufgehoben oder beschränkt zu werden[3]. Kein Zweifel, daß in den Städten, die einen durch alte Mythen berühmten Gott besaßen, der Glaube an ihn und seine wunderbaren Erlebnisse und Taten von vielen festgehalten, von allen respektiert ward; das galt ebenso von den Gründungslegenden, und auch die neuen Erfindungen wurden allmählich zu heiliger Überlieferung. Literaten schmückten diese zeitgemäß aus; vielfach saßen auch an den Tempeln Aretalogen und erählten den Besuchern von den *ἀρεταί* der Götter, ka-

[1] In dem Vertrage zwischen Sparta und Athen, Thukyd. V 18, bestimmt der erste Paragraph den freien Verkehr mit Delphi, der also in Kriegszeiten schon damals nicht bestand.

[2] Milet Sylloge 590, Kos für die Asklapieia, Knidos für die Iakynthotrophia. Ptoia IG. VII 4138. Museia Syll. 457. Chalkedon sucht Asylie, Hondius Suppl. epigr. IV 720. Kyzikos für Persephone. Alabanda Orient. inscr. I 234, Tenos für Poseidon u.a.m. [Vgl. Paul Boesch *ΘΕΩΡΟΣ*. Untersuch. z. Epangelie griech. Feste, 1908, S. 14. – Zusatz d. Herausg.]

[3] Es ist grotesk, wenn Cicero, Verr. IV 106, die *ἱεροὶ λόγοι* von der Demeter in Henna in einer Gerichtsrede wie ein Aretaloge erzählt und bei Tacitus, Ann. III 60–63, XII 61. 63, die alten Fabeln mitten unter den Senatsverhandlungen über Asyle und Gesuche um bessere Rechtstellung einzelner Städte erscheinen.

men allerdings in den übelsten Ruf[1]. Unserer Kritik wird es daher häufig schwer zu entscheiden, ob sich unter den hellenistischen Übermalungen, ihren Liebesgeschichten und Orakeln, eine echte Erinnerung birgt. Unleugbar aber ist, daß die Artemis von Ephesos und Magnesia, der Apollon von Didyma, der Dionysos von Teos lebendige Götter in dem Glauben ihrer Städte bleiben. Wir müssen nur durchschauen, was diese Götter jetzt bedeuten. Das liegt nicht in dem, was einst ihr besonderer Charakter als Apollon oder Artemis war und sich in den Mythen und den entsprechenden Gebräuchen des Kultus aussprach. Sie sind vielmehr alle dasselbe, sind die Schutzgötter der Stadt, sind ihre Seele, wie wir das von der Athena Athens und Prienes schon früher sagen konnten, also die Exponenten der politisch-nationalen Gesinnung der Bürger und damit eines echten und starken Gefühles der Zusammengehörigkeit. Die Geschichte der Hellenen hatte nun einmal den Gang genommen, daß in den Königreichen die althellenischen Städte eine starke Sonderexistenz führten, sich auch dann ganz selbst verwalteten, wenn sie ohne formale Freiheit unter den Königen standen und ihnen Steuern zahlten. Freiheit der Hellenen war in der Diadochenzeit noch ein Schlachtruf, der eine starke Wirkung ausübte; er hat es noch getan, als Rom ihn aufnahm, vornehmlich im Mutterlande, das zugleich die Versuche eines Zusammenschlusses in Staatenbünden machte, die in Asien niemals gelungen sind. Daher finden wir hier diese Götter der einzelnen Stadt in ganz anderer Macht als im Mutterlande, wo die Bünde gar keine göttlichen Vertreter mehr haben[2] und auch die der einzelnen Städte kaum noch eine Rolle spielen. In den Königsstädten

[1] Sueton Aug. 74. Der Kaiser zieht zu den *ἀκροάματα* bei offiziellen Diners heran *triviales ex circo ludios ac frequentius aretalogos*. Man amüsierte sich also bei ihren salbungsvollen albernen Wundergeschichten. Seltsam, daß sich die richtige Erklärung des Wortes in dem Scholion zu Iuvenal 15, 16 erhalten konnte, während die griechischen Lexika es nicht verzeichnen; es war eben hellenistisch. Philodem, *π. ποιημάτων* V Kol. 9 Jensen, führt den Aretalogen mit dem Mimographen noch unter den Schriftstellern an, die in ihrer Art vortrefflich sein können. Wir dürfen uns nicht verhehlen, daß die *ἱεροὶ λόγοι* bei Pausanias und anderen von Aretalogen stammen.

[2] Der Zeus *ἀμάριος* der Achäer hat für den achäischen Bund des Aratos keine Bedeutung mehr, der Apollon von Thermos für die Ätoler auch nur so weit, daß bei ihm die Beschlüsse der Ätoler auf Stein publiziert werden.

und den Neugründungen können solche lebendigen Schutzgötter nicht mehr entstehen. Die Tyche reicht dazu nicht, und die Spiele werden auch in abhängigen Städten nach den vergöttlichten Königen genannt, *Πτολεμαῖα*, *Εὐμένεια*, später *Ῥωμαῖα* und auch nach einem redlichen Prokonsul *Μούκια*. Wenn Eumenes in Pergamon Spiele zur Erinnerung an seine Siege stiftet, so nennt er sie gemäß der politischen Haltung der Attaliden *Νικηφόρια* zu Ehren einer neukreierten *Ἀθηνᾶ νικηφόρος*, die doch nur in diesen Spielen existiert[1]. Alle diese Stiftungen vergehen mit der Macht ihrer Stifter. Auch der Apollon vom Ptoion stirbt mit seinen *Πτώια*, als Böotien verödet; dem Zeus vom Lykaion geht es kaum besser. Daran ermessen wir, was die alten Götter der asiatischen Städte lebendig erhalten hat, nicht ein kräftigerer Glaube, sondern die günstigere Lage der Städte, die sich dauernd einigen Wohlstand erhielten. Daß die Weihungen, die an erster Stelle einen Gott nennen, in Wahrheit die Stadt meinen, spricht sich geradezu darin aus, daß sehr häufig hinter dem Gottesnamen *καὶ τῆι πόλει* oder *καὶ τῶι δήμωι* folgt. Es ist dem vergleichbar, daß in der Kaiserzeit die römischen Götter den Beinamen Augustus erhalten, Mars Augustus, Apollo Augustus usw., denn damit wird der Gott dem Kulte zwar nicht des gegenwärtigen Trägers des Kaisertumes, aber dieser göttlichen, die Welt beherrschenden Macht ein- und untergeordnet.

Auch die Tempelbauten werden durch ähnliche Faktoren bestimmt. Daß die barbarischen Götter von Samothrake überhaupt griechische Tempel erhielten, dankten sie der Arsinoe; so sind sie auch in Ägypten bekannt geworden[2]. Der kolossale Tempel von Didyma ist von den Milesiern begonnen worden, weil sie auf die Unterstützung der Seleukiden rechnen konnten; als das nicht zureichte, haben sie die Spiele gestiftet, haben auch Spenden für den Gott, d.h. den Tempelbau, erhalten[3]. In Magnesia gehört der Tempelbau des Hermogenes auch mit der erfolgreichen Stiftung der Spiele zusammen, der Dionysostempel in Teos, auch ein Werk des Hermogenes, erklärt sich durch die Blüte der Genossenschaft

[1] Sylloge 629. 630.

[2] Ägyptische Weihung an sie Orient. inscr. 69. Epigramm 47 des Kallimachos. Sie erscheinen als Retter in Seenot. Von dem Barbarischen und den Mysterien spürt man nichts. Der orphische Hymnus 38 stellt noch vor die Gleichsetzung mit den Dioskuren die mit den Korybanten-Kureten.

[3] Sylloge 590 mit Hillers Erklärung.

der dionysischen Techniten. Der Asklepios von Kos verdiente selbst genug, um sich einen stattlichen Tempel zu bauen; die Anlage eines solchen Sanatoriums pflegte sich zu rentieren. Athen hatte kein Geld, brauchte auch keine neuen Tempel. Aber als es seine Befreiung von Makedonien durch die Bestechung des Kommandanten Diogenes erreicht hatte, ward ihm zu Ehren in der Stadt, vermutlich auf einem Boden, den Götter hergaben[1], ein Gymnasion errichtet, und auch ein neuer Kult des Demos und der Chariten; die alten Götter gingen leer aus. Pergamon mußte überhaupt erst als eine hellenische Stadt ausgebaut werden, als Philetairos sich dort zum Fürsten machte. Die Demeter konnte nicht fehlen, das verlangten die Frauen. Der Dionysos *καθηγεμών*, der erst spät zum Familiengotte der Attaliden ward, war ein moderner Gott, der sich einstellte, wo ein Theater war, oft nicht mehr als der Exponent der Schauspieler, wie es einst die Muse für die Rhapsoden gewesen war, Hermes und Herakles die Götter der Gymnasien blieben. Der Asklepios hatte vor der Stadt ein Heiligtum, das erst viel später zu Bedeutung kam. Man sieht, wie wenige der alten Götter dem Bedürfnis einer jungen Stadt genügten. Nur zu den Bauten des Antiochos Epiphanes hat ein religiöses Gefühl den Anstoß gegeben, denn so muß man sagen, auch wenn der Glaube an die Göttlichkeit des Hellenentumes das Entscheidende war. Epiphanes war kein gewöhnlicher Mann. Er hatte durchschaut, daß das Hellenentum in seinem Reiche von den Orientalen, aus der Ferne von Rom bedroht war, und er suchte im eigenen Hause Ordnung zu schaffen; das führte zu dem Konflikte mit manchen semitischen Göttern, deren Schätze er sequestrierte, und mit dem Gotte von Jerusalem, dessen Tempel er schließlich dem Zeus zuwies. In den Hellenen des Mutterlandes konnte er zunächst nur ihre Sympathien erwecken wollen. Er unternahm den Ausbau des peisistratischen Olympieion in Athen und einen großartigen Neubau für *Ζεὺς βασιλεύς* in Lebadeia, der auch seine Spiele erhielt. Offenbar war ihm Zeus der König und Gott der Hellenen. Fertig sind diese Bauten nicht geworden; Epiphanes starb zu früh, und in Athenern und Böotern war nicht nur die Macht, sondern auch der Glaube an einen solchen nationalen Weltgott erstorben.

[1] Man kann an das Anakeion oder das Theseion denken; die Topographie dieser Gegend ist noch nicht aufgehellt, aber sicher scheint, daß der Nordabhang der Burg ursprünglich heiliges Land war, das sich weit auf den Eridanos zu erstreckte.

Die bildende Kunst, soviel Schönes sie im Hellenismus auch hervorgebracht hat, kam kaum noch in den Fall, der Religion zu dienen. Das darf man auch von den Weihgeschenken sagen, auf denen die Götter in herkömmlicher Bildung stehen. Kultstatuen von Bedeutung hat sie nicht geschaffen. Sarapis übernahm die Bildung von einem Werke des Bryaxis. Der Koloß des Helios von Rhodos war keine Kultstatue, aber der rhodische Gott hat doch noch eine majestätische Verkörperung erfahren. Damophon von Messene hat die Aufgabe gelöst, den arkadischen Göttern von Lykosura noch in so später Zeit Gestalt zu verleihen. Für Arkadien war das neu, aber Vorbilder hatte er für alles, und Seele konnte den Götterbildern kein Künstler mehr einhauchen, weil allen der alte Glaube fehlte. Die fremden Götter, die sich unter die hellenischen mischten wie Adonis und Attis, haben gar keine feste Gestalt bekommen, auch Osiris nicht, Isis nur die ihrer Priesterin[1]. Wenn die Italiker griechische Künstler heranzogen, um Bilder ihrer Götter zu verfertigen, haben diese zu allen Zeiten hellenische Formen verwandt, selbst wenn die Götter in Namen und Wesen italisch blieben[2]. Freilich hat die Kunst nicht aufgehört, die früher geschaffenen Bildungen der Götter unter Einhaltung des Typus dem neuen Geschmacke gemäß umzuformen, dabei sind höchst reizvolle Werke entstanden, aber die Religion hat nicht dazu geführt; die Kunst hatte nur den großen Vorteil, daß es eine Aphrodite ward, wenn sie die weibliche Schönheit in einer neuen Form darstellte, selbst wenn es eine *καλλίπυγος* war, ein Herakles der Körper des vollkommenen Athleten ward. Es war der Reiz einer neuen künstlerischen Aufgabe, was die Mischgestalt des Hermaphroditen schuf; der alte kyprische *'Αφρόδιτος* hatte nichts mehr damit zu tun. Der Nil mit den sechzehn Kindern, in denen nur ein Kenner die *πήχεις* der Nilschwelle erkannte, und mit den köstlichen Pygmäen an der Basis, die ihn trägt, genüge als Beispiel der neuen Aufgaben der Vermenschlichung, die ja auch die Tychen der Städte und Un-

[1] Merkwürdig ist die Erscheinung von drei libyschen Göttern auf dem Relief von Euesperis, Africa Italiana I 102. Da sollen die fremden Götter fremd erscheinen, so wie sie vor den hellenischen Stadtgründer traten. Der Bildhauer hat sich bemüht, das Fremde hervorzuheben, aber konnte von den gewohnten Formen nicht loskommen, weil die libyschen Götter gestaltlos waren.

[2] So haben die Laren ihre hellenische Bildung behalten, wie sie Theodotus *ludentes peni pinxit bubulo*, Naevius Tunicularia.

zähliges der Art sinnreich und gefällig geschaffen hat. Nichts hat diese Kunst so stark beschäftigt als der Kreis des Dionysos, in den außer seinem alten Gefolge nun Pane und Kentauren und manches Getier hineingezogen werden. Der durch den Alexanderzug entstandene Mythos von dem Triumphzuge des Gottes nach dem Siege über die Inder gab, wohl zuerst der Malerei, einen Vorwurf, der noch den Tizian gereizt hat. Die einzelnen halbtierischen Wesen zeigten sich in immer neuer Haltung und Bildung; selbst weibliche Panisken und Satyrisken wurden erfunden, wie schon Zeuxis Kentaurenweibchen gemalt hatte, und auch in Einzelgestalten erschienen diese Wesen, immer neu, immer reizvoll. Die Menschen, die ein recht prosaisches Leben führten, sahen sich umgeben von Bildern einer anderen, seligen, naturnahen Welt. Wir werden nicht fehlgehen, wenn wir darin die Wirkung der alten Dionysosreligion sehen, die sich in seinen Mysterien hielt. Es ist bezeichnend, daß diese Stoffe sich durch alle Zeiten bis in die byzantinischen Elfenbeinschnitzereien erhalten haben. Hier birgt sich also unter dem künstlerischen Spiele doch eine Religion, aber sie verbirgt auch das Religiöse, wird es oft kaum mehr von ferne gefühlt haben. Reines Spiel, dem auch die Erinnerung an alten Glauben fehlt, sind die Nereiden und Tritonen, die auf allen möglichen Reittieren durch die Wogen ziehen. Damit ist nur das Meer nach hellenischer Weise in Phantasiewesen zur Darstellung gebracht, in figurenreichen Zügen und in Einzelgestalten, deren verschiedener Ausdruck die Stimmungen widerspiegelt, welche das ruhige und das bewegte Meer in uns erregt. Wer hellenisch fühlen kann, wird nicht verkennen, warum die Landschaftsmalerei sich nicht daran versuchte, die sinnliche Erscheinung nachzuahmen.

Die alte Zeit hatte die Einwirkung der Götter auf die Geschicke der Menschen gern so dargestellt, daß sie bei deren Handlungen gegenwärtig waren, entsprechend dem Glauben, daß sie selbst auf der Erde erschienen, wo sie ja ursprünglich zu Hause waren. So half Aphrodite bei der Entführung der Helene, Hermes und Athena geleiteten den Herakles. Das verschwindet, seit die Götter in den Himmel gerückt sind. Nur Dichter halten einzeln an der Weise Homers fest. Aber einen Gott führt auch die Kunst handelnd oder gegenwärtig ein, den Eros. Er erhält aber immer mehr die Bildung eines Knaben oder gar eines Kindes; es geht bis zu der reizenden Erfindung, die das Erwachen der Liebe in einem jungen Faare so darstellt, daß sie ein Nest voll unflügger Eroten finden. Er ist nicht mehr der älsteste aller Götter wie bei Hesiodos, auch nicht der liebende und liebenswerte Jüngling des Praxiteles, sondern der unartige Junge des Apollonois oder gar das Kind, das die Verliebtheit des Ares Ludovisi bezeichnet. Eroten in der Mehrzahl hatte auch die alte Poesie und Kunst gekannt: nun führt uns die Malerei in eine andere, selige Welt, selig, weil sie spielt, die Welt der Eroten und Psychen, himmlischer Kinder, die das mensch liche Leben nachspielen, ganz ernsthaft, wie Kinder tun, Wie früh solche Darstellungen beginnen, weiß ich nicht zu bestimmen, aber hellenistisch muß die Erfindung sein, und hier muß sie besprochen werden.

Erfunden hat sie die Kunst, denn sie brauchte sie. Die Mädchen benehmen sich so, daß sie den Namen weibliche Eroten verdienen, und wenn die Eroten putti geworden waren, konnten weibliche Putten nicht fehlen. Aber weil sie Schmetterlingsflügel haben, muß man sie Psychen genannt haben. Seelen sind sie deshalb keineswegs: auch die Männlein haben eine Seele, und die ist doch kein Eros. Mit den kleinen geflügelten Menschlein, die auf den Vasen um die Grabsteine flattern, homerische *ψυχαί*, haben sie nichts zu tun. Daß der Schmetterling eher *ψυχή* geheißen hat, als die Seele ein Mädchen mit solchen Flügeln ward, haben wir gesehen (oben I 370). Es soll erst nachgewiesen werden, daß der Tote wie als Schlange oder Vogel auch als Schmetterling gedacht worden sei. Wohl aber trägt die Seele solche Gestalt, wenn Eros sie brennt oder sonst peinigt; da ist auch Eros die Liebe. Das findet sich freilich erst in später Epigrammatik[1], auf geschnittenen Steinen, vielleicht auch sonst. Dargestellt wird das *πάθος* der Liebe; das fordert

[1] Das Epigramm des Poseidippos Anth. Pal. XII 98, S. 61 der Fragmentsammlung von Schott (die nun neubearbeitet werden muß, weil viel dazugekommen ist), sagt folgendes: „Die Zikade der Musen, also den Dichter, hat Pothos (die unbefriedigte Liebe) gefesselt und will ihn in einen brennenden Scheiterhaufen stürzen, und seine Seele, die früher sich mit Büchern plagte, zirpt jämmerlich scheltend auf den quälenden Gott.“ Er ist ein Dichter und fühlt, daß seine Verliebtheit ihn von dem stillen Studieren und Dichten abziehen wird; daran wird er zugrunde gehen. Das hat er nicht getan, aber den Studien hat er Valet gesagt, das Dichten freilich nicht aufgegeben, ist auch vom Pothos zu Eros und Aphrodite gelangt. Mit Eros und Psyche hat das Gedicht nichts zu tun; diese Seele könnte höchstens als *τέττιξ* gedacht werden.

eine entsprechende Darstellung auch des Liebesglückes, aber dann dürfte Eros selbst nicht als Liebhaber auftreten, denn er vertritt ja das *πάθος*, wenn er die Seele quält. Damit ist nicht gesagt, daß die Verliebtheit eines Mädchens nicht so dargestellt wäre, daß Eros ihr die Cour macht. Die Modernen haben immer, auch unbewußt, unter dem Eindrucke des Apuleius oder besser des wahrhaft bedeutenden Dichters gestanden, der ein Volksmärchen auf Eros und Psyche nicht ohne philosophische Anregung übertragen hat, das uns selbst unter dem protzenhaften Stile des Afrikaners packt. Soviel ich sehe, haben wir keinen Anhalt, die Zeit der originalen Dichtung zu bestimmen[1]; sie konnte dem Apuleius schon in einer Modernisierung vorliegen.

Sehr bekannt und bewundert ist die anmutige Gruppe zweier einander küssender Kinder, die wir Eros und Psyche nennen mögen, obgleich die Flügel ursprünglich fehlten, was in der Tat nicht durchschlägt[2], denn die (übrigens höchst unerfreuliche) Gruppe in Terrakotta bei Furtwängler, Sammlung Sabouroff II T. 135, läßt sich von jener Gruppe nicht trennen, und da haben Knabe und Mädchen dieselben kleinen Flügel. Hier ist Eros verliebt, ist der Liebende; keineswegs wird dargestellt, daß in dem Mädchen sich das Gefühl regt, das von dem Gotte stammt. Von hier aus scheint der Weg emporzuführen zu einem wunderschönen Relief aus Amisos, das eine eherne Hydria geschmückt hat und mit Sicherheit in das erste Drittel des vierten Jahrhunderts gesetzt ist, veröffentlicht von Wiegand in den Anatolian studies presented to Sir W. Ramsay, S. 405, T. XII. Von diesem Relief läßt sich ein geringeres, aber doch höchstens ein Jahrhundert jüngeres aus Epirus nicht trennen, von Wolters herausgegeben und erklärt in der Archäol. Zei-

[1] Für sehr wichtig halte ich die Zeichnung auf dem Papyrus 919 der Società Italiana vol. VIII. So zerstört sie ist, macht Eros doch den Eindruck, aus dem Schlafe zu erwachen und schmerzlich bewegt zu sein. Daß Psyche vor seinem Bette steht und den Oberkörper zurückwirft, also wohl auch erstaunt ist, glaubt man auch zu sehen. Das führt auf die entscheidende Szene. Ganz unverständlich sind allerdings die vier herabhängenden Finger einer unverhältnismäßig großen Hand auf dem Bette unterhalb der Psyche. Pompeianische Bilder sind in der Erläuterung der Zeichnung herangezogen.

[2] Ein Wandgemälde in einem römischen Grabe, Archäol. Anz. Bd. 41, 105, zeigt eine große Anzahl kleiner, aber nicht kindlicher Figuren, die meisten flügellos (die Abbildung läßt Flügel gar nicht erkennen, aber der Berichterstatter, Lehmann-Hartleben, bezeugt sie). In ganz über-

tung XLII S. 1, T. 1. Es steht auf beiden ein nackter Jüngling neben einem bekleideten Mädchen, beide haben herrliche, langherunterreichende Flügel. Aber ihre Haltung ist verschieden. Auf der der Bronze von Amisos stützt sich der vom Beschauer rechts stehende Jüngling mit dem rechten Arme auf einen Felsen, abgekehrt von dem Mädchen, dem er nur den Kopf zuwendet, während sie ihn liebend anblickt und ihren linken Arm um seinen Nacken gelegt hat. Er hält in der Linken einen Spiegel so hoch, daß man den Eindruck empfängt, er habe sich selbst eben in ihm betrachtet. Umgekehrt auf der Bronze aus Epirus. Da steht das Mädchen rechts, stützt sich ebenso auf einen Felsen und wendet den Kopf ab, während der Jüngling links steht und die Rechte bittend nach dem Kinn des Mädchens ausstreckt. Unverkennbar ist, daß beide Male eine Werbung dargestellt ist, deren Erfolg noch unsicher ist, einmal wirbt er, einmal sie, und hier ist die Selbstgefälligkeit des spröden Jünglings durch den Spiegel hervorgehoben[1]. Sind das nun Eros und Psyche? Die Seele ist jedenfalls nicht gemeint. Wolters hat das reiflich erwogen. Er sagt: „Nahe lag es, dem Gotte

ragender Größe schreitet links Hermes herein und scheint jemand heranzuwinken, den man nicht sieht. Die Menschlein sind beschäftigt, Blumen zu pflücken. Wir sind also auf den πολύρροδοι λειμῶνες ἀνθεμώδεις (Frösche 449), wo die Seligen, vielleicht durch die eleusinischen Weihen seligen, weilen. Es scheint auch, daß rechts ein Paar, das sich die Hand reicht, herankommt und begrüßt wird. Das wäre eine ganz verständliche Darstellung; von Seelen brauchte man nicht zu reden. Aber was bedeutet es, daß links von Hermes ein kleiner Mann ein kleines Mädchen auf einem Wagen entführt, den zwei Vögel ziehen? Der Tod, der die Seele holt, kann dies Männchen nicht sein, das Vogelgespann verbietet es auch. Es kann nur eine spielende Nachahmung des Raubes der Persephone sein; dazu stimmt, daß mitten unter den Pflückenden eine kleine Athena steht. Sie und Artemis pflegen bei dem Raube anwesend zu sein, und die Gespielen der Persephone waren beim Blumenpflücken, als der Räuber kam. Deutlich ist also die Vermischung zweier Szenen, die inhaltlich verschieden sind, aber die Situation des Blumenpflückens gemein haben. So viel kann ich sagen, aber nicht mehr.

[1] Auf einer korinthischen Spiegelkapsel, Bull. Corr. Hell. VIII T. 15, sitzen sich die beiden gleich geflügelten Gestalten gegenüber. Der Jüngling scheint einen Bogen in der Linken zu halten; dann ist er Eros. Sie hält, wie es scheint, einen Apfel, in der andern Hand nach der Beschreibung von M. Dumont einen Vogel; erkennen läßt sich nichts, und auch die Deutung ist nicht zuversichtlich. Aphrodisische Attribute, also für das Weib, nicht für Psyche passend.

der Liebe eine Genossin zu geben. Die Entstehung des weiblichen Gegenstückes wird sich kaum in der Literatur vollzogen haben; es scheint fast ein Bedürfnis der künstlerischen Ausdrucksweise dadurch befriedigt zu sein." Und er vergleicht weibliche Kentauren und Pane. Das Relief von Amisos konnte er nicht kennen, also auch nicht die verschiedene Werbung. Mich dünkt, was hier dargestellt ist, führt auf die Beziehung der Geschlechter, die Liebe zwischen ihnen, und die küssenden Kinder gehören auch dazu. Aber die geflügelten Wesen sind keine Sterblichen. Es sind *ἐρῶν* und *ἐρῶσα*, aber weil sie einen die allgemeine Menschennatur beherrschenden Trieb vorstellen, können sie kein sterbliches Paar sein. Benennen kann ich sie nicht; der Name Eros lag nahe, aber Psyche hat man schwerlich gesagt, als die jüngere Bronze entstand, hundert Jahre früher für das Paar von Amisos halte ich es für ganz unmöglich.

Mir fehlen die archäologischen Kenntnisse, um das Aufkommen der Psychedarstellungen und überhaupt dieser Benennung weiblicher Flügelfiguren aufzuklären, was, wenn überhaupt, nur von den Monumenten her möglich ist. Aber eins weiß ich, und das muß einmal mit Entschiedenheit ausgesprochen werden: das unerträgliche Gerede muß aufhören, das Platon für Eros und Psyche verantwortlich macht. Sie sollen seinen Namen nicht unnützlich im Munde führen, und sie wissen zuwenig von ihm. Der Eros Diotimas führt die Seele empor zur Schau der ewigen Schönheit, er ist die in der Seele treibende Kraft der Sehnsucht nach dem Ewigen, Göttlichen. Die Beflügelung der Seele im Phaidros hat mit dieser Schau etwas zu tun, aber da spielt Eros keine Rolle. Ein Liebesverhältnis von Eros und der Seele ist für Platon sinnlos, undenkbar. Zudem ist sein Eros immer *παιδικός*. Und die Bronze von Amisos ist älter als sein Phaidros, wohl auch als das Symposion. Aufhören muß aber auch, wenn es auch schön klingen mag, darum, daß in einem ehernen Gefäße möglicherweise die Asche eines Toten gelegen hat, in dem äußeren Schmucke eine Hindeutung auf diese Verwendung zu suchen, Vereinigung von Seele und Eros in seligem Jenseits. Da ist Eros sowenig als lebendiger wie als verstorbener Gott jemals gewesen. Mit dem zukünftigen Leben hat das Liebesspiel zwischen Eros und Psyche, haben diese Psychen überhaupt nichts zu tun, mit der Religion auch nicht; gerade darum mußten sie hier behandelt werden.

Die ganze mythische Götterwelt haben wir in dem unteren Friese des pergamenischen Altares vor Augen. Die Gigantomachie hat die Bedeutung erhalten, den Sieg der Kultur über die widerstrebenden elementaren Mächte vorzuführen, also dasselbe, was dem Hesiodos die Titanomachie ist. Hier mag man auch sagen, es ist der Sieg des Geistes über die Materie in dem Siege der Schönheit über die Ungestalt, die übrigens nicht alle Götterfeinde tragen. Und es ist der Sieg der hellenischen Götter; dabei denken wir auch an den Sieg des Hellenentumes, wie ihn das attalische Weihgeschenk auf der Burg Athens deutlicher aussprach, weil die Kämpfe mit Amazonen, Persern und Kelten dazutraten. Auch daran wollen wir denken, daß die Hellenen einen solchen mythischen Kampf in den Anfang der Weltentwicklung verlegen, so daß die Menschheit unter der Herrschaft des Zeus immer weiter fortschreiten kann, solange Aidos und Nemesis unter ihnen weilen, während die Religion Zoroasters und danach Juden und Christen den entsprechenden Sieg von der Zukunft, am Ende dieser Welt, erwarten. Wer diese Eschatologie aufgibt, kehrt zu der hellenischen Auffassung der Menschengeschichte zurück, gibt aber die bessere Urzeit auf, an die noch Poseidonios glaubte. Es fehlt also in der pergamenischen Gigantomachie nicht an einem ernsten und tiefen Grundgedanken, der das Kunstwerk dazu würdig macht, einen Altar zu schmücken. Aber ebenso deutlich ist, daß alle die Götter, die wir leiblich vor uns sehen, mythisch sind, Phantasiegebilde. Für viele war ihre Gestalt durch die Tradition gegeben, und da schließt sich auch oft die neue Kunst an alte Vorbilder an. Aber die Mehrzahl sind gar keine wirklichen Götter oder sind es doch für den religiösen Glauben niemals gewesen, konnten auch von den Beschauern gar nicht unmittelbar verstanden werden. Die Gelehrsamkeit der Zeit ist aufgeboten, um den Künstlern anzugeben, wen sie darstellen sollten; die meisten Gigantennamen kennen wir nur aus den Inschriften des Altares, und sie sind auch erst für ihn gelehrt ausgeklügelt, aber auch die jungen spielerischen Katasterismen sind berücksichtigt. Diese Gelehrsamkeit mögen die vielen ruhig beiseite lassen, die sich von der Überfülle und dem Überschwang dieser Kunst ergreifen lassen; aber zu wünschen ist, daß sie eine Ahnung von dem empfangen, was daran nicht mehr Götterglaube ist, und was doch auch von Religion in dem Ganzen der Darstellung verborgen liegt. Gewissermaßen tun sie es auch, denn sie empfinden die Unsterblichkeit und Macht des Hellenentumes. Das ist schließlich dasselbe, was die Erbauer des Altares seinen Beschauern vor die Augen führen wollten.

Der Telephosfries, der einst nicht minder schön war, ist zu zerstört, um als Ganzes erfaßt zu werden. Er hatte auch nur dynastische Bedeutung. Mit der Familie des paphlagonischen Eunuchen Philetairos war kein Staat zu machen. Pergamon war keine hellenische Gründung, aber das alte Epos kannte doch in Telephos einen Heros, der als Hellene dem Achilleus entgegengetreten war, und darin steckte die Erinnerung daran, daß die Myser in dieser Äolis einmal einen Boden, der schon hellenisch gewesen war, besetzt hatten. Telephos, der Sohn des Herakles, der Arkader, ward also zum *ἥρως κτίστης* von Pergamon erhoben, seine Geschichte vorgeholt und sogar mit siegreichen Kämpfen gegen eine Hiera bereichert, die Telephos dann zu seiner Gattin machte. Nicht weniger schön ist das Telephosbild aus Herculaneum, das durch seinen Inhalt als pergamenisch erwiesen wird, und dieser muß wohl in einer Form gegeben sein, die nur in Pergamon unmittelbar verständlich war, wo man den künftigen König und Heros in dem Knäblein nicht verkennen konnte. Versteht man das, so ist man die Kritiken moderner Archäologen los, die das so lange mit vollem Rechte bewunderte Gemälde für ein Pasticcio halten[1]. Hellenistische Poesie ist auch oft schwer verständlich und wird daher oft ungerecht beurteilt.

Der pergamenische Altar ist das letzte monumentale Kunstwerk, das hellenische Herrscher geschaffen haben. Hermogenes, der Erbauer der Tempel von Magnesia und Teos, ist der letzte berühmte Baumeister des Hellenismus, seine Tempel auch die letzten, denn die Bauten des Antiochos Epiphanes in Hellas sind nicht fertig geworden. Der pergamenische Altarbau ist aber auch der letzte den hellenischen Göttern errichtete, und wir haben gesehen, daß

[1] Arkadia könnte als solche nicht erkannt werden, daher steht Pan über ihr. Herakles würde die Hindin mit dem Kinde nicht bemerkt haben, wenn nicht die Parthenos des Parthenion, also die Herrin des Ortes, seinem verwunderten Blicke die Richtung wiese. Daß der Säugling nicht verkam, dafür sorgte nicht nur die Hindin, die ihm ihr Euter bot, sondern Löwe und Adler, die königlichen Tiere, sind als Schützer des Königskindes gegenwärtig. Nichts kann entbehrt werden, alles ist verständlich, man muß nur die Sprache dieser Kunst verstehen. Nur wird das Original breiter gewesen sein, so daß die Personen sich nicht drängten.

die Religion, soweit sie sich in ihm ausspricht, alle Götter als mythisch behandelt. Zeus und Athena sind gleicher Art mit der Nacht und dem Tage, mit Aither und Theia. Die ganze Handlung ist ja ein Mythos, hinter dem sich zwar ein auch religiös gefärbter Gedanke verbirgt, aber die Einzelgötter werden als solche nicht mehr religiös empfunden.

Neben dem Gemeindekulte waren in steigender Zahl private Kultgenossenschaften entstanden, *κοινά, θίασοι, ὀργεῶνες, συνθύται*, wie immer sie sich nannten. Sie geben ihrem Gemeinschaftsgefühle eine religiöse Form, und in ihrem Namen lag das Bekenntnis zu einem Gotte. Ihre Verbreitung in der hellenistischen Zeit ist wichtig; gegen Ende derselben nehmen sie ab, und die meisten sind in der Kaiserzeit erstorben, in der sich allmählich neue bilden, die einen verschiedenen Charakter haben. Die hellenistischen kennen wir vor allem aus Athen und Rhodos. In Athen kann man häufig den Gott nicht erkennen, namentlich wenn sie sich *ὀργεῶνες* nennen. Oft sind die Götter fremde, die große Mutter, Sarapis, Bendis; auch die Thiasoten sind manchmal Ausländer, Thraker z. B.[1] Auch in Rhodos finden wir die samothrakischen Götter, Sarapis, den asiatischen Men, den alexandrinischen Agathos Daimon, der sich überhaupt weit verbreitet hat, aber auch den Zeus vom Atabyrion, Athena (von Lindos), Artemis Aristobule[2]. Wir kennen aber nur die Namen aus Ehreninschriften, manchmal Grabschriften; öfter tritt der Name des Mannes hinzu, der die Genossenschaft gestiftet hat. So lehrt die Erscheinung im einzelnen für den Kult und die

[1] Ein alter Verein waren die *Εἰκαδεῖς*, benannt nach dem zwanzigsten Monatstage, an dem sie zusammenkamen; sie hatten sich einen Stifter *Εἰκαδεύς* erfunden, werden aber wohl den Apollon *Παρνήσσιος* (vom Parnes, nicht vom Parnaß, obwohl *Παρνησιάδες* von dessen Nymphen bei Euripides Ion 86 überliefert ist) verehrt haben, bei dem ihr Ehrenbeschluß aufgestellt wird (IG. II² 1258 vom Jahre 324/323) [vgl. Ath. Mitt. 51, 1926, 35. – Zusatz d. Herausg.]. Bakchylides schickt sein Skolion für Alexandros von Makedonien zu den *εἰκάδες* ohne Beziehung auf einen Gott. Zufällig fällt das Gedächtnisfest der Epikureer für ihren Stifter auf den Zwanzigsten.

[2] Hervorstechen *Ἁλιάδαι*, also hochadlige Nachkommen des Helios, neben denen *Ἁλιασταί* stehen, Verehrer des Gottes, die zugetreten sein werden, weil die Heliaden zu wenige geworden waren. Es entspricht dem, daß in der Phratrie der Demotioniden neben den eigentlichen Phrateres Thiasoten sind.

Religion kaum etwas. Einmal aber ist der *ἱερὸς νόμος* erhalten, wie ihn der Stifter aufgezeichnet hat, der sich nur mit seinem Namen Dionysios bezeichnet. Der Stein[1] ist von Keil und Premerstein in Philadelpheia gefunden; wie Hiller halte ich die Schrift für älter als 100 v.Chr., aber schwerlich regiert noch ein König in Pergamon. Dionysios hat die *παραγγέλματα*, wie er die Vorschriften nennt, im Traume von Zeus erhalten, aufgezeichnet hat er sie *παρὰ Ἄγγδιστιν, τὴν φύλακα καὶ οἰκοδέσποιναν τοῦδε τοῦ οἴκου*. Innerhalb des *οἶκος* der lydischen Göttin lag also der *οἶκος* des Dionysios, in dem die Altäre der aufgeführten Götter standen. *οἶκος* ist im Sinne von *τέμενος* gebraucht. Angdistis soll auch Männern und Frauen, Freien und Sklaven die gute Gesinnung geben, so daß sie die Vorschriften beobachten[2]. Da versteht es sich von selbst, daß der Kult kein ausschließlich hellenischer sein kann; wir sind in einer Zeit und Gegend, wo sich die Lyder hellenisiert haben, wenn sie auch vielleicht rechtlich noch zurückgesetzt waren, die Griechen aber gelernt hatten, den Landesgöttern zu huldigen. Die Kulte, also auch die Altäre, bestanden bereits; an ihnen wird nichts geneuert, sondern nur gesagt, daß sie *κατὰ τὰ πάτρια* vollzogen werden sollen. Wie die Altäre allmählich zusammengekommen sind, ist nicht ersichtlich. Was Zeus, der sich den Beinamen *εὐμενής* verdient, dem Dionysios offenbart hat, sind moralische Forderungen und Pflichten, die zu erfüllen allen ans Herz gelegt wird. Bei dem Eintritt in das Heiligtum muß ein Eid abgelegt werden, bestimmte verbrecherische Handlungen nicht begangen zu haben, noch um solche zu wissen. Von den Pflichten bezieht sich fast alles auf das Gebiet des Geschlechtlichen; die Forderungen sind überaus streng; es konnte nicht anders sein, als daß die eine hier, die andere dort wiederkehrt; das Ganze hat schwerlich irgendwo eine volle Analogie. Es ist ja auch ein einzelner Mann, der die Gesetze gibt und durch die Berufung auf eine ihm gewordene Offenbarung bekräftigt. Welchen Erfolg er gehabt hat, wissen wir nicht. Mysterien[3]

[1] Kommentiert von Weinreich, Stiftung und Kultsatzungen eines Privatheiligtums in Philadelpheia in Lydien, Sitz. Ber. Heidelberg 1919. Ein Auszug davon Sylloge 985. Auf ausdrückliche Polemik verzichte ich.

[2] V. 55–58 sind noch nicht hergestellt; weder grammatisch noch inhaltlich ist erträglich, was ergänzt wird.

[3] Was ist hier überhaupt mystisch? V. 41 ist die Ergänzung *μυστήρια* willkürlich, *ἱερά* genügte z.B.

sind hier keine, es ist also gänzlich unstatthaft, gar Eleusis heranzuziehen, wo zudem Anforderungen auf dem Gebiete des Geschlechtslebens gar nicht erhoben wurden. Auch irgendeine Verbindung mit Pergamon ist nicht nachzuweisen; sie müßte sich in einer Beziehung auf die Königszeit zeigen; sonst gehört Philadelpheia gar nicht in den mysischen Kulturkreis. Gerade weil hier ein einzelner Mann den Versuch machte, die Moral auf einem Hauptgebiete zu reformieren, gar nicht asketisch, nicht um durch die Reinheit Belohnungen von den Göttern zu erhalten, sondern lediglich um der Moral willen, ist die Urkunde wichtig. Man muß sie nur nach dem beurteilen, was in ihr steht.

Ähnliche Genossenschaften oder Versuche, sie zu bilden, mag es in dem hellenisierten Asien mehr gegeben haben; aber allgemeinere Bedeutung würde das Vereinzelte schwerlich haben[1]. Nur mit den Mysterien des Dionysos steht es anders, denn sie erstrecken sich über die ganze hellenische Welt; man darf sie auch da voraussetzen, wo bisher Belege noch nicht nachgewiesen sind. Dionysos war von Anfang an als ein neuer Gott erschienen und hatte sich erst durch den Druck der Gläubigen, die sich in seinen *ὄργια* zusammengeschlossen hatten, einen Platz in dem öffentlichen Gottesdienste erkämpft, aber da war er zahm geworden, so daß Sondergemeinden mit ihren Mysterien fortbestanden. Sie treten nun stärker hervor, und wir können verfolgen, wie sie schließlich das Übergewicht erlangen und in die staatlichen Kulte eindringen. Das kann in seiner Bedeutsamkeit nicht zur Anschauung gebracht werden, ohne daß die spätere Entwicklung mit verfolgt wird, zwingt also, die Kaiserzeit schon hier mit zu behandeln[2]. Allerdings fällt das eigentliche Hellas ziemlich aus. Wir kennen zwar aus Athen Dionysiasten, die im Peiraieus einen Tempel haben und

[1] Bezeichnend, daß die nächste Analogie die Stiftung eines Sklaven für den Men Tyrannos in Attika ist, Sylloge 1042, Kaiserzeit.

[2] Erst nachdem dies geschrieben war, habe ich das reiche Kapitel in Cumonts orientalischen Religionen kennengelernt, aus dem ich für die Kaiserzeit sehr viel kostbares Material entnehmen könnte. Ich verweise gern darauf, ändere aber nichts. In der Auffassung weiche ich nur insoweit ab, daß ich den Dionysos, obgleich er aus Phrygien gekommen ist, unter die hellenischen Götter rechne und an Einfluß barbarischer Kulte für die hellenistische Zeit nicht glauben kann. Später wird sich vieles eingemischt haben, aber das fällt aus dem Rahmen meines Buches heraus.

ansehnliche Bürger sind (IG. II² 1325. 26); da wird ihr Gott ein anderer gewesen sein als der Dionysos, dem der Staat seine vielen Feste feiert, und wir werden an die Weihen denken, die wir aus Asien und Italien kennen, aber über den Kult und den Glauben der Dionysiasten erfahren wir nichts. Es ist unvermeidlich, die Inschriften aus den alten Griechenstädten Asiens einzeln zu betrachten[1].

Auf Rhodos (IG. XII 1, 155) bekränzen die Dionysiasten einen Wohltäter, der gar nicht zu ihnen gehört, *ἐν τᾶι τῶν Βακχείων ὑποδοχᾶι κατὰ τριετηρίδα*, er weiht die Kränze den *Τριετηρίδες* (die also personifiziert sind) und dem *κοινόν*, nimmt also das Geld nicht. Wir sehen, daß Nichtmitglieder Zutritt erhalten, was für den Kult werben wird. Im dritten Jahrhundert n. Chr. ist der Kult des Dionysos Bakchos staatlich geworden. Die Kosten bestreitet aber ein einzelner Mann, darunter die Bezahlung eines Musikanten, der mit einer Wasserorgel den Gott aufweckt, und der Hymnoden, und bei zwei *κάθοδοι* des Gottes – da bricht die Inschrift ab, Österr. Jahreshefte VII 92, vgl. Rev. ét. gr. XVII 204. Die zwei *κάθοδοι* besagen nicht, daß der Gott zweimal kam, sondern daß zweimal für das Fest der *κάθοδος* etwas geleistet war. In Knidos[2] heißt der Gott *Δ. Βάκχος* und seine Verehrer *βάκχοι*; sie erwirken bei dem Staate ein Verbot des *καταλύειν* im *ἱερόν*, das also die Möglichkeit bot, in ihm die Reit- oder Zugtiere unterzustellen, auch wohl selbst unterzukommen. Dann war es ansehnlich und die Bakchen waren Bürger. Auf Kos, Sylloge 1012, ist der Kult des *Διόνυσος θυλλοφόρος* in den Händen des Staates, aber die Priesterin vollzieht Weihungen und hat das Recht, die Vornahme derselben auf andere zu übertragen, also Propaganda zu machen[3]. Man erschließt die Über-

[1] Eine nützliche Stoffsammlung enthält die Dissertation von W. Quandt, De Baccho ab Alexandri aetate in Asia Minore culto, Halle 1913.

[2] Inscr. Brit. Mus. 786 = Syll. 978. Der Schluß ist zu ergänzen *μηδένα μή[τε ἄρσ]ενα μή[τε θήλεια]ν*.

[3] Es war darauf gerechnet, daß ein Kind, nur nicht jünger als zehn Jahre, das Priestertum kaufte, natürlich durch seinen *κύριος*. Es mußte dann selbst erst geweiht werden, was manche Veranstaltungen und Kosten machte, die der Staat übernahm. Außerdem mußte eine Vicepriesterin bestellt werden, was der Priesterin ganz freigestellt war. Jemand anders durfte weder die priesterlichen Handlungen vollziehen noch weihen, *πλὰν ἦ ἄν κα ⟨ἁ⟩ ἱέρεια* irgendwie dazu autorisierte. Es scheint dann weiter von einer solchen *τελεῦσα* geredet zu sein, auch das Geld, das für die Weihung zu zahlen war, *τέλεστρα*, kam noch vor.

nahme des Kultus durch den Staat. Das bestätigt sich durch eine Inschrift aus Milet, die uns volle Klarheit geben würde, wenn sie vollständig wäre, denn hier wahrt sich der Staat seine Rechte, indem er so zugleich abgrenzt, was der Genossenschaft bleibt. Da kann eine Frau sich die Berechtigung erkaufen, im ganzen Gebiete von Milet Weihungen vorzunehmen. Damit ist die Propaganda für den *Διόνυσος Βάκχιος* freigegeben[1]. In Priene verkauft der Staat das Priestertum des Dionysos *Φλέος*, Genetiv *Φλέου*[2], und verzeichnet dessen Pflichten und Ehrenrechte. Hierher gehört, daß er an den *Καταγώγια* des Gottes an der Spitze der *συγκατάγοντες* zu schreiten hat, Inschr. 174. Im Anfange des ersten Jahrhunderts v. Chr. hat jemand in einem Jahre, das keine Trieterides brachte,

[1] Wiegand, Sechster Miletbericht, Abh. Berl. 1908, 22. Die Inschrift stand auf der Ante eines Gebäudes, also wohl des Dionysostempels oder eines anderen dem Gotte heiligen Gebäudes unweit des Theaters. Da es einen staatlichen Priester und eine Priesterin gab, aber ebenso in dem nirgend scharf unterschiedenen Thiasos, ist manches für uns unklar, aber die Hauptsache erkennt man: Z. 5 *ἐὰν δέ τις ἀνὴρ ἢ γυνὴ βούληται θύειν τῶι Διονύσωι, προιεράσθω ὁπότερον ἂν βούληται ὁ θύων*, der also die Wahl zwischen zweien hat, die beide zum *ἱερᾶσθαι* kompetent sein müssen, also der staatliche Priester und der des Thiasos; sie bekommen die herkömmlichen Stücke des Opfers. Wer dann weiter eine beträchtliche *τιμή* zu zahlen hat, ist grammatisch unklar, und wenn es der *προιερώμενος* ist, hat er seine Bestallung auf Jahre hinaus. Der letzte erhaltene Satz lautet *τοῖς δὲ καταγωγίοις κατάγειν τὸν Διόνυσον τοὺς ἱερεῖς καὶ τὰς ἱερείας τοῦ Διονύσου τοῦ Βακχίου μετὰ τοῦ ἱερέως καὶ τῆς ἱερείας*. Daß da die zwei Parteien sind, ist klar. Vom Kult steht am Anfang etwas Wichtiges, das aber auch nicht voll verständlich ist, *ὅταν δὲ ἡ ἱέρεια ἐπιτελέσηι τὰ ἱερὰ ὑπὲρ τῆς πόλεως ..... μὴ ἐξεῖναι ὠμοφάγιον ἐμβαλεῖν μηθενὶ πρότερον ἢ ἡ ἱέρεια ὑπὲρ τῆς πόλεως ἐμβάληι*. Das Vorrecht der staatlichen Priesterin ist deutlich, aber die Lücke will sich nicht füllen; daß ein Nomen wie *ὄργια* (an sich undenkbar) zu *ἱερά* gehörig hier stünde, widerrät die Wortstellung. Wohin die *ὠμοφάγια* hineingetan wurden, war nur damals verständlich. Diels hat gesehen, daß es die Stücke waren, welche die Bakchen roh essen mußten, als Ersatz für die Zerfleischung der Rehkälber im Walde. Hier in Asien war der Gott *ὠμηστής* und *ὠμάδιος* gewesen, das letztere Kultname auf Chios. Die Bissen werden in Milet den Gläubigen nicht mehr widerlich gewesen sein. Die *hostia* war zur Hostie geworden.

[2] Die Formen wechseln stark. Dativ *Φλεῖ* in Erythrai, Öst. Jahresh. XIII Beibl. 34, führt auf *Φλεύς*, das Herodian, *π. μον. λέξ.* 6 (II 911, 4 Lentz), anführt, *ὡς ἐν ταῖς ἐπικλήσεσιν εὕρομεν, καθ' ἱστορίαν ἐστὶν εἰρη-*

einen Sänger, einen χοραύλης und einen Kitharoden gestellt; einen Chor von ὑμνῳδοί hatten sie also nicht; die Vorstellungen werden im Theater stattgefunden haben, einen Tempel gab es ja nicht, Inschr. 113, 79. In Magnesia ist die vielfach überschätzte Inschrift 215 eine späte Kopie, die Vorlage aber war, wie Pomtow richtig erkannt hat, ein Stück der Fälschungen zur Begründung der Asylie. Zu entnehmen ist ihr nur der Dionysoskult an den drei namhaft gemachten Plätzen[1]. 117 gilt einem ἀρχιμύστης; die Genossenschaft hat einen ἱερός οἶκος in einem Dorfe. Zwei Genossen tragen den Titel ἄππας Διονύσου, eine Frau ist ὑπότροφος, hat also in Vertretung der göttlichen τροφοί das Dionysoskind zu warten[2], frühes zweites Jahrhundert n.Chr. Von den Inseln sind mir ausführlichere Texte nicht bekannt, aber von Tenos ist IG. XII 5, 972, ein verstümmeltes Grabepigramm, von Roß abgeschrieben, Kaibel 871, das anfängt Θυσσάδος ἀγροτέρου Βρομίου – ἐν τελεταῖσιν Ἀγηνορίδ[ος. So, nicht Ἀγηνορίδων ist zu ergänzen, denn die auf Staatskosten begrabene Isia war eine θυσσάς, d.i. θυιάς, in den Mysterien des Dionysos: θυσσάς ist doch femininum. Sie wollte also von Ino stammen; das hat Hiller in der Abkunft von Agenor erkannt. Auf Thera, IG. XII

μένον. Den Ort gibt Et. M. φλῶ als Chios an. Als singulär notiert aus Herodian von Choeroboskus (in Theod. I 213 Hilg.). Φλέως ist die Form in Ephesos, Inscr. Brit. Mus. 595. Hesych Φλέω· Διονύσου ἱερόν, wo es unsinnig ist, den Genetiv zu ändern. Akkusativ Φλέων muß bei Aelian V. H. III 41 aus Φλέωνα hergestellt werden. Schol. Apollon I 115 nach Erwähnung des Φλείας, Eponymos von Phleius, behauptet, auch Dionysos hätte Φλειοῦς geheißen; woraus das verschrieben ist, bleibt ungewiß. Plutarch Symp. qu. V 8 soll ὑπέρφλοια μῆλα bei Empedokles 80 erklärt werden. Einige Grammatiker behaupten, die Dichter sagten φλοίειν für ἄγαν ἀκμάζειν. So gibt man heraus, aber der Vindobonensis hat das korrekte φλύειν, hat auch nicht im folgenden φλοίουσαν ὀπώραις und nennt den Dionysos nachher Φλεῖος. Aber ὑπέρφλοια soll erklärt werden, und aus Arat wird das Nomen φλόος angeführt, was die Abschriften zu der Änderung veranlaßt hat. Da wird die Entscheidung schwer.

[1] Freilich scheint sich der Thiasos der καταιβάται vielmehr auf Apollon zu beziehen, wenn man Pausan. X 32, 6 dazunimmt. Das paßt nicht gut für eine Bakche aus dem Geschlechte der Ino, aber es wird den Verfertiger des Orakels nicht gestört haben, wenn er keinen dionysischen Thiasos mehr nennen konnte.

[2] Es kann auch sein, daß eine τροφός in dem Thiasos war, die nur nichts gezahlt hatte, denn nur die Zahlenden sind aufgezeichnet.

3, 420, gab es eine *γέραιρα τοῦ πρὸ πόλεως Διονύσου*, auf Melos, 1089, einen *Διόνυσος τριετηρικός*, auf Astypalaia, 169, 15, einen Monat *Ἰοβάκχιος*. Also waren diese Kulte auf die entlegenen Inseln gedrungen; wir dürfen auch späte Zeugnisse verwerten. In Ephesos gibt es einen *Διόνυσος Φλέως* (Inscr. Brit. Mus. 595). Noch die Märtyrerakten des heiligen Timotheos erwähnen die *Καταγώγια*, bei denen die Teilnehmer Masken und sogar Phallen getragen haben sollen, wohl Mißverständnis der Phallagogia, Lobeck Agl. I 177[1]. Sehr merkwürdig ist der sehr zerstörte Stein aus Ephesos Inscr. Brit. Mus. 600, hadrianischer oder etwas späterer Zeit[2], der nicht nur Dionysosmysterien erwähnt, sondern ein Verzeichnis enthält, in dem auf einen meist abgekürzten Gottesnamen im Genetiv ein Menschenname im Nominativ folgt[3]. Zunächst denkt man an einen Priester, aber wie sollten eine solche Menge zu den Dionysosmysterien kommen? Hicks erwähnt auch als Möglichkeit, daß die Menschen als die betreffenden Götter auftraten. Aber wie konnte einer die *Πᾶνες* darstellen; das ist nicht der einzige erhaltene Plural, und sehr oft ist er mit Wahrscheinlichkeit ergänzt. Der *νέος Διόνυσος* Z. 46 ist der Kaiser[4]: wie sollte den jemand darstellen? In einer Namenliste, Inscr. Br. Mus. 602, erscheinen *βουκόλοι* und *θυρσοφόροι*; diese werden minderen Grades sein, gemäß dem Spruche *πολλοὶ μὲν ναρθηκοφόροι, παῦροι δέ τε βάκχοι*. In Teos ist Dionysos *ἀρχηγέτης*, und sein Kult blüht, als seine Techniten dort sitzen. Unter der Herrschaft der pergamenischen Könige schließen sich diese auch

[1] Maaß Orpheus 56, Nilsson Arch. Jahrb. 31, 315. Mit Recht wird auch der Einzug des Antonius als *νέος Διόνυσος*, Plutarch Anton. 24, hierher gezogen.

[2] Der Typendruck mit seinen nicht einmal charakteristischen Majuskeln genügt durchaus nicht. Man mißtraut auch manchen Lesungen, z.B. dem Namen *Ἁγνεάρχου* (Z. 8), dem Gottesnamen *Κορυν-* (Z. 34), wo man die Korybanten erwartet.

[3] Z. 33 *Ἱεροφάν(της) Πατροκλ[ῆς]* mitten unter den Genetiven zeigt einen Kultbeamten. Z. 15 hat Quandt danach *[Βα]σσά(ρα) Παυλ[εῖνα]* gut ergänzt. Es gibt viele Schwierigkeiten, die ich übergehe, weil ich nichts zu sagen weiß.

[4] Es ist begreiflich, daß die Techniten, als Traian die Techniten des Reiches in einer *σύνοδος* zusammengeschlossen hatte, ihn als *νέος Διόνυσος* verehrten, IG. XIV 2495 (Inschrift aus Nîmes), Quandt S. 266. Das hat dann weiter für den regierenden Kaiser gegolten, aber nur innerhalb des Thiasos. Denn die Kaiser haben diesen Titel alle verschmäht, den Antonius zuletzt getragen hatte.

an den dortigen *καθηγεμών* an, so daß sie auch in Pergamon selbst in seinem Dienste mächtig sind. In der Kaiserzeit gibt es in Teos auch *Διονυσιασταί*[1]. In Pergamon war der *καθηγεμών* eine Stiftung der Könige, zunächst zu dem Theater gehörig, aber zugleich der Gott des Königshauses, *καθηγεμών* der Familie, die sich so den älteren Königshäusern ebenbürtig machen wollte[2]. Er hatte seine Mysterien (Inschr. v. Pergamon 248 im Briefe des Attalos an Kyzikos), und die *βάκχοι τοῦ εὐαστοῦ θεοῦ* errichten dem *Εὐμένης θεός* einen Altar (Ath. Mitt. 27, 94). Die Mysterien sind dadurch, daß sie auch den Königskult treiben, über die Stellung eines Privatvereins erhoben, überleben aber das Königtum und erfahren in der Kaiserzeit ihre höchste Blüte. Da kennen wir die Grade der Weihen in dem Kollegium der *βουκόλοι*, den *ἀρχιβούκολος*, *ὑμνοδιδάσκαλοι*, *σειληνοί*, Sylloge 1115, wo Dittenberger andere Zeugnisse, auch aus anderen Orten Asiens und des benachbarten Thrakiens beibringt. Aus Smyrna kennen wir *πατρομύσται*, *μύσται*, *βάκχοι* des *Δ. Βρεισεύς* (Quandt, S. 147), außerdem den Aufzug eines Schiffes an den Dionysien bei Aristeides XVII 6. Das wird für diese Gegend genügen; es ist aber gut, aus Athen die berühmte Iobakcheninschrift hier anzufügen, Syll. 1109, aus der wir die Feste, jeden neunten Tag des Monats, die *ἀμφιετηρίδες*[3] und die *Βακχεῖα* (also kein Zusammenhang mit den alten Staatsfesten), und die Ämter der Genossenschaft kennen. Hinter diesen erscheinen *Διόνυσος*, *Κόρη*, *Παλαίμων*, *'Αφροδείτη*, *Πρωτεύρυθμος*[4]; hier sind also einzelne Iobakchen als diese Götter wirklich aufgetreten, wenn uns auch das Nähere entgeht. Außerdem heißen Diener, welche von den Priestern bestellt werden und ungehorsame Mitglieder aus dem Saale weisen, *ἵπποι*. Ob darin noch eine Erinnerung an die alte Pferdegestalt der Silene dauert, ist fraglich. Jedenfalls darf man sie mit den Silenen in Pergamon nicht vergleichen, die unmöglich eine so niedrige Stellung einnehmen. Von dieser vornehmen Genossen-

[1] *καθηγεμών* Bull. Corr. Hell. IV 170. *Διονυσιασταί* CIG. 3073.

[2] Prott, Ath. Mitt. 27, 161.

[3] Eine andere Bezeichnung der *τριετηρίδες*. In den orphischen Hymnen heißt der Gott 52 *τριετηρικός*, 53 *ἀμφιέτης*, wo er aber auch einen *τριέτης κῶμος* führt.

[4] Den letzten verstehen wir nicht, was Paleimon hier soll, auch nicht. Aphrodites und der Nymphen *ἔρνος* ist der Gott in dem orphischen Hymnus 46, 3.

schaft, an deren Spitze Herodes Atticus einmal gestanden hat, wenn er auch sofort einen Vertreter ernannte, ist sonst keine Spur[1].

Nun können wir zusammenfassen. Es hat sich gezeigt, daß die hellenistische Zeit von den seltsamen Bezeichnungen und Würden, *ἄππας, βουκόλος, βασσάρα, Σειληνός* usw., noch nichts weiß; sie gehören der Restauration der alten Kulte im zweiten Jahrhundert an und sind danach einzuschätzen. Für Kult und Glauben ergibt sich aus den hellenistischen Zeugnissen, daß die trieterische Feier fortbesteht, die in Delphi und Athen nicht gegolten hat und daß die Vorstellungen von dem Erscheinen des Gottes, denen die Kulthandlungen entsprechen, wesentlich dieselben sind. Man feiert die *κάθοδος* des Dionysos, also seinen Einzug, der eine Wiederkehr sein muß. Er geschieht unter Musik, je nachdem Mittel dazu vorhanden sind. Musik wird in Rhodos später dazu gebraucht, den Gott aufzuwecken, der also schläft. Dionysos als Kind, also der *λικνίτης*, findet sich auf den archaistischen Münzen der Kaiserzeit von Nikaia und Magnesia. Irgendwelche Hinweise auf Zagreus und seine Zerreißung durch die Titanen sind nirgends vorhanden, auch von Orpheus keine Spur. Hinzuziehen dürfen wir indessen die orphischen Hymnen, die in dieselben Gegenden und dieselbe archaistische Zeit gehören. XXX fällt heraus; da ist Dionysos *πρωτόγονος διφυὴς τρίγονος*, Sohn von Zeus und Persephone. XLVI ruft den *λικνίτης*, der einmal im Wahnsinn mit den Nymphen geschwärmt hat, nach dem Willen des Zeus bei Persephone aufgewachsen ist. LIII auf den *ἀμφιέτης* ruft den *χθόνιος Δ.*, der im Hause der Persephone schläft, wenn er *τὸν τριέτη κῶμον ἐγείρει*, mit den Nymphen Tänze aufführt[2]. Hieraus können wir nicht nur das Aufwecken in der späten rhodischen Inschrift erklären, sondern auch die hellenistischen *καταγώγια*. Die trieterische Feier gilt dem erwachenden Gotte, in dem anderen Jahre schläft er bei Persephone.

[1] In dem attischen Epigramm 153 Kaib. haben neben den Priestern von Eleusis auch *Διωνύσου θιασῶται* einem mit sieben Jahren verstorbenen Knaben irgendwelche Ehre erwiesen.

[2] Die übrigen Hymnen ergeben nichts, das hierher gehört. Der *Λύσιος Ληναῖος* L wird schwerlich asianisch sein. Der *περικιόνιος* XLVII ist spezifisch thebanisch, es ist aber wichtig, daß er als Efeu alles umschlungen haben soll, als eine Feuersbrunst eingetreten war. LII nennt ihn *'Ηρικεπαῖος*. Asianisch sind freilich Sabazios, XLVIII, der das Kind in den Schenkel des Zeus eingenäht hat, und Hipta IL, seine Amme, aber sie gehen die Griechenstädte nichts an.

Das erinnert sowohl an das, was Plutarch über die phrygischen Dionysien sagt, wie an das Ritual von Argos (oben S. 72). Ebenso ist der delphische Dionysos ein λικνίτης. An beiden Orten starb der Gott, er tat es einmal auch in Ionien, wenn Herakleitos sagt, daß sie eigentlich dem Hades ληναΐζουσιν[1]. So zeigt sich die Umbildung, aber auch der Zusammenhang mit dem ältesten Kultus. Hoffnungen auf ein künftiges Leben sind nirgends ausgesprochen; daß sie gleichwohl nicht gefehlt haben, wird sich bald zeigen.

Wir wenden uns nun nach dem hellenistischen Ägypten, in dem die dionysischen Mysterien eine weite Verbreitung gehabt haben. Das lernen wir freilich nur aus dem berühmten Erlasse des Philopator, der ein Konzil von allen, welche Weihungen vollzogen, beruft, um ihre Legimitation zu prüfen, und sich alle heiligen Bücher vorlegen lassen will, offenbar um die reine Lehre zur alleinigen Geltung zu bringen[2]. Nun verstand man erst recht, was es bedeutete, daß sich νέος Διόνυσος nennen ließ[3] und das heilige Zeichen des Mysten, ein Efeublatt, eingebrannt an seinem Leibe trug[4]. Von einem Erfolge seiner Bestrebungen ist in Ägypten nichts zu spüren; auch in der Kaiserzeit scheinen Zeugnisse, wie sie Asien in Menge zeigt, hier zu fehlen. Kurz vorher war schon erkannt, daß das Efeublatt auf erythräischen Grabsteinen die Zugehörigkeit seiner Inhaber zu den dionysischen Mysten bedeutet, und wenn sie sich im Grabe als solche kennzeichneten, so wollten sie auch im Tode Mysten bleiben, erwarteten also ein seliges Fortleben, wie die Mysten von Kyme, die sich Jahrhunderte früher einen

[1] Erst von hier aus wird der Schluß des horazischen Hymnus auf Bacchus, II 19, verständlich, der den Kerberos vor dem einziehenden Dionysos zurückweichen läßt, also den Gott als Besucher des Hades einführt. Das ist sehr bemerkenswert, denn in der alten Lyrik hat es Horaz schwerlich gefunden, aber die Dionysosmysterien konnte er aus Italien kennen. Ich glaube aber eher, daß er dies und die Verwandlung in einen Löwen aus gelehrter Überlieferung hat.

[2] Veröffentlicht von Schubart in den Amtlichen Berichten der preußischen Kunstsammlungen XXXVIII 1916/7, 189.

[3] Der Dichter und Grammatiker Euphronios (Hephaestion 16) verfaßte ein Lied, mit dem die Mysten zu dem neuen Dionysos zogen. Die Ithyphallen des Theokles, die ich hierher ziehen wollte, muß man nach den Worten des Athenaeus 497c auf Philadelphos beziehen.

[4] Die Stellen Nordion. Steine S. 14. Hinzuzufügen Plutarch adul. et am. 56e.

eigenen Friedhof angelegt hatten und ihre Mysterien nach Rom überführten[1]. Ein glücklicher Zufall hat uns ein Blatt von einem der heiligen Bücher erhalten, die Philopator sammeln ließ. Es steht jetzt am bequemsten in Kerns Orphika N 31. Die Schrift ist plebejisch, wie die Schreibung *'Ιρικεπαῖγε* für *'Ηρικεπαῖε* zeigt, aber das Auftreten dieses unverständlichen und offenbar barbarischen Namens in so früher Zeit ist höchst wertvoll. Er ist wohl mit Dionysos gleichgestellt[2], der gleich dahinter genannt ist. Und wenn *κῶνος ῥόμβος ἀστράγαλοι ἔσοπτρον* (verschrieben zu *ἔσοπτρος*)[3] genannt werden, so stimmt das so genau zu dem Bruchstück 34 aus den *ἱεροὶ λόγοι* des Orpheus, daß die Zerreißung des Zagreus durch die Titanen für diese dionysische Lehre bewiesen ist. Sie wird auch in Versen dargelegt gewesen sein, denn vorher stehen Anrufungen mehrerer Götter in zerstörten Hexametern, *σῶισόμ με Βριμὼ με[γάλη]* –, *Δημήτηρ τε 'Ρέα [τε]* –, *Κούρητές τε ἔνοπλοι* –, später *Δήμητρος καὶ Παλλάδος ἡμῖν* –, die zu dem Kulte des Dionysos gar nicht zu gehören brauchen. Die Zerreißung und Wiedererweckung des Dionysos-Zagreus, offenbar eine nach dem ägyptischen Mythos von Osiris gestaltete Umbildung seines Schlafens, das wir in Asien fanden, war das Hauptstück dieser Religion und lieferte den Mysten Gewähr für ihr eigenes Fortleben. Den Zagreus, Sohn von Zeus und Persephone, nennt Kallimachos Fr. 171. Das beweist nicht, daß ihm gerade das Gedicht vorgelegen hätte, welches in die „heiligen Worte“ des Orpheus Aufnahme gefunden hatte. Dieses war aber doch ein altes Gedicht, natürlich nicht aus dem sechsten Jahrhundert[4]. Seine Reste müssen aus dem Chaos der neuplatonischen An-

[1] Zu den Efeublättern von Erythrai war schon hingewiesen auf ein attisches Epigramm, Ath. Mitt. XVII 272, wo die *θεράποντες ἀερσίφρονος Διονύσου*, Schauspieler, den Verstorbenen *κισσοφόρος* nennen, was allerdings zunächst seinen Siegerkranz bedeutet. Unzweideutig steht in Tanagra, IG. VII 686, auf einem Grabstein *οὗτον ἔθαψαν τὺ Διωνιουσιαστή*.

[2] Z. 23 ist ansprechend [*Φάν*]*ητα* ergänzt, war also wohl auch dieser Name mit Dionysos gleichgesetzt.

[3] Diese Dinge sind wohl in dem Kultus vorhanden und werden in den *κάλαθος* geworfen, die cista mystica; *κάλαθος* gleich *κίστη* wie im Demeterkult.

[4] Pausan. VIII 37, 5 kennt ein Gedicht über die Zerreißung des Dionysos durch die Titanen, das er mitsamt der Stiftung dieser Mysterien dem Onomakritos zuschreibt, was nicht das Alter, sondern nur die Athetese des Gedichtes bedeutet.

führungen herausgesucht werden, was ich nicht unternehme. Mit Orpheus haben die dionysischen Mysterien gar nichts zu tun; daß ihm die angeblich oder wirklich alte autorlose Poesie später beigelegt wird, kann inneren Zusammenhang nicht erweisen.

Aus Italien kennen wir die bakchischen Mysterien, wenn die längere Fassung von Herodot II 81 anerkannt wird. Denn mit der orphisch-pythagoreischen Askese hat Dionysos nichts zu tun. Erst das S.C. de Bacanalibus mit dem zugehörigen Berichte des Livius läßt die weite Verbreitung der Dionysosmysterien erkennen. Die Ausartung, gegen welche der Senat einschritt, hatte sich von Etrurien verbreitet. Messerschmidt bildet den anspruchsvollen etruskischen Grabstein einer Bakche ab, die ein Rehkalb hält, so an die ältesten Vorstellungen erinnernd[1]. In diesem Leben wird die Frau schwerlich im Gebirge ein Rehkalb gejagt haben. Es mag symbolisch gemeint sein als ein Bekenntnis zu dem Gotte, aber nicht für dieses Leben, sondern zugleich für ein künftiges seliges Schwärmen in seinem Gefolge. Solche Zeugnisse kann ich nur wenige anführen, was an meiner Unkenntnis der Monumente liegen wird. Die Stuckreliefs aus einem Grabe bei Portus, deren Wichtigkeit ich kürzlich hervorgehoben habe[2], sind das Wichtigste, einmal weil sich in ihnen der Glaube an ein seliges Fortleben unmittelbar ausspricht, dann aber auch weil wir sehen, wie der kleine Gott aus Nysa zum Eroberungszug auszieht, wie *Liber pater consecratur*, und wie Silenus und Satur offenbar die so benannten Teilnehmer der Kultgenossenschaft vertreten. In Puteoli war ein Verein, der den Liber pater verehrte und einen *orgiophantes* und einen *parastata* hatte, CIL X 1583, 84. Der Liber pater weist auf die städtischen Mysterien Roms zurück, die viele Jahrhunderte früher aus Kyme dorthin gekommen waren. Ein sehr umfangreiches inschriftliches Verzeichnis der Kultbeamten und Mitglieder einer bakchischen Genossenschaft aus Tusculum ist in Abschrift und Photographie in den Händen von Professor A. Vogliano, der

[1] Messerschmidt, Griechische und etruskische Religion, in Studi e materiali di storia delle religioni, Rom V 1929, Taf. IV. Ich verdanke diese Schrift und andere mir äußerst wertvolle der Güte des Verfassers.

[2] Studi italiani di filologia classica 1929. Aus Portus stammt eine Weihung von *ἱερεῖς ἱέρειά τε θεοῦ μεγάλου Διωνύσου* (was ein Hexameter sein soll), neben ihnen von der *σπεῖρα Τραιανησίων*, IG. XIV 925. Aus Rom ein Altar, bezeichnet als *ἑστία Διονύσου*, geweiht von einem Hierophanten, 979.

es Fr. Cumont mitgeteilt hat, nachdem er in der Priesterin, der das Monument gilt, die Frau eines Konsuls von 127 n. Chr. erkannt hatte. Cumont (Orient. Rel. 198) hat dieses und einige Einzelheiten mitgeteilt. Auch ich kenne die Photographien durch Voglianos Güte. Die Kultbeamten sind zahlreich, Männer und Frauen, darunter neu und merkwürdig *'Αντροφύλακες*, *Θεοφόροι*, *'Αρχιβάσσαροι* und *'Αρχιβασσάραι*, *Φαλλοφόρος*. Es fehlen *Σιληνοί* und *Σάτυροι*, aber ein *Σειληνόκοσμος* ist da, auch *Βουκόλοι ἱεροί*. Die Mitglieder sind meist Sklaven. Das Ganze erfordert eingehende Erklärung, zu der ich nicht berufen bin. Anführen will ich noch eine Stelle aus einer makedonischen lateinischen Grabschrift auf einen Knaben (in Büchelers Anthologie 1233, 17):

*nunc seu te Bromio signatae mystides at se*
*florigero in prato congregium satyrum,*
*sive canistriferae poscunt sibi Naides aeque*
*qui ducibus taedis agmina festa trahas*[1].

Das Grab von Portus stammt aus dem dritten Jahrhundert, sehr viel älter wird der makedonische Stein auch nicht sein: so lange hat diese Religion vorgehalten. Wir finden in der Erhöhung der Geweihten zu den mythischen Begleitern des Gottes Übereinstimmung mit den asiatischen Kulten der Kaiserzeit, aber der Liknites, die trieterischen Feiern und das Wohnen des Gottes bei Persephone in dem Jahre zwischen seinen Erscheinungen fehlt, von seinem Tode gar nicht zu reden. Dafür zieht er als Knabe in die Welt hinaus, wo wieder der Wahnsinn, den Hera schickte, fortgefallen ist. Da ist das pompejanische Gemälde (Curtius, Wandmalerei Pomp. Abbild. 172) von großer Bedeutung, das das Dionysoskind in den Armen des Silen auf einem von Stieren gezogenen Wagen darstellt, wie es mit seinem Thiasos über Land zieht. Andererseits beschreibt der Syrakusaner Firmicus, de err. 22, eine

[1] Heuzeys Abschrift gibt am Ende von 17 *aise*, das er selbst zu ad se, vielmehr at se, verbessert hat; gewaltsamere Vorschläge fallen gegenüber dem verzeichneten Tatbestande von selbst fort; das Verbum *poscunt* aus V. 19 regiert auch hier. In *mystidis* hat Bücheler die falsche Schreibung erkannt, V. 18 *congregium* in *congregiin*, ebenso Leo; das wird Lesefehler sein. Da der Tote ein Knabe ist, meint V. 19 eine Entrückung wie die des Hylas; daß er im Gefolge der Nymphen eine Fackel schwingen soll, ist freilich eine wenig glückliche Wendung des ungeschickten Poeten.

Kulthandlung, bei der zuerst das Bild eines gestorbenen Gottes beklagt, dann seine Auferstehung begrüßt wird. Es kann wohl nur Dionysos sein[1]. So hat es in dem Mythos Schwankungen genug gegeben, aber der Glaube und die Zukunftshoffnung sind dieselben.

Ein Zeugnis ganz anderer Art sind die wundervollen Fresken der Villa Item in Pompei. Ich muß mich auf sie beschränken, denn ich kann mich in den mir zugänglichen Abbildungen der Fresken aus der sog. casa Omerica nicht zurechtfinden, denen Rostovtzeff in seinem Buche Mystic Italy viel entnimmt; sie schienen mir bei sehr flüchtiger Betrachtung sich in der Tat mit denen der Villa Item in manchem zu berühren. Noch weniger vermag ich über die Gemälde aus dem Hause neben der Farnesina zu sagen, die Rostovtzeff ebenfalls heranzieht. Das bedaure ich um so mehr, als nur die Vermehrung vergleichbaren Materiales sichere Entscheidung über den Inhalt der Fresken Item bringen kann. Natürlich liegen mir die Abbildungen vor, die Curtius in seinem Buche über die pompejanische Malerei und M. Bieber im Jahrbuch XLIII gegeben haben. Beide versuchen eine Gesamtdeutung. Ebenso Rostovtzeff, dem ich freilich gar nicht folgen kann. Ich kann mich weder mit der Einführung einer Seele in die Mysterien noch mit ihrer Hochzeit mit Dionysos befreunden; beides ist mir schlechthin unbekannt, und ich vermisse jede Begründung für einen solchen Glauben. Die Deutung von Marg. Bieber scheitert schon daran, daß die äußersten Figuren auf beiden Seiten offenbar zu der Hauptdarstellung gar nicht gehören, wie Curtius feststellt und auch mir in dem Zimmer der Villa unmittelbar einleuchtete. Die junge Dame, die sich frisieren läßt und dabei von Eros ein Billetdoux empfängt, während ein anderer Eros verschmitzt zusieht, und auf der anderen Seite eine reife, reichgeschmückte Dame stehen ganz für sich. In dieser bin ich geneigt das Idealporträt der Herrin des Hauses zu sehen. Die Hand des großen Künstlers ist aber dieselbe, und sein Werk ist auch in der Verteilung der Gestalten und Szenen auf die Wände unverkennbar, denn da sind Entsprechungen er-

[1] Der Priester spricht folgende Verse:

*θαρρεῖτε μύσται τοῦ θεοῦ σεσωσμένου,*
*ἔσται γὰρ ἡμῖν ἐκ πόνων σωτηρία.*

Schon die Paroxytona der Schlüsse, aber auch der elende Stil beweist ganz späten Ursprung.

reicht, die ihre Bedeutung verlieren würden, wenn das Ganze auf einer langen Wand stünde. Curtius nimmt das an, aber zugleich starke Änderungen, sogar Umstellungen der Figuren des präsumierten Originales; daß er mit dieser Hypothese eine Erklärung der ganzen Handlung erreiche, kann ich nicht finden. Unmittelbar verständlich ist nur der Gott und seine Begleiter. Wo befinden sie sich? Pan und das Panweibchen sitzen auf Felsen, und das Rehkalb, das die Paniske säugt (wie die Bakchen des Euripides), gehört nur in die freie Natur. Dagegen die Opferszene gehört in ein Zimmer. Sie stößt mit dem stehenden Silen dicht zusammen, aber eine Verbindung ist nicht vorhanden. Ebensowenig nach der anderen Seite, wo eine entsetzt fliehende weibliche Gestalt überhaupt unverständlich ist, und schaut man um die Ecke auf die Schmalwand, so sitzt da eine andere Gruppe der dionysischen Gesellschaft vor dem Gotte, der auf Ariadnes Schoße liegt. Hinter ihm folgt gänzlich unverbunden eine über die Ecke übergreifende Szene, die doch in sich einheitlich ist. Denn wenn wir das Mädchen sehen, das die Decke von dem Phallos in dem *λίκνον* aufhebt, und die geflügelte Göttin sich von ihr abkehrend die Rute schwingt, mit der sie eine Sünderin treffen will, so ist das eine Szene. Was die Sünderin begangen hat, ist demnach dasselbe, was das andere Mädchen begeht. Gestraft wird der Vorwitz, die Neugier, das Verborgene schauen zu wollen. Es ist nicht erfreulich, auf ein so grobes Verkennen des hellenischen Gefühles zu stoßen, daß das *αἰδοῖον* verhüllt wäre, weil es unanständig wäre, und aus der Aidos eine Dame Zimperlichkeit zu machen, die shocking findet, was ein geheiligtes *ἀπόρρητον* ist. Schlimmer freilich noch, die halbnackte Göttin mit ihren riesigen Flügeln Artemis zu nennen, erstens weil Artemis weder Flügel hat, noch ihre Brüste zeigt, zweitens weil sie in dieser Gesellschaft undenkbar ist, eine geradezu blasphemische Benennung. Ich weiß zwar, was Artemis und was Aidos ist, aber benennen kann ich die Göttin nicht; der Gedanke des ersten Herausgebers war aber gesund, wenn auch *Τελετή* schwerlich den Namen trifft. *Ὁσία ἃ κατὰ γᾶν χρυσέαν πτέρυγα φέρει* könnte passen. Hinter dieser Gruppe folgt noch eine schöne Solotänzerin, wieder ohne Zusammenhang. Wo ist nun das Band, das die Szenen zu einer Einheit zusammenfaßt? Wir sehen Dionysos mit den Seinen. Sie kommen nicht etwa zu den Menschen; wir schauen sie in ihrer ungestörten seligen Existenz. Daneben sehen wir auf der einen Seite Kulthandlungen, Vorbereitung zu einem Opfer, einen lesenden

Knaben, dessen Handlung uns ganz etwas Neues ist, aber auch zur Vorbereitung des Gottesdienstes gehören mag. Auf der anderen Seite die Enthüllung des Phallos. Die hat weder mit der dionysischen Welt noch mit dem Gottesdienste die mindeste innere Verbindung. Die Tänzerin hat sie nicht einmal mit dem Dionysosdienste. Die Fliehende auf der anderen Seite unterbricht den Verein der Götter und bleibt unverständlich. Nun sind von den Erklärern parallele Szenen beigebracht, die Gruppe von Dionysos und Ariadne, eine Enthüllung des Phallos, von der sich eine geflügelte Göttin abwendet; die Tänzerin kehrt in Pompei selbst wieder. Haben wir da ein Recht, uns eine Jahrhunderte ältere Vorlage zurechtzumachen, in der alles sinnvoll Platz fand? Bei der Vorbereitung zu einem Opfer ist Dionysisches überhaupt nicht zu spüren. Auf die Ausdeutungen der Erklärer gehe ich lieber gar nicht ein. Die herkömmliche Heranziehung angeblich eleusinischer Riten zu dem Dionysischen, die Berufung auf samländische Gebräuche des sechzehnten Jahrhunderts n. Chr., weil das Griechische nicht verständlich scheint, Dionysos in Verbindung mit agrarischen Riten, mit der Hochzeit, als Unterweltsgott, dies und mehr solcher Ungeheuerlichkeiten erklären das Ganze nicht; auch Orpheus stellt sich wie immer, wo es mystisch wird, unberufen ein. Es wäre unbillig, es den Erklärern besonders zum Vorwurfe zu machen, denn es entspricht der Mode. Aber Ungeheuerlichkeiten sind es doch. Ich mag nicht mehr Worte daran verschwenden. Der Maler, dessen Kunst uns entzückt, hat gewiß etwas damit sagen wollen, daß er die dionysische Welt, die in ihrem Reiche die Seligkeit genießt, nach der wir uns sehnen, zwischen eine Opferszene und eine andere stellte, die mit den dionysischen Weihen zusammengehört. Die ekstatische Tänzerin schloß sich gut an; auch die entsetzt Fliehende mochte ihm ein Eindringling in den unnahbaren Kreis der göttlichen Wesen sein. So mag uns sein Gemälde etwas von der Stimmung der Dionysosgläubigen mitteilen, und bedeutungslos ist es nicht, daß nur Frauen sich an dem Gottesdienste beteiligen. Positiv lernen wir über diese Mysterien nichts zu; aber schließlich ist die Kunst des Malers sehr viel mehr wert, und auch daß wir nichts verstehen und doch die Stimmung mit fühlen, paßt gut zu den Mysterien. Hüten wir uns den Schleier von den *ἄρρητα* lüften zu wollen. *Ὁσία* bestraft es.

Diese Stimmung müssen wir überhaupt in uns warm halten, um den Dionysosgläubigen einigermaßen gerecht zu werden, denen der Gott, seit er aus Phrygien kam und zum Hellenen ward, durch die Hoffnung auf einstige Erhöhung zu einem seligen Genußleben den Mut verlieh, die Lasten und die Öde dieses Lebens zu ertragen. Den Juden und den Christen ist der 22. Psalm als Bekenntnis zu dem Gotte, der sie zu himmlischer Seligkeit führen sollte, immer besonders teuer gewesen; ich setze ihn unten hin, damit man sehe, daß er mindestens ebensogut im Kulte des Dionysos gesungen werden konnte wie in dem des Jahve[1]. Die heiligen Geschichten, in deren Hülle sich der Glaube an den Erlöser barg, kennen wir unvollkommen, das göttliche Kind, das Silen und Nymphen erzogen, bis es zu seinem Erlöserwerke auszog, den Gott, der ein Jahr ums andere bei den Toten und den Lebenden war, den der Kultus aufweckte oder einholte, den halbhellenische Theologie wie Osiris zerreißen ließ und, Gott weiß woher, als Erikepaios wieder barbarisierte, all dies und mehr verstehen wir kaum halb, aber verschließen dürfen wir uns dem nicht, daß in den tausendfältigen dionysischen Darstellungen etwas von dem Dionysosglauben steckt, auch wo es zunächst reines Spiel scheint. Es braucht kein Myste in einem Sarkophage gelegen zu haben, auf dem der Festzug des Dionysos oder seine Kindheit gemeißelt ist, die Tänze der Mänaden und Satyrn mögen rein dekorativ geworden sein, wie es die Masken sind, ein Hauch der dionysischen Religion liegt doch über allem; das göttliche Kind gibt dem Spiele der Eroten tiefere Bedeutung, und selbst die Rebengeflechte später, längst christlich gewordener Kunst bleiben dionysisch, mahnen uns, daß dieser Gott dem Christentume länger widerstanden hat als alle Olympier und etwas von seiner Heiterkeit noch in finstere Jahrhunderte

[1] *Κύριος ποιμαίνει με (καὶ οὐδέν με ὑστερήσει) εἰς τόπον χλόης· ἐκεῖ με κατεσκήνωσεν, ἐπὶ ὕδατος ἀναπαύσεως ἐξέθρεψέν με, τὴν ψυχήν μου ἐπέστρεψεν. ὡδήγησέν με ἐπὶ τρίβους δικαιοσύνης ἕνεκεν τοῦ ὀνόματος αὐτοῦ. ἐὰν γὰρ καὶ πορευθῶ ἐν μέσωι σκιᾶς θανάτου, οὐ φοβηθήσομαι κακά, ὅτι σὺ μετ' ἐμοῦ εἶ· ἡ ῥάβδος σου καὶ ἡ βακτηρία σου, αὗταί με παρεκάλεσαν· ἡτοίμασας ἐνώπιόν μου τράπεζαν ἐξ ἐναντίας τῶν θλιβόντων με, ἐλίπανας ἐν ἐλαίωι τὴν κεφαλήν μου, καὶ τὸ ποτήριόν σου μεθύσκον ὡς κράτιστον· καὶ τὸ ἔλεός σου καταδιώξεταί με πάσας τὰς ἡμέρας τῆς ζωῆς μου καὶ τὸ κατοικεῖν με ἐν οἴκωι κυρίου εἰς μακρότητα ἡμερῶν.* Nur das Moralische fiel bei Dionysos wohl fort, eben die *θλίβοντες*; sonst würde die Umsetzung in das Dionysische an dem Wesentlichen der Hoffnungen nichts ändern, vieles sogar an sinnlicher Kraft gewinnen, der Thyrsos statt des Stabes, die Aufnahme in den Thiasos statt in das Haus des Gottes, und die Wiese und der Rauschtrank haben erst bei Dionysos volle Bedeutung.

hinüberleuchten ließ. Gerade während ich hieran schreibe, kommt mir Rodenwaldts Aufsatz über den Klinensarkophag von S. Lorenzo (Arch. Jahrb. 45, 1930, 116) in die Hand, und ich freue mich, daß Cumont und er dieselben Gedanken erfaßt und ausgesprochen haben. Das Dionysische durch die Jahrhunderte zu verfolgen wird eine reizvolle Aufgabe für einen Archäologen sein; die alte Religion muß er freilich wirklich kennen, um nicht in den Sumpf des modernen Orphismus zu versinken. Ohne einen Anteil der Religion ist es auch nicht geschehen, daß dem Gotte eine unvergleichliche Fülle von Mythen zugewachsen sind, von dem unbekannten Dichter, der unter dem Eindrucke des Alexanderzuges zuerst von dem Kampfe mit den Indern erzählt hat, bis zu Dionysios vom Pharos und zu Nonnos. Einzelgeschichten, wie dieser von Nikaia und Beroe erzählt, hat es viele gegeben. Die älteren Münzen von Nikaia zeigen den *λικνίτης* der hellenistischen Mysterien; am Ende des zweiten Jahrhunderts n. Chr. tritt hinzu, was Nonnos in seiner Weise aufdonnert, mag also damals von einem Dichter erfunden sein; Dion ruft am Schlusse seiner Rede auf Nikaia Dionysos als *προπάτωρ*, Herakles als Gründer der Stadt an; die Nymphe Nikaia kennt er noch nicht. Und wenn bei Nonnos die Astrologie tiefer greift, als es zuerst den Anschein hat, so ist es nichts Geringes, daß Dionysos selbst in diese seinem Wesen so stark widersprechenden Kreise gezogen ward. Auch das muß erwogen werden, wieweit die Zukunftshoffnungen der dionysischen Mysten die Herzen für die chiliastischen Versprechungen der Christen empfänglich machen konnten. Das waren recht sinnliche Hoffnungen. Allein hier wie dort konnten tiefere Naturen in den mythischen Bildern die Symbole ihres rein geistigen Glaubens finden. Plutarch verweist seine Frau, um sie über den Verlust eines Söhnchens zu trösten, darauf, daß sie die Unsterblichkeit der Seele in den dionysischen Mysterien kennengelernt hätte, 611 d. So hat ein frommer, allem Orgiastischen abgekehrter Mann, der aber an den alten Kulten ebenso fest wie an der Philosophie hing, seiner geliebten Frau seinen Glauben durch die Teilnahme an diesen Mysterien zugeführt. Das sollen wir nach Gebühr würdigen. Darum habe ich es an letzter Stelle vorgeführt.

Es ist hoffentlich klar geworden, daß die Scheidung der großen Perioden bei der Behandlung der dionysischen Mysterien nicht durchführbar war, obwohl zeitliche Unterschiede schon jetzt kenntlich sind. Und sie waren zu wichtig, um in eine Beilage abgeschoben zu werden. Nun muß aber mit Entschiedenheit konstatiert werden, daß sie die einzigen Mysterien sind, die sich über die hellenische Welt und auch das hellenisierte Italien erstrecken und durch alle Jahrhunderte leben. Die Mysterien Demeters, die nur bare Willkür mit ihnen zusammenwirft, haben an einzelnen alten Kultorten wie dem attischen und dem alexandrinischen Eleusis ihre lokale Bedeutung; das attische hat seinen alten Ruhm, in Alexandreia ist die Prozession mit dem Kalathos, wie sie Kallimachos schildert, noch in der Kaiserzeit durch die Straßen gezogen[1]. Es wird auch die Weiblichkeit an sehr vielen Orten in der Fortübung des alten Frauenkultes religiöse Befriedigung gesucht, vielleicht auch gefunden haben; die philosophischen Religionen waren ihr ja nicht zugänglich. Aber das hat keine allgemeine Bedeutung; was die archaistische Restauration in Eleusis getrieben hat, wird seiner Zeit Erwähnung finden[2]. Von anderen nennenswerten hellenischen Mysterien weiß ich nichts, weiß nicht, woher andere so unglaublich viel über „hellenistische Mysterienreligionen" zu wissen vorgeben. Welchen Göttern galten sie denn? Wo sind die Belege? Ich sehe nur, daß da ein Schneeball von Hypothesen gewälzt wird, der immer größer wird, aber verträgt er die Sonne? Mir scheinen diese hypothetischen Mysterien aus dem Wunsche geboren zu sein, den Christus des Johannesevangeliums und gewisse Wendungen und Lehren des Paulus und des Epheserbriefes irgendwoher abzuleiten, weil das Judentum dazu nicht hinreicht. Der Wunsch ist berechtigt, aber die Erfindung einer „Mysterienreligion" erfüllt ihn für den nicht, der Zeugnisse verlangt. Freilich wissen wir nicht, was es in Antiocheia und Tarsos gegeben hat oder gegeben haben kann. Aber dann rechne man mit dem Nichtwissen. Die stoische Philosophie suchen wir nicht mehr im Prologe des Johannesevangeliums, und die stoische Rede auf dem Areopag hat Paulus nicht gehalten. Er wird auch kein hellenistischer Myste gewesen sein. Gesetzt aber, es hätte Mysterien gegeben, die ihn bestimmten, so

[1] Vogt, Alexandrinische Münzen, I 79ff.

[2] Seit Kallimachos die ursprünglich barbarische Demeter von Henna in die Poesie gebracht hatte, war der Raub der Persephone auf Sizilien lokalisiert, begann Demeter dort ihre Irrfahrten. Den Römern lag Henna näher als Eleusis. Mythos war alles, die attischen Ansprüche auf die Begründung der Zivilisation ebenfalls, gerade weil sie neben Kekrops und Theseus immer wiederholt wurden.

würden sie mich hier nichts angehen. Denn hellenisch ist nichts davon gewesen.

Wie sich in den Köpfen gewöhnlicher Menschen der Glaube an die Götter, alte und neue, mit anderen Vorstellungen mischte, die in ihre Sphäre durchsickerten, dafür sind die Stiftungen des Artemidoros von Perge ein Beleg, ganz einzig in seiner Art[1]. Er hat seine pamphylische Heimat früh verlassen und war in Ägypten Soldat geworden. Bis zu den Trogodyten war er gekommen und hatte dem Pan *εὔοδος* für seine Rettung gedankt (oben S. 176). Später finden wir ihn auf Thera, das im dritten Jahrhundert ägyptisch geworden war. Vermutlich kam er als Soldat, wohl schon als Offizier, hin und ist dort sitzengeblieben, offenbar ein recht wohlhabender Rentner. Er hat den Königen wohl recht kleine Tempelchen erbaut, deren Unterhaltung die Stadt übernahm (IG. XII 3, 464), und an einem Wege, der von dem Markte ausging, aus dem nackten Felsen Altäre und Opferplätze schneiden lassen, so daß allmählich ein *τέμενος* der verschiedensten Götter entstand. Die Weihungen faßte er selbst in Verse, immer auf die Erhaltung seines Namens bedacht. Da finden wir die Dioskuren als *σωτῆρες*, aber auch die samothrakischen Götter: beide helfen, wenn man sie bittet. Die ersteren, die er besonders auszeichnet, wird der Soldat verehrt haben, die anderen lernte er in Ägypten kennen. Von theräischen Göttern bedenkt er Hekate, von der wir sonst keine Spur haben, und Göttinnen, die für die Feldfrucht sorgen, wohl die *Ἡρῶισσαι* (oben S. 9). Als einen neuen Gott führt er den Priapos ein, den er selbst versprechen läßt, Bürgern und Fremden hilfreich zur Seite zu stehen. Auch die Tyche hat er zuerst bedacht; das muß wohl in den Worten *ἔφηνε Τύχην ἐπίσημον* liegen. Dann hat ihm ein Traum befohlen, der *Ὁμόνοια* einen Altar zu stiften, und als er dafür am Feste der Arsinoe einen Olivenkranz von der Stadt erhielt, verewigte er diese Ehre wiederholt. Schließlich bekam er das Bürgerrecht und ward Priester der in seinem Temenos vereinten Götter. Da hat er dem Zeus *Ὀλύμπιος* seinen Adler, dem Poseidon *πελάγιος* einen Delphin und dem Apollon *στεφανηφόρος* einen Löwen einmeißeln lassen, der den Gott zwar nichts anging, aber Artemidor sagt, er wäre *θεοῖς κεχαρισμένος*. Diese Weihungen sind *τῆι πόλει* dargebracht, also Dank für das Bürgerrecht. Nun war er

[1] IG. XII 3 Suppl. S. 294ff. Hiller Thera III 89–102.

seines Nachruhmes sicher, ließ sein Porträt, in Wahrheit dem Münzbilde des Ptolemaios I. entnommen, einmeißeln; Thera soll ihn nicht vergessen, und wie ein Prophet verkündet er von der Zukunft her, solange die Sterne am Himmel stehen und die Erde fest bleibt, hat sein Name den Artemidor nicht verlassen[1]. Da steht auch in Versen, die ganz seinen Stil tragen, daß die Pythia einen Spruch geschickt hat, Artemidor wäre ein *ϑεὸς ἥρως*[2], und eine Weihung an die Artemis von Perge[3], der gegenüber er sich wieder *Περγαῖος* nennt. Sie hat ihm neun Dekaden zu durchleben gegönnt, und drei hat die Vorsehung noch hinzugefügt[4]. Beide Gedichte können eigentlich erst nach seinem Tode geschrieben sein, klingen aber durchaus nach ihm. Wie das zugeht, weiß ich nicht zu sagen. Nun überlegen wir uns, wie es um die Götter steht. Die drei großen, zu deren Ehren er die Tiere darstellen läßt, sind vornehm, passen für eine Weihung *τῆι πόλει*, aber weiter sind sie ihm nichts. Die anderen theräischen Götter werden es auch nicht sein. Dagegen die Dioskuren, die samothrakischen Götter wird der Soldat zu Lande und zu Wasser angerufen haben. Den Priapos führt er ein, der ist neu, der soll Beistand leisten, Reichtum bringen. Aber die Tyche führt er auch ein; von der hat er gehört und von dieser Stiftung erwartet er ewigen Ruhm; die muß viel leisten können. Von der Homonoia hatte er geträumt; sie ist eine politische Macht; vermutlich bedurfte Thera ihrer Hilfe, zumal das fremde Militär in der Stadt lag. Die Weihung lohnte sich, erst mit einem Kranze, dann mit dem Bürgerrecht. So weit vereinigt sich alles leidlich miteinander, denn was die Tyche eigentlich war, brauchte ihm nicht klar zu sein. Aber die *Πρόνοια*, die ihm sein Leben über die Gabe der Artemis hinaus schenkt, gehört in eine philosophische Religion, und wir lesen das Distichon:

[1] Solange die Erde steht, *ὄνομ' οὐ λίπεν 'Αρτεμίδωρον*. Das als *ὄνομ' οὗ* (*ἑαυτοῦ*) zu nehmen, hilft nichts, denn der Akkusativ läßt sich nicht vertreiben; *οὗ* ist auch zu gelehrt. Das Porträt ist *μνημόσυνον Θήραι*, und wenn wir das Futurum verlangen, so hilft sich der Verfasser so, daß er sich die künftigen Leser denkt, die immer wieder sagen werden, das Bild sehen wir, wir stehen in dem Temenos des Artemidor, lesen seinen Namen: der ist ihm getreu geblieben. Vertrackt, aber so steht es da.

[2] Vgl. oben S. 16.

[3] Sie hat später eine Priesterin, 494, von Hiller sehr glücklich erkannt. An dem Kulte wird Artemidor nicht unschuldig sein.

[4] Die Grammatik verlangt, drei Dekaden zu verstehen. Ob der Dichter nicht drei Jahre gemeint hat? 120 Jahre ist etwas viel.

*Πᾶν ἀνέμωι τρέφεται καὶ ἀφ' ἡλίου, εἶτα*[1] *σελήνης·*
*Γῆ καρπούς τε φέρει καὶ ὅσ' αὔξάνει αὖθι μαραίνει.*

Das ist eine rein physikalische Erklärung des Lebens. Jetzt stehen die Verse verbunden mit der Erteilung des Kranzes, ganz unverständlich; das Distichon, das ihnen ursprünglich folgte, ist ausgemeißelt (1341). Das bleibt rätselhaft. Die Widersprüche, die uns in diesen Weihungen und Versen auffallen, sind dem Artemidor nicht bewußt gewesen. Er konnte auch einmal erwarten, daß er nicht vergessen werden könnte, weil sein Bild an dem Felsen stand, und dabei die Erhöhung zum *ἥρως θεός* erwarten (unbeteiligt an der Befragung Delphis ist er schwerlich gewesen, wenn vielleicht auch erst testamentarisch). Darum ist es überaus belehrend, die Stimmungen dieses Mannes kennenzulernen. So standen Tausende; sie hatten gehört, und es leuchtete ihnen ein, daß alles im Leben ganz natürlich zuginge, daß in allem eine Vorsehung waltete, hatten sie auch gehört, ein willkommener Glaube, aber die Tyche stand neben ihr. Die alten vornehmen Götter waren auch da; sie hatten doch ihre Kulte. Aber damit waren sie ziemlich abgefunden. Neue Götter kamen von außen; mit ihnen es zu versuchen lohnte sich vielleicht, auch mit der Tyche, von der die Leute soviel schrieben und redeten. Vor allem aber, in der Not, im Sturme, im Wüstengebirge zwischen Feinden, da besann man sich aufs Beten, und wenn es gut ging, wußte man, daß die Rettung von den Göttern gekommen war, an die man sich gewandt hatte, und dann waren das wirkliche Götter. Noch ein anderes, wenig jüngeres Gedicht aus Thera, 1656, verdient Erwähnung. Die Form ist singulär: nach einem Vorspruch, einem Hexameter, folgen zweimal Hexameter und drei Pentameter, mit dem erwarteten Hexameter der nächsten Strophe bricht der Stein ab. Es ist eine Mahnung und Belehrung der Leser; mit einer Periphrase des Satzes „nicht geboren zu sein ist dasselbe wie tot sein" fängt es an. Sich zum Tode richtig zu verhalten ist das beste Heilmittel gegen alle Schmerzen und gegen *τὰ Τύχης*. Führerin gegen alles ist die Vernunft, *σύνεσις*. Diese Erkenntnis wird dann gepriesen, sie hilft dazu *θνητὸν ὄντα φρονεῖν μεγάλα*. Also wenn man weiß, daß der Tod in das Nichtsein führt, erreicht man mehr als mit dem einst empfohlenen *θνητὰ φρονεῖν*. An eine bestimmte Philosophie ist nicht zu denken, aber es ist jede Todes-

[1] Man sieht, *ἠδέ* stand dem Verfasser nicht zu Gebote.

furcht durch die *σύνεσις* aufgehoben; die Aufklärung ist bis Thera gelangt, und wo und für wen auch immer der Stein aufgestellt war, aufklären sollte er. Versprochen wird *βίον ἀγαθόν*, von *ἀγαθὸς βίος*, von jeder Moral fällt kein Wort. Allerdings wissen wir nicht, wie das Gedicht weiterging.

Es ist hochwillkommen, aber auch leicht verständlich, daß wir solche Zeugnisse für die Stimmungen der halbgebildeten Oberschicht der Gesellschaft auf einer abgelegenen dorischen Insel antreffen, zu der die großen geistigen Strömungen des fünften und vierten Jahrhunderts nicht gelangt waren. Erst die ägyptische Herrschaft brachte dies und das herüber, was in der Luft lag. Das waren sehr verschiedene Götter und Glaubenslehren, die halbbegriffen nebeneinander aufgenommen wurden, der Kult des Priap, der Glaube an die Tyche und diese Empfehlung der *σύνεσις*, der *raison*, die mit dem Glauben an ein Jenseits aufräumt und den Menschen dadurch befähigt, sich über die alte Moral mit ihrer Mahnung zum *θνητὰ φρονεῖν* hinwegzusetzen. Dabei stirbt der alte Glaube keineswegs aus. Geliebte Tote als Heroen zu verehren ist gerade hier reichlich belegt, und wenn wir über die Furcht vor Höllenstrafen aus Thera nichts erfahren, so können wir gleichwohl sicher sein, daß sie auch nicht erstorben war. Aber die *σύνεσις*, die den Menschen von allen irrationalen Bindungen befreien sollte, war doch praktisch die Führerin der handelnden Menschen dieser Zeit; und ihr Handeln bewies in erschreckender Weise, daß sie sich von allen moralischen Bindungen gelöst fühlten. Auch Kreta, die große dorische Nachbarinsel Theras, hatte ganz außer Verbindung mit den politischen und geistigen Großmächten gestanden, bis sie in die Sphäre Ägyptens geriet und ihre Jugend als Söldner überallhin kam, wo man sie brauchte. Was so von außen importiert ward, hat nur zersetzend gewirkt. Nachbarlicher Hader der Städte hatte wohl immer bestanden. Jetzt zerfleischten sie einander; der Seeraub, von alters her ein beliebtes Gewerbe, wird immer frecher und roher, weil die Großmächte die Seepolizei nicht durchführen, in ihren Kriegen auch kein Bedenken trugen, die Seeräuber in Dienst zu nehmen. Unter dem Tarentiner Herakleides hat es die makedonische Flotte nicht anders getrieben, die Ätoler ebenfalls. Die Schamlosigkeit solcher Räuber bekannte offen, daß Hybris ihre Göttin wäre. Daß die Eide von Griechen keinen Wert hatten, lernten die Römer überall kennen. Sie mußten sich abnutzen, wenn die ohnmächtigen Städte gezwungen wurden, bald mit diesem, bald mit jenem Machthaber ewige Freundschaft zu schließen. Es half nicht, wenn immer mehr Götter als Schwurzeugen angerufen wurden[1], und bei den Kassenbeamten und im privaten Verkehr war es nicht besser. Die führenden Fürsten und Politiker gingen mit bösem Beispiel voran; es hat in den letzten Generationen vor 146, dem Untergange selbst der Scheinfreiheit, kein Mann gelebt, der ein wirklicher Lehrer der Nation, geschweige ein sittliches Vorbild sein konnte. Man hat den Eindruck, daß es für die Menschen gar keine Gewissensbedenken gab, und Reue fühlen sie nur, wenn sie die Folgen einer Schandtat empfindlich treffen. Damit scheint zu streiten, daß das Gewissen, *συνείδησις* oder *τὸ συνειδός*, schon in dieser Zeit gerade von dem Volke oft im Munde geführt sein muß[2]. Denn die Übersetzung conscientia, von der wieder unser Gewissen stammt, ist dem Cicero ein ganz geläufiges Wort. Aber aus der Philosophie stammt es nicht, weder der Sokratik noch der Stoa; es ist auch von Bedeutung, daß die Evangelien es nicht kennen. Man darf es also auch nicht der Popularphilosophie zuschreiben, denn die popularisiert ja die Lehren der herrschenden Schulen[3]. Es ist weder die alte Gnomik noch die neue Ethik gewesen, die den Menschen die Macht des Gewissens fühlbar gemacht hat, sondern weil ihnen die eine fremd blieb und die alten Bindungen nicht mehr hielten, hat das Gewissen sich in ihm selbst offenbart, weil es sich regte, weil es schlug. Aber die

[1] Ein Beispiel ist schon der Eid zwischen Philipp von Makedonien und Hannibal, Polybios VII 9, dann der Eid von Itanos und gar von Dreros, Sylloge 526. 527. Dabei sind die Götter der Stadt, an denen die Bürger doch hängen, in erster Linie Zeugen. In Dreros werden Sonne, Erde und Himmel genannt, die in gewöhnlichen Eiden stehend sind, nun eine abgebrauchte Formel.

[2] Gern verweise ich auf die Rektoratsrede „Syneidesis-Conscientia" von Fr. Zucker, Jena 1928. Den hellenistischen und späteren Sprachgebrauch kann ich leider nicht mehr verfolgen. Zucker hat gewiß recht, daß *συνείδησις* ionisch ist, weil es in einem Spruche Demokrits zuerst belegt ist, aber man verlangt, die Verbreitung und die Nuancen der Bedeutung zu kennen. Bei Chrysipp, Laertios VII 85, ist es nur Wissen um etwas.

[3] Es ist also verkehrt, auf Popularphilosophie zurückzuführen, daß Paulus die *συνείδησις* kennt. Weder von dieser noch aus seinem Judentum hat er sie, sondern er kennt sie wie alle griechisch redenden Menschen seiner Zeit, und was er dann aus ihr macht, das ist sein Werk; er lebt nicht von geborgten Gedanken oder Gefühlen.

συνείδησις ist dem Wortsinne entsprechend das eigene Wissen um etwas, also um eine Tat; das wird eine Tat sein, an die zu denken peinlich ist, ein μνησιπήμων πόνος, wie Aischylos, Agam. 180, die Reue schön bezeichnet. Wer sich keiner solchen Tat bewußt ist, mochte sich dann seiner ἀγαθὴ συνείδησις rühmen[1]. Das ist alles noch lange nicht, was uns unser Gewissen ist; immer handelt es sich nur um Gewissensbisse oder darum, daß sie fehlen. Für uns ist das Gewissen eine sittliche Macht, die uns gebietet, was wir tun, und verbietet, was wir lassen sollen, und wenn wir ihr nicht gehorchen, verachten wir uns selbst. Sie ist unser δαιμόνιον, und wenn die Griechen dieses gefühlt hätten, so würde sie auch ein persönlicher Dämon geworden sein, nicht ein Abstraktum συνείδησις oder gar das neutrale συνειδός[2].

[1] Das Kapitel des Stobaeus περὶ τοῦ συνειδότος, III 24, ist sehr belehrend, und man braucht nicht mehr Gnomen zu häufen, so leicht das sein würde. In ihnen handelt es sich immer um eine Tat, deren sich bewußt zu sein quält. Eine Plutarchstelle (tranquill. animi 476f.) gibt ein gutes Bild: (τὸ συνειδὲς) οἷον ἕλκος ἐν σαρκὶ τῆι ψυχῆι τὴν μεταμέλειαν αἱμάσσουσαν ἀεὶ καὶ νύσσουσαν ἐναπολείπει. Gerade wenn Plutarch ein Bild braucht, darf man keinen anderen Erfinder desselben suchen. Er weiß, daß darin seine Erfindsamkeit unerschöpflich ist, und übertreibt es manchmal. Das gute Gewissen wird in billigen Apophthegmen gepriesen, die den alten Sieben Weisen oder den neuen, Sokrates und Diogenes, beigelegt werden, natürlich in den alten Sammlungen fehlen. Der Vers des Euripides, Orest. 396, steht auch da, in dem auch mir früher das Gewissen zuerst aufzutreten schien, ἡ σύνεσις, ὅτι σύνοιδα δείν' εἰργασμένος. Damit ist er aber nicht voll verstanden, denn in dem begründenden Satze steckt die συνείδησις, das Wissen, also ist σύνεσις etwas anderes. Menelaos hat ihn gefragt: τίς σ' ἀπόλλυσιν νόσος; Seine Krankheit ist also die σύνεσις; er war irrsinnig gewesen, jetzt ist er bei Besinnung, muß aber sagen, daß gerade diese ihm zur Krankheit wird, weil er sich seiner Missetat bewußt ist. Im nächsten Verse erläutert er es durch λύπη ἡ διαφθείρουσά με. Also ist σύνεσις seine Fähigkeit zu denken. Hiket. 203 hat ein Gott dem Menschen σύνεσις verliehen, im Gegensatze zum Tiere, also λόγος. Euripides hat also nur das συνειδέναι ἑαυτῶι zuerst in dem Sinne gebraucht, den es später in dem Nomen συνείδησις hat. Andromache 805 sagt er dafür σύννοια, οἷον δέδρακεν ἔργον. Man darf auch in einem abgerissenen Satze des Polybios, XVIII 43, 13, σύνεσις zwar mit Gewissen übersetzen, aber es ist nur die Einsicht oder das Bewußtsein in der Seele, das dem Missetäter gegenüber Zeuge und Ankläger ist.

[2] Seit dem Tage, wo uns Sekundanern unser komischer alter Lehrer Steinhardt den Vergil erklärte und neben vielen Wunderlichkeiten doch

Die gebildete Oberschicht vertritt für uns Polybios. Er ragt zwar an Weite der Bildung, an Weltkenntnis und vor allem an moralischer Haltung im eigenen Leben und in der Beurteilung der Menschen und ihrer Handlungen weit über die allermeisten Griechen seiner Zeit hervor, allein in seinem Rationalismus ist er der typische Hellene dieser Zeit. Man hat ihn zum Stoiker machen wollen, sogar zum Anhänger des Panaitios, der doch jünger war und, soviel wir wissen, sich nur bei Scipio mit ihm berührt hat. Das heißt ihn zu hoch zugleich und zu tief schätzen, denn Philosophie verstand er nicht; Wahrheitsliebe und politisches Urteil verleihen ihm eine eigene Größe. In der Heimat war er zum Soldaten erzogen und schien berufen, eine politische Rolle zu spielen. Daher erwarb er sich ein militärisches Fachwissen und kam in so hohe Stellungen, daß ihn die brutale Deportation nach Italien traf. Rhetorische Vorbildung konnte nicht fehlen, da er früh zu schriftstellern begann, aber Sprache und Stil seines Geschichtswerkes stehen in allem zu der rhetorischen Kunstform seiner Zeit in Gegensatz[1]. Es ist gar nicht denkbar, daß er philosophische Studien gemacht hätte, in Rom fehlte auch dazu die Gelegenheit. Bekenntnis zu einer Schule ist vollends ausgeschlossen[2]. Als er die römische Verfassung darstellen wollte, hat er einschlägige Literatur, auch Platons Gesetze, studiert, aber nicht Platons Philosophie, und seine Geographie hat die wissenschaftliche Grundlegung des Eratosthenes nicht begriffen und die Entdeckungen des Pytheas nicht gewürdigt. In Rom sah er die religio als Beherrscherin des

Gefühl für das Ethos hoher Poesie weckte, lebt in meinem Gedächtnis, daß den Turnus in den letzten Kampf, dessen Ausgang er ahnt, seine *conscia virtus* treibt, Aen. XII 668. Vorbild ist Hektors Entschluß, sich dem Achilleus zu stellen; daher stammt der *pudor*, der als erstes Motiv bei Turnus genannt wird, die *αἰδώς*. Aber das Letzte, Schönste, Römische ist, daß er weiß, was er für ein Mann ist. Weil er sich dessen bewußt ist, muß er in den Kampf und in den Tod gehen. Das ist auch eine Gewissenspflicht, höher noch als ein Gebot, das jedermann erfüllen soll, auch als die *αἰδώς*, wenn man nicht in ihr das *αἰδεῖσθαι μάλιστα ἑαυτόν* finden will. Aber wenn einem als Knaben gesagt wird, so handelt ein *vir*, der weiß, was seine virtus ist, das bekommt gut. Daß man nebenher die schöne Kühnheit in *conscia* ohne nähere Bestimmung würdigen lernte, bekam auch gut.

[1] Geschichte der griechischen Sprache S. 45.

[2] Daß er das stoische *καθῆκον* einzeln gebraucht, bedeutet nicht mehr, als daß das Wort sich eingebürgert hatte.

Staates und des Lebens, und der Erfolg für die moralische Haltung der Bürger imponierte ihm, da es bei den Griechen ganz anders stand. Das hat ihn nicht verhindert, den Kultus, den Glauben an die Götter und *τὰς ὑπὲρ τῶν ἐν ᾅιδου διαλήψεις* für Erfindungen der Gründer des Staates zu halten, VI 56; für die *σοφοί*, zu denen er sich zählte, würde das nicht nötig gewesen sein, aber die Menge brauchte so etwas. Daß es kein Fortleben nach dem Tode gäbe, war ihm selbstverständlich. Verdiente Männer waren in der Urzeit als Götter verehrt; daran konnte er nicht zweifeln, bestand doch der Königskult, und mit Herakles und Dionysos war es geschehen; das hat auch Horaz geglaubt. Damit war keineswegs entschieden, was wirklich den Lauf der Welt bestimmte. Wir freuen uns, daß er seine Erzählung von Wundern, Vorzeichen und Prophezeiungen von all dem Schwindel frei hält, der bei Timaios und auch später noch unausstehlich wird. Aber mit diesem gesunden Rationalismus ist nicht gegeben, daß er sich eine feste Überzeugung über die letzten Gründe des Menschenlebens und Menschenschicksals gebildet hätte. Bei ihm lesen wir an bedeutsamer Stelle die Worte des Demetrios von Phaleron über die Tyche[1]; aber wenn er von Philippos erzählen soll, der seinen ältesten Sohn hinrichten läßt, XXIII 10, so fängt er an *ἡ τύχη δρᾶμα ἐπεισήγαγεν τὸ κατὰ τοὺς υἱούς* und schließt doch *τίς οὐκ ἂν εἰκότως ὑπολάβοι θεῶν τινων αὐτῶι μῆνιν εἰς τὸ γῆρας κατασκῆψαι διὰ τὰς ἐν τῶι προγεγονότι βίωι παρανομίας*. Und in der *ἀνακύκλωσις* der Verfassungen waltet ein Gesetz, keine *πρὸς τὸν βίον ἡμῶν ἀσύνθετος τύχη*. Er scheut sich auch nicht vor Wendungen wie IV 21, 11 *ἄν ποτ' αὐτοῖς ὁ θεὸς εὖ δῶι*, wo es sich um die Bekehrung der Leute von Kynaitha handelt, von denen eine niederträchtige Handlung berichten zu müssen ihm als Arkader peinlich ist. Verwunderlich ist das alles nicht. Wir sehen einen ernsten und redlichen Mann, der das Leben kennt und die Schicksale von Menschen und Staaten überschaut; davon empfängt er Eindrücke, die bald hierhin, bald dorthin deuten, und er kann sich dementsprechend äußern, weil er keine feste metaphysische Überzeugung besaß und weder Zeit noch Neigung gehabt hatte, sich einer der philosophischen Religionen hinzugeben.

Neben Polybios steht Panaitios, der wirklich der Philosoph die-

[1] Auch XXXVI 2 fällt ihm ein Wort des Demetrios ein, da wird er ihn auch für seine politischen Theorien studiert haben, gerade wie Cicero. Aber wir können darüber nichts wissen.

ses Rationalismus ist, aber Anspruch auf den Ruhm hat, eine Weltanschauung vertreten zu haben, die der alten stoischen Forderung, im Einklang mit der Natur zu leben, eine Bedeutung gab, wohl zureichend, die Menschen zu sittlicher Haltung an sich und in ihrem Verhalten zu den Mitmenschen zu führen, wenn sie ohne jeden Glauben die Kraft besäßen; aber der Erfolg hat bewiesen, daß sie es nicht vermögen. Seine Lehre hat sich in der eigenen Schule nicht gehalten; daß Bücher von ihm nach Cicero jemand gelesen hätte, davon ist keine Spur, und es ist sehr unwahrscheinlich, da Plutarch sie nicht kennt. Heutzutage wird am meisten davon geredet, daß er die Römer, Scipio vor allem, zur humanitas gebracht hätte. Gewiß war es wichtig, daß Scipio diese gesunde und verständliche Philosophie kennenlernte, aber den Römern kommt das Verdienst zu, daß sie nicht zu Hellenen werden wollten, sondern von dem, was sie bei diesen lernten, dasjenige aufnahmen, was sie als allgemein verbindlich erkannten. Wenn sie dabei doch Römer blieben, so legten sie ein Barbarentum ab, aber der Gegensatz zu dem Barbaren war dann nicht der Hellene, sondern der Mensch, wie er sein soll. Diese Haltung konnte sie kein Grieche lehren. Den Panaitios immer von Rom aus zu betrachten hat zu dem geradezu grotesken Irrtum geführt, daß er geschrieben hätte, um die Römer zu erziehen, sogar das einzige Buch von ihm, das wir kennen, wo doch für jeden, der einigermaßen weiß, wie es in den griechischen Städten und wie es in dem Rom des Cato und Nasica aussah, sonnenklar ist, daß der athenische Professor weder für Römer noch für Studenten der stoischen Philosophie spricht, sondern für griechische Jünglinge, die in ihren Gemeinden einmal als tüchtige Menschen und Bürger ein nützliches Leben führen sollten[1]. Er war ein Rhodier. Damit ist nicht nur gesagt, daß end-

[1] In Kürze, aber ich dächte, einleuchtend genug, habe ich das ausgeführt Reden und Vorträge II 209 und verweise überhaupt auf den Vortrag, der nur im einzelnen verbessert wird. Eigentlich reicht schon hin, daß Panaitios (offic. I 150) die banausischen und die liberalen Berufe aufzählt. Soll er etwa den Römern zugemutet haben, daß sie Ärzte, Baumeister, Lehrer werden sollten? Es wäre leicht und lohnend, die einzelnen Bürgerpflichten aus dem Leben in den Städten, wie es namentlich die Inschriften erkennen lassen, zu erläutern. Ciceros Officia verlangen überhaupt nach einer erklärenden Ausgabe, denn auch die Analyse dieser letzten philosophischen Schrift kann nur so durchgeführt werden. Nach dem, was Atzert in seiner Textausgabe und G. Rudberg,

lich wieder einmal ein Hellene die Schule vertrat, der aus einer echten Hellenenstadt stammte, nicht aus dem Orient, also ein wirkliches Heimatgefühl mitbrachte; das hatte schon den Kleanthes ausgezeichnet, aber Assos war ein Nest, Rhodos die einzige wirklich freie Stadt, vielmehr ein wirklicher Staat, und wenn er nach Rom kam[1] und später den Scipio auf seiner Reise nach Ägypten und in den Orient begleitete, so war er kein gedungener oder antichambrierender Literat, sondern der Bürger einer freien, verbündeten Gemeinde aus alter wohlhabender Familie. Scipio war ihm gegenüber freilich ein Fürst, aber auch mit ihm durfte der Rhodier als freier Mann und Hellene verkehren. Er wollte Rom kennenlernen, selbst seine Sprache, erkannte Roms Weltstellung an wie Polybios, aber das Selbstgefühl, auch das Gefühl der geistigen Überlegenheit hat er nicht verloren, und noch durfte er hoffen, daß wenigstens sein Rhodos die Freiheit und Selbstverwaltung behaupten könnte. Auch in den Städten Asiens verwalteten sich die Städte ziemlich frei; sollte es nicht auch unter den Römern möglich sein? In Athen hat er schon früh einen Kranz,

Symbolae Osloenses IX, ermittelt haben, scheint es mir keine Frage zu sein, daß Tiro aus einem unfertigen Konzept, aus verschiedenen Entwürfen und Notizen, die vorliegenden Bücher hergestellt hat.

[1] Wann und wie das geschah, ist noch unsicher, wird vielleicht an den Tag kommen, wenn von Philodems Geschichte der Stoa mehr gelesen werden kann. Die eine Kolumne, die Crönert mitgeteilt hat (Sitz.-Ber. Berlin 1904, 476), scheint zu ergeben, daß er in der Flotte des Telephos, der als rhodischer Staatsmann nachgewiesen ist (vgl. Realencycl. Suppl.-Bd. V 800), zu Felde zog, also gegen Karthago. Aber wie sollte er dienstpflichtig gewesen sein? Eher denkt man, daß Scipio ihn berief, also schon kannte und er mit seinen Landsleuten die Fahrt machte. Die folgenden Zeilen sind noch nicht erledigt. Unter dem Archon Lysiades ist er unter Athenern an *Ῥωμαῖα* und *Πτολεμαῖα ἱεροποιός* gewesen, IG. II² 1938. Wie Kirchner dort darlegt, war das um 150, Spielraum ganz weniger Jahre. Das war also vorher. Wenn ihn Scipio berief, war er in den fünfziger Jahren in Rom gewesen, und wenn er so viel Lateinisch gelernt hat, um das Gedicht des alten Appius Caecus zu loben (Cicero Tusc. IV 4), so hat er das auf dem Feldzuge nicht getan; aber er kann ja auch später wieder nach Rom gekommen sein; die Äußerung fiel in einem Briefe an Q. Tubero, den Neffen des Scipio. In der sog. Stoikerinschrift hat Crönert einen zweiten Stoiker Mnasagoras aus Alexandreia nachgewiesen; seine anderen scharfsinnigen Identifikationen setzen voraus, daß die Fremden alle zu athenischen Bürgern gemacht wären, was mindestens bedenklich ist.

dann die Proxenie erhalten[1], aber das Bürgerrecht schlug er aus; dazu war der Rhodier zu vornehm. Auch als Lehrer und Freund einflußreicher Römer konnte er seinem Staate und dem Hellenentume nützlich wirken. Daß er über Politik Vorlesungen gehalten hat, ist an sich glaublich, aber keineswegs sicher, denn von ihm kann Ciceros allgemeiner Teil, de legibus I, nicht stammen[2].

Die stoische Schule muß unter Diogenes und Antipatros an sich selbst beinahe irre geworden sein, wenn sie Panaitios an ihre Spitze berief. Denn er war mehr als ein Ketzer, geradezu ein Revolutionär. Alle die Hauptsätze, alle die schönen Paradoxa gab er preis: die Ekpyrosis, den stoischen Weisen, den Besitz der Tugend als ausreichend zur Glückseligkeit, den göttlichen Logos im Menschen, der nach dem Tode einmal mit dem weltregierenden Logos vereinigt werden sollte, aber zunächst eine Sonderexistenz führte, die also ein Fortleben der Seele in sich schloß, schließlich auch die Mantik. Er bestritt nicht alles dieses ausdrücklich, aber in seinem Zweifel lag die Ablehnung. Diese Kühnheit rettete die Stoa, denn sie entwaffnete die Kritik des Karneades. Und doch hatte Panaitios ein Recht, sich Stoiker zu nennen, trotzdem er einen Rationalismus bekannte ohne Gott und Götter und Unsterblichkeit der Seele, also der verbreitetsten Anschauung der Laien entsprechend. Denn er hielt an dem praktischen Leitsatze *ὁμολογουμένως τῆι φύσει ζῆν* fest, den er charakteristisch erweiterte *ζῆν κατὰ τὰς δεδομένας ἡμῖν ὑπὸ τῆς φύσεως ἀφορμάς*. Damit war gesagt, daß die Natur dem Menschen die Triebe einpflanzte, die ihn zu einem guten und glücklichen Leben führen sollten; das radikale Gute in dem Menschen war, echt hellenisch, anerkannt. Wir müssen Cicero Dank wissen, daß er uns die Begründung der Pflichten aus der Natur des Menschen erhalten hat, I 11ff. Das Verständnis wird leichter, wenn wir die wichtigsten Worte in der ursprünglichen, griechischen Form einsetzen.

[1] Kol. 68 des Papyrus.

[2] Cicero, de leg. III 14, lobt ihn, weil er *de magistratibus* gehandelt hatte, denn um diese handelt es sich. Das konnte in einer Untersuchung über die Staatsformen geschehen, aber nötig war es nicht, und der Gegensatz zu den gleich angeführten antiquiores macht es nicht wahrscheinlich. Auch nennt Cicero den Panaitios nur honoris causa, da er ihn vorher übergangen hat. Von den Pflichten der einzelnen Beamten je nach den Verfassungen und den Ämtern konnte sogar in dem Buche *περὶ τοῦ καθήκοντος* gehandelt sein.

Von der Selbsterhaltung geht er aus; sie führt, weil der einzelne sich nicht behaupten kann, zu gesellschaftlicher Ordnung, Ehe, Familie, Staat. Der Mensch ist aber auch ein ζῷον φιλομαθές; es ist nicht Neugier[1], sondern geht schließlich auf die Wahrheit, *ex quo intellegitur, quod verum simplex sincerumque sit, id esse naturae hominis aptissimum.* Der Mensch ist auch ein φίλαρχον; er will nicht gehorchen, es sei denn dem, der ihn belehren kann oder der ihm gegenüber die Gemeinschaft vertritt. Das führt zu der μεγαλοφροσύνη, auf die der Hellene sehr viel hielt. Ohne Zweifel ist hierin die Selbstbehauptung des Menschen stark in das Hellenische gesteigert, und mit der Ausdeutung des primitiven φιλομαθές steht es ebenso. Denn was der Primitive zunächst sucht, ist das ἀγαθόν im Sinne des Nützlichen; es dauert lange, bis er sich mit dem ἀληθές begnügt, schließlich nach dem momentanen Nutzen gar nicht fragt, und der Weg zur μεγαλοφροσύνη ist nicht kürzer; dafür ist sie etwas, das dem Barbaren und Banausen unverständlich bleibt. Zuletzt kommt das φιλόκαλον: das ist eben die Empfindung der Schönheit und Harmonie in der Natur, wie sie Platon und Aristoteles empfanden. Sie schreitet fort zu dem Streben nach dem καλόν auch im Leben und Handeln des Menschen. Aus dem religiösen Gefühle der Harmonie in der Natur erwächst die religiöse Bindung an das ewige Sittengesetz. Denn religiös müssen wir das auch bei einem Panaitios nennen. Gewiß werden wir kaum zugeben, daß alle diese Triebe dem Menschen als solchem, als ζῷον λογικόν, allgemein innewohnen; aber daß zu ihnen die Keime in dem hellenischen Menschen lagen, wird schon zutreffen. Dann ist aber auch die hellenische Philosophie die Vollendung der spezifisch hellenischen Religiosität, und das verleugnet sich auch bei diesem edlen Rationalisten nicht. Was der einzelne Mensch gemäß diesen allgemeinen ὁρμαί zu tun hatte, dazu wies ihm die Natur auch den Weg. Er bekam von ihr die Rolle zugeteilt, die er im Leben zu spielen hätte. Die Rollen waren verschieden, aber die Natur ließ auch die individuelle Begabung und Neigung gewähren, woraus sich neben den allgemeinen Menschenpflichten ganz persönliche ergaben. Wie sich gemäß der Rolle, die einem jeden durch die Geburt zufiel, die Pflichten gegen Familie, Freunde, Gemeinde, Vaterland gestalteten, war von Panaitios eingehender ausgeführt, als Cicero beibe-

[1] Sehr schön handelt über dies φιλομαθές Aristoteles an den Stellen, die Jäger, Arist. 69, ausschreibt.

halten hat. Daran merkt man am besten die praktische Absicht des Kollegs. Zu den Pflichten des hellenischen Bürgers gehörte selbstverständlich der Kultus der Staatsgötter, also die *εὐσέβεια*, die *pietas*. Die Existenz der Götter ausdrücklich zu leugnen würde gegen sie verstoßen, aber selbst in Ciceros Bearbeitung heißt es nur, daß man zwei Gattungen von *λογικοί* annimmt, Götter und Menschen, und daß man glaubt, die Götter schadeten nicht[1]. Wenige Worte; ausführlich wird dagegen bewiesen, daß die Menschen sich die Kultur geschaffen haben, allerdings auch die Menschen einander Schlimmeres zufügen als Pestilenz und alle Katastrophen in der Natur. In deren Leben vollzog sich alles natürlich, gesetzmäßig[2], regierte also ein Determinismus, aber wie die Natur dem Menschen die richtigen *ὁρμαί* verlieh, so war sie auch die segensreiche *πρόνοια* in allem Geschehen. Das Prädikat der Göttlichkeit konnte ihr zukommen, auch das *ἀγαθόν* konnte sie sein; wir hören aber nichts über diese Seite seiner Lehre, nichts über seine Physik, und doch war er *φιλαριστοτέλης* ebensowohl wie *φιλοπλάτων*[3], wird also gerade für die Physik bei Aristoteles gelernt haben. Es ist wahrscheinlich, daß die später verbreitete Unterscheidung von drei Arten der Theologie von ihm stammt, den Mythen der Dichter, der Staatsmänner und der Philosophen. Die beiden ersten waren längst anerkannt; sie erklärten und beseitigten damit den Glauben an die Götter und an das Jenseits mit seinen Belohnungen und Strafen; neu war die Einreihung der metaphysischen Systeme in die Mythologie. Damit war aber zugestanden, daß die platonischen Mythen einen ebenso großen Reiz boten wie die homerische Poesie, und wir begreifen die Liebe zu Platon bei Panaitios ebenso wie seine literarischen Studien und Kritiken und seine Bewunderung der philologischen Exegese Aristarchs. Der feine Kenner und Freund der echten Poesie unterscheidet sich auch hier von der Geschmacklosigkeit des Chrysippos wie in allen Dingen. Er war daher frei

[1] Cicero II 11 *ratione utentium duo genera ponunt, deorum unum, alterum hominum. deos placatos pietas efficiet et sanctitas. proxime autem et secundum deos homines hominibus maxime utiles esse possunt . . . deos nocere non putant.* Zu beachten, daß nur mit einem allgemeinen Glauben operiert wird, zu dem der Schriftsteller keine Stellung nimmt.

[2] Cicero de re publ. I 15, der seinen Scipio hierin mit Panaitios nicht einverstanden sein läßt.

[3] Philodem Kol. 61. Moderne Versuche, physikalische Partien in Cicero nat. deor. II ihm beizulegen, sind völlig gescheitert.

genug, den erziehlichen und erbaulichen Wert der platonischen Schriften anzuerkennen, auch wenn er die Metaphysik nicht gelten ließ. Daher sollen wir uns nicht verwundern, daß er dem Tubero in einem Trostbriefe Krantors populäre Schrift π. πένθους empfiehlt. Ihm lag mehr daran, einem Freunde Trost zu spenden, als auf seinen Prinzipien zu reiten. Arkesilaos und Karneades werden es trotz aller ἐποχή nicht anders gehalten haben, denn auch sie waren keine Pedanten.

Mit Karneades hat Panaitios Schulter an Schulter gegen die Astrologie gekämpft, die gefährlich zu werden begann, besonders weil Diogenes von Babylon sich ihr ergeben hatte; genützt hat der Widerstand nichts, und Panaitios hat seine eigene Schule nicht bekehrt. Daß den Griechen, wenn sie über Babylon etwas hörten, auch die Sternkunde und die Vorausbestimmung künftiger Ereignisse aus der Himmelsbeobachtung bekannt ward, konnte nicht ausbleiben. Thales hatte doch so seine Sonnenfinsternis vorher angesagt. Sachlich muß Eudoxos manches gewußt haben, wenn er vor den chaldäischen Prophezeiungen warnte. Dann aber sind die Planetengötter in Platons letzten Jahren der Akademie bekannt geworden, und bei der Bedeutung, welche die beseelten göttlichen Gestirne und ihre Sphären für das Weltbild und auch die Religion gewonnen hatten, war Empfänglichkeit dafür vorhanden, daß alle ἐπιφανεῖς θεοί, wie Sonne und Mond von je, nicht nur in die kosmischen Bewegungen, sondern auch in die irdischen Dinge herüberwirken könnten. Dem haben sich ja gerade die echten Astronomen, Hipparchos und später Ptolemaios, nicht verschlossen, allerdings als die Astrologie ihr System bereits erhalten hatte. Daran haben hellenisierte Babylonier des dritten Jahrhunderts gearbeitet[1], nachdem Berosos zuerst von seiner heimischen Weisheit gehandelt hatte, als er die Hellenen überhaupt über Babylon unterrichtete, das sie nun beherrschten. Aber einflußreich ist erst die ägyptisch-griechische[2] Bearbeitung der Astrologie geworden, die mit den Namen Nechepso und Petosiris Anspruch auf uralte Weisheit erhob und durch ihre Systematik den Anschein einer Wissenschaft besaß. Wie es dazu gekommen ist, daß die babylonische Astrologie, die immer weiter chaldäisch hieß, in Ägyp-

[1] Sudines und Kidenas. Cumont, Ilbergs Jahrbücher 1911, Babylon und die griechische Astronomie.

[2] δεκανός ist übertragen aus der makedonischen Militärsprache, in der die Dekadarchen so hießen, offenbar ein makedonisches Wort.

ten zu einem kunstvollen System ausgebaut ward, wird wohl ein Rätsel bleiben, wie jemand ein so kompliziertes Lehrgebäude errichten konnte, erst recht. Denn die Methode einer Tollheit läßt sich schließlich lernen, aber die Tollheit selbst ist mit keiner Methode faßbar. Gekonnt aber hat dieser Lehrmeister des Selbstbetruges wahrlich viel, denn er ist der Stifter einer Religion geworden, eines scheinbar wissenschaftlichen Irrglaubens, dem sich auch klügste Leute ergeben haben, und wirklich konnte diese Scheinwissenschaft als Ersatz für die verlorene Religion auch ernsten Menschen Befriedigung gewähren. Man darf ihre Bekenner mit den Horoskopstellern und Wahrsagern nicht zusammenwerfen, gegen die schon der alte Cato sein Verbot *Chaldaeum ne consulito* gerichtet hat. Die gehörten zu den Bettelpropheten, an denen es niemals gefehlt hat, noch fehlen wird, einerlei woraus sie ihre Wahrsagungen ableiten. Den größten Vorschub hat der Astrologie geleistet, daß die Stoa des Diogenes sie anerkannte. Er mochte eine Neigung aus seiner Heimat Babylon mitbringen, aber sie fügte sich dem stoischen Determinismus vortrefflich ein und schien einen Einblick in das Walten des *λόγος*, der *πρόνοια* zu gewähren. So hat denn auch die scharfe Polemik des Panaitios, über die uns Cicero unterrichtet, und die des Karneades nichts gefruchtet, und wenn damals die besonneneren Anhänger mit den Horoskopstellern noch nichts zu tun haben wollten[1], haben diese immer mehr Boden gewonnen und bald so viele Wissenschaftlichkeit zur Schau getragen, daß die Römer sie mathematici nennen konnten.

Auch Poseidonios hat an die Astrologie geglaubt, der als Nachfolger und Schüler des Panaitios gilt, aber es war ein Schülerverhältnis wie das des Panaitios zu Diogenes und Antipatros, denn seine Lehre steht in scharfem Gegensatze zu Panaitios und hat diesen völlig überwunden, soweit nicht die Akademie, als sie wieder dogmatisch ward, manches von ihm übernahm. Sein Nachfolger ist er auch nicht als Schulvorstand geworden, sondern hat in Rhodos gelebt; in Athen hat die Stoa weder damals noch später etwas bedeutet. Rhodos aber war geistige Kapitale geworden, für Grammatik (Dionysios Thrax, Timachidas), Rhetorik (Molon),

[1] Panaitios bei Cicero de divin. II 88 macht mehrere solche besonnenen Astrologen namhaft. Auch Diogenes von Babylon leugnete die Möglichkeit, aus dem Horoskop das künftige Schicksal zu bestimmen.

Astronomie (seit Hipparchos, die Inschrift von Keskintos [IG. XII 1, 913]), und Poseidonios selbst hat Mathematik und Astronomie oder vielmehr Astrologie studiert und Vorträge über Rhetorik gehalten. Gebürtig war er aus Apameia am Orontes, und seine moderne Beurteilung hat sich stark dadurch bestimmen lassen, daß er ein Syrer gewesen wäre. Selbst Reinhardt, der ihn doch von so vielem befreit hat, was ihm als Deisidaimonie und orientalischer Aberglaube in die Schuhe geschoben ward, endet damit, daß er ihn seinen Zeus, der zugleich die Sonne sein soll, von irgendeinem semitischen Sonnengotte nehmen läßt, was geradezu spaßhaft ist, denn dem Rhodier lag Helios wirklich etwas näher. Und war der etwa mehr epichorisch als ein syrischer Stadtgott, war den Rhodiern Helios darum geringer, weil ihn die anderen Hellenen nicht hatten? Eine Naturwissenschaft wie die des Poseidonios hat kein Semit im Altertum auch nur von fern begriffen. Er ist durchaus Hellene, hat aber auch den rhodischen Helios für seinen Gott nicht gebraucht, sowenig wie Platon, den bisher noch niemand von dem semitischen Sonnenkulte abhängig gemacht hat. Wie er zu dem Bürgerrechte von Rhodos gekommen ist, das nicht so billig wie das athenische zu haben war, wissen wir nicht. Er hat es zu der höchsten politischen Stellung, zum Prytanen, gebracht und ist nicht nur in dem mithradatischen Kriege ein einflußreicher Staatsmann, sondern muß Rhodier gewesen sein, als er seine große Reise in den Westen machte, denn es ist nicht zu denken, daß es einem syrischen Literaten möglich gewesen wäre, während der Bürger eines nah befreundeten Staates den Zugang zu der römischen Gesellschaft leicht fand[1]. Übrigens setzt die Reise ein sehr bedeu-

[1] Bei Suidas steht nach der Angabe über seine Lehrtätigkeit in Rhodos vor dem auf *ἔγραψε πολλά* zusammengestrichenen Schriftenverzeichnis *ἦλθε δὲ καὶ εἰς Ῥώμην ἐπὶ Μάρκον Μαρκέλλον*. Das hat der Epitomator für eine Datierung gehalten, geändert darf nicht werden, aber das Konsulat von 51 ist undenkbar. Das wird so zusammenhängen, daß ein Bericht über sein Leben, zunächst die Reisen, damit anfing, daß er nach Rom zu M. Marcellus kam, Nr. 226 unter den Claudiern bei Münzer in der Realenc. Es folgt unweigerlich aus dem Marcellus Plutarchs, daß Poseidonios eine besondere Schrift über den Eroberer von Syrakus verfaßt hat, und zwar im Interesse der Familie, wohl auch mit Benutzung ihrer Traditionen, weil die Behandlung des berühmten Mannes durch Polybios nicht befriedigte. Poseidonios hat auch Sizilien bereist: unmöglich hätte er sonst die Schilderung der Sklavenkriege mit ihren vielen Personen

tendes Vermögen voraus[1]; das gehörte auch dazu, um mit Senatoren und keltischen Fürsten verkehren zu können.

Dieser Forschungsreisende, der für die Natur der fremden Länder, für die Sitten und die eigene Kultur der Völker und für die Geschichte gleichermaßen interessiert ist, so daß er an die alte ionische *ἱστορίη* erinnern kann, mag schon Stoiker gewesen sein, aber die Philosophie im engeren Sinne kann er damals noch nicht zu seiner Lebensaufgabe gemacht haben. Er ist auch immer mehr als ein Philosophieprofessor gewesen. In seinem Geschichtswerke ist er mit seiner Person in ganz ungewöhnlicher Weise hervorgetreten, hat z. B. von den Gefahren seiner Seereise erzählt, die ihn von Gades nach Italien über die afrikanische Küste, die Balearen und Sardinien führte. Da gab es auch die Beschreibung einer Affenherde (Strabon 827). Der Stil machte hohe Ansprüche, stieg zu hohem Pathos, erging sich aber gern in Kleinmalerei, die grelle Züge nicht verschmähte. Cicero hat sich entsetzt, daß das Buch über die Pflicht die ärgsten Obszönitäten enthielt. Und der verhaltene Hohn und die Hindeutung auf unausgesprochene Dinge traf schärfer als eine sachliche Kritik, so seine apamenischen Landsleute (Fr. 2, auch 10) und vollends den Freiheitstaumel der Athener und die peripatetischen Kollegen Aristion und Apellikon. Die Epikureer mit grobem Schimpfen zu behandeln war allgemeine Mode; sie hatten es verdient, denn Epikur selber hatte damit angefangen. Schön war es aber nicht, und daß Poseidonios aussprechen konnte, die Atomlehre hätte schon vor dem troischen Kriege der Sidonier Mochos aufgebracht (Strabon 757), ist vielleicht nicht nur Kritiklosigkeit[2]. Es könnte nicht schaden, wenn die Philosophen den Menschen nicht über dem Systeme, das sie herstellen, vergäßen und auch damit rechneten, daß ein so vielseitig begabter Mann in vierzigjähriger Tätigkeit nicht immer dasselbe gedacht und gesagt haben wird.

Hier geht uns nur das an, was auf den Glauben der Mit- und

entwerfen können. Eine bessere Einführung in die römische Gesellschaft ist gar nicht denkbar. In Rom hat sich damals seine Hingebung an das römische Senatsregiment und seine Stellung als ihr Vertrauensmann in Rhodos begründet.

[1] Er hat die Seereise von Gades nach Rom (Fr. 46 Jac.) kaum anders als auf einem gecharterten Schiffe machen können.

[2] Treffend hat Rudberg im ersten Kapitel seiner Untersuchungen geurteilt.

Nachwelt eingewirkt hat. Dabei fällt die praktische Moral aus, denn was er in *περὶ τοῦ κατὰ περίστασιν καθήκοντος* ausführte, ging die langweilige Kasuistik an, die Panaitios fortgelassen hatte, und wirklich Bedeutendes hat Cicero nicht erhalten. Ganz großartig ist allein sein physisch-metaphysisches System, die Lehre von Kosmos und Sympathie, wie Reinhardt es treffend bezeichnet, der uns von dem falschen Poseidonios mit dem ersten Buch der Tuskulanen, dem somnium Scipionis und einem Timäuskommentar befreit hat[1]. Solange sich noch ein hellenisches Gefühl für die Einheit des kosmischen und des irdischen Lebens erhielt, ist die Nachwirkung der kosmischen Religion nicht erstorben, und wenn die Astrologie sich trotz dem Christentum und dem Islam behauptete, ist es geschehen, weil in ihr die Zerreißung des Kosmos in die Erde und den mythischen Christenhimmel, eine Verleugnung aller erreichten Naturerkenntnisse, vermieden war. So haben die Gedanken des Poseidonios viel länger gelebt als seine Schriften, die, gerade weil sie wohl die höchste Leistung des hellenistischen Stiles waren, von der klassizistischen Reaktion zurückgedrängt wurden[2].

Die Einheit alles Lebens, die *συμφυΐα* des Kosmos, war nichts Neues, war schon in der vorsokratischen Zeit geahnt, und schon damals war der Name des Weltengottes Zeus mit dem Elemente

[1] Ich bin besonders dankbar, weil ich ohne nachzuprüfen mit dem Strome geschwommen war. Aber gegen den Timäuskommentar hatte ich immer in den Vorlesungen protestiert.

[2] Plutarch und Dion kennen ihn noch, Galen greift nach einem Spezialwerke. Aber stark ist Plutarchs Benutzung nicht, und die herrschende Stoa ist, wie auch Epiktet zeigt, die des Chrysippos. Gegen sie richten sich Plutarchs antistoische Schriften, Origenes benutzt den Chrysippos direkt, ebenso Oinomaos. Aus dem Vorkommen poseidonischer Gedanken, die bis zu den Christen des vierten Jahrhunderts, auch wohl weiter, nachgewiesen sind, darf auf direkte Benutzung nicht geschlossen werden. In der Religion des Markus wirkt die poseidonische Sympathie sehr stark, aber selbst wenn in einem Kapitel wie IX 9 poseidonische Gedanken entwickelt werden, ist nicht daran zu denken, daß er die dikken Bücher in dem Kriegslager mit sich geführt hätte. Er redet anders als Poseidonios mit Vorliebe von der *φύσις*, der Schöpferin von allem, das auf Erden lebt; der Kosmos und die Gestirne, auch die Sonne, liegen ihm ganz fern. Von der Zukunft der poseidonischen Seele hat er schwerlich etwas gehört, sich vielmehr mit einem Ende, wie es in den obigen Versen steht, abgefunden. Zeus ist ein anderer Name für die *φύσις*. Den Äther hat er nicht.

verbunden, welches in allem das Leben, Werden und Vergehen, bewirkte. Aus dem Chryses[1] des Pacuvius lesen wir folgende Verse:

> *Hoc vide circum supraque quod complexu continet*
> *terram* (Periphrase von *τὸ περιέχον*)
> *solisque exortu capessit candorem, occasu nigret,*
> *id quod nostri caelum memorant, Grai perhibent aethera;*
> *quidquid est hoc, omnia animat format alit auget creat*
> *sepelit recipitque in sese omnia omniumque idem est pater,*
> *indidemque eadem aeque oriuntur de integro atque eodem*
> *occidunt.*

Der hier unbenannte Allgott, der Äther, erhält den Namen Zeus in den überaus häufig angeführten Versen des Euripides, Fr. 941, die Cicero de nat. deor. II 65 übersetzt und zugleich den Enniusvers anführt *aspice hoc sublime candens, quem invocant omnes Iovem*. Einer der Verse des Pacuvius steht in demselben Buche 91; beide Stellen weisen auf Poseidonios zurück, er wird die Euripidesverse selbst angeführt haben[2]. Aber mit der Sympathie erhält dieser Glaube eine Ergänzung, minder so, daß Erscheinungen des irdischen Naturlebens ihre Erklärung in der Einwirkung kosmischer Kräfte finden (wo die Erkenntnis der Abhängigkeit der Gezeiten von

[1] Der Chryses war entweder eine nacheuripideische Tragödie oder eine ganz freie Bearbeitung des gleichnamigen sophokleischen Dramas, über das wir nichts wissen. Die Philosophie der obigen Verse ist für Sophokles so undenkbar wie die Verwerfung der Vogelschau bei Cicero de divin. I 131. Freie Bearbeitung traue ich dem Pacuvius zu. Die Verteilung der erhaltenen Bruchstücke zwischen Chryses und Dulorestes ist schwierig: daran hängt die Herstellung des Inhaltes.

[2] Reinhardt selbst führt die Pacuviusverse so an, daß es so aussieht, als spräche in ihnen die Lehre des Poseidonios, Kosm. u. Symp. 325. Sie beweisen, daß er den Sinn der alten Lehre, Zeus ist der Äther, das *περιέχον*, unterschätzt (Poseid. über Ursprung u. Entartung 9) und die Religion, die Poseidonios dem Moses zuschreibt, überschätzt (S. 11). *τὸ περιέχον ἡμᾶς ἅπαντας καὶ γῆν καὶ θάλατταν* (Strabon 761) ist nicht mehr als die Worte sagen; „uns alle" ist ganz natürlich, nachdem verschiedene Völker genannt waren. Dieses *περιέχον* läßt sich nicht durch etwas *τῶν παρ' ἡμῖν* darstellen, weder durch ein Tier, wie bei den Ägyptern, noch einen Menschen, wie bei den Hellenen, noch irgendwie sonst durch Baum oder Stein. Die Juden sind die *caelum metuentes*, wie schon Hekataios gesagt hatte. Wie konnte Poseidonios auch dem Moses seinen Gott zutrauen?

dem Monde auf ihren Entdecker stark eingewirkt haben wird), als in dem wahrhaft religiösen Gefühle des Menschen, der sich als ein mitwirkendes Glied des Kosmos empfindet und zugleich in allem der Gegenwart Gottes gewiß ist. Poseidonios hat sich in bewußtem Gegensatze zu Panaitios bemüht, den Zusammenhang mit der alten Stoa aufrechtzuerhalten, selbst wo es eigentlich seiner wissenschaftlichen Anschauung zuwiderlief, wie in der Annahme der Ekpyrosis[1], aber es genügt, seine hauptsächlichsten Definitionen anzuführen, um den Fortschritt zu erkennen. *τέλος* ist ihm *τὸ ζῆν θεωροῦντα τὴν τῶν ὅλων ἀλήθειαν καὶ τάξιν καὶ συγκατασκευάζοντα αὐτὴν κατὰ τὸ δυνατόν, κατὰ μηδὲν ἀγόμενον ὑπὸ τοῦ ἀλόγου μέρους τῆς ψυχῆς*[2]. Da ist die *φύσις* ausgeschaltet, dafür ist der Mensch ein Glied in der *τάξις* des All, das zu der Erhaltung der Ordnung und des Lebens in ihm mitwirkt. Ebenso ist die Gottheit über das Altstoische gesteigert: *πνεῦμα νοερὸν καὶ πυρῶδες οὐκ ἔχον μὲν μορφήν, μεταβάλλον δὲ εἰς ὃ βούλεται καὶ συνεξομοιούμενον πᾶσιν* (Aetius S. 302 D.). Und das Bewußtsein des Menschen, einen Teil der Gottheit in sich zu haben, gehört dazu, so daß die Lebensaufgabe wird *ἕπεσθαι τῶι ἐν αὐτοῖς δαίμονι, συγγενεῖ τε ὄντι καὶ τὴν ὁμοίαν φύσιν ἔχοντι τῶι τὸν ὅλον κόσμον διοικοῦντι,* nicht *τῶι χείρονι καὶ ζωιώδει* (Galen, Hipp. u. Plat. S. 449 M.). Der Dämon im Menschen kann so heißen, weil er unvergänglich ist und nach Abwerfung des Irdischen, das auch in der Seele ist, zu dem göttlichen *νοῦς* zurückkehrt. Das erhöhte das Gefühl der Menschenwürde und der Menschenpflicht und zugleich der Verwandtschaft mit den Gestirnen droben und hienieden mit Grashalmen und Gesteinen und erschloß das Verständnis für mancherlei in dem Leben der Natur. Freilich ist das *αἰτιολογικόν* und *ἀριστοτελίζον* schon bei den nächsten Schülern (abgesehen vielleicht von Diodoros) nicht mehr vorhanden, wie man es an der Methode des Asklepiodotos in Senecas naturales quaestiones sieht; der Rö-

[1] Stellen, die eigentlich auf die ewige Dauer des Kosmos führen, bei Reinhardt, Kosmos und Symp. 163. Die Jugend der menschlichen Kultur hatte immer auf einen Anfang der Welt geführt, wo denn Katastrophen, wie sie die Sagen von Phaethon und Deukalion an die Hand gaben, herangezogen waren.

[2] Clemens Str. II 497 P. Reinhardt, Kosm. und Sympath. 283, stellt die Lesart und das Verständnis richtig. Das letzte Satzglied gehört nicht mehr zu der Definition, sondern gibt eine von Clemens formulierte Erläuterung; gemeint ist das Richtige, wie die sogleich angeführte Galenstelle beweist.

mer besaß vollends nichts von wissenschaftlichem Sinne. Der war, wie die aristotelischen Probleme zeigen, auch im Peripatos bald abgewelkt. Zu leugnen ist auch nicht, daß Poseidonios selbst albernen Aberglauben wie die Einwirkung des Mondes auf die Mauseleber ungeprüft hinnahm, so daß die Ätiologie auch bei ihm auf die Stufe herabsinken kann, die sie zu unserem Ärger oft in Plutarchs Tischgesprächen einnimmt, wohl meist aus peripatetischen Quellen.

Bedeutsam, aber wenig glücklich war es, daß die Gottheit zugleich die Sonne sein und den Namen Zeus verdienen sollte, denn ihre Sphäre war nun einmal nicht die äußerste des Kosmos, geschweige das *περιέχον*, zu dem Euripides und Pacuvius als dem Zeus emporgeblickt haben. In der Sonne das Herz des Kosmos zu sehen war ein Rückschritt wie die Lokalisierung der Seele in dem Herzen des Menschen[1]. Und Aristarchos von Samos und Seleukos von Seleukeia hatten doch das heliozentrische System erkannt. Aber das mochte durch Hipparchos widerlegt scheinen, und Poseidonios konnte die Erde als *ὑποστάθμη καὶ ἰλὺς τοῦ παντός* (Plutarch fac. in orbe lunae 940e) und die unreine sublunare Welt nicht entbehren. Das hat weithin Beifall gefunden, während sein Zeus als die Sonne vielleicht noch spät zur philosophischen Rechtfertigung des orientalischen Sonnenkultus herangezogen ist. Eingewirkt hat auf Poseidonios ohne Zweifel die Astrologie, der er sehr starke Konzessionen gemacht hat; auch an den Einfluß der Konstellation bei Zeugung und Geburt auf das künftige Schicksal des Menschen hat er geglaubt. Auch nicht weniges in der kosmischen Theorie und gerade die hinreißenden Partien in dem Gedichte des Manilius dürfen wir auf ihn zurückführen[2]. Wie er über das Schicksal der Seele nach ihrer Trennung vom Körper gedacht hat, ist unzweideutig nicht überliefert, aber Reinhardt hat mit so viel *πειθανάγκη* den Schlußmythos in Plutarchs Dialog de facie in orbe lunae für ihn in Anspruch genommen, daß auch der Widerstrebende nachgibt. Aber eine Frage bleibt: für Plutarch ist es ein Mythos, neben

[1] Bei Theon von Smyrna, S. 188 Hiller, wird die Vergleichung der Sonne mit dem Herzen im Körper durchgeführt. Manilius IV 929 setzt die Seele in das Herz.

[2] Manilius mag zunächst Schüler des Poseidonios gehört oder ihre Schriften gelesen haben, wie es Seneca getan hat, aber es steckt ein Ethos in seinem Glauben, das ihm nur der Meister verleihen konnte.

dem der in de sera numinis vindicta steht[1]. Sollte es nicht auch bei Poseidonios so gewesen sein? Die Schilderung des Mondes mit seinen Schluchten kann nicht wohl anders gemeint sein als die Beschreibung der Erdoberfläche im Phädon. Als Sinn des Mythos bliebe immer, daß die Seele, weil sie nicht das reine göttliche *ἡγεμονικόν* ist, noch einer Befreiung von dem bedarf, was sterblich in ihr ist, von manchem „Erdenrest, zu tragen peinlich“. Solange sie den noch an sich trägt, bleibt sie in der sublunaren Welt, schwebt aber immer höher, je mehr sie ihn abstreift. Sobald das *ἡγεμονικόν* frei geworden ist, geht es in die Sonne ein, aus der es stammt, vereinigt sich mit der Gottheit. Damit ist eine Dauer der individuellen Seele ausgeschlossen. Auf die mythischen, an sich geistreichen Dichtungen von den Seelen auf dem Monde, den zweiten Tod, d.h. die Befreiung des *ἡγεμονικόν* von allem Irdischen in der Seele, eine verschiedene Behandlung der Seelen, die auf eine Erhöhung bevorzugter Seelen zu Dämonen deutet, einzugehen dürfte nicht nötig sein, denn auf diesem Gebiete hat Poseidonios keine Nachfolge gefunden.

Wichtig ist ihm geworden, was er der Kenntnis fremder Kulturen durch eigene Erfahrung und geschichtliche Studien entnahm. An einem Goldenen Zeitalter hielt er fest; aber die Menschen mußte sich doch erst aus nackter Hilflosigkeit herausarbeiten. Das haben sie dadurch erreicht, daß die Philosophen oder vielmehr die Weisen Könige waren. So war Ereignis gewesen, was Platon und Zenon für eine erwünschte Zukunft gehofft hatten. Alle Künste und Fertigkeiten, die jetzt für banausisch galten, hatten jene Weisen der Urzeit erfunden, ebenso wie sie die Gesetze gaben und die wahre Religion lehrten. Dies die Hauptsache. Aus der Urgeschichte der verschiedenen Völker entnahm Poseidonios,

[1] Bei Plutarch gehört der Mondmythos zu der Offenbarung, die ein Reisender mitgebracht hat (zugleich auch aus altkarthagischen, von ihm entdeckten Aufzeichnungen), also auch zu dem Mythos von Kronos, der auf einer Insel des Nordmeeres (des *Κρόνιον πέλαγος*) in einer Höhle schläft. Das hängt also zusammen mit der inhaltlich identischen kurzen Angabe in de defectu oraculorum 419e, und da ist der Reisende Demetrios von Tarsos, der wirklich in Britannien gewesen ist und das Nordmeer befahren hat, da sich in York zwei Weihungen von ihm erhalten haben, Dessau, Herm. 46, 157. Wie viel Demetrios keltischen Erzählungen zugefügt habe, stehe dahin. Plutarch verwertet jedenfalls gutgläubig, was er gehört hat.

daß eine Offenbarung der reinen Religion ihnen allen zuteil geworden wäre; berühmte Namen wie Zamolxis, Zoroaster, Moses, Minos und Lykurgos usw. standen zur Verfügung, und die meisten hatten ihre Lehre von einem Gotte empfangen[1]. Also hatte ein Verkehr der Gottheit mit den Menschen stattgefunden, in der Goldenen Zeit reger als später und jetzt, aber abgerissen konnte er nicht sein. Die Folgerungen, die sich aus dieser Anschauung ergeben, sind gewichtig. Die Erweiterung des Blickes führt dazu, die Frage nach Entstehung und Entwicklung der Religion allgemein zu stellen, die Betrachtung wird wirklich weltgeschichtlich. Wenn die Vollkommenheit in den Anfängen lag, so ist die Entwicklung von einem bei den Völkern früher oder später eintretenden Zeitpunkte an Entartung, und das gilt für die ganze Kultur. Die Welt, in der Poseidonios lebte, war dazu angetan, solchen Pessimismus zu wecken. Ob er ihn schon empfand, als er seine Geschichte zu schreiben begann? Des weiteren ergab sich der Glaube an göttliche Offenbarung in den einzelnen heiligen Schriften; das hat bei dem Mangel an philologisch-historischer Kritik sehr üble Folgen gehabt. Dasselbe gilt noch in höherem Grade von der Rehabilitierung der Mantik gegenüber Karneades und Panaitios. So gut sich dieser Glaube in die großartige Auffassung der allgemeinen Sympathie im Kosmos fügt, so daß auch im Vogelfluge die Gottheit wirkt und die verwandte Seelenkraft des Menschen erkennen kann, was die Gottheit anzeigt, praktisch läuft es doch auf den Aberglauben des Chrysippos hinaus[2]. Praktisch wird es unwesentlich, wie die Theorie über die Orakel spendenden Götter Apollon, Trophonios usw. denkt, wenn die Orakel von Gott stammen. Die Zeit des Poseidonios kümmerte sich wenig um Prophezeiungen; das hat sich später sehr geändert, und daß ein

[1] Die allmählichen Fortschritte in der Gesittung der Menschen waren seit Demokritos, auch wohl von der Sophistik, öfter geschildert; dabei waren auch Lehrmeister eingeführt, wie bei Horaz ars 391 *sacer interpresque deorum Orpheus* die Menschenfresserei abschafft und dann Dichter eingreifen und erziehen. Aber die Weisen des Poseidonios sind doch ein neuer Gedanke, gegen den Seneca, epist. 90, protestiert, weil ihm das Handwerk der Philosophen unwürdig scheint; sehr römisch.

[2] Ich kann mich nicht mehr auf den Kampf um die Analyse von Ciceros Büchern de divinatione einlassen. Aber an den seltsamen Peripatetiker Kratippos, der den Poseidonios entlasten soll, kann ich nicht glauben.

Mann von solchem Range sogar die Etrusca disciplina anerkannte, leistete dem Wahnglauben Vorschub; der Haruspizin war freilich nicht mehr zu helfen. Er hat sich berechtigt gehalten, die Juden im Tempel schlafen zu lassen, um Traumorakel einzuholen, vermutlich weil er wußte, daß dies die älteste Form für die Einholung göttlichen Rates war. Das beweist einmal, daß er nicht für nötig hielt, sich über die Tatsache zu unterrichten, zum anderen rechtfertigt es den ganzen Asklepiosschwindel, der damals ziemlich geringe Zugkraft besaß, aber bald um so mächtiger ward. So steht Poseidonios zwischen zwei Zeiten, noch fähig, eine in sich geschlossene Weltanschauung von imponierender Tiefe zu erbauen, aber es ist doch etwas darin, das auf die Zukunft weist, die sich auf eine Offenbarung an göttlich inspirierte Menschen beruft und auch selbst göttliche Weisungen zu erhalten glaubt, und wenn bei ihm die *συμφυία* und *συμπάθεια* des Kosmos etwas Großartiges ist und auch eine Wahrheit enthält, so ist daraus ganz wesentlich die Rechtfertigung des astrologischen Glaubens geworden, an dessen Herrschaft er mitschuldig ist. Aber groß steht er da als die letzte geistige Größe des Hellenismus, wie sein Rhodos die letzte Burg hellenischer Freiheit und Wissenschaft ist. Beider Tage waren gezählt.

Daß es mit aller vorwärtsstrebenden Philosophie zu Ende ging, zeigt sich augenfällig darin, daß die Akademie des Philon sich genötigt sieht, den rhetorischen Unterricht mit zu übernehmen, ein Abfall von Platon, aber praktisch, weil die studierenden Römer danach verlangten, und daß dann eine neue Richtung siegte, weil sie auf die skeptische Haltung des Karneades verzichtete. Dafür trat nun die radikale Skepsis des Ainesidemos hervor, die jede Möglichkeit eines wirklichen Wissens leugnete. Sie stammte aus einer einflußreichen Ärzteschule, die sich gegen Ende des dritten Jahrhunderts in Alexandreia gebildet hatte. Für die Medizin hatte der Standpunkt seine Berechtigung, sich allein auf die Empirie zu stützen; das kam in Wahrheit aus der Praxis; man suchte sich aber eine Begründung allgemeiner Art zu schaffen und berief sich auf Pyrrhon, bei dem aber schwerlich mehr als die Negation des Wissens als Thesis zu holen war[1]. Zunächst hielt sich diese Philo-

[1] Er hatte nicht geschrieben, und Timon ist wenigstens bei Sextus nicht stark benutzt. Bei ihm stammt das meiste in der eigentlichen Begründung von Karneades-Kleitomachos; so wird es wohl auch bei Ainesidem gewesen sein.

sophie nur in der ärztlichen Schule, die am Anfange des ersten Jahrhunderts in Herakleides einen Vertreter hatte, der nach allen Seiten eine achtungswerte Bildung besaß. Ainesidemos war sein Schüler, ergriff geschickt den günstigen Moment, wo die Akademie zum Dogmatismus zurückkehrte, und begründete eine neue pyrrhonische Skepsis, die sich wenigstens unter den Ärzten dauernd hielt. Die Empirie konnte sich wohl mit einem Rationalismus vertragen, wie ihn etwa Polybios tatsächlich befolgt hatte. Sie mochte auch in der Grammatik anerkannt werden, als diese weder mit dem Prinzip der Anomalie noch dem der Analogie die beobachteten Tatsachen restlos erklären konnte, hat auch sonst nach manchen Seiten auf die wissenschaftlichen Methoden gewirkt[1], aber als praktische Lebensphilosophie konnte sie niemals in weitere Kreise dringen. Die Menschen wollten nicht selbst φιλοσοφεῖν, sich einen Glauben erkämpfen, die Gegensätze der Schulen waren ihnen lästig, weil sie mindestens selbst wählen mußten. Daher fand Epikur viele Gläubige, der eine leicht faßliche fertige Lehre bot. Lucrez zeigt, wie ein ernster Mann in ihm geradezu einen Erlöser sehen konnte. Aber die entrüstete Ablehnung der angeblich unsittlichen Lustlehre, die sich in allen Tönen äußerte, schreckte viele ab. Sie dachten, es müßte doch in allen Systemen etwas Gutes stecken; das sollte herausgenommen werden, auf die spitzfindigen Kritiken käme doch nichts an; auf einen Gott und auf persönliche Unsterblichkeit mochte man auch nicht verzichten. Diesem Wunsche hat eine Erneuerung der pythagoreischen Lehre Rechnung getragen, borgte bei Platon und Aristoteles, auch bei der Stoa und schob den großen Namen des alten Weisen oder eines seiner Schüler vor. Das Aufkommen dieser an sich geringwertigen, aber keineswegs einflußlosen Neupythagoreer liegt noch im Dunkel, aber gegen Ende des zweiten Jahrhunderts ist es vorhanden, älter als die Schwenkung in der Akademie. Cicero hatte sich der Akademie angeschlossen, als sie noch skeptisch war, und er hat die dort übliche Diskussion der anderen Dogmen nicht aufgegeben, hält auch gern die ἐποχή theoretisch fest. Allein er hatte seinen Glauben, hielt sich am liebsten an Platon selbst, was ihm die Akademie gestattete; aber namentlich in der Ethik zog ihn auch die Stoa an, mit der er ebenfalls seit seiner Studienzeit Verbindungen hatte. Da mußte ihm die Vermittlungsphilosophie des Antiochos

[1] Deichgräber, Die griech. Empirikerschule 323.

von Askalon willkommen sein, der erst als Abtrünniger, dann als Leiter der Akademie behauptete, Platon, Aristoteles und Zenon wollten eigentlich dasselbe und der Wortstreit um die Formulierungen müßte aufhören. Antiochos ist für uns als Mensch nicht faßbar[1]; von seinen Schriften haben wir keine originalen Proben. Ob sie sich weiter erhielten, wissen wir nicht, und ich vermisse jede sichere Spur. In der Akademie selbst ist bei dem nächsten Schulhaupt, bei Ammonios, dem Lehrer Plutarchs, nichts von Antiochos zu bemerken. Die Vermischung in Wahrheit unvereinbarer Lehren und ihre Umbiegung geht freilich weiter. Aber ist damit die Abhängigkeit von der Person gegeben, der man doch keine wissenschaftliche Tat, keinen originalen Gedanken nachrühmen kann? Cicero hat den Antiochos freilich gern benutzt, aber auch da ist die Gefahr nicht gering, daß alles mögliche von Antiochos stammen soll, wie bis vor kurzem allzuviel poseidonisch hieß.

Poseidonios hat auch über die Götter und über Dämonen und Heroen geschrieben[2]; aber was er von den Heroen hielt, scheint ganz unbekannt. Dämonen wohnten in dem Luftraum, der von der Erde bis zum reinen Äther reichte, und wirkten auch auf die Menschen ein, wohl als Vermittler zwischen Göttern (oder der Gottheit) und Menschen; es mochten auch wohl Seelen darunter sein, die in demselben Luftraume schwebten[3]. Götter muß er auch anerkannt haben, wenn der Kosmos ein *σύστημα ἐκ θεῶν καὶ ἀνθρώ-*

[1] Strabon 759 verzeichnet unter den bekannten Askaloniten *Ἀντίοχος ὁ φιλόσοφος μικρὸν πρὸ ἡμῶν γεγονώς*; bezeichnend, daß er keine Schule nennt. *πρὸ ἡμῶν* bedeutet, „vor meiner Geburt"; Antiochos ist also älter als Poseidonios, den er zu den *καθ' ἡμᾶς φιλόσοφοι* rechnet (753). Für Laertios ist die Akademie mit Kleitomachos zu Ende. Ob Philodem unter Philon herunterging, läßt sich nicht entscheiden.

[2] Das einzige Fragment dieser Schrift bei Macrobius I 23, 7 schreibt den Dämonen eine *ex aetheria substantia parta atque divisa qualitas* zu und stellt demgemäß die Etymologien *ἀπὸ τοῦ δαιομένου*, i.e. *καιομένου* oder *δαιομένου*, h.e. *μεριζομένου* zur Wahl, sehr ungrammatisch, denn „der geteilte" konnte *δαίμων* unmöglich sein.

[3] Bei Strabon 468 heißt Iakchos Stifter der Mysterien und *τῆς Δήμητρος δαίμων*. Danach konnten die *πρόπολοι* der Götter Dämonen heißen; es wird wohl von Poseidonios stammen. Iakchos als Archeget der eleusinischen Mysterien ist auffällig; es wird aber nicht mehr bedeuten, als daß er von Dionysos unterschieden wird und sein Ruf zu der Prozession gehörte, ohne die man sich die Mysterien gar nicht denken konnte.

*πων καὶ τῶν ἕνεκα τούτων γεγονότων* war (Laert. VII 138) und wenn es eine Mantik gab, die auf dem unmittelbaren Verkehre von Göttern und schlafenden Menschen beruhte (Cic. de divin. I 64). Aber wie sich diese Götter dem Systeme einordneten und wie sich die Götter des Kultus zu ihnen verhielten, scheint nicht überliefert oder mit Sicherheit zu erfassen. Als er schrieb, waren sehr verschiedene Deutungen der Götter aufgestellt, eigentlich schon seit Homer, denn wenn dieser Ares für Krieg und Hephaistos für Feuer sagt, so behandelt er diese fremden Götter nicht anders als die Theologie, welcher die Tragiker folgen, nach der Apollon die Sonne, Artemis der Mond sein sollte. Diese Theologie will damit die Götter keineswegs leugnen; aber wenn Prodikos meint *τὰ τρέφοντα καὶ ὠφελοῦντα θεοὺς νενομίσθαι* (Fr. 5 D.), so sind die Personen aufgehoben, und wenn Kritias die Götter für die Erfindung eines klugen Staatsmannes erklärte, um das Volk durch Schreckmittel zu gesittetem Leben zu bringen, war die Religion überhaupt zu einem Truge gemacht. Daß die Mythen von den Dichtern stammten, war nie verkannt, aber sie konnten von der Muse die Wahrheit erfahren haben und sie nur unter der Hülle des Mythos verbergen, wo dann die *ὑπόνοια* gesucht werden mußte. Die Stoa hat die Zurückführung der Götterpersonen auf Naturkräfte und auf *πάθη*, Leidenschaften, durchgeführt[1] und von der Allegorie den weitesten Gebrauch gemacht. Die mythische und die sozusagen politische Götterlehre, beide zur Erziehung des Volkes nützlich, werden von Strabon 19 in eigentümlicher Weise verbunden; hinzutritt *ἡ νῦν φιλοσοφία*, die nur wenigen zugänglich ist; die ältesten *φυσικοί* wären noch *μυθογράφοι* gewesen (20). Das ist seine eigene Überzeugung, entspricht also der stoischen Philosophie, wie er sie gelernt hat; er war dem Poseidonios nicht gewogen. Da liegen die drei Theologien zugrunde, die Panaitios aufgestellt hatte (oben S. 394), wenn er sie nicht übernahm. Jeder Philosoph wird seine Lehre für richtig gehalten haben; dabei konnten die anderen mythisch heißen, wie Platons unsterbliche Seele für Panaitios. Auch Poseidonios (Aetios S. 295 D.) kennt drei *εἴδη*, welche zu der Verehrung der Götter geführt haben, *φυσικόν*, *μυθικόν* und *τὸ ἐκ τῶν νόμων*. Für ihn ist das *φυσικόν* die wirkliche Offenbarung der wahren Gottheit in der Betrachtung des *καλόν*, der Schönheit des Kosmos,

[1] Es genügt, auf die Auszüge aus Chrysippos bei Philodem *εὐσεβ.* 77. 79 G. und daneben auf Porphyrios bei Eusebios praep. ev. III zu verweisen.

zunächst des Himmels und der Gestirne[1]. Das macht diesen Abschnitt überaus wertvoll[2]. Nur lehrt er über die Götter der Dichter und des Staatskultes nichts. Wohl aber läßt sich manches über die Stellung des Poseidonios zum Kultus aus dem Abschnitte über die Kureten schließen, den Reinhardt dem Poseidonios zugewiesen hat, Strabon 466ff. Es waren schon früher ähnliche Kulte zusammengestellt und identifiziert oder unterschieden; Strabon bringt darüber einiges aus Demetrios von Skepsis; die Absonderung ist nicht immer leicht und sicher. Aber Poseidonios zog gern alles Hellenische und Barbarische heran, um aus der Übereinstimmung zu erschließen, was die Urweisheit erkannt und wie sie dieser Wahrheit nur die verschiedenen Mythen zugefügt hatte. *Πᾶς δὲ ὁ περὶ τῶν θεῶν λόγος ἀρχαίας ἐξετάζει δόξας καὶ μύθους, αἰνιττομένων τῶν παλαιῶν ἃς εἶχον ἐννοίας φυσικὰς περὶ τῶν πραγμάτων καὶ προστιθέντων ἀεὶ τοῖς λόγοις τὸν μῦθον* (474). Darin liegt einmal, daß der Mythos etwas Sekundäres ist, zum zweiten, daß man die Kulte und Riten vergleichen muß, endlich daß ihnen eine Erkenntnis zugrunde liegt, also eine Wahrheit, die nur von den Göttern, schließlich von der Gottheit des Poseidonios stammt. Es sind hier alles enthusiastische Tänze und Gesänge oder andere Musik. Da greift Poseidonios auf Platons Gesetze 653d zurück (467), auf den dem Menschen eingeborenen Sinn für Harmonie und Rhythmus, der zu Tanz und Musik führt, und auf den Wert von beiden für die Erziehung und Bildung. Aller Gottesdienst geschehe *μετὰ ἀνέσεως ἑορταστικῆς*, diene der festlichen Erholung, wir können sagen, der Sonntagsruhe. Denn diese Ruhe von der täglichen Arbeit führt den *ὄντως νοῦς*, also das Göttliche im Menschen, zu der Gottheit. In dem Enthu-

[1] Es verrät sich der Astrologe, wenn er in diesem Zusammenhange die *εἴδωλα* des Zodiakus nennt und die Verse Arats anführt, die sie aufzählen. Gleich als ob sie am Himmel unterschieden werden könnten und besondere Schönheit besäßen. Und wenn er dann Verse aus dem Sisyphos des Kritias anführt, aber unter dem Namen des Euripides, so weiß er nichts von der Kritik der Grammatiker, und der Gottesleugner nennt den Himmel ein *χρόνου ποίκιλμα, τέκτονος σοφοῦ*; das paßt schlecht zu der Erkenntnis der Gottheit im Anblicke des Sternhimmels.

[2] Wer ihn würdigt, muß erkennen, daß die folgenden sieben *εἴδη* sieben *τρόποι* bei Clemens Protr. 22P., mit dem Stücke aus Poseidonios nicht zusammenhängen, während sie für Wendland in seinem Aufsatze, Archiv Gesch. der Philos. I, ein Hauptbeweis waren. Berührungen sind vorhanden; wir werden also einen jüngeren Vermittler anerkennen müssen.

siasmus aber erfolge eine *θεία ἐπίπνευσις*, der Mantik vergleichbar[1]. Die Gottheit wirkt also tatsächlich ein. Damit sind gerade diejenigen Gottesdienste anerkannt, an denen und ihrer Ekstase viele, auch gerade Platon, Anstoß genommen hatten. Ausartung, zumal der Musik, gibt Poseidonios zu, sie sah er ja überall im Verlaufe der Geschichte, aber in der Urzeit waren die Menschen, zumal die Weisen, der Gottheit näher gewesen[2]. Er hat Verständnis für das Religiöse, wie wir es kaum irgendwo finden, für das, was den Hellenen freilich erst durch die Aufnahme des Dionysos zugekommen war.

Damit erhebt er sich über die am Mythos klebende und einen dem Verstande faßbaren Sinn unterschiebende Theologie des Chrysippos, erhebt sich aber auch über das große Werk des Atheners Apollodoros *περὶ θεῶν*, in dem die Betrachtungsweise der alexandrinischen Grammatik kulminiert; Poseidonios scheint es unbeachtet gelassen zu haben, wie er überhaupt im Gegensatze zu Panaitios zu der Grammatik keinerlei Verhältnis hat[3]. Die Auffassung der homerischen Götter ist wie die Gestaltung des Textes von Aristophanes begründet; vielleicht hat sein Schüler Aristarch auch die Methode von ihm übernommen, von Homer auszugehen und die *νεώτεροι* von Hesiod an beiseite zu schieben. Dabei ergaben sich richtige Beobachtungen, z.B. daß Homer den Dionysos als Geber des Weines nicht kennt, in anderem mußte sich die Verkennung der Geschichte fühlbar machen. Apollodor, der den

[1] Hier ist die Sprache, wie Reinhardt fein bemerkt, so eigentümlich und so tief, hebt sich von Strabon so stark ab, daß sie allein schon den erhabenen Stil des Poseidonios erkennen läßt.

[2] Allgemein glaubt man an *πρόπολοι* der Götter, die meist auch orgiastische Handlungen vornehmen. Das geschieht im Kultus durch Menschen. Damit ist in der Tat erkannt, was diese *μίμησις* ursprünglich war, also auch der Ursprung der Tragödie.

[3] Wenn Kultnamen des Zeus im Buche von der Welt und in Dions Olympikos von Poseidonios stammen, so beweist das keine Benutzung einer bestimmten grammatischen Quelle; es sind geläufige Namen, für die er kein Buch aufzuschlagen brauchte. – Zwei Verbesserungen zum Texte Strabons mögen hier Platz finden. S. 469 nennen die Phryger die Rhea *Ἄγδιστιν καὶ Φρυγίαν θεὸν* ⟨*καὶ*⟩ *μεγάλην*; ergänzt hat Leo, ich weiß nicht, ob er es veröffentlicht hat. Die magna mater durfte nicht fehlen. Die *μεγάλη θεός* von Lemnos und Halonnesos (IG. XII 8, 45) mochte auch für dieselbe gelten. 474 *τὸ περὶ τὰς Διονυσιακὰς τελετὰς* (*τέχνας* codd.) *καὶ τὰς Ὀρφικάς*.

Aristarch gehört hatte, unternahm es, alles zusammenzufassen, was über die hellenischen Götter (die fremden scheint er grundsätzlich ausgeschlossen zu haben) aus der Literatur zu entnehmen war; auch den Kultus zog er heran, wenn er namentlich durch die *ἐπικλήσεις* etwas für das Wesen des Gottes ergab, wo denn auch einzelne *αἴτια* mitgeteilt wurden; *ἐπικλήσεις* waren schon vor Lykophron gesammelt. Einzeln wird auch ein Götterbild erwähnt. Aber die Mythen der Dichter blieben ausgeschlossen. Apollodor glaubte, daß die Etymologie der Götternamen und Beinamen imstande wäre, die Bedeutung des Gottes zu erschließen, denn das wollten sie alle, auch wenn sie scheinbar Ortsbezeichnungen wären wie *'Αλαλκομενηίς* und *Κυλλήνιος*, die er gewaltsam umdeutete. Wir kennen die Methode am besten aus der Behandlung des Apollon (S. 1046–1063 Jac.), deren Ergebnis ist, daß schon Homer die Sonne in ihm gesehen haben soll (S. 1053). Kein Zweifel, daß er ebenso in Artemis den Mond gesehen hat. Ein Vorzug von ihm war, daß er sich davon fernhielt, Götter verschiedenen Namens auf einen zurückzuführen (Fr. 103), was wir bei Aphaia und Laphria getroffen haben; er mußte dann Götter, die im ganzen dasselbe Element waren, wie Rhea, Ge und Demeter die Erde, feiner differenzieren, wie wir es auch tun müssen. Da uns die Etymologien kalt lassen, steckt der Wert seiner Arbeit für uns in den mitgeteilten Tatsachen, ist aber unschätzbar. Wo das fehlt, wie in dem Abschnitt *περὶ τοῦ ἅιδου*, Fr. 102, in dem außer Etymologien nur Homer erklärt wird, lernen wir kaum etwas. Wie steht es nun um das Wesen und die Göttlichkeit der Personen, welche die Menschen verehren und die Dichter, Homer an der Spitze, handelnd einführen? Viele mögen sich auf ein Element zurückführen lassen, Sonne, Mond, Erde. Ist damit aber gesagt, daß in diesem Elemente ein Gott steckt, wie die Sonne für Poseidonios Zeuß heißen konnte, oder war das ein kindlicher Glaube, über den wir hinaus sind? Ich habe gleich im ersten Kapitel (I S. 26) darauf hingewiesen, daß Aristophanes von Byzanz beobachtet hat, Homer führe neben seelischen Regungen, *πάθη*, einen Gott an, der sie errege, und verwende für das *πάθος* und den Gott dasselbe Wort. So urteilt auch Apollodor. Es möge hier ein Scholion des Moschopulos zu Hesiods Erga S. 36 Gaisf. stehen, das Reinhardt[1] glücklich heraus-

[1] De Graecorum theologia S. 109. Ich folge überhaupt seiner Darlegung. Den Grund zum Verständnisse Apollodors hat er gelegt; der Stoff der Tatsachen, deren Kenntnis wir dem Apollodor verdanken, ist

gehoben und auf Apollodor zurückgeführt hat: ἰστέον ὅτι πάντα οἱ Ἕλληνες ἃ δύναμιν ἔχειν ἑώρων οὐκ ἄνευ ἐπιστασίας θεῶν τὴν δύναμιν αὐτῶν ἐνεργεῖν ἐνόμιζον; beides hätten sie dann mit demselben Worte bezeichnet. Das war klar bei Γῆ und Οὐρανός, bei Φόβος und Ἄτη, und der Etymologe forderte demnach, daß es ähnlich mit allen Namen stehen müßte, wenn auch der Name der großen Götter, der zum Eigennamen geworden war, nur eine Seite ihres Wirkens kennzeichnete, Artemis z.B. ἀπὸ τοῦ ἀρτεμεῖς ποιεῖν benannt war (S. 1049 Spalte 4 Jac.); da mußten die anderen ἐπικλήσεις zur Ergänzung herangezogen werden. Was diese Grammatiker lehrten, daß überall, wo eine ἐνέργεια sich fühlbar machte, ein wirkender Gott geglaubt ward, ist in der Tat dasselbe, von dem ich ausgegangen bin, daß jedes κρεῖττον das Prädikat Gott erhielt und so zu einer Person ward oder werden konnte. Das schätze ich als eine bedeutende Erkenntnis. Aber ob Apollodor an den Gott, dessen Ursprung er so durchschaute, oder doch an eine göttliche Kraft in dieser ἐνέργεια glaubte oder umgekehrt alle Götter mit der Erklärung, wie der Glaube an sie entstanden sei, für abgetan hielt, das können wir nicht entscheiden, nicht einmal, ob er sich überhaupt darüber ausgelassen hat. Er paßt sehr gut in die Zeit des Panaitios[1].

Apollodor hat die Tatsachen über Lokalkulte, Beinamen und

sicherlich viel größer, und man soll ihn sammeln, auch wo die Zurückführung nur an sich wahrscheinlich ist, weil es uns wesentlich auf den Stoff ankommt.

[1] Ein paar Bemerkungen zu den Fragmenten. 89. Auf dem Papyrus ist ein Π vielmehr τι, ἐτί[θε]σαν δὲ τὸν κάλαθον ταῖς νύμφαις σὺν τῶι ἱστῶι καὶ τοῖς ἔργοις τῆς Περσεφόνης. Das ist das Ritual an den parischen Thesmophorien. Der Webstuhl, an dem noch eine angefangene Arbeit der Persephone hängt, war im Heiligtum. Es folgt die Geschichte, daß ihn Demeter, als sie die Mysterien stiftete, dem König Melissos und seinen sechzig Töchtern geschenkt hat. Die werden zu Nymphen erhöht sein. 101. περὶ τοῦ τῶν Ἡσυχιδῶν γένους καὶ τῆς ἱερατείας. 102 sind die Verse des Melanippides und Likymnios entstellt; ich hatte das schon früher in Ordnung gebracht. καλεῖται δ' ἐν κόλποισι γαίας ἄχε' ἀιόσιν (ἀχαιοῖσιν codd.) προχέων Ἀχέρων. Bei Likymnios darf Ἀχέρων nicht eingeschoben werden, dahinter καὶ πάλιν [Ἀχέρων] „ἄχεα πορθμεύει βροτοῖσιν". In den Vers gehört nicht, was ihn zerstört. In dem zweiten Ἀχέρων sehe ich jetzt ein Glossem. 107. Theophrast über die κύρβεις steht bei Porphyrios abstin. II 21. 143. Der Apollodor, den Donat zum Phormio anführt, ist der Komiker aus Karystos.

Kultbilder der reichen Literatur über einzelne Landschaften und Städte, auch wohl Periegesen, entnehmen müssen, die vor und neben ihm entstand. Darunter war überaus Wertvolles; wir verdanken über Sparta ziemlich alles dem Sosibios, der Ruhm des Polemon ist verdient; an Schwindel fehlte es auch nicht; Mnaseas von Patara (oder Patrai, sicher läßt sich zwischen den Ortsnamen nicht wählen) hat es darin besonders arg getrieben, unbegreiflich, daß er so oft benutzt worden ist. Lokalschriften und Periegesen sind immer weiter entstanden; die letzteren mußten von Zeit zu Zeit dem gegenwärtigen Zustande angepaßt werden. Uns kommen so in der späten, zumal der grammatischen Literatur versprengt wertvollste Tatsachen und alberne Aitia in Menge zu, deren Benutzung scharfe Kritik verlangt, da die ursprüngliche Herkunft, oft auch der Vermittler unerreichbar sind. Was Götter und Kulte angeht, muß einmal zusammengefaßt werden, am besten so, daß die ganze antike Theologie, Theorie und Praxis, durch alle Zeiten verfolgt wird, denn es hat sich gezeigt, daß die Byzantiner bis auf Eustathios, Pediasimos und Moschopulos Wertvolles erhalten haben, das von der Spreu gesondert werden muß, die freilich nicht wieder mitgeführt werden darf. Hier sei nur auf zwei reiche Sammlungen von theologischem Stoffe hingewiesen, die mindestens in die Zeit Apollodors oder dicht hinter ihn gehören und ganz andere Ziele verfolgen. Bei Philodem *π. εὐσεβείας* sind mit Anführung der erlesensten Gewährsmänner massenhaft Mythen von bestimmten Gesichtspunkten aus gesammelt (dienstbare, verwundete, kranke Götter u. dgl.), aber auch Göttergenealogien und Identifikationen mehrerer Personen. Jetzt dient alles dem polemischen Zwecke des Epikureers, aber es ist nicht gesagt, daß es für ihn gesammelt ist[1]. Leicht stellt man dazu die Kataloge von Liebschaften der Götter, ihren Gräbern u. dgl., die sich bis in so ungebildete Schriften wie den Clemensroman verstreut finden, meist der Angabe der Zeugen entkleidet. In der Form entspricht das den knappen Verzeichnissen am Schlusse von Hygins Fabel-

[1] Apollodor ist einmal genannt, S. 64 G., aber das konnte in einem methodischen Abschnitt stehen. Gesetzt, Philodem hinge von seinem Schulgenossen Phaidros ab, so würde das gar nichts helfen, denn die Gelehrsamkeit ist nicht epikureisch. Bei Apollodor war sie nicht zu finden. – Es wird sich in diesem Buche Philodems viel weiter kommen lassen, aber dazu ist eine Vergleichung des Textes und eine Ordnung der Kolumnen nötig.

buch und auch den seltsamen Zerteilungen der großen Götter in so und so viele Zeus, Hermes, Asklepios usw., wie sie zuerst Cicero im dritten Buche de natura deorum vorlegt. Von zwei Herakles hatte schon Herodot, II 43, gehandelt; auf Dionysos ließ sich das leicht übertragen, aber bis zu dem Systeme, das hier vorliegt, war noch ein weiter Weg, und wenn auch fremde, namentlich ägyptische Götter hereingezogen werden, bleiben doch Unterscheidungen, die wir schlechthin nicht verstehen. So wie Cicero schon ein knappes Verzeichnis vorgefunden hat, ist es nur ein Auszug aus einer systematischen Behandlung, und wenn die Vermutung zutrifft[1], daß der Auszug im aristotelischen Peplos gestanden hat, hilft das nichts zu der Erkenntnis, wann und in welchem Sinne diese Theorie aufgestellt ist. Das sind Rätsel; wir wissen eben zuwenig über den Reichtum der hellenistischen Gelehrsamkeit und der gesunden und verkehrten Richtungen ihrer Forschung.

Unser Weg durch die hellenistische Periode hat schon mehrfach bis zu ihrem Ende geführt. Wir erstrecken sie bis zu der Alleinherrschaft des Augustus, weil diese ein Epochenjahr der Weltgeschichte ist und der Sturz der letzten makedonischen Dynastie mit ihr zusammenfällt. Aber Ägypten hat durch das Mißregiment des Euergetes II. seine Stellung als geistige und wissenschaftliche Vormacht verloren, im Grunde auch die politische Selbständigkeit. Auf dem Lande gewinnt in der Mischbevölkerung das ägyptische Element immer mehr die Überhand. Das Leben in den anderen hellenischen Landen ist längst eine Agonie. Ein Jahrhundert nur nach dem Tode Alexanders behauptet das Hellenentum die Höhe seiner Übermacht. Das Aufkommen der Arsakiden im Osten und die Unterwerfung der Westhellenen durch Rom setzen ihr bereits ihre Grenzen, und da, wo Polybios zu erzählen anfängt, beginnt der Niedergang, geistig nicht weniger als politisch. Im Schatten der römischen Oberherrschaft hat Sizilien unter Hieron, Asien unter den Attaliden noch gute Tage gesehen; wir dürfen Rhodos, gewissermaßen auch Athen, dazurechnen. Aber wo immer die römischen Beile und die römischen Kapitalisten hinkommen, vergießen sie das hellenische Blut oder saugen es aus. Aus Tarent oder Neapel kommt kein namhafter Mann mehr, und Ta-

[1] W. Michaelis De origine indicis deorum cognominum, Berlin 1898.

rent war doch für die Italiker des Südens eine Erzieherin gewesen und hatte Rom das Sühnfest der Säkularfeier und den ersten Kunstdichter gegeben. Sizilien verstummt ganz mit dem Tode des Archimedes, und nur der entsetzliche Sklavenaufstand, dessen Greuel Poseidonios schildert, macht noch einmal von ihm reden. Als Rom nach dem Osten übergreift und die Macht Makedoniens bricht, werden Epirus und Ätolien geradezu ausgemordet; sie existieren so gut wie nicht mehr. Der Sturz des makedonischen Königtumes und der Aufstand des königstreuen Volkes bereitet diesem Lande das gleiche Schicksal, denn Rom versäumt seine Pflicht, die Nordbarbaren abzuwehren. Dem Seleukidenreiche zerschneidet der römische Friedensvertrag von 188 den Lebensnerv, so daß es langsam verblutet, wozu die Senatspolitik dauernd mithilft. Nachdem Rom eine Weile zugesehen hat, wie sich die Peloponnesier gegenseitig zerfleischten (sie hatten es in den Zeiten des Aratos und Kleomenes kaum anders getrieben), besiegelt die Zerstörung von Korinth das Schicksal der Halbinsel. Mit wenigen Ausnahmen wird Hellas ein Teil der Provinz Makedonien. In Asien beginnt der Verfall mit dem Aussterben der Attaliden schon durch den Aufstand der rechtlosen Stände des Inneren[1], der erst durch die Schuld Roms bedrohlich wird. Das Weitere besorgen die Erpressungen der senatorischen Prokonsuln und der Steuerpächter des Ritterstandes; es nisten sich auch überall die italischen Wucherer ein. Überall muß die Göttin Roma, auch wohl der Senat, den Kultus finden, der einst den Königen dargebracht war; aber man hätte lieber *θεοὶ ἀποτρόπαιοι* zur Abwehr dieser verderblichen Mächte angerufen. Die hellenische Wissenschaft und Bildung flüchtet sich nach Rhodos, aber Rom schafft den Freihafen Delos, vor allem für den Handel mit den Sklaven, sehr oft von den Piraten geraubten Hellenen; eine erwünschte Folge war der wirtschaftliche Niedergang von Rhodos.

[1] Nur zuerst ist Anhänglichkeit an das Königshaus treibend, solange der Aufstand in der Äolis einen Prätendenten auf den Schild zu heben versucht, was mißlingt, weil die Hauptstadt nicht mitmacht. Gefährlich wird die Bewegung, weil sie im Innern auf einen Umsturz der Gesellschaft abzielt. Da werden sich die allmählich hellenisierten, aber in Rechtlosigkeit gehaltenen Nachkommen der alten Bevölkerung, die *λαοί*, empört haben. Die hatte es doch auch in den alten ionischen Städten, Milet und Priene, gegeben, wo sie später verschwunden sind, ohne daß wir wissen, wann und wie. Das ist auch weithin im Inlande erreicht worden.

Delos brachte dem Staate Athen vielleicht wenig ein, weil er keinen Zoll erheben durfte, aber die Bürger hatten doch Gelegenheit zu beträchtlichem Gewinne. Freilich mußten sie sich darein schicken, daß sich eine Menge von Ausländern aller Völker, Ägypter, Semiten aller Stämme und Italiker, auf der Insel ansiedelten und zu Korporationen zusammenschlossen, meist in der Form von Kultgenossenschaften ihrer Götter, und es mußte gestattet werden, daß diese Götter Grundbesitz erwarben, so daß der Hauptweg zum Kynthos und schließlich sein Gipfel unterhalb des alten Bezirkes des Zeus und der Athena von den fremden Göttern eingenommen ward, die sich nur zum Teil unter hellenischen Namen verbargen. Anziehungskraft auf Hellenen haben wohl nur die ägyptischen Götter ausgeübt, so daß Isis und Sarapis in den Eigennamen zunehmen. Es ist begreiflich, daß sich in Athen selbst Widerwille gegen die Barbarisierung regt und eine Hinwendung zu den väterlichen Kulten zur Folge hat. Das mag auch anderwärts geschehen sein, aber wir wissen zuwenig. Nur der Versuch eines reichen Messeniers, mit Hilfe von Delphi die fast vergessenen Mysterien von Andania zu einem großen, nicht nur epichorischen Feste zu machen, ist durch die glücklich erhaltene große Inschrift von Andania bekanntgeworden[1]; Erfolg war ihm nicht beschieden. Man kann auch das Aufkommen des Antisemitismus dazu rechnen, bezeichnenderweise ist der rhodische Redner Molon der Führer in der literarischen Polemik. Grund genug war vorhanden, denn im Unterschiede von den anderen semitischen Religionen trieben die Juden eine Propaganda, die in Asien, auch in Kyrene, sehr starken Erfolg hatte, und in dem Raubstaate der Hasmonäer wird es an Übergriffen gegen die Hellenen nicht gefehlt haben. Schließlich rächte sich, daß Antiochos Epiphanes von der hellenischen Toleranz gegen die fremden Götter abgewichen war. Er stützte sich dabei auf vornehme Juden, die sich hellenisiert hatten; wenn er nicht Gewalt gebraucht hätte, wäre alles vielleicht anders gekommen. So aber erhielt der zugleich nationale und ganz exklusive Glaube eine unwiderstehliche Kraft, brachte staatliche Selbständigkeit und ging nun seinerseits zur Propaganda vor. Über die Äußerungen einer gesteigerten Pflege der alten Kulte sind wir nur in Athen genauer unterrichtet. Da zeigen die Ephebeninschriften

[1] Vgl. die Beilage „Die Mysterien von Andania". Auf die Zeugnisse der neubelebten Religiosität hat Wilhelm, Öst. Jahresh. XVII 84, zuerst hingewiesen.

die Heranziehung dieser keinesweges auf Athener beschränkten Studentenschaft zu dem eleusinischen Gottesdienste; sie werden auch gelegentlich nach Salamis und anderen Stätten alten Ruhmes geführt, um den Patriotismus zu wecken, erhalten ja auch eine militärische Ausbildung. Mehrere Inschriften ehren die Ergastinen, welchen obliegt, den Peplos der Polias zu weben; das sind die Damen der herrschenden Familien; das Regiment ist ja durchaus oligarchisch, wie es den Römern genehm war. Auch die Herstellung verfallener Heiligtümer (IG. II[2] 1035) gehört hierher, und wenn die neuattische Kunst archaische Formen für die Darstellung der Götter aufgreift, verrät sich dieselbe Gesinnung. Das Merkwürdigste ist, daß die Verbindung mit Delphi, das von den Römern geschont war, in großem Stile aufgenommen ward. Der Gott sollte ja seinen Zug von Delos nach Delphi über Attika genommen und Athener ihm das Geleit gegeben haben. Das war im fünften und vierten Jahrhundert gelegentlich in einer Prozession der Pythaisten wiederholt worden, niemals aber als eine große staatliche Veranstaltung, wie es jetzt geschah, zuerst mit längeren Pausen, dann immer häufiger und mit steigender Beteiligung (oben S. 29). Zeugnisse aus Athen und Delphi liegen reichlich vor; am Schatzhause der Athener sind sogar die Lieder aufgeschrieben, die von athenischen Chören gesungen waren. Sie bringen freilich nichts als schwülstige Wiederholungen der alten Mythen, so daß man sieht, es ist nur eine Restauration des Alten, das man festhalten oder vielmehr erneuern will, ein Vorspiel von dem, was wir in der Kaiserzeit finden werden; inneren Wert hat es sowenig wie das Archaisieren der neuattischen Plastik.

Da brach die Herrschaft der römischen Oligarchie zusammen. Die Italiker empörten sich gegen Rom, weil ihnen der Eintritt in das Bürgertum versagt blieb, und Mithradates benutzte die Gelegenheit zum Angriffe auf das römische Asien. Der paphlagonische Barbar durfte sich als Befreier der Hellenen aufspielen, weil in diesen der lange verhaltene Römerhaß sich in wilder Mordlust Luft machte. Bald griff er nach Athen über, das zur Hauptfestung der hellenischen Empörung ward, weil die Römerfreunde kurz vorher die oligarchische Reaktion bis zu völligem Bruche der alten Verfassung getrieben hatten, so daß ihre Gegner wirklich glauben durften, wie einst Thrasybulos gegen Kritias die solonische Demokratie herzustellen. Eine verhängnisvolle Tollkühnheit. Gewiß sahen die Rhodier klarer, was an dem barbarischen Befreier war, und hielten tapfer zu Rom; aber der kühle Verstand, der sich darein fand, daß die Selbständigkeit der Hellenen auf immer verloren war, darf uns gegen die Berechtigung des elementar hervorbrechenden hellenischen Selbstgefühles nicht blind machen[1]. Das fürchterlichste Strafgericht folgte. Rom überwand die Italiker, indem es sich in der Not entschloß, ihnen das Bürgerrecht zu gewähren, und in Sulla erstand ein gewaltiger echter Römer, der unbeirrt durch den Bürgerkrieg, der in seinem Rücken tobte, den Landesfeind überwand. Dazu war ihm jedes Mittel recht, jedes Gefühl von Menschlichkeit war ihm fremd. Ganz Böotien ward in den Schlachten zertreten, der Peiraieus geschleift, Athen gestürmt und schonungslos gedemütigt, die Tempel von Delphi, Olympia und Epidauros geplündert; auch im Peloponnes hatte Mithradates Anhang gefunden, wird also die Bestrafung nicht ausgeblieben sein. Als Sulla nach der Herstellung der Römerherrschaft in Asien heimwärts zog, um dort die Gegner zu zerschmettern, erhielten die Seeräuber freie Zeit, das Werk der Zerstörung zu vollenden. Die Inseln sind seitdem so gut wie tot, Delos ein Trümmerhaufen, der nicht einmal den Schwalben eine Unterkunft gewährte[2]. Und dann in Asien der mithradatische Krieg, die Annexion von Kreta, das auf lange für unsere Kenntnis verschwindet. Es ist ein Hohn, wenn Pompeius gefangene Seeräuber in Dyme ansiedelt, weil im Peloponnes Menschen fehlen. Delphi ist von den Thrakern verbrannt[3]; niemand kümmert sich darum; Cicero kann sagen, daß das Orakel längst verstummt sei, *iam ut nihil possit esse contemptius*[4]. Wenn es den Göttern so geht, wundert man sich nicht, daß die Menschen in Griechenland ganz verarmt

[1] Ferguson, Hellenistic Athens, hat diese verschiedenen Stimmungen, ihre Berechtigung und ihre Schuld mit echt historischer Gerechtigkeit geschildert, auch die Vorzüge und die Schwächen der Historien des Poseidonios.

[2] So höhnt Varro bei Arnobius VI 23. Er will sagen, daß kein Haus mehr ein Dach hat, unter dem die Schwalben ihre Nester bauen könnten. Übrigens ist *Apollo divinus* in *Delius* zu verbessern; der Ortsname konnte nicht fehlen, wie auch das Vorhergehende beweist.

[3] Appian Illyr. 5. Eusebius pr. ev. III 135.

[4] Divin. II 117. Daß Cicero den Sprecher etwas übertreiben läßt, nimmt der Angabe nicht ihren Wert. Die Ausrede, der aus der Erde strömende göttliche Hauch wäre ausgeblieben, kehrt bei Plutarch in der Schrift über die verstummten Orakelstätten wieder.

sind; aus ihnen läßt sich kaum noch etwas herausschlagen. In Asien bringen das die Statthalter immer noch fertig. Valerius Flaccus legt den Städten eine Kontribution auf, angeblich um Schiffe zur Abwehr der Piraten zu bauen, läßt diese aber ungeschoren, und Cicero (pro Flacco 32) weiß keinen anderen Beweis dafür beizubringen, daß die Schiffe wirklich gebaut wären, als daß sie einen vornehmen Herrn von Thrakien nach Asien, den Statthalter selbst nach Makedonien gebracht hätten, wozu eine Flotte nicht nötig war. Vergeblich versuchte die Provinz einen Repetundenprozeß, denn Cicero übernahm die Verteidigung. Und den Damen eines solchen Statthalters mußten die Magneten Statuen errichten, die allerdings alles andere als Kunstwerke wurden (Inschr. v. Magnesia 144–46). Wenn ein redlicher Mann wie Cicero die Provinz Kilikien übernimmt, hat er Mühe, schimpfliche Zumutungen abzulehnen. Brutus verlangt die Eintreibung von Wucherzinsen, Caelius, daß ihm die Provinzialen Panther fangen sollen für Spiele, die er geben will. Athen hält sich immer noch etwas durch die Philosophen- und Rhetorenschulen, auch helfen einzelne römische Gönner, die sich anbauen, wie Atticus, der seinen Namen davon hat. Aber die Schulgemeinde der Epikureer ist bankerott, das Haus, das ihr der Meister hinterlassen hatte, ist verfallen, und Cicero interveniert für seine Erhaltung bei jemand, der es kaufen will (ad fam. XIII 1). Allbekannt ist das Wort des Servius Sulpicius, der auf einer Fahrt durch den Saronischen Busen rings *oppidum cadavera* gesehen hat. Und damals war der Bürgerkrieg gegen die Caesarmörder noch nicht geschlagen, die den Ruin Asiens vollendeten und selbst das freie, Rom getreue Rhodos nicht verschonten, dessen geistige Bedeutung damit zu Ende ist. Hellas erlebte das Äußerste, als Antonius sich zu dem Endkampfe rüstete und Plutarchs Urgroßvater unter der Rute römischer Korporale zu Lastträgerdiensten gepreßt ward (Plutarch, Anton. 68). 50 Jahre später, als Strabon seine Schilderung entwarf, sah es wenig besser aus; ganz hat sich das Land niemals erholt. Im Peloponnes haben es nur die römischen Kolonien Korinth und Patrai zu wirklicher Blüte gebracht. Wir hören auch kaum etwas bis in die plutarchische Zeit.

Auch die Menschen sind durch die Not entwürdigt, und nur zu viele werden die Herabsetzung verdienen, mit der Cicero in der Rede für Flaccus von der ganzen Nation redet. Die Masse hat schwer genug um die Erhaltung des nackten Lebens zu kämpfen und verliert den letzten Rest von Manneswürde. Aber auch wer sich eine höhere Berufsbildung erworben hat, Literaten, Philosophen, Ärzte, können nichts Besseres tun, als in die Dienste vornehmer Römer zu treten. Es ist gar nicht immer schlimm, wenn sie als Sklaven nach Rom kommen wie Alexandros Polyhistor und Parthenios, die sich durchsetzen; recht viele Griechen werden als Sklaven und Freigelassene ein besseres Leben gehabt haben als die freien Bauern und Kleinbürger in der Heimat. Wir sehen, wie Cicero griechische Philosophen in seinem Hause hält, die ihm bei seiner Schriftstellerei vielleicht mehr Dienste geleistet haben, als wir erkennen können. Pompeius hält sich seinen Historiker Theophanes, der seiner Heimat Mytilene dadurch nützlich werden kann. Der Rhetor Apollodoros von Pergamon, der eine neue Stilrichtung begründet, nimmt die Stelle eines Erziehers bei Caesars Großneffen C. Octavius an. Piso ist der Beschützer des Philodemos. Archias, ein talentloser Dichter, hat in Lucullus einen Patron. In den Augen der Römer sind sie schließlich alle Graeculi, die man ausnutzt, aber niemals als seinesgleichen betrachtet. Am bezeichnendsten dünkt mich, daß Pompeius auf der Rücksreie aus Syrien dem Poseidonios in Rhodos einen Besuch macht und sogar in seine Vorlesung geht. Es sieht so aus, als wäre es eine Huldigung vor dem berühmtesten Griechen. Das soll es auch scheinen, aber Pompeius wußte, was er wollte und was er durchsetzen konnte. Der greise Philosoph hat die Großtaten des Pompeius beschreiben müssen; es war vielleicht sein letztes Werk, zugleich das letzte in der Reihe der hellenistischen Darstellungen der Zeitgeschichte. Eine Fortsetzung hat es nicht gefunden.

Wir ziehen das Fazit. Der Hellenismus ist tot. Das muß man wissen, um die Geschichte, vor allem auch die geistige Geschichte der folgenden Jahrhunderte, zu begreifen. Durch das imperium Romanum und die pax Augusta kommen die Hellenen zu einer neuen Einstellung zu ihrer Geschichte, zu dem Erbe ihrer Vorfahren, auch zu ihren Göttern; aber es dauert volle hundert Jahre, bis es wieder auf hellenischem Boden Männer gibt, bei denen die Mitwelt lernt, und die es verdienen, daß die Nachwelt ihr Gedächtnis und ihre Werke bewahrt hat, sehr verschiedene Männer, aber eins ist ihnen und ihrer ganzen Zeit gemeinsam: vom Hellenismus wollen sie nichts wissen. Darum ist von seiner überreichen prosaischen Literatur so bitter wenig erhalten.

# RESTAURATION UND UNTERGANG DES HELLENENTUMES

Im Jahre 29 v. Chr. zieht Caesar als Triumphator in Rom ein. Der Ianus wird geschlossen. Die Oikumene ist dem imperium Romanum unterworfen, der Weltfriede beginnt. Zwei Jahre darauf tritt Augustus als princeps an die Spitze von senatus populusque Romanus; die gesetzliche Staatsordnung ist hergestellt, aber niemand, auch kein Jurist, dachte daran, die Kompetenzen des Augustus zu definieren; wie es der echten Staatskunst entsprach, paragraphierte man keine Verfassung, sondern einigte sich über das, was der Moment forderte oder ertrug, und die überragende Person, wie sie eben war, gab den Ausschlag[1]. Die Hellenen hatten ihn als König betrachtet, hätten wohl schon Caesar gern König genannt, wie es spätere Chronographen tun. Sie kümmerten sich nicht um die formellen Einschränkungen der Monarchie, die in Rom nötig waren, und wenn der Königsname verboten war, göttliche Verehrung nicht gefordert, aber geduldet ward, so lag in schon dem Namen

[1] Daher werden alle Versuche, den Prinzipat, wie er im Jahre 27 festgestellt ward, oder wie er sich im Laufe der Lebenszeit des Augustus entwickelt hat, aus den Kompetenzen, die Volk, Senat und Magistratur gehabt hatten, herauszukonstruieren, zu keinem voll befriedigenden Resultate führen, zumal der eine mehr auf die Formen, der andere mehr auf die tatsächlichen Machtverhältnisse sieht. Wenn man nur das festhält, daß Augustus gewollt und erreicht hat, seine Stellung mit der alten res publica in Einklang zu bringen. Am klarsten wird es aus der Haltung des Tiberius in seinen ersten Jahren, dem die Heiligung des *divi filius*, nach seinem Willen auch die des *Augustus* fehlte. Für ganz abwegig halte ich, griechische Staatstheorien heranzuziehen, wie sie Cicero in de re p. verarbeitet. Der mußte theoretisch selbst das Königtum als eine gute Staatsform anerkennen, wie es Platon und Aristoteles getan hatten (III 47); praktisch kam es für alle nicht in Betracht. Wie es um den princeps steht, hat Heinze gelehrt. Augustus war Stoiker, soweit er einen philosophischen Glauben hatte, aber als Staatsmann ist er immer Römer gewesen, ein echter Römer, der keine Theorie verfolgte, sondern immer tat, was der Moment ihm zu erfordern schien, daher auch πρὸς τοὺς καιρούς manches, was sich zu widersprechen schien.

*Augustus* und der offiziellen Übersetzung *σεβαστός* eine Heiligung, noch mehr in *θεοῦ υἱός*, und wer dies im Namen trug, der war sehr viel mehr, als das bescheidene *princeps* besagt. In *αὐτοκράτωρ* liegt die volle Monarchie, *αὐτοκράτωρ γῆς καὶ θαλάσσης* erstreckt sie über die ganze Erde. So schreibt eine lykische Kleinstadt[1] unter die Statue des Kaisers. Es entspricht nicht dem Stile der Zeit, aber so empfand der hellenische Osten, dankbar für den Segen des endlich hergestellten Friedens. Den Provinzialen konnte der Kaiser, dem sie ihn verdankten, wohl ein Gott sein. Den Römern war es fremd, in dem lebenden Menschen einen Gott zu sehen; Romulus war nicht gestorben, sondern entrückt, die Geschichte zudem Literatenerfindung[2]. Caesar war gestorben, aber Gott geworden, der Komet war sein *sidus*. Der Senat erkannte diesen Gott an, und *divus* erhielt die Bedeutung des Gott gewordenen Menschen. Das war griechisch gedacht, nach dem Vorbilde von Dionysos, Herakles, den Dioskuren. Aber in dem Menschen einen Gott zu sehen hat sich das römische Gefühl immer gesträubt[3]; wenn ein Kaiser darauf Anspruch machte, ist es ihm schlecht bekommen, wie es Caligula zuerst erfahren mußte. Augustus hat die Versuche unterdrückt, in ihm einen *νέος Ἑρμῆς* oder einen anderen Gott inkarniert zu sehen, ein Gedanke, mit dem Horaz gespielt hatte; Vergils frühe Huldigung *deus nobis haec otia fecit* wird durch *namque erit ille mihi semper deus* sofort eingeschränkt. Bei Manilius ist der greise Augustus Gott auf Erden. Ovid hat als Verbannter die Bezeichnung *deus* mit Emphase gebraucht (trist. I 5 als Schlußwort), die Gleichung mit Juppiter mindestens ganz nahe gelegt, während er am Schlusse der Metamorphosen nur dem künftigen Gotte huldigte, und auf den Eingang zu den Göttern hat Augustus selbst gehofft

[1] Inschrift von Myra, Petersen, Reisen in Lykien usw. II 43: *θεὸν Σεβαστὸν θεοῦ υἱὸν Καίσαρα αὐτοκράτορα γῆς καὶ θαλάσης, τὸν εὐεργέτην καὶ σωτῆρα τοῦ σύνπαντος κόσμου Μυρέων ὁ δῆμος*. Im vierten Jahrhundert kehren solche Bezeichnungen wieder, wo sie Phrase sind.

[2] Vielleicht des Ennius. Romulus hatte keinen Kult, bevor er ganz spät mit Quirinus geglichen ward. Von einer echten Romulussage kann keine Rede sein. Wenn ihn Ennius *die* anredet, so ist das ein griechisches Lehnwort, denn so heißt auch Ilia, 55.

[3] Dafür kann ein Römer im Triumphe einmal wie ein Gott in die Stadt einziehen; ihm gilt die Feier, die der Senat beschlossen hat, und das Volk wird *triumpe* rufen, wenn der Zug durch die Straßen geht. Er spielt den Juppiter, zu dem er den Siegerkranz und die Kriegsbeute bringt.

(Sueton Aug. 71), was mit seinem stoischen Glauben auch vereinbar war. Es ist ein großer Segen für das Reich gewesen, daß ihm ein langes Leben beschieden war, und die Griechen, denen er die Erlösung von dem Schandregimente der Senatsherrschaft gebracht hatte, empfanden es am stärksten. Die Huldigung der Hellenen Asiens (Or. inscr. 458) ist aufrichtig, und die consecratio sprach nur aus, was alle fühlten; *deum esse non tamquam iussi credimus* sagt Seneca (clem. I 10). Aber freilich ist er als Gott nicht mehr, als ein in das Reich des Kronos entrückter Held oder ein unter die durch die Weihen im Hades Zechenden und Tanzenden aufgenommener Mensch gewesen war. Selig ist er geworden zum Lohne seiner Taten, ein wirkender Gott ist er nicht. Das waren die als Heroen bezeichneten Verstorbenen auch längst nicht mehr, selbst wenn sie innerhalb der Städte ein prächtiges Heroon, vielleicht auch eine Weile ἐναγίσματα erhielten. Nur die Formen haben gewechselt. Der Kult des divus, die Bestellung eines flamen, die Errichtung eines Tempels waren römische Formen, wurden immer mehr bloße Form. Dagegen die Erteilung oder Verweigerung der consecratio durch den Senat konnte geradezu ein Totengericht werden. Es wiederholt sich, was wir bei dem hellenischen Königskulte gesehen haben: zuerst ist es die persönliche Bedeutung, welche die Vergöttlichung erzeugt und rechtfertigt, dann ist es das Amt, wer auch immer es bekleidet. Tiberius, der sich streng an den Geist und den Willen des divus Augustus hielt, verbat sich die göttliche Verehrung; ihm war es kein Schimpf, daß seine Konsekration unterblieb. Aber für das Reich machte seine persönliche Haltung kaum einen Unterschied denn der divus Augustus sollte weiter regieren. Der Kaiserkult ist in der Tat die einzige und ganz lebendige Religion geworden, in der sich alle Stämme und Stände in Ost und West vereinigten, die Kleinkönige, die Augustus noch hatte bestehen lassen, und die nichtbürgerliche Bevölkerung eingeschlossen. Der Kaiserkult der Provinziallandtage darf nicht als leere Form angesehen werden, denn der jeweilig regierende Kaiser ist nur der Exponent für den Glauben an die Majestät des Reiches, seine Einheit und Macht, die überall Frieden und Wohlfahrt gewährt und auch alle Güter der Kultur sichert. Es ist im Grunde die gleiche Religion, die einst in jeder Stadt und schon vorher im Stamme die Verehrung der „väterlichen" Götter verlangte, jetzt ausgedehnt auf die Welt. Darum liegt in der Verweigerung des Kaiserkultus die Verleugnung des Reiches: wer das tut, schließt sich selbst aus und hat das Recht, in dem Frieden des Reiches zu leben, verwirkt.

Freilich mittätig an der Erhaltung des Reiches sind die hellenischen Städte, die in den Landtagen der Provinzen zusammentreten, nicht; weder sie noch ihre einzelnen Bürger haben politische Rechte, sondern lassen sich regieren und beschützen. Darum wird diese ganze Bevölkerung haltlos und hilflos werden, wie eine Schafherde ohne Hirten den Wölfen preisgegeben, wenn einmal die Macht des Reiches zusammenbricht. Eine Weile mögen sie noch für die eigene Stadt tätig sein, solange dieser die ganze oder doch einige Selbstverwaltung bleibt. So lange werden sie auch noch den Göttern dienen, in deren Kulte sich das Gemeingefühl von alters her aussprach. Geht dieses verloren, ist es auch um die Götter geschehen, und das wissen alle auch schon vorher, daß diese Götter unter der Macht stehen, die in dem Reiche lebt, schließlich unter dem Kaiser; darum wird dieser ihr mächtigster Gott, und nicht er allein, sondern auch die Glieder seiner Familie werden geradezu für Inkarnationen der alten Götter erklärt. Was ist denn noch Demeter, wenn sie Livia oder Faustina I und Faustina II wird? Diese Übertragung der Götternamen steigert sich gleich über das Maß des späten Hellenismus, in dem Kleopatra zur Isis ward und Antonius als *νέος Διόνυσος* in Athen die Orgien des Demetrios Poliorketes erneuerte[1]. Nie ist sie ärger getrieben als in der ersten Kaiserzeit[2], hält aber an bis ans Ende des zweiten Jahrhunderts. Da bre-

[1] Cassius Dio 48, 39, 2.

[2] Auf Kos wird Augustus Apollon oder auch *Ζεὺς στράτιος*, Livia *Λητὼ καλλίτεκνος*, Iulia Artemis, Gaius und Lucius die Dioskuren, selbst die *᾿Ασκληπίεια* werden zugleich *Σεβαστά*. Als Germanicus in den Osten kommt und Agrippina auf Lesbos ein Wochenbett abhält, wird er *θεὸς νέος*, sie *θεὰ Αἰολὶς καρποφόρος*; man meidet also die alten Namen, aber *καρποφόρος* stammt von Demeter. In Athen datiert man nach dem Priester des Drusus. In Nysa a. M. hat Tiberius wohl um dieselbe Zeit einen Priester erhalten, Sylloge 781. In der neugefundenen Inschrift von Gytheion, nach der ersten Ausgabe durch Kougeas *῾Ελληνικά* I 1928, 7 erläutert von Wenger, Zeitschr. Savigny-Stift. Rom. Abt. 1929, 308, werden die Bestimmungen für ein Fest gegeben. Im Theater werden die Statuen aufgestellt des *θεὸς Σεβαστός*, der Iulia Augusta, die *τοῦ ἔθνους* (der Eleutherolakonen) *καὶ τῆς πόλεως Τύχη* heißt, und des Tiberius, *θεοῦ υἱὸς Σεβαστός*; ihnen gehören drei Tage, der vierte der *Νίκη Γερμανικοῦ Καίσαρος*, der fünfte der *᾿Αφροδίτη Δρούσου Καίσαρος*, mit der wohl Agrippina gemeint ist, der sechste dem Flaminius. Dessen Kultus mochte lange

chen die Götter des Orientes herein, die nicht so verblaßt sind wie die hellenischen, sondern Götter auch für die Kaiser.

Ganz anders stehen die römischen Bürger zum Reiche, obgleich das Volk als solches keinen Anteil an der Regierung mehr hat. In Italien sind die landschaftlichen Gegensätze ausgeglichen, zuletzt durch die Ansiedelung der Veteranen in vielen Stadtgemeinden. In den latinischen und Bürgerkolonien der Provinzen lebt ebenso wie in Italien ein stolzes Nationalgefühl, im ganzen Reiche ist der römische Bürger mehr als alle Peregrinen. Zunächst stellen diese Römer auch die Legionssoldaten, und aus diesen steigen viele in höhere Stellen der Beamtenschaft, die über das ganze Reich hin die Staatsgewalt vertritt. Im Heere bildet sich eine eigene Religion aus, die neben dem Ehrgefühle des Truppenteiles das allgemeine Nationalgefühl in dem Kultus der zugehörigen Götter des obersten Kriegsherrn lebendig erhält, solange dieser seine Autorität zu wahren weiß. Wenn in dem Heere die echten Römer verschwinden, wird auch das Staatsgefühl schwinden, und die Heere werden aus sich und für sich die Kaiser machen und das Reich beherrschen. Das liegt unter Augustus, dem Schöpfer dieses Heeres, noch in weiter Ferne. Ihm sind der Ritterstand, dem die wohlhabenden Bürger der Municipien und Kolonien angehören, und die niederen Stände ganz ergeben, nicht minder die Freigelassenen, aus den gleichen Gründen wie die Hellenen, aber daß sie Römer geworden sind, erhebt sie über diese und bringt gerade in das Herrenvolk viel fremdes und minderwertiges Blut, bringt auch die fremden Götter, die der syrische oder kappadokische Sklave auch als Römer nicht vergaß. In den alten Senatorenfamilien erhält zwar der Gedanke an ihre einstige Herrschaft und der Stolz der Ebenbürtigkeit eine gewisse Rivalität mit dem Kaiser, aber gerade die sich abseits halten, tragen den Römerstolz zur Schau, wenn ihr Blick auch rückgewandt ist. Für ihre Zeit und für immer ist entscheidend geworden, daß aus der Generation, welche die schreckliche Zeit der letzten Bürgerkriege miterlebt hatte und nun die Erlösung, wie sie Augustus brachte, mit Verständnis und Hoffnung begrüßte, Wortführer erstanden, deren Stimmen durch alle Jahrhunderte geklungen haben und klingen werden. Die Größe

geruht haben, aber er war unvergessen, und an ihn schloß sich die Feier an. Wir kennen den Kult des Flaminius als σωτήρ aus Chalkis, Plutarch Titus 16.

des augusteischen Rom führt Horaz in seinen letzten und schönsten Liedern wundervoll vor unsere Augen; er hat auch vorher die sittliche Erneuerung ganz im Sinne des Augustus gefordert: alle Zeiten können daran lernen. Vergils Aeneis ist darum noch heute das leuchtende Bild seiner einst erreichten und immer wieder von der Zukunft erhofften Größe für das italienische Volk. Und Livius, der an der Vergangenheit hing, hat dem Römervolke eine nationale Darstellung seiner Geschichte gegeben, die in Inhalt und Form dieser Zeit genügte und daher ein geradezu kanonisches Ansehen erlangte. Die Aeneis ist sofort in den Schulunterricht aufgenommen; Livius drang mindestens in Auszügen in alle Kreise; Horaz blieb nur den höher Gebildeten zugänglich, aber er hat um so stärker gewirkt, als in der modernen Welt hinter dem Rom der Republik, wie es Livius schildert, und endlich das weltbeherrschende Rom des Augustus für das geschichtliche und politische Verständnis aufstieg.

Die staatsmännische Größe des Augustus, durch die er Dauerndes erreichte, lag darin, daß er im Gegensatze zu Caesar die Verbindung mit dem alten Staate und seinem Ruhme nicht aufgab, sondern geflissentlich pflegte, von den troischen Ahnen der Iulier bis zu Pompeius, dessen Statue er gegenüber seinem Theater an hervorragendem Platze aufstellte. Vergil hat in diesem Sinne die ganze Reihe der Römerhelden bis auf Augustus dem Aeneas vorzuführen gewußt. Sie waren Vorbilder aller Römertugenden, die fast erstorben schienen, und der Kaiser versuchte, durch Gesetze die alte Zucht wiederzuerwecken, was erfolglos blieb. Dazu gehörte auch die Rückwendung zu den Göttern des Staates und die Erneuerung alter Zeremonien. Verfallene Tempel wurden aufgerichtet, neue erbaut, die Arvalen tanzten zu der kaum verstandenen Litanei, die großen Priesterkollegien erhielten neue Würde durch den Eintritt der kaiserlichen Prinzen, und die vornehmsten Knaben übten sich in den ziemlich ernsthaften Kämpfen des *ludus Troiae*, denn auch die körperliche Ausbildung der Jugend förderte der Kaiser. Eine Weile trieb sie Gymnastik auf dem Marsfeld und schwamm im Tiber. Aber das lag den Römern nicht, und ihren Lebenswandel auch nur in die Zeit des alten Cato zurückzuschrauben, erst recht nicht. Das hat Augustus selbst gar nicht versucht, geschweige sein Hof. Der Stolz, mit dem man sich bewußt war, in einer ganz neuen Zeit zu leben, vertrug den Kultus der Vergangenheit sehr wohl, aber nur so, wie ein toter Ahn verehrt wird. Sie war eben tot, und man freute sich eines neuen Lebens. Wie Livius die alte Geschichte erzählt hatte, so blieb sie: Auszüge wurden genug verfertigt, keine neue Darstellung versucht. Varro hatte in vielen Schriften das alte Leben und seine Sitten, auch seine Götter, dargestellt. Davon zehrte man dauernd; unter Augustus gab es noch Fortarbeiter[1], dann hört das auf[2], wendete man sich doch auch von der lateinischen Dichtung des zweiten Jahrhunderts, die bisher in der Schule und den Händen selbst der Gebildetsten geherrscht hatte[3], gänzlich ab, so daß sie hundert Jahre lang nicht gelesen ward. So war denn auch den Göttern der Väter mit Neubauten ihrer Tempel und Erneuerung der Zeremonien nicht wirklich aufzuhelfen. Selbst wenn ein altrömisches Fest geschildert wird, wie es Tibull II 1 tut, so erzählt er nichts von den Göttern, welche die Bauern gläubig verehren werden, sondern nur von Bacchus und Amor, denn die Götter der Bauern interessieren ihn nicht, und sie waren doch noch römisch, nicht so hellenisiert, wie wir es von vielen früher betrachtet haben. Aber diejenige griechische Bildung, die seit dem Ende des hannibalischen Krieges immer stärker eindrang, hatte auf die Religion einen ebenso zersetzenden Einfluß ausgeübt wie auf die Moral. Cato hat dieses Griechentum ganz gerecht verurteilt.

Der Rudiner Ennius hatte gleich die Bücher übersetzt, die zur

[1] Properz überträgt die Weise des Kallimachos auf die Aitia römischer Kulte und Sagen, schon das wird Modernisierung. Wie Ovid den Festkalender behandelt, das geht bis zu frivolem Spiele.

[2] Verrius Flaccus wählt für seine Erläuterung alter Wörter und Gebräuche die Form eines alphabetisch geordneten Lexikon. Dazu war ihm das erste griechische Onomastikon des Tryphon, auch wohl die *τραγικὴ λέξις* des Didymos, Vorbild. Der Sitz der griechischen Grammatik war ja nun in Rom. Inhaltlich entsprach sein Werk den Erklärungen altattischer Institutionen und Wörter; über die Form solcher Bücher wissen wir nichts Sicheres. Die *Αἴτια Ῥωμαϊκά* des Plutarch sind mit Wahrscheinlichkeit auf den König Iuba zurückgeführt; wertvoll ist davon nur das Tatsächliche, das er anderen verdankt, nicht die Ätiologie.

[3] Cicero sind die lateinischen Dramen noch ganz geläufig, aber er führt ihre Verse auch aus Patriotismus an; es gab schon Leute, die sagten *verum melius Graeci*, als er die Vorrede de optimo genere oratorum schrieb. Vergil rechnet darauf, daß seine Leser sich freuen, wenn er ennianische Wendungen und auch ein Motiv aufnimmt, und die Annalen, vielleicht nur einige Partien, bleiben bekannt. Aber Seneca wird vielen aus der Seele gesprochen haben, als er gestand, den Ennius nicht zu vertragen.

Zeit bei dem breiten griechischen Publikum modern waren, die Heduphagetica, wie er das gastronomische Gedicht des Archestratos nannte, über dessen allgemeine Beliebtheit Chrysipp Klage geführt hatte, und die lasziven Sotadeen. Dann aber auch das Spruchgedicht, das Epicharm sein wollte, und den Euemeros, also geradezu im Dienste götterfeindlicher Aufklärung. Er hat auch aus Euripides geflissentlich Verse gleicher Tendenz übersetzt. So wie sie den Römern dargeboten ward, konnte die Tragödie bestenfalls nur wie die allgemeine Hellenisierung der italischen Götter wirken, die attische Komödie aber war durchaus rationalistisch. Die Gesandtschaft der drei athenischen Philosophen hat vornehmlich durch die Skepsis des Karneades Eindruck gemacht. Was konnte Scipio bei Polybios über die Religion anderes lernen, als daß sie für das Volk nötig und daher äußerlich aufrechterzuhalten sei? War zu erwarten, daß viele bei Panaitios lernten, die sittlichen Pflichten ohne den Glauben an Götter und Unsterblichkeit der Seele zu erfüllen? In der gracchischen Revolutionszeit beginnt die Rhetorik jene Übermacht auszuüben, die sie in der römischen Bildung immer behauptet hat; eine philosophische Religion haben daher stets nur einzelne sich erworben. Die ersten lateinischen Bücher über Philosophie scheinen epikurisch gewesen zu sein, von Amafinius und anderen, die Cicero verachtet. Praktisch werden sie wohl die ἡδονή recht anders als Epikur aufgefaßt haben. Die führenden Männer sind alle von keiner Philosophie berührt, Marius, ganz ungebildet, hat seine syrische Prophetin Martha, Sulla fühlt sich als felix oder ἐπαφρόδιτος, das ist im Grunde derselbe Glaube, wie der Caesars an seine Tyche. Pompeius wäre als Magnus am liebsten ein Alexander geworden; geistige Interessen lagen ihm überhaupt fern[1]. Erst in Cato wird die alte stoische Moral eine Stütze für die unentwegte Treue des Römers, die er hält, auch wenn das Vaterland zusammenbricht, eine tragische Größe, der gegenüber der Stoiker Brutus kläglich abfällt. Cicero war durch Philon zum Akademiker geworden, in Rhodos hatte er die freie Herrschaft über die Rhetorik gewonnen; schon als er die Verrinen schrieb, war er der gebildetste Römer und als Redner allen Griechen überlegen, in den beiden Dialogen vom Redner und vom Staate schuf er so geschlossene und harmonische Kunstwerke, wie

[1] In seiner Jugend soll er Alexander ähnlich gesehen haben, was sein spatzenköpfiges Altersportrait Lügen straft.

der Hellenismus unseres Wissens sie nicht hervorgebracht hat, was aber an diesem Wissen liegen mag. Er hatte nun, ersichtlich unter dem Eindrucke der platonischen Schriften, für deren Kunst er ein kongeniales Verständnis mitbrachte, den Schritt von der skeptischen Akademie zu Platon vollzogen und sprach den Glauben an ein göttliches Regiment über den Kosmos und die Menschengeschicke in dem Mythos des somnium Scipionis aus. Es war sein Glaube, und wenn er nach dem Zusammenbruche der res publica, an der er mit ganzem Herzen hing, seinem Volke eine Einführung in alle Teile der Philosophie zu schaffen unternahm, so hatte er seinen positiven Glauben, für den er den Leser gewinnen wollte, wenn er auch als Akademiker den verschiedenen Schulen in der dialogischen Form Gelegenheit gab, ihren Standpunkt zu vertreten. Willkommener war ihm die Vermittelungsphilosophie des Antiochos, da sie ihm gestattete, namentlich in der Ethik, Stoisches in weitem Umfange aufzunehmen. Gerade dadurch, daß er kein eigenes durchdachtes System vortrug und bei seiner rastlosen Produktion Widersprüche und Unklarheiten in den Kauf nahm, hat er es erreicht, in den wenigen Jahren seinem Volke und uns das Erbe der hellenistischen Philosophie und das Ideal des in Rom erwachsenen Humanismus zu retten. Aber derselbe Cicero war Augur, und die Pflege der römischen Gottesdienste lag ihm nicht minder am Herzen, gehörten sie doch zu dem Staate, für den er gelebt hat und gestorben ist. So hat auch Augustus gedacht, den Areios und Athenodoros für ihre Stoa gewonnen hatten, der sich den Eingang in den Himmel verdienen wollte und zugleich den Apollon von Aktion als seinen Schutzgott verehrte und die Tempel der italischen Götter in griechischem Stile aufbaute[1]. Diese Götter hatten bei dem Landvolke noch ein Leben; von den hellenischen ließ es sich kaum noch behaupten; sie machten den vergötterten römischen Herren Platz, und ihre eigenen Tempel verfielen. Hymnen hatte längst kein Dichter auf sie gemacht; auf die Roma besitzen wir den der Melinno. Die delphischen, die gelegent-

[1] Daß er den Aigokeros auf seine Münzen setzte, verträgt sich mit der Philosophie. Poseidonios hätte es auch tun können. Darum beherrschte ihn die Astrologie keinesweges wie den Tiberius, der auch eine reiche Bildung besaß und in Thrasyllos, dem Herausgeber von Platon und Demokrit, keinen gemeinen Horoskopsteller zum Lehrer hatte. Tiberius hat noch einen philosophischen Glauben, denn das war für ihn wie für Manilius die Astrologie. Dann hört das bei den Kaisern auf.

lich der Pythais entstanden, waren wie die ganze Veranstaltung der ephemere Versuch einer Reaktion; das lag auch schon hundert Jahre zurück. Und nun brachten die Oden des Horaz Hymnen auf Mercur oder vielmehr auf Hermes, denn von Mercur steht nichts darin, und auf Tyche, die er zu der Fortuna von Antium machte. Was bedeutet das? *Bacchum in remotis carmina rupibus vidi docentem, credite posteri*: sollen wir glauben, daß Horaz die Epiphanie des Gottes erlebt hat, daß er diesen Glauben von uns ernsthaft verlangt? Dies ist ein ganz persönliches Gedicht; bei den anderen könnte man fragen, ob sie für den Kultus bestimmt wären[1], aber man braucht sie nur zu lesen, um die Undenkbarkeit einzusehen; es ist kein einziger römischer Zug darin. Also hat Horaz die Nachahmung der alten hellenischen Lyrik auch auf ihre Hymnen erstreckt; von dem Hermeshymnus des Alkaios wissen wir genug, um die Anregung zu erkennen, übersetzt hat Horaz ja nie. Es entspricht durchaus seinen Versuchen, mythische Erzählung in einem lyrischen Gedichte zu bringen, wie er es bei den Griechen vorfand. Ob diese Nachbildungen glücklich ausgefallen sind, geht uns hier nichts an; daß er an die Existenz der griechisch-römischen Götter nicht geglaubt hat, genauer, daß er sie gelten ließ, ohne sich zu überlegen, ob er an sie glauben könnte, versteht sich von selbst. Ein Bekenntnis zu den Göttern, wie es I 34 steht, braucht nicht eine Konzession an die religiöse Zeitströmung zu sein; die Stimmung der ersten Jahre des endlich errungenen Weltfriedens legte auch dem Epikureer den Gedanken nahe, daß trotz allen unbegreiflichen Umschlägen und Rückschlägen des Glückes schließlich ein Sinn in der Weltgeschichte, also auch eine Macht vorhanden sein müsse, die diesem Sinne entsprechend entschiede, denn hier ist Fortuna nicht die hellenistische Tyche, die den Erfolg bestimmt, sondern der Wille der Gottheit läßt sie die Menschen stürzen oder erheben[2]. Wenn wir sie griechisch bezeichnen wollen, ist es die *τύχη Διός*; ältere Sprache sagte mit *μοῖρα Διός* dasselbe.

[1] Über den Hymnus auf Diana I 21 und sein Verhältnis zu Catull 34, der für den Kultus gedichtet haben kann, Hellenist. Dicht. II 290. Über die schöneren Gedichte, die formell Kultgedichte sind, Sapph. u. Simon. 312.

[2] *Valet ima summis mutare et insignem attenuat deus obscura promens, hinc apicem rapax Fortuna cum stridore acuto sustulit, hic posuisse gaudet.* In dem *hinc* ist ausgesprochen, daß Fortuna dem Gotte gehorcht. Dabei ist sie nicht nur als eine launische, sondern geradezu als eine

So ist die lyrische Dichtung des Horaz ein Beweis für die Durchdringung des römischen Wesens durch das Hellenentum; er will nichts Höheres als den neun althellenischen Lyrikern zugerechnet werden, aber sein Name soll dauern, *dum Capitolium scandet cum tacita virgine pontifex*, denn der Glaube an das ewige Rom und den Frieden des Augustus füllt seine Seele. Ganz so Vergil, der ein römischer Homer werden will, die Heroen Roms und den Kaiser mit noch lauteren Tönen preist und doch hellenische Sagen nacherzählt und auch in seinen eigenen Erfindungen homerisiert. Hatte es doch Cicero nicht anders gemacht und war, auch wenn er Philosophie und Rhetorik der Griechen behandelte, Römer geblieben, in höherem Grade sogar als die beiden Dichter. Denn seine Prosa ist ganz latinisch, und wenn er die Form des Dialoges übernimmt, so sind Scipio und Laelius, Crassus und Antonius lebendige Römer, nicht der pius Aeneas, der Achilleus und Odysseus zugleich sein soll, und dabei überhaupt kein individueller Mensch wird, von den Göttern Vergils und dem Fatum, dem sie dienen, auch wenn sie ihm widerstreben, gar nicht erst zu reden. Es ist nicht schön, daß die Jubiläumsrhetorik jedes historische Verständnis preisgibt und dafür mit dem leeren Worte klassisch relativen Wert in absoluten verwandeln will.

Im Lichte der Geschichte kommt auch die bildende Kunst erst zu ihrem Rechte, die wir klassizistisch nennen, weil sie sich von dem Hellenismus der attischen Kunst der Zeit vor Alexander zuwendet. Denn in Rom erhält sie einen neuen Geist, den Geist der augusteischen Gegenwart, der ganz gesättigt ist von dem edelsten hellenischen Wesen und doch die stolze Haltung des Römertums zur Schau trägt, wie Vergil und Horaz. Die Zurückwendung zu den Künstlern, denen niemals der höchste Rang abgestritten war, hatte in Hellas schon früher eingesetzt; die neuattische Schule war sogar bis zur Nachahmung der archaischen Kunst geschritten, vielleicht nur, wo es der Rückwendung zu altem Glauben entsprach. Aber schwerlich ist diese matte Kunst in Rom maßgebend geworden. Hier handelte es sich um große neue Aufgaben, Tem-

hämische Göttin charakterisiert. So mochte Horaz früher den Weltlauf betrachtet haben; jetzt ist er zu besserer Einsicht gelangt. In dieser Weise muß die Erklärung von Jaeger, Herm. 48, 442, berichtigt werden. Daß der Tycheglaube aus dem hellenischen Volke stammt, nicht von den Persern, wird oben genügend dargelegt sein.

pel, Theater, Marktanlagen; das enge alte Rom sollte die Königsstädte des Ostens übertreffen. Augustusforum mit dem Tempel des Mars ultor, Marcellustheater, porticus Octaviae zeigen einen Stil, der von Italisch-Etruskischem kaum noch etwas an sich hat, aber dem Hellenistischen gegenüber jenen vornehmen Adel besitzt, der uns zunächst römisch dünkt und das auch bleibt, wenn die Formensprache als hellenisch erkannt ist. In den Tempeln haben Götterbilder gestanden, von denen wir nichts wissen, ganz mit Recht; dafür haben wir die Bilder des gegenwärtigen Weltherrschers und seiner Umgebung. Der Altar des Domitius[1], der auf den Nebenseiten den ziemlich leeren Nereidenzug mit Poseidon und Amphitrite zeigt, hat an der Front ein Relief, das in Form und Inhalt sehr viel mehr bedeutet. Es entspricht den griechischen Weihreliefs, daß wir sehen, wie die Opfertiere zu dem Altare getrieben werden, hinter dem der Gott, hier Mars, gegenwärtig ist; den Dedikanten entspricht der Zensor. Auf beiden Seiten füllen Nebenfiguren den Raum und erläutern die Handlung des Lustrum. Der griechische Künstler hat ein bekanntes Schema der römischen bedeutenderen Handlung vortrefflich angepaßt. Die Verteilung der Figuren ist noch viel griechischer sozusagen als auf der ara Pacis, aber unverkennbar strebt sie auf das hin, was dieses Wunderwerk erreicht. Da fehlen die Götter auch nicht, aber was hat die Tellus mit ihrer Umgebung mit der italischen Göttin der Fordicidia gemein? Wir sehen die elementaren Kräfte der Natur in symbolischer Darstellung, und wenn in den Trümmern der Götterversammlung Honos und Virtus mit Recht erkannt oder vorausgesetzt sind, so sind es zwar Mächte, denen echt römischer Glaube göttliche Person verlieh, aber Gestalt gab ihnen griechische Kunst, und an ihre Person glaubte niemand mehr. Der Künstler dieser Reliefes hat ein römisches Gegenstück zu dem Parthenonfriese schaffen wollen und hat es erreicht. Es ist wahr und hat die tiefste Bedeutung, daß in Athen die Versammlung der Olympier alles beherrscht, zu ihr zieht das athenische Volk, unter dem kein einzelner hervortritt, denn von den Priestern und ihren Ministranten wird es niemand sagen, in Rom dagegen stehen die Götter zurück, und unter den Menschen

[1] So sage ich noch, obgleich die Beziehung auf diese Familie nicht mehr sicher ist, seit die Verbindung mit dem Konsul von 32 fortgefallen ist (Goethert, Zur Kunst der römischen Republik, Kölner Dissertation 1931). Der Nereidenzug ist dann bedeutungslos.

erkannten die mitlebenden Beschauer sicherlich noch andere als den pontifex maximus mit seiner ganzen Familie. Hier hat sich der stolze Glaube an die Majestät der ewigen Roma und an die Pax Augusta mit dem Adel der hellenischen Form, in der der Geist der hellenischen Kultur lebt, unlösbar verbunden wie in dem Epos Vergils und den Römer- und Augustusoden des Horaz, vielleicht noch vollkommener. Dabei weht aber über allem eine Kühle, die Menschen geben sich nicht natürlich, sondern in ihrer Haltung, ihrem Ausdruck, auch in ihrer Festtracht verrät sich das Bewußtsein, Würde zu bewahren, sich zur Schau zu stellen. Es bleibt schon ein Unterschied von den freien Athenern, Göttern und Menschen; bei den Dichtern ist es nicht anders. Wie sich dieser selbe Geist in allen Erzeugnissen der bildenden Künste, des Kunsthandwerkes, der Glyptik, vielen Gemälden[1] zeigt, bedarf hier keiner Ausführung. Mit dem Schlagwort Klassizismus ist nicht genug gesagt, und römische Kunst ist es auch nur in dem Sinne, daß Rom, die Kapitale des römisch-griechischen Weltreiches, den Ausdruck für den neuen Geist dieses Reiches geschaffen hat, in dem sich Griechisches und Römisches durchdrang.

In Rom ist auch gleichzeitig der noch viel folgenreichere Klassizismus auf dem Gebiete der griechischen Schriftsprache zum Siege gekommen. Auch hier sind die Ansätze älter. Selbstverständlich ist niemals bestritten worden, daß die attische Prosa im vierten Jahrhundert unübertreffliche Meister besessen hatte. Aber die Schriftsteller, die etwas zu sagen hatten, bedienten sich der Sprache des Lebens, die sich mit dem Leben wandelte; darin lag kein Bruch. Es entstanden in dem weiten Raume, den nun die Hellenen bewohnten, an den Höfen mit ihren Kanzleien, in den Schulen der Philosophen verschiedene Stile. Es gibt keine *κοινή* der Literatur-

[1] Neben geschnittenen Steinen, die zu der klassizistischen Richtung stimmen, stehen die Kameen, die doch wohl hellenistische Weise fortsetzen. Neben streng klassizistischen Bildern des Hauses neben der Farnesina und manchen des dritten Stiles in Pompei steht der vierte, der sich offenbar aus dem hellenistischen entwickelt hat. Das ist auch in der Poesie gar nicht ausgestorben. Properz hat sich an Kallimachos gehalten. Ovid läßt sich von den Hellenisten nicht trennen, Manilius ist so unklassisch wie möglich. Griechische Poeten wie Parthenios und die Epigrammatiker haben die Römer viel gelehrt, von ihnen stammt der zweisilbige Schluß des Pentameters, Griech. Verskunst 52.

sprache[1]. Etwas Besonderes war die Rhetorik, die in Asien schon früh im dritten Jahrhundert gegen die attische Lehre und Praxis des Isokrates und Demosthenes aufbegehrte, was die Poesie ja ähnlich tat; indem sie zu Epos, Elegie und Iambus zurückkehrte. Hegesias ist für uns allein einigermaßen kenntlich[2]. Die Bindung der Satzschlüsse an feste quantitierende Kadenzen war etwas Neues, das dadurch ungeheuere Bedeutung gewann, daß die Lateiner an ihm festhielten, als die Griechen zu den Attikern zurückkehrten. Von Hegesias an herrscht diese Rhetorik in Asien bis auf Menekles und Hierokles von Alabanda, die Cicero, als er im Osten studierte, bewundert hat. Zu Hause hatte er diesen Stil vorherrschend gefunden, zuerst auch nicht verschmäht; Hortensius und Sisenna haben ihn befolgt, und er starb dort noch lange nicht aus. Eine gewisse Opposition fand Cicero in Rhodos vor, hatte wohl einen Rhetor gleicher Richtung zu Hause gehört, als er seine jugendliche Rhetorik schrieb. Wir haben von Ciceros rhodischem Lehrer keine Vorstellung[3], können wohl auch bisher den Stil der rhodischen Plastik aus dem ersten Jahrhundert nicht herauserkennen; der Laokoon schlägt zwar nicht in der Formgebung, wohl aber in dem strengen Aufbau der zweidimensionalen Gruppe klassische Wege ein. Der entschiedene Angriff auf die asianische Rhetorik ging von dem Pergamener Apollodoros aus, einem einseitig strengen Rhetor, der sogleich übertreibend auf die vorisokrateischen Redner zurückgriff, aber den bedeutendsten Erfolg errang, weil er in Rom auftrat. Caesars gesunder Geschmack berief ihn dann zum Lehrer seines Großneffen, und Cicero mußte erleben, daß er, der den Asianismus des Hortensius überwunden hatte, von den Verehrern des Lysias oder gar Thukydides befehdet ward. Er hat diesen Angriff in seinen letzten rhetorischen Schriften siegreich niedergeschlagen. Auf griechischem Gebiete vollzog sich die Entscheidung des Kampfes auch in Rom durch Dionysios von Hali-

[1] In meinem Vortrage „Geschichte der griechischen Sprache" näher ausgeführt.

[2] Wie stark seine Produktion und wie geschätzt sie war, hat der rhodische Bibliothekskatalog [Maiuri, Nuova silloge epigrafica di Rodi e Cos 1925, 14 nr. 11] gelehrt.

[3] Von Molon kennen wir wenigstens das Diktum *ἀνάγνωσις τροφὴ λέξεως*, das sich gegen die Neubildungen und Vulgarismen der Asianer richtet, Theon progymn. S. 61 Sp., wo *Ἀπολλώνιος ὁ Ῥόδιος* den Molon, nicht den *μαλακός*, Strabon 655, meinen wird.

karnaß und den Sikelioten Caecilius, der ein noch strengerer Attiker war. Beide traten in theoretischen Schriften gegen die Asianer auf, die der ältere Seneca noch deklamieren hörte; dann sind sie vergessen. Jetzt erst wird der sog. Kanon der zehn Redner aufgestellt und ihre grammatische und sachliche Erklärung begonnen. Dionysios und Caecilius[1] versuchten auch, Proben ihres neuen Stiles in Geschichtswerken zu geben, die allerdings nicht nur vor der historischen Kritik schlecht bestanden, sondern noch in vielem das Ziel einer rein attischen Sprache nicht erreichten. Damit hatte es noch gute Wege. Strabon ließ sich nicht beirren, und der Alexandriner Philon schreibt noch hellenistisch[2]. Aber was hier auf dem Gebiete der Sprache geschah, ist darum so bedeutungsvoll und verdiente eine genauere Behandlung, weil es ebenso wie die Rückkehr zu den alten Stilmustern in der Kunst die entscheidende Wendung in der ganzen geistigen Einstellung der Hellenen offenbart, die den Niedergang, den sie einzeln schon früher empfanden, nun bis in die tiefste Tiefe erleben. Das einzige, was sie besitzen, ist der Ruhm der Zeiten, da Hellas noch frei war. Die Freiheit ist verloren, aber sie dürfen hoffen, im Frieden des Augustus sich innerhalb des Weltreiches als Nation wieder zu erheben, wenn sie werden, was ihre großen Ahnen gewesen waren. Darum verleugnen sie die letzten Jahrhunderte, möchten sie am liebsten vergessen, und den Anfang macht die Rückkehr zu der alten Sprache, dem reinen Attisch, zugleich auch dem alten Stile. Rhetorik und Grammatik, die sich sogleich anschließt, übernehmen die Führung: sie beherrschen die Schule, das sichert den Erfolg. Damit ist gegeben, daß die Kluft zwischen den Gebildeten und der Volksmasse immer breiter wird, bald unüberbrückbar. Denn die Sprache des Volkes muß nun immer stärker verwildern, die Schriftsprache, je reiner sie im neuen Sinne wird, der Masse immer weniger verständlich werden; nur wenige wagen zu schreiben, wie sie sprechen, sowohl von der Oberschicht wie von dem Volke, so daß wir die Geschichte der lebenden Sprache ganz ungenügend verfolgen

[1] Wenn Caecilius über die Sklavenkriege schrieb, so mochte er aus seiner Heimat noch über wertvolle Überlieferungen verfügen, aber er konkurrierte auch mit Poseidonios, und da wird ihm wohl an dem stilistischen Gegensatze zu dem glänzenden Vertreter des Hellenismus besonders viel gelegen haben.

[2] Das erste streng attizistische Buch ist für uns der *Στρατηγικός* des Onesandros aus der Mitte des Jahrhunderts.

können. Nun geht aber die Rückwendung zu dem alten Hellas immer weiter. Nicht nur reden, sondern denken wollten sie wie die Ahnen. Dann mußten sie auch zu den alten Göttern zurück, nicht nur den Kulten, die immer noch bestanden. Das führt zu einer Restauration der *εὐσέβεια* in Worten und Werken, die äußerlich sehr in die Augen fällt und doch aus keinem echten Glauben kommt, so daß sie schließlich dem Ansturme fremder Götter und Religionen nicht widerstehen kann und den gänzlichen Sturz der hellenischen Götter und damit den Untergang des Hellenentumes nur beschleunigt. Wie es zu dieser Restauration kommen konnte, begreifen wir am besten eben aus der Rückwendung zu der alten Sprache, die sich hundert Jahre vorher vollzieht, siegreich in der Welt, weil sie es in Rom geworden ist. Doch die Katastrophe lag noch in weiter Ferne, und zunächst durften sich einige Generationen der Erneuerung und des Aufstieges des Hellenentumes erfreuen.

So wie hier ist das Rom des Augustus und Tiberius auf allen Gebieten maßgebend, weil sich die Griechen, die etwas erreichen wollen, dorthin ziehen. Für die Medizin gilt es auch weiter, weil die Großstadt die reichste Praxis bot; war doch schon vorher Asklepiades dorthin verzogen. Die Grammatik siedelte von Alexandreia herüber, Didymos, Aristonikos, Seleukos; so erklärt sich, daß die Schule Aristarchs forthin maßgebend ist, die Anomalie des Krates keine Geltung mehr hat. Von den Philosophien ist die Stoa durch Areios und Athenodoros hoffähig geworden; das genügte schon, Epikur zurückzudrängen, aber Philodem, allerdings auch Dichter, verkehrt mit namhaften Dichtern, vielleicht sogar mit Horaz; den Peripatos vertreten Xenarchos und Boethos, vielleicht selbst deren Lehrer Andronikos, der das Studium des Aristoteles als Erklärung der neugefundenen Lehrschriften für die ganze Folgezeit bestimmt. Demgegenüber hören wir von den athenischen Schulen gar nichts. Die Astrologie vertrat ein Mann wie Thrasyllos; da hat es geschehen können, daß in Manilius ein römischer Dichter für diese scheinbare Wissenschaft und Religion ein Verkünder ward wie Lucrez für die des Epikur; beiden haben die Griechen keinen der Ihren zur Seite zu stellen[1].

[1] Das darf man wohl sagen, obwohl in dem catalogus cod. astrolog. [6, 1903, 91, vgl. R. Keydell, Burs. Jahresber. 230, 1931, 56] Versreihen aufgetaucht sind, die auf Besseres deuten als Maximus und Manetho.

Auch eine Erneuerung der Lehre, die sich pythagoreisch nannte, ist in Rom zur Macht gekommen; auf welchem Wege, wissen wir noch nicht. Es mögen sich doch trotz der widersprechenden Angabe des Aristoxenos pythagoreische Gemeinden in Italien erhalten haben, die zunächst unbeachtet blieben; die dionysischen Mysterien haben mit Pythagoras nichts zu schaffen. Vielleicht hat sich auch ganz Verschiedenes an den berühmten Namen geheftet. In dem Buche des angeblichen Okellos und den zahlreichen Auszügen bei Stobaeus, die ebenso wirkliche oder vorgebliche altpythagoreische Namen tragen und in die späthellenistische Zeit gehören, da sie ein dorisches Gewand tragen, steckt sehr viel mehr von den anderen Philosophenschulen Entlehntes, als was sich mit dem verbinden läßt, was Aristoteles über die pythagoreische Schule überliefert. Sehr viel wissenschaftlicher und wirklich eine Fortbildung der pythagoreischen Philosophie ist die Darstellung, welche Alexandros Polyhistor bei Laertios gibt. Das ist also in Rom geschrieben[1]. Im folgenden Jahrhundert hat diese Lehre erfolgreiche Vertreter, die von den entgegengesetzten Rändern des Reiches stammen, Moderatus aus Gades und Nikomachos von Gerasa. Fortgebildet wird einmal die Zahlentheorie; bestimmte Zahlen erhalten die Namen alter Götter, deren Personen verschwinden[2], während Dämonen eine große Rolle spielen. Die Musik wird wie von den alten Pythagoreern theoretisch gepflegt; ob auch praktisch der Archaismus in dieser Kunst eine Rückkehr zu den alten Kompositionen bewirkt hat, wie es nach der pseudoplutarchischen Schrift über die Musik scheinen kann, wird sich schwerlich ausmachen lassen. Die pythagoreische Philosophie geht dann in die neuplatonische auf. Von einem Zusammenschlusse zu religiösen Gemeinden ist in späterer Zeit keine Spur; aber gerade in Rom ist das zur Zeit des Cicero geschehen, und ein höchst angesehener Politiker, zu-

Näher habe ich sie nicht untersucht. Anubion ist, wie der Name sagt, Ägypter. Dort ist die Epik mit Eifer und Erfolg betrieben.

[1] Eine Darstellung der Lehre scheint auch Varro gegeben zu haben, auf den die Rede des Pythagoras in Ovids Metamorphosen XV und einiges in den Fasten I zurückgeführt wird. Ovid hat aber auch Fremdartiges eingemischt. Immerhin zeigt sich, daß das Pythagoreische ihm und seinen Lesern eine Offenbarung alter Weisheit war, von der man gern hörte, gerade weil man ganz anders lebte. Mit den Schilderungen der altrömischen Einfachheit stand es geradeso.

[2] Z.B. Nikomachos bei Photios Bibl. 143b.

gleich fruchtbarer Schriftsteller, Nigidius Figulus, war das Haupt eines Vereines, der sich Pythagoreer nannte, aber im Rufe von Zauberei und bösen Dingen stand. Figulus selbst sind allerhand wunderbare Taten zugeschrieben worden, auch astrologische Prophezeiungen, aber dazu konnte auch seine Schriftstellerei Anhalt bieten[1]. Durch Caesar traf ihn Verbannung; der wahre Grund mag seine pompeianische Gesinnung gewesen sein, aber daß der Anlaß in seiner Magie gefunden ward, wird nicht bezweifelt, wer bei Hieronymus zum Jahre 45 liest *Nigidius Figulus Pythagoricus et magus in exilio moritur*, und zu 28 *Anaxilaus Larisaeus Pythagoricus et magus ab Augusto urbe Italiaque pellitur*. Dieser Anaxilaos hat dem Sextius Niger (dem Sohne) und durch ihn dem Plinius botanische Merkwürdigkeiten geliefert. An Anaxilaos ist der neunzehnte Diogenesbrief gerichtet, in dem Pythagoras verhöhnt wird[2]. Er hat also ein gewisses Ansehen gehabt; nach Wellmann steckt von ihm manches im Physiologus. Daß unter den mathematici und anderen Vertretern mißliebiger Kulte und Künste, die in der ersten Hälfte des ersten Jahrhunderts n. Chr. aus Rom verwiesen wurden, auch Pythagoreer gewesen sind, ist wahrscheinlich, da die Enthaltung von dem Genusse bestimmter Tiere für verdächtig galt (Seneca ep. 108, 22), was freilich zunächst auf Ägypter, Syrer, Juden ging. Im Jahre 53 ist T. Statilius Taurus, cos. 44, *repetundarum et magicarum superstitionum* angeklagt und hat sich selbst den Tod gegeben (Tacitus Ann. XII 59). Dies in Verbindung damit, daß ein Columbarium der Sklaven der Statilier dicht bei der unterirdischen sog. Basilika vor Porta Maggiore liegt, hat J. Carcopino zu der Vermutung geführt, daß diese das Kultlokal einer geheimen Genossenschaft gewesen wäre, erbaut von Statilius und nach seinem Tode geschlossen und vergessen. Das wird mit so viel Gelehrsamkeit und Scharfsinn vorgetragen, daß ich meinen

[1] Die Stellen sind bei Teuffel § 170 gesammelt. Die bekannte Prophezeiung bei der Geburt des Augustus ist natürlich Fabel; vielleicht trieb er gar keine Astrologie.

[2] Wellmann, Der Physiologos 95, verkennt die Pointe des Briefes, wenn er meint, Anaxilaos hätte zum Kynismus engere Beziehungen gehabt, und daraus Weiteres schließt. Diogenes will dem Pythagoreer zu Gemüte führen, er wäre ebensogut ein wiedergeborener Agamemnon wie Pythagoras ein Euphorbos. Der Verfasser des Briefes gibt dem Diogenes einen Pythagoreer zum Zeitgenossen und nennt ihn Anaxilaos, um seinen Zeitgenossen zu verhöhnen. Die Adresse ist im Palatinus Ἀναξιλάωι τῶι σοφῶι.

Zweifel ungern ausspreche. Aber die Verbindung mit Statilius ist nicht mehr als eine ansprechende Vermutung; und was über die pythagoreische Religion gesagt wird, mischt so viel Fremdartiges ein und kann doch daran nichts ändern, daß wir ein wirkliches Wissen von dem, was Nigidius getrieben haben mag, schlechterdings nicht besitzen. Und daß später die Pythagoreer einen Geheimkult gehabt hätten, soll erst bewiesen werden, und wenn sie ihn hatten, so wissen wir nichts von ihm; von dem Kulte in der Basilika und dem Glauben, dem er diente, wissen wir auch nichts.

Ein Zusammenhang der Sextier mit Nigidius ist nicht bezeugt; sie haben keinen Geheimkult, sondern sind Philosophen, die sich, soviel wir sehen, an das, was wirklich pythagoreisch war, in ihrem Lebenswandel hielten, also kein Fleisch aßen und sich täglich fragten πῇι παρέβην, τί δ' ἔρεξα (Seneca de ira III 36). Der Glaube an die Seelenwanderung ist damit gegeben, und die Selbstprüfung gehört zu dem reinen Leben, an dem das Aufsteigen der Seele zu den Göttern hängt. Seneca nennt diese Ethik stoisch, als er selbst strenge stoische Ethik verlangt. Die Schriftstellerei des Anaxilaos und des Niger über Pflanzen und ihre Kräfte mag zur Empfehlung der vegetarischen Kost gehört haben. Auch ein Sotion, dessen Schüler Seneca war, gehört unter die Pythagoreer. Aber die Schule der Sextier war erstorben, als Seneca schrieb, und er selbst hat das asketische Leben bald aufgegeben und ist so feist geworden wie Nero in seinen letzten Jahren, dann Vitellius und Vespasian. Solange er am höfischen und politischen Leben teilnahm, hat er auch die Moral, nicht nur die stoische, an den Nagel gehängt oder doch nur mit den Lippen bekannt, und auf dem Totenbette posiert er, wie er es in seinen Schriften immer getan hatte. Dann ist es mit der Philosophie unter den Römern vorbei. Dagegen lernen wir durch ihn, daß sich als Protest gegen die Haltung der herrschenden Gesellschaft in Rom der längst erstorbene Kynismus wieder regt, was durchaus spontan, nicht durch irgendwelchen Archaismus geschehen ist, weil das Leben zunächst in der Großstadt die Kritik herausforderte. Der Diogenes der Legende lieferte nur das Vorbild für das Auftreten an öffentlichen Orten, zu denen jetzt die Thermen gehörten, und für die geflissentliche Verletzung des Anstandes. Daß Diogenes wieder modern war, zeigt die Umsetzung seiner Apophthegmata und seiner Geschichte in Briefform. Seneca bewundert den namhaftesten Kyniker seiner Zeit, Demetrios, überaus; was er von ihm mitteilt, ist nichts anderes, als man von einem

Kyniker erwartet[1]. Erst unter Vespasian hat seine Kritik eine Wendung genommen, die dem Kaiser staatsgefährlich schien, weil sie die Opposition der stoischen Senatoren in das Volk trug, so daß er ihn verbannte. Schärfer mochte er gegen den beliebten Mann nicht vorgehen, selbst als dieser sich wieder in Rom zeigte und Schmähungen ausstieß, während ein anderer Kyniker hingerichtet ward[2]. Weder früher noch später hat sich unseres Wissens der Kynismus auf das politische Gebiet begeben, denn Dions Auftreten ist schon darin anders, daß er Vorträge hält. Ich glaube also nicht, daß Rostovtzeff mit Recht die Kyniker sowohl gegen die Kaiserherrschaft als auch in den Städten gegen die regierenden Klassen aufhetzen läßt. Demetrios ist auch nur der erste, gegen den die römische Regierung vorgeht. Domitian hat bald darauf die Philosophen überhaupt aus Rom verwiesen. Darin spricht sich aus, daß Domitian die Unpopularität seiner Herrschaft fühlte, und daß die Einwirkung der Philosophen auf die öffentliche Meinung ihm lästig fiel. Die Griechen hatten den Flaviern von vornherein keine Sympathie entgegengebracht. Im ganzen Osten war die Anhänglichkeit an die Dynastie groß gewesen, die mit Nero erlosch, so daß ein falscher Nero in Asien eine Weile Zulauf fand. Der Theatercoup, der der Provinz Achaia die Freiheit schenkte, hat auch auf verständige Griechen einen Zauber ausgeübt; das mußte Vespasian entgelten, der das Geschenk zurücknahm und die Steuerschraube kräftig anzog. Er war wohl ein tüchtiger Heerführer und Verwalter, aber ihm fehlte der Adel der Geburt und die gewinnende Grazie, die selbst Nero besessen hatte. So schien er höchstens ein Platzhalter zu sein; der Gedanke regte sich, daß nur der Würdigste Kaiser sein sollte; Domitian aber, der sich nicht als princeps, sondern als dominus gebärdete, schien den Griechen ein Usurpator, ein Tyrann. Auch den Römern, selbst den Beamten und Offizieren, ward sein tyrannisches Regiment auf die Dauer unerträglich. So ward er beseitigt und durch die Erhebung Nervas mit Traian als designiertem Nachfolger der Forderung genuggetan, daß der beste Mann das Reich regierte. Das leitet eine neue Periode ein, und daß der von Domitian verbannte Philosoph Dion im Einverständnis mit der Regierung für dieses neue „Königtum", wie

[1] Mehr steckt auch in dem einzigen Stückchen nicht, das wir aus einer Schrift des Demetrios besitzen, Stobaeus Flor. III 8, 20. Es ist in dem Diatribenstile gehalten, den auch viele kleine Schriften Dions zeigen.

[2] Sueton Vesp. 13. Cass. Dio 66, 13. 15.

der Grieche sagen mußte, Propaganda macht, läßt deutlich erkennen, daß die Hellenen nunmehr den Ton angeben werden. Sie haben sich wirtschaftlich so weit erholt, daß sie nicht mehr bloße Untertanen bleiben, sondern in steigender Zahl im römischen Staatsdienste Verwendung finden, selbst in den Senat kommen. Sie haben auch erreicht, wirklich attisch zu schreiben und trauen sich zu, als Erben der großen Ahnen aufzutreten. Eine ungemeine Fruchtbarkeit ihrer Literatur setzt ein, während die lateinische fast ganz abstirbt. Wenn wir bisher verfolgten, wie Rom unter der iulisch-claudischen Dynastie nicht nur den allgemeinen Glauben an die Einheit und Majestät des Weltreiches erzeugt, der im Kaiserkulte von allen bekannt und meist auch gehegt wird, sondern selbst auf allen Gebieten des griechischen geistigen Lebens die entscheidenden Anstöße gibt, so hat das nun ein Ende. Der Schwerpunkt des geistigen Lebens rückt in den Osten, zunächst den hellenischen, später nach Syrien. Wir werden für die Zwecke dieses Buches kaum noch Veranlassung haben, nach dem Westen zu blicken.

Die, wie es scheint, unausrottbare und doch geradezu widergeschichtliche Gewohnheit, die griechische und lateinische Literaturgeschichte auch in den Zeiten des Weltreiches gesondert zu behandeln, führt dazu, daß dieser Umschwung in seiner Bedeutung nicht gewürdigt zu werden pflegt. Das wird sofort in die Augen springen, wenn zwei ziemlich gleichzeitige Ereignisse zusammengesehen werden. In den letzten Jahren Domitians ist die Institutio oratoria Quintilians erschienen. Wenige Jahre darauf trat in Rom der griechische Redner Isaios auf und hatte glänzenden Erfolg, ein Attizist, wie Plinius (ep. II 3) hervorhebt. Mit diesem Isaios und dem nur im Auftreten, nicht in den Jahren älteren Niketes von Smyrna[1] beginnt Philostratos die Behandlung der „Sophisten“, die nach ihm die Beredsamkeit erneuert haben. Die Bezeichnung Sophist wählt er, um die Deklamatoren von den Ver-

[1] Niketes ist schon früher einmal in Rom gewesen, da Plinius ihn neben Quintilian hörte (ep. VI 6), und muß es wieder berührt haben, als er von Nerva zitiert ward, um sich in Gallien vor einem *ἀνὴρ ὕπατος* Rufus zu verantworten, mit dem er zusammengestoßen war, als dieser in Asien ein Amt bekleidet hatte. Tacitus erwähnt den Niketes im Dialogus 15, woraus natürlich nicht folgt, daß er vor dem Jahre (75) des fiktiven Dialoges in Rom war. Da von seinen Reden später eine gereinigte Ausgabe gemacht worden ist, war sein Stil noch nicht rein attisch.

tretern der praktischen, vornehmlich gerichtlichen Beredsamkeit, andererseits von den Philosophen zu unterscheiden[1]. Für Philostratos fängt also zu derselben Zeit eine neue, reiche Blütezeit an, wo Quintilian weder als Rhetor noch als Meister edelster Prosa einen nennenswerten Nachfolger findet. Das Buch des Philostratos mit seinen zumeist geringhaltigen Anekdoten und seinem Klatsch erscheint uns recht erbärmlich, und die meisten seiner Sophisten können uns sowenig imponieren wie die Berühmtheiten, deren Gedächtnis der Vater Seneca erhalten hat. Dagegen das Werk Quintilians ist allen griechischen Rhetoriken weit überlegen, von den lateinischen ganz zu schweigen. Sie sind ihm gegenüber alle banausisch, wenn er auch vielleicht manchmal an logischer Schärfe zurückstehen mag, da er überallher nimmt, was ihm nützlich dünkt. Seine Überlegenheit gegenüber Caecilius und Dionysios ist auch unverkennbar. Das hat darin seinen Hauptgrund, daß er sich an Ciceros rhetorischen Schriften gebildet hat, und Cicero hatte sich von dem Formalismus der griechischen Rhetorik frei gemacht. Er erschien dem Quintilian auch als der Schöpfer des vollkommenen lateinischen Stiles; darin lag eine Reaktion gegen die Modernen, deren vornehmster Meister Seneca war. Das ließ sich mit dem neuen Attizismus vergleichen, aber die Reaktion schritt über Quintilian hinweg und wollte auf die altlateinische Sprache des zweiten Jahrhunderts v. Chr. zurückgreifen[2]. Das hat die unheil-

[1] Die Unterscheidung von Sophisten, epideiktischen Rednern, und Rhetoren, Verfassern von Staats- und Gerichtsreden, stammt von Epikur, Philodem Rhetorik I 50 S. und öfter. Philostratos wird aber schwerlich von Epikur abhängig sein. Er hat willkürlich und kenntnislos zuerst einige Philosophen vorgeführt, die auch als Redner etwas bedeuteten, wohl um Dion und Favorin aufnehmen zu können. Dann folgen die alten, echten Sophisten, eine seltsame Reihe, in der der Redner Aischines den Schluß macht. Zwischen ihm und Niketes werden I 19 drei uns ganz unbekannte Namen genannt, nur um sie als nicht erwähnenswert zu bezeichnen. Die Deklamatoren, welche bei Seneca erscheinen, waren schon vergessen. Es ist mir immer unbegreiflich gewesen, wie die Modernen nach Philostratos von einer „zweiten Sophistik" reden können, gleich als ob die wirklich bedeutenden Schriftsteller des zweiten Jahrhunderts hinter den Sophisten verschwänden oder gar zu ihnen gehörten.

[2] Vergleichen läßt sich, daß der griechische Archaismus sich dazu verstiegen hat, ionisch zu schreiben. Wie Unausstehliches dabei herauskommt, zeigt am ärgsten Aretaios, aber Eusebios (bei Stobaeus) ist nicht viel besser.

vollsten Folgen gehabt; denn aus den Prosaikern jener Zeit ließen sich wohl alte Wörter holen, aber kein Stil, zu dem sie es noch nicht gebracht hatten[1]. So hat sich denn auch keine Stillehre dieser Richtung gebildet; die lateinische Literatur verstummt, und die späteren Rhetoriken halten die Vergleichung mit Hermogenes, Apsines usw. nicht aus. Da hat sich kein Kritiker gefunden, der über die Gründe des Verfalls nachgedacht hätte, während vorher Quintilian, Tacitus und schon die Schrift *π. ὕψους* solche Betrachtungen angestellt hatten, über die ich lieber in einer Beilage handle. Hier wird uns nur wichtig, wie die Rhetorik zwar in beiden Sprachen in der Jugendbildung einen bedeutenden, nach eigenem Urteil entscheidenden Platz einnimmt, aber die Folgen ganz verschieden ausfallen.

Wir müssen wieder zuerst auf Quintilian blicken. Er allein behandelt die ganze Erziehung des jungen Römers von der Kindheit bis zur vollen Reife des Jünglings, so daß wir hier allein eine Pädagogik erhalten. Die Charakterbildung ist nicht vergessen; an der catonischen Forderung, daß der Redner ein *vir bonus dicendi peritus* sein soll, wird festgehalten (XII 2, 1), aber die Philosophie hat keinen Platz in der Jugenderziehung, wenigstens tritt sie ganz zurück; Quintilian bekennt sich selbst zu keiner Schule. Der Rhetor wird nach der elementaren Vorbildung durch den Grammatiker alles besorgen. Wohl ist immer das Ziel, daß der Schüler, was er gelernt hat, im Dienste der Politik und vor Gericht verwerten wird. Aber worin besteht der Unterricht? Solange Quintilian als Rhetor staatlich angestellt war, haben seine Schüler ebensolche Suasorien und Kontroversien gehalten, wie wir sei bei Seneca und in den kleinen Deklamationen unter Quintilians eigenem Namen finden. Dann mußte der Lehrer außer korrigierenden Anweisungen auch selbst Musterstücke liefern. Die Themata waren im Grunde immer dieselben, und diese ganze Praxis des Unterrichtes verdiente die Kritik, wie sie Petron I so scharf und so schlagend gegeben hat, daß kein Wort mehr nötig ist. Gerade die

[1] Man sieht es am besten bei Gellius. Was er von den archaistischen Grammatikern und Antiquaren bringt, dreht sich fast immer um Vokabeln, und wenn der Konsular und berühmte Redner Fronto die schuldige Huldigung empfängt, wird er auch als Kenner des alten Wortgebrauches eingeführt. Wenn aber Apuleius in diesem archaistischen Stile schreibt, so kommt eine Geschmacklosigkeit heraus, die wohl noch ärger ist, als was Cicero und Dionysios an den Asianern tadeln.

ersten Versuche der Schüler, wie sie Quintilian im zweiten Buche behandelt, sind im wesentlichen dieselben wie die Progymnasmata[1] des Theon, der wohl nicht lange vor ihm geschrieben hat, und wie sie bei den späteren griechischen Rhetoren vorliegen, die sich nicht für zu gut hielten, solche Musterstücke zu veröffentlichen. Kann es etwas Ärgeres geben, als daß die Knaben sich über das Thema *ducendane uxor* verbreiten mußten (Quintilian II 4, 25, öfter bei den späteren Griechen)? Schlimmer ist noch das Thema *εἰ προνοοῦσι θεοὶ τοῦ κόσμου* (Theon S. 126 Sp.), denn da greift die Rhetorik in die Philosophie hinüber, in Wahrheit konnte nur nichtiges Gerede herauskommen, zum Schaden der wirklichen Religion.

Rhetorik, die sich als die Herrin der Jugenderziehung aufspielt, gibt es bei Römern und Hellenen. Bei diesen scheint sie seit Niketes und Isaios zu immer höherer Geltung aufzusteigen, während kein Lateiner mehr als ephemeren Ruhm erhält. Wie weit steht Fronto im Leben schon hinter Herodes Atticus zurück. Aristeides führt im Sinne von vielen siegreich den Kampf gegen Platons Gorgias. Und doch nimmt die Entwicklung in Ost und West einen entgegengesetzten Verlauf. In der griechischen Welt geht die Rhetorik mit der Erhaltung der attischen Sprache zusammen, und das bringt mit sich, daß die alte Literatur gelesen werden kann, denn die Grammatik setzt ebenfalls den alten Schulbetrieb, wenn auch immer beschränkter, fort. Die Rhetorik, die zugleich Stilistik ist, wird von den Byzantinern durch immer neue Bearbeitungen und Kommentare lebendig erhalten, zumal die siegreiche Kirche neue Stilmuster in den großen Rednern des vierten Jahrhunderts erzeugte, die sich an die Sophisten des zweiten anschlossen, Gregor von Nazianz sogar an Polemon. Aber die geistige Verödung trat nicht ein, weil andere Mächte neben der Rhetorik standen. Einmal die Grammatik, die mit Homer beginnend in die Dichter einführte, welche die Schule ausgewählt hatte, die *πραττόμενοι*, dann aber war

[1] Der auctor ad Herennium hat nur die praktische Beredsamkeit, wie sie der Römer seiner Zeit brauchen konnte, im Auge; da fällt die *θέσις* des Hermagoras fort, die in den Progymnasmen fortlebt. Der *μῦθος*, der zu ihnen gerechnet wird, und anderes erscheint I 13 bei der narratio, aber er wird der Tragödie zugewiesen. Wohl aber kommen nachher mythische Rechtsfälle wie der Streit um den Tod des Aias vor, weil die Beispiele auch aus dem Drama, Tragödie und Komödie, genommen werden.

soviel Philosophie auch denen zugänglich, welche sich keiner bestimmten Schule anschlossen; sie brauchten nur Schriftsteller des zweiten Jahrhunderts zu lesen, die neben den Sophisten geschrieben hatten. Und die christliche Dogmatik war ja selbst in stetem Zusammenhange mit dem Neuplatonismus erwachsen. Wie anders im lateinischen Westen. Was bot der Grammatiker bei der Erklärung Vergils? Selbst wenn aus Varro manches über altrömische Bräuche herangezogen ward, was gewann der Leser, wenn Aeneas an virtus und pietas ein erhabenes Vorbild war und sich an die Praxis der Pontifices und Augures gehalten haben sollte? Vergil behandelte Personen und Motive der griechischen Sage, so daß schon seine ältesten Erklärer Anleihen bei den griechischen Scholiasten machten. Und nun gar die Götter der Aeneis, die zu der homerischen Fabelwelt gehörten, für den Römer nicht einmal durch Erinnerung an den Glauben der Väter geheiligt. Dafür sprach der edle Römerstolz, die Liebe zur italischen Heimat, die Einführung der nationalen Helden und das Bekenntnis zu Roms weltbeherrschender Majestät jedem civis Romanus zum Herzen, jene Religion, die auch die Peregrinen im Kaiserkulte bekannten. Diese ist es, die viele der zahllosen kaiserlichen Beamten ebenso wie die zumeist aus diesen hervorgegangenen Senatoren in treuer Pflichterfüllung aufrecht hielt, so daß sie selbst unter einem schwachen oder schlechten Kaiser der großen Sache, dem römischen Staate dienten. Freilich mußte sich mit der Zeit immer mehr fühlbar machen, daß die Beamten aus dem Heere aufstiegen, also eine wirkliche Bildung nicht besaßen. In den Göttern des Heeres fand der Glaube an Rom wohl einen Ausdruck, aber daß selbst bei den Gemeinen damit das persönliche religiöse Bedürfnis nicht befriedigt ward, zeigt sich darin, daß gerade im Heere fremde Götter eindrangen, bald auch in die Hauptstadt und weiter in die bürgerliche Gesellschaft. Die geistige Öde in den Landstädten Italiens und des romanisierten Westens ist kaum vorstellbar; gerade wenn es ihnen gut geht oder ihre Patrone und reiche Bürger ihnen Stiftungen machen, dient alles dem Wohlleben und den entsprechenden Genüssen; immer mehr entziehen sich gerade die bevorzugten Italiker dem Heeresdienste. Man will das Leben genießen, weil der Tod in das Nichts führt. Dasselbe hören wir später auch in griechischer Sprache, die Aufforderung *κτῶ χρῶ* steht auf dem Trinkgeschirr[1], die Gerippe auf den Bechern von Boscoreale gehören

[1] Zahn, Winckelmannsprogramm 81. Preuner, Archäol. Jahrb. 1925,

berühmten Griechen, aber das Gerippe auf Trimalchios Tische begrüßt uns mit dem Spruche *eheu nos miseros, quam totus homuncio nil est. sic erimus cuncti, postquam nos auferet Orcus. ergo vivamus, dum licet esse bene*, und Petron zeigt uns das entsprechende Leben. Das sind Zeugnisse des ersten Jahrhunderts; die spätere Zeit hat nur nicht mehr die künstlerische Kraft, Ähnliches hervorzubringen. Die Römer sind immer weniger imstande, sich aus der griechischen Philosophie einen Ersatz für die verlorene väterliche Religion zu schaffen, und ergeben sich dafür dem Wahnglauben der Astrologie, bald verfallen auch die höheren Stände den orientalischen Göttern. Was hilft es, wenn es zunächst noch zum guten Tone gehört, sich eine oberflächliche Kenntnis der verschiedenen philosophischen Dogmen zu verschaffen, die sich untereinander aufzuheben scheinen. Ein ernstes Studium griechischer wissenschaftlicher Bücher ist damit nicht gegeben und wird schon im zweiten Jahrhundert selbst in den höchsten Kreisen selten sein, wenn auch noch griechische Schönredner in Rom volle Säle fanden und griechische Ärzte praktizierten. Die so oft in verschiedene Provinzen geschickten Beamten mußten das lebendige Griechisch beherrschen, und in Rom, wo ein beträchtlicher Teil der Bevölkerung griechisch oder doch gräzisiert war, und in Hafenstädten wie Puteoli und Ostia mußte diese Sprache weit verbreitet sein. Allein das war nicht mehr die Literatursprache, und in den latinisierten Provinzen nahm die Kenntnis des Griechischen immer mehr ab, auch wo es wie in Afrika früher verbreitet gewesen war. So scheiden sich die Hälften des Reiches immer stärker, und der Westen bedurfte der Übersetzungen, wenn er an dem geistigen Leben, der Philosophie und den bedeutenderen neuaufkommenden Religionen Anteil nehmen sollte[1]. Ich deute schon hier darauf hin, weil später keine Veranlassung mehr ist, über die griechische Welt hinauszuschauen.

39; die hier behandelte Inschrift ist jünger und bezeugt damit die Fortdauer der Formel.

[1] Apuleius macht den Anfang mit den Übersetzungen leichtfaßlicher philosophischer Schriften; gleichzeitig beginnt die Übersetzung der christlichen Bibel. Erst in letzter Stunde haben Marius Victorinus, Chalcidius, Boethius u. a. wenigstens einiges von der späten Philosophie und einiges Wissenschaftliche dem Westen zugeführt. Die hohe Schule von Bordeaux hat griechische Grammatiker unter ihren Professoren, was bis über die Grenzen des Reiches nach Irland hinüberwirkt. Das scheint vielleicht nur singulär, weil wir die Wirkung übersehen.

Noch stehen wir im ersten Jahrhundert, und hier haben wir noch bedeutende Vertreter einer echt römischen, aber der Philosophie nicht erschlossenen Sinnesart. Seneca ist der letzte philosophische Schriftsteller; Nachfolger hat sein Stoizismus nicht, auch bald keine Bekenner, und sein eigenes Leben stand zu seiner Lehre in allzu grellem Mißverhältnis[1]. Quintilian, ganz unphilosophisch, wenn er auch von einer „Vorsehung" redet und an eine göttliche Weltordnung geglaubt haben mag, steht wohl als Mensch und Charakter über Seneca mit allen seinen schönen Worten. Ohne Zweifel tut es der ältere Plinius, und er hat sich offen und ehrlich ausgesprochen. Für ihn ist die Natur *quod deum vocamus* (II 27)[2]. Dies also ist der Glaube des vortrefflichen römischen Beamten, der schließlich sein Leben der Pflicht geopfert hat, seinem Grundsatze gemäß *deus est mortali iuvare mortalem et haec ad aeternam gloriam via* (II 18). Dabei verwirft er die Astrologie und hält alle angeblichen Vorzeichen für Aberglauben, aber nichts sei *miserius homine aut superbius*. Das hat ihn das Leben gelehrt, denn Philosophie hat er nicht getrieben, und wenn er mit eisernem Fleiße die *potentia naturae* durch alle Reiche verfolgt hat, so ist das *πολυμαθημοσύνη* geblieben, denn die Gesetze der Natur zu erforschen

[1] Nach seiner Trennung von Nero, als er auf das Todesurteil immer gefaßt sein mußte, hat er Ernst mit seiner Philosophie gemacht. Das Gewissen wird ihm wohl auch vorher geschlagen haben, denn er wußte, was seine stoische Pflicht verlangte, auch wenn ihn andere innere Mächte zu ihrer Verletzung zwangen. Und auch später fiel er in seine Manier zurück, sobald er die Feder in die Hand nahm; er war zu geistreich, ein überaus merkwürdiger Mensch, der eine eingehende psychologische Behandlung verdient.

[2] Ebenda heißt es ein Trost für den Menschen, daß Gott nicht allmächtig ist, weil er sich nicht den Tod geben kann, was er dem Menschen als Bestes in den Qualen des Lebens gewährt hat; er kann ihm auch nicht ewiges Leben verleihen oder den Toten erwecken. Das hat Bernays fein mit einer Stelle des Buches *π. ὕψους*, 9, 7, verglichen, wo gesagt wird, daß der Mensch im Unglück den Zufluchtshafen des Todes habe, während Homer *οὐ τὴν φύσιν ἀλλὰ τὴν ἀτυχίαν* seiner Götter ewig gemacht habe, weil sie unsterblich sind. Der Rhetor hat das, wie es seine Art ist, irgendwoher übernommen; auch formal ist der Zufluchtshafen ein entlehntes Bild, Epikur 499, und was Usener zu dem Fragmente beibringt. Auch Plinius hat die Einschränkung der göttlichen Allmacht anderswoher entnommen, denn wenn die Natur Gott war, bedurfte es dieser Polemik nicht.

war längst vergessen, statt Wissenschaft werden alle möglichen *παράδοξα* aufgetischt, und ein Mucianus, der sich nicht scheute, sie durch angebliche Autopsie zu bekräftigen, Sextius Niger und Xenokrates gelten nicht weniger als Theophrast. Gerade darum ist die Stellung des Plinius zu der Religion überaus wichtig. Die redlichen Männer, die in einem Berufe pflichtgetreu wirken, finden auch ohne theoretische Begründung ihres Handelns und ohne Grübeln über die Welträtsel den rechten Weg. Sie werden den Staatskultus pflichtgemäß mitgemacht und fremder superstitio keine Duldung gegönnt haben, aber die Götter, denen sie opferten, waren ihnen keine Realität; darüber brauchte man keine Worte zu verlieren.

Für die Griechen des ersten Jahrhunderts haben wir keine repräsentativen Personen, auch nur wenige und unbedeutende Schriften, aber etwas lehren diese doch. Die homerischen Probleme des Herakleitos, ein sehr gut geschriebenes Buch, und die Übersicht der hellenischen Theologie des Annaeus Cornutus, ein dürres Kompendium[1], sind für den Unterricht des Grammatikers bestimmt, der mit den Kindern den Homer liest[2]; für Cornutus tritt

[1] Wenn wir nur erst einen verständigen Text hätten; die Überlieferung ist schlecht, und die Ausgabe von Lang hat ihn nur noch verschlechtert. Interpolationen zu suchen ist ebenso verkehrt wie die Annahme einer Umarbeitung und Epitomierung. Wenig, aber etwas helfen die Exzerpte, welche E. Maaß hinter den *T*-Scholien abgedruckt hat. Es ist verdienstlich, die Übereinstimmungen mit älteren Stoikern, Chrysipp, Apollodor, Poseidonios, aufzuzeigen, aber direkte Quellen des Kompendiums darf man nicht suchen, Cornutus ist kein Abschreiber.

[2] Cornutus fängt gleich mit *ὦ παιδίον* an, und ähnliche Anreden folgen. Ich begreife nicht, wie man daran Anstoß nimmt. Stroux, Philol. 86, 360, glaubt der Ansicht, daß die Anreden sich auf den leiblichen Sohn beziehen, dadurch eine Stütze zu geben, daß, wie er schön nachweist, der Sohn des Cornutus eine Schrift seines Vaters aus dem Nachlaß herausgegeben hat. Das könnte auch von der *'Επιδρομή* gelten, die der Vater gar nicht für das Publikum, sondern für seinen Sohn verfaßt hätte. Sie ist aber bei den Griechen in Gebrauch geblieben, und ihr Epilog spricht aus, daß sie für den Anfangsunterricht bestimmt ist. Warum nur für den des eigenen Sohnes? Herakleitos 76 führt aus, was die Verbannung Homers für unheilvolle Folgen haben würde, der *νηπίων παίδων χορός, τῆς* (*τάς* codd.) *σοφίας παρ' Ὁμήρου πρῶτον ὡς ἀπὸ τιθήνης ποτιζόμενος γάλα*, würde dieser *ὠφέλεια*, die *ἀντίπαιδες* und alle Älteren der *ἡδονή* verlustig gehen. Für diese *ὠφέλεια* sorgen Herakleitos und Cornutus.

Hesiods Theogonie hinzu; auf ihre Lektüre mit den Kindern deutet aber nichts. Er gibt die altstoischen Allegorien und Etymologien, bereitet also auf spätere Unterweisung in der stoischen Philosophie vor, erwähnt sogar vorgreifend die Ekpyrosis, S. 28 L. So dürr das Ganze ist, finden sich doch Hindeutungen auf die Methode[1]. Herakleitos ist gelehrter, kämpft vor allem gegen Platons Verweisung des Homer aus seinem Staate, also für den Unterricht, den er selbst treibt; obgleich sich viele Deutungen der Götter mit denen bei Cornutus decken, zielt das Ganze nicht auf eine bestimmte Philosophie, nimmt die Teile der Seele von Platon, der sie natürlich von Homer haben soll, führt auch andere Philosophien auf Homer zurück, bringt seinen Schülern auch gelegentlich etwas über die vier Elemente, die Kugelgestalt des Kosmos und andere *φυσικά*[2]. So bekommen wir eine gute Vorstellung von einer Behandlung Homers in der Schule, die geradezu Religionsunterricht genannt werden kann und auch das Physikalische heranzieht, das bei diesem Zwecke des Unterrichtes unentbehrlich war[3]. Mag auch für Homer bei den Allegorikern positiv nichts herauskommen, der Einblick in diese Kinderlehre ist von höchsten Werte. Homer wird wieder auf die Stellung erhoben, die er im alten Hellas eingenommen hatte, wird wieder der Lehrer von aller möglichen Weisheit, zumal über die Götter. Die Allegoriker suchen in ihn hineinzulegen, was dem jetzigen Wissen und Glauben entspricht; da-

[1] In Kap. 17 wird ganz verständig gesagt, daß sich bei Homer einzelne Reste reicherer Mythen finden, z.B. A 399, O 18, und auch die Warnung ist sehr gut, daß man einen Mythos nicht mit anderen vermischen darf, und was Spätere, die ihn nur für Erfindung hielten, darangehängt haben, keine Berücksichtigung verdiene. Das wird auf Aristarchs Notat *πρὸς τοὺς νεωτέρους* zurückgehen, wenn auch mit anderer Bewertung der homerischen Mythen.

[2] Zu beiden Schriften stellt sich das Buch über Homers Leben und Dichtung, das Plutarchs Namen trägt. Es gehört aber in spätere Zeit und vertritt keine bestimmte Philosophie. Man kann es Prolegomena zu einer wissenschaftlichen Ausgabe Homers nennen, an die sich die Einzelerklärung in Scholien anschließen konnte.

[3] Der Verfasser des *BT*-Kommentares geht sehr oft auf die moralisch belehrende Absicht Homers ein, aber die Allegorie liegt ihm fern. Gerade diese Scholien stammen von dem Herausgeber dieser Ausgabe; uns sind freilich von Wert nur die unschätzbaren Auszüge aus der alten gelehrten Grammatik, häufig reicher als in dem jüngeren Viermännerkommentar.

her haben die Stoiker die Führung. Aber in wie vielen Schulen hat dem Erklärer diese Gelehrsamkeit gefehlt, so daß die Kinder die homerischen Götter und die Kosmogonie des Hesiodos, wie sie war, vorgesetzt erhielten, und wenn sie keine weitere Schulbildung bekamen, erfuhren sie nie etwas Besseres. So erklärt sich, daß christliche Schriftsteller, die nur eine solche Schule besucht hatten, immer noch gegen die Entmannung des Uranos, den Sturz des Kronos durch seinen Sohn und die Unsittlichkeit der homerischen Götter zu Felde ziehen, gleich als ob diese Mythen den Griechen heilige Offenbarung wären, wie ihnen die Mythen der Genesis, auf die von den christlichen Gelehrten die Allegorie übertragen werden mußte. Fassen wir aber die Schule ins Auge, für welche Herakleitos und Cornutus schrieben, so sehen wir, daß den Kindern, gleich wenn sie lesen und schreiben gelernt haben, der naive Glaube an die Götter, denen sie opfern und Feste feiern, genommen wird; die Physik, die sie dafür erhalten, liefert einen schlechten Ersatz. Cornutus stellt am Schlusse der Schrift in Aussicht, daß über den staatlichen Kultus das spätere Studium der Philosophen die nötige Aufklärung geben werde; nur so gelange die Jugend zum *εὐσεβεῖν* und vermeide das *δεισιδαιμονεῖν*[1]. Von der Physik als Grundlage der Religion gibt das Buch *περὶ κόσμου* eine populäre Darstellung, die großen und dauernden Erfolg gehabt hat, wie die Übersetzungen und die starke Benutzung durch den Tyrier Maximus beweisen. Der Verfasser hat zwar die Maske des Aristoteles aufgesetzt, und daß dieser seinen Zögling Alexander belehrt, wird nicht wenig zu der Geltung des Buches beigetragen haben. Peripatetisch ist es aber nicht, und poseidonisch sollte man es auch nicht nennen, wenn in dem Stoischen, was darin ist, auch Poseidonios nachwirkt, wie es im ersten Jahrhundert nicht anders sein konnte. Dieses Buch führt zuletzt den Lenker des Kosmos ein, den ganz persönlich gefaßten Gott. Religion gibt es, aber die Götter sind gar nicht vorhanden. Darüber zu reden scheint nicht mehr nötig. Es ist ein Monotheismus eigener Art, Gott nur von der Seite der Physik angesehen, wie es seine stoische Herkunft mit sich bringt. Aber ein entschiedener Monotheismus ist es; es heißt ausdrücklich *οὐδὲν ἐπιτεχνήσεως αὐτῶι δεῖ καὶ ὑπηρεσίας τῆς παρ' ἑτέρων* (398b 10). Das schließt indessen nicht aus, daß in dem einzelnen Staate *θεῶν τε*

[1] Ganz vorzüglich hergestellt von Reinhardt, De Graecorum theologia 119.

θυσίαι καὶ ἡρώων θεραπεῖαι καὶ χοαὶ κεκμηκότων von dem Gesetze vorgeschrieben und durchgeführt werden. Dies irdische Gesetz für den Staat entspricht dem, was Gott selbst für den κόσμος ist (400b 22 und 28). So wird mit Gewaltsamkeit der Staatskultus nicht gerechtfertigt, aber anerkannt; es sind altererbte Zeremonien, die ihren Traditionswert haben mögen, aber die Religion hat nichts mehr mit ihnen zu schaffen.

Nun treten wir in das zweite Jahrhundert ein, die Blütezeit der Restauration des alten Hellenentumes. Die Kaiser verwöhnen die Griechen, ernten dafür deren dankbare und ehrliche Huldigung. Das Reich scheint in Frieden und Eintracht goldene Jahre zu genießen. Aber schon unter Marcus kommt der schwere Ansturm der Germanen und die entvölkernde Pest, und in dem Sohne des Marcus wieder ein Kaiser, der dominus und deus sein will. Der Zerfall des Reiches und seiner Kultur beginnt. Noch wird freilich Althellas weitergespielt, wenn auch syrische Knaben auf den Kaiserthron kommen und ihre Götter nach Rom bringen. Bald bricht die germanische Flut über die Grenzen, die wilden Barbaren zerstören gerade Hellas und die alten Hellenenstädte an den Küsten Asiens. Das macht ein Ende. Man kann sagen, die Restauration hat so lange gedauert wie die Mode, den Bart wachsen zu lassen. So hatten es die alten Hellenen getan, die Philosophen beibehalten, Musonius und Dion machten dafür Propaganda, Hadrian gab die Entscheidung: Bärte werden getragen, bis Diokletian und Konstantin die Verfassung, die Religion und auch die Mode des Reiches ändern. Die wenigen Jahrzehnte des friedlichen zweiten Jahrhunderts hat Gibbon als die höchste Blüte des Altertums betrachtet, und Mommsen hat sogar gefragt, ob das von Severus Antoninus beherrschte Gebiet damals oder heute mit größerem Verstande und mit größerer Humanität regiert worden sei, ob Gesittung und Völkerglück im allgemeinen seitdem vorwärts- oder zurückgegangen sei. Wie es damals in den Seelen der Menschen aussah, haben beide gar nicht bedacht, und daß die Scheinblüte der griechischen Literatur taub war, die Wissenschaft längst erstorben, kein neuer und fruchtbarer Gedanke gedacht ward, war doch öfter ausgesprochen, als Mommsen schrieb. Jetzt brauchen wir nur Rostovtzeffs Gesellschaft und Wirtschaft im römischen Kaiserreich zu lesen, um den Niedergang auch auf materiellem Gebiete wahrzunehmen. Hier ist der Fortschritt der Wissenschaft besonders groß. Dazu hat die Vermehrung der monumentalen Zeugnisse durch die Ausgrabungen, die Entdeckung von Inschriften und Papyri vor allem beigetragen. Freilich kann es scheinen, als ob die Bautätigkeit des zweiten Jahrhunderts für einen hohen Wohlstand dieser Zeiten spreche; denn was noch in Ruinen über der Erde steht und worauf die Ausgrabung gerade auch in den ionischen Großstädten zuerst stößt, pflegt aus ihnen zu stammen. Meist sind es Prachtbauten, riesige Märkte und Säulenhallen, Thermen, Nymphäen, Schmucktore, und wenn wir z.B. in Milet sehen, wie sie weite Räume der Innenstadt einnehmen, also an die Stelle von Wohnhäusern getreten sind, so müssen wir uns sagen, daß die Kaiser und einzelne schwerreiche Bürger ihr Geld für solche Luxusbauten hingeben, aber eine wirtschaftliche Blüte der Stadt folgt daraus nicht, denn der Mäander hatte die Verbindung mit dem Meere schon schwieriger gemacht, und die große Zahl von Milesiern in Athen zeigt die Abwanderung der Bevölkerung, die zu Hause ihr Brot nicht mehr erwerben konnte. Die Blüte der Städte täuscht ebenso wie die Blüte der attizistischen Literatur und der Reichtum einzelner Männer, darunter gerade der Rhetoren. Wir müssen auch auf das Land blicken, über dessen Zustände uns keine Ausgrabung belehrt. Es ist doch dieselbe Zeit, in der vielleicht nicht in Ionien, aber in den weitesten Strecken des Reiches die Verwandlung der freien Bauern in coloni beginnt, die sie schließlich an die Scholle heftet und in die Hörigkeit zurückführt[1]. Wir dürfen uns dem nicht verschließen, daß die Stadt den Ruin des Landes mit sich gebracht hat. Athen hat Attika aufgesogen und ausgesogen. Der Gegensatz wird zu den Zeiten des Herodes derselbe gewesen sein wie heute. Die Landbevölkerung hatte nichts von den Thermen, in denen die Städter herumlungerten. Sie war politisch rechtlos, Schulen und Ärzte fehlten auf dem Lande. Ein Aufsteigen in eine höhere, gebildetere Gesellschaftsschicht war dieser immerhin an Zahl überwiegenden Bevölkerung abgeschnit-

[1] Es scheint mir unzweifelhaft, daß die Landwirtschaft nicht nur keine technischen Fortschritte machte, sondern zurückging. Varro führt noch eine Menge landwirtschaftlicher Fachschriften an. Aus der Kaiserzeit kennen wir die Lehrschrift der Quintilier, die aus der römischen Kolonie Alexandreia Troas stammen. Sie geben noch ziemlich das Beste in den Geoponika; neben ihnen stehen die Nichtigkeiten des falschen Demokrit und der *κεστοί* des Africanus, Zauber und Aberglauben. Etwas Besseres stand den byzantinischen Kompilatoren nicht zur Verfügung.

ten. Sie sprachen eine andere Sprache als die attizistische Schule lehrte[1], die neue Literatur war für sie kaum vorhanden. Aber auch in den Städten waren die Handwerker und Händler von der regierenden Oberschicht durch eine Kluft geschieden, und wo die Stadtverfassung eine demokratische Volksversammlung noch zuließ, ist es zu starken Gegensätzen gekommen; Faktionen bildeten sich natürlich auch innerhalb der regierenden Familien und zogen deren Klienten mit in die persönlichen Kämpfe hinein. Ernste Unruhen hat es genug gegeben, so daß die Kaiser curatores liberarum civitatium ernennen mußten, häufig Senatoren griechischer Herkunft[2]. Das römische Bürgerrecht hatten die Honoratioren der

[1] Wir dürfen uns nicht darüber täuschen, daß wir von dem gesprochenen Griechisch selbst der Gebildeten keine Vorstellung haben, geschweige von der Sprache des Volkes, denn die Briefe aus Ägypten stammen oft von Halbhellenen, und so unschätzbar der sprachliche Wert der Evangelien und der Paulusbriefe ist, so sind sie doch nicht von Griechen geschrieben, und Lukas sucht bereits seine Vorlagen sprachlich zu verbessern. Später versucht jeder mit mehr oder weniger Erfolg, gebildet zu schreiben, Hermas z.B. und Vettius Valens. Die strengsten Attizisten können mit ihren Dienstboten, auf dem Markte und im Kaufladen nicht von ferne so gesprochen haben, wie sie Lukians Lexiphanes zum Hohne tun läßt. Aus dem Edictum Diocletiani erfahren wir, wie viele Kleidungsstücke, Stoffe und Eßwaren lateinisch bezeichnet wurden, manches ist bis heute erhalten wie *λουκάνικο* die Wurst. Latinismen stehen schon im Marcusevangelium. Aber die Schriftsprache ist streng puristisch. Der Ulpian des Athenaeus fragt bei jedem Worte: *ποῦ κεῖται;* Attisch muß es sein. Nur dieser Purismus verschuldet, daß selbst die Germanen mit ihrem Namen nicht genannt werden dürfen, sondern Kelten heißen. Peinlich empfinden die entschiedenen Puristen, daß sehr viele lateinische Eigennamen eingedrungen sind und sich immer noch vermehren; einzelne Hellenisierungen kommen vor, Titianus wird Titanios (IG. V 1,730), Saturninus (oft Satorninos gesprochen) *Κρόνιος*, Lukian hist. scrib. 21. Der bekannte Philosoph *Κρόνιος* wird wohl auch ein Saturninus gewesen sein. Die neuen Namen, die Signa, zu denen diese Beispiele gehören, sind zum Teil auch aus diesem Grunde gebildet.

[2] Herodes Atticus hat eine solche Stellung bekleidet. Es wäre gerechter gewesen, wenn Marcus einen unabhängigen Römer ad corrigendum statum Athenarum eingesetzt hätte, um den Konflikt zwischen Herodes und den Athenern zu untersuchen. Über die Kämpfe in Tarsos und Prusa unterrichtet uns Dion, wo aber auch die Briefe des Plinius an Traian zu berücksichtigen sind. Über Sardes hören wir durch Plutarch (rei p. ger. praec. und *π. φυγῆς*) und Apollonios von Tyana.

griechischen Städte schon im ersten Jahrhundert erhalten; seit Traian kommen diese immer zahlreicher in Beamtenstellen. Es werden sich auch Römer, die sich gern in den prächtigen asiatischen Städten ansiedelten, selbst oder ihre Nachkommen als Bürger dieser Städte betätigt haben, so daß sich Griechen und Italiker mischten. Sonst blieb die Rasse rein, denn der fr eigelassene Sklave ward nicht zum Bürger wie in Rom, wo die übelsten fremden Elemente in die Bürgerschaft eindrangen und Sklaven sehr viel leichter höher kamen und überhaupt ein besseres Leben führten als die Bauern in ihrer Heimat. In den althellenischen Städten ist eine nicht zu schmale wohlhabende Oberschicht die Trägerin der Restauration des althellenischen Wesens und der alten Sprache, was eine nicht geringe Bildung durch Grammatiker, Rhetoren, Popularphilosophen voraussetzte. Für die Frauen galt das nur mit starker Einschränkung. Es sind überhaupt nur ganz wenige Frauen, von denen wir aus dieser Zeit etwas erfahren, viel weniger als in den ersten Zeiten des Hellenismus (von dem späteren wissen wir überhaupt zuwenig). Es galt als fraglich, ob die Frauen überhaupt eine Bildung erhalten sollten[1]; an eine philosophische war gar nicht zu denken. Der Kaiserin Plotina werden wir darum, daß sie die epikureische Schule Athens patronisiert, ein persönliches Bekenntnis zur Lehre Epikurs nicht zutrauen[2]. So blieb die Frauenwelt auf die Kulte ihrer Götter angewiesen, als deren Priesterinnen sie eine Ehrenstellung erhalten konnten. Wie sollte das ihre Seele befriedigen? Sie bedurften ebenso wie die niederen Stände einer neuen Religion.

Wenn das alte Hellenentum erneuert werden sollte, so mußten die Menschen auch das altadlige Blut in ihren Adern haben, selbst

Rostovtzeff hat diese Verhältnisse richtig gewürdigt; im einzelnen wird sich mehr ermitteln lassen.

[1] Musonius verlangt Frauenbildung, aber es klingt ziemlich schwach, läuft meist auf moralische Erziehung hinaus. Was von Plutarchs Schrift *ὅτι καὶ γυναῖκα παιδευτέον* erhalten ist, lehrt nichts. Aber seine Moralia zeigen, daß die Frauen seines Kreises eine allgemeine, aber keine philosophische Bildung besaßen, selbst seine Frau Timoxena.

[2] Plotina und die folgenden Kaiserinnen haben in der Haartracht und wohl der Toilette überhaupt sich durch den Archaismus nicht abhalten lassen, sehr auffallende neue Moden aufzubringen. Leider fehlen mir die Kenntnisse, um zu verfolgen, ob die griechischen Damen sich dieser römischen Mode angeschlossen haben.

die Römer ihnen gegenüber Parvenus sein, von den Orientalen gar nicht zu reden. Der einzelne, der eine Rolle spielen wollte, und ebenso die Städte in dem hellenisierten inneren Kleinasien und in Syrien suchten sich Ahnen unter dem Adel der alten Zeit, womöglich Heroen. Mancher vornehme Spartaner beanspruchte, der soundsovielte nach Herakles zu sein, worin die Abkunft von den alten Königen lag, und der soundsovielte nach den Dioskuren; die Geronten von Argos stammen von Danaos und Hypermestra, ein Eleer heißt wenigstens Oxylos (IG. III 2). Herodes Atticus wollte von Miltiades stammen, nannte daher eine Tochter Elpinike, und das genügte ihm nicht, er wollte auch zu den Kerykes gehören, also von Hermes stammen. Auch angebliche Lykomiden und Eumolpiden gab es in Athen. In den hellenisierten Landschaften des Ostens verschmähte man nicht nur die barbarischen Vorfahren und ließ sich gelegentlich sein Hellenentum von Hadrians *κοινὸν τῶν Πανελλήνων* attestieren[1], sondern mochte auch nichts von einer makedonischen Kolonie wissen, erfand also heroische Gründer wie Perseus in Tarsos, Synnada wollte lakonische Kolonie sein, IG. V 1, 452, nach Komana waren Orestes und Iphigeneia gekommen, Strabon 535, Apollonios mochte nicht ein Kappadokier aus Tyana sein, war aber zufrieden, wenn seine Familie aus Tralles stammte, Epist. 69. Da wurden denn Götter und Heroen als Städtegründer bemüht und erwuchs eine Menge von Geschichten, die frisch erfunden in Versen und Prosa einem Publikum dargeboten wurden, das gern annahm, was seiner Eitelkeit entgegenkam. Das sind die *πάτρια* der einzelnen Städte, eine neue Literaturgattung, die bis in das fünfte Jahrhundert eifrig gepflegt ward. Was Nonnos von Beroe-Berytos erzählt, zwei Göttergeschichten, ist eine Probe; Nikaia, das er auch behandelt, kennen wir schon (oben S. 380). Selbst ein so verständiger Mann wie Arrian leitet das bithynische Astakos von Poseidon und einer Nymphe Olbia her (Fr. 26 Jac.)[2], nicht zufrieden mit der historischen Besiedelung durch Megarer und Athener. Arrian hat noch mehr Geschichten gleicher Art. Selbst Smyrna gab seinen äolischen Ursprung preis und zog vor,

[1] Mommsen, Röm. Gesch. V 245.

[2] Memnon bei Phot. Bibl. 228a erzählt, es hätte den Namen *κατὰ χρησμόν* von einem der thebanischen Sparten erhalten, einem tüchtigen Manne. Das war also eine ältere Erfindung, von der man gern mehr hören möchte. Bei der bald untergegangenen Besiedelung durch die Megarer konnten Böoter mitgezogen sein wie nach Herakleia.

von Theseus und seinem Heere auf dem Heimzuge von dem Amazonenkriege gegründet zu sein. So schufen die Städte sich eine möglichst glanzvolle Urgeschichte; je weniger sie wußten oder wissen wollten, um so mehr bemühten sie althellenische Götter und Heroen[1]. Im Mutterlande konnte man von weltberühmten Heldentaten der Vorfahren erzählen, Herodot, Thukydides und Xenophon, der nun sowohl Ephoros wie Theopomp zurückdrängte[2], lieferten den Stoff, und die unerträgliche Renommage mit den Siegen über die Perser begann; Alexander lieferte den Rhetoren noch immer einige Themen, aber seine wirkliche Größe blieb im Schatten; für Demosthenes waren die Makedonen ja Barbaren gewesen. Von der hellenistischen Zeit schwieg man; ihre Historiker wurden nicht gelesen, die meisten werden von den Diadochen und Epigonen kaum etwas gewußt haben[3]. Die Gegensätze der Staaten des fünften Jahrhunderts wurden dabei wieder wachgerufen, sogar zwischen Athen und Megara (Philostratos vit. soph. I 24); man feierte zwar gemeinsam wieder *'Ελευθέρια* in Plataiai, aber dann zankten sich Athen und Sparta um den Vortritt in dem Festzuge[4].

In Sparta wird die angeblich lykurgische Erziehung der Knaben wiederhergestellt, die Riegen der Kleinen und der Älteren, Patronomen, auch Gynaikonomen, irgendwie auch die Pheiditien. Der heilige Bezirk der Orthia wird verschönt, in Wahrheit entweiht, indem ein Theater angebaut wird, in dem die Knaben singen und tanzen und ein nicht sicher gedeutetes Jagdspiel, *κασσηρατόριν* (*κατ-*

[1] Ziemlich das Tollste ist, was Favorin (*Κορινθιακός* 14) den Korinthern erzählt, die Siegerliste der ersten Isthmien, in der nicht nur Herakles und Neleus, sondern auch Orpheus und Phaethon auftreten; damals gab es auch eine Regatta, in der Iason mit der Argo siegte. Schwerlich ist der Schwindel hellenistisch, der die olympische Siegerliste, wie sie Pindar Olymp. 10 kennt, überbieten will, was übrigens in Olympia auch geschehen ist, in der nun Zeus und Kronos auftreten.

[2] Aristeides hält sich fast ausschließlich an die drei. Es ist der Stil, das Muster der *ἀφέλεια*, der die Hellenika empfahl; an den Stil der Memorabilien hält sich Dion. Daß Polybios sich erhielt, hat das Interesse der Römer von Konstantinopel bewirkt, die auch Cassius Dion und Dionysios erhielten. Dieser hatte den Polybios schon für unlesbar erklärt.

[3] Arrian scheint auf die Alexandergeschichte durch das Verlangen, die Wahrheit zu erfahren, geführt zu sein, ein seltener Vorzug. Erst nach ihm scheint von Rom aus die heroische Gestalt Alexanders populär geworden zu sein. Arrian hat dazu schwerlich beigetragen.

[4] Mommsen, Röm. Gesch. V 244.

θηρατόριον) aufführen, aber auch bis aufs Blut zu Ehren der Göttin gegeißelt werden; erst jetzt scheint die alte grausame Handlung so weit übertrieben zu sein, daß sie einzeln bis zum Tode führte[1]. Dafür durften die Sieger in den Agonen ihren Preis, eine bronzene Sichel, mit langatmigen Inschriften der Göttin weihen. In Sparta allein wollte man auch in der alten Mundart schreiben, gerade hier, wo es keine alte Literatur gab und kein Grammatiker helfen konnte; da hat man den verwilderten Dialekt genommen, wie er sich im mündlichen Gebrauche gehalten hatte; er klang wirklich so fremdartig, daß ihn die übrigen Griechen dem Lykurgos zutrauen konnten.

In Athen mußte Demokratie gespielt werden. Faktisch lag die Regierung in den Händen eines Rates, der irgendwie aus den Honorationen gebildet ward. Er hieß wenigstens Areopag, wird aber dem entsprochen haben, was die Römer auch in einer freien Stadt verlangten[2]. Der Prokonsul von Achaia war nahe genug, um die freie Stadt zu überwachen, und Hadrian hat sich nicht gescheut, selbst direkt einzugreifen. Daneben durfte der vielköpfige alte Rat eine sachlich bedeutungslose Existenz fortführen. Phylen und Demen hatten keine Bedeutung. Aber der Athener führte sein Demotikon, das inhaltlos geworden war, denn viele Dörfer werden gar nicht mehr bestanden haben. Die Errichtung der neuen Phyle Adrianis und die Zuteilung von Demen an sie war eine Komödie. Aber Hadrian hat auch die Konkurrenz der Phylen an den Dionysien für eine Weile wieder erstehen lassen. Wenn wir die Inschriften lesen, so scheint das Hauptinteresse des bürgerlichen Lebens der Ephebie zugewandt gewesen zu sein. Akademie und Lykeion bestanden nicht mehr, das Gymnasion des Diogenes lag in der Stadt; in ihm haben sich die langweiligen Portraitköpfe der Kosmeten und die noch unerträglicheren Ephebenkataloge ge-

[1] Vor Grausamkeit scheute sich die reaktionäre Beobachtung der alten Riten nicht. Plutarch, aet. Gr. 299f, erzählt, daß in Orchomenos an den Agrionien der Priester des Dionysos bestimmte Frauen mit einem Schwerte verfolgte und eine derselben wirklich tötete, was freilich für die Gemeinde üble Folgen hatte und zu einer anderen Besetzung des Priestertumes führte. Hadrian hat alle Menschenopfer verboten; das mag auch hellenische Kulte betroffen haben.

[2] Nur durch die Chronik des Eusebius wissen wir, daß die Römer im Jahre 9 n.Chr. einen Aufstand der Athener niedergeschlagen haben. Damals wird die Stadtverfassung definitiv geregelt sein.

funden. Wir sehen, wie immer mehr von den Beamten und Unterbeamten und von den Klassen der Epheben ihre Namen auf Stein verewigen. Von dem, was sie trieben, steht kaum etwas darin. Aber als eine Großtat des Herodes gilt es, daß er die schwarzen Uniformröcke durch weiße ersetzt und Fibeln aus Elektron (wohl vergoldetem Silber) dazu geschenkt hat. Dieser Wohltäter, der der Stadt ein modernem Geschmack entsprechendes Theater und den Ausbau des Stadion geschenkt hat, war in der Lage, eine Art Tyrannis auszuüben, und wenn diese allzusehr drückte und die Stadt sich bei dem Kaiser beschwerte, schützte den Konsular sein Stand und sein Ruhm als Redner. Als er nach dem kaiserlichen Freispruch heimkehrte, zog ihm die ganze Bürgerschaft reumütig bis an die Kephisosbrücke jenseits des Aigaleos entgegen, was der Poet, dem wir die Schilderung verdanken[1], so ausdrückt, daß Athena den eleusinischen Göttinnen und dem Dionysos (dessen Priester Herodes war) entgegengeht; man sieht, was die Götter bedeuten. Die Priester und Priesterinnen in Festtracht haben in dem Zuge den Vortritt. Diese Ehre und die Auszeichnung der Tracht und des Kopfputzes wird der Lohn für die Übernahme des Priestertumes gewesen sein, das kaum noch etwas einbringen konnte. Wenn wir die Inschriften auf den Sitzen im Theater zusammenrechnen, ist die Zahl der Priestertümer überaus groß gewesen, vorausgesetzt, daß sie immer tatsächlich besetzt waren. Die meisten werden kaum mehr zu tun gehabt haben, als einmal im Jahre in dem Heiligtume oder an dem Altare des Gottes zu opfern. Da mögen sich Teilnehmer und Zuschauer eingefunden haben; auf Weihgeschenke war schwerlich zu rechnen. Immerhin ist unverkennbar, daß die Absicht war, die alten Kulte zu erhalten und die heimischen Götter nicht zu vernachlässigen. Das gehörte in erster Linie zu der Restauration von Althellas. Dann mußten es aber die alten Götter sein; gegen fremde geziemte sich dieselbe Ablehnung wie gegen die fremden Wörter in der Sprache. So zeigt es sich ziemlich überall, in Athen ganz besonders, wo selbst die ganz früh aufgenommenen ägyptischen Götter, Isis und Sarapis, ganz zurücktreten[2]. Natürlich machten die Kaiser samt ihrer Fa-

[1] Bull. Corr. Hell. 50 (1926), 529. Sitz.-Ber. Berl. 1928, 28. Hermes 64, 489.

[2] Isis *Δικαιοσύνη* IG. III 203 muß ein Sonderkult sein; sie hat einen Priester, der ein Bürger ist, der *ζάκορος* ist ein Milesier. Weihung aus dem Peiraieus an *Ἄρτεμις Νάνα* IG. III 131. Ob das aus der Kaiserzeit

milie eine Ausnahme. Gern häuft man alte Beinamen eines Gottes, um die Weite seines Machtgebietes hervorzuheben, ganz gegen die alte Weise[1]. So kommen wir zu unserer eigentlichen Aufgabe: wir müssen durchschauen, wie es um die Religion dieser letzten Periode des Hellenentumes steht, die äußere Betätigung im Gottesdienste und den Glauben des Herzens. Daher werden wir zuerst die kultischen Feste überschauen. Dann aber sehe ich keinen anderen Weg, bis in den wirklichen Glauben vorzudringen, als die zahlreichen Menschen zu verhören, die aus dieser Periode noch selbst zu uns reden. Was sie glauben und lehren, ist sehr verschieden, daher ist der Weg lang, aber er führt zum Ziele.

Von häuslichem Kultus weiß ich nichts zu sagen, nichts von einem Kultplatze drinnen, von Altären vor dem Hause und dergleichen, nichts von einem Tischgebete, während doch die Symposien einst ganz wie die Opfer der Flötenspielerin nicht entbehren konnten und die *σπονδή* hinzutrat. Nur das Archaistenmahl des Athenaeus schließt mit dem Gesange des alten Ariphronhymnus auf Hygieia, Gebet um gute Verdauung. Auch daß jemand aus der Gesellschaft, um die es sich hier handelt, in einen Tempel zum Opfern gegangen wäre, ist mir nicht bekannt; sonst werden Notgelübde und Dankopfer nicht gefehlt haben. An den blutigen Opfern nahmen viele Anstoß. Die Gemeinde, für welche die orphischen Hymnen verfaßt sind, übte sie gar nicht. Auf Kaiser Marcus, der sich streng an das Herkommen hielt, ward ein Epigramm gemacht, weil er an einem Siegesfeste, wohl einem Triumphe (Ver-

ist? Auffällig ist IG. III 134–36 eine *Μήτηρ θεῶν εὐάντητος ἰατρίνη*, die einmal zugleich *'Αφροδίτη* heißt, auch im Hafen, ohne Zweifel eine fremde Göttin, die Heilung bringt, wenn sie gnädig erscheint. So etwas beweist für den allgemeinen und gar den staatlichen Kult gar nichts. Merkwürdig an sich ist der Kultus des asiatischen *Μὴν τύραννος*, den ein Sklave Xanthos in Sunion stiftet, Sylloge 1042; aber er gehört der niedrigsten Schicht der Bevölkerung an.

[1] IG. III 175 *'Απόλλων ἀγυιεὺς προστατήριος πατρῷος πύθιος κλάριος πανιώνιος*. IG. XII 2, 108 heißt die bei Mytilene viel verehrte *"Αρτεμις θερμία* auch *'Ομόνοια*. Oft wird sie *εὐάκοος* genannt, weil sie ein Gebet erhört hat. Relief eines Jünglings in römischer Tracht aus Karditza, Inschrift *'Αγυεῖ Παιᾶνι κατὰ χρησμόν*, Arch. Anz. 1930, 123. Latte, Gnomon VII 131, stellt viele solche Beispiele zusammen. Oft werden nur poetische Epitheta zugefügt. Aus ihnen bestehen gleichzeitige Hymnen, die des Orpheus, die alphabetischen Anth. Pal. IX 524. 525.

gil Georg. 2, 148), viele weiße Rinder opfern ließ[1]. Nur die Feste, an denen sich die Gemeinde zusammenfand, konnten auch in den Gebildeten religiöse Erbauung erwecken, wie es Plutarch ausspricht (oben I 296): da fanden sie sich mit dem ganzen Volke zusammen, die alten Gotteshäuser und die leibliche Schönheit der Götterbilder erweckten in den Herzen, die ganz der Sehnsucht nach den alten Zeiten hingegeben waren, das Gefühl der Glaubensgemeinschaft mit den Geschlechtern, deren Frömmigkeit diese Herrlichkeiten geschaffen hatte. Daß für die Menge auch die Feiertagstimmung, Erholung und Genuß statt der vielen Arbeitstage, hinzutrat, auch wohl überwog, brauchte keine Entweihung zu sein; Poseidonios (Strabon 467) hatte im Anschluß an Platons Gesetze den religiösen Wert des Feiertages richtig gewürdigt. Was an Gesang und Musik geboten ward, ist schwer zu bestimmen, Gemeindegesang jedenfalls nicht, *πομπαί* und Prozessionen gab es kaum noch, Lektisternien gar nicht. Der Unterschied von der hellenistischen Zeit ist groß. In den dionysischen Kultgenossenschaften finden wir *ὑμνῳδοί*; Asklepios, der in allem eine Sonderstellung einnimmt, erhält noch neue Kultlieder, und die alten mögen auch noch gesungen sein. Die neue Dichtung, deren Vertreter für uns Mesomedes ist[2], bringt Hymnen verschiedener Art, solche für wirklich kultischen Vortrag, an Helios und Nemesis[3], aber auch

[1] Ammian XXV 4, 17. Daß Iulian denselben Spott erfuhr, keinesweges bloß von den Christen, entsprach der Stimmung seiner Zeit. Lukian *π. θυσιῶν* knüpft an die Opfer eine seiner trivialen Spottschriften gegen die homerischen Götter. Speisung des ganzen Volkes, *δημοθοινία*, kommt an kleinen Orten vor (Syros, Thera, Akraiphiai, Sylloge 890 mit Hillers Note). Die Kosten trägt ein einzelner, oft beim Antritt seines Amtes; wir erfahren es, wenn das Mahl besonders reichlich war. Ein Opfermahl ist es aber nicht mehr; Fleisch tritt zurück, es kommt auch vor, daß Geld statt der Speisen gegeben wird.

[2] Plutarch hat einen athenischen Dichter Serapion zum Freunde, Person in dem Dialoge de Pythiae oraculis, dem nachgerühmt wird, im alten Stile *τοῖς πράγμασι φιλοσόφως καὶ αὐστηρῶς* zu dichten, was auf Hexameter deutet (396f); er hatte aber auch mit einem lyrischen Gedichte gesiegt, als der „König“ Philopappos als Agonothet die Choregie für alle Phylen übernommen hatte (Symp. qu. 628), nach Graindor, Chronologie des archontes athéniens sous l'empire 99, schon unter Domitian. Wenn sich ein Geldgeber fand, sind also solche Dithyramben schon vor Hadrian an den Dionysien in der alten Weise vorgetragen.

[3] Zu beiden sind die Noten erhalten, aber vor dem Helioshymnus

einen Hymnus des Pythagoras an die Physis, der höchstens in einem privaten Kultvereine gesungen sein kann; auch der auf Isis klingt nicht nach einem Kultliede. Die alten Götter gehen leer aus.

Wenn wir uns nach den großen Festen und Kultstätten umsehen, so sind Dodona und Delos längst tot; niemand denkt an Erneuerung. Von den vier panhellenischen Festen sind nur die von Olympia noch oder besser wieder stark besucht; die anderen, selbst die Pythien, haben die panhellenische Bedeutung verloren, Nemeen und Isthmien werden schwerlich regelmäßig gefeiert. In dem römischen Korinth gilt Isis sehr viel mehr als Poseidon. Olympia wird wie immer durch die gymnischen Agone vornehmlich angezogen haben, denn die Leidenschaft für die Athleten war grenzenlos in der ganzen Welt, und die gewerbsmäßigen Boxer wurden sogar steuerlich bevorzugt. Für ihre Künste gab es Agone an vielen Orten, denen niemand religiösen Wert beimessen wird, auch wenn irgendein Kult die äußere Veranlassung des Festes war. *Curriculo pulverem Olympicum collegisse*, einst das Vornehmste, von den kaiserlichen Prinzen wohl nicht ohne Einwirkung des horazischen Verses ein paarmal aufgenommen, bestand längst nicht mehr[1]. In Olympia konnte dagegen das Gefühl des patriotischen

stehen sechs nicht gesungene Verse, Aufforderung zum εὐφημεῖν, wohl wirklich von einem Priester oder von dem Chormeister gesprochen, als die Sonne aufgehen soll. Nemesis ist geflügelt, Tochter der Dike, der strafenden Gerechtigkeit, die jede Überhebung bestraft, also auch Nike heißen kann, ganz im Sinne der Kaiserzeit, vgl. H. Volkmann, Archiv f. Rel. Wiss. XXVI 296. Verständlich, daß diese Nike ganz besonders in den Kreisen, die mit der Agonistik zu tun haben, Verehrung fand. Entwickelt ist dies Wesen aus der alten νέμεσις, die keine Kultgöttin war, daher die Beflügelung und das Rad als Attribut. Wann und wo sie aufgekommen ist, verlangt nähere Bestimmung, wohl nicht auf hellenischem Boden. Die beiden Νεμέσεις von Smyrna sind mir jetzt problematisch. In dem Hymnus folgt auf Sologesang der eines Chores. Der dem Pythagoras in den Mund gelegte Hymnus deutet auf einen Geheimkult; hier ist der Betende ein βακχευτής der Sonne, die nicht nur παιάν, Apollon, sondern auch Aion ist. Vollständige Theokrasie. Über das einzelne in dem letzten Abschnitte meiner Griechischen Verskunst.

[1] Tiberius vor seiner Adoption Inschr. Olympia 220, Germanicus 221. Nach der Liste des Africanus hat das Viergespann des Tiberius auch in der Olympiade 199, 17 n. Chr., gesiegt, und es wird hinzugefügt, daß damit „der Pferde Rennbahn" erneuert ward, wo man geneigt sein wird, die Herstellung des Hippodroms zu verstehen. Da aber Tiberius schon

Stolzes auf die alte Würde des Hellenentumes die Herzen erheben, dieser Zeus durfte der allgemeine *πατρῷιος* heißen, wie ihn Dion nennt, dessen olympische Rede sogar starke und edle Frömmigkeit atmet. Da trat mancher Sophist auf, Peregrinus Proteus hat sich hier angesichts der Panhellenen verbrannt. Wie die Kolonie Patrae die Laphria angeblich in alter, in Wahrheit neuer Weise feiert, die Daidala in Plataiai erneuert werden, haben wir früher gesehen[1]. Über Delphi unterrichtet uns der Priester Plutarch in seinen pythischen Dialogen, und Inschriften treten ergänzend dazu. Die Amphiktyonie besteht, ihre Zusammensetzung und Tätigkeit bleibt unklar, außer daß sie den Kaisern Ehrenstatuen setzt, die auch schon vor Hadrian dem Heiligtume wohlgesinnt und hilfreich sind. Die kleine Stadt wird bis in späte Zeit von Demiurgen verwaltet (Syll. 901). Das Heiligtum steht weiter unter zwei Priestern. Die Pythien werden im ersten Jahrhundert noch öfter erwähnt, in irgendeiner Form werden sie auch später gefeiert sein, da man sich bemühte, alle alten Riten zu beobachten, aber ihre musikalische Bedeutung haben sie nicht wieder erlangt. Über das Orakel belehrt uns Plutarch. Die Pythia war eine ganz brave Frau (de Pythiae orac. 408 c); es war nicht zu verlangen, daß ihre Orakel in künstlerischer Form gegeben wurden[2]. Sie gaben Entscheidung in Fragen des gewöhnlichen Lebens, ganz wie wir es von den Bleiplättchen von Dodona kennen, „soll ich die Seereise machen, mir Geld leihen"; höchstens fragte eine Gemeinde in Sorge um Ernte und Viehstand, bei epidemischer Krankheit; da wird die Antwort wohl kathartische Maßnahmen angeraten haben. Daran darf kein Zweifel sein, daß die Frau überzeugt war, auf dem Dreifuße sitzend eine göttliche Inspiration zu empfangen[3]; Plutarch glaubte

viel früher gesiegt hatte, liegt es nahe, daß hier der Sieg des Germanicus hergehört. Das nimmt man auch an, aber eine gewaltsame Änderung des Textes ist nicht glaublich, viel eher, daß die Bemerkung zu dem älteren Siege des Tiberius gehört und fälschlich an diese Stelle verrückt ist, wo Germanicus ihr Platz gemacht hat.

[1] Als Pausanias sie mitmachte, waren sie 60 Jahre nicht gefeiert, schwerlich sind sie jemals wiederholt.

[2] Der Trimeter, in den einmal ein Orakel gefaßt ist, 404, ist eine Sentenz; da wird sie schwerlich neu geformt, vielmehr nur wie ein Sprichwort auf den neuen Fall angewandt sein.

[3] Eine Pythia war kürzlich widerstrebend an das Prophezeien gegangen, nach wenigen Antworten verstört davongestürzt und nach einigen Tagen verstorben, de defectu orac. 438 b.

das auch. Aber in der weiten Welt dachte kaum jemand daran, den Pythier zu befragen; der Glaube war eben ziemlich allgemein geschwunden, die meisten Orakel waren ganz verstummt, nur der Trophonios von Lebadeia ward noch besucht, wird aber auch nicht mehr bedeutet haben. Sehr viel weiter reichte das Ansehen von Klaros, das Germanicus schon besucht hat; später findet man seine Erwähnung durch das ganze Reich[1]. Es ist erfreulich, daß Plutarch uns ehrlich das Delphi zeigt, wie es unter seinem Priestertum in den ersten beiden Jahrzehnten des zweiten Jahrhunderts war: Besucher kamen, um die Kunstschätze und die Denkmale der alten Zeiten zu betrachten; zu dem Gotte kamen sie nicht. Er kann aber auch rühmen, daß es immer besser gegangen ist, die Armut überwunden, verfallene Gebäude hergestellt, Neubauten hinzugetreten sind[2]. Das hat sich erst recht gesteigert, als Hadrian Delphi zweimal besuchte und zweimal dort Archon war[3]. Daß das Orakel darum allgemeiner befragt ward, davon spürt man nichts[4]; das Heiligtum des Gottes, der in der alten Zeit so mächtig gewesen war, führte ihm den Besuch und die Huld des Kaisers zu; Reisende

[1] Viele relativ datierte Inschriften veröffentlicht Makridy, Österr. Jahresh. VIII und XV. Absolut datiert sind sie meines Wissens nicht.

[2] Plutarch läßt am Schlusse von de Pythiae oraculis neben seinen Freunden Polykrates und Petraios als *καθηγεμὼν ταύτης τῆς πολιτείας* einen Mann nennen, dessen Name oder doch seine deutliche Bezeichnung in einer längeren Lücke gestanden hat, die nach den Abschriften etwa 25 Buchstaben enthielt. Daß der Kaiser Hadrian so nicht bezeichnet werden konnte, liegt auf der Hand. Ansprechend ist, daß Plutarch sich selbst so loben ließ. Jedenfalls werden wir nicht bezweifeln, daß er das Lob verdiente. Wie sich schickte, schreibt er sofort den Aufschwung des Heiligtumes dem Gotte zu.

[3] Plutarch hat als Vertreter Delphis dem Hadrian eine Statue errichtet, Sylloge 829, die letzte Tatsache, die wir aus seinem Leben kennen. Genau zu datieren ist sie nicht; daß der Kaiser schon Delphi besucht haben müßte, folgt nicht notwendig.

[4] In dem *Ἀγὼν Ὁμήρου καὶ Ἡσιόδου* 3 steht ein Orakel in Versen, das dem Hadrian auf seine Anfrage nach der Heimat Homers offenbart, er wäre ein Sohn des Telemachos und der Nestortochter Epikaste. Der Verfasser der Schrift erklärt, das wäre die Wahrheit. Wenn Hadrian die Frage gestellt hätte, konnte es nur Hohn sein. Aber die Pythia machte keine Verse. Das Orakel gehört zu den späten dem Pythier in den Mund gelegten Offenbarungen, die in anderem Zusammenhange behandelt werden.

werden noch mehr als früher gekommen sein. Aber daß der Pythier als gegenwärtig wirkender Gott in den Herzen gelebt hätte, läßt sich nicht behaupten. Plutarch muß an ihn glauben; davon wird zu reden sein, wenn wir nach seinem Glauben fragen. Es ist ihm nicht gelungen, den Gott, dem er als Priester diente, mit dem Gotte auszugleichen, den seine Philosophie allein anerkennen konnte.

Wie anders Asklepios. Der ist für überaus viele (allerdings nicht für Plutarch) ein lebendiger Gott, der persönlich für die Menschen sorgt und in Verbindung mit ihnen tritt, ganz so wie er im fünften Jahrhundert neben den Olympiern aufgetreten war. Nicht nur in Epidauros und Pergamon, wo er jetzt seine besuchtesten Heilstätten hat, ziemlich überall hat er seine Tempel und wird von den Kranken aufgesucht. Das Gefolge von Göttern und Heroen, das ihn einst begleitete, ist bis auf Hygieia ziemlich vergessen, dafür sind neue Götter erstanden, Telesphoros, wohl zuerst in Epidauros, wo er sogar *σωτήρ* heißt, dann von Pergamon auf Grund eines Orakels aufgenommen, auch in Athen (IG. III 171); er hat sogar in der Kunst eine eigene Bildung erhalten, läppisch genug, als ein in einen Flausch gehülltes Kind, Rekonvaleszent[1]. Wie noch Asklepios *σωτήρ* als Heiland in der Theologie erhoben ward, werden wir bei Aristeides erfahren.

Blicken wir schließlich nach Athen, so werden wir uns nicht verwundern, daß über das Land nichts mehr zu sagen ist[2] und auch in der Stadt die Menge der alten Feste vergessen, die Fackelläufe, die Plynterien, Oschophorien, Lenäen, Mysterien in Agrai, Skirophorien, wohl gar Thesmophorien. Ob die Choen und Chytren bestanden, darf man zweifeln; andere, z. B. Theseen, werden so selten erwähnt, daß sie schwerlich regelmäßig begangen wurden.

[1] Nach dem athenischen Hymnus und nach Pausanias II 11, 7 hat Telesphoros in Epidauros Akesis geheißen; die Inschriften kennen ihn mit diesem Namen dort nicht. In Titane ward neben dem Heilheros Alexanor ein Gott Euamerion verehrt, den Pausanias mit Telephoros gleichsetzen will. Der Gott der guten Tage mag eine entsprechende, aber unabhängige Schöpfung sein. Asklepios und Hygieia haben den Alexanor zurückgedrängt. Der Kultus, den Pausanias beschreibt, ist sehr merkwürdig. Der Kurort in dem kleinen Neste muß starken Zulauf gehabt haben.

[2] Notable Personen haben in der Pangrotte bei Phyle ihre Namen angeschrieben. Wilhelm Österr. Jahresh. 25,54.

Immer war ein Agonothet nötig, der die Kosten trug; begreiflich, daß sich manchmal keiner fand. Dionysien gab es natürlich, aber wenn wir Philostratos glauben[1], waren Tragödie und Komödie nicht mehr beliebt, wohl aber sich als Bakchen und Nymphen zu kostümieren. Für die Gesellschaft, die an den Preisboxern leidenschaftliches Interesse nahm und den erfolgreichsten das Prädikat „Nummer so und so nach Herakles" verlieh, war der Pantomimus der rechte Ersatz des Dramas; es sind aber auch Gladiatorenspiele im Dionysostheater veranstaltet worden.

Panathenäen, sogar mit Unterschied der großen und kleinen, sind gefeiert worden, die Rhetoren haben nach dem Vorbilde des Isokrates in panathenäischen Reden, gehaltenen und geschriebenen, immer wieder die mythischen und historischen Ruhmestaten des alten Athen gepriesen, als ob das nicht den verkommenen Nachkommen die Schamröte ins Gesicht hätte treiben müssen. Die Göttin kam nicht zu ihrem Rechte, auch wenn man sich bemühte, den alten Festzug nachzumachen. Das alte Schnitzbild wird nicht mehr zum Bade an die See geführt sein, auch kein neues Kleid erhalten haben; Arrhephoren und das übrige Kultpersonal der Polias bestanden nicht mehr. Wie es zuging, lehrt eine Inschrift, IG. II² 1076, die eigentlich allein der Iulia Domna, der neuen *σώτειρα τῶν 'Αθηνῶν*, gilt, aber die alte Göttin gerade dadurch entwürdigt, daß sie mit herangezogen wird. Die *εἰσιτήρια* gelten der Domna und der Polias, neben der der Archon der Domna einen Platz anweisen wird. Die Poliaspriesterin soll für die Opfer an die neue Göttin sorgen, die ein goldenes Bild im Parthenon erhalten soll usw. Das heißt im Grunde, daß Athena der syrischen Kaiserin Platz macht; die alte Religion ist nur noch dazu gut, ein Ornament für den neuen Personenkult abzugeben, ein Opfer erhält Athena nicht. Als Agonothet der großen Panathenäen hat der Historiker Dexippos das *ἀκροστόλιον τῆς Παναθηναΐδος σκάφης καὶ τὸ ἕδος τῆς θεοῦ* auf der Burg aufgestellt, Sylloge 894. Es ward also wie einst (Syll. 374) ein Schiff auf die Burg gezogen, freilich nicht mehr, um den Peplos hinaufzugeleiten; das Bild der Göttin wird sich als Schiffs-

[1] Vita Apollonii IV 21. Es ist stark, daß er von Dionysien redet und sie in den Anthesterion verlegt. Auf die Zeit des Apollonios braucht man nichts zu beziehen, aber das Gebaren des Volkes wird auf die Zeit des Philostratos passen. Arg ist auch, daß er die ausgelassenen Tänze *μεταξὺ τῆς 'Ορφέως ἐποποιίας τε καὶ θεολογίας* stattfinden läßt, als ob das Gedicht von der Zerreißung des Zagreus vorgetragen wäre.

zeichen wohl an dem ἀκροστόλιον befunden haben; ἕδος konnte es in dieser Zeit wohl heißen. In der Inschrift IG. II² 2245, 299 erscheint an den großen Panathenäen ein ἡνίοχος Παλλάδος; das war wieder ein Schiff Παλλάς, das Pferde zogen, deren Lenker den Titel verdiente. Das Schiff ist auf dem Steine abgebildet; auf ihm steht ein junger Mann mit Ruder und Palme, dazu die Inschrift ναυμάχος Ἑρέννιος Δέξιππος, der Sohn des Historikers[1]. Dexippos ist Archon, ist „König unter den Thesmotheten", Agonothet und manches andere gewesen, wie ihm seine Söhne nachrühmen, dabei bekleidete er auch eine hohe priesterliche Würde in Eleusis. Es waren offenbar nur noch wenige Personen gewillt, solche Ämter zu übernehmen. In der Inschrift für die Domna wird die Basilissa (nicht mehr Basilinna) des vorigen Jahres herangezogen; es gab also keine in dem laufenden Jahre, und es ging auch ohne sie. Auffällig ist, daß dieselben Personen in Athen und an anderen Orten priesterliche Funktionen haben. Ein Archelaos von Marathon ist κλειδοῦχος der Hera von Argos und Bakchos in Lerna gewesen, IG. III 172[2]. IV 666. Gleiche Verbindung hat ein Kleadas von seinem Va-

[1] Dieses Schiff kann nicht dasselbe sein, dessen Pallas der Vater Dexippos als Agonothet geweiht hatte; also war er das früher als die Feier der Inschrift 2245, die auf die 35. großen Panathenäen datiert ist, nach Dittenberger und Graindor im Jahre 262 oder 266. In welchem Jahre Dexippos eponymer Archon gewesen ist, was seine Söhne IG. III 716 bezeugen, ist unbekannt; mit der Agonothesie braucht es nicht zusammenzufallen. 2245, 180 werden ἐπινίκια erwähnt, die Graindor auf den Parthersieg des Verus bezieht, 183 andere ἐπινίκια, nach demselben auf den Sieg des Dexippos über die Heruler bezüglich, der also früher stattgefunden hatte. Die einzige Spur von diesem ist sonst nur IG. II² 2246, sie lehrt weiter nichts. 2245 ist die späteste erhaltene Ephebeninschrift, zugleich die längste; man war damals sehr stolz. Auch Psephismen gibt es nicht mehr. Das deutet auf eine Katastrophe, also die Einnahme Athens durch die Heruler, die 269/70 etwa stattfand. Sie wird in der trümmerhaften Überlieferung oft mit jenem Siege des Dexippos zusammengefaßt. Das gab niemals eine glaubhafte Geschichte. Jener Sieg hat also Jahre vorher stattgefunden; Dexippos selbst hat alles dazu getan, ihn zu verherrlichen. Es war aber nur ein erster Akt; wir wollen den Mut nicht verachten, den keine andere Stadt aufbrachte, aber er vertrieb nur den Vortrupp der Feinde, bald kam die Hauptmacht, und nun verfiel Athen demselben Schicksal wie der Peloponnes; die Ephebie und überhaupt das Spiel mit den alten Formen nimmt ein Ende.

[2] Das Gedicht auf ihn rühmt, daß er als erster die Taurobolien in Athen eingeführt hat, schwerlich vor dem späteren dritten Jahrhundert,

ter übernommen, der Hierophant gewesen war, IG. III 718. Eleusinische Würdenträger stehen besonders dem Asklepieion von Epidauros nahe[1], das in der Spätzeit alle möglichen Götter mitverehrt, weil sein Gott noch lebendig war und daher auch den anderen Göttern Schutz gab. Eine innerliche Verbindung zwischen den eleusinischen Weihen und den Träumen in Epidauros bestand nicht, aber die Verehrer der alten Götter waren wenige geworden, daher schlossen sie sich an den wenigen noch aufrecht stehenden Kultplätzen zusammen.

Pausanias trifft nicht selten auf Kulte, die eine besondere Weihung erfordern, wenn man an ihnen teilnehmen will, er redet dann von einer τελετή; man kann ebensogut von Mysterien reden, denn erst der Geweihte erfährt z. B. die heiligen Namen der Götter. Die meisten hatten nur lokale Bedeutung und sind weiter nicht nachweisbar. Andania ist in der Beilage behandelt. Die Mysterien der Despoina in Lykosura lassen sich in den zahlreichen Inschriften nicht über das zweite Jahrhundert herab verfolgen. Bis in späteste Zeit sind die von Lerna weithin angesehen, die Götter mit denen von Eleusis ausgeglichen (S. 466[1]). Das gleiche gilt von den Hekatemysterien auf Aigina, wo Pausanias II 30, 2 eine τελετή kennt, die Orpheus gestiftet haben soll. Ob die bis in späteste Zeit bestehenden Mysterien dieser Göttin immer die äginetischen sind, mag man bezweifeln, denn in dieser Göttin steckte oft eine fremde, barbarische. Demetermysterien werden sich an vielen Orten erhalten haben (in Ephesos Sylloge 820; die von Knidos hat Herodes Atticus in dem Triopion an der via Appia angesiedelt; die alexandrinischen Münzen bezeugen für das zweite Jahrhundert den Kult des dortigen Eleusis), aber genauere Behandlung erfordern nur die attischen Eleusinien, schon weil die christliche Polemik sich gegen sie mit besonderer Schärfe gerichtet hat, aber auch weil sich der

eher wohl aus dem vierten. Das nächste Zeugnis ist aus dem Ende des vierten, IG. III 173. Dessau 1260 heißt die Frau des Vettius Agorius Praetextatus *sacrata apud Eleusinam deo Iaccho Cereri et Corae, sacrata apud Laernam deo Libero et Cereri et Corae, sacrata apud Aeginam deabus, tauroboliata, Isiaca, hierophantria deae Hecatae, Graecosacranea* (?) *deae Cereris*. Wer die Göttinen neben Hekate auf Aigina waren, weiß ich nicht. Die von Lerna waren mit den eleusinischen ausgeglichen, Dionysos an die erste Stelle gerückt.

[1] Auf diese wichtige Verbindung hat Latte hingewiesen, Gnomon VII 118, 1.

verbreitete Glaube an eine fabelhafte Bedeutung der Mysterien auf diese Polemik beruft. Demgegenüber wollen wir zunächst überschauen, was wir direkt über Eleusis erfahren.

Schon vor dem Abfalle Athens von Rom zu Mithradates läßt Poseidonios, Athen. 213d, den Athenion klagen: *μὴ περιίδωμεν τὴν ἱερὰν τοῦ Ἰάκχου φωνὴν κατασεσιγασμένην καὶ τὸ σεμνὸν τοῖν θεοῖν ἀνάκτορον κεκλεισμένον*. Wie es zu dieser Schließung unter der oligarchischen Regierung gekommen ist, die in Verbindung mit Rom die demokratische Verfassung so gründlich gebrochen hatte, wie es nie vorher geschehen war, wissen wir nicht. Nachher hat Sulla bei der Belagerung Athens sein Hauptquartier in Eleusis gehabt, Rücksichten kannte er nicht, da wird die Verwüstung der ansehnlichen Ortschaft arg gewesen sein. Der „Demos der Eleusinier" hatte vorher sogar eigene Spiele ausgerichtet. Davon ist keine Rede mehr; er kommt überhaupt in den Inschriften nicht mehr vor, was ja von allen Demen gilt. Die Lieferung von Korn mag auch schon früher abgekommen sein; damit waren die Göttinnen verarmt. Man hört auch von der Trias *θεὸς θεὰ Εὐβουλεύς* nichts mehr, die in der hellenistischen Zeit Verehrung gefunden hatte. Schon damals war der Kultus also nicht derselbe geblieben. Als Sulla aus Asien über Athen zurückzog, ließ er sich weihen[1]; da war das Heiligtum also wieder eröffnet. Cicero hat sich wohl wenige Jahre später weihen lassen, als er in Athen studierte, und will diese Nachtfeier allein bestehen lassen, de leg. II 36, was er damit motiviert, daß Athen durch die Verbreitung der *ἡμέρα τροφή* die Zivilisation des Menschengeschlechtes begründet hat *neque solum cum laetitia vivendi rationem accepimus, sed etiam cum spe meliore moriendi*, ganz wie Isokrates, Paneg. 28. Dasselbe werden damals viele römische Studenten getan haben. Das alte Ansehen kam auch dem Heiligtume zugute; Appius Claudius erbaute ein Propylon. Augustus, der sich schon auf der Durchreise gleich nach der Schlacht bei Actium hatte weihen lassen[2], hat im Jahre 19 die Verschiebung

[1] Plutarch, Sulla 26. Es klingt wie ein Hohn, daß Sulla sich weihen läßt, während er aus Athen massenhaft Kunstschätze entführt, auch das Vermögen des Apellikon und damit die nachgelassenen Papiere des Aristoteles und Theophrast konfisziert. Er hat es doch wohl getan, weil er sich etwas von den Weihen versprach.

[2] Dio 51, 4, 1. Athen hatte zuerst versucht, neutral zu bleiben, weil es die Stadt der *θεσμοφόροι θεοί* wäre (Appian civil. II 293), mußte aber die überschwenglichen Ehren, die es dem Antonius erwiesen hatte, schwer büßen.

der Mysterien befohlen, damit ein Mitglied einer indischen Gesandtschaft sie noch mitmachen könnte, bevor er sich selbst verbrannte[1]. Eine solche Verschiebung werden wir immer voraussetzen, wenn ein hoher Herr den Wunsch aussprach[2]; so war es schon für Demetrios Poliorketes geschehen; Vorbereitung durch die kleinen Mysterien fiel dann fort, *μύησις* und *ἐποπτεία* folgten unmittelbar aufeinander. Nur gab es die Mysterien in Agra nicht mehr, und von einem Unterschiede zwischen *μυεῖσθαι* und *ἐποπτεύειν* spürt man nichts, wohl weil beides gleich hintereinander geschah[3]. Claudius, der nicht reiste, hatte vor, die Mysterien nach Rom zu verpflanzen, Sueton 25. Nero, der Muttermörder, hat Eleusis ebenso wie Delphi vermieden: das wiegt schwerer als die Bereitwilligkeit der anderen. Dann hat Hadrian, wie zu erwarten, nicht nur die Weihen genommen, sondern auch für die Ausschmückung des Heiligtumes gesorgt. Marcus hat sich und seinen Sohn Commodus weihen lassen, als er nach Beseitigung des Avidius Cassius Athen berührte; Verus hatte es schon vorher getan und war sogar zum Eumolpiden gemacht, was sich an Commodus wiederholte (Sylloge 869. 873). Kaiserliche Hilfe wird wohl auch das Telesterion wiederhergestellt haben, als es, durch Brandstiftung, wie man vermutete, ausbrannte. Die folgenden Kaiser mit Ausnahme des Gallienus waren zu ungebildet, sich um Athen und Eleusis zu kümmern.

Die persönliche Teilnahme der Kaiser brachte zum Ausdruck, daß die Weihen von Eleusis ein Sakrament wären, das zu empfangen alle Menschen streben sollten, weil es allen zugänglich war. Die Kaiser bekannten damit, daß von Eleusis die menschliche Gesittung ausgegangen war, die nun unter dem Schutze Roms und des Kaisers stand. Demeter und Kore hatten den Grund aller Kultur gelegt, indem sie den Ackerbau gelehrt hatten, der den Menschen eine „zahme" Nahrung bot im Gegensatze zu dem grausamen Fleischgenusse, der zum Kannibalismus geführt hatte. Auf diesem Grunde war die Menschheit bis zu der Höhe der gegenwärtigen Zivilisation aufgestiegen; aber Athen hatte sie diesen Weg

[1] Dio 54, 9, 10. Strabon 720.

[2] Sylloge 869 wird eine solche wiederholte Feier *κατὰ τὸ θεμιτόν* genannt.

[3] Himerios, Ekl. 10, 4, gibt einen zeitlichen Unterschied zwischen *μύησις* und *ἐποπτεία* an, Iulian, orat. V 224 Hert., kennt die kleinen Mysterien im Frühling, die großen im Herbst; beides kann literarische Reminiszenz sein.

emporgeführt. Athen war die Lehrmeisterin der Welt gewesen und geblieben; diesem Athen, seiner Poesie, Kunst und Philosophie galt in Wahrheit die Huldigung, die den Göttinnen von Eleusis dargebracht ward; jedes Enkomion Athens hatte ja mit ihrer Belehrung des Triptolemos begonnen. Die Weihen versprachen auch Seligkeit in einem künftigen Leben. Wie sich der einzelne zu diesen Hoffnungen stellte, war seine Sache; die *μέθη αἰώνιος* mochte nur noch für ein Bild gelten[1]. Aber überhaupt war für jeden philosophisch Gebildeten die Teilnahme an den Weihen kein religiöser Akt im eigentlichen Sinne, für Cicero sowenig wie für den Epikureer Atticus, für Augustus, den Schüler des Athenodoros, oder für Marcus, der seinen festen Glauben hatte, aber sich weihen ließ, weil er die peinliche Beobachtung aller kultischen Zeremonien für seine kaiserliche Pflicht hielt. Der Rhetor Aristeides hatte seinen Heiland in Asklepios, dem er mit fanatischem Glauben ergeben war. Als er die Nachricht von dem Brande des eleusinischen Telesterion hörte, hielt er sofort eine Klagerede, aber was er bringt, sind allbekannte Geschichten und hochtönende, im Grunde hohle Redensarten. Nichts Religiöses ist darin; seine Religion war eine ganz andere; geweiht kann er überhaupt nicht gewesen sein, er nennt das ausgebrannte Haus Eleusinion (22, 9), weiß also nicht einmal, daß das so benannte Heiligtum in der Stadt lag[2]. Bei ihm würde man es für eine Phrase halten, daß die ganze Bevölkerung Athens in das Telesterion gekommen wäre, aber der Verfasser der Vita des Demonax, 11, der in Athen gut Bescheid weiß, setzt voraus, daß alle Athener die Weihen empfangen haben. Daraus folgt, daß diese ihre Anziehungskraft nicht verloren hatten. Die alte Heiligkeit des Ortes, das alte Ritual, geheimnisvolles Dunkel, plötzliches Licht machte auf jeden Eindruck wie ein Hochamt in St. Peter und die Osternacht in der athenischen Metropolis[3], aber es

[1] Aristeides, 22, 10, redet freilich vom *ἐν βορβόρωι κεῖσθαι*; er nimmt es aus Platon.

[2] Das Eleusinion bestand noch und war so groß, daß sich der Rat in ihm versammeln konnte, IG. II² 1072. Reste sind noch nicht gefunden.

[3] Dion 12, 33 braucht die Wirkung der Mysterien als Bild, um die Erkenntnis Gottes in der Natur zu veranschaulichen, vgl. Hermes 63, 382. Epiktet III 21 schilt auf kurzdärmige Schüler, die mit dem, was sie eben gelernt haben, sofort als Lehrer auftreten wollen. Das wäre so, als wollte jemand anderswo die eleusinischen Mysterien nachmachen. Demgegenüber führt er an, daß Eleusis und das alte Ritual dazu gehört. *οὕτως*

wäre naiv, dieselben Gefühle vorauszusetzen wie zur Zeit des Sophokles. Was alle gesehen hatten, konnte kein Geheimnis bleiben, vielleicht gerade deshalb hielt es niemand der Mühe wert, davon zu erzählen. Ist es nun denkbar, daß die heiligen Zeremonien und Riten noch genau dieselben waren wir vor sechshundert Jahren? Selbst wenn wir gar nichts wüßten, dürften wir es nicht glauben. Da ist aber gleich eine Neuerung, daß der Hierophant seinen bürgerlichen Namen ablegt und sich nach seinem Amtstitel bezeichnet. Das war schon in alter Zeit geschehen, wenn er als amtliche Person spricht[1], daran erkennen wir, wie es zu der Neuerung kam, die seine Stellung heiligen sollte; wann sie eingetreten ist, bleibt ungewiß. Ein Weiteres ist, daß ihm strenge Keuschheit zur Pflicht gemacht sein soll, wie z. B. Iulian or. V 224 Hert. angibt. Das steigert sich bei den Christen zu der Absurdität, er wäre *εὐνουχισμένος διὰ κωνείου*[2]. Wir besitzen aber aus der Zeit um 220 ein Psephisma, das letzte erhaltene, IG. II² 1078 = Syll. 885, das in strengstem Attizismus die Präskripte in der Form der Zeit des Thukydides gestaltet. Der Archon des Geschlechtes der Eumolpiden beantragt, daß der Kosmet die Epheben am 13. Boedromion nach Eleusis führen soll, damit sie am 14. die *ἱερά* sicher nach dem Eleusinion geleiten können. Der *φαιδυντὴς τοῖν θεοῖν* hat die Ankunft der Athenapriesterin zu melden. Am 19., dem Tage vor den Mysterien, haben die Epheben die *ἱερά* sicher zurückzugeleiten, bewaffnet und bekränzt, in geschlossenem Zuge. Der Marsch gilt für eine große Anstrengung, daher sollen sie unterwegs an allen Opfern, Spenden und Päanen teilhaben (es ist die alte *πομπή*; der Weg gilt für unsicher, es gehen wohl nicht sehr viele Privatpersonen mit); in Eleusis bekommen sie von allem, was der Archon der Eumolpiden seinen Geschlechtsgenossen gibt, etwas ab, auch von einer *διανομή*, also Geld. So soll es geschehen, „da wir jetzt wie in den vergangenen Zeiten die Mysterien feiern und die *πάτρια νόμιμα* vorschreiben, daß in Verbindung mit den Eumolpiden für den würdigen

*ὠφέλιμα γίνεται τὰ μυστήρια, οὕτως εἰς φαντασίαν ἐρχόμεθα, ὅτι ἐπὶ παιδείαι καὶ ἐπανορθώσει τοῦ βίου κατεστάθη πάντα ταῦτα ὑπὸ τῶν παλαιῶν*. Epiktet kann schwerlich aus Erfahrung sprechen. Bei beiden sieht man, was ihnen die Mysterien bedeuten.

[1] IG. II² 1934, nach Kirchner aus dem Ende des vierten Jahrhunderts v. Chr. Der Hierophant nennt aber seinen Vatersnamen und seinen Demos.

[2] Schon erwähnt I 172[1]. Dort ist auch über Brimo kurz das Nötige gesagt.

Transport der ἱερά von Eleusis nach Athen und zurück gesorgt wird.“ Daraus, daß der Archon der Eumolpiden den Antrag stellt, folgt, daß es nicht in würdiger Weise zu geschehen pflegte, und wenn die Epheben jetzt nicht nur kommandiert werden, sondern besondere Belohnungen erhalten, so waren sie entweder nicht aufgeboten oder waren saumselig und sicherten den Zug nicht genügend; nicht einmal diese Landstraße war vor Räubern sicher. Die Einholung der ἱερά in das Eleusinion hatte jedenfalls zu den πάτρια noch der hellenistischen Zeit nicht gehört. Da die ἱερά, d.h. das, was der Hierophant zu zeigen hatte, mehrere Tage in der Stadt waren, ist zu vermuten, daß dort mit ihnen etwas geschah; die Athenapriesterin muß dabei beteiligt gewesen sein; vermutlich ward eine Feier veranstaltet, an der teilnahm, wer sich den Marsch nach Eleusis sparen wollte. Das war eine bedenkliche Neuerung; einen φαιδυντής hatte es unseres Wissens auch nicht gegeben. Wie will man es verantworten, daß Zeugnisse dieser späten Zeit die Praxis der sophokleischen angeben sollen?

Die Brimo sind wir los; ὕε κύε, das nach Hippolytos, Elenchos V 7, 34, und Proklos zum Timaeus III 176 D. von den Hierophanten gesprochen ward, ist von Usener, Rh. M. LV 295, gerichtet worden: es hat sich in einer Inschrift gefunden, die sich neben Pan und den Nymphen an den Barbarengott Men richtet. Eusebius, praep. ev. 117, gibt an, der Hierophant würde als Demiurg kostümiert, der Daduch als Helios, der ἐπὶ βωμῶι als Selene, der Hierokeryx als Hermes. Sollen wir das etwa auf die alte Zeit beziehen? Als Hauptstelle bleibt, was Clemens, Protr. 2 S. 17 P., in einem leidenschaftlichen Angriff auf die Mysterien vorträgt. Zuerst bringt er den Mythos, dabei tritt die Baubo auf, die nach Eleusis nicht gehört, und werden uns schmutzige Verse des Orpheus vorgeführt, die Arnobius V 26 in der Übersetzung noch schmutziger macht. Mancher traut diesem Orpheus. Dann wird das σύνθημα Ἐλευσινίων μυστηρίων mitgeteilt: ἐνήστευσα, ἔπιον τὸν κυκεῶνα, ἔλαβον ἐκ κίστης, ἐργασάμενος ἀπεθέμην εἰς κάλαθον καὶ ἐκ καλάθου εἰς κίστην. Was man aus einer κίστη nahm, nachher erst in einen κάλαθος, dann in eine κίστη[1], doch wohl dieselbe, legte, wird verschwiegen. Das

[1] Die κίστη, ein geflochtener Korb, steht oft neben Demeter. Nur die Form unterscheidet den κάλαθος, der in Knidos und Alexandreia die ἱερά enthielt. Aus Eleusis hören wir sonst nichts von ihm. Was es bedeutet, daß etwas aus der κίστη in ihn gelegt und wieder herausgenommen wird, bleibt unverständlich.

mochten *ἀπόρρητα* sein. *ἐργασάμενος*, das Arnobius ausläßt[1], ist trotz allen Erklärungsversuchen und Änderungen unverständlich geblieben; es kann nimmermehr bedeuten „ich machte etwas mit dem, was ich herausgenommen hatte“ oder „ich machte etwas, das ich verschweigen muß, der aber verstehen wird, dem gegenüber ich mich mit dem *σύνθημα* ausweise.“ Es liegt am nächsten, daß der *μυούμενος* damit erklärte, alles Geforderte getan zu haben, also zur *ἐποπτεία* zugelassen werden konnte. Was er sagt, ist so gefaßt, daß es jeder Profane hören durfte; es konnte also in dem heiligen *νόμος* verzeichnet sein, in den veröffentlichten *πάτρια Εὐμολπιδῶν*. Da konnte es Clemens finden, es konnte also alt sein, daher habe ich es oben S. 54 angeführt. Sachlich lehrt es uns kaum etwas; über das, was die Epopten sahen, gar nichts. An einer früheren Stelle, S. 11 P., sagt Clemens, er wolle nun den Schwindel der Mysterien enthüllen *καὶ αὐτούς γε τοὺς καλουμένους ὑμῶν θεοὺς ὧν αἱ τελεταὶ αἱ μυστικαὶ οἷον ἐπὶ σκηνῆς τοῦ βίου τοῖς τῆς ἀληθείας ἐκκυκλήσω θεαταῖς*. Der *βίος*, die lebendige Realität, ist die Bühne, auf die er die Götter wie durch ein Ekkyklema führen wird. Mit demselben Bilde sagt er gleich darauf: *Δηὼ δὲ καὶ Κόρη δρᾶμα ἤδη ἐγενέσθην μυστικόν* (das war keine Realität), *καὶ τὴν πλάνην καὶ τὴν ἁρπαγὴν καὶ τὸ πένθος αὐταῖν Ἐλευσὶς δᾳδουχεῖ*. Wer die beiden Stellen zusammen ansieht, kann nicht verkennen, daß das *δρᾶμα* ebenso metaphorisch gesagt ist wie das *ἐκκυκλεῖν*. Das hat Lobeck Agl. I 688 übersehen und gesagt: *probat quandam dramatum mysticorum et scenicorum similitudinem*. Er selber denkt freilich an den Inhalt der dargestellten Geschichten, aber es können sich doch auf seine Worte diejenigen berufen, die daran glauben, die *δρώμενα* der Mysterien wären ein *δρᾶμα* gewesen, in dem die Götter auftraten, und dann die Tragödie statt von Dionysos von den eleusinischen Göttinnen herleiten. Von einer solchen theatralischen Aufführung ist auch nicht die geringste Spur; das Telesterion war zu ihr auch ganz ungeeignet. Also weg mit diesen Phantastereien. Aber ich will einmal annehmen, Clemens sagte so etwas. In den dionysischen Mysterien sind wirklich Menschen in Göttertracht aufgetreten, wie die Iobakcheninschrift gelehrt hat. Die Möglichkeit, daß in denen von Eleusis etwas Ähnliches geschehen konnte, will ich nicht abstreiten; jede Spur davon

[1] Arnobius übersetzt: *ex cista sumpsi et in calathum misi. accepi rursus, in cistulam transtuli*. Lag ihm ein etwas anderer Text vor? Eine philologische Untersuchung über sein Verhältnis zu Clemens scheint nötig. Verlaß ist auf ihn wenig.

fehlt. Aber wann? Im zweiten Jahrhundert, zur Zeit der Iobakchen und des Clemens mag es denkbar sein. Im fünften Jahrhundert v. Chr. würde es eine viel schlimmere Gottlosigkeit gewesen sein als alles, was dem Alkibiades nachgesagt ward: der spielte den Hierophanten, nicht Demeter oder Triptolemos. Damals war den Athenern selbst der eleusinische Mythos eine heilige Wahrheit. Die Zeit des Archaismus feierte in Eleusis die vergangene Heiligkeit und Würde der altathenischen Religion, wie sie in Plataiai die vergangene politische Größe feierte. In dem Sinne konnte auch Aristeides die Mysterien verherrlichen, an denen er weder teilgenommen hatte, noch das Bedürfnis teilzunehmen empfand. Genug damit, *κόγξ*. Ich weiß ja, daß die Nachfahren von Sainte Croix nicht aussterben werden; mögen sie ihr *κὸγξ ὄμπαξ*[1] singen. Ich sage *πάξ*.

Auch von den Götterfesten sei genug gesagt; sehr viele waren es nicht. Der späteste Ephebenkatalog, IG. II² 2245, zählt die Agonotheten folgender Feste auf: Germanikeia, Antinoeia (eins in der Stadt, eins in Eleusis), Asklepieia, Antoneia *ἐπὶ Μάρκω*[2], zwei Epinikia (nach Graindors wahrscheinlicher Vermutung eins für den Parthersieg des Verus, eins für den Herulersieg des Dexippos), Athenaia, Adrianeia, Theseia. Man vermißt die Dionysien. Der Germanicus, dem die erstgenannten Spiele gelten, wird der regierende Kaiser Gallienus sein, der den Beinamen führte. Von älteren Kaisern sind nur noch Hadrian und Marcus bedacht. Die Epinikien schrieb man wohl dem eigenen Volke zu[3]. Antinoos war allein zweier Feste gewürdigt. Ich habe die Statistik nicht durchgeführt,

[1] Lobeck, Agl. I 776, hat die Hesychglosse erledigt, *κόγξ, ὁμ(οίως) πάξ· ἐπιφώνημα τετελεσμένοις*. Das hat mit einer *τελετή* nichts zu tun, sondern besagt soviel wie basta. *πάξ* ist geläufig; *κόγξ* ist nicht belegt, muß etwas wie plumps gewesen sein, denn man soll es auch gesagt haben, wenn der Stimmstein in die Urne fiel: dann war das Urteil abgegeben; der Sinn ist derselbe wie in *πάξ*.

[2] Ein Antonius, nach dem ein Fest des Marcus genannt werden konnte, ist nicht vorhanden. Caracalla heißt Antoninus. So hat aber auch Marcus selbst geheißen. Daher glaube ich, daß *'Αντων(είν)εια* geschrieben werden sollte, der Zusatz *ἐπὶ Μάρκω* die Beziehung auf Caracalla ausschloß. Denkbar ist, daß ein Fest für Antoninus Pius nach dessen Tode auf den Sohn und Nachfolger übertragen war.

[3] Wohl denkbar, daß Athen als freie Bundesstadt ein Kontingent zu dem Heere des Verus geschickt hat, wie es für Sparta feststeht, IG. V 1, 816–18.

aber die Probe wird genügen. Der vergötterten Menschen sind mehr als der Götter, obgleich aus denen, die einstmals gefeiert wurden, eine kleine Auswahl getroffen ist. Marcus lebt in dankbarem Gedächtnis; Hadrian, der die östliche Vorstadt Athens als seine *πόλις* der des Theseus gegenüberstellte, die Altstadt mit vielen Neubauten schmückte, sich herabließ, Archon und Agonothet der Dionysien zu werden, und auch das wirtschaftliche Leben Athens in jeder Weise förderte, hatte sich die Dankbarkeit dieser Stadt vollauf verdient. Indem er dem Pantheon Roms eins in Athen hinzufügte und in diesem wetteifernd mit Augustus einen Rechenschaftsbericht über seine Taten aufstellte, bekannte er sich selbst als Wahlbürger Athens und ward der Heros einer neuen Phyle. Aber auch die ganze Griechenwelt hatte ihm gleichermaßen zu danken, ließ er sie sich doch in einem Bunde der Panhellenen zusammenfassen und sich von diesem den Kultnamen Olympios geben, worin die Präkonisation als Zeus ausgesprochen war. Die Vollendung des athenischen Olympieions in seinem Athen war nur scheinbar eine Huldigung für den Gott, dem Peisistratos und Antiochos Epiphanes, dieser schon für den Gott aller Hellenen, den Bau begonnen hatten: den Mitlebenden war er der lebende Olympios[1]. Als sein Antinoos sich das Leben nahm[2], gehorchte

[1] Dio 69, 16 läßt das in einer geschickten Wendung erkennen: *᾿Αδριανὸς τὸ ᾿Ολύμπιον τὸ ἐν ταῖς ᾿Αθήναις, ἐν ὧι καὶ αὐτὸς ἵδρυται, ἐξεποίησε.*

[2] Hadrian hat geglaubt, daß Antinoos sich für ihn geopfert hätte und seine Seele als Stern am Himmel stünde (Dio 69, 11, 4). Der Opfertod ist auch allein glaublich, nicht nur weil er Hadrians Verhalten und die Teilnahme der Welt an dem Geschicke des Knaben allein verständlich macht. Man muß sich nur in seine Seele versenken. Die verliebte Laune Hadrians hatte den schönen Knaben aus seinem bithynischen Elternhause an den Hof entrückt. Wie sollte diese Umgebung ihm nicht den Kopf verwirren. Zuerst huldigte ihm wohl oder übel dieser Hof, aber er ward älter. Er mußte voraussehen, und mancher wird es ihm fühlbar gemacht haben, daß mit dem Schwinden seiner Jugendschöne auch seine bevorzugte Stellung ins Wanken kam. Was sollte aus ihm werden? Er ahnte, daß er einem Leben entgegenging, das ihm unerträglich war. Dabei dankte er seinem Herrn alles, durfte zu ihm mit echter Hingabe aufschauen. Sein Leben war ihm zuwider geworden; wenn er es für seinen Herrn hingab, war das Ende schön. Und der Glaube, daß ein solches Opfer einem anderen Leben zugute kommen könnte, bestand. Aristeides 51, 24 *ἡ Φιλουμένη ψυχὴν ἀντὶ ψυχῆς καὶ σῶμα ἀντὶ σώματος ἀντέδωκεν, τὰ αὑτῆς ἀντὶ τῶν ἐμῶν.* 48, 44 läßt Asklepios einen Diener an Stelle des Aristeides sterben.

das ganze Reich, besonders aber die Hellenen, seinem Befehle, den Knaben göttlich zu verehren, und die Kunst, die sonst seinen archaistischen Neigungen folgte, hat in Antinoos wirklich den Typus eines neuen Gottes geschaffen und hat wetteifernd die Züge des Knaben mit seiner Erhebung zu diesem oder jenem der alten Götter zu vereinen gewußt. Das soll man beherzigen, daß das Götterbild eines Lustknaben ihre letzte Schöpfung dieser Art gewesen ist[1]. Ist damit nicht ausgesprochen, daß die alten Götter kein wirkliches Leben mehr hatten, und sind die Christen nicht im Rechte, wenn sie in dieser Entwürdigung der Menschenvergötterung den Beweis dafür sahen, daß die ganze Religion dieses Kultus lästerlich war und ihr Existenzrecht verwirkt hatte?

Wirklichen Glauben konnte der Archaismus nicht erwecken, und daß in nur zu vielen die Scheingläubigkeit in ihren leeren Seelen böses Unkraut Wurzel fassen ließ, war unvermeidlich. Wo nicht die philosophischen Systeme, wenn nicht tiefere Einsicht, so doch Hingabe an einen sittlich bindenden Glauben erzeugten, wucherte allerhand Aberglauben. Nur ein Gutes hatte der Archaismus; er ließ die fremden Götter nicht herein. Die seit Jahrhunderten zugelassenen ägyptischen, Isis und Sarapis, waren hellenisiert, hatten aber nicht von fern dieselbe Geltung wie in Italien; Korinth steht als römische Kolonie anders. Die Kleinasiaten, die magna mater von Pessinus und der Men[2], der kommagenische Gott von Doliche, alle die syrischen Götter und der persische Mithras[3] dringen in das römische Heer und in die Reichshauptstadt ein, weil die Soldaten, die Sklaven und die Kaufleute sie aus dem Osten mitbrachten und die römischen Götter keinen Widerstand

[1] Unbegreiflich ist mir, wie der Antinoostypus der römischen Kunst zugerechnet werden kann. Dieser moderne Begriff verliert seine wirkliche Bedeutung, wenn er auf die Kunst des römischens Reiches ausgedehnt wird; von dem Realismus des republikanischen Porträts ist im Antinoos so wenig wie von den klassizistischen Porträts der frühen Kaiserzeit, die auch nicht römisch im Gegensatz zum Griechischen sind.

[2] Es ist ein Sklave Xanthos, der in Attika seinem Men Tyrannos eine Kultgenossenschaft gründet, natürlich für seinesgleichen, Sylloge 1042.

[3] Plutarch, Pompeius 24, berichtet, daß die kilikischen Seeräuber ihre besonderen *τελεταί* hatten, *ὧν ἡ τοῦ Μίθρου καὶ μέχρι δεῦρο διασώζεται καταδειχθεῖσα πρότερον ὑπ' ἐκείνων*. Dieser Glaube an den barbarischen Gott ließ sie unbedenklich die Heiligtümer der hellenischen Götter ausplündern.

leisteten, die Kaiser selbst nach Tiberius den fremden Kulten Vorschub leisteten[1]. Cumont hat seinem großen Werke mit Recht den Titel gegeben „Die orientalischen Religionen im römischen Heidentum". Die Hellenen konnte er nicht einbeziehen. Die Astrologie[2] war in Ägypten eine Macht, wie die vielen erhaltenen Horoskope beweisen, und Ptolemaios, der die wissenschaftliche Astronomie als letzter zusammenfaßte, ward auch der Dogmatiker der Astrologie, die er für eine Wissenschaft hielt wie sein maßgebender astrologischer Vorgänger Hipparchos; Poseidonios hatte ja auch an die Macht der Sterne geglaubt. In Antiocheia praktizierte und schrieb Vettius Valens[3]. Aber unter den hellenischen Schriftstellern, nach deren Glauben wir nun fragen wollen, bekennt sich keiner zu der chaldäisch-ägyptischen Weisheit, bekämpft sie auch nicht ausdrücklich. Neue und zugleich wesentliche Gedanken werden wir von dem Archaismus nicht erwarten, allein in der Philosophie konnten die hellenistischen Denker nicht vergessen werden, da reißt der Zusammenhang nicht ab, obwohl wir gerade aus dem ersten Jahrhundert über die athenischen Schulen so gut wie nichts wissen; Pergamon bedeutet für die platonische Schulphilosophie mehr; Galen hat sie und auch die stoische zu Hause gelernt. Daraus ergibt sich, daß die Forschung darauf ausgeht, bei den Spätlingen, Plutarch, Dion, Sextus, das hellenistische Gut herauszulösen, andererseits die Fäden zu verfolgen, welche von Poseidonios zu Plotin und dem Neuplatonismus führen, der zuletzt allein das Hellenentum gegen die neue siegreiche Religion verteidigt und nicht unterliegt, ohne viele seiner Gedanken ihrer Dogmatik zu vererben. Unsere Aufgabe ist hier eine andere: es kommt auf das

[1] Schon im zweiten Jahrhundert wird bei der Bestattung eines konsekrierten Kaisers gemäß dem syrischen Glauben ein Adler von dem Scheiterhaufen fliegen gelassen, der die Seele in den Himmel trägt. Dio 56, 42 überträgt das ahnungslos auf die Bestattung des Augustus. Bei Sueton Aug. 100 steht: *nec defuit vir praetorius, qui se effigiem cremati euntem in caelum vidisse iuraret.*

[2] [Aus einer Notiz des Verfassers ergibt sich, daß er diese Stelle zwecks einer ausführlichen Darlegung der Astrologie umzuarbeiten geplant hat. – Zusatz d. Herausg.]

[3] Die Schrift *π. τῆς ἀστρολογίης*, die sich in den Nachlaß des Lukian eingedrängt hat, sucht in Althellas und seinen Göttern, Heroen und Propheten einen Sternglauben, also Astrologie, zu finden und dadurch die fremde Weisheit dem Archaismus zu empfehlen. Dazu stimmt ihre ionische Form. An sich ist sie ziemlich wertlos.

an, was die Menschen des zweiten Jahrhunderts glauben und lehren; wo sie es herhaben, ist dabei Nebensache, erst recht, ob sie es aus erster Hand haben oder durch Mittelsmänner, die für uns gar nicht faßbar werden können, wie es auch in der grammatischen Tradition zu gehen pflegt. In den Philosophenschulen ward als Lehre des Meisters, nach dem sie sich nannten, eine systematisierte Darstellung weitergegeben, die sich von dem Originale allmählich immer mehr entfernte. Gut läßt sich das an dem Platonismus von Albinus und Apuleius beobachten. Die Peripatetiker legten die aristotelischen Lehrschriften aus, was so verschieden geschehen konnte wie von Aspasios und Alexander von Aphrodisias. Die Epikureer waren immer an die *κύριαι δόξαι* gebunden, traten aber in der Öffentlichkeit kaum noch hervor. Daher war es eine Überraschung, daß in dem lykischen Oinoanda ein Diogenes seine Schriften auf eine Wand hatte schreiben lassen, die beweisen, daß seine Bildung gering war, aber er hatte doch mehr von Epikur gelesen als den Katechismus, auf den er sich vorwiegend beruft, und es ist erfreulich, daß ein Sohn aus dem entlegenen lykischen Neste den Drang gefühlt hat, nach Rhodos zu gehen und sich einen philosophischen Glauben zu erwerben[1]. Der Empiriker Sextus wird in seinen an wertvollem hellenistischen Stoffe überreichen Büchern keine Person, aber daß neben dem auf eine dem Leben und der Menschlichkeit entfliehende Mystik zustrebenden Platonismus die Skepsis der neuen Akademie noch einen Vertreter hat[2], ist ein Zug, der in dem Bilde des zweiten Jahrhunderts nicht vergessen werden darf. Es war wohl nur möglich, weil diese Skepsis mit der empirischen Ärzteschule verbunden war, gegen die Galen ernsthaft polemisieren mußte. Nach ihm scheint sie abgestorben zu sein. Epikureer gibt es dann auch nicht mehr, und der Stoa scheint es nicht

[1] Wir können das erkennen, weil Diogenes nach dem Vorbilde Epikurs einige eigene Briefe der Erhaltung wert gehalten hat. Sein Brief an seine Mutter ist ein seltenes und anmutendes Stück Leben.

[2] Favorin hat sich auch als ein neuer Pyrrhon aufgespielt, aber Ernst und echte Gelehrsamkeit ist von diesem Blender nicht zu erwarten. Bei Phokaia ist ein Gedicht auf einen Menekles gefunden, der *ἀοιδᾶς ἁγεμών* und *Πυρρωνιαστάς* genannt wird. Ich habe daraus geschlossen, daß er einem so benannten *θίασος* angehörte, worauf die Bildung des Wortes führt (Antigonos Karyst. 291), aber es wird nur einen Anhänger Pyrrhons bezeichnen. Veröffentlicht in Majuskeln BCH. XII 368; Ligaturen lassen die Zeit erkennen.

besser ergangen zu sein. Diese philosophischen Schulschriften sind für uns unergiebig, wir müssen die Männer verhören, welche sich mit Erfolg mündlich und schriftlich an das gebildete Publikum wenden.

Da gehört Apollonios von Tyana der erste Platz, nicht nur weil seine Tätigkeit über die flavische Zeit nicht herabreicht, sondern weil er in seiner doppelten Gestalt überaus merkwürdig ist. Der eine Apollonios ist der des Philostratos, der göttliche Wundermann, aber kein Zauberer, eine Romanfigur, über den Eduard Meyer endlich das Entscheidende gesagt hat (Hermes 52, 371). Das Buch, so langweilig und im Grunde fade es ist, hat doch den Erfolg gehabt, daß sein Held gegen Christus von einer plumpen Polemik (nicht von Porphyrios) ins Feld geführt und auf der anderen Seite von Wieland in seinem Alterswerke Agathodämon ernst genommen werden konnte. Daneben galt er im Publikum gerade für einen *γόης* und *μάγος*, für Lukian ist er natürlich ein Schwindler, Vorgänger des Alexandros von Abonuteichos[1], aber auch sein erster Biograph Moiragenes ließ ihn durch seine Magie Philosophen überwinden, was Origenes (gg. Celsus VI 41) mit Wohlgefallen berichtet. Wir sollen daraus entnehmen, daß auch die Biographie des Moiragenes auf historische Glaubwürdigkeit keinen Anspruch hat. Aber der späte Aberglaube läßt ihn an mehreren Orten Baulichkeiten errichten, *τελέσματα*, wie der ganz späte Ausdruck lautet, aus dem die Araber Talisman gemacht haben. Der Aberglaube traute den zauberischen Wirkungen dieser Säulen, oder was es war, und schrieb sie dem seit Moiragenes berühmten Magier zu. Daß Apollonios wirklich solche Zauberei geübt hätte, sogar in Byzanz, haben wir keinen Anlaß zu glauben. Aber der Mann, dem solche Künste zugetraut wurden, muß doch etwas Imponierendes und zugleich Unheimliches in seiner Person gehabt haben[2]. Wir werden uns vor allem an seine Werke halten. Durch Rohdes glänzende Entdeckung kennen wir große Stücke aus seiner Pythagorasbiographie, die Iamblichos in die seine aufgenom-

[1] Lukian, Alex. 5, erzielt diese Verbindung durch die Angabe, Liebhaber und Lehrer des Alexandros wäre ein Mann aus Tyana gewesen, Schüler des Apollonios. Aber dieser Verführer bleibt anonym. Offenbar ist er erfunden.

[2] Dem Empedokles ist Ähnliches zugeschrieben; nur dachte man damals nicht an Zauber, sondern an die überlegene Kenntnis der Naturkräfte.

men hat, und sehen, daß Apollonios sich nicht gescheut hat, genau so frei zu erfinden wie später Philostratos. Porphyrios hat das Buch, nachdem er einiges aus dem Anfange in seine Pythagorasbiographie aufgenommen hatte, beiseite gelegt, während er aus dem Reiseroman des Antonius Diogenes ziemlich viel mitteilt[1]. Auch das einzige Stückchen, das er aus einem anderen Werke des Apollonios erhalten hat, stand am Anfang[2]. Das Werk handelte über die Opfer, die den einzelnen Göttern zukämen (Philostratos IV 19); da mußte das Verbot, dem höchsten Gotte weder Opfer noch gesprochene Gebete darzubringen, in die Einleitung gehören. Es ist sehr wichtig, daß dieselbe Lehre unter dem Namen Onatas wiederkehrt (Stob. Ekl. I 1, 39), also neupythagoreisch ist, und bestätigt, daß Apollonios als Pythagoreer, man darf sagen, als ein neuer Pythagoras, aufgetreten ist. Daß er nur blutlose Opfer zuließ, ist auch damit gesagt. Ein drittes Werk ist nicht zuverlässig bezeugt, denn Astrologie darf man ihm darum noch nicht zutrauen, daß sein Name von dieser Literatur benutzt worden ist. Weder der Pythagoreer mit seiner Opferpraxis noch der *μάγος* konnte anerkennen, daß die Sterne das Menschenschicksal im voraus bestimmten. Wohl aber ist das absprechende Urteil über die Briefe immer mehr eingeschränkt[3], und wenn auch Unechtes darin ist und viele angebliche Briefe nur Bruchstücke, zum Teil mit fal-

[1] Es gelingt mir nicht zu entscheiden, ob eine Verbindung zwischen Diogenes und Apollonios besteht. Daß Diogenes die vergleichsweise wissenschaftliche Biographie des Nikomachos nicht gekannt hat, ist von Rohde beobachtet. Alle drei Bücher gehören so ziemlich in dieselbe Zeit und beweisen, wie populär Pythagoras im ersten Jahrhundert ist. Im zweiten hat ihm wohl der neue Pythagoras Apollonios Abbruch getan; der Schwindel der Zauberpapyri benutzt auch seinen Namen.

[2] Daß Eusebius, praep. ev. IV 13, das Zitat von Porphyrios übernimmt, hat Norden Agn. Th. 343 gezeigt. Porphyrios bezieht sich auf dieselbe Stelle in de abstin. II 34 und beruft sich auf einen *ἀνὴρ σοφός*: so hat er also Apollonios eingeschätzt. Die Beziehung hat Nauck unter dem Texte angegeben.

[3] Den ersten Beweis für die Echtheit eines Briefes hat Cichorius bei Norden Agn. Th. 337 geliefert, so daß Norden die Prüfung der einzelnen Briefe forderte, vor allem eine wirkliche Ausgabe des Textes, die immer noch fehlt. Es ist also auch provisorisch, was ich im Hermes 60, 307 ausgeführt habe. Wie Norden bemerkt hat, benutzt Porphyrios *π. στυγός* bei Stobaeus Ekl. I 3, 56 am Ende einen nach Philostratos gefälschten Brief.

scher Adresse, sind, es bleibt genug, was einen einheitlichen Charakter an sich trägt und eben dadurch glaubwürdig wird. Die Briefe wollen nicht belehren, aber der Verfasser erlaubt sich, die Zustände in den asiatischen Städten und in Griechenland, das er einmal zu seiner größten Enttäuschung bereist hat, zu kritisieren; er muß eine persönliche Stellung einnehmen, die ihm gestattet, den schwersten Tadel auszusprechen, und wir müssen sein gesundes Urteil bewundern. Dieser Kappadokier, der die Herkunft seiner Familie nur auf Tralles zurückführen kann, tritt für die Erhaltung des reinen Hellenentumes ein, aber ganz ohne die Renommage mit der alten Größe, vielmehr will er die klar erkannten Schäden der Gegenwart abstellen. Dazu gehört, daß die Hellenen sich auf sich selbst besinnen sollen und auch nicht im Römertume aufgehen, die fremden Namen annehmen, Gladiatorenspiele bei sich einführen u. dgl. So dient er der archaistischen Reaktion und zugleich der gegen Rom aufbegehrenden Stimmung der domitianischen Zeit. Gern wird man glauben, daß der Kaiser gegen ihn einschritt, aber was wir darüber hören, ist alles so entstellt, daß die Wahrheit unerreichbar scheint. Dio 67, 18 versichert mit Entschiedenheit, in demselben Augenblicke, wo Domitian ermordet ward, habe Apollonios in Ephesos öffentlich gerufen: „Bravo, Stephanos, triff den Mordbuben. Getroffen, verwundet, erschlagen!" Als Wunder erzählt er das, zieht nicht die Folgerung, daß Apollonios in die Verschwörung eingeweiht sein mußte. Wir werden nur so viel glauben, daß Apollonios als Feind des Tyrannen bekannt war, und daß man ihm das Ahnungsvermögen zutraute. Das Ende eines solchen Wundermannes durfte nicht bekannt sein: er verschwindet; mag sich jeder denken, wie und wohin. Ähnlichkeit mit Empedokles drängt sich auf. Der Pythagoreer glaubt sich durch die Reinheit seines Glaubens und Lebens über die gemeine Menschlichkeit erhaben, von den Göttern zum Lehrer und Richter der Hellenen berufen. An Gegnern hat es ihm nicht gefehlt; ein Streit mit dem zu seiner Zeit angesehenen, bald vergessenen Euphrates scheint historisch, aber bisher ist auch da noch keine Sicherheit. Was Philostratos über Dion auftischt, ist Schwindel. Seine Lehre erkannte den höchsten, rein geistigen Gott an, aber unter ihm die Götter des Kultus. Es scheint, daß manche Stadt ihn gewähren ließ oder ihm gar junge Leute zusandte, auf daß er sie erzöge. Aber er hat weder eine Gemeinde gebildet noch Jünger hinterlassen, wohl aber hat seine imponierende Person in

Glauben und Aberglauben fortgewirkt, fast ausschließlich bei Halbhellenen; im alten Hellas hat er kein Glück gemacht. Da erwähnt ihn niemand, es sei denn, daß Epiktet ein Wort von ihm anführe[1].

Dieser lahme phrygische Sklave, der sich nach Nikopolis zurückzog, als Domitian die Philosophen auswies, hat sich nicht wie Apollonios eingebildet, von Gott als ein Bote zu den Menschen gesandt zu sein, ihnen zu zeigen, was in Wahrheit das Gute und das Schlechte wäre[2], er sagt vielmehr: „Was kann ich alter, lahmer Mann mehr tun als Gott preisen. Das ist meine Aufgabe; die erfülle ich, solange es mir vergönnt ist. Tut desgleichen[3].“ In Wahrheit ist er ein solcher Bote, und seine Worte haben auch heute Klang und Kraft nicht eingebüßt. In einem wilden pisidischen Flußtale hat ein Verehrer ein Gedicht in den Felsen eingraben lassen, das ihn göttlich nennt. „Würde doch jetzt wieder ein solcher Mann von einer Sklavin geboren, zum Heile und zur Freude aller Menschen, wie sie es alle ersehnen[4].“ Origenes, gg. Celsus VI 2, sagt: „Den Platon liest nur, wer auf literarische Bildung Anspruch macht, den Epiktet bewundert jeder, den es nach einem Helfer drängt, weil

[1] Epiktet III 12, 17. Wie Schenkl anmerkt, wird das Apophthegma nicht allein von Apollonios erzählt. Einen anderen als den von Tyana kann Epiktet nicht wohl meinen.

[2] III 22, 23 in einem langen Kapitel, das durch die Ausführung von dem, wie ein echter Kyniker leben, was er leisten müsse, vor dem Versuche warnt, als Kyniker aufzutreten. Der müßte von Gott als ein Vorbild der sittlichen Vollkommenheit, der erlangten Seligkeit zu den Menschen gesandt sein, also ein gottgleicher Wundermensch. Darin liegt eine Kritik der Kyniker, wie sie waren. Den Demetrios hatte Epiktet in Rom gekannt. Den Dion erwähnt er III 23, 19 als erfolgreichen Schönredner. Da wird er auch an ihn denken, wenn er den echten Kyniker zeichnet; diesem Ideal entsprach Dion in der Tat nicht, erhob aber auch nicht den Anspruch.

[3] I 16, 20. Arrian hat in dem ersten Buche meist kurze Vorträge zusammengestellt, die zu einer Anschauung von dem Wesen und der Lehre des Meisters genügen konnten. Ich habe das gemerkt, als ich für mein griechisches Lesebuch eine Auswahl machte.

[4] Kaibel, Hermes XXIII 543. Es ist mir nicht zweifelhaft, daß der Dichter derselbe Leontianos ist, der in einem anderen Gedichte seinen Stab weiht, S. 542. Der Stab ist das Attribut des Kynikers. Daß in dem pisidischen Winkel überhaupt so gute Verse gemacht werden, ist wunderbar genug; gar zwei solche Dichter anzunehmen scheint mir zuviel.

er fühlt, daß diese Schriften ihn besser machen.“ In Epidauros stand seine Büste, deren schlichte Inschrift erhalten ist: *’Επίκτητον τὸν εὐσεβέστατον ὁ φίλος* (IG. IV² 1, 683); in dem Freunde hat Blinkenberg scharfsinnig und überzeugend Hadrian erkannt, und daß der selbstgefällige, vergötterte Kaiser von diesem Frommen nur ganz schlicht reden mochte, wiegt nicht leicht. Kaiser Marcus hält es für ein Glück, daß er auf Epiktet hingewiesen ward, und hat manches Wort von ihm in sein Büchlein aufgenommen, um sich immer dadurch sittlich zu kräftigen. Zu dieser Wirkung hat nicht wenig beigetragen, daß Epiktets treuer Schüler Arrian das, was er aus Epiktets Munde vernahm, ungeschminkt, wie es war, aufgezeichnet hat[1], ganz lebendiges, von keiner Rhetorik, keiner Altertümelei entstelltes gesprochenes Griechisch, gesprochen von einem, dem es aus dem Herzen kam. Arrian wird zur Bearbeitung und Herausgabe seiner Aufzeichnungen durch ein ähnliches Unternehmen veranlaßt sein. Ein Zuhörer (wenn nicht mehrere) des Musonius Rufus hat Vorträge veröffentlicht, die jener gehalten hatte, als er von Vespasian auf die Insel Gyaros verbannt war. Der Römer aus dem etruskischen Volsinii mag sich selbst bemüht haben, möglichst elegantes Griechisch zu schreiben und zu sprechen, oder erst der Herausgeber hat diese Eleganz angestrebt. Der Erfolg ist Trivialität. Eine geschlossene Philosophie ist gar nicht vorhanden; Gott hat den Menschen gemacht (S. 71 und 103 Hense) und ihm sein Gesetz gegeben (S. 87), gut soll er sein, und damit ist gesagt, daß er philosophieren und, wie es die Philosophie verlangt, leben soll. Dafür werden die Regeln bis ins einzelne, Barttracht, Anzug u. dgl., gegeben[2]. Über die Religionsübung hören wir wenig; einmal werden Hera und Aphrodite eingeführt (S. 75), ein andermal heißt es, daß die Götter sich von den Dünsten nähren, die von der Erde und dem Wasser aufsteigen, wonach sie die Ge-

[1] Eine Auswahl aus seinen stenographischen Nachschriften hat er natürlich gemacht, viel weggelassen, und die Anordnung ist vollends ganz das Werk des verständigen Herausgebers.

[2] Wendland hat in seiner Erstlingsarbeit die Übereinstimmungen mit dem Paedagogus des Clemens festgestellt, was zunächst dessen Abhängigkeit von Musonius zu beweisen schien; sie wird auch vorhanden sein; aber es bleiben Schwierigkeiten, auf die Hense mit Recht aufmerksam macht. Wie dem auch sei, Clemens ist wieder ein Mann, der Feuer in der Seele hat. Daher wirkt seine Rede, obwohl er sie modisch putzt, ganz anders als die des Musonius, wenigstens wie wir diesen lesen.

stirne sein müßten. Epiktet wird in Rom den Musonius gehört, vielleicht die Anregung zum Philosophieren empfangen haben; dann ist er so weit über seinen Lehrer hinausgewachsen, daß wir jenen vergessen können. Epiktet hat sich der alten Stoa zugewandt, wird wohl auch Vorträge über ihr System gehalten haben. Aber sein Interesse hängt weder an ihrer Physik noch an ihrer Logik. Der Kosmos und die alles in ihm verbindende Sympathie ist nicht das, was sein Glauben und Handeln bestimmt, wenn er die Lehre auch einmal vorträgt (I 14)[1]. Wie er über die Logik denkt, steht jetzt am schärfstens formuliert im Encheiridion, das Arrian den *κύριαι δόξαι* Epikurs gegenübergestellt hat (52): „Die Hauptsache in der Philosophie ist die Anwendung der theoretischen Lehrsätze, z.B. daß wir nicht lügen. Das Zweite ist die Begründung, weshalb wir nicht lügen dürfen. Das Dritte (kurz gesagt) die Logik, der Nachweis, wie wir einen Satz begründen können. Wir machen es aber umgekehrt und halten uns bei dem Dritten auf, und der Erfolg ist, daß wir lügen, aber genau beweisen können, daß man nicht lügen darf". Demgemäß ist Epiktets Lehre ganz auf die praktische Moral gerichtet. Scharf packt er seine Schüler an, „du Sklave" ist eine häufige Anrede; zur Freiheit will er erziehen; vor allem denkt er nicht daran, stoische Philosophen zu bilden, also Lehrer, Professoren, sondern Menschen, Männer, die im Leben ihren Weg nehmen mögen, wie er sich ihnen bietet. Von Pflichten spricht er weniger, als wir von einem Stoiker erwarten, auch nicht von der natürlichen Verbundenheit mit den Mitmenschen; er hat immer den einzelnen Menschen, sein Sollen und Können im Auge. Auch das stoische Gebot, mit der Natur in Einklang zu leben, wird in dieser Form nicht eingeschärft. All das kommt daher, daß der Gott Epiktets sehr viel mehr Person geworden ist als selbst bei Kleanthes. Gott hat den Menschen geschaffen (II 8, 21); nach seinem Willen und seinen Geboten soll der Mensch leben, erst dann ist er wirklich Mensch: „Strebe so zu handeln, daß du mit dir zufrieden bist, daß Gott sein Wohlgefallen an dir hat" (II 18, 19). „Rufe Gott zu Hilfe, wie die Schiffer im Sturme die Dioskuren" (II 18, 29). Dieses unmittelbare Verhältnis des Menschen zu Gott, seinem Schöpfer, Gebieter und Leiter, in dem Epiktet selbst steht,

[1] III 13, 5 steht die altstoische Lehre, daß alle Götter in der Ekpyrosis untergehen, Zeus allein übrigbleibt. Aber das *λέγουσί τινες*, für ihn ist es nur ein Bild.

erinnert an den echten Jesus der Synoptiker; aber der entscheidende Unterschied bleibt: das Ziel des Menschen ist seine Selbstbefreiung, und das Ziel, vor Gott „schön“ zu werden, ist erreichbar. Gott soll der Mensch nicht werden wollen[1], was sich manche Christen zugetraut haben. Auch von einer Belohnung ist nirgend die Rede. Gott hält kein Gericht. Im Tode sondern sich die im Leibe vereinigten Elemente wieder, Erde geht zu Erde, Geist (*πνεῦμα*) zu Geist, ganz altstoisch. Einen Hades, Kokytos usw. gibt es nicht, sondern alles ist voll von Göttern und Dämonen, die gleich als Sonne, Mond, Sterne, Erde und Meer bestimmt werden. So sind wir nie einsam und verlassen; wir sind auch nicht ohne Beistand (III 13, 16). Wenn einer, ist Epiktet Monotheist und lehrt die Seinen, auf Gott allein zu schauen und zu bauen; er hat es gar nicht nötig, etwas gegen die Götter zu sagen; der Schiffer mag zu den Dioskuren, der Landmann zu Demeter beten. Wer selbst fromm ist, wird des anderen Frömmigkeit um ihrer Form willen gern anerkennen.

In diesem reinen Glauben haben viele ihren Frieden gefunden, die nichts davon sagten und die anderen gewähren ließen. Der Kaiser Marcus hat seine Dankbarkeit bekannt, viel übernommen, aber sein stoischer Glaube ist doch anders gewandt. Er schaut auf den Kosmos, auf die Natur und die allgemeine *συμφυία* und *συμπάθεια*; jedes Kraut und jedes Lebewesen erfüllt seine Aufgabe, dem Ganzen, dessen Glied es ist, zu dienen. Wer sich dieser Pflicht gegenüber dem Kosmos entziehen will, macht sich selbst zu einem *ἀπόστημα*, sozusagen einem Abszeß, einer Warze an dem Leibe des Kosmos. Was ausgedient hat, löst sich in die Elemente auf, damit sich etwas Frisches bilde. Davon macht der Mensch keine Ausnahme. Freilich ist Marcus sich nicht sicher, was der Tod ihm bringen wird, und da sein Alter und das Leben im Kriege diesen Gedanken ihm nahelegt, kommt er oft auf ihn zurück. Führt der Tod in das Nichts, oder gibt es irgendein Fortleben? Dazwischen schwankt er; Platon hat doch Eindruck gemacht. Die Rückkehr des *πνεῦμα*, des Göttlichen im Menschen, zu dem *πνεῦμα*, das dem Stoiker Gott ist, hat ihn nicht befriedigt. Stark fiel für ihn ins Ge-

[1] „Von Herakles hat man wegen seiner Taten geglaubt, daß er Sohn des Zeus wäre, und er war es“, II 16, 44. Der Mythos wird als solcher unwidersprochen hingenommen. Epiktet sagt nicht Zeus für Gott. Unmittelbar vor diesen Worten heißt es, Herakles hätte auf seinen Wanderungen viele Freunde gewonnen, *ἀλλ' οὐδέν⟨α⟩ φίλτερον τοῦ θεοῦ*.

wicht, daß er an kein Fortleben im Gedächtnisse der Menschen glaubte, wie es der Hellene der alten Zeit hoffte und z.B. noch Tacitus am Schlusse des Agricola ergreifend ausspricht, nachdem er die di manes und den Glauben der Philosophen, weil es sich schickte, zweifelnd erwähnt hat. Marcus rechnet nur auf Vergessenheit. Aber in Frieden scheiden zu können, dessen ist er sicher. Ein zweiter stoischer Grundsatz kehrt immer wieder, daß nämlich die Menschen alle miteinander verbunden, verwandt sind und danach ihr Verhalten zueinander bestimmt ist, die Lehre der *οἰκείωσις*, die mit der Einheit des Kosmos und der *συμφυία* aller seiner Glieder eng zusammenhängt. Daß er immer an die anderen denkt, unterscheidet ihn von Epiktet; darum wird dieser praktisch nicht anders handeln, daß er vom Altruismus kaum redet. Für den Kaiser ist es bestimmend, daß er helfen, wohlwollen, auch verzeihen muß. Davon redet er oft, von den Kriegen nie; der Undank, den er mit Verzeihen ertragen mußte, bewirkte, daß er sich die Pflicht der *οἰκείωσις* immer wieder ins Gedächtnis rief. Oft redet er von seinem Dämon, den er sich *ἵλεως* machen muß. Zeus hat ihn ihm mitgegeben als seinen Führer, ein Teil von ihm selbst. Was ist er? Sein *νοῦς* und *λόγος* (V 27), das *ἡγεμονικόν*. Das ist ganz stoisch; aber der stoische Materialismus, das *πνεῦμα νοερόν* fehlt. Er hat den Kosmos wohl den Staat des Zeus, d.i. Gottes, genannt; von diesem Gotte oder auch von den Göttern, was kaum einen Unterschied macht, redet er oft, aber es ist der in der *φύσις* immanente stoische Gott, da kann er dem einzelnen Menschen nicht beistehen wie der Gott des Epiktet. Er lenkt auch die Geschicke der Menschheit nicht; von *πρόνοια* ist nichts zu spüren; Kriege an allen Grenzen, Pest, Verarmung: das drückt auf den Kaiser, ob er gleich kein Wort davon sagt. Sein Glaube hält ihn aufrecht; er tut seine kaiserliche Pflicht, wenn auch ohne Freudigkeit und ohne Hoffnung. Zu dieser Pflicht gehört die Übung der väterlichen Religion, und er erfüllt sie um so peinlicher, je weniger sein Herz beteiligt ist. Manche mögen es Deisidaimonie nennen; Aberglaube ist nicht dabei[1].

[1] I 17 dankt er den Göttern dafür, daß ihm im Traume Mittel gegen Blutspucken und Schwindel offenbart sind. An Träume hat er geglaubt, und wenn sie sich bewährten, war ein *θεῖον* in ihnen. Aber es ist nicht nur Willkür, sondern Widersinn, Asklepios heranzuziehen. Ein *θεῖον* hat nach Dio LXXI 8 das Heer durch das Regenwunder gerettet, und ganz so stellt es die Säule dar. Marcus war nicht zugegen. Nur als einen *λόγος* berichtet Dio, daß ein Magier Arnuphis ihn bestimmt hätte, neben

Die Christen mögen sich verwundern, daß der milde Kaiser ihnen gegenüber dem Gesetze seinen Lauf läßt; die sich zum Martyrium drängen, kann er nur für ein *ἀπόστημα τοῦ κόσμου* halten.

Dion von Prusa ist im Gewande des Kynikers herumgezogen und hat mit den Mitteln der neuattischen Rhetorik als Prediger unerschrocken und warmherzig die Menschen aufzurütteln und zum Guten zu lenken versucht. Er will sowohl religiös wie politisch wirken, das letztere in Einverständnis mit Traian, in dem er den rechten König sieht, dem er vertraut, freimütig, wie er den Tyrannen, Domitian bekämpft hatte. Es bedarf hier weniger Worte, da Arnim in seinem Dion 476ff. seine Theologie wahr und schön dargestellt hat. Er ist eigentlich kein Kyniker, wenn er auch in den kleinen Reden Diogenes und Sokrates in dieser Weise vorführt. Er gibt die stoische Physik einschließlich der Ekpyrosis in dem Mythos des Borysthenitikos wieder; aber diese Dogmatik ist nicht die Hauptsache, sondern der Glaube an den einen allumfassenden Gott, der weder mit dem *πνεῦμα* noch mit der Natur oder der *πρόνοια* oder *εἱμαρμένη* gleichgesetzt wird, freilich auch nicht mit dem Einzelmenschen in die nahe Verbindung gebracht wird wie bei Epiktet. Dafür wird wie von der alten Stoa der väterliche Kultus der Götter anerkannt, ohne ihr Verhältnis zu dem Allgotte zu erläutern[1]. Für Dion selbst wird die Erhaltung des Kultus um der

anderen Dämonen auch den *Ἑρμῆς ἀέριος* durch Zaubermittel zur Hilfe zu rufen. Denselben nennt Suidas A 3987, daneben Iulian den Chaldäer. Auf den zielt auch Claudian de sexto consulatu Honorii 348: *Chaldaea mago seu carmina ritu armavere deos*. Diese *λόγοι* haben nicht mehr Anspruch auf Gehör als die Christen. Ich verkenne nicht, daß das Erscheinen eines Hermes (keines *ἀέριος*, wenn es den gibt) auf einer Senatsmünze mit *religio Augusti* zu den Vermutungen von W. Weber, Ein Hermestempel des Kaisers Marcus (Sitz.-Ber. Heidelberg 1910, 7. Abh.), einen verlockenden Anhalt bietet, aber folgen kann ich nicht. Zauberer hat dieser Kaiser nicht in seinem Stabe gehalten, gerade weil er die väterliche Religion streng beobachtete. Was er glaubte, hat er selbst gesagt: kein Zauber und kein Gott kann die Macht der *φύσις* bezwingen. Wenn der Kaiser diesem Hermes einen Tempel gebaut hätte, würde er auf dem Säulenrelief auftreten.

[1] Sehr merkwürdig ist, was er in der rhodischen Rede 11 sagt: „Manche halten Apollon und Helios und Dionysos für denselben Gott, *καὶ ὑμεῖς οὕτω νομίζετε*." Wie er das sagen konnte, ist mir unverständlich. „Und viele führen alle Götter auf dieselbe Kraft und Macht zurück, so daß es nichts verschlägt, ob man diesen oder jenen verehre." Und 15:

Masse des Volkes willen bestimmend gewesen sein, ähnlich wie für Marcus, während sein Glaube dem Gotte allein galt, der im Grunde keines äußerlichen Dienstes bedurfte; aber Zeus konnte dieser Gott genannt werden, und der Zeus des Pheidias war ein Bild, das, soweit menschliche Kunst vermag, eben diesen Gott leiblich zeigte[1]. So ist Dions Olympikos, wie Arnim es sagt, zu einem der wichtigsten Denkmäler der antiken Religionsgeschichte geworden. Ein frommer Mann findet vor diesem Bilde Andacht und Erhebung, er lehrt uns, daß auch der bildende Künstler uns zu der Erkenntnis der Gottheit führen kann. Es ist keine Frage, daß in dem Olympikos Gedanken des Poseidonios weithin zugrunde liegen; ob auch in der Würdigung der Kunst, ist sehr fraglich; in allem aber ist es die heiße und ganz persönliche Frömmigkeit des Redners, die uns ergreift und auch die rhetorischen Künste nicht nur erträglich, sondern des Gegenstandes würdig macht. Besonders rührend wird es, daß Dion empfindet und am Schlusse seiner Rede ausspricht, wie tief Hellas von dem Glanze der Zeit des Pheidias gesunken ist[2]. Er hat mancher Stadt die Wahrheit ge-

„Vielleicht braucht der (einzelne) Gott weder Bilder noch Opfer. Aber sie sind nicht überflüssig, denn es spricht sich in ihnen unsere Neigung und Gesinnung gegen die Götter aus." Von den Einzelgöttern redet Dion fast nie, und wenn er einmal in der euböischen Rede 135 eine lange Reihe von Göttern aufzählt, die durch die Päderastie verletzt werden, so fügt er jedem ein Beiwort oder eine Erklärung hinzu, so daß Götternamen nur Exponenten der Natur- und Sittengesetze sind, die von dem Laster verletzt werden.

[1] Porphyrios (Euseb. praep. ev. III 101 d) beschreibt die Bildung des Zeus, nicht gerade des olympischen, aber dieser war ja für die Späteren vorbildlich geworden. Es werden die einzelnen Züge der Statue auf das Wesen des Gottes hin ausgedeutet, aber betont wird, daß die Kunst den wahren Zeus, der die Seele des Kosmos, der reine *νοῦς* ist, nicht darstellen konnte. Das war Zeus in dem vorher angeführten orphischen Gedichte. Davon konnte Pheidias nichts wissen, Dion wollte nichts wissen. Plotin berichtigt in der Schrift *π. νοητοῦ κάλλους* Platons Herabsetzung der Kunst, die mehr als *μίμησις* ist, denn der Künstler setzt auch hinzu, wo die Natur nicht das Nötige darbietet, so *καὶ ὁ Φειδίας τὸν Δία πρὸς οὐδὲν αἰσθητὸν ποιήσας, ἀλλὰ λαβὼν οἷος ἂν γένοιτο, εἰ ἡμῖν ὁ Ζεὺς δι' ὀμμάτων ἐθέλοι φανῆναι.*

[2] Besonders scharf Rhod. 157–60. Mommsen hat die Stelle übersetzt, R. G. V 248; sie hat ihn in seiner Schätzung des gesegneten Zustandes der Welt zur Zeit Caracallas nicht wankend gemacht.

sagt, in anderer Form als Apollonios; aber die Illusionen der Restauration von Althellas haben sie beide nicht geteilt, Plutarch auch nicht, wenn er auch nur selten davon Erwähnung tun mochte.

Eine Rechtfertigung der Götterbilder lesen wir auch bei Maximus von Tyros aus der Zeit des Commodus, der hier wie öfter wertvolle fremde Gedanken, wenn auch verfratzt durch seinen unerträglichen Stil, erhalten hat. Er will Platoniker sein; Gott ist für ihn der Vater und Schöpfer von allem, unfaßbar für die menschlichen Sinne; es liegt an unserer Beschränktheit, daß wir Plätze für seine Verehrung, Namen und Symbole für das eine Göttliche geschaffen haben, was es alles nicht nötig hat. So haben alle Völker gehandelt, in der verschiedensten Weise, die Hellenen am würdigsten, wenn sie die Menschengestalt für das Bild des Gottes wählen; aber auch die Schiffer, die ein Ruder auf einer Klippe den Göttern der See aufrichten, oder die Hirten, die dem Pan eine Tanne weihen, und so die Ägypter mit ihren heiligen Tieren und alle Barbaren, wo und wie sie die Gottheit verehren, alle tun sie recht damit. „Wozu Vorschriften über die Bilder machen (zu denen auch die Namen gerechnet werden), wenn sie nur die Gottheit kennen, lieben, ihrer gedenken.“ So wird nicht nur der Bilderdienst, sondern der ganze Polytheismus neben der Anerkennung der einen, transzendenten Gottheit gerechtfertigt; der Gedanke, daß der Gott an dem geheiligten Orte, in dem Symbole, und sei es der Zeus des Pheidias, vorhanden wäre, wird gar nicht erwähnt, müßte aber eigentlich abgewiesen werden. Doch Maximus ist alles andere als konsequent. Er weiß an anderer Stelle von unzähligen Dämonen, berichtet von der Epiphanie des Achilleus auf seiner pontischen Insel, von der des Hektor in Ilion, und die Dioskuren hat er in der Gestalt von Sternen ein Schiff im Sturme lenkend selbst gesehen und den Asklepios nicht im Traume, sondern im Wachen (15, 7 Dübner). Diese Zeugnisse eines massiven Glaubens sind nicht minder wertvoll als die Rechtfertigung des Bilderdienstes, die mit den *νόμιμα βαρβαρικά* wirtschaftet, mit denen einst der Beweis für die Existenz Gottes ex consensu gentium erbracht werden sollte. Und der Wunderglaube neben der Anerkennung des einen Gottes ist für die ganze Zeit charakteristisch. Länger bei Maximus zu verweilen lohnt nicht.

Neben Apollonios, Epiktet und Dion ist Plutarch zu verhören. Sie alle haben neben ihm gelebt, er aber hat von ihnen keine Notiz genommen. Er, der der Akademie wirklich angehört und daneben eine weite philosophische Bildung besitzt, hat es mit der Tat bewiesen, daß der philosophische Glaube sich mit dem praktischen Dienste eines der väterlichen Götter vereinigen ließ. Der Bürger von Chaironeia, der als solcher tätig war, ist Priester des delphischen Gottes geworden und hat mehr als zwanzig Jahre dieses Amt mit Hingebung verwaltet. Die meisten seiner Schriften, darunter die Parallelbiographien, hat er als Priester verfaßt. Darin liegt ein Problem, das die früheren Jahrhunderte nicht kennen konnten, das aber auch heute noch niemand ernstlich begriffen zu haben scheint. Wie kann der Mann ein solches Priestertum übernehmen, der in einem seiner Bücher den Atheismus für minder verwerflich als die Deisidaimonie erklärt hatte? Da rechnet er die ganze Eschatologie, den Hades mit seinen Richtern und Höllenstrafen, zu den Wahnbildern des Aberglaubens (167a): nun verfaßt er selbst mehrere Eschatologien. Hat er sich einmal bekehrt? War er ein Heuchler? Keines von beiden wird glauben, wer seine Bücher gelesen hat, aber um ihn zu verstehen, muß er sie auch alle gelesen haben. Da sind sehr viele Essays über ethische Fragen, welche gar keine philosophischen oder religiösen Lehren zur Begründung verwenden oder zur Voraussetzung haben, so auch die Biographien, die als solche keine Geschichtswerke sein wollen, soviel Geschichte sie auch erzählen, und die Menschen nicht vor den Richterstuhl einer Philosophie oder Religion führen, aber allerdings oft von Vorzeichen, Träumen, Wundern reden, wie sie von der Überlieferung gegeben waren. Dem Brutus erscheint sein böser Dämon; der Epikureer Cassius sucht die Realität der Erscheinung wegzudisputieren, aber der Dämon hält sein Versprechen „bei Philippi sehen wir uns wieder", was allerdings nur mit *φασίν* und der Bemerkung, daß ein Hauptzeuge nur andere Vorzeichen des Unterganges angebe, berichtet wird. Kap. 47 sagt Plutarch aus eigenem Urteil: „Gott scheint das und das veranlaßt zu haben, weil die Weltlage verlangte, daß endlich die Monarchie begründet würde". Dies eine Probe seiner Behandlung der ihm vorliegenden Überlieferung und seines Glaubens an das Wirken Gottes in der Geschichte. Es wäre an der Zeit, einmal Plutarch in den Parallelbiographien zu suchen, statt nur seine Quellen zu suchen und zu schelten, daß er kein Historiker war, was er eben nicht sein wollte[1].

[1] Plutarch als Biographen habe ich behandelt Reden und Vortr. II 247. Was ein *βίος* ist, kann da lernen, wer es bei den Griechen nicht ge-

Derselbe Plutarch hat auch streng philosophische Abhandlungen verfaßt, Polemik gegen Stoiker und Epikureer, auch über Fragen der platonischen Exegese, ja selbst über physikalische Probleme; in diesen Schriften ist er kaum selbständiger als in den Biographien. Das alles muß berücksichtigen, wer den ganzen Mann verstehen will, und er muß ihn in seiner Zeit und seiner Umwelt sehen. Zunächst mag es dann nur wunderbarer erscheinen, daß er, der so behaglich zu Hause im Kreise der Familie und der Freunde lebte und Athen nahe hatte, das delphische Priestertum übernahm[1].

Es war damals keine verlockende Würde; Delphi war nie ein Ort gewesen, in dem ein Mann wie er eine gebildete Gesellschaft finden konnte, und das Orakel hatte nur noch für die Bauern der Umgegend Bedeutung. Daß ein patriotischer Mann, dem die alte Würde Delphis teuer war, sich entschließen konnte, das Priestertum zu übernehmen, wenn er hoffen durfte, das Ansehen des zerfallenen Heiligtumes zu heben, verwundert nicht, – das ist ja auch erreicht, auf ihm beruht die Schilderung, die wir früher gegeben haben. Die Teilnahme an den Zeremonien des Kultus war eine Pflicht, die er zu Hause ebenso erfüllte. Das Bedenkliche war erst das Orakel. Konnte er daran glauben, und war es der Gott, der durch die Pythia sprach? Diese Frage hat er nicht leicht genommen, sondern in den drei pythischen Dialogen von verschiedenen Seiten behandelt. Der Dialog ist die vornehmste Gattung der Prosa, Dichtung ist er. Daher finden wir in seinen Dialogen auch die eschatologischen Schilderungen; sie sind schon durch ihre Vorbilder, die platonischen Mythen, gerechtfertigt, und die Schicksale der Seele nach der Trennung vom Leibe ließen sich nur als Mythos behandeln; der Platoniker war fest in dem Glauben, daß die Seele fortlebte und ihr Verhalten in diesem Leben darüber entschied, wo und wie das geschah. Die Orakelerteilung und die Sprüche der Pythia haben dem Plutarch schwere Sorgen gemacht. Zwar die berühmten Sprüche, die aus der alten Zeit überliefert

lernt hat. Die kenne ich, aber bei denen gibt es keine Eidologie, und solch ein ungriechisches Kunstwort mag heute sehr weise klingen, morgen wird es verklungen sein.

[1] Chaironeia ist so nahe, daß er den dortigen Hausstand nicht aufzugeben brauchte, aber seine Anwesenheit in Delphi muß doch häufig nötig gewesen sein, wenn wir auch über die Amtspflichten nichts Näheres wissen, auch nicht über die Amphiktionie, in der er Delphi vertrat, Sylloge 829 A.

waren und schon durch ihre edle Versform im Gedächtnis hafteten, waren über allen Zweifel erhaben; sie anzugreifen schien ihm eine kynische und epikureische Frechheit[1]. Nun waren aber die meisten Orakel verstummt, auch Delphis Ansehen war seit Jahrhunderten tief gesunken. Wie ging das zu, wie sollte es weitergehen? Das führte zu der Grundfrage: wie konnte die Pythia weissagen? Das Verstummen der vielen Orakel trat als eine Nebenfrage hinzu. Natürlich war schon früher die Mantik viel behandelt, auch eine physikalische Erklärung versucht, die jede göttliche Inspiration ausschloß. Für Delphi war sogar ein Hirt Koretas erfunden, der zufällig die begeisternde Kraft entdeckt haben sollte, die der Erde entströmte, was Plutarch für eine Fabel hält (435 d). Andererseits war eine zugleich psychologische Theorie aufgestellt, welche den Verkehr der Seele mit der Gottheit erklären wollte. Sie wird wohl mit Recht auf Poseidonios zurückgeführt, was sich in der Hereinziehung der Sonne verrät. Wenn dann die alte Gleichsetzung des Apollon mit der Sonne anerkannt ward, war die Würde und Wahrhaftigkeit des pythischen Orakels gerettet. Es gaben aber auch andere Götter Orakel oder hatten sie gegeben. Da traten also andere Vermittler zwischen der Gottheit und dem Propheten ein, Dämonen, wie ein Platoniker sagen mußte[2], so daß die Dämonologie einen breiten Raum in den Debatten einnimmt. Plutarch läßt aber seinen Lehrer Ammonios gegen die Gleichsetzung des Apollon mit der Sonne Einspruch erheben (435 a), und der Dialog über die verstummten Orakel schließt damit, daß zwar die verschiedenen Erklärungen vereinigt allgemeine Billigung finden, aber diese Frage ungelöst geblieben ist. Sie wird in dem Dialoge über das *E* von Ammonios beantwortet (was nebenbei auch über das zeitliche Verhältnis dieser beiden Schriften entscheidet.) Mit Absicht hat Plutarch diesen Dialog in seine früheste Lehrzeit

[1] Der Kyniker wird rasch zum Schweigen gebracht, 413 d. Der ihn begütigt, vertrug sich mit ihm noch am besten. Das ist Plutarchs Bruder Lamprias, den Plutarch öfter so zum Redner macht, daß er eigentlich der Verfasser des Buches sein müßte, ein Kunstgriff, den ich sonst nicht kenne, comment. gramm. III (Göttingen 1889) S. 27. Lamprias trägt dann Plutarchs Ansichten vor. Es zeigt sich oft, daß er persönlich auch mit philosophischen Gegnern menschlich verkehrte. Er hat dem Favorin, der die akademische Skepsis erneuern wollte, die Schrift *π. τοῦ πρώτου ψυχροῦ* gewidmet.

[2] So steht es bei Albinus-Alkinoos 15.

unter Ammonios verlegt; wir sollen glauben, daß ihm Apollon immer mehr als die Sonne gewesen ist; dabei kann die Deutung des *E* sehr wohl dem greisen Priester Plutarch gehören. Ammonios gibt die entscheidende Deutung des *E*: du bist, *εἶ*[1]. So grüßen wir den Gott, der uns Sterbliche mit *γνῶθι σαυτόν* grüßt. Er ist das *ὄντως ὄν*, das über die Zeit erhaben ist und ebenso über jede Veränderung. Alles Werden und Vergehen bewirkt ein anderer Gott oder vielmehr Dämon, Diener der wahren Gottheit, die ein *ἕν* ist[2]. Die Sonne ist hier nur ein Bild der Gottheit, 393d, genauer ist Gott 413c *κύριος ἡλίου καὶ πατὴρ καὶ ἐπέκεινα τοῦ ὁρατοῦ παντός*. Da sieht man, daß Platons Schätzung der Sonne (Staat VI 509b) nachwirkt; Platon hatte ja selbst in Apollon die Sonne gesehen. So hat Ammonios Worte der Anerkennung für diejenigen, die sich an diese Gleichsetzung halten. Aber die Hauptsache ist, daß, wer den pythischen Gott mit „du bist", d.h. „du bist das *ὄντως ὄν*", begrüßt, in ihm keinen Mittler oder Dämon sieht, sondern den wahren Gott des platonischen Glaubens. So hatte schon Empedokles diesen Gott in eine reine Höhe erhoben, die ihn zu dem einigen Gotte machen mußte. Wer den Pythier so anzusehen gelernt hatte,

[1] Diels bei Norden Agn. Theos 232 hat gezeigt, daß in den Worten *ἔνιοι τῶν παλαιῶν* (sagen) „*εἶ ἕν*" die Anrede dem Plutarch gehört, der nur sagen will, in der Anrede *εἶ* liege die Thesis, daß diese Gottheit das einzig wirklich Seiende sei. Diels denkt, mit jenen Philosophen sei Xenophanes gemeint; Parmenides kann es ebensogut sein. Wie es auf Herakleitos passen sollte, an den Norden dachte, weil in der Tat Plutarch hier viel von ihm genommen hat, sehe ich nicht. Keinesfalls steckt irgendwas Orientalisches in der Anrede. Die Deutung des *E* ergab sie ja, und sie korrespondiert mit *γνῶθι σαυτόν*. – Beiläufig will ich darauf hinweisen, daß Bernays, Ges. Abh. I 59, die Stelle 393e früher und besser hergestellt hat als wir in der neuen Ausgabe: *εἰς πῦρ ἀνιέντος* [Absichtlich beibehalten? *ἀφιέντος* Bernays mit der Überlieferung. – Zusatz d. Herausg.] *ἑαυτὸν ἅμα πᾶσιν* (Artikel davor ist wohl besser) und kurz darauf *κατατείνοντος εἰς γῆν καὶ θάλασσαν καὶ ἀνέμους καὶ ζῷα ⟨καὶ φυτὰ⟩ καὶ τὰ δεινὰ παθήματα* [*καὶ ζώιων καὶ φυτῶν*]. Auch 388d hat Bernays *φυλάττουσαν* in *πλάττουσαν* vielleicht besser korrigiert als ich in *ὑπαλλάττουσαν*.

[2] Dieser zweite Gott heißt Hades. Die höchst merkwürdige Lehre steht auch am Schlusse von de latenter vivendo (1130) vor dem eschatologischen Stücke aus Pindar; über das Pindaros 498. Im *E* werden Verse angeführt, die nicht aus eigener Lektüre Plutarchs stammen können (Stesichoros). Der Urheber der merkwürdigen Lehre bleibt zu suchen.

der mußte einem Rufe folgen, der ihm von seinem Gotte selbst zu kommen schien, und sich in seinen Dienst stellen. Bedenken blieben nicht aus. Die Mythen nicht nur, sondern auch die „delphische Theologie“ konnte sein Glaube nicht billigen (417f); daß das bei ihm eine andere Person spricht, verschlägt nichts, und das Ritual beobachtete er *κατὰ τὰ πάτρια*. Aber wie konnte dieser Gott des *ἐπέκεινα* mit der Pythia verkehren? Die anderen Orakel standen unter Dämonen, guten Dämonen, denn nur diese konnten ja die Wahrheit künden (436f); da verlangt der Verstand, daß der delphische Orakelgott auch nur ein Vermittler sein könnte; aber der Glaube an den Pythier war in Plutarch zu stark[1], er war es auch in Platon gewesen. Und Platon hatte die Dämonen als Vermittler zwischen Gott und den Menschenseelen eingeführt, Xenokrates hatte die Elemente mit zugehörigen Geistern bevölkert, die Stoa war auf diesem Wege fortgeschritten, und so war aus dem Dämon des alten Glaubens, der von Homer bis in das fünfte Jahrhundert geherrscht hatte, die neue Gattung von Mittelwesen entstanden, zugleich mit der Anerkennung eines einigen, rein geistigen Gottes, und die Philosophie trägt eine Mitschuld an all dem Aberglauben, den diese Dämonologie schließlich hervorgerufen hat. Die Götter haben dann eigentlich keinen Platz mehr; denn Leidenschaften unterworfen sollen nur Dämonen sein, und das sind die Götter des Mythos, wenn sie nicht die Allegorie ganz verflüchtigt. Diese Götter waren von den Dichtern zu individuellen Personen gemacht, die Dämonen bleiben schattenhaft, unpersönlich, wie es einst der Dämon gewesen war, selbst wenn sie einmal einen Namen erhalten. Die Erkenntnis des einen Allgottes mußte die vielen alten Götter zurückdrängen; es läßt sich aber nicht leugnen, daß die philosophische Theologie durch die Einführung der vermittelnden Dämonen für den späten Volksglauben eine neue, sehr minderwertige Göttergesellschaft geschaffen hat, die den Christen viel stärkeren

[1] In der mythischen Schilderung der Unterwelt am Schlusse der Schrift de sera numinis vindicta zeigt der Führer des Thespesios erst ein Orakel der Nacht und des Mondes, aus dem die Träume kommen, die auch täuschen; das des Apollon kann ein menschliches Auge nicht sehen, weil das starke Licht blendet; das dringt *διὰ τῶν κόλπων τῆς Θέμιδος* zum Parnaß. Auch die Stimme der Sibylle wird vernehmlich, die von der Zukunft singt, indem sie (ihre Seele) im Gesichte des Mondes (am Himmel) herumwandert (566d). Es wird nicht ausgesprochen, aber hier muß Apollon mit der Sonne mindestens verbunden sein.

Widerstand leistete als die echten, alten Götter und in den Dämonen fortlebte, mit welchen die Mönche zu kämpfen haben. Der Dämon des einzelnen Menschen wird für die Stoa der Dämon in ihm, sein Göttliches, ἡγεμονικόν; dann kann dieses, also gewissermaßen seine Seele, als Dämon in der sublunaren Sphäre weilen und sein Aufstieg weiter ausgemalt werden[1]. Diese an sich bedeutenden, manchmal freilich auch verzerrten Gedanken haben auf den Glauben weiterer Kreise nicht eingewirkt, so daß ich sie hier nicht weiter verfolge. In der platonischen Schule und durch sie weiterhin hielt sich die einfache Vorstellung, daß der Seele des Menschen, der gut und weise gelebt hatte, der Aufstieg in den Himmel, zu den Göttern bevorstünde[2]. Darin lag indessen keineswegs eine Erhebung zu einem Gotte, und wer von sinnlicher Seligkeit etwa redete, haftete in Wahrheit an den alten Vorstellungen, wie sie die eleusinischen und dionysischen Weihen versprochen hatten und weiter versprachen, fremde Religionen auch, die Christen nicht ausgeschlossen. Herakles und Dionysos hatten sich den Einzug auf den Olymp durch Taten verdient, sie lieferten das Vorbild für die Vergötterung der Herrscher. Die Erhebung des Verstorbenen zum Heros war eine leere Form geworden, nur in tieferen Schichten der Gesellschaft erhalten, mochte ausnahmsweise auch der Archaismus ein Heroon für seine Toten errichten, wie sich eins aus dieser Zeit bei Kalydon gefunden hat. Der Dämonenglaube bewirkte sowohl in der Theologie wie in dem Glauben des Volkes, daß für den Heroenglauben kaum noch ein Platz war.

Die führenden Männer, die wir zuerst betrachteten, redeten überhaupt kaum noch von den alten Göttern, die für sie mythisch waren. Wen Epiktet erweckte, wird schwerlich geneigt gewesen sein, sich viel um den Staatskultus zu kümmern, den die Regenten-

[1] Poseidonios bei Reinhardt 459. Kosmos u. Sympathie 321 ff. Bei Maximus wird die Tätigkeit der Dämonen als Diener des höchsten Gottes (ähnlich bei Celsus, Origenes VII 68) schließlich so weit gesteigert, daß von den Dämonen εἴληχεν ἄλλος ἄλλην ἑστίαν σώματος, ὁ μὲν Σωκράτην, ὁ δὲ Πλάτωνα usw., also die vorbildlichen Menschen schon im Leben Dämonen sein sollen. Das kann kaum ernst genommen werden, ist rhetorisch ein klangvoller Schluß der ersten Rede über das Daimonion des Sokrates, das bei ihm, bei Plutarch und sonst Gelegenheit zur Behandlung der Dämonologie bietet.

[2] Z.B. Apuleius dogm. Plat. II 20. 23 am Ende.

pflicht den Marcus trotz seinem Glauben streng zu beobachten zwang. In Plutarch sehen wir den edelsten Vertreter der Restauration des alten Hellas. Er übertreibt den Archaismus weder in der Sprache noch in dem Dünkel der Rhetoren. Er empfindet den Druck der Römerherrschaft, aber er weiß, daß die beiden Nationen unlösbar verbunden sind. Die Griechen sollen nicht widerstreben, soweit ihnen Selbstverwaltung gegönnt ist, in ihren Gemeinden Ordnung halten und sich den Ämtern nicht entziehen; die Römer sollen die Ebenbürtigkeit der Griechen anerkennen. Für sich verlangt er nichts und erreicht doch diese Anerkennung, aber in seinen Schriften verrät er nirgends, daß er das römische Bürgerrecht besitzt. Sowohl als Bürger von Chaironeia wie als delphischer Priester geht er mit gutem Beispiele voraus. Aus den alten Dichtern und der vaterländischen Geschichte leitet er eine praktische Ethik ab, der das gesunde Leben in seiner Familie, seinem Freundeskreise und seinem Städtchen entspricht. Da spielt seine Theologie nicht hinein, die schwerlich stark gewirkt hat, wohl aber seine gesunde Moral und seine von jedem Aberglauben freie Frömmigkeit. Er darf den Göttern der Väter dienen, darf aber auch als Priester des Pythiers die Mythen als solche ablehnen. Fremden Göttern dient er nicht. Die ägyptischen allein waren seit Jahrhunderten aufgenommen, auch in Delphi, unbestimmt, seit wann; seine delphische Freundin Klea erhielt ihr Priestertum, und er hat sein Buch über Isis und Osiris für sie geschrieben, damit sie wüßte, was die sonderbaren Zeremonien, die sie auszuführen hatte, und die Götter, denen sie diente, bedeuteten. Das ist ihm schwer geworden; offenbar mußte er selbst erst die nötige Literatur aufsuchen, fand Widersprüche, die er nicht lösen konnte, und hat wider seine Art ein recht konfuses Buch zustande gebracht. Willkommen waren ihm die Versuche, das Ägyptische hellenisch zu machen oder doch ins Hellenische umzudeuten. Gleich der Name der Isis (ohne Zweifel schrieb er *Εἶσις*) wird auf *εἰδέναι* zurückgeführt. Typhon war wirklich griechisch, ohne Erklärung konnte Klea in ihm den Seth gar nicht erkennen. Als ihr Plutarch die Mythen erzählt hat, gerät er in die Dämonologie, weil die *παθήματα* unmöglich Göttern zugestoßen sein können (Kap. 25), wobei auch hellenische Mythen wie der Kampf Apollons mit dem Python und die Irrfahrten der Demeter und die *ἄρρητα*, die in mystischen Weihen der Menge verborgen gehalten werden, mit den Geschichten von Osiris und Seth auf eine Stufe gestellt werden. Er hat bei dieser Gelegenheit auch andere barbarische Weisheit kennengelernt, den Dualismus des Zoroaster und die chaldäische Lehre von den guten und bösen Planeten und zieht sie für allgemeine Betrachtungen heran (Kap. 45–48). Es wird uns wertvoll, weil sich zeigt, wie unbehaglich ihm diese theologischen Spekulationen sind, aus denen ihn auch sein Platon nicht rettet. Darum hat er das Sötrende, zumal das Fremde, zeitlebens möglichst beiseite geschoben. Zugrunde lag überall das eine Göttliche, das war rein und gut; in diesem Glauben sollte der Hellene sich durch alle verwirrenden Mythen nicht irremachen lassen und vor allem dem Dienste seiner Götter treu bleiben, weil sie zu dem heiligen Erbe der Väter gehörten. Vor der Deisidaimonie, dem Aberglauben, sollten sie sich freilich hüten, eigenem und fremdem, denn der ist auch dem delphischen Priester noch mehr zuwider gewesen als der Atheismus.

Selbst für Plutarch waren die Götter, die er nach der Väter Art verehrte, keine unmittelbar handelnden Mächte, auch Apollon kaum, wenn er auch die Pythia begeisterte. Ein Gott, der zu dem einzelnen Menschen kam, ihm helfen konnte und wirklich half, war nur noch Asklepios, aber von dem hat Plutarch ebensowenig wissen wollen wie Dion und Epiktet. Sie greifen den Wunderglauben nicht an, das beredte Schweigen genügt; wir sollen aber gebührend schätzen, was dieses Schweigen bedeutet. Der Gott, an dessen Wunder die besten Männer nicht glaubten, hatte in Athen und in seiner Heimat Epidauros wieder gute Tage[1]. Das Hieron war in der sullanischen Zeit ausgeplündert, und erst im zweiten Jahrhundert kam es ganz wieder auf die Höhe, da sich ein Wohltäter fand, der sogar für Neubauten sorgte. Fremde kamen selbst aus Asien, bei dem Gotte Heilung zu finden, und auch manche Götter erhielten an dieser Stätte anerkannter Heiligkeit Altäre und Kult. Noch viel glänzender hatte sich die pergamenische Filiale in der Kaiserzeit entwickelt, die gegründet erst, als Pergamon eine hellenische Stadt geworden war, die nächsten Jahrhunderte unbedeutend geblieben war. Es wird sich jetzt, wo das große Heiligtum freigelegt wird, bald zeigen, was außer dem Brunnen,

[1] Auch in einem Dorfheiligtum, Titane bei Sikyon, findet Pausanias II 11, 6 das alte Bild des Asklepios unter einem wollenen Chiton und Himation verborgen; diese alte Sitte hatte sich erhalten, und das Bild der Hygieia ist ganz von den Haaren verhüllt, die sich die Frauen ihr zu Ehren abschnitten.

der nicht entbehrt werden konnte, in die hellenistische Zeit zurückreicht. Nun war Asklepios, nicht die Götter der Attalidenburg, der Herr von Pergamon. Der Kurort war für alle Ansprüche der verwöhnten Asianer eingerichtet, Ärzte stellten sich neben dem Troß der Tempeldiener den Besuchern zur Verfügung, denen der Gott im Traume nicht nur heilkräftige Mittel gegen ihre Leiden offenbarte, sondern auch Rat in allen möglichen Lebensfragen. Hatte er doch einem Athleten angegeben, mit welchen Kunstgriffen er einen Gegner im Faustkampfe überwinden könnte (Aristeides 42, 11). Es fehlt ja auch heute nicht an solchen Wunderkurorten, und auch da gibt es Ärzte, die sich in Gegensatz zu der ärztlichen Wissenschaft stellen. Diese hat sich indessen damit begnügen müssen, still ihren Weg zu gehen, ohne die Wunder des Gottes offen zu bestreiten[1]. Aristeides ist auch ein leuchtender Beleg dafür, daß die Behandlung im Asklepieion einen Kranken gerettet hat, den die Ärzte mit ihren Mixturen an den Rand des Grabes gebracht hatten. Freilich hat er noch Jahre gekränkelt, wozu sein Starrsinn beitrug, der sich jedem Befehle unterwarf, den er im Traume von dem Gotte empfing, so toll er auch erscheinen mußte. Aber schließlich ist er doch ganz gesund geworden und hat auch immer die Fähigkeit behalten, seine Reden zu schreiben und zu halten, die ihm den Ruhm eingetragen haben, nicht nur nach der eigenen Meinung, sondern auch nach der unseren der größte Stilist des neuen Attizismus geworden zu sein. Auch das hat er der Gnade des Gottes zugeschrieben, dem er nun eine fanatische Hingebung gewidmet hat[2]. Wir besitzen Reden an Götter aus der Zeit vor seiner Krankheit, eine Anzahl hat er auf Befehl des Asklepios verfaßt, und diese prosaischen Hymnen, eine Gattung, die er schuf, sind ebenso wie sein Asklepiosglaube für die religiöse Stimmung der Zeit unschätzbare Dokumente. Wenn er in Korinth auf Poseidon spricht, trägt er die Mythen aus Homer

[1] Galen erzählt in seiner Abhandlung über die eigenen Schriften, XIX 19 K., daß er von Kaiser Marcus die Erlaubnis, nicht mit ins Feld gehen zu brauchen, erhalten hätte, weil Asklepios, dem er diente und der ihn einmal gerettet hatte, ihm jetzt geboten hatte, die Rückkehr des Kaisers in Rom zu erwarten. Das war eine auf die dem Galen bekannte Freundlichkeit des Kaisers gut berechnete Ausrede; wir sollen uns hüten, darin ein aufrichtiges Bekenntnis zu dem Gotte zu sehen.

[2] Ich verweise auf meine Charakteristik des nach allen Seiten unterschätzten Mannes Sitz.-Ber. Berl. 1925, 333.

usw. mit rhetorischen Künsten vor und wendet alles zur Erhebung dieses Gottes. Weil er an den Isthmien spricht, müssen Leukothea und auch Palaimon in einem Anhang bedacht werden, von denen er wohl erst jetzt etwas erfahren haben wird[1]. Weder einst die Hörer noch jetzt die Leser werden auf den Gedanken kommen, daß die verherrlichten Götter mehr als mythisch wären. Wenn Aristeides in der Rede auf Zeus ein Gelübde erfüllt, das er in Seenot ausgesprochen hat, so ist das ein Beweis für seinen Glauben an einen Gott, der helfen kann. Das wird in dem Hymnus ein Bekenntnis zu dem Monotheismus, der für die Gebildeten insgesamt durch die Diener Gottes nicht aufgehoben wird, die es unter ihm in anderen Formen auch in den geoffenbarten Religionen gibt. Die Götter, denen Aristeides auf Befehl desAsklepios einen Hymnus machen muß, werden teils so behandelt wie Poseidon in der Festrede, teils wird so viel aus ihnen gemacht, daß für die anderen neben ihnen wenig übrigbleiben würde, wenn man die Rhetorik ernst nehmen wollte. Sarapis wird so ziemlich das, was manche Amulette mit *εἷς θεὸς Σάραπις* ausdrücken; so würde der Redner schwerlich geredet haben, wenn er seinen wahren *Σωτήρ* schon kennengelernt hätte. Wie er zu diesem steht, das kommt vollkommen in der kurzen *λαλιὰ εἰς Ἀσκληπιόν* heraus, die er gegen Ende seines Lebens verfaßt hat (Or. 42). Sie richtet sich an Zeus Asklepios, und diese in einem offiziellen Kultus anerkannte Epiklesis läßt den beiden Personen ihre besonderen Genealogien und Mythen, aber sie sind zwei Personen in einer Gottheit, und Asklepios ist *ὁ τὸ πᾶν ἄγων καὶ νέμων σωτὴρ τῶν ὅλων καὶ φύλαξ τῶν ἀθανάτων – – σώιζων τά τε ὄντα ἀεὶ καὶ τὰ γιγνόμενα*. Danach erscheint er als der Allgott; Zeus, von dessen Namen sich diese Würde nicht trennen ließ, ist als wirkende Person zurückgedrängt; eben darum sind beide in einen Gottesbegriff zusammengefaßt. Überschätzen darf man diese Theologie nicht, denn sie will im Grunde nur die Göttlichkeit des Asklepios auf die höchste Potenz heben, so daß *Ζεὺς Ἀγαμέμνων* als Potenzierung der Heroenmacht vergleichbar wird. In der Durchführung seiner Wirksamkeit geht der Redner auch

[1] § 40 erwähnt er die *τελετή* und den *ὀργιασμός*, der zu Palaimon gehörte, was ich I 212 schon hätte anführen sollen. Auch ein Bild hat er gesehen, offenbar in dem isthmischen Adyton, auf dem die Mutter den Knaben dem Poseidon darreichte, der ihn in sein Gewand zu übernehmen bereitstand. Thalatta und Galene waren dabei gegenwärtig. Wohl ein altes Gemälde, das im Adyton erhalten war.

von dem Heilgotte, besser dem Erhalter der Gesundheit aus. Eins vor allem fällt niemals unter die δυνάμεις μεγάλαι τε καὶ πολλαί, μᾶλλον δ' ἅπασαι, die Aristeides dem Gotte nachrühmt, als dessen Geschenk er auch den Erfolg seiner Redekunst betrachtet: er ist weder der Herr des Lebens noch des Todes, in der ganzen Natur sowenig wie im Leben des einzelnen Menschen. Die Seele geht ihn nichts an, also auch nicht ihr Fortleben. An das hat auch Aristeides nicht geglaubt; sowenig wie sein Gott in einer anderen als dieser Welt wirksam war, hat er mehr als das körperliche Leben begehrt oder gehofft. Das sind wir berechtigt, auf die Tausende seiner Gläubigen zu übertragen. Die haben sich denn auch um die Kulte und die philosophischen Lehren nicht gekümmert, welche im Leibe nur die Hülle einer Seele sahen, deren wahres Leben erst beginnen sollte, nachdem sie diese Hülle abgestreift hatte. Und auch die anderen Götter werden ihnen nicht mehr bedeutet haben als dem Aristeides.

In den Jahren, in welchen Aristeides seinem Gotte die letzte Dankrede hielt, hat Pausanias das alte Hellas bereist. Wo er zu Hause war, ist immer noch nicht ausgemacht; aber seine genaue Bekanntschaft mit den alten Griechenstädten Asiens beweist zum mindesten, daß er diese blühenden Orte kannte, wo ihm denn der Gegensatz des verarmten Hellas so stark auffallen mußte, wie hundert Jahre früher dem Apollonios. Er hat, wie natürlich, zuerst in Athen Station gemacht und Bekanntschaft mit vornehmen Leuten gesucht, nennt z.B. einen Daduchen, der ihm alte Kultlieder zugänglich machte. Überhaupt konnte er nur in Athen die Bücher finden, die er für seine Reisen nötig hatte, denn er wollte das alte Hellas einschließlich der Ortsgeschichten dem großen Publikum beschreiben, ein interessantes Lesebuch, keineswegs ein Reisehandbuch verfassen. Aber auch von seinen eigenen Reisen wollte er nicht erzählen, was wir sehr bedauern, denn nur selten kommt davon gelegentlich etwas heraus. So ist denn auch der Pränestiner Aelian (V. H. XII 61) der erste uns bekannte Benutzer, und der hat den griechischen Boden niemals betreten. Es ist keine geringe Leistung gewesen; denn Pausanias hat sich keineswegs auf die Hauptorte beschränkt, sondern viele Gegenden durchzogen, in denen das Reisen nicht bequemer gewesen sein muß, als es vor fünfzig Jahren war[1]. Damals pflegte der Gastfreund, bei

[1] Heberdeys schönes Buch über die Reisen des Pausanias ist die nütz-

dem man Unterkunft fand und Auskunft über die ἀρχαῖα suchte, stolz zu antworten: „Wir haben den Pausanias", so daß dieser zum Reiseführer ward, was ihm zuerst eine Autorität verlieh, die er gar nicht beansprucht hatte, und dann manchen unverdienten Vorwurf eintrug. Ein wichtiger Unterschied war, daß, anders als in Italien, der uomo dotto del paese häufig fehlte. Pausanias aber an den Heiligtümern, auch so abgelegenen wie in Thelpusa, von dem Priester oder Küster die Lokaltradition erkundete; an größeren Orten fand er Exegeten oder auch Fremdenführer[1]. Das gab eine Ergänzung dessen, was in der mitgeführten Literatur stand, die wir nur durch seine Angaben kennen (z.B. den Lykeas von Argos) oder aus seinem Werke erschließen; daß er möglichst neue Bücher mitnahm, war das einzig Praktische[2]. Die Vorbilder seines unerfreulichen archaistischen Stiles gehen uns hier nichts an. Wie es dem Geiste der Zeit entsprach, war sein Interesse ganz dem alten Hellas zugewandt; die Zeit der Heroen lag ihm näher als die jüngste Vergangenheit, obgleich er gelegentlich auch etwas aus

lichste Hilfe. Es ergibt sich, daß er manche Gegenden nicht besucht hat, sondern namentlich einen Periplus zur Ergänzung herangezogen, was gar nicht befremdlich ist. Inwieweit die Reiserouten der Wahrheit entsprechen, stehe dahin; er konnte von einem leidlich bequemen Orte nach verschiedenen Seiten Ausflüge machen, wenn das auch in der Beschreibung Böotiens, wo das verfallene Theben scheinbar ein solcher Standort ist, ein schriftstellerischer Kunstgriff der Disposition zu sein scheint. Die Periegeten oder Exegeten, wie man nun sagte, nahmen den Mund sehr voll; Lukian Philopseudes 4 weiß, daß die Reisenden das verlangten. Pausanias ist manchmal auf sie angewiesen, aber nur selten traut er ihnen mehr als seinen Büchern.

[1] Cicero, Verr. IV 132, gibt den Fremdenführern in Syrakus den Namen Mystagogen, und Strabon 812 bezeichnet seinen Gastfreund in dem Arsinoe des Fajum ebenso. Das scheint später abgekommen, war aber sehr bezeichnend für die Art dieser Einführung in die überraschenden Herrlichkeiten.

[2] Von Polemon und Diodoros, auch Heliodoros ganz abgesehen, ist für Delphi direkte Benutzung des Alexander Polyhistor unwahrscheinlich. Wir haben aber selbst für die historischen Quellen außer einigen Biographien Plutarchs keine Möglichkeit, bestimmte Personen zu erreichen. Von der eigentlichen Periegese können wir uns außer für den Periplus überhaupt keine Vorstellung machen. Das von Wilcken mit glücklichem Scharfsinne behandelte Papyrusbruchstück (Genethliakon für Robert S. 191) kann hier nichts helfen.

dieser bringt[1]. Mancher Tempel lag in Trümmern; da mag er den einstigen Inhaber nur aus älterer Ortsbeschreibung kennen, aber ebensogut einen jetzt bestehenden Kult verzeichnen, ohne entscheiden zu können, ob er wirklich aus der alten Zeit stammte[2]. Wonach wir hier allein fragen, ist die Stellung des Pausanias zu den alten Göttern, von denen er soviel berichtet. Zunächst hat man den Eindruck voller Gläubigkeit; er erwähnt öfter, daß er geopfert hat, hält sich verpflichtet, von manchem Geheimkulte zu schweigen, hat sich gelegentlich selbst weihen lassen. Und doch verrät sich einmal eine ganz andere Theologie. VII 23, 7 trifft er in dem Asklepieion von Aigion einen Mann aus Sidon. Der behauptet, die Phöniker wüßten um das Wesen des Asklepios besser Bescheid: der wäre die Luft und sein Vater Apollon die Sonne, die es bewirkte, daß die Luft der Gesundheit zuträglich würde. Das billigt Pausanias und fügt nur hinzu, die Hellenen brauchten es nicht erst von den Phönikern zu lernen[3]. Wer in dieser Weise gerade den Gott verflüchtigte, welcher allein noch persönlich mit den Menschen verkehrte und Wunder tat, der war über den Glauben an die Olympier vollends hinaus. Das ist ein überraschendes Geständnis, beherzigenswert für die wirkliche Religion der Archaisten; der Gegensatz zu Aristeides ist frappant. Darum habe ich sie nebeneinander gestellt.

Im Gegensatz zu allen diesen Männern steht Lukian, denn er fühlt sich besonders wohl, wenn er sowohl die alten Götter wie auch die Philosophie herunterreißen kann. Wir werden von dem Manne aus Samosata, der schwerlich echtes Hellenenblut in seinen Adern hatte, nicht verlangen, daß ihm das alte Hellas etwas Heiliges war. Freilich hat er es in der Kunst, attisch zu schreiben, zu unerreichter Virtuosität gebracht, ist stolz darauf, rühmt sich, den Dialog wieder erweckt zu haben, zwar nicht den sokratischen, sondern den des Gadareners Menippos, und liebt es, seinen Namen in

[1] Antinoos in Mantinea, Bauten des Antoninus in Epidauros, des Herodes Atticus mehrfach.

[2] Ich habe mich öfter darauf verlassen, daß die Hekate auf Aigina, II 30, 2, alt wäre. Da ihre τελετή von Orpheus stammen soll und diese Mysterien erst spät berühmt sind, früher von der angeblichen Hauptgöttin nirgend geredet wird, dürfte das zu gutgläubig gewesen sein.

[3] Die Begründung aus einem Beinamen der Hygieia in Titane ist durch schwere Korruptel unkenntlich, und Pausanias hat, wo er Titane bespricht, II 11, 5, gerade von dem nichts gesagt, worauf er sich hier beruft.

ein klassisches Lykinos zu verwandeln. Die Mode muß er mitmachen, aber innerlich fühlt er sich als moderner Mensch und glaubt nicht, daß jemand eine echte Überzeugung hätte, weil er selbst keine hat. Parvenieren will er, dazu ist ihm jedes Mittel recht; kein anderer hat so viele Schriften verfaßt, um den peinlichen Eindruck, den ein Buch von ihm gemacht hatte, abzuschwächen. Erfolg hat er schließlich doch nicht gehabt; im Leben ist er auf keinen grünen Zweig gekommen, und weder zu seiner Zeit noch in den nächsten Jahrhunderten finden wir Spuren seiner Werke, aber seit der Byzantinerzeit und dann seit der Renaissance bis auf Wieland wird er für einen Klassiker gehalten und den echten Hellenen der alten Zeit, je echter sie sind, um so häufiger tatsächlich vorgezogen. Die Schule, die den Aelian mit seinen Anekdoten las, setzte den Knaben auch diesen „Klassiker" vor, womöglich die Göttergespräche, um derentwillen er hier herangezogen werden muß, weil sie mit ihrer frivolen Plattheit besonders gut zeigen, wozu die einst geheiligten Gestalten jetzt nur noch dienten. Die Rhetorik stellte gern für Anfänger die Aufgabe, *τίνας ἂν εἴποι λόγους* der oder jener Gott oder Held in dieser oder jener Situation. Wir besitzen zahlreiche poetische Bearbeitungen solcher Themata. Lukian leistet es in dialogischer Form; die wiederaufgenommen zu haben war ja sein Stolz, und attisch zu reden verstehen seine Götter. Wenn es nur Parodie wäre, wenn Witz darin wäre, meinetwegen Blasphemie, aber es ist albern und langweilig. Gerade darum lehrt es uns, was die Göttergeschichten nun wert waren, wenn sie nicht im Pantomimus aufregende und lüsterne Rollen spielten, über die uns Lukian auch unterrichtet. Damals, als die Kinder in der Schule die Mythologie nach Hesiod und Homer vorgesetzt erhielten, mögen diese Dialoge ihnen Spaß gemacht haben; sie lernten die Götter verlachen. Daß sie dem Lukian nichts Besseres zu verdienen schienen, ist ihm nicht zu verdenken. Seine Schilderungen der Gesellschaft, der Rhetoren, Philosophen und Grammatiker sind uns sehr wertvoll, auch die der vornehmen Gönner, denen die Literaten dienen mußten, um das liebe Brot zu finden. Überall wird uns eine angefaulte, heuchlerische, posierende Zivilisation gezeigt, überall übertünchte Gräber. Das traf gewiß zu, aber auch Lukian ist nichts anderes, nur die Tünche ist verschieden. Denn wenn er sich auch gelegentlich anders gebärdet[1], im Grunde seines

[1] So mußte er sich anstellen sowohl im *Ἁλιεύς* wie in den *Δραπέται*,

Herzens ist ihm die Philosophie ebenso ein Schwindel wie die Götter: darüber ist der aufgeklärte Journalist hinaus.

Wertvoll ist hier für uns, daß wir durch ihn zwei Männer kennenlernen, die in dieser Reihe nicht fehlen dürfen, den Kyniker Peregrinus Proteus und den paphlagonischen Wundermann Alexandros von Abonuteichos. Peregrinus wird ein unruhiger Geist gewesen sein, der den inneren Frieden zeitlebens suchte, aber bei keiner Religion, die er leidenschaftlich ergriff, auf die Dauer zu finden vermochte. Als Gellius (XII 11) mit ihm verkehrte, lebte er zurückgezogen in einer Vorstadt Athens, und wenn er sich unehrerbietig über Herodes äußerte, was Lukian für verwerflich hält, so erlaubte er sich nur auszusprechen, was viele dachten, aber sich nicht zu sagen trauten, Lukian auch nicht. Wenn ein solcher Mann das Leben seiner überdrüssig von sich geworfen hätte, würde sich niemand gewundert haben. Wenn er die Form der Selbstverbrennung wählte, wohl eher wie Kalanos als wie Herakles, und sie vor den Augen der größten Menge in feierlichster Form vollzog, so dachte er nicht nur selbst in den Äther, also das Göttliche einzugehen, sondern wollte den Menschen zeigen, wohin ihn seine proteischen Wandlungen geführt hatten. Lernen konnten sie daran, auch wenn sie ihm nicht folgten. In seiner christlichen Zeit wird er das Martyrium in gleichem Sinne ersehnt haben. Auch jetzt starb er als Zeuge seines Glaubens; was dann seine Mitbürger oder seine kynischen Genossen aus ihm machten, mag nicht nur einen Lukian geärgert haben, aber gibt diesem keine Entschuldigung für die Verunglimpfung eines Mannes, den er nicht von fern verstand.

Wie viel oder wenig der Alexandros getaugt hat, der bei der römischen Regierung die Umtaufe seiner Heimat Abonuteichos in Ionopolis durchsetzen konnte und im Dienste seines Gottes Glykon Orakel gab, läßt sich nicht ausmachen, da wir nur Lukian über ihn hören, der sich rühmt, den Trug selbst entlarvt zu haben

denn das sind ja Schriften, mit denen er sich für die *Βίων πρᾶσις* und den Peregrinus entschuldigen wollte. Vahlen, opusc. I 181, hat alles auf Treu und Glauben genommen und gegen Bernays ins Feld geführt. Aber mich dünkt die Interpretation richtiger, die den ganzen Menschen und die Tendenz seiner Schriftstellerei für maßgebend hält und danach den Wert der einzelnen Äußerung bemißt. Sollen wir etwa auch glauben, Lukian hätte so zu Epikur gestanden, wie er sich im Alexander den Anschein gibt, weil er an einen Epikureer schreibt?

und ohne Zweifel persönlich an der Sache interessiert ist. Das paphlagonische Orakel und der Priester, der dahinter steht, geht uns nichts an, und der Gott in Schlangengestalt ist auch ganz unhellenisch[1].

Nun ist das Verhör der Männer beendet, die uns die verschiedene Stellung der Gebildeten kennen lehren, alle gehören in die althellenischen Landschaften. Aus Kleinasien stellt sich für den Glauben tieferer Kreise daneben die Sammlung der orphischen Hymnen. Sie richten Anrufungen und Beschwörungen an eine Menge von Göttern, alten und neuen, echten und gemachten, und sind auf den Kultus berechnet, denn es wird zugleich das Räucherwerk angegeben, das einem jeden Gotte genehm ist[2], woraus auch

[1] Lukians Angriff richtet sich ganz gegen Alexandros und dessen Orakel; die Schlange Glykon gilt für eine Wiedergeburt des Asklepios, scheint nur dazu da, die Stellung des Alexandros zu legitimieren. Aber sie ist auf den Münzen von Ionopolis dargestellt, und ihr gelten die Weihungen in Apulum, Dessau 4079 mit Anm.; wo die Weihenden her waren, läßt sich nicht erkennen. Alexandros hat niemals einen Kult gehabt. Lächerlich ist das Mißverständnis von Athenagoras, *πρεσβ. π. Χριστ.* 26, der von dem Grabe des Alexandros auf dem Markte von Parion spricht und *Δύσπαρι εἶδος ἄριστε γυναιμανές* dazuschreibt. Es ist ja selbstverständlich, daß Paris in Parion *ἥρως ἐπώνυμος* ist. Ebensowenig hat der Paphlagone etwas im oberen Axiostale zu suchen, wo die Weihung herstammt *Iovi et Iunoni et dracconi et draccenae et Alexandro* (Österr. Jahresh. VI Beiblatt 38). In Makedonien ist der Alexandros hinter den Göttern der Makedone; Glykon hat keine weibliche Schlange neben sich. Aber seltsamerweise hat ihn sich Alexandros aus Pella geholt, Luk. Alex. 6. 7, wo es viele solche Schlangen gäbe. Ich habe in Prilep die Weihung eines römischen Soldaten an den *draco*, den Gott des Ortes, gesehen, der auch abgebildet war. An der Westküste wurden Kadmos und Harmonia als Schlangen verehrt. Das wird derselbe illyrische Kult wie in der Gegend von Üsküb sein. Glykon ist gar nicht aus Abonuteichos, sondern dorthin von Alexandros in neuer Funktion übertragen. Ihm muß man weiter nachgehen, auch wegen der christlichen Ophiten.

[2] Einige Male fehlt diese Angabe, ohne Zweifel durch Schuld der Abschreiber. Wo die Überlieferung zu suchen ist, folgt aus meiner Vorrede zu den Hymnen des Kallimachos. Zu emendieren ist viel, zu erklären noch mehr. Nur eine Stelle will ich besprechen, 48 an Sabazios, der den Dionysos in den Schenkel des Zeus genäht hat, damit er *τετελεσμένος*, ausgetragen, zur Hipta kommen konnte. Richtig schon von Scaliger verstanden, aber Kern, der eine von Abel statuierte Lücke mit Recht

folgt, daß andere Opfer nicht gebracht werden. Das ganze Buch ist von einem Dichter verfaßt, denn Stil, Sprache und Versbau sind einheitlich, kein Gedanke an eine Sammlung von Hymnen verschiedener Herkunft, was schon die Vorrede verbietet. Aus der Form wird zunächst die Entstehungszeit bestimmt. Der Versbau ist im ganzen nicht fehlerhaft, paßt aber nur in die Spätzeit, welche Stil und Sprache fordern, und dann werden auch die überlieferten Fehler ertragen werden müssen[1]. Hellenistische Verse klingen anders, was freilich die unerträgliche Monotonie des Stiles vor allem verschuldet; die meisten Verse bestehen ja aus Vokativen; wenn anaphorische Relativsätze, *ὅς* mit einem Verbum in zweiter Person, dafür eintreten, wirkt es kaum besser. Selten greift ein Satz in den nächsten Vers über. Entscheidend ist die Wortwahl. Solche Scheußlichkeiten wie *κρυψίδομοι* (*δόμωι κρυπτόμεναι*) 51, 3, *ὅπλον κλονοκάρδιον ὀρθοέθειρον* vom Blitze, der das Herz erschüttert, die Haare sich sträuben läßt, 19, 8, und gar *κρονότεκνος*, der den Kronos zum Sohne hat, 4, 8, gehen noch über alles hinaus, was sich Nonnos erlaubt[2]. Frühestens gegen Ende des zweiten Jahrhunderts n. Chr. ist diese Sprache möglich; unbegreiflich, daß sie der Zeit des Bion und Meleagros zugetraut wird. Die Hymnen gehören zusammen mit den Orphika, welche die Neuplatoniker anführen, auch manchem bei den Kirchenvätern; einen Hymnus an eine Bombo, die zugleich der Mond ist, bei Hippolytos, Elench. IV 35, hatte schon Abel angeführt, aber auch in den Zauberpapyri steht manches Verwandte. Der Inhalt bestätigt das. Hat es etwa einen Gott

abweist, versteht „geweiht“. Derselbe Irrtum, der bei Hesych das *κὸγξ ὄμπαξ* erzeugt hat.

[1] Ob 38, 14 *καί* verkürzt nach der männlichen Zäsur durch Einschub von *τε* korrekt gemacht werden darf, ist fraglich. In den Sibyllinen und auf den Steinen ist der Fehler häufig. So auch *ἐν ὕδασι* 11, 15. 51, 18 soll in *νᾶμα χέουσ' ὑγιεινόν* ein nominativisches *αι* elidiert sein. Natürlich hat der Verfasser *χέουσαι ὑγεινόν* geschrieben, wie er sprach. Heute wird niemand, der die Sprachgeschichte kennt, an *ἠπιόχειρον ὑγείην*, 84, 8, anstoßen.

[2] Eine Utrechter Dissertation von L. van Liempt *De vocabulario hymnorum Orphicorum atque aetate*, deren Kenntnis ich der Freundlichkeit des Verfassers verdanke, stellt die Belege für alle Wörter zusammen. Das Ergebnis ist, daß der Wortschatz im allgemeinen derselbe ist wie bei den Poeten der Jahrhunderte 3 und 4 n. Chr. Entstehung vor Nonnos zeigt der Versbau. Sachlich war es Gedankenlosigkeit, das Bestehen solcher Kulte dem fünften Jahrhundert zuzutrauen.

Protogonos in hellenistischer Zeit gegeben, der in den Orphika, aber auch den Zauberpapyri (Dietrich, Abraxas 132) erscheint (hier ist er zugleich Phanes, Erikepaios und Priap), einen Dämon, der zugleich Zeus *μειλίχιος* ist, 73[1], eine Göttin *Φύσις*, wie sie bei Mesomedes erscheint? Die Götter sollen teils nur etwas schicken oder abwenden, meist aber sollen sie kommen, scheinbar, wie sie in der ältesten Zeit zum gemeinsamen Opfermahle geladen wurden, das es hier nicht gibt. Nun klingt es so, wie die Theurgen Götter wirklich zu sinnlicher Erscheinung zwangen, wie Iamblichos z.B. Eros und Anteros. Kommen sollen die Götter zu Mysten, einmal zu einem *βουκόλος*, 31, der nicht dem Dionysos, sondern den Kureten dient. Die Hestia, 84, das ewige Feuer in einem *οἶκος*, wird aufgefordert: *τούσδε σὺ ἐν τελεταῖς ὁσίαις μύσταις ἀναδείξαις*. Das ist also die Weihe neuer Mitglieder, und die Gemeinde hat ihr Haus. Auch Uranos, 4, soll dem *μύστης νεοφάντης* ein reines Leben geben. Manche Götter scheinen bei bestimmten Gelegenheiten gerufen zu werden, die Wolken, 21, werden um Regen gebeten, die Thalassa, 22, soll den Schiffen günstigen Wind geben, die Erde, 26, die Feldfrüchte gedeihen lassen. Das sind Ausnahmen. Naturmächte, die niemals wirkliche Persönlichkeit gewonnen haben, stehen neben den Olympiern, deren Hymnen am wenigsten Besonderes bieten, Hera, 16, ist z.B. *ἀήρ*. Es ist sehr wohl möglich, daß der Dichter mehr Götter bedacht hat, als der Kultverein regelmäßig verehrte[2]. 35 wird Leto, von der gar nichts Besonderes gesagt wird, zu einer *πάνθειος τελετή* geladen, scheinen also alle Götter wie in einem Pantheon verehrt werden zu sollen, was aber die Absicht des Dichters sein kann, ohne der Praxis des Kultvereines zu entsprechen. Daß diese Mysten nach Kleinasien gehörten, wie Kern mehrfach gezeigt hat, ist jedem Zweifel entrückt, seit dort die Mise[3] und namentlich die lydische Hipta nachgewiesen sind.

[1] V. 5 soll der Gott das Leben der Menschen nicht *ψύχειν*, sondern *ψήχειν*.

[2] Orpheus lehrt zuerst Musaios das schönste Gebet, das alle Götter aufführt, zuletzt den Anfang und das Ende. Es gehört nicht in die Reihe der Einzelhymnen, ist also auch nicht für den Kultgebrauch bestimmt, aber das Buch ist ganz passend durch die Widmung an Musaios eingeleitet. Der Eingang der Argonautika läßt sich vergleichen.

[3] Mise, 42, muß dem Dichter eine besonders mächtige Göttin gewesen sein, denn sie gehört zu Dionysos, dem Sohne des Eubuleus, und wohnt mit ihm in Eleusis, aber auch mit der großen Mutter in Phrygien,

Nur scheint mir Pergamon selbst als Ort dieses Kultvereins dadurch nicht bewiesen, daß einzelne Götter dort vorkommen. Auch mit dem Vereine des Dionysios von Philadelpheia, Syll. 985, ist insofern eine Ähnlichkeit, daß zwar nicht dieselben, aber gleichartige Götter verehrt werden, die eigentlich keine sind. Daß Dionysos besonders hervortritt, war in Asien zu erwarten. Es ist oben (S. 371) gezeigt, wie viele und verschiedene Formen seines Kultes bedacht sind, darunter 47 der *περικιόνιος* von Theben, der die Asiaten nichts anging. So ist Demeter ausdrücklich nur als die von Eleusis angerufen, wo sie mit Dionysos wohnt, 40, 10. Das spricht wirklich nicht für Pergamon[1], und daß der letzte Hymnus an Thanatos den Untergang der Seele geradezu ausspricht[2]. Wenn dieser Orpheus für Mysterien gedichtet hat, so waren diese recht anderer Art, als was man sich gemeiniglich unter Mysterien vorstellt. Hier gibt es kein Leben in einem Jenseits, und moralische Forderungen erheben diese Götter nicht, wirken auch nicht nach dieser Seite[3]. Es ist eine ungeheure, unübersichtliche Masse von Grabsteinen und Grabgedichten aus der Kaiserzeit erhalten, griechischen und lateinischen, die noch gehaltlosere Phrasen bringen. Das D. M., das die Griechen einzeln nachbilden, wird oft gedankenlos gesetzt, auf alte poetische Umschreibungen für das Totsein ist nichts zu geben. Wirklicher Glaube an ein Fortleben der Seele ist im ganzen seltener und pflegt auf höhere Bildung zu deuten als die Klagen über den Verlust des Lebens oder auch der Trost *εὐψύχει·*

mit Aphrodite auf Kypros, mit Isis in Ägypten. Wir kennen sie ungenügend; fremd ist sie ohne Zweifel, nicht hellenisch, obgleich Asklepiades von Tragilos sie nach Eleusis gezogen hat. Dieterich, Kl. Schr. 125, hat mit geistreichen, aber überkühnen Vermutungen ihr Wesen doch nicht aufgeklärt.

[1] Der angesehene pergamenische Kult der Demeter ist schon von Philetairos gestiftet; damals und noch lange nachher hatten die Dynasten der mysischen Stadt keine Verbindung mit Athen, also ist eine Entlehnung aus Eleusis nicht denkbar, wie sie Kern (Herm. 46, 431) erwartet. Ebensowenig wird sich die Erwartung erfüllen, daß sich aus diesen elenden orphischen Hymnen „Rückschlüsse auf die Liturgie der eleusinischen Kirche“ ergeben würden. Freilich, wenn es dort eine Kirche gegeben hat samt ihrer Liturgie, kann man auf alles gefaßt sein.

[2] 87, 3 *σὸς γὰρ ὕπνος ψυχὴν θραύει καὶ σώματος ὄγκον* (*ὁλκόν* codd., verb. Dieterich).

[3] Nur 58, 9 wird Eros gebeten, *καθαραῖς γνώμαις μύσταισι συνέρχου φαύλους δ' ἐκτοπίους θ' ὁρμὰς ἀπὸ τῶνδ' ἀπόπεμπε.*

οὐδεὶς ἀθάνατος[1]. Begreiflich ist also der Glaube, der sich in dem Hymnus ausspricht, aber wie das geschieht, die Bitte um Zerstörung der Seele, überrascht dennoch; denn es liegt Polemik gegen die philosophischen Lehren und andere Mysterien, dionysische und eleusinische, darin. Die Beschränkung der Opfer auf Wohlgerüche ließ eher auf Anschluß an Pythagoras schließen; aber einen Ὀρφικὸς βίος hat dieser Orpheus nicht verlangt, sonst würde er von der Askese reden. Von dem öffentlichen Kultus scheidet diese Praxis die Gemeinde, die neben den alten Göttern manche Mächte anruft, die hellenische Spekulation zu Göttern gemacht hat. Das ist ein wichtiger Unterschied dieser kleinasiatischen Hymnen von denen der ägyptischen Zauberpapyri, aber wie hier der Gott angerufen wird, damit er erscheine, das stimmt überein. Schwerlich war die Religion verbreitet, der dieser Orpheus das Gedichtbuch gemacht hat. Sein Name hat es so lange erhalten, bis es ein byzantinischer Gelehrter mit den Hymnen von Homer und Kallimachos vereinigte.

Mit dem Tode des Commodus hat das Streben, Althellas zu erneuern, seine Kraft verloren, die Restauration stirbt langsam ab, so daß ein Schlag von außen ihr das Ende bringt. Der kommt durch das Geschick des Reiches, so wie einst der Friede des Augustus dem Hellenentume ermöglicht hatte, sich zu einer Nachblüte zu erheben. Das Reich gelangt nach schweren Kämpfen in die Hände des Severus, der die letzte Dynastie gründet. Wir würden die Kämpfe Bürgerkriege nennen, wenn es noch Bürger gäbe, die politisch diesen Namen verdienten[2], aber es bekämpfen sich nur die Armeen unter ihren Führern. Der Afrikaner Severus hat selbst kein römisch-italisches Nationalgefühl, und seine Gattin Martha,

[1] Hübsch ist ein dem Epicharm beigelegtes Distichon, 296 Kaibel CGF, das sich auch auf griechischen und lateinischen Grabsteinen findet; die letzteren lehren die echte Fassung εἰμὶ νεκρός, νεκρὸς δὲ κόπρος, γῆ δ' ἡ κόπρος ἐστίν· εἰ δ' ἡ γῆ θεός ἐστ', οὐ νεκρὸς ἀλλὰ θεός, was nicht den Toten erhöht, sondern die Vergöttlichung der Erde verhöhnt. Daß Gregor von Nazianz den Vers kannte, steht in meinem commentariolum grammat. III 15.

[2] Ehreninschriften für Severus finden sich besonders zahlreich bis in die kleinsten Städtchen von Hellas. In Athen wird Domna zum Range der Athena Polias erhöht (oben S. 465). Dabei ist von besonderen Wohltaten dieser Kaiser für Hellas nichts zu spüren.

übersetzt Domna, stammt aus dem Geschlechte der Priesterfürsten von Emesa. Durch sie und ihre Familie dringen die syrischen Götter in Rom und den Reichskult ein; noch hat die Erhebung eines Baitylion zum höchsten Gotte des Reiches durch Elagabal nur einen kurzen Erfolg. Mit dem Erlöschen der Dynastie beginnt der Zerfall des Reiches. Ein arabischer Kaiser feiert das Millennium Roms. Decius fällt gegen die Germanen, Valerian wird Gefangener der Perser, die beiden, welche zuerst gegen die Christen vorgehen, nicht ohne Erfolg. Das Reich zerbricht; die gotischen Stämme kommen aus Südrußland und verwüsten die althellenischen Lande in Asien und Europa. In Athen ist es mit den Formen, welche die Tradition aufrecht halten wollten, vorbei, in Sparta ebenso, Olympia schreibt seine Kultbeamten nicht mehr auf; es wird sie nicht mehr gegeben haben. In Asien sehen wir, wie die Städte sich zu befestigen versuchen, was die Aufgabe von weiten Stadtteilen und die Zerstörung von alten Gebäuden mit sich bringt. Wenn es danach den Soldatenkaisern gelingt, das Reich einigermaßen zur Einheit wieder zusammenzufassen, Aurelian auch die Fürstin von Palmyra bezwingt, der bereits Ägypten gehorchte, so ist der Gott, der diesen Sieg den Römern gab und zum Danke in Rom seinen riesigen Tempel erhielt, der semitische Sonnengott, und dieser behält seine Macht über die Römer, die nun am 25. Dezember den natalis Solis feiern. Den Gläubigen der Astrologie war der Kultus des größten Planeten willkommen, und selbst die Philosophen konnten sich darauf berufen, daß Platon und Poseidonios die göttliche Macht der Sonne anerkannt hatten. Das ändert nichts daran, daß dieser Sol invictus als ein neuer und fremder Gott neben und über die alten väterlichen Götter trat, soweit nicht eine neue Theologie es verstand, sie mit ihm zu identifizieren, die bei Macrobius, vermutlich nach Iamblichos, vorliegt. Diokletian, der dem Reiche durch eine neue Organisation Halt verleiht, macht mit der Monarchie Ernst; die augustische Verfassung weicht dem orientalischen Absolutismus. Gott will er nicht sein; noch finden sich bei den Römern Weihungen an seinen Genius, aber er nennt sich und die Caesaren unter ihm Iovii, den anderen Augustus Maximianus und dessen Caesaren Herculii und bezeichnet in dieser unerhörten Weise jene alten Götter als die besonderen Schutzgötter von denen, die sich nach ihnen nennen. Griechisch würde dem eine Identifikation entsprechen, wie sie einst der *νέος Διόνυσος* bezeichnete. Allein Diokletian will durchaus

Römer sein, auch dem Osten nach Möglichkeit das Latein aufdrängen. Daher treten in seinen Weihungen die übrigen Götter, auch Sol, neben seinem Schutzgotte, dem Iuppiter optimus maximus, zurück[1]; aber anerkannt bleiben sie, denn sie hatten längst in dem Heere einen lebhafteren Kultus, auch der fremde Mithras. Gegen die neu eindringende Religion der Manichäer hat sich Diokletian mit voller Schärfe gewandt, schließlich auch gegen die Christen, deren Staatsfeindschaft sich in wirklich unerträglicher Weise offenbarte, wenn ein Soldat den Dienst verweigerte. Es muß dem Diokletian zugestanden werden, daß er mit ganzem Herzen an der Religion des Heeres hing, aus dem er aufgestiegen war. Da ist es ihm ein tiefer Schmerz gewesen, daß sein Angriff auf das Christentum scheiterte. Konstantin war klug und erkannte die politisch notwendige Konsequenz der Niederlage. Der Staat mußte nun den Ausgleich mit der Kirche, die zu einer politischen Macht geworden war, anstreben, und Konstantin hat dadurch nicht nur die Herrschaft über das ganze Reich gewonnen, sondern hat auch seine Absicht erreicht, die Kirche in Abhängigkeit vom Staate zu bringen.

Wenn der Staat, der unter Diokletian wieder Kraft und energischen Willen besaß, seine Götter gegen das Christentum nicht zum Siege führen konnte, so war ihre völlige Überwindung nur eine Frage der Zeit. Aber es vollzieht sich auch innerhalb des Hellenentumes eine Wandlung, die von dem, was bisher hellenisch gewesen war und sich in dem alten Götterglauben und der Philosophie ausgesprochen hatte, abführte. Wir sehen es vielleicht zuerst in der bildenden Kunst besonders deutlich, weil sie auf etwas Neues hinstrebt, das Byzantinische, das in der Zeit Iustinians seinen Höhepunkt erreichte. Man hatte immer den Unterschied der Marcussäule von der Traians peinlich empfunden; es erschien als Verfall. Nun hat die Archäologie beobachtet, daß sich vielmehr der

[1] Stade hat in seinem vorzüglichen Buche über die Politik Diokletians, von dem ich abhänge, die Weihungen des Kaisers und seiner Beamten zusammengestellt, die so gut wie alle der lateinischen Reichshälfte angehören. Er bemerkt das Zurücktreten des Sol, aber er fehlt nicht ganz. Constantin freilich hat ihm in einer sehr eigentümlichen Weise gehuldigt, wenn er sich auf einer Porphyrsäule in Konstantinopel mit den Insignien des Sol darstellen ließ (Preger, Hermes 36, 457). Er hat keinen festen Glauben im Herzen getragen wie Diokletian; aber es konnte nicht ausbleiben, daß er sich immer mehr dem Christentum zuwandte, doch Christ ist er erst auf dem Totenbette geworden.

Übergang zu einem anderen Kunstwollen ankündigt, das in den Skulpturen, die unter Severus entstehen, in der Menge der Sarkophage des dritten Jahrhunderts und in bisher verachteten Portraitstatuen und Köpfen immer deutlicher hervortritt[1]. Der eigentlich plastische Sinn, den das Hellenische niemals verleugnet hatte, schwindet. Es entspricht bereits dem Geiste der byzantinischen Kunst, daß die Freiplastik schließlich ganz unterdrückt wird, die in dem von der Nachahmung der hellenischen Primitiven freien Archaismus der Kaiserstatuen von Konstantin ab noch eine eigentümliche Majestät besessen hatte, nicht ohne orientalischen Einfluß. Die Flächenkunst dagegen erreichte in den Mosaiken von S. Vitale eine schlechthin unvergleichliche Höhe. Aber der Gegensatz zu dem Hellenischen ist polar, denn den Mosaiken mit aller ihrer Pracht fehlt jene Schönheit, die eben das Hellenische auch dann noch anstrebt, wenn es leer und welk geworden ist[2].

Einen entsprechenden Bruch mit dem Althellenischen beobachten wir in der Sprache. Da hat die attizistische Reaktion freilich darin gesiegt, daß die als kanonisch anerkannte Sprache sowohl in ihrem Wortschatze wie in ihren Formen geschrieben werden soll, ja selbst die Orthographie soll die des vierten Jahrhunderts v. Chr. sein und bleiben[3]. Von der Poesie will ich absehen, aber die Kunstprosa entschließt sich, der Tatsache Rechnung zu tragen, daß der Unterschied der Quantität der Silben verschwunden ist und der

[1] Man sehe nur die Statue eines Beamten aus Aphrodisias, die Rodenwaldt in den Bonner Jahrbüchern, Heft 133, Tafel XXII abbildet. Ich verdanke meinem verehrten Kollegen vor allem die Einsicht in diese wichtige Entwickelung, da er mir die zahlreichen Aufsätze freundlich zugestellt hat, in denen er diese Kunst im Gegensatze zu der älteren verstehen gelehrt hat. Auf den Einfluß des Orients, so wichtig er ist, mochte ich nicht eingehen, weil ich kein eigenes Urteil habe. Daß die wirklich römischen Portraits auch noch der nächsten Jahrhunderte ihren eigenen römischen Stil haben, scheidet sie zu ihrem Vorteil von denen des Ostreiches.

[2] [Freier Raum im Ms. und ein Randvermerk zeigen, daß beabsichtigt war, hier auch eine Würdigung der Sarkophagkunst folgen zu lassen. – Zusatz d. Herausg.]

[3] Wir, denen an der alten Sprache das meiste liegt, müssen dem Herodian, seinen Nachfolgern, z.B. Oros, und Kompilatoren sehr dankbar sein, aber Unnatur ist es doch, daß noch mehr als tausend Jahre später Etymologika und Lexika für den Gebrauch der Schriftsteller angelegt werden mußten.

Akzent die Herrschaft übernommen hat. Er soll also die Klauseln der Satzglieder bestimmen, und so werden bereits gegen Ende des dritten Jahrhunderts dieselben Schlußkadenzen bevorzugt, welche hundert Jahre später in ganzer Strenge durchgeführt wurden. Das erzeugt eine ganz neue Kunstprosa, und wie sehr sich das Schönheitsgefühl geändert hat, zeige die Tatsache, daß in der akzentuierten Prosa der im Hexameter normale Schluß gesucht wird, der in der quantitierenden verpönt gewesen war[1].

Wenn so der echte hellenische Geist aus den bildenden und redenden Künsten schwand, wie sollten die alten Götter vorhalten, die nur noch in den Kulten lebten? Es gab ja keine selbständigen Gemeinden mehr. Die Götter waren mit diesen unlöslich verbunden gewesen; das hatte sie erhalten, trotzdem der Glaube an sie und ihre Mythen längst geschwunden war. Wie sollten sie den Untergang der hellenischen Stadtgemeinde überdauern? Es gab nur das Reich und seine Religion, in der die verschiedensten orientalischen Religionen neben dem Kult des römischen Reiches und des Kaisers nebeneinander standen. Was bedeutete denn der Iuppiter optimus maximus anderes als den Glauben an das ewige Rom? Was hat später Symmachus in dem Bilde der Victoria anderes gesehen als das Symbol des Römertumes, das Theodosius als christlicher Kaiser nicht mehr dulden wollte? Die Griechen ging dieses Römertum nichts an; ihre Götter waren längst überwunden.

Wir müssen, sowenig erfreulich es ist, auf die letzten Erzeugnisse des literarischen Archaismus einen Blick werfen. Der Gegensatz zu dem zweiten Jahrhundert bestätigt den Niedergang. Der Apolloniosroman des Philostratos, verfaßt auf Befehl der Domna, ist noch das bedeutendste Werk. Es steckt nicht nur achtungswertes Wissen darin, und die Erfindung des Damis, der die neuen Reisen und Erlebnisse des Apollonios bezeugen muß, war geschickt genug, um nur zulange getäuscht zu haben. Ernsthaft erbauliche oder philosophische Absichten lagen dem Philostratos

[1] Der athenische Rhetor Minukianos (Rhetores Graeci I 340), der Historiker Dexippos und in seinem letzten Werke, dem Briefe an Marcella, selbst Porphyrios haben die neuen Klauseln; ich weiß nicht, ob das schon bemerkt ist. Hier ist nicht der Platz, ihre Praxis im einzelnen zu verfolgen und mit Himerios, der am nächsten liegt, zu vergleichen. Die Tatsachen müssen jedem, der ein Ohr für diese Rhythmen hat, unmittelbar einleuchten.

fern; man wird sie dem Verfasser der Sophistenbiographien auch nicht zutrauen. Neben ihm steht noch der Pränestiner Aelian, der sich rühmen kann, das Griechisch der Sophisten vollkommen zu beherrschen, obwohl er griechischen Boden niemals betreten hat[1]. Die billigen Lesefrüchte, die er seinen Lesern durch die stilistischen Mätzchen schmackhaft, uns unerträglich macht, haben Wert lediglich als Lesefrüchte; hier verdienen nur die bis in die spätbyzantinische Zeit erhaltenen Schriften *περὶ προνοίας* und *περὶ θείων ἐναργειῶν* Erwähnung, weil sie die Vorsehung und die Macht und die strafende Gerechtigkeit der Götter durch eine Menge von Wundergeschichten beweisen wollen und sich in Schimpfereien auf Gottesleugner und besonders auf die Epikureer gar nicht genugtun können. Der sachliche Wert liegt auch hier in dem fleißig zusammengetragenen Materiale; aber daß ein Römer diesen Stoff wählt und kaum anders als in der Tiergeschichte verarbeitet, dabei aber eine ebenso kindische wie aufdringliche Gläubigkeit zur Schau trägt, ist im Grunde auch nur ein Beweis dafür, daß die *θεῖαι ἐνάργειαι* der hellenischen Götter nur noch von einem fremden Sophisten dem lesenden Publikum vorgesetzt werden konnten. Der Heroikos des Lemniers Philostratos rechnet bereits auf so ungebildete Leser, daß sie von der Heroensage außer Homer nur so viel kennen, wie ein dürres Handbuch an Fakten aufzählte, wo es ihnen dann Spaß machte, mehr zu hören, auch Genaueres, als Homer berichtet hatte. Hinzu kommen zahlreiche Geschichten von den Heroen, die in ihren Gräbern wohnen, den Menschen erscheinen, hilfreich oder strafend. Das sollen die Leser glauben; der Verfasser ist ja in der Gegend zu Hause. Auch diese Empfänglichkeit für Spukgeschichten, dies Aufwärmen des alten Heroenglaubens durch einen Autor, der selbst nicht anders denkt als Lukian im Philopseudes, ist für das Herabsinken des Mythos und das Niveau der Bildung jener Kreise charakteristisch, auf deren Geschmack diese letzten Sophisten ihre Bücher abstimmten[2].

Welch ein Gegensatz nicht nur zu diesen armseligen Sophisten,

[1] Sein Lehrer, der Sophist Pausanias, und der Lemnier Philostratos, der mit ihm nach dem Tode des Elagabal zusammengetroffen ist, müssen also Rom besucht haben, wo demnach griechische Redekünstler noch unter Alexander ein Publikum fanden. Den Tod Elagabals erwähnt ein Apophthegma bei Philostratos.

[2] Vergessen darf nicht werden, daß Maximus die Erscheinung des Achilleus ebenfalls gläubig erwähnt (oben S. 489).

sondern zu dem ganzen lärmenden Getriebe der Archaistenzeit und auch zu der unfruchtbaren und gedankenarmen Schulphilosophie, daß in Plotinos noch ein originaler Denker ersteht. Das ist er, wenn sich auch bei allen ihm eigentümlichen Lehren die Anregung durch Aristoteles oder die Stoa zeigen läßt, überwiegend natürlich durch den *θεῖος Πλάτων*, den er als seinen Meister immer vor Augen hat, dessen Mythen er ausdeuten muß und dadurch z.B. auf den Eros geführt wird, der ihm in jeder Beziehung fernlag. Es vereinigte sich in ihm der Flug der Phantasie in die Höhen, wo das Gestaltlose wohnt, und eine Lust an der schärfsten Dialektik. Es muß schwer gewesen sein, ihn zu hören, wie ihm selbst der Schweiß an der Stirn perlte. Aber die Person des Redners teilte den Hörern das Feuer seiner Seele mit. Es ist ein Segen, daß der pietätvolle Schüler Porphyrios der Sammlung von Plotins Schriften[1] einen Bericht über die Person seines Lehrers beigegeben hat, denn diese muß man kennen, um ihm gerecht zu werden, gerade darum, weil er persönlich ganz zu verschwinden wünschte. „Er machte den Eindruck, als schämte er sich, einen Körper zu haben", sehr geschickt fängt Porphyrios seine Biographie mit diesem Satze an. In der Tat war ihm jede Pflege seines Leibes eine Last. Daß er das tägliche Bad in den Thermen versäumte, war für seine Zeit eine unbegreifliche Vernachlässigung. Aber er wollte auch, daß von seiner Person kein Aufhebens gemacht würde, verschwieg seinen Geburtstag, ließ sich nicht porträtieren, sagte nichts über seine Entwicklung und Bildung, als daß er seinem Lehrer Ammonios Sakkas die Hauptsätze seines Systemes verdankte; aber dieser hat nicht geschrieben, so daß sich der Grad der Abhängigkeit nicht schätzen läßt[2]. Er war schon 40 Jahre alt, als er nach Rom übersiedelte, an einen Ort, wo es gar keine Philosophie gab. Niemand weiß, was ihn dazu

[1] Eine wirkliche Ausgabe für den Buchhandel hat erst Porphyrios gemacht; bis dahin gab es nur private, zum Teil ganz unzuverlässige Abschriften. Plotin selbst schrieb erst spät einzelne Abhandlungen auf Grund seiner Vorträge nieder ohne stilistische Ausarbeitung. Man darf sich also durch scheinbare Widersprüche nicht beirren lassen. Die Form ist oft die dialektische Prüfung fremder und eigener Gedanken ohne Rücksicht auf den Hörer oder Leser. Plotin denkt noch und sucht, selbst wenn er schreibt. Bei Epiktet hören wir immer das lebendige Wort, das sich an jemand anderen richtet. Er schrieb allerdings nicht.

[2] Arnim (Rhein. Mus. 42, 276) hat bewiesen, daß einiges über Sakkas durch Porphyrios bei Nemesios erhalten ist.

trieb. Es hat auch Jahre gedauert, bis er sich einen engeren Schülerkreis gewann, und wichtiger ward, daß weitere Kreise durch die Teilnahme an seinen öffentlichen Vorträgen für ihn gewonnen wurden, die Kaiserin Salonina an der Spitze[1]. Die Teilnahme der Frauen ist hier wie bei den Christen bemerkenswert, denn in seine abstruse Metaphysik konnten sie schwerlich folgen, aber es verlangte sie nach Religion[2], und die Person dieses ganz seinem Glauben hingegebenen, unscheinbaren Mannes nahm sie gefangen. Es haben dann begüterte Freunde für sein äußeres Leben gesorgt, soweit er es annahm[3]. Auch in seiner Philosophie war er der irdischen Welt ganz abgekehrt, darin den Christen vergleichbar, aber mit dem Unterschiede, daß er nicht auf eine Seligkeit in einem anderen Leben hoffte, sondern sich hier in Verbindung mit dem Ewigen wußte, zu der ihm das Denken verhalf, und er hat wiederholt die Ekstase, das Heraustreten aus der Körperlichkeit, und die beseligende Verbindung mit der Gottheit erlebt. Da schwieg das Denken, Gefühl ward alles; Ruhe der Seele, die sich mit der Gottheit vereint fühlte; das war eine Seligkeit, dem Anschauen der ewigen Schönheit vergleichbar, zu der es den Platon gedrängt hatte. Aber von der Schönheit war in Plotins Gott nichts mehr geblieben, auch das *ἀγαθόν* stand nur noch unter dem *ἕν*, das sich jeder weiteren Prädizierung entzog. Es würde zu viele Worte fordern, wenn diese Metaphysik, neben der keine Physik mehr stand, vorgetragen werden sollte[4], und es ist auch nicht nötig, denn sie ist nicht mehr hel-

[1] Rodenwaldt, Zeitschrift für bildende Kunst N.F. XXXIII 120 Abb. 6, bringt das Portrait eines Philosophen, der vor Frauen und Männern einen Vortrag hält, von einem Sarkophage im Lateran und wagt die Vermutung, der Sarkophag habe Plotin gehört. Wenn das auch unbeweislich bleibt, ist es doch willkommen, weil es uns eine Vorstellung gibt, wie wir uns Plotin denken können.

[2] Die erste Schrift, die er überhaupt verfaßte, ist dieselbe, die heute am meisten gelesen wird, *π. κάλλους*, leichter verständlich. Er hat ihr später eine Behandlung des *νοητὸν κάλλος* nachgeschickt, an dem ihm allein lag. Die zweite Schrift behandelt die Unsterblichkeit der Seele, gibt also Antwort auf eine für die Hörer brennende Frage.

[3] Von dem unausgeführten Plane, daß der Kaiser für Plotin und seine Genossen in Kampanien eine *Πλατωνόπολις* gründen wollte, sollte man nicht mehr erwarten als die Schenkung einer behaglichen Villeggiatur. Mit Platons *πόλις* hat so etwas nichts zu tun. Plotin hätte sich zum Vorstande eines Vereines und zum Hausherren schlecht geeignet.

[4] Ich glaube, am leichtesten ließe sich Plotins Metaphysik klarmachen,

lenisch, weil sie über dem κόσμος νοητός den sinnlichen mißachtet und um den Menschen und die menschliche Gesellschaft sich gar nicht kümmert. Selbst die einzelne Seele, die anfangslos in der übersinnlichen Welt schon als Einzelwesen lebte und dann gemäß dem sittlichen Verhalten des Menschen durch alle möglichen Einkörperungen[1] wandert und im glücklichsten Falle sich mit der göttlichen Seele wieder vereinigt, interessiert den Philosophen weniger als die neuerfundene Seele, die als Ganzes noch zu dem Göttlichen gehört. Da es einen κόσμος νοητός gibt, muß in ihm auch eine Materie sein; man wird also auch von einer φύσις in ihm reden können, unterschieden von jener, die in der Sinnenwelt regiert, wohl nur ein anderer Ausdruck für die Weltseele. Da wird die allgemeine Sympathie von der Stoa übernommen, aber zugleich das Böse in der irdischen Materie gefunden. Bevölkert wird die Region über dem Monde mit den Göttern, die sublunare mit den Dämonen, guten und bösen. Platon hatte sie anerkannt, da mußte Plotin sie unterbringen, er wollte auch gegen den Staatskultus nichts tun, aber er war ihm gleichgültig[2]. Ich glaube, wir müssen damit rechnen, daß er manches, was in dieser Welt vorhanden zu sein schien, hinnahm, aber nicht untersuchte, ob es sich mit der Metaphysik vertrug; die Götter und Dämonen taten es eigentlich auch nicht. Die Erfolge der ägyptischen Magie leugnet er nicht, aber er kümmert sich weiter nicht um sie[3]. Daß die Sterne irgendeinen Einfluß haben, wird zugestanden, aber die Astrologie, die das Schicksal und das Handeln des Menschen bestimmen und ihm dadurch seine Verantwortung nehmen will, wird scharf bekämpft. Daß die Christen die ganze irdische Natur für schlecht, reif zum Untergange halten, die christlichen Gnostiker den Schöpfergott, weil er eine solche Welt geschaffen hat, von dem guten Gotte unterscheiden,

wenn man von den älteren Lehren ausginge, die er umbildet, des greisen Platon ἓν καὶ ἀόριστος δυάς, den beiden Weltseelen, der stoischen Seele, die als πνεῦμα νοερόν aus diesem stammt und zu ihm zurückstrebt usw.

[1] Das kann auch in ein Tier und sogar in eine Pflanze geschehen, was sich nur bei Empedokles findet. Schon Porphyrios hat das nicht vertragen und die Seelenwanderung auf Menschenleiber beschränkt.

[2] Ob er geopfert hat? Porphyrios berichtet eine Äußerung: als ihn ein Schüler, der eifrig opferte, zur Teilnahme aufforderte, sagte er: „Die können zu mir kommen, nicht ich zu ihnen“.

[3] Seine Umgebung erzählte sich, daß die gegen ihn gerichteten Zaubereien wirkungslos blieben.

reizt ihn zur Polemik. Der Weltuntergang, auf den jene hofften, erschien jedem Philosophen, der an der Ewigkeit der Welt festhielt, sinnlos, und jedem Hellenen, dem die Schönheit des Kosmos vor Augen stand, erschien er als Gotteslästerung. Daß die Christen einen Menschen durch ihre Taufe zu einem Gotte machen wollen, reizt ihn zum Spott[1], der ihm sonst fernliegt. Sosehr sich seine Spekulation über das Ewige in die kühnsten Abstraktionen versteigt, hat Lobeck doch öfter loben können, daß er sich von dem abergläubischen Schwindel freigehalten hat[2], den schon die nächsten Schüler, Porphyrios an der Spitze, hinzubringen, und der seit Iamblichos den Neuplatonismus des Namens Philosophie unwürdig macht.

*Hier endet das ausgearbeitete Manuskript. Für die beabsichtigte weitere Darstellung ließ sich aus den in der Vorbemerkung angegebenen Unterlagen, für deren Beschaffenheit und Art der Benutzung mit allem Nachdruck auf das dort Gesagte hingewiesen sei, etwa folgendes gewinnen.*

*Nach Plotin sollte zunächst sein Schüler Porphyrios behandelt werden. „Dieser ist schon von Geburt kein Hellene, er ist Semit wie die meisten seiner Schüler. Er war seiner Natur nach fremden Einflüssen sehr zugänglich, hatte sich bereits schriftstellerisch betätigt, ehe er zu Plotin kam. Zunächst schrieb er über die Bilder der Götter, dann über die Weisheit der Offenbarungen und Orakel; denn Orakel gab es noch immer. Auch die Christen glaubten an Orakel. Ein Orakel des Apollon von Klaros hat noch spät großen Eindruck gemacht; man möchte wissen, wer dieses Orakel verfaßte. Porphyrios meint, Jesus sei ein gerechter Mensch gewesen und als solcher sei er selig, die Christen wären dumm, ihn als Gott zu verehren. Später zog Plotin ihn in seinen Bann und wirkte stark auf ihn. Porphyrios*

[1] Reden u. Vorträge II 185.

[2] Ein Hauptunterschied ist, daß Plotin durch keine Offenbarung gebunden ist wie die Christen und die Neuplatoniker, denn Platon ist zwar θεῖος und eine gewichtige Autorität, aber er bindet das Denken nicht. Die chaldäischen Orakel kommen gar nicht vor, auch die damals hellenischen Göttern zugeschriebenen nicht; Orpheus nennt er nie, erwähnt einen Zug aus einem Gedichte von Dionysos, IV 3, 12, der bei Späteren öfter wiederkehrt, Kern Orph. Fr. 209, aber das steht auf keiner anderen Stufe als der hesiodische Mythos von Prometheus kurz danach, Kap. 14. Das hindert nicht, daß wir zu Fr. 158 erfahren, Plotin hätte die Dike als Beisitzerin des Zeus von den Orphikern genommen, Sophokles auch, wohl auch Parmenides die δίκη πολύποινος.

*hat sich anrenommiert, auch einmal die Vereinigung der Seele mit dem Göttlichen erlebt zu haben. Unter dem Eindruck der plotinischen Lehre kam er nahe an den Selbstmord. Aber Plotin, der psychologisch tief blickte, übersah ihn und schickte ihn von sich fort. Er fand dann die Ruhe wieder. Inzwischen stirbt Plotin. Porphyrios schreibt seine Biographie und gibt seine Schriften heraus. Dann schreibt er gegen die Christen. Er hat wirklich philologische Kenntnisse und Einsicht; er weist z.B. die Widersprüche der Evangelien nach und zeigt auf, daß das Buch Daniel sehr spät zu einem bestimmten historischen Zeitpunkte verfaßt sein muß. Die Kirche hat später nicht nur seine Schriften, sondern auch die gegen ihn gerichteten Gegenschriften der Christen verbrannt, in denen immer noch zuviel von dem bösen Gifte erhalten war. Er nimmt Beschwörungen, Zaubereien, ‚Gottbearbeitungen' vor, wie Ägypten sie kannte. Es wird zwischen guten und bösen Beschwörern unterschieden. Der Eindruck, den er machte, war stark; bei Augustin und den Neuplatonikern hat sich vieles erhalten. Aber alles ist ganz ungriechisch, ungriechisch auch der Zwang der Gestirne." – Beabsichtigt war überhaupt (ob an dieser Stelle, ist unsicher) eine ausführliche Darstellung des Aberglaubens, der Zauberei mit ihren Zauberbüchern („viel Jüdisches darin"), des Heroenspukes.*

*Es sollte dann die Behandlung des Longin folgen. „Im späten Neuplatonismus wird die philosophia ancilla theologiae, diese aber ist gar nicht mehr hellenisch. Die Einheit der Welt bedingt e i n e n Gott, aber die Masse δαίμονες heben ihn praktisch auf. Erlösung setzt Seele voraus, aber sinnliches Fortleben der Person." Dann Ägypten, „wo es auch zu Ende geht": Clemens, Origenes, Anatolios. Als „die drei Phasen" werden dann bezeichnet Elagabal, Aurelian („Sonne"), Christentum. Nur kurz sollte auf „die Zuckungen" eingegangen werden: Himerios, Julian, Libanius, Eunapios. Ausführlicher sollte die Schrift des Sallustius π. θεῶν besprochen werden, dafür war folgendes vorgemerkt: „Ist nicht für Kinder. Gläubiger Grieche. c. 5 ἀγαθὸν in dem Begriffe der πρώτη αἰτία. c. 3 ἔξεστι γὰρ καὶ τὸν κόσμον μῦθον εἰπεῖν (die sinnliche Welt), ‚alles Vergängliche ist nur ein Gleichnis'. c. 6 δώδεκα θεοί c. 9 Gott hat keine Mühe und keine Absicht bei dem Weltregiment, er tut es durch sein Wesen, wie die Sonne wärmt. c. 10 sehr platonisch die Seelenteile, ebenso daß πολιτεία Tugenden und Laster gibt. c. 12 Irrealität des Bösen. Von c. 13 ab Nachtrag. Schaffen κατὰ δύναμιν. Sehr klug, Konsequenz aber wild. Rechtfertigung der Opfer schwach. Notwendigkeit der Metempsychose. Ende: Lohn der Tugend. Mit und ohne ihn lebt man glücklich." „Es darf nicht übersehen werden, daß die Verteidiger des Hellenenglaubens gegenüber dem Christentume nicht das früher Lebendige meinen, sondern Vertreter des*

*Schwindels sind. Z.B. Iulian hat nichts von dem alten Glauben. Leben ist bei den Christen allein. Auch Libanius, der Iulian die Treue hält, ist ganz ohne religiöses Gefühl und Stimmung. Der Philosoph von Konstantinopel, offiziell anerkannt, sehr eitel, uns sehr antipathisch, das darf aber nicht verführen." „Auch das Staats- und Stadtgefühl ist ganz aus." Für das vierte und fünfte Jahrhundert wird auf Griech. Verskunst S. 145 verwiesen. „Platons Schule 529 geschlossen, aber sie stirbt nicht. Sie ist verkapselt in der Dogmatik des Christentumes, nicht die Götterpersonen, aber der Gottesbegriff, transzendent. σωτήρ an Stelle des Sol. --- Trinität." — Als Ersatz sei verwiesen, was Wilamowitz auch selbst mehrmals tut, auf seine Darstellung der griechischen Literatur in Hinnebergs Kultur der Gegenwart und insbesondere auf seine „Geschichte der griechischen Religion" (= Frankfurter Vorträge 1904, zuletzt abgedruckt in der dritten Auflage der „Reden und Vorträge" S. 169ff.).*

*Das Christentum sollte nicht mehr dargestellt werden, da es außerhalb des Rahmens dieses Buches liegt, obwohl es Wilamowitz stark und viel beschäftigt hat, wie die vielen versprengten Notizen beweisen. „Ich gebe auch nicht, was das Christentum in Dogmatik, im Kultus, selbst in dem liturgischen Gebete rezipiert." Dagegen sollte die Frage, warum es das Christentum und kein anderer Glaube war, der schließlich zur Herrschaft gelangt ist, eingehender behandelt werden. Hierzu liegen folgende Äußerungen vor:*

*„Das Christentum siegte aus drei Gründen:*

1. *Es hat eine Organisation, die sich über die ganze damalige Welt erstreckte. Es war ein Staat im Staate, darum hat es Konstantin benutzt und sich dienstbar gemacht.*
2. *Es beseitigt Totes und Verwesendes, es macht einen Strich durch alles Frühere, räumt mit allen anderen Göttern auf und verkündet die Alleinherrschaft des Einen.*
3. *Es gibt eine ganz neue Stellung zu Gott. Der einzelne Mensch soll zu Gott kommen, und der wird ihm helfen. Gott will, daß du den sittlichen Geboten gemäß lebst, aber er weiß auch, daß du schwach bist, und vergibt dir, wenn du es nicht kannst und hilft dir zum Guten."*

*Sonst finden sich für das Christentum noch folgende Bemerkungen:*

*„Jesus weckt Seelen durch das, was er ist, mehr als durch das, was er lehrte, wie Sokrates; die Wirkung des guten und gerechten Menschen, die Wirkung seiner Persönlichkeit ist unzerstörbar. An seine Person heftet*

*sich neuer Mythos, Geburt, Tod, Familie. Der Mythos erhält die Heiligkeit des Menschlichen. Die historische Prüfung, die der Legendenbildung auf den Grund geht, verhindert das nicht. Das Sehnen, die Friedlosigkeit ist verschwunden; er hat den Frieden, er ist der Sohn. Doch vom Baume der Erkenntnis hat Jesus nicht gegessen. Wer das getan hat, der wird den Frieden nicht in sich haben, der strebt* [?] *weiter, der braucht den Mittler zum Göttlichen, den Eros. Zu einem solchen Mittler eignet sich Jesus nicht, weil er dieses Sehnen nicht kennt: Platon kann er nicht ersetzen. Es fehlt ihm ja auch Weib und Kind und Vaterland; er ist ein* ἀτέλειος. *Aber vom Baume des Lebens hat er gegessen; er reduziert den Menschen auf das individuelle sittliche Verhalten. Er entdeckt das Kind. Die Mühseligen und Beladenen kann er trösten.*"

„*Die Philosophie hatte wohl schon den Gott in der eigenen Brust gezeigt und die einzelnen gelehrt, sich den Glauben an die sittlichen Gebote selbst zu erobern, aber das galt eben nur für den einzelnen. Platons Lehre war nicht für die Allgemeinheit.*"

„*Bei den Christen steht neben dem guten Prinzip das böse, das dagegenkämpft. Das kommt über die Juden von den Persern.*"

„*Johannes und Jesus hatten geglaubt und verkündet, daß das Eintreten des Gottesreiches nahe wäre, Untergang der Welt oder doch der bestehenden Gesellschaft und Erneuerung; sonst hätte Jesus nicht den Zug nach Jerusalem gemacht, der zu seinem Untergange führte. Ihre Gläubigen hatten sich damit abzufinden, daß die Verkündigung ein schöner Wahn gewesen war.*"

„*Das Christentum von der Stoa* πρός ζῷα οὐδὲν δίκαιον."

„*Hellenen kein Gefühl für* μετάνοια; *Mitleid fehlt stark.*"

„*In den Christengemeinden wird eine neue* ἀγωγή *geschaffen.*"

„*Ein großes Manko im Christentum ist das: es hat die Offenbarung des Guten, des Göttlichen in der Natur verkannt und verachtet. Abkehr von allem Schönen. Erst in der Renaissance, als die griechischen Philosophen wieder gelesen werden, kommen diese Gedanken wieder auf.*"

*Mehrere Gedanken finden sich dann für den „Schluß" bzw. „Schlußübersicht" vorgemerkt:*

„*Der Fehler der Aischylos – Platon – Epikur war ihr Vertrauen auf die Macht der Wahrheit und ihre Pietät gegen das einst Heilige. Sie ließen die abgestorbenen Kulte bestehen...*" *Das Weitere unsicher: deutlich nur noch die Worte „neue Kulte, am Ende selbst die Deisidaimonie; es war das Feinste, Vornehmste". Es folgen ein paar abrupte Notizen, denen aber Wilamowitz einen besonderen Wert beilegte, wie die dazugeschriebenen Bemerkungen „noli oblivisci", „gut", „muß an den Schluß" zeigen*

*Aus ihnen läßt sich soviel entnehmen, daß Wilamowitz den in seiner Rede „Von des attischen Reiches Herrlichkeit" mit Bezug auf Athen geäußerten Gedanken „auch wir, spätgeborene Sterbliche, können nicht ohne Wehmut den Fall dieses einzigen Volkes betrachten, das die Natur auch zum ersten politischen bilden wollte – aber sie vergriff sich im Ton und nahm ihn zu fein" (Red. u. Vortr.*[3] *S. 64) auf die Religion der Griechen anwenden wollte.*

*„Der Hellene will εὐδαίμων werden, der Christ δαίμων. Die Fatalisten wollen das Fatum durch Magie zwingen. Es sind nur die Schwachen, die Gott werden wollen. Jeder Gott ist der ganze; die Individualisierung schränkt ihn ein."*

*„Der Monotheismus philosophisch nötig, aber die tausend Erscheinungen des Lebens sucht er nicht. Die Idee, das Schöne:*

*Sie steiget hernieder in tausend Gebilden,*
*sie schwebet auf Wassern, sie schreitet auf Gefilden,*
*nach heiligen Maßen erglänzt sie und schallt,*
*und einzig veredelt die Form den Gehalt,*
*verleiht ihm, verleiht sich die höchste Gewalt.*
*Mir erschien sie in Jugend-, in Frauengestalt."*

*„Den Gott als Schöpfer haben wir aufgegeben. In der Natur haben wir die Offenbarung des Göttlichen (Goethe XLII 211: ‚Wer die Natur als göttliches Organ läugnen will, der läugne nur gleich alle Offenbarung.' Vergleiche auch Seneca ep. 41). In der Schönheit steckt das Göttliche. Innere Erfahrung!"*

*„Gott ist die Idee des Lebens, Gott ist die Idee des Guten, das ist dasselbe."*

*„Seit dem Siege der Naturwissenschaften ist der Mensch bewußt ein Teil der Welt, die nach Gesetzen geht. Kein Wunder, keine Ausnahmestellung. Früher: Willkür, jetzt Gesetze – wenn τύχη, so gehts den einzelnen an. Fortdauer des Individuum ganz egal."*

*„L. Curtius [Die Antike VI 93ff.] spricht von drei Rezeptionen der griechischen Kunst: die echte kommt erst und ebenso erst das echte Griechentum!"*

*Und schließlich seien als Aphorismen (begegnet als eigene Bezeichnung von Wilamowitz) noch folgende Notizen angeführt, über deren beabsichtigte Einordnung sich nichts Sicheres erkennen läßt:*

*„Die hellenischen Götter und die fremden werden abgeschafft, werden Dämonen, erstens weil sie nur als πλάσματα τῶν προτέρων betrachtet werden, zweitens weil sie es in der Theologie waren."*

*„Heraklesglaube,* αὐθάδεια *in Alexander und den Diadochen,* αὐτάρκεια *bei Jesus."*

*„Der Grieche determiniert, wie die Welt entstanden ist, der Jude, wie sie zugrunde geht."*

*„Das Griechentum kennt keinen Religionsunterricht, erst bei Cornutus."*

*„Wie wir in der Kunst gelernt haben, schon die ersten Versuche, dasselbe Streben [?] anzuerkennen, so in allen Göttern, obwohl sie alle dem Gotte fern sind, an den wir glauben."*

*„Die Naturwissenschaft weiß nicht, wie Bewegung entsteht, wie Form kommt.* μὴ ὄν *Materie."*

*„Grabmäler: nie auf Erden so schön wie im Athen des fünften und vierten Jahrhunderts. sacra conversazione, das Leben und der Tote. Nicht Porträt, sondern ‚schön', verklärt erscheint der Tote, IG. I² 982* μνῆμ' ἐσορῶν οἴκτιρ' ὡς καλὸς ὢν ἔθανε *[vgl. oben S. 104 Anm. 2]. Vergleiche Heiberg, Fra Hellas og Italien I 433."*

*„Kein Gott lebt ewig; er lebt nur, solange er wirkt."*

*Mögen die vorstehend mitgeteilten Trümmer noch so wertvoll sein, mit ihnen darf dieses Werk nicht schließen. Wilamowitz wollte selbst in seinem beabsichtigten Vorwort unter anderem auf seine Rede zur Feier des Jahrhundertwechsels „Neujahr 1900" (Reden u. Vorträge⁴ II 35) hinweisen, kein Schluß scheint geeigneter zum Ersatz als der dieser Rede, so soll er hier stehen:*

*„An dem Anschauen des ewigen Seins, wenn auch das göttliche Licht dem irdischen Auge nur im farbigen Abglanze des Werdens wahrnehmbar ist, hat der Mensch das wahrhaft menschliche Leben. In der Quelle, die ihn tränkte, dem Baume, dessen Früchte ihn nährten, im Sturme, der ihn umbrauste, der Sonne, die ihn wärmte, empfand der Mensch der Urzeit die wirkende übermenschliche Kraft, offenbarte sich ihm die Gottheit. Alles war ihm Wunder, jedes Wunder unmittelbar eines Gottes Werk. Wissenschaft ward, als der göttliche Drang zur Erkenntnis der Wahrheit in den Seelen ionischer Männer fortzuschreiten wagte vom Vielen zum Einen, da sie die Einheit alles Lebens erkannten. Wodurch? Dadurch, daß sie ihre Augen aufhoben zum Himmel und die ewige Stetigkeit im Wandel seiner Welten wahrnahmen. Und was sie schauten und verkündeten, war Kosmos, war Harmonie. Jahrhunderte und Jahrtausende sind vergangen, Jahrhunderte und Jahrtausende werden vergehen. Die Menschengeschlechter haben gerungen und werden ringen, Kosmos und Harmonie in allem großen und kleinen, Natur- und Seelenleben zu finden und zu zeigen. Ergründen werden*

*sie nimmer die ewige Schöne und Weisheit. Und wie erhaben der Mensch der Gegenwart sich dünke, weil er die Kraft des Stromes zwingen kann, daß sie ihm frone als Licht oder Wärme oder Bewegung, desselben Stromes, dem sein Urahn mit furchtsamem Gebete ein Füllen opferte, die Gottheit gnädig zu stimmen: dasselbe Gefühl irdischer Ohnmacht bindet sie beide. Geschwunden ist nur die Furcht, seit dem Auge der Seele der ewige Kosmos aufgegangen ist, ihrem Ohre vernehmlich geworden die heilige Harmonie. Geblieben und gewachsen sind Andacht und Ehrfurcht, und an jedem Erdentage lehrt die Wissenschaft einzustimmen in den Sang der Erzengel vor dem Angesicht des Unsichtbaren:*

*Dein Anblick gibt den Engeln Stärke,*
*weil keiner dich ergründen mag,*
*und alle deine hohen Werke*
*sind herrlich wie am ersten Tag.“*

## BEILAGEN

### 1. HERAKLEIDES PONTIKOS

*περὶ τῶν ἐν Ἅιδου*

Der Titel steht nur in dem Schriftenkatalog bei Laertios V 87 und gleich hinter ihm, daß die Schrift *τραγικῶς πέπλασται*[1]. Es ist unvermeidlich, die Zeugnisse vorzuführen.

Philoponus in Meteora, Comment. Aristot. XIV 1, 117: *Δαμάσκιος τὴν 'Εμπεδοτίμου περὶ τοῦ γάλακτος (ὑπόθεσιν) οἰκειοῦται, ἔργον αὐτὴν οὐ μῦθον καλῶν. φησὶ γὰρ ἐκεῖνος ὁδὸν εἶναι ψυχῶν τὸ γάλα τῶν τὸν ἅιδην τὸν ἐν οὐρανῶι διαπορευομένων.* Damit ist der Titel der Schrift gegeben; den Verfasser nennen die folgenden Zitate. Es befremdet, daß Herakleides seinen meisten Schriften keine wirklichen Titel gegeben haben soll. Ob es wirklich alle selbständige Schriften waren?

Proklos in remp. II 119 Kr.: *ὁ κατὰ τὸν 'Εμπεδότιμον λόγος, ὃν Ἡρακλείδης ἱστόρησεν ὁ Ποντικός, θηρῶντα μετ' ἄλλων ἐν μεσημβρίαι σταθερᾶι κατά τινα χῶρον αὐτὸν ἔρημον ἀπολειφθέντα λέγων τῆς τε τοῦ Πλούτωνος ἐπιφανείας τυχόντα καὶ τῆς Περσεφόνης καταλαμφθῆναι μὲν ὑπὸ τοῦ φωτὸς τοῦ περιθέοντος κύκλωι τοὺς θεούς, ἰδεῖν δὲ δι' αὐτοῦ πᾶσαν τὴν περὶ ψυχῶν ἀλήθειαν ἐν αὐτόπτοις θεάμασιν.*

Iamblichos *περὶ διαφορᾶς καθόδου τῶν ψυχῶν*, Stob. ecl. I 49, 39, S. 378 W.: Eratosthenes sagt, daß die Seele immer einen Körper hat und aus einem feineren in einen *ὀστρεώδης* (Körper Schale der Seele, nach Platon Phaidr. 250c) übergeht. *διατρίβειν μὲν γὰρ αὐτὴν*

[1] In der pseudoplutarchischen Schrift *πότερον ψυχῆς ἢ σώματος ἐπιθυμία καὶ λύπη* (VII Bern.) 5 wird behauptet, in der Schrift *περὶ τῶν ἐν ἅιδου* werde die *οὐσία* der *ψυχή* geleugnet. Einige bestritten die Autorschaft des Herakleides, andere meinten, sie wäre zur *ἀντιπαρεξαγωγὴ τῶν εἰρημένων ἑτέροις* geschrieben. In diesem Falle konnte eine Ansicht, die Herakleides nicht teilte und schließlich überwand, wohl vorkommen, was auf dialogische Form führen könnte.

*εἰς μοῖράν τινα τοῦ αἰσθητοῦ, καθήκειν γε μὴν εἰς τὸ στερεὸν σῶμα ἄλλοτε ἀπ' ἄλλων τοῦ παντὸς τόπων, καὶ τούτους Ἡρακλείδην μὲν τὸν Ποντικὸν ἀφορίζειν περὶ τὸν γαλαξίαν.*

Suidas *Ἐμπεδότιμος· οὗτος ἔγραψε περὶ φυσικῆς ἀκροάσεως* (dies erschwindelt aus dem folgenden Zitate, das auch nicht richtig ist, denn in den *Κρόνια* steht nichts). *περὶ οὗ λέγει ὁ Παραβάτης ἐν τοῖς ἐπιγραφομένοις Κρονίοις· ἡμεῖς δὲ Ἐμπεδοτίμωι καὶ Πυθαγόραι πιστεύοντες οἷς τε ἐκεῖθεν λαβὼν Ἡρακλείδης ὁ Ποντικὸς ἔφη καὶ μικρῶι πρότερον καὶ ὁ κλεινὸς ἡμῖν ἔδειξε καὶ ἱεροφάντης Ἰάμβλιχος.*

Clemens strom. I 339 P.: *Ἐμπεδότιμος ὁ Συρακούσιος* in einem Kataloge von Sehern.

Varro bei Servius zu Georg. I 34: *se legisse Empedotimo cuidam Syracusano a quadam potestate divina mortalem aspectum detersum eumque inter cetera tres portas vidisse tresque vias, unam ad signum scorpionis, qua Hercules ad deos isse diceretur, alteram per limitem qui est inter leonem et cancrum, tertiam esse inter aquariam et pisces.* In die Satire *Τριοδίτης Τριπύλιος* wegen dieses Titels versetzt S. 233 Riese[1].

Seit die Stelle des Proklos bekannt ist, steht fest, wie Rohde gleich bemerkte, daß Empedotimos eine von Herakleides erfundene Figur ist, der einen Mythos in Nachahmung des platonischen dichtete. Dem schlafenden Jäger erscheinen die Gebieter der Toten in blendendem Lichte: sie sind also nicht oder nicht nur die Herren der finsteren Unterwelt, sondern es gibt noch einen „himmlischen Hades", wie Damaskios sagt, die Milchstraße, und die Seelen nehmen ihren Weg durch sie. Das wird erläutert durch Varros Angabe von drei Wegen am Fixsternhimmel, von denen einer zu den Göttern führt, die noch höher im reinen Äther wohnend zu denken sind. Die anderen bezeichnet Iamblichos, der nicht sehr deutlich redet, aber da er von der Einkörperung der Seelen, also der Seelenwanderung spricht, führen die beiden anderen Wege hinab auf die Erde, *ἄλλοτε ἀπ' ἄλλων τόπων*; ein Weg muß in den Tartaros führen: das ergibt sich aus Numenios, zu dem wir nachher kommen. Sehr wertvoll ist die Angabe, daß die Seele immer einen Körper hat, auch wenn sie von dem irdisch-materiellen gelöst ist.

[1] O. Voß in seiner Fragmentsammlung [De Heraclidis Pontici vita et scriptis, diss. Rostoch. 1896] hat die Schriften des Empedotimos und Abaris nicht geschieden, was zu falschen Folgerungen geführt hat. Verwechslungen von Empedotimos mit Hermotimos hat Rohde, Psyche II 95, erledigt.

In der Tat bleibt es ja bei Platon ganz unklar, wie die Seele zwischen zwei Einkörperungen zu denken ist, da sie doch eine Sonderexistenz hat. Den Stoikern machte das keine Schwierigkeit, da das *πνεῦμα* zugleich Feuer ist. Auch der Aufenthaltsort der Seelen, bevor sie auf die Wiese kommen, macht sowohl bei Empedokles wie bei Platon Schwierigkeiten; sie gehören doch eigentlich gar nicht in den Hades der Unterwelt. Dafür hat Herakleides eine neue Lösung erdacht und mit der Milchstraße als ihrem Aufenthaltsorte Glück gemacht, aber in verschiedener Weise. Einmal konnte die Milchstraße, wie wir den *γαλαξίας* nennen, als Weg der Menschen (Seelen soll man nicht gleich sagen) erscheinen, die in den Kreis der Götter eintreten, also Herakles. Bei Kallimachos hat Arsinoe schon den Bären, sozusagen den Zenit, überschritten, das ist nicht dasselbe, aber eine Parallele. Ovid Met. I 168 *est via sublimis, caelo manifesta sereno, lactea nomen habet, candore notabilis ipso. hac iter est superis ad magni tecta Tonantis.* Wenn, wie häufig, nur gesagt wird, daß ein Mensch unter die Götter in den Himmel kommt, pflegt der Weg nicht angegeben zu werden. In Rom hat schon Ennius im Scipio gesagt (Var. 23 Vahlen): *si fas endo plagas caelestum ascendere cuiquamst.* Wenn die lateinische Poesie den Götterhimmel durch *sidera* bezeichnet, so daß es so scheinen kann, als könnten die Götter selbst *sidera* heißen, wenn Horaz III 25 *Caesaris decus stellis inserere et consilio Iovis* will, so glaube ich nicht, daß eine bestimmte Vorstellung philosophischer oder astrologischer Art zugrunde liegt. Die Sterne bedeuten den Himmel, der Göttersitz kann für seine Bewohner stehen. Weiter verbreitet ist die Versetzung der Seligen in die Milchstraße, im Somnium Scipionis nur kurz bezeichnet. Numenios bei Proklos in remp. II 128 Kr. hat sich auf Grund des Herakleides eine neue Konstruktion des Kosmos zurechtgemacht, in der wie bei Varro Tore und Sternbilder vorkommen, aber er hat, wie Proklos sagt, *γενεθλιαλογικά* und *τελεστικά*, also Astrologie, eingemischt; die Milchstraße ist für ihn der *δῆμος ὀνείρων* Homers. Proklos, der überhaupt seine Gelehrsamkeit dem Porphyrios verdankt, fügt hinzu, was bei diesem de antro nympharum 28 steht, daß nach Pythagoras der *γαλαξίας* der Hades, der *τόπος ψυχῶν* wäre. Da hat Pythagoras den Herakleides verdrängt[1].

[1] Den Neuplatonikern zu glauben und Herakleides von älteren Pythagoreern abhängen zu lassen ist dieselbe antihistorische Methode, die den Platon bei Orpheus oder älteren Orphikern borgen läßt.

Manilius führt eine Reihe von physikalischen Erklärungen der Milchstraße an und billigt die letzte, I 758:

*an fortes animae dignataque numina caelo*
*corporibus resoluta suis terraeque remissa*
*huc migrant ex orbe suumque habitantia caelum*
*aetherios vivunt annos mundoque fruuntur?*

Worauf die Aufzählung der seligen Heroen folgt. Diels (Doxogr. 229; Rh. Mus. 34, 489), der den Manilius nicht vergessen hat, den Proklos noch nicht kennen konnte, zeigt, daß die Doxographie bei Manilius aus der Schule des Poseidonios stammt, aber seiner Schule, denn Diodoros steht darin. Mit der Milchstraße als Sitz der Seligen hat Poseidonios nichts zu schaffen, nicht einmal so weit, daß sie ihm die Anregung zu seiner Mondmythologie gegeben hätte. Wie Cicero auf die Milchstraße verfallen ist, möchte man wissen. Unmöglich ist es nicht, daß er Herakleides selbst kannte; Vermittlung der Neupythagoreer ist eine andere Möglichkeit.

## 2. DIE MYSTERIEN VON ANDANIA

Über Andania und seine Mysterien ist sehr viel geschrieben[1], der Text der großen Inschrift ist wohl hergestellt[2] und auch sonst viel Richtiges beobachtet und erschlossen; aber es wird immer noch der rechte Weg auch von denen, die ihn einschlagen, nicht zu Ende verfolgt, und andere glauben an einen Gott der Unterwelt oder sehen in dem Ganzen ein Erntefest. Ich will mich wieder aller Polemik enthalten und glaube, daß die Vergleichung der Inschrift mit der Erzählung des Pausanias zu einem reinlichen und sicheren Ergebnis führt; schließlich wird sich herausstellen, wo unser Wissen seine Grenze hat.

Die Lage von Andania ist durch Valmin[3] ein für allemal dort

[1] Die Literatur bei Hiller zur Sylloge 735. 736. Hinzu kommen Nilsson Gr. Feste 337, Ziehen, Archiv Rel. Wiss. XXIV 29, Hiller und Lattermann, Hira und Andania, Winckelmannsprogramm 71.

[2] Eine glänzende Verbesserung hat Wilhelm in Zeile 116 beigetragen, *κλᾶρον* für *καιρόν*. Der erfahrenste Epigraphiker denkt frei genug, sich an die Buchstaben des Steinmetzen nicht sklavisch zu binden. Ungelöst ist noch 126 *τὸν γιον ἐνιαυτόν*, denn *ἰόν* = *ἕνα* ist zwar sinnreich vermutet, aber *γε* ist undenkbar. Ob *Γ* sicher ist?

[3] Études topographiques sur la Messénie ancienne, Lund 1930.

festgestellt, wo die große Inschrift gefunden ist; es hat sich ebendort auch eine weitere gefunden, die einen *τῶν Μεγάλων θεῶν ἱερωμένος* nennt[1]. Die topographischen Angaben des Pausanias (IV 33, 4) werden zurechtgerückt, sind aber ganz verständlich. Er hat eigens einen Abstecher nach dem Orte gemacht[2]. Was er über ihn sagt, ist folgendes. Zuerst die Identifikation mit dem Oichalia Homers, die uns nichts angeht. Jetzt ist da der Zypressenhain *Καρνειάσιον*[3]. In ihm stehen Statuen des Apollon Karneios, des Hermes *κριοφόρος* und der Hagna neben einer Quelle; Hagna wäre *Κόρη*. Man feiere dort auch die *Μεγάλαι θεαί*; davon will er nicht reden, obgleich diese Mysterien fast so heilig sind wie die von Eleusis, also demselben Götterpaare gelten müssen. Vermutlich hat es ihm ein Traum verboten, da er sagt, dieser erlaube ihm anzugeben, daß die Hydria noch da wäre, in der Epiteles von Argos die von Aristomenes vergrabene Festordnung gefunden hatte, was auf 26, 7 zurückweist. Auch die Knochen des Eurytos waren noch vorhanden; das gehört zu der Gleichsetzung mit Oichalia; Melaneus, der Vater des Eury-

[1] Valmin, Inscriptions de la Messénie, Årsberättelse (Lund) 1928–1929, 140 [*τὸ κ*]*οινὸν Ἀχαιῶν Τιβ. Κλαύδιον Κρισπιανόν, συμφερόντως ἄρξαντα τῆς Ἑλλάδος, ἀνετέθη δὲ τῶν Μεγάλων θεῶν ἱερωμένος*. Ganz elende Schrift; die gleich angeführten Steine lassen in den wertlosen Majuskeln die Schrift nicht erkennen; *ἱερωμένος* bezeichnet, daß er zu den *ἱεροί* gewählt ist, die auf der Inschrift vorkommen; der Kult wird also noch geübt. Demselben Manne gilt Inschr. v. Olympia 447: Messene hat ihm eine Statue errichtet, nennt ihn *νέος Ἐπαμεινώνδας*; er ist lebenslänglicher Priester der Augusti und ist Tribun in der legio XII fulminata gewesen. IG. V 1, 1469 ist ein *Τιβ. Κλαύδιος Κρισπιανοῦ υἱὸς Ἀριστομένης* Agonothet in Messene im Jahre 157 = 126 n. Chr. Der Vater mußte damals noch leben, denn das *κοινὸν τῶν Πανελλήνων* war in dem Jahre schwerlich schon gestiftet. Crispianus hat seinen Sohn nach dem alten Helden Aristomenes genannt, auf den auch der Kult von Andania zurückgehen sollte, Pausan. IV 26, 8.

[2] Der Rest des Kapitels, vorgeblich Schilderung des Weges von Andania nach Kyparissiai, nennt einige Ortsnamen und ihre Deutungen aus dem Mythos, die Pausanias gehört haben kann; Benutzung eines Buches ist nicht einmal nötig, denn was er den Namen zufügt, konnte er selbst sagen. Den Weg ist er nicht gegangen, wie Heberdey, Reisen des Pausanias 65, richtig bemerkt hat. Was er über Thamyris bringt, hat er aus der gelehrten Beschreibung der delphischen Lesche (X 30, 8) hierhergestellt, wie das seine Art ist.

[3] *Καρνειάσιον* lautet der Name auf der Inschrift, *Καρνάσιον* bei Pausanias, was Ziehen verbessert hat.

tos, war 2, 2 genannt, gehört also zu der Homerdeutung; Oichalia ist seine Frau. Daß Eurytos an den Mysterien von Andania noch jetzt *ἐναγίσματα* erhielte, fügt Pausanias 3, 10 ein. Andania selbst war 8 Stadien entfernt, lag in Trümmern..

Stellen wir gleich zusammen, wie das zu der Inschrift stimmt. Das Karneiasion nennt sie oft; darin waren Gebäude, die aber verfallen waren. Wie sich dieser Hain zu dem Platze verhielt, an dem die Mysterien in einem Theater begangen wurden, bleibt unsicher, ebenso wo der Tempel der *Μεγάλοι θεοί* stand, Z. 91; er wird aber zu den verfallenen Gebäuden gehört haben. Beide Gebäude gab es zur Zeit des Pausanias nicht mehr, sie waren aber älter als die Inschrift. Die Quelle ist erwähnt und heißt Hagna, 84, hat auch eine Statue; die Statuen, die Pausanias sah, werden kaum schon da gestanden haben, aber Hermes, vielmehr *Ἑρμάν*, erfuhr Kult. Hauptunterschied ist, daß die Inschrift *Μεγάλοι θεοί* kennt, Pausanias *Μεγάλαι θεαί*, wozu die Deutung der Hagna auf Kore gehört[1].

Diese Göttinnen kommen in der Geschichte Messeniens, wie sie Pausanias gibt, immer wieder vor. 1, 5 hat ihren Kult Kaukon, der Enkel des Phlyos, aus Eleusis gebracht; viel später hat Lykos, der Sohn des Pandion, ihre Geltung erhöht, dann auch ein Methapos, für den Belege aus dem Heiligtume der Lykomiden im attischen Demos Phlya beigebracht werden; daher stammt auch Phlyos als Ahn des Kaukon; 14, 1 ziehen vertriebene Messenier, denen der Kult der großen Göttinnen oblag, nach Eleusis; 15, 7 kehren sie zurück; 16, 2 werden die Hierophanten derselben Göttinnen erwähnt; 26, 6 verlangt die Traumerscheinung eines Hierophanten von Epameinondas die Herstellung Messeniens und seiner Städte, und dieselbe Traumerscheinung gibt dem Epiteles von Argos die Stelle an, wo er eine Hydria finden kann, in der auf einer Bleirolle die *τελετὴ τῶν μεγάλων θεῶν* beschrieben war; Aristomenes hatte sie vergraben. Der Hierophant, der im Traume erschien, war jener Kaukon von Eleusis gewesen. Der konnte nur Weihen der *Μεγάλαι θεαί* bringen und für ihre Erneuerung sorgen.

Das hängt alles zusammen und gehört zu der Geschichtsklitterung, der Pausanias die sogenannte Geschichte der messenischen Kriege nacherzählt. Wir haben uns zumeist nur um die ältesten Quellen, Myron und Rhianos, bemüht. Keinen von beiden hat

[1] Auf dem Steine des Crispianus ist *τῶν μεγάλων θεῶν* zweideutig, aber der *ἱερωμένος* wird nicht anderen Göttern geweiht sein als die *ἱεροί* der großen Inschrift.

Pausanias in der Hand gehabt, sondern eine Kompilation, die die *μεγάλοι θεοί* in die Göttinnen verwandelte. Ihr Erfinder, der nie in Messenien gewesen war, kann einen Genetiv *τῶν μεγάλων θεῶν* vorgefunden und so verstanden haben, wie es nahelag; er konnte indessen auch im Interesse von Eleusis ändern. Dazu gehört der Hierophant Kaukon von Eleusis, ist ein Lykos, nach dem ein messenischer Ort hieß, den Rhianos erwähnte, zu dem Sohne des Pandion gemacht, 1, 6, und hat irgendwas mit den Weihen zu tun bekommen. Daß Kaukon einen Großvater Phlyos erhält und ein Methapos an den Weihen etwas ändert, ist ein noch späterer Zusatz, der von Pausanias selbst stammt, 1, 7. Denn für diesen führt er Verse an, die unter einer Statue des Methapos in dem *κλισίον* (was das auch war) der Lykomiden, also in Phlya, standen, höchst elende Verse[1], die dem Methapos auch die Einführung anderer Kulte zuschreiben. Pausanias sagt IX 27, 2, daß er von einem Daduchen Verse erhalten hat, welche die Lykomiden singen; er kennt noch andere Gedichte gleicher Art aus demselben Tempelarchiv[2].

Die ganze Geschichte von Eleusis und den Göttinnen werden wir also los, denn die Inschrift kennt nur Große Götter, weiß nichts von einer Kore oder einer Verbindung von Demeter und Hagna. In Andania hat man von diesem Schwindel niemals etwas anerkannt; da ist es sehr verständlich, daß Pausanias, der die Geschichte kannte, sich über die Weihen nicht zu verbreiten wünscht, als er an Ort und Stelle kommt und Widersprechendes findet. Die Geschichtsklitterung, die den Kaukon von Eleusis einführte, ist jünger als die Inschrift, aber älter als die Schwindelei von Metha-

[1] Im ersten Verse wird man ergänzen *ἥγνισα δ' Ἑρμείαο δόμους* <*μεγάλης*> *τε κέλευθα Δάματρος καὶ πρωτογόνου Κούρας*. Damit ist der Kult des Hermes, der in Andania vorhanden war, bezeichnet, Hagne mit Kore geglichen, wie es Pausanias auch sagt; *πρωτογόνου* ist uns unverständlich, mag auf einen Vorzug nicht der Kore, sondern der Hagne deuten. Wie vertrackt ist es, von einem Hause des Hermes und Pfaden der Demeter zu reden, wo doch jener keinen Tempel hatte, also bloß im Gegensatze zu den Pfaden Demeters gesagt, die zwar unstet herumgewandert ist, aber hier nicht mehr wandert.

[2] Auch die Sprüche des Bakis, 27, 4, wird Pausanias bei den Lykomiden gefunden haben, denn er sagt *Βάκιν ἐφώρασα εἰρηκότα*, macht also einen Zusatz. Den Vers des Rhianos, der irgendeinen Wolf nennt, hat wohl Pausanias irgendwo in seiner Vorlage gefunden und selbst auf den Sohn des Pandion bezogen, den die Inschrift des Methapos lieferte.

pos bei den Lykomiden, da diese sie voraussetzt. Zu näherer Bestimmung sehe ich keinen Anhalt. Das Buch, welches Pausanias benutzte, war keine hundert Jahre alt. Hiller hat mit beachtenswerten Gründen auch das Buch über Arkadien, dem Pausanias folgte, für so jung erklärt.

Nun zu der Inschrift. Sie wird dadurch genau datiert, daß die Vereidigung der *ἱεροί* im elften Monat des Jahres 55 vor den Mysterien erfolgen soll. Das ist etwa August 91 korinthischer Ära. Man entnimmt ihr, daß ein Mnasistratos eine Hauptrolle spielte, denn er geht in der Prozession als erster, hat auf Lebenszeit die Verwaltung der Quelle Hagna und des Bildes neben ihr (Z. 84), bekommt, was die Gläubigen dort auf den Tisch legen und die Häute der Opfertiere, auch ein Drittel von den Geldspenden, die jetzt offen hingelegt werden müssen, bis ein Opferstock errichtet ist[1]. Eine priesterliche Stellung hat er nicht. Seine Verdienste müssen also andere sein. Aufklärung hat der Stein von Argos, Syll. 735, gebracht, auf dem hinter der Datierung folgt: *χρησμὸς ὁ γενόμενος τᾶι πόλει τῶν Μεσσανίων – – μαντευομένου Μνασιστράτου τοῦ ἱεροφάντα περὶ τᾶς θυσίας καὶ τῶν μυστηρίων· ὁ θεὸς ἔχρησε· Μεγάλοις θεοῖς Καρνείοις καλλιεροῦντι κατὰ τὰ πάτρια* (das ist die *θυσία*, die er darbringen soll). *λέγω δὲ καὶ Μεσσανίοις ἐπιτελεῖν τὰ μυστήρια* – da bricht es ab. Also hat Mnasistratos die Initiative ergriffen, und der Gott legt nun der Stadt Messene auf, die Mysterien zu feiern; nähere Anweisungen sind gefolgt. Mnasistratos wird wohl auch bewirkt haben, daß sich Messene, vielleicht auch auf delphische Weisung, an Argos wandte, um die Neuordnung der Mysterien anzuzeigen und um Beteiligung zu bitten. Nur so erklärt sich, daß das Orakel in Argos aufgeschrieben ist. Die Veranlassung durchschauen wir: Epiteles von Argos hat die Hydria mit der Stiftungsurkunde gefunden. Das war also von der Schwindelei, die bei Pausanias steht, anerkannt, oder das Ganze ist vielmehr bei dieser Gelegenheit erfunden. Denn den Kasten[2], in dem die Bleirolle lag, und gewisse *βιβλία*, andere Urkunden, hatte Mnasistratos besessen und dem

[1] Man muß in § XI unterscheiden, was für die Zukunft und was für den Moment bestimmt wird, also Präsens und Aorist. Es ergibt sich, daß Geld erst nach der ersten Feier vorhanden sein wird.

[2] In der Inschrift übergibt Mnasistratos eine *κάμπτρα*, einen Kasten; gefunden hatte Epiteles eine Hydria; eine solche hat auch Pausanias gesehen. Wir dürfen annehmen, daß für das wertvolle Stück ein Kasten gemacht war; den brauchte Pausanias nicht zu erwähnen.

Staate überwiesen (Z. 11); auf ihr stand, wie die Mysterien zu halten wären; die *βιβλία* werden wohl die Traumgesichte des Epameinondas und Epiteles enthalten haben, da die Herkunft und Entdeckung der Bleirolle historisch begründet werden mußte. Mnasistratos hat also die Neuordnung der Mysterien allein durchgesetzt; er muß es sich gefallen lassen, daß wir ihm die Verfertigung der uralten Urkunde und der *βιβλία* zutrauen, auf die er sich berief. Er wird wohl auch mit Geld geholfen haben. Die Mittel hatte er dazu, denn Wilhelm[1] hat aus einem noch nicht zuverlässig bekannten Verzeichnis von Steuersummen nachgewiesen, daß er für Messenien ein schwerreicher Mann war, der dadurch den entsprechenden Einfluß hatte, sich übrigens auch aus den Mysterien Einkünfte zu sichern wußte.

Mnasistratos heißt in dem Orakel *ἱεροφάντης*; in solcher Gestalt ist Kaukon dem Epameinondas und dem Epiteles erschienen. Im Dienste der Mysterien Andanias gibt es keinen Hierophanten, gibt es auch kein *τελεστήριον*. Es ist also kein richtiger Schluß, daß Mnasistratos früher Hierophant dieser Mysterien gewesen wäre und auf diese Stellung verzichtet hätte; danach sieht der Mann auch gar nicht aus. Ein Hierophant gehört zu Demeter, wie es auch Kaukon war. Und nun sehen wir, daß in der Neuordnung Demeter das erste Opfer erhält, daß in der Prozession zwar erst Priester und Priesterin der Mysteriengötter schreiten, aber hinter dem Wagen mit den Kisten, in denen die *ἱερὰ μυστικά* sind, drei fremde Demeterpriesterinnen kommen, eine *θοιναρμόστρια ἁ εἰς Δάματρος* mit Begleitung, die hier nichts zu tun hat, also die staatliche Priesterin von Messene sein wird, eine vom Hippodrom, doch wohl dem messenischen, und eine aus dem lakonischen Aigila[2]. Das ist eine starke Bevorzugung; daß Mnasistratos nicht als Hierophant erscheint, erklärt sich aus seiner besonderen Stellung zu den Mysterien der großen Götter. Er war aber Hierophant und hat in der Festordnung, die doch sein Werk ist, seine Göttin nicht nur bedacht, sondern hereingebracht und vor die alten Inhaber gerückt. Es ist ein starkes Stück moderner Befangenheit, wenn in der Hagna die Kore gefunden wird, weil es Pausanias sagt, statt zu beachten,

[1] Österr. Jahresh. XVII 87.

[2] 17, 1 erzählt Pausanias von einem Überfall des Demeterheiligtumes durch Aristomenes, den die Frauen, welche ein Fest feierten, abwiesen. Er wird gefangen, aber die Priesterin *Ἀρχιδάμεια* läßt ihn frei. Da verdiente ihre Nachfolgerin die Einladung.

daß Demeter an erster, Hagna an letzter Stelle steht. Mutter und Tochter sollten doch beieinander stehen. Demeter gehört zu den Hierophanten Kaukon und Mnasistratos, zu den alten Göttern vom Karneiasion gehört sie nicht. Nachdem sie zugetreten war, ist die Umdeutung der *μεγάλοι ϑεοί* in die *μεγάλαι* erfolgt, und die Deutung der Hagna auf Kore war dann unvermeidlich.

Als Mnasistratos alles neu ordnete, war der Kultus ganz heruntergekommen; die Gebäude in dem Karneiasion sind verfallen und sollen erst aus den erwarteten Einkünften repariert werden; dazu gehört der Tempel der *ϑεοὶ μεγάλοι*. Die *ϑεοὶ οἷς τὰ μυστήρια γίνεται* haben einen Priester und eine Priesterin (Z. 28), daneben hat der Karneios seine besondere Priesterin (Z. 97). Bei der Quelle steht eine Statue der Hagna. Pausanias hat auch eine des Hermes gesehen; wer weiß, wie alt sie war. Über die Formen des alten Kultus wissen wir natürlich gar nichts; Mysterien müssen es aber gewesen sein, *τελεταί*. Z. 68 wird ein Theater erwähnt, in dem eine Reinigung vollzogen wird, die drei Ferkel und für die *πρωτομύσται* hundert Lämmer erfordert. Das werden die nun zuerst Geweihten sein, die besondere Gebühren zahlen müssen; auch sonst bringt der *καϑαρμός* etwas ein (Z. 50). Im Theater mußte natürlich eine *ϑέα* stattfinden, auch früher stattgefunden haben. Näheres weiß man nicht. Weil einige Frauen *εἰς ϑεῶν διάϑεσιν* kostümiert werden (Z. 24), schließt man auf irgendein theatralisches Spiel. Das ist zur Zeit des Mnasistratos möglich, aber es fällt auf, daß darüber gar nichts gesagt wird. Die Damen konnten auch in der Prozession in Götterkleidung paradieren. Der Festzug mußte ein Ziel haben, immer gehabt haben. Das war das *ϑέατρον*. Da erfolgte die Reinigung und werden wohl *μυστικά* gezeigt sein, deren Schau die Weihung bewirkte. Es läuft ja alles auf Volksbelustigung, allerdings nur der zahlungsfähigen Gesellschaft, hinaus, Prozession, Theater, Festmahl. Ein Jahrmarkt wird auch gehalten; da werden die Zuschauer aller Stände auf ihre Rechnung kommen. Die *καϑαρμοί* werden nicht mehr sehr ernsthaft genommen sein. Was wohl aus den hundert Lämmern ward? In alter Zeit konnte ein zur Reinigung geschlachtetes Tier unmöglich gegessen werden; aber daß die hundert verbrannt wären, kann ich nicht glauben.

Was für die ältere Zeit bleibt, sind die Götternamen, *ϑεοὶ Μεγάλοι, Ἑρμάν, Καρνεῖος, Ἅγνα*. Der Karneios heißt Z. 34 und 69 *Ἀπόλλων*, aber seine Priesterin ist nur *Καρνείου* (Z. 97) sowie das Heiligtum (Z. 7), das auch *Καρνειάσιον* heißt. Der Gott ist von den spartanischen Eroberern mitgebracht; das hat man allgemein eingesehen; begreiflich, daß er im achten oder siebenten Jahrhundert dem vornehmen fremden Apollon noch nicht untergeordnet war. Freilich hieß er nicht mehr Karnos, sondern ward als Gott der Karneen bezeichnet. Wenn er sich auch bei den Messeniern gehalten hat, müssen wir ihn doch von den ursprünglichen messenischen Göttern absondern; bezeichnend, daß er eine besondere Priesterin hat. Hermes spielt eine Nebenrolle. Aber die späte Inschrift des Methapos kennt ihn, und Pausanias hat eine Statue des *κριοφόρος* gesehen. Wie voreilig, aus dieser, deren Entstehungszeit unbekannt ist, auf sein ursprüngliches Wesen zu schließen. Zu der Zeit, in die wir hinaufreichen, über 700 v. Chr. zurück, konnte er nur in einem *ἕρμα* wohnen, und seine echte Bedeutung, das Heiligtum zu schützen, reicht völlig aus, seinen Kult zu erklären; auch der Hain brauchte seinen Beschützer. So bleiben die großen Götter und die Hagna, sie allein erhalten einen Opferstock, sind also allein im Glauben der Messenier lebendig. Was sind sie? Über Hagna redet die Inschrift unzweideutig, die ihr den ganzen Paragraphen XVII widmet, der anfängt *τᾶς δὲ κράνας τᾶς ὠνομασμένας διὰ τῶν ἀρχαίων ἐγγράφων Ἅγνας*. Und da kommen die Modernen und sagen, sie wäre *Κόρα*, weil es im Pausanias steht, der nur *Μεγάλαι θεαί* kennt. Die Quelle heißt „die Reine", *ἁγνός* aber bedeutet mehr als *καθαρός*. Da wird sie *ἁγνεία* von den Verehrern fordern, was einen *καθαρμός*, eine Entsühnung, verlangt, zu der sich die Gemeinde in dem *θέατρον* versammelt. Schon das kann man eine *μύησις* nennen, aber es wird ihnen auch eine Schau geboten, und eine Prozession wird immer vorhanden gewesen sein, denn der Hain liegt acht Stadien weit von der Stadt. Wer will sagen, was in alter Zeit der Gemeinde gezeigt ward, wo wir es nicht einmal für die Feier des Mnasistratos erfahren. Schließlich die großen Götter. Wieder sind die Modernen rasch fertig, reden von den Dioskuren und wissen doch nicht einmal, ob die *μεγάλοι* nur zwei waren. Die Dioskuren Messeniens sind Idas und Lynkeus, sind Heroen. Wo heißen sie überhaupt Götter, große Götter? Gegen solche Gedankenlosigkeit kann man gar nicht streiten. Ebensowenig gegen die Vorstellung, solche Bezeichnungen wie „die Großen" oder „die Keusche" wären Beinamen eines oder des anderen panhellenischen Götternamens, als ob die Olympier am Anfange der religiösen Entwicklung stünden. Da sind wohl *Δέσποινα* und *Σώτειρα* und *Εὐρυνόμη* Beinamen der Artemis oder der *Κόρη*, die übrigens selbst nur Beiname sein müßte? Es war einmal ein dichter Zypressenhain, in dem eine starke Quelle floß. Da fühlten die Menschen „gewißlich ist ein Gott an diesem Ort, wie heilig ist diese Stätte", und sie sagten sich „hier sind Große Götter" und „die Quellgottheit ist eine *ἁγνή*", und Hermes übernahm den Schutz des heiligen Bezirkes und gab auch den Prozessionen, vornehmlich der Frauen und Jungfrauen[1], sicheres Geleit zu dem Haine. Das genügte. Aber Messenien ward lakonisch, der Karneios kam, und die Heloten haben den Gott ihrer Herren verehren gelernt, so daß er dem Haine seinen Namen gab und seinen Kult behielt, auch als die Fremdherrschaft aufhörte. Zuletzt hat Mnasistratos dem alten Feste neuen Glanz zu geben versucht, aber die Göttin, deren Hierophant er war, auch noch hinzugezogen; das hat freilich geringen Erfolg gehabt. Unsere Aufgabe ist dieselbe wie die der Archäologen, wenn sie die späteren Schichten abtragen, um zu der ältesten Gründung zu gelangen. Das besorgt hier die Analyse der Überlieferungen; mitbringen muß man freilich das Gefühl für den echten Glauben. Dann hat man seine helle Freude, wenn es möglich ist, in einer abgelegenen Gegend bis zu ihm durchstoßen zu können.

## 3. KLAGEN ÜBER DEN VERFALL DER BEREDSAMKEIT

Als Athens politische Lage so geworden war, daß sie einer Publizistik wie der des Demosthenes keinen Raum mehr gab, wird man kaum über einen Niedergang der Redekunst geklagt haben, denn für sie gab es andere Aufgaben genug. Man stritt sich wohl, ob Demosthenes, der seine Reden für die Veröffentlichung auf das feinste ausfeilte, oder der Improvisator Demades, der nichts schrieb, ein größerer Redner gewesen wäre (Theophrast bei Plutarch Demosth. 10). Gerichtsreden in Privatprozessen hatten immer nur in Ausnahmefällen als Literaturwerke Beachtung gefunden; jetzt war das vorbei. Die attizistische Reaktion derer um Caecilius und Dionysios suchte sich dagegen gerade in den athenischen

[1] In der Festordnung des Mnasistratos spielen Frauen die Hauptrolle. Hagnagora hieß bei Rhianos eine Schwester des Aristomenes; der Name ist ansprechend mit der Hagna von Andania zusammengebracht, obwohl es nicht zwingend ist. Für geschichtlich kann die Frau kaum gelten, aber es mag eine Beziehung des Aristomenes mit Andania bestanden haben, auf die hin Mnasistratos ihm seine Festordnung zuschrieb.

Reden, auch den Gerichtsreden, ihre Vorbilder, stellte die Zahl der Zehn fest, so daß der elende Deinarchos einen Platz erhielt, dagegen Demetrios von Phaleron ausgeschlossen ward, in dem Cicero immer das Muster eines besonderen Stiles hochgeschätzt hat[1]; vielleicht erkannten die Kritiker keine seiner Schriften als Reden an; aber seine Herrschaft hatte auch jenes Treiben der Demokratie unmöglich gemacht, das die giftige Blume der attischen Gerichtsrede hatte ins Kraut schießen lassen. So mag der Attizismus den Untergang der Demokratie als Grund des Verfalles der Beredsamkeit bezeichnet haben, wenn ich mich auch keiner solchen Äußerung bei seinen Vertretern entsinne.

Mit dem Sturze der Republik war auch eine politische Beredsamkeit, wie sie Cicero und seine Zeit zur Vollkommenheit gebracht hatte, nicht mehr möglich[2]; die Deklamatoren traten an die Stelle der Redner und bildeten sich ein, nichts Geringeres zu sein. Es wird nicht an Einsichtigen gefehlt haben, die den Niedergang und seine Gründe durchschauten. Nach dem Titel könnte man leicht denken, daß Quintilian in seiner Schrift *de causis corruptae eloquentiae* diese geschichtlichen Zusammenhänge dargelegt hätte; aber was er in seinem Hauptwerke aus dem älteren Buche anführt, sind stilistische Beobachtungen; er hat die stilistischen Künste und Tendenzen behandelt, welche den Abfall der Modernen von dem klassischen, ciceronischen Stile hervorgerufen hatten, zu dem er seine Schüler zurückführen wollte. Es scheint mir unmittelbar einleuchtend, daß Tacitus, als er Quintilians Buch mit dem Auge eines Historikers überschaute, den Anstoß erhielt, seinen Dialogus zu schreiben[3]. Es steckt eine überraschend weite Kenntnis der klassischen Redner darin, Ciceros rhetorische Schriften hat er offenbar auch darum zur Hand genommen, weil er in einem Dialoge diesem stilistischen Vorbilde folgen wollte. Ebenso bekannt ist ihm

[1] Die Hauptstelle ist Orator 94; sie hatte wohl Quintilian verführt, in seiner früheren Schrift zu behaupten, daß Demetrios mit den Deklamationen den Anfang gemacht hätte, was er in der Instit. II 4, 41 zurücknimmt. Den Demetrios selbst hat er schwerlich gelesen.

[2] Asinius Pollio und Messalla sind Nachzügler, die keine Wirkung ausüben. Cassius Severus muß es büßen, daß er sich die Zügellosigkeit der persönlichen Angriffe unter dem Kaiserreiche erlaubt, gilt aber daneben für den ersten Vertreter der corrupta eloquentia.

[3] Ich habe dies ausgesprochen bei A. Reuter, *De Quintiliani libro qui fuit de causis corr. eloqu.* 63 (Göttinger Dissertation 1887), in der die Reste des Buches zusammengestellt sind.

die Praxis der Deklamatoren, der Quintilian selbst gefolgt war. Er rechnet mit seiner eigenen Ausbildung ab unbefriedigt von dem modernen, aber auch von dem klassischen Stile. Er ist ja schon dabei, sich einen eigenen zu bilden, und wird sogleich mit den ersten Proben hervortreten. Weil er die geschichtliche Entwicklung übersieht, kann er die Vorzüge und die Mängel des klassischen und des modernen Stiles von den Wortführern seines Dialoges vorführen lassen, deren einseitiger Standpunkt seine geschichtliche Berechtigung hat. Er kennt die Schäden der modernen Erziehung und findet sich damit ab, daß der unvermeidliche Übergang zur Monarchie die Zügellosigkeit der Zeiten nicht mehr erträgt, da Cicero und Calvus ihre Meisterwerke schufen. Alles ist ganz vortrefflich, der Dialog ist seines ciceronischen Vorbildes würdig, und es nimmt ihm nichts an seinem Werte, daß die Gedanken schon früher erfaßt und ausgesprochen waren.

Wir wissen das durch den Exkurs, den der Verfasser von π. ὕψους dicht vor dem Abschlusse seiner Schrift[1] einlegt, ein Prachtstück seines Stiles, das freilich mit dem ὕψος kaum zusammenhängt. Er führt einen Philosophen ein, der als eine notorische Tatsache hinstellt, es würden keine großen Talente mehr geboren, d.h. keine Meister eines erhabenen Stiles. Den Grund sieht er in dem Verluste der Freiheit, der Demokratie, und auch diese Begründung ist ein ϑρυλούμενον. Jetzt würden die Menschen höchstens großartig in der Schmeichelei, denn auch die gerechteste Herrschaft mache die Welt zu einem Gefängnis. Der Schriftsteller, der nun das Wort nimmt, bestreitet die Tatsache nicht, sieht aber ihren Grund in der moralischen Entartung der Menschen, ihrer Genußsucht, Gewinnsucht und Gewissenlosigkeit; wenn der allgemeine Friede sie nicht niederhielte, würde ein Krieg aller gegen alle die menschliche Gesellschaft zerstören. Ausgetragen wird die Meinungsverschiedenheit nicht; der Verfasser bricht ganz gewaltsam ab. Eigentlich würde die Klage über den moralischen Verfall für den Philosophen viel besser passen. Der konstatiert nur eine zugestandene Tatsache und billigt ihre ebenfalls schon gefundene Erklärung. Offenbar hat der Schriftsteller den Philosophen nur eingeführt, um der verbreiteten Meinung, daß die Monarchie für die Beredsamkeit verderblich

[1] Es fehlen am Ende nur wenige Worte, mit denen begründet war, daß der Verfasser den letzten versprochenen Teil nicht behandeln würde, sondern einer eigenen Schrift vorbehalte. Auf die Textkritik des Kapitels 44 kann ich hier nicht eingehen, weil zuviel darüber zu sagen ist.

wäre, zu widersprechen und eine andere Erklärung zu geben. Die Sittenschilderung bewegt sich in Allgemeinheiten, nur vereinzelt erscheint ein besonderer Zug wie die Erbschleicherei. κόλακες μεγαλοφυεῖς zu heißen verdienten die Senatoren der ersten Dynastie; die Zeit der Freiheit mußte ja auch noch in lebendiger Erinnerung sein. Es ist die stadtrömische Gesellschaft, wie sie der Freund des Terentianus kennen wird; Pompei zeigt uns auch ein solches Genußleben, Petron bestätigt. In Hellas hatte man es noch lange nicht so gut.

Die Schrift π. ὕψους wirtschaftet überall mit fremdem Gute, auch stilistisch. Platonische Wendungen vor allem, aber auch aus Rednern und Philosophen genommen, finden sich. Sie sind in der Sittenschilderung zahlreich, sind auch längst bemerkt[1]. Auffällig und daher öfter beredet ist das Zusammentreffen von 44, 3 mit dem Juden Philon π. μέθης 198. Bemerkt ist es zuerst von Bernays in der Abhandlung „Herennius' Metaphysik und Longinos", Ges. Abh. I 347. Dann hat Arnim, Quellenstud. zu Philo v. Al. 66, nachgewiesen, daß dieser einen ganzen Abschnitt von einem skeptischen Philosophen nimmt, der seinen Standpunkt damit begründet, daß hergebrachte Vorurteile, eingewurzelte Anschauungen, anerkannte Halbwahrheiten ein freies Urteil in den Menschen nicht aufkommen lassen. Da diese unbewiesenen Meinungen einander aufheben, ergibt sich die Negation des Wissens. Die Menschen sind von den Vorurteilen geohrfeigt, κατακεκονδυλισμένοι. Bei dem Rhetor π. ὕψους sind die Menschen ὑπὸ συνηθείας ἀεὶ κεκονδυλισμένοι (was der Skeptiker auch so hätte sagen können). Die Möglichkeit ist nicht zu bestreiten, daß π. ὕψους direkt von dem Skeptiker abhängt, aber die Vermittlung durch einen dritten, natürlich nicht Philon, ist nicht ausgeschlossen. Ich möchte direkte Verbindung annehmen, da sie erklären würde, weshalb ein Philosoph eingeführt ist, der doch nichts Philosophisches sagt[2].

Es ist wichtig, daß die Hauptgedanken des Dialogus in den Kreisen der griechischen Rhetoren längst gefaßt und hin und her gewendet waren. Aber wie viel höher steht Tacitus auch hier, wo er noch nicht seinen eigensten Stil schreibt, selbst formal über diesem geistreichen, aber unfreien und eigener Kraft entbehrenden Rhetor.

[1] τὸ ἐκ [τοῦ] παντὸς κερδαίνειν ὠνούμεθα τῆς ψυχῆς, § 9, stammt von Heraklit 85.

[2] Arnim S. 120 hat noch auf eine andere Stelle aufmerksam gemacht, π. ὕψ. 3, 4, die an Philon, plant. Noe 157, anklingt. Aber da ist wohl kaum eine nähere Beziehung vorhanden.

# NACHTRÄGE

I 12. Zu religio vgl. K. Kerényi, *Εὐλάβεια* = Byz.-Neugriech. Jahrbb. 1931, 306.

I 17. Zu *θεός* Platon Ges. 741 b *κλῆρος θεός*.

I 68. Nach Mitteilung von Klaffenbach finden sich *Δυμᾶνες* auch im westlichen Lokris: SGDI. 1842, 1. 1851, 12. Suppl. Epigr. Graec. II 352, 13. IG. IX $1^2$, 1, 17, 3. Sehr wichtig.

I 92. Lukian IX 656: Giganten zu Bergen versteinert.

I 93. Zu dem reichen Kultus Aphrodites in Lakonien, der in der Nachbarschaft von Kythera seine Erklärung findet, steht Arkadien in sehr bemerkenswertem Gegensatz. Abgesehen von Megalopolis, das für die alte Zeit nichts beweist, gibt es die *Παφία* in Tegea, Pausan. VIII 53, 7, in Psophis die vom Eryx mit einer Etymologie, die den Eryx zum Vater der Psophis macht, VIII 24, also etwas ganz Junges, wie es auch damit stehe, eine *μελαινίς* unweit der Grenze der Argolis, 6, 5 (der ungedeutete Beiname kehrt in Korinth und Thespiai wieder), im eigentlichen Arkadien kennt Pausanias, 41, 10, nur auf dem Kotilion einen Aphroditetempel, den er ohne Kultbild in Trümmern fand: da wird er den Inhaber nur aus seinem Reisebuche kennen. Hoffentlich war er richtig. Auch dann ändert er nichts daran, daß die fremde und doch schon im zweiten Jahrtausend übernommene Göttin in dieses Bergland nicht gedrungen war. Die zahlreichen Kulte der Göttinnen, welche zu Artemis wurden, haben den Arkadern genügt.

I 97. Über die Höhle der Eileithyia bei Amnisos siehe Archäol. Anzeiger 1930, 156; sie hatte dauernden Kult.

I 97. Für Anrufung der Eileithyia in Athen verweist Ed. Fraenkel mit Recht auf Aristoph. Eccl. 360 *ὦ πότνι' Εἰλείθυια μή με περιίδῃς διαρραγέντα* sowie Lys. 742 *ὦ πότνι' Εἰλείθυι' ἐπίσχες τοῦ τόκου*. – Zu Damia vgl. F. Altheim, Terra Mater 96.

I 104, 3. Zur Inschrift Valmin, Årsberättelse Lund 1928/29, 146 vgl. A. Wilhelm, Ἑλληνικά IV 1931, 20; sie stammt aus dem Jahre 153 n. Chr.

I 166. Zerynthos gehörte zu Samothrake. Für Hekate vgl. auch Pindars Päan für Abdera.

I 167. Zum Hundeopfer Plut. aet. Rom. 290d.

I 184, 3. Wasser begeistert: Klaros, doch auch Delphi.

I 193, 1. [Vorlage für Vergil Georg. III 93 ist Apoll. Rhod. II 1237; dessen Scholien zitieren (zu 1231) für die Roßgestalt des Kronos Pherekydes. – Mitteilung von Ed. Fraenkel an Wilamowitz.]

I 195, 4. *Φορωνίς* Teil der *Κατάλογοι*, *nicht* Eoeen.

I 208, 5. [Die Verse sind von Ephoros (FGrHist 70 F 150) bei Strabon VIII 374 zitiert. – Mitteilung von Ed. Fraenkel an Wilamowitz.]

I 211. Leukothea in Attika: IG. $II^2$ 1582, 134 ist *Λευκόθιον* zu lesen, vgl. S. Solders, Die außerstädtischen Kulte und die Einigung Attikas, Lund 1931, 65.

I 224, 1. Zeus *Κλάριος* bei Tegea = *Κράριος* (*Κραριῶται*), gedeutet auf *ἀκραῖος* von Rhomaios *Δελτίον* IV 1918, 119, vgl. *Ζεὺς Καραός* aus dem akarnanischen Astakos, a. a. O. 117.

I 230. Zur Itonia in Athen vgl. auch IG. $II^2$ 333, 17 *τῆι Ἀθηνᾶι τῆι Ἰτώνηι*.

I 237. Zum Holokaustopfer vgl. Latte, Gnomon VII 122/23.

I 240. IG. $II^1$ 1099 *ὅρος τεμέν[ο]υς Ἥρ[ας] Ε[ἰ]λει[θυίας]* aus Kephale (vgl. S. Solders, Die außerstädtischen Kulte und die Einigung Attikas, Lund 1931, 7). Ob nicht zwei Göttinnen? Warum nicht *Ε[ἰ]λει[θυιῶν]*? [Anders Kirchner in der Neuherausgabe IG. $II^2$ 2612. – Zusatz d. Herausg.]

I 243, 3. Entscheidend *Πὰν Σινόεις* in einer archaischen Weihung vom Kotilion, Syll. 1204.

I 249, 3. Zum Sonnenkult der Thraker vgl. auch Herodot IV 94.

I 252, 1. Die gesuchte Stelle ist Plutarch VII sapient. conviv. 14 (nach Mitteilung von Ed. Fraenkel und K. Prinz).

I 258, 2. [Regenbogen als Vorzeichen für Regenwetter z. B. Arat 940, Plaut. Curc. 132. – Mitteilung von Ed. Fraenkel an Wilamowitz.]

I 263. Klaffenbach mahnt mich, daß auch männliche Sirenen in der Kunst vorkommen, in einer noch unedierten archaischen samischen Inschrift [vgl. Gnomon II 123] zwei Perinthier der Hera unter anderem einen σερῆνα ἀργύρεον weihen. In der Literatur unerhört, eine Analogie die bärtige Sphinx. Dann sind die Sirenen auf der Hand der Herastatue (I 267, 1) gerechtfertigt.

I 273. Für nanus vgl. Gellius XIX 13.

I 283. Fische für Heroenopfer (ἀποπυρίς) Syll. 1106 Anm. 17.

I 287. Kleidertausch bei Hochzeit. Plutarch aet. Gr. 58.

I 291. Zur ἱεροσυλία vgl. K. Latte, Heiliges Recht 85.

I 352, 1. Ἀργείων· αἶσα· μοῖρα, Diogenianglosse bei Latte, Philol. 80, 137.

I 353, 3. Zu Herakleitos Frg. 20 (μόρους γενέσθαι) vgl. Snell, Hermes 61, 369 (ebendort 370, 1 Reinhardt); da allgemeiner, zu eng gefaßt.

I 356, 2. [Ein zweites Beispiel für δαιμόνα (vielmehr δαιμονή) bringt P. Maas, Z. vgl. Sprachf. 60,285 – Mitteilung an d. Herausg.]

I 364. Zu ψυχή: Herz und Zwerchfell sind Körperteile, denen Funktionen zugeschrieben werden, die für uns geistig werden. φρήν behält das.

II 5. Hera ἀκραία von Argos auch auf dem Isthmos [vgl. I 233].

II 19. Der Totenkult der Könige, den die Schachtgräber beweisen, während er für die Masse des Volkes nicht gegolten haben kann und bei Homer fehlt, setzt sich dann darin fort, daß sie in der Nekyia ein bewußtes Leben führen und kein Blut zu trinken brauchen, um mit Odysseus zu sprechen. Andererseits steigert er sich im Mutterlande zu dem Fortleben der Heroen und ihrem Wirken in der Menschenwelt, wieder im Gegensatze zu der Masse. Das hatte ich wohl bemerkt, aber die Wichtigkeit nicht genug geschätzt. Das habe ich erst aus Sethes Urgeschichte und älteste Religion der Ägypter gelernt, denn dort ist es ganz ebenso, erhält aber dann eine viel größere Bedeutung, wenn Osiris wirklich ein alter König gewesen ist und schließlich das Fortleben jedes Toten durch die Osirisreligion erreicht wird.

II 90, 1. Olympische Chronik: auf Pindaros [S. 481] verweisen; sehr wohl möglich, daß zuviel Sieger aufgezeichnet waren, nicht bloß im Stadion, so daß das Anfangsjahr etwas herabgerückt werden müßte.

II 144. Klaffenbach macht mich auf eine samische Votivstele aufmerksam (Δελτίον IV 1918 πίναξ γ'), die drei Adoranten vor einer Schlange zeigt. Der Herausgeber Euangelides zieht ein böotisches Relief heran, abgebildet bei Miß Harrison Themis S. 283, auf dem ein Vater mit seinem kleinen Sohne ebenso vor einer sich aufbäumenden Schlange steht. Da wird man zunächst nicht zweifeln, in der Schlange den Toten zu sehen. Aber auf dem samischen Relief liegt ein Kerykeion an dem Felsen, auf dem die Schlange sitzt, was dazu führt, in ihr den Hermes zu sehen, so unerhört für ihn diese Gestalt ist. Ich kann mich dazu nicht entschließen, möchte annehmen, daß das Kerykleion die Vermittlung des Gottes andeutet, der den Toten emporgeführt hat.

II 151, 3. [Blinkenberg, Den Knidiske Afrodite = Kunstmuseets Aarsskrift, Kopenhagen 1919, 1–40. 132–133. – Mitteilung von P. Geißler an d. Herausg.]

II 187, 1. [Vgl. Platon[2] I 243, 2. – Zusatz d. Herausg.]

II 265. [Statt *θεοὶ φιλάδελφοι* lies *θεοὶ ἀδελφοί*. – Herausg.]

II 278, 2. [Lies *τὰ περὶ τὴν ψυχὴν συμβαίνοντα*. – Herausg.]

II 380. [Dionysios vom Pharos = der Perieget = Verfasser der Bassarika, vgl. F. Rühl, Rh. Mus. 29, 85. – Mitteilung von R. Keydell an d. Herausg.]

II 424, 2. [Zur Inschrift von Gytheion vgl. auch H. Seyrig, Rev. archéol. XXIX 1929, 84; E. Kornemann, Abh. Schles. Ges. f. vaterl. Kultur, 1. Heft 1929; M. Rostovtzeff, Rev. hist. CLXIII 1. – Zusatz d. Herausg.]

II 451. [Die aus Mommsen zitierte Stelle findet sich Röm. Gesch. V 5. – Zusatz d. Herausg.]

II 506, 1. [Andere Belege für „*καὶ* vor Vokal ungekürzt hinter der Zäsur" zusammengestellt von P. Maas, Gnomon VII 578. – Mitteilung an d. Herausg.]

# REGISTER

Bei wechselnder Orthographie, z. B. ai– ä, wird hier möglichst die griechische Schreibung bevorzugt
* weist auf kritische Behandlung hin

## I. NAMEN UND SACHEN

Die literarischen Namen siehe unter II

## II. LITERATUR UND STELLEN

## III. NEUZEIT

# SEITENVERGLEICH

des Textes der ersten Auflage 1931/32 mit dem Text der vorliegenden Auflage

## Band 1

(Beispiel: Seite 4 der ersten Auflage = Seite 3, Zeile 38 bis Seite 4, Zeile 37 der zweiten Auflage)

| 1. Aufl. Seite | 2. Aufl. Seite |
|---|---|
| 1 | 1,1—1,30 |
| 2 | 1,30—2,31 |
| 3 | 2,31—3,38 |
| 4 | 3,38—4,37 |
| 5 | 4,38—5,36 |
| 6 | 5,37—6,32 |
| 7 | 6,32—7,34 |
| 8 | 7,34—8,33 |
| 9 | 8,33—9,33 |
| 10 | 9,34—10,32 |
| 11 | 10,32—11,31 |
| 12 | 11,31—12,27 |
| 13 | 12,27—13,25 |
| 14 | 13,25—14,24 |
| 15 | 14,25—15,16 |
| 16 | 15,16—16,7 |
| 17 | 16,7—17,12 |
| 18 | 17,13—18,12 |
| 19 | 18,12—19,20 |
| 20 | 19,21—20,19 |
| 21 | 20,20—21,17 |
| 22 | 21,17—22,14 |
| 23 | 22,15—23,9 |
| 24 | 23,9—24,13 |
| 25 | 24,13—25,11 |
| 26 | 25,12—26,10 |
| 27 | 26,10—27,8 |
| 28 | 27,8—28,7 |
| 29 | 28,7—29,5 |
| 30 | 29,5—30,4 |
| 31 | 30,4—31,1 |
| 32 | 31,2—32,1 |
| 33 | 32,1—32,38 |
| 34 | 33,1—33,31 |
| 35 | 33,31—34,23 |
| 36 | 34,24—35,34 |
| 37 | 35,34—36,32 |
| 38 | 36,32—37,30 |
| 39 | 37,30—38,31 |
| 40 | 38,31—39,17 |
| 41 | 39,18—40,30 |
| 42 | 40,30—41,29 |
| 43 | 41,29—42,25 |
| 44 | 42,25—43,27 |
| 45 | 43,28—44,11 |
| 46 | 45,1—46,1 |
| 47 | 46,1—46,40 |
| 48 | 46,40—47,38 |
| 49 | 47,39—48,36 |
| 50 | 48,37—49,26 |
| 51 | 49,27—50,21 |
| 52 | 50,21—51,19 |
| 53 | 51,19—52,22 |
| 54 | 52,22—53,19 |
| 55 | 53,19—54,22 |
| 56 | 54,22—55,13 |
| 57 | 55,13—56,29 |
| 58 | 56,30—57,25 |
| 59 | 57,25—58,22 |
| 60 | 58,22—59,25 |
| 61 | 59,25—60,22 |
| 62 | 60,22—61,23 |
| 63 | 61,23—62,18 |
| 64 | 62,18—63,19 |
| 65 | 63,19—64,3 |
| 66 | 64,4—65,20 |
| 67 | 65,21—66,15 |
| 68 | 66,15—67,14 |
| 69 | 67,14—68,7 |
| 70 | 68,7—69,15 |
| 71 | 69,15—70,16 |
| 72 | 70,17—71,11 |
| 73 | 71,11—72,6 |
| 74 | 72,7—73,6 |
| 75 | 73,6—74,10 |
| 76 | 74,10—75,11 |
| 77 | 75,11—76,10 |
| 78 | 76,10—77,6 |
| 79 | 77,7—78,5 |
| 80 | 78,6—79,5 |
| 81 | 79,5—80,4 |
| 82 | 80,4—81,2 |
| 83 | 81,2—82,3 |
| 84 | 82,3—83,4 |
| 85 | 83,4—84,1 |
| 86 | 84,2—85,2 |
| 87 | 85,3—86,1 |
| 88 | 86,1—86,20 |
| 89 | 87,1—87,31 |
| 90 | 87,31—88,24 |
| 91 | 88,24—89,27 |
| 92 | 89,28—90,10 |
| 93 | 90,11—91,19 |
| 94 | 91,19—92,12 |
| 95 | 92,12—93,14 |
| 96 | 93,14—94,14 |
| 97 | 94,14—95,17 |
| 98 | 95,17—96,21 |
| 99 | 96,21—97,18 |

| 1. Aufl. Seite | 2. Aufl. Seite | 1. Aufl. Seite | 2. Aufl. Seite | 1. Aufl. Seite | 2. Aufl. Seite |
|---|---|---|---|---|---|
| 100 | 97,18—98,20 | 142 | 138,25—139,27 | 184 | 180,10—181,8 |
| 101 | 98,20—99,25 | 143 | 139,28—140,21 | 185 | 181,9—182,5 |
| 102 | 99,25—100,29 | 144 | 140,21—141,23 | 186 | 182,5—183,4 |
| 103 | 100,29—101,19 | 145 | 141,23—142,14 | 187 | 183,4—184,7 |
| 104 | 101,19—102,21 | 146 | 142,14—143,17 | 188 | 184,7—185,2 |
| 105 | 102,21—103,18 | 147 | 143,17—144,14 | 189 | 185,2—186,1 |
| 106 | 103,19—104,14 | 148 | 144,14—145,17 | 190 | 186,1—187,4 |
| 107 | 104,15—105,32 | 149 | 145,17—146,6 | 191 | 187,4—187,28 |
| 108 | 105,32—106,26 | 150 | 146,6—147,13 | 192 | 187,28—188,25 |
| 109 | 107,1—107,29 | 151 | 147,13—148,17 | 193 | 188,25—189,20 |
| 110 | 107,29—108,33 | 152 | 148,17—149,13 | 194 | 190,1—190,29 |
| 111 | 108,33—109,22 | 153 | 149,13—150,16 | 195 | 190,30—191,33 |
| 112 | 109,22—110,28 | 154 | 150,16—151,19 | 196 | 191,33—192,22 |
| 113 | 110,29—111,29 | 155 | 151,19—152,13 | 197 | 192,22—193,20 |
| 114 | 111,29—112,13 | 156 | 152,13—153,13 | 198 | 193,21—194,18 |
| 115 | 112,14—113,25 | 157 | 153,13—154,13 | 199 | 194,18—195,16 |
| 116 | 113,26—114,11 | 158 | 154,13—155,12 | 200 | 195,16—196,26 |
| 117 | 114,11—115,29 | 159 | 155,12—156,17 | 201 | 196,26—197,27 |
| 118 | 115,30—116,29 | 160 | 156,17—157,16 | 202 | 198,1—198,31 |
| 119 | 116,29—117,23 | 161 | 157,16—158,5 | 203 | 198,31—199,14 |
| 120 | 117,23—118,28 | 162 | 158,5—159,15 | 204 | 199,14—200,21 |
| 121 | 118,28—119,18 | 163 | 159,15—160,3 | 205 | 200,21—201,19 |
| 122 | 119,18—120,26 | 164 | 160,3—161,13 | 206 | 201,20—202,15 |
| 123 | 120,26—121,25 | 165 | 161,13—162,15 | 207 | 202,16—203,17 |
| 124 | 121,25—122,19 | 166 | 162,15—163,13 | 208 | 203,17—204,20 |
| 125 | 122,19—123,11 | 167 | 163,14—164,14 | 209 | 204,20—205,21 |
| 126 | 123,11—124,20 | 168 | 164,14—165,14 | 210 | 205,21—206,19 |
| 127 | 124,20—125,12 | 169 | 165,15—166,7 | 211 | 206,19—207,10 |
| 128 | 125,12—126,17 | 170 | 166,7—167,11 | 212 | 207,10—208,15 |
| 129 | 126,17—127,17 | 171 | 167,11—168,8 | 213 | 208,15—209,5 |
| 130 | 127,17—128,13 | 172 | 168,8—169,14 | 214 | 209,5—210,7 |
| 131 | 128,13—129,15 | 173 | 169,14—170,11 | 215 | 210,7—211,11 |
| 132 | 129,15—130,12 | 174 | 170,12—171,8 | 216 | 211,11—212,10 |
| 133 | 130,12—131,2 | 175 | 171,8—172,9 | 217 | 212,10—213,9 |
| 134 | 131,2—132,15 | 176 | 172,9—173,9 | 218 | 213,9—214,7 |
| 135 | 132,15—133,8 | 177 | 173,9—174,11 | 219 | 214,7 215,8 |
| 136 | 133,8—133,16 | 178 | 174,11—175,10 | 220 | 215,8—216,7 |
| 137 | 134,1—134,25 | 179 | 175,10—175,29 | 221 | 216,8—217,14 |
| 138 | 134,26—135,33 | 180 | 176,1—177,5 | 222 | 217,15—218,10 |
| 139 | 135,33—136,25 | 181 | 177,5—178,4 | 223 | 218,11—219,13 |
| 140 | 136,25—138,1 | 182 | 178,4—179,4 | 224 | 219,13—220,11 |
| 141 | 138,1—138,25 | 183 | 179,5—180,10 | 225 | 220,12—221,3 |

| 1. Aufl. Seite | 2. Aufl. Seite | 1. Aufl. Seite | 2. Aufl. Seite | 1. Aufl. Seite | 2. Aufl. Seite |
|---|---|---|---|---|---|
| 226 | 221,3—222,7 | 268 | 262,16—263,13 | 310 | 303,39—304,34 |
| 227 | 222,8—223,7 | 269 | 263,14—264,11 | 311 | 304,34—305,30 |
| 228 | 223,8—224,10 | 270 | 264,11—265,14 | 312 | 305,30—306,27 |
| 229 | 224,11—225,8 | 271 | 265,14—266,18 | 313 | 306,27—307,28 |
| 230 | 225,9—226,10 | 272 | 266,18—267,10 | 314 | 307,28—308,14 |
| 231 | 226,10—227,10 | 273 | 267,10—268,8 | 315 | 308,14—309,26 |
| 232 | 227,10—228,8 | 274 | 268,9—269,17 | 316 | 309,26—310,16 |
| 233 | 228,9—229,11 | 275 | 269,17—270,5 | 317 | 311,1—312,1 |
| 234 | 229,11—230,9 | 276 | 270,5—271,17 | 318 | 312,2—312,37 |
| 235 | 230,9—231,3 | 277 | 271,17—272,10 | 319 | 313,1—313,23 |
| 236 | 231,3—232,8 | 278 | 272,10—273,16 | 320 | 313,24—315,2 |
| 237 | 232,8—233,7 | 279 | 273,16—274,14 | 321 | 315,3—316,2 |
| 238 | 233,8—234,4 | 280 | 274,15—275,10 | 322 | 316,2—316,25 |
| 239 | 234,4—235,4 | 281 | 275,10—276,15 | 323 | 316,25—318,1 |
| 240 | 235,5—236,6 | 282 | 276,15—277,14 | 324 | 318,1—319,2 |
| 241 | 236,6—237,3 | 283 | 277,14—278,11 | 325 | 319,2—320,2 |
| 242 | 237,3—238,2 | 284 | 278,12—279,8 | 326 | 320,2—321,1 |
| 243 | 238,2—238,28 | 285 | 279,9—280,9 | 327 | 321,1—321,19 |
| 244 | 238,28—239,25 | 286 | 280,9—281,3 | 328 | 322,1—322,38 |
| 245 | 239,25—240,28 | 287 | 281,3—282,3 | 329 | 322,38—323,13 |
| 246 | 240,28—241,25 | 288 | 282,4—283,8 | 330 | 323,13—324,35 |
| 247 | 241,26—242,31 | 289 | 283,8—284,6 | 331 | 324,35—325,30 |
| 248 | 242,31—243,21 | 290 | 284,6—285,3 | 332 | 325,30—326,22 |
| 249 | 243,21—244,18 | 291 | 285,3—286,4 | 333 | 326,22—327,37 |
| 250 | 244,18—245,32 | 292 | 286,4—287,5 | 334 | 327,38—328,28 |
| 251 | 245,32—246,25 | 293 | 287,5—288,2 | 335 | 328,28—329,20 |
| 252 | 246,25—247,35 | 294 | 288,2—289,8 | 336 | 329,20—330,16 |
| 253 | 247,35—248,23 | 295 | 289,8—290,7 | 337 | 330,16—331,35 |
| 254 | 248,24—249,21 | 296 | 290,8—291,6 | 338 | 331,35—332,26 |
| 255 | 249,21—250,22 | 297 | 291,6—292,4 | 339 | 333,1—333,19 |
| 256 | 250,23—251,31 | 298 | 292,4—293,2 | 340 | 333,19—334,35 |
| 257 | 251,31—252,29 | 299 | 293,2—294,1 | 341 | 334,35—335,32 |
| 258 | 252,29—253,18 | 300 | 294,1—295,2 | 342 | 335,33—336,28 |
| 259 | 253,18—254,28 | 301 | 295,3—296,3 | 343 | 336,28—337,32 |
| 260 | 254,28—255,17 | 302 | 296,4—297,3 | 344 | 337,32—338,28 |
| 261 | 255,17—256,23 | 303 | 297,3—297,36 | 345 | 338,29—339,28 |
| 262 | 256,23—257,14 | 304 | 297,36—298,30 | 346 | 339,28—340,28 |
| 263 | 257,14—258,6 | 305 | 298,30—300,1 | 347 | 340,29—341,20 |
| 264 | 258,7—259,17 | 306 | 300,1—301,1 | 348 | 341,20—342,18 |
| 265 | 259,18—260,12 | 307 | 301,1—301,29 | 349 | 342,19—343,24 |
| 266 | 260,12—261,11 | 308 | 302,1—302,20 | 350 | 343,24—344,26 |
| 267 | 261,12—262,16 | 309 | 302,21—303,38 | 351 | 344,26—345,17 |

| 1. Aufl. Seite | 2. Aufl. Seite | 1. Aufl. Seite | 2. Aufl. Seite | 1. Aufl. Seite | 2. Aufl. Seite |
|---|---|---|---|---|---|
| 352 | 345,17—346,25 | 373 | 366,22—367,10 | 394 | 386,27—387,20 |
| 353 | 346,25—347,25 | 374 | 367,10—368,13 | 395 | 388,1—388,17 |
| 354 | 347,25—348,5 | 375 | 368,13—369,23 | 396 | 388,17—389,20 |
| 355 | 348,5—349,9 | 376 | 369,23—370,17 | 397 | 389,20—390,35 |
| 356 | 349,9—350,14 | 377 | 370,17—371,20 | 398 | 390,35—391,25 |
| 357 | 350,14—351,26 | 378 | 371,20—371,30 | 399 | 391,25—392,33 |
| 358 | 351,26—352,7 | 379 | 372,1—372,30 | 400 | 392,33—393,31 |
| 359 | 352,7—353,12 | 380 | 372,30—373,27 | 401 | 393,31—394,29 |
| 360 | 353,12—354,13 | 381 | 373,28—374,33 | 402 | 394,30—395,32 |
| 361 | 354,13—355,23 | 382 | 374,33—376,1 | 403 | 395,32—396,37 |
| 362 | 355,23—356,21 | 383 | 376,1—377,1 | 404 | 396,37—397,27 |
| 363 | 356,21—357,13 | 384 | 377,1—377,33 | 405 | 397,27—398,28 |
| 364 | 357,13—358,8 | 385 | 377,33—378,38 | 406 | 398,28—400,1 |
| 365 | 358,8—359,14 | 386 | 378,39—379,30 | 407 | 400,1—400,19 |
| 366 | 359,14—360,22 | 387 | 379,30—380,36 | 408 | 400,19—401,27 |
| 367 | 360,23 361,21 | 388 | 380,36—381,37 | 409 | 401,27—402,27 |
| 368 | 361,21—362,16 | 389 | 381,37—382,35 | 410 | 402,27—404,2 |
| 369 | 362,16—363,28 | 390 | 382,35—383,29 | 411 | 404,3—405,1 |
| 370 | 363,29—364,21 | 391 | 383,29—384,35 | 412 | 405,1—405,35 |
| 371 | 364,21—365,12 | 392 | 384,35—385,36 | | |
| 372 | 365,13—366,22 | 393 | 385,36—386,27 | | |

## Band 2

| 1. Aufl. Seite | 2. Aufl. Seite | 1. Aufl. Seite | 2. Aufl. Seite | 1. Aufl. Seite | 2. Aufl. Seite |
|---|---|---|---|---|---|
| 1 | 1,1—2,2 | 17 | 17,1—18,1 | 33 | 32,23—33,18 |
| 2 | 2,2—3,2 | 18 | 18,1—19,4 | 34 | 33,19—34,20 |
| 3 | 3,2—4,2 | 19 | 19,4—19,33 | 35 | 34,21—35,20 |
| 4 | 4,3—5,5 | 20 | 19,33—21,1 | 36 | 35,20—36,22 |
| 5 | 5,5—6,1 | 21 | 21,1—21,21 | 37 | 36,22—37,15 |
| 6 | 6,1—7,5 | 22 | 22,1—22,29 | 38 | 37,15—38,21 |
| 7 | 7,5—8,4 | 23 | 22,29—23,33 | 39 | 38,22—39,25 |
| 8 | 8,4—8,35 | 24 | 23,33—24,34 | 40 | 39,25—40,27 |
| 9 | 9,1—9,18 | 25 | 24,34—25,29 | 41 | 40,27—41,26 |
| 10 | 9,18—11,2 | 26 | 25,29—26,31 | 42 | 41,26—42,11 |
| 11 | 11,2—12,5 | 27 | 26,31—27,26 | 43 | 42,12—43,20 |
| 12 | 12,6—13,5 | 28 | 27,27—28,20 | 44 | 43,20—44,16 |
| 13 | 13,5—13,22 | 29 | 28,21—29,13 | 45 | 44,17—45,9 |
| 14 | 13,22—14,10 | 30 | 29,14—30,22 | 46 | 45,9—46,23 |
| 15 | 15,1—16,3 | 31 | 30,22—31,25 | 47 | 46,23—47,8 |
| 16 | 16,3—16,16 | 32 | 31,26—32,23 | 48 | 47,8—48,18 |

| 1. Aufl. Seite | 2. Aufl. Seite |
|---|---|
| 49 | 48,18—49,16 |
| 50 | 49,16—50,14 |
| 51 | 50,14—51,12 |
| 52 | 51,12—52,8 |
| 53 | 52,8—53,8 |
| 54 | 53,8—54,6 |
| 55 | 54,6—55,6 |
| 56 | 55,6—56,10 |
| 57 | 56,10—57,12 |
| 58 | 57,12—58,4 |
| 59 | 58,4—59,15 |
| 60 | 59,15—60,7 |
| 61 | 60,7—61,4 |
| 62 | 61,5—62,13 |
| 63 | 62,13—63,10 |
| 64 | 63,10—64,9 |
| 65 | 64,9—65,10 |
| 66 | 65,11—66,2 |
| 67 | 66,3—67,8 |
| 68 | 67,8—68,6 |
| 69 | 68,6—69,11 |
| 70 | 69,11—70,5 |
| 71 | 70,6—71,9 |
| 72 | 71,9—72,6 |
| 73 | 72,6—73,5 |
| 74 | 73,5—74,7 |
| 75 | 74,8—75,1 |
| 76 | 75,1—76,10 |
| 77 | 76,11—77,9 |
| 78 | 77,9—78,7 |
| 79 | 78,7—79,7 |
| 80 | 79,7—80,6 |
| 81 | 80,6—81,4 |
| 82 | 81,4—82,3 |
| 83 | 82,4—83,3 |
| 84 | 83,3—84,4 |
| 85 | 84,4—85,3 |
| 86 | 85,4—86,3 |
| 87 | 86,3—87,1 |
| 88 | 87,1—88,1 |
| 89 | 88,1—88,36 |
| 90 | 88,36—89,8 |

| 1. Aufl. Seite | 2. Aufl. Seite |
|---|---|
| 91 | 89,8—90,30 |
| 92 | 90,30—91,31 |
| 93 | 91,31—92,27 |
| 94 | 92,28—93,25 |
| 95 | 93,26—94,30 |
| 96 | 94,31—95,20 |
| 97 | 95,20—96,24 |
| 98 | 96,24—97,22 |
| 99 | 97,22—98,11 |
| 100 | 98,11—99,31 |
| 101 | 99,31—100,29 |
| 102 | 100,29—101,22 |
| 103 | 101,22—102,19 |
| 104 | 102,19—103,25 |
| 105 | 103,26—104,16 |
| 106 | 104,16—105,21 |
| 107 | 105,22—106,19 |
| 108 | 106,19—107,16 |
| 109 | 107,16—108,14 |
| 110 | 108,14—109,14 |
| 111 | 109,15—110,13 |
| 112 | 110,13—111,5 |
| 113 | 111,5—112,7 |
| 114 | 112,7—113,10 |
| 115 | 113,10—114,13 |
| 116 | 114,13—115,11 |
| 117 | 115,11—116,3 |
| 118 | 116,4—117,14 |
| 119 | 117,14—118,14 |
| 120 | 118,14—119,10 |
| 121 | 119,10—120,11 |
| 122 | 120,11—121,12 |
| 123 | 121,13—122,6 |
| 124 | 122,6—123,10 |
| 125 | 123,10—124,10 |
| 126 | 124,11—125,6 |
| 127 | 125,6—126,5 |
| 128 | 126,5—127,6 |
| 129 | 127,6—128,8 |
| 130 | 128,8—129,6 |
| 131 | 129,7—130,4 |
| 132 | 130,4—131,7 |

| 1. Aufl. Seite | 2. Aufl. Seite |
|---|---|
| 133 | 131,7—132,6 |
| 134 | 132,6—133,4 |
| 135 | 133,4—134,2 |
| 136 | 134,2—135,2 |
| 137 | 135,2—135,37 |
| 138 | 135,37—136,39 |
| 139 | 136,39—137,31 |
| 140 | 137,32—138,23 |
| 141 | 138,23—139,34 |
| 142 | 139,34—140,21 |
| 143 | 140,21—141,33 |
| 144 | 141,33—142,35 |
| 145 | 142,35—143,31 |
| 146 | 143,31—144,26 |
| 147 | 144,26—145,22 |
| 148 | 145,23—146,22 |
| 149 | 146,22—147,22 |
| 150 | 147,23—148,26 |
| 151 | 148,26—150,1 |
| 152 | 150,1—150,17 |
| 153 | 150,17—151,32 |
| 154 | 151,32—152,30 |
| 155 | 152,31—153,30 |
| 156 | 153,30—154,26 |
| 157 | 154,26—155,29 |
| 158 | 155,29—156,20 |
| 159 | 156,21—157,25 |
| 160 | 157,25—158,31 |
| 161 | 158,31—159,30 |
| 162 | 159,30—160,33 |
| 163 | 160,33—161,20 |
| 164 | 161,20—162,25 |
| 165 | 162,25—163,21 |
| 166 | 163,21—164,19 |
| 167 | 164,19—165,25 |
| 168 | 165,25—166,27 |
| 169 | 166,28—167,29 |
| 170 | 167,29—168,25 |
| 171 | 168,25—169,23 |
| 172 | 169,24—170,26 |
| 173 | 170,26—171,29 |
| 174 | 171,29—172,24 |

| 1. Aufl. Seite | 2. Aufl. Seite |
|---|---|
| 175 | 172,24—173,26 |
| 176 | 173,26—174,14 |
| 177 | 174,14—175,14 |
| 178 | 175,14—176,18 |
| 179 | 176,18—177,28 |
| 180 | 177,28—178,24 |
| 181 | 178,24—179,28 |
| 182 | 179,28—180,22 |
| 183 | 180,22—181,12 |
| 184 | 181,12—182,19 |
| 185 | 182,19—183,20 |
| 186 | 183,20—184,21 |
| 187 | 184,21—185,19 |
| 188 | 185,19—186,12 |
| 189 | 186,12—187,15 |
| 190 | 187,15—188,25 |
| 191 | 188,25—189,20 |
| 192 | 189,21—190,20 |
| 193 | 190,21—191,15 |
| 194 | 191,15—192,4 |
| 195 | 192,5—193,16 |
| 196 | 193,17—194,6 |
| 197 | 194,6—195,12 |
| 198 | 195,12—196,15 |
| 199 | 196,15—197,12 |
| 200 | 197,13—198,10 |
| 201 | 198,11—199,17 |
| 202 | 199,17—200,23 |
| 203 | 200,23—201,24 |
| 204 | 201,25—202,15 |
| 205 | 202,16—203,19 |
| 206 | 203,19—204,20 |
| 207 | 204,20—205,17 |
| 208 | 205,17—206,19 |
| 209 | 206,19—207,8 |
| 210 | 207,8—208,21 |
| 211 | 208,22—209,17 |
| 212 | 209,17—210,13 |
| 213 | 210,14—211,22 |
| 214 | 211,22—212,18 |
| 215 | 212,18—213,7 |
| 216 | 213,7—214,12 |
| 217 | 214,12—215,14 |
| 218 | 215,15—216,19 |
| 219 | 216,20—217,18 |
| 220 | 217,18—218,14 |
| 221 | 218,15—219,14 |
| 222 | 219,14—220,18 |
| 223 | 220,18—221,11 |
| 224 | 221,11—222,13 |
| 225 | 222,13—223,9 |
| 226 | 223,9—224,15 |
| 227 | 224,15—225,12 |
| 228 | 225,13—226,12 |
| 229 | 226,12—227,17 |
| 230 | 227,17—228,16 |
| 231 | 228,16—229,18 |
| 232 | 229,18—230,7 |
| 233 | 230,8—231,10 |
| 234 | 231,10—232,14 |
| 235 | 232,14—233,16 |
| 236 | 233,17—234,14 |
| 237 | 234,14—235,11 |
| 238 | 235,12—236,13 |
| 239 | 236,14—237,11 |
| 240 | 237,12—238,4 |
| 241 | 238,4—239,9 |
| 242 | 239,9—240,8 |
| 243 | 240,8—241,3 |
| 244 | 241,3—242,4 |
| 245 | 242,4—243,4 |
| 246 | 243,4—244,3 |
| 247 | 244,3—245,1 |
| 248 | 245,2—246,1 |
| 249 | 246,1—246,34 |
| 250 | 247,1—248,1 |
| 251 | 248,1—248,31 |
| 252 | 248,31—249,15 |
| 253 | 249,16—250,39 |
| 254 | 250,39—251,27 |
| 255 | 251,27—252,32 |
| 256 | 253,1—253,4 |
| 257 | 253,4—254,25 |
| 258 | 254,25—255,21 |
| 259 | 255,21—256,33 |
| 260 | 256,34—257,10 |
| 261 | 258,1—259,1 |
| 262 | 259,2—260,1 |
| 263 | 260,1—261,1 |
| 264 | 261,1—262,1 |
| 265 | 262,1—263,1 |
| 266 | 263,1—263,40 |
| 267 | 263,40—265,1 |
| 268 | 265,1—266,1 |
| 269 | 266,1—267,1 |
| 270 | 267,1—268,2 |
| 271 | 268,2—268,30 |
| 272 | 268,30—270,2 |
| 273 | 270,2—271,3 |
| 274 | 271,3—272,2 |
| 275 | 272,2—272,33 |
| 276 | 272,33—274,1 |
| 277 | 274,1—274,37 |
| 278 | 274,37—275,37 |
| 279 | 275,37—276,31 |
| 280 | 276,31—277,19 |
| 281 | 277,19—278,20 |
| 282 | 278,20—279,28 |
| 283 | 279,28—280,38 |
| 284 | 280,38—281,17 |
| 285 | 281,17—282,17 |
| 286 | 282,17—283,28 |
| 287 | 283,29—285,1 |
| 288 | 285,1—285,35 |
| 289 | 285,35—286,24 |
| 290 | 286,24—287,27 |
| 291 | 287,27—288,12 |
| 292 | 288,13—289,10 |
| 293 | 289,10—290,31 |
| 294 | 290,31—291,24 |
| 295 | 291,24—292,24 |
| 296 | 292,25—293,20 |
| 297 | 293,20—294,19 |
| 298 | 294,20—295,24 |
| 299 | 295,24—296,10 |
| 300 | 296,11—297,23 |

| 1. Aufl. Seite | 2. Aufl. Seite |
|---|---|
| 301 | 297,23—298,17 |
| 302 | 298,17—299,14 |
| 303 | 299,15—300,19 |
| 304 | 300,20—301,15 |
| 305 | 301,15—302,18 |
| 306 | 203,19—303,15 |
| 307 | 303,15—304,14 |
| 308 | 304,14—305,8 |
| 309 | 305,9—306,16 |
| 310 | 306,16—307,9 |
| 311 | 307,9—308,13 |
| 312 | 308,14—309,5 |
| 313 | 309,5—310,10 |
| 314 | 310,11—311,11 |
| 315 | 311,11—312,5 |
| 316 | 312,6—313,10 |
| 317 | 313,10—314,5 |
| 318 | 314,5—315,6 |
| 319 | 315,6—316,3 |
| 320 | 316,3—317,9 |
| 321 | 317,9—318,1 |
| 322 | 318,1—319,8 |
| 323 | 319,8—320,6 |
| 324 | 320,6—321,5 |
| 325 | 321,5—322,5 |
| 326 | 322,4—323,3 |
| 327 | 323,3—324,3 |
| 328 | 324,4—324,30 |
| 329 | 325,1—326,4 |
| 330 | 326,5—327,2 |
| 331 | 327,2—328,1 |
| 332 | 328,2—328,34 |
| 333 | 328,35—329,24 |
| 334 | 329,24—330,8 |
| 335 | 331,1—331,22 |
| 336 | 331,22—333,1 |
| 337 | 333,1—333,28 |
| 338 | 333,29—334,28 |
| 339 | 334,28—335,34 |
| 340 | 335,34—336,26 |
| 341 | 336,26—337,20 |
| 342 | 337,20—338,20 |
| 343 | 338,20—339,19 |
| 344 | 339,19—340,28 |
| 345 | 340,28—341,20 |
| 346 | 341,20—342,26 |
| 347 | 342,26—343,20 |
| 348 | 343,20—344,17 |
| 349 | 344,18—345,11 |
| 350 | 345,11—346,6 |
| 351 | 346,6—347,8 |
| 352 | 347,8—348,10 |
| 353 | 348,10—349,12 |
| 354 | 349,12—350,8 |
| 355 | 350,8—351,3 |
| 356 | 351,3—352,1 |
| 357 | 352,1—353,4 |
| 358 | 353,5—354,3 |
| 359 | 354,3—354,36 |
| 360 | 355,1—355,31 |
| 361 | 355,31—356,38 |
| 362 | 356,38—357,27 |
| 363 | 357,27—358,16 |
| 364 | 358,17—359,16 |
| 365 | 359,17—360,37 |
| 366 | 360,37—361,36 |
| 367 | 361,36—362,25 |
| 368 | 362,25—363,23 |
| 369 | 363,23—364,27 |
| 370 | 364,27—365,27 |
| 371 | 365,27—366,27 |
| 372 | 366,27—367,7 |
| 373 | 367,7—368,12 |
| 374 | 368,12—369,19 |
| 375 | 369,19—370,24 |
| 376 | 370,25—371,26 |
| 377 | 371,26—372,16 |
| 378 | 372,16—373,18 |
| 379 | 373,18—374,20 |
| 380 | 374,20—375,18 |
| 381 | 375,19—376,22 |
| 382 | 376,22—377,26 |
| 383 | 377,26—378,25 |
| 384 | 378,25—379,10 |
| 385 | 379,10—380,22 |
| 386 | 380,22—381,15 |
| 387 | 381,15—382,17 |
| 388 | 382,17—383,8 |
| 389 | 383,8—384,13 |
| 390 | 384,13—385,14 |
| 391 | 385,14—386,7 |
| 392 | 386,7—387,5 |
| 393 | 387,5—388,2 |
| 394 | 388,3—389,13 |
| 395 | 389,13—390,12 |
| 396 | 390,13—391,6 |
| 397 | 391,7—392,6 |
| 398 | 392,7—393,9 |
| 399 | 393,9—394,8 |
| 400 | 394,8—395,8 |
| 401 | 395,9—396,7 |
| 402 | 396,7—397,8 |
| 403 | 397,8—398,2 |
| 404 | 398,3—399,6 |
| 405 | 399,6—400,2 |
| 406 | 400,3—401,7 |
| 407 | 401,7—402,6 |
| 408 | 402,6—403,1 |
| 409 | 403,1—404,4 |
| 410 | 404,4—405,6 |
| 411 | 405,6—406,5 |
| 412 | 406,5—407,3 |
| 413 | 407,3—408,2 |
| 414 | 408,2—408,36 |
| 415 | 408,37—409,25 |
| 416 | 409,25—410,22 |
| 417 | 410,22—411,37 |
| 418 | 411,37—412,21 |
| 419 | 412,22—413,30 |
| 420 | 413,30—414,33 |
| 421 | 414,33—415,26 |
| 422 | 415,26—416,30 |
| 423 | 416,30—417,31 |
| 424 | 417,31—418,23 |
| 425 | 418,24—419,31 |
| 426 | 419,31—420,29 |

| 1. Aufl. Seite | 2. Aufl. Seite | 1. Aufl. Seite | 2. Aufl. Seite | 1. Aufl. Seite | 2. Aufl. Seite |
|---|---|---|---|---|---|
| 427 | 420,30—420,39 | 469 | 461,7—462,14 | 511 | 502,29—503,37 |
| 428 | 421,1—421,15 | 470 | 462,15—463,14 | 512 | 503,38—504,30 |
| 429 | 421,15—422,26 | 471 | 463,14—464,19 | 513 | 504,31—506,1 |
| 430 | 422,26—423,38 | 472 | 464,19—465,15 | 514 | 506,1—506,25 |
| 431 | 423,38—424,24 | 473 | 464,15—466,7 | 515 | 506,25—507,30 |
| 432 | 424,24—425,33 | 474 | 466,7—467,9 | 516 | 507,30—508,24 |
| 433 | 425,33—426,36 | 475 | 476,10—468,18 | 517 | 508,24—510,1 |
| 434 | 426,36—427,18 | 476 | 468,18—469,11 | 518 | 510,1—510,40 |
| 435 | 427,18—428,33 | 477 | 469,11—470,13 | 519 | 510,40—511,29 |
| 436 | 428,33—429,30 | 478 | 470,13—471,11 | 520 | 511,29—513,1 |
| 437 | 429,30—430,29 | 479 | 471,11—472,14 | 521 | 513,1—513,32 |
| 438 | 430,30—431,26 | 480 | 472,14—473,8 | 522 | 513,32—514,32 |
| 439 | 431,27—432,27 | 481 | 473,8—474,11 | 523 | 514,33—515,28 |
| 440 | 432,27—433,21 | 482 | 474,11—475,10 | 524 | 515,28—516,23 |
| 441 | 433,22—434,24 | 483 | 475,10—476,8 | 525 | 516,23—517,27 |
| 442 | 434,24—435,25 | 484 | 476,8—477,4 | 526 | 517,27—518,23 |
| 443 | 435,25—436,30 | 485 | 477,4—478,8 | 527 | 518,23—519,32 |
| 444 | 436,30—437,23 | 486 | 478,8—479,9 | 528 | 519,33—520,29 |
| 445 | 437,23—438,21 | 487 | 479,9—480,6 | 529 | 520,30—521,29 |
| 446 | 438,21—439,29 | 488 | 480,6—481,9 | 530 | 521,29—522,26 |
| 447 | 439,29—440,24 | 489 | 481,9—482,4 | 531 | 522,27—523,25 |
| 448 | 440,25—441,27 | 490 | 482,5—483,7 | 532 | 523,25—524,14 |
| 449 | 441,27—442,15 | 491 | 483,7—484,8 | 533 | 525,1—525,23 |
| 450 | 442,15—443,21 | 492 | 484,8—485,5 | 534 | 525,23—526,34 |
| 451 | 443,21—444,20 | 493 | 485,5—486,6 | 535 | 526,34—528,1 |
| 452 | 444,20—445,26 | 494 | 486,6—486,33 | 536 | 528,1—528,27 |
| 453 | 445,26—446,23 | 495 | 487,1—487,22 | 537 | 528,28—529,15 |
| 454 | 446,23—447,11 | 496 | 488,1—489,7 | 538 | 529,15—530,33 |
| 455 | 447,12—448,19 | 497 | 489,7—490,6 | 539 | 530,34—531,23 |
| 456 | 448,19—449,14 | 498 | 490,6—491,1 | 540 | 531,23—532,30 |
| 457 | 449,14—450,23 | 499 | 491,2—492,4 | 541 | 532,30—533,29 |
| 458 | 450,23—451,24 | 500 | 492,4—493,4 | 542 | 533,29—534,32 |
| 459 | 451,24—452,24 | 501 | 493,4—494,5 | 543 | 534,32—535,31 |
| 460 | 452,24—453,3 | 502 | 494,5—495,3 | 544 | 535,31—536,29 |
| 461 | 453,3—454,19 | 503 | 495,3—496,4 | 545 | 536,30—537,19 |
| 462 | 454,19—455,24 | 504 | 496,5—497,3 | 546 | 537,19—538,20 |
| 463 | 455,24—456,13 | 505 | 497,4—498,2 | 547 | 538,20—539,20 |
| 464 | 456,13—457,15 | 506 | 498,2—499,1 | 548 | 539,20—539,35 |
| 465 | 457,15—458,19 | 507 | 499,1—499,34 | 549 | 540,1—540,30 |
| 466 | 458,20—459,7 | 508 | 499,34—500,38 | 550 | 541,1—541,40 |
| 467 | 459,7—460,13 | 509 | 500,38—501,16 | 551 | 541,40—542,39 |
| 468 | 460,14—461,6 | 510 | 501,17—502,29 | 552 | 542,39—543,25 |